TRAITÉ GÉNÉRAL

DE LA

RESPONSABILITÉ

OU DE

L'ACTION EN DOMMAGES-INTÉRÊTS

EN DEHORS DES CONTRATS.

II

Paris. — Imprimerie J. DUMAINE, rue Christine, 2.

TRAITÉ GÉNÉRAL

DE LA

RESPONSABILITÉ

OU DE

L'ACTION EN DOMMAGES-INTÉRÊTS

EN DEHORS DES CONTRATS

COMPRENANT

La responsabilité civile des délits prévus ou non prévus par les lois pénales,
et des quasi-délits ; les conditions essentielles de l'action en dommages-intérêts ;
la solidarité entre les auteurs du même fait dommageable ;
la compétence ; le mode de saisir de l'action
les tribunaux, soit civils, soit de répression ; les preuves ;
les règles concernant l'exécution des condamnations sur les biens et sur la personne ;
la prescription ; la responsabilité du fait d'autrui et celle des choses
que l'on a sous sa garde ; la responsabilité des pères, instituteurs, maîtres
et commettants, de l'aubergiste, du voiturier et des compagnies de chemins de fer
en particulier ; des conseils de surveillance de sociétés anonymes
et en commandite ; la responsabilité de l'État et les règles
de la compétence administrative et judiciaire, la responsabilité des communes,
etc., etc.

Par M. A. SOURDAT

DOCTEUR EN DROIT,

CONSEILLER A LA COUR D'APPEL D'AMIENS,

Chevalier de la Légion d'honneur.

TROISIÈME ÉDITION, REVUE ET AUGMENTÉE

———

TOME SECOND

———

PARIS

IMPRIMERIE ET LIBRAIRIE GÉNÉRALE DE JURISPRUDENCE
MARCHAL, BILLARD et Cᵉ, IMPRIMEURS-ÉDITEURS

LIBRAIRES DE LA COUR DE CASSATION

Place Dauphine, 27

———

1876

TRAITÉ GÉNÉRAL

DE LA

RESPONSABILITÉ

OU DE

L'ACTION EN DOMMAGES-INTÉRÊTS

EN DEHORS DES CONTRATS.

DEUXIÈME PARTIE

DE LA RESPONSABILITÉ A RAISON DU FAIT D'AUTRUI
ET DES CHOSES QUE L'ON A SOUS SA GARDE.

LIVRE IER

RESPONSABILITÉ A RAISON DU FAIT D'AUTRUI.

CHAPITRE Ier.

PRINCIPES GÉNÉRAUX SUR L'ORIGINE, LA NATURE ET L'ÉTENDUE DE LA RES-
PONSABILITÉ ; LE MODE D'EXERCICE ET L'EXTINCTION DE L'ACTION.

ARTICLE Ier.

DE L'ORIGINE ET DE LA NATURE DE LA RESPONSABILITÉ.

Sommaire.

750. — En principe, les fautes sont personnelles. — On ne répond que
de son fait.
751. — Cependant la loi nous impose la responsabilité des actes de
certaines personnes. — Est-ce une dérogation au principe
de la personnalité des fautes ?
752. — En quoi consiste cette dérogation ?

750. En principe, chacun répond uniquement de son fait. Les fautes sont personnelles. « Celles d'autrui, dit Toullier, nous sont étrangères ; la raison nous dit que chacun n'est garant que de celles qu'il a commises, et qui peuvent lui être imputées ; que l'auteur seul de l'offense doit la réparation à l'offensé (1). »

Ecoutons aussi Proudhon : Lorsqu'il s'agit de délits ou de contraventions par commission, c'est un principe général qu'il n'y a que ceux qui en sont les auteurs qui doivent en souffrir : *Peccata igitur suos teneant auctores, nec ulterius progrediatur metus quàm reperiatur delictum* (2). La raison de cela, c'est que l'obligation qui résulte d'un délit n'a d'autre cause que le fait même qui y donne lieu ; c'est par ce fait, et par ce fait seul, qu'elle est contractée ; il n'y a, par conséquent, que celui qui y a donné son consentement qui puisse en être tenu (3). »

Les conséquences d'une faute ne doivent donc retomber que sur son auteur. Voilà la règle fondamentale que les art. 1382 et 1383 expriment d'une manière certaine, bien qu'implicite.

754. Cependant, par une sorte de dérogation à cette règle, la loi détermine ensuite certains cas où la responsabilité du fait d'autrui est imposée à diverses personnes.

« On est responsable, dit l'art. 1384, non-seulement du « dommage que l'on cause par son propre fait, mais encore « de celui qui est causé par le fait des personnes dont on « doit répondre. » Phrase peu correcte, qui exprime simplement que l'on est quelquefois responsable du fait d'autrui (4).

La raison de cette responsabilité est que certaines personnes doivent veiller sur la conduite d'autres individus qui leur sont subordonnés à divers titres, et empêcher le dommage que l'inexpérience ou la malice de ceux-ci pourraient causer.

A ce point de vue, il est donc permis de dire que ce n'est pas là une dérogation positive au principe de la personnalité des fautes, car la personne ainsi déclarée civilement respon-

---

(1) Toullier, 11, 243, 259, 279, 230.
(2) L. 22, Cod. *de Pœnis*.
(3) *Usuf.*, 3, 1530.
(4) Lorsque le dommage causé provient du délit de l'une des personnes dont on doit répondre, la responsabilité prend plus particulièrement le nom de *responsabilité civile*, parce qu'en principe général, la personne responsable n'est atteinte que par l'*action civile*, et n'encourt pas de condamnation *pénale*. Il y a cependant des exceptions que nous signalerons plus loin. — V. n°s 778 et suiv.

sable est elle-même considérée par la loi comme ayant commis une faute, tout au moins d'imprudence ou de négligence,
en ne veillant pas sur *l'agent du dommage*. Elle s'est rendue
coupable d'un quasi-délit. Ainsi, la responsabilité civile établie par l'art. 1384 n'est qu'une application du principe de
la responsabilité personnelle.

752. Mais, sous un autre rapport, il y a ici dérogation
réelle à ce principe.

En effet, dans le cas qui nous occupe, la responsabilité se
mesure, quant à son étendue, bien plus sur le dommage
effectivement causé que sur la faute de la personne civilement responsable. On demande à celle-ci la réparation du
dommage causé par le fait d'autrui. C'est donc surtout de
l'étendue de ce dommage que l'on se préoccupe. On ne considère sa faute propre que d'une manière secondaire, sans
s'inquiéter d'y proportionner exactement la réparation.

Ce n'est plus, d'ailleurs, le dommage résultant d'une manière *directe* et *immédiate* de la faute qu'il s'agit seulement
de réparer (1). Nous verrons que la responsabilité civile s'é-
tend jusqu'à des faits qui ne sont que, d'une manière assez
éloignée et complexe, la conséquence de la faute que l'on
peut reprocher à la personne déclarée civilement responsable. Par exemple, les maîtres et commettants sont tenus
pour leurs domestiques ou préposés, à raison de tout dommage causé par eux dans l'exercice des fonctions auxquelles
ils les ont employés, sans que le maître échappe à cette responsabilité, en prouvant qu'il n'a pu empêcher le dommage.
De sorte que la condamnation que la loi autorise à prononcer contre lui est souvent, moins la punition d'une faute
réellement commise, que la conséquence d'une présomption
établie pour obliger les maîtres à ne faire que des choix ré-
fléchis, éclairés, consciencieux, et à ne confier à d'autres
telles ou telles fonctions qu'après s'être assurés parfaitement
qu'ils les rempliraient sans danger pour autrui.

753. L'art. 1384 renferme donc une disposition dont le
caractère est *exceptionnel*. D'où il suit que cette disposition
ne peut jamais être étendue par analogie et que, hors le cas
où la loi déclare une personne responsable du fait d'autrui,
les art. 1382 et 1383 ne sont applicables qu'aux faits personnels (2).

---

(1) V. nᵒˢ 42 et suiv., 105 et suiv., 447, 456 et suiv., 682.
(2) Douai, 17 juill. 1822, et Rej., 25 mars 1824, D. 31.1.263. —

Est-il nécessaire d'insister sur un point aussi évident ? Le Code, en formulant l'exception, a pris soin de la définir, d'en exprimer toute l'étendue. Nul n'a le droit de lui faire franchir ces limites : ce serait violer la règle la plus certaine de l'interprétation des lois. Qui donc oserait déterminer ces personnes, dont le crime ou la simple faute iront rejaillir sur autrui, ajouter une classe de plus à celles qui sont chargées, en termes exprès, par le législateur, du fardeau de la responsabilité ?

En décidant autrement, on serait conduit à un dangereux arbitraire. Avant de s'exposer à une obligation, il faut que chacun puisse en mesurer la portée. Mais, si de nouveaux cas de responsabilité peuvent être créés par l'interprétation du juge, combien de relations diverses, qui se nouent aujourd'hui sans danger, n'y pourront-elles pas donner lieu ? Quiconque aura imprimé la moindre impulsion, la moindre direction aux actions d'un autre, par suite de ces mille rapports de chaque jour qui rapprochent les hommes, sera désormais exposé à une surprise de ce genre ; danger fatal pour cette activité féconde qui se développe, dans la société, par la confiance et la certitude de son droit.

Montrons, tout de suite, une application de ces principes. On la trouve dans un arrêt du 16 décembre 1845, qui casse un jugement par lequel la veuve Rouzon avait été condamnée envers un sieur Jacob, à des dommages-intérêts, à raison de certains travaux que celui-ci prétendait lui être nuisibles. « Attendu, porte l'arrêt, qu'il n'est pas constaté par le jugement que le dommage, dont Jacob demandait la réparation, ait été causé par le fait des personnes dont la veuve Rouzon dût légalement répondre ; que le jugement se borne à énoncer qu'elle a fait ou laissé faire les travaux et plantations par suite desquels Jacob a été privé du libre usage du chemin de grande communication ; qu'une telle déclaration de fait, alternative et insuffisante, ne pouvait pas motiver, contre la veuve Rouzon , l'application des art. précités (1382, 1383 et 1384, C. civ.), et qu'en prononçant contre elle, en cet état, les condamnations réclamées par Jacob, le jugement attaqué a faussement appliqué et violé lesdits articles ; — Casse, etc. (1). »

Merlin, *Rép.*, v° *Délit*, § 8 ; Toullier, n° 258 ; Dalloz, *Oblig.*, p. 795, n° 8, 1ʳᵉ éd. ; Chauveau et Faustin Hélie, *Théorie du Code pénal*, t. 2, p. 298, 2ᵉ éd.; Grotius, *Droit de la guerre*, t. 2, p. 8.
(1) S. 46.1.253.

754. Dans la législation romaine, le principe de la responsabilité du fait d'autrui n'a pas été organisé et développé comme dans la nôtre. On paraît, au contraire, s'être attaché à celui de la personnalité des fautes.

Les actions noxales données contre le propriétaire d'un esclave ne constituent point précisément un cas de responsabilité civile. C'est principalement l'esclave qui est poursuivi et qui doit être puni. *Noxa caput sequitur* (1). « Le maître est poursuivi, moins comme propriétaire que comme possesseur de l'esclave qu'il a *in potestate*, en ce sens, qu'il a de fait la possibilité de le représenter. Aussi, le maître n'est-il pas soumis à l'action noxale, quand son esclave est en fuite ou possédé *opinione domini* par un étranger. En ce cas, l'action noxale se donne contre le possesseur (2). »

Du reste, quel est l'effet de l'action noxale? Gaïus nous l'apprend en ces termes : *Quarum actionum vis ac potestas hæc est, ut si damnati fuerimus, liceat nobis deditione ipsius corporis quod deliquerit, evitare litis æstimationem.* L'esclave n'ayant rien en propre, ne s'appartenant pas à lui-même, il faut bien que la condamnation, pour être efficace, soit dirigée contre le maître. Mais celui-ci n'est tenu à autre chose que d'abandonner l'esclave ; la condamnation ne s'exécute contre lui que comme détenteur, et il est toujours maître de s'en affranchir en abdiquant cette qualité. *Namque erat iniquum nequitiam eorum ultrà ipsorum corpora dominis damnosam esse* (3). C'est donc au maître à examiner s'il est plus avantageux pour lui de payer la valeur du dommage que d'abandonner l'esclave. Mais ce mode d'exécution, qui est laissé *in arbitrio domini*, ne constitue pas, à proprement parler, un cas de responsabilité.

755. Cependant, il peut arriver que le maître soit condamné personnellement *in solidum*, au montant de l'action résultant du délit ; c'est quand il a toléré le fait, le sachant et pouvant l'empêcher. A la vérité, le maître est alors considéré comme l'auteur même du délit : *Si servus, sciente domino, occidit,* IN SOLIDUM *dominum obligat;* IPSE ENIM VIDETUR DOMINUS OCCIDISSE (4). C'est donc aussi la faute personnelle du maître que l'on punit.

---

(1) *Institutes, de Noxal. act.*, § 5.
(2) LL. 11, 13, 21 et 22, §§ 1, 2 et 3, D. *de Noxal. act.*, Paul. 2, sent. 31, § 37 ; Ducauroy, 2, 1294.
(3) *Institutes, de Noxal. act.*, § 2.
(4) L. 2, pr, D. *de Noxal. act.*

Mais toute action en responsabilité, à raison du fait d'autrui, a son principe dans une faute réelle ou présumée de la personne responsable (1). Et si le maître peut être considéré comme l'auteur personnel du méfait, quand il l'a commandé, aidé ou facilité, il faut bien reconnaître qu'il est réellement condamné à raison du fait d'autrui et comme responsable, quand on lui reproche seulement d'avoir laissé accomplir le délit qu'il pouvait empêcher. *Scientia*... *sic accipienda est si, cùm prohibere posset non prohibuit* (2). Cela est si vrai, que l'on donne aussi à la partie lésée une action au nom de l'esclave, *servi nomine*, ce qui signifie dirigée contre l'esclave dans la personne du maître, afin que le délit de l'esclave ne soit pas impuni (3). Mais la partie lésée, le demandeur, ne peut exiger que le montant de l'une des condamnations. *Cùm dominus ob scientiam teneatur, an servi quoque nomine danda sit actio videndum est ; nisi fortè prætor unam pœnam à domino exigi voluit. Ergo dolus servi impunitus erit ? Quod est iniquum : imò utroque modo dominus tenebitur. Una autem pœna exacta, quam actor elegerit, altera tollitur* (4).

756. On ne peut se refuser, non plus, à voir un exemple de responsabilité du fait d'autrui dans l'action que donne l'édit du préteur contre le maître de l'appartement par les fenêtres duquel on a jeté des objets qui ont causé du tort à un tiers.

Celui qui a souffert du dommage devrait agir, en vertu de la loi *Aquilia*, contre celui qui a jeté ou répandu. Mais comme l'auteur de ce fait peut être inconnu, on permet à la partie lésée d'agir contre celui qui habite l'appartement et qui est alors condamné, soit pour sa propre faute, soit même, ce qui arrive souvent, pour la faute d'autrui. *Ideò non proprio ex maleficio obligatus intelligitur, qui plerumque* OB ALTERIUS CULPAM TENETUR, AUT SERVI, AUT LIBERI. — *Cui similis est is qui, eâ parte quâ vulgò iter fieri solet, id positum aut suspensum habet quod potest, si acciderit, alicui nocere, etc.* (5). »

_____

(1) V. n° 751.
(2) L. 3 et L. 4, princ. D. h. tit.
(3) C'est-à-dire, ne paraisse pas impuni, puisque c'est toujours le maître qui paie : seulement, dans ce dernier cas, il avait sans doute le droit de faire l'abandon noxal, de sorte que l'exécution de la condamnation portait aussi sur l'esclave.
(4) L. 3, § 2, D. *de Noxal. act.*
(5) *Institutes, de Oblig. quæ quasi ex delict. nasc.*, § 1.

757. Il faut donc reconnaître que les lois romaines ont consacré le principe de la responsabilité du fait d'autrui, quoique les applications en fussent fort restreintes. M. Toullier n'a pu le nier (1) qu'en exagérant cette idée, que la négligence personnelle du père de famille déclaré responsable est seule punie dans les différentes hypothèses que nous venons de parcourir.

A vrai dire, toutes les fois qu'il y a responsabilité, il y a présomption de faute contre la personne responsable. Mais c'est toujours du fait d'autrui que l'on répond quand, n'étant pas l'agent direct du dommage, on est cependant condamné à le réparer dans son entier. Car ce qu'on appelle la responsabilité civile du fait d'autrui, consiste en ceci : être tenu à la réparation comme si l'on était soi-même l'auteur du délit ou du quasi-délit.

758. Revenons maintenant au droit actuel. La responsabilité civile du fait d'autrui, telle qu'elle est organisée par l'art. 1384, suppose une relation déterminée d'avance entre les deux personnes dont l'une est responsable de l'autre.

Il ne faut donc pas confondre avec la responsabilité civile telle que nous l'étudions ici, toute espèce de responsabilité encourue à raison du fait d'autrui. On est quelquefois condamné à réparer le dommage causé par les tiers indistinctement. C'est alors une faute personnelle, soit réelle, soit légalement présumée, dont on subit la conséquence.

Par exemple, un arrêté du Directoire exécutif, du 7 nivôse an 6, déclare les directeurs d'artillerie, et autres employés des arsenaux, solidairement responsables du vol des armes, munitions et approvisionnements quelconques existant dans les dépôts confiés à leur surveillance (art. 1 et 5). C'est évidemment de la négligence propre de ces employés que la loi leur demande compte directement.

759. La responsabilité du fait d'autrui, que nous voyons résulter de la loi dans l'art. 1384, peut naître aussi d'une convention expresse. C'est ce qui a lieu dans le cautionnement.

La caution répond personnellement des faits d'autrui, puisqu'elle s'engage elle-même conditionnellement à exécuter l'obligation, pour le cas où le débiteur principal ne l'accom-

_____

(1) T. 11, nᵒˢ 231, 233.

plirait pas (1). Mais cette responsabilité est limitée, par la convention même, à certains actes et à certains faits. La responsabilité civile, établie par la loi, est beaucoup plus générale dans plupart de ses applications. .

La responsabilité qui résulte du cautionnement ne s'applique presque jamais qu'à des obligations conventionnelles. Dans les cas exceptionnels où elle a pour but de garantir la réparation de certains délits, comme en matière d'adjudication forestière (2), elle se rapporte originairement à l'exécution d'un contrat formé entre l'administration et l'adjudicataire dont les obligations sont déterminées à la fois par la loi générale et par la loi privée résultant de la convention.

Quant aux effets de l'obligation, il y a cette différence entre le cautionnement et la responsabilité civile, que le fidéjusseur a le bénéfice de discussion, c'est-à-dire une exception par laquelle il peut, lorsqu'il est poursuivi par le créancier, renvoyer celui-ci à discuter auparavant les biens du débiteur principal, de manière que le fidéjusseur ne soit tenu de payer la dette qu'en cas d'insuffisance. — Cette exception n'appartient pas à la personne civilement responsable (3). Elle peut seulement invoquer la subrogation légale contre l'auteur direct du délit, en vertu de l'art. 1251, § 3, C. civ., quand ce dernier est capable d'encourir la responsabilité de ses propres actes et que l'autre a payé le montant de la condamnation.

Le cautionnement produit, du reste, à peu près les mêmes effets que la responsabilité civile établie par la loi (4).

Mais, comme ce genre de responsabilité ne prend sa source que dans la volonté de la personne qui s'en charge, qui se l'impose, il est clair que nous n'avons pas à nous en occuper. Il nous suffit de renvoyer aux traités généraux sur le droit civil, et aux traités spéciaux sur le cautionnement.

760. On peut encore rapprocher l'obligation de la personne civilement responsable de celle du garant.

Il y a ceci de commun entre elles, que la garantie a souvent pour but d'indemniser le créancier du dommage que

---

(1) Toullier, 11, 245 et 246.
(2) Cod. forest., 24, 28, 46.
(3) Pothier, Oblig., n° 453.
(4) Rej., 30 janv. 1830, D. 97.

lui cause le fait d'une personne autre que le garant lui-même (1).

Mais l'idée de garantie a une signification plus générale que celle de responsabilité civile. La première comprend l'assurance que l'on donne pour ses propres actes (2), aussi bien que celle que l'on donne pour les actes d'autrui (3). La seconde ne comprend qu'une assurance légale contre les faits de tierces personnes, prises dans de certaines catégories déterminées.

Une seconde différence consiste en ce que l'obligation de garantie est la conséquence d'une convention expresse ou tacite, et naît toujours à l'occasion d'un contrat, d'une vente, d'un échange, d'un louage, formé entre le garant et le demandeur en garantie. — La responsabilité civile, au contraire, a lieu indépendamment de toute convention entre la partie lésée et la personne responsable. — Quand il y a lieu à garantie, c'est par suite d'une relation préexistante entre le garant et le garanti. Quand il y a lieu à responsabilité civile, c'est par suite d'une relation établie entre la personne responsable et celui des faits duquel elle répond, relation qui produit ses effets à l'égard de tous indistinctement.

761. Une troisième différence se remarque quant aux faits qui donnent lieu à ces deux natures d'obligations.

Elle consiste en ce que la garantie a pour but de protéger le créancier contre le trouble de droit, causé par des tiers qui manifestent des prétentions sur la chose, soit qu'ils en revendiquent la propriété, soit qu'ils y prétendent seulement exercer une servitude ou autre droit (4). Et la garantie n'a pas lieu quand ces tiers ne causent au créancier qu'un trouble de fait. Cette distinction est nettement établie par les art. 1725, 1726 et 1727, C. civ. La raison de cela est que si le trouble est purement de fait, il n'y a aucune espèce de relation entre les actes des tiers qui nuisent au créancier et l'idée d'une faute quelconque imputable au garant. Celui-ci ne peut donc être recherché pour des actes qui lui sont totalement étrangers. — Au contraire, il est tenu de faire cesser le trouble de droit, et à défaut, d'en indemniser

(1) C. civ., 1625, 1626 et suiv., 1705, 1719, 1726 et 1727.
(2) C. civ., 1628.
(3) M. Troplong, Vente, t. 1, n° 410, et Cautionnement; n° 43.
(4) C. civ., 1626.

le créancier, parce que ce trouble est la conséquence de son fait, ou, du moins, se rattache à l'acte par lequel il a transmis lui-même la chose au créancier. Les prétentions des tiers font supposer qu'il n'a cédé qu'en apparence des droits qu'il n'avait pas en réalité, et qu'il a manqué par là à ses obligations.

La responsabilité civile, au contraire, a le plus souvent pour effet d'indemniser le demandeur ou créancier du dommage qu'il éprouve par suite d'actes purement matériels et de faits qui n'ont point une cause antérieure dans des prétentions de droit et ne se rattache à aucune relation particulière établie d'avance entre le responsable et la partie lésée.

762. Il ne faut pas voir un cas de responsabilité civile dans la garantie subsidiaire imposée à l'architecte directeur des travaux, pour les malfaçons de l'entrepreneur.

D'après ce que l'on a vu, n° 674, cette garantie ne constitue qu'une espèce de cautionnement forcé, mais soumis aux règles ordinaires ; l'architecte n'est tenu de payer qu'en cas d'insolvablilité de l'entrepreneur. Celui-ci, comme auteur immédiat des défauts de la construction, doit répondre pleinement du dommage qui en résulte. La garantie de l'architecte ne doit être invoquée que pour compléter la réparation demandée à ce dernier.

Cette garantie diffère de la responsabilité civile des personnes énumérées par l'art. 1384 du Code, en ce que ces dernières sont au contraire tenues personnellement et pour le tout, comme l'agent direct du dommage, et que le créancier peut s'adresser indifféremment à l'un ou à l'autre, sans que la partie civilement responsable puisse opposer l'exception de discussion.

Il n'y aurait que dans des cas spéciaux où l'entrepreneur, à raison des circonstances, pourrait être considéré comme préposé de l'architecte qui en aurait fait choix, que celui-ci pourrait être déclaré civilement responsable des faits propres à l'entrepreneur, d'après les principes applicables à tout commettant ; mais cela dépendrait du contrat particulier intervenu entre eux et le propriétaire qui fait bâtir.

763. Il ne faut pas non plus confondre les effets de la responsabilité civile avec ceux de la solidarité. La personne condamnée comme civilement responsable au paiement de la dette est tenue par cela même pour le tout, quoique la soli-

darité ne soit pas prononcée, car elle est tenue, nous l'avons déjà dit, comme si elle était l'agent direct du délit ou quasi-délit. Et de son côté l'agent est aussi tenu à la réparation complète, en son nom personnel, sauf les distinctions que nous indiquerons n°ˢ 768 et 769. Mais il ne s'ensuit pas que les effets particuliers attachés par la loi, notamment par les art. 1206 et 1207, C. civ., à la solidarité, quant aux rapports des débiteurs entre eux et avec le créancier, se reproduisent dans ce cas.

Dans l'une et l'autre hypothèse cependant, c'est bien la même dette dont deux personnes sont tenues; mais, dans le cas de la responsabilité civile, elles n'en sont pas tenues au moyen de cette espèce d'association qui constitue l'un des principaux caractères de la solidarité. Il a ici deux personnes obligées distinctement, quoique l'obligation de l'agent direct puisse être considérée comme principale et l'autre comme accessoire (1), et que le paiement effectué par l'un libère immédiatement le second vis-à-vis du créancier. Mais ceci se rattache aux principes du cautionnement et non pas à ceux de la solidarité. En conséquence, la solidarité n'a pas lieu de plein droit entre l'agent du dommage et le *civilement responsable*.

Par une disposition exceptionnelle l'art. 19 de la loi du 12 juillet 1875, sur la liberté de l'enseignement supérieur, cumule expressément la responsabilité civile d'une peine pécuniaire et la solidarité. « Tout refus de se soumettre à la « surveillance (des délégués du gouvernement), telle qu'elle « est prescrite par l'art. 7 sera punie d'une amende de « 1000 à 3000 francs. Tous les administrateurs de l'établis-« sement seront civilement et solidairement responsables « des amendes prononcées contre l'un ou plusieurs d'entre « eux. »

La loi établit donc ici une responsabilité du fait d'autrui qu'elle rattache à la seule qualité d'administrateur de l'établissement. La responsabilité, ainsi déterminée, aurait pu suffire à la garantie de condamnations; la loi y ajoute la solidarité, dont la raison d'être peut se trouver dans l'associa-

---

(1) Il n'en est pas toujours ainsi : par exemple, si le dommage est causé par un enfant en bas âge, il n'y a pas d'obligation de sa part. L'obligation principale, ou plutôt unique, est celle de la personne qui répond de lui, son père, son tuteur, etc.

tion, plus ou moins légale et parfaite, existant entre les chefs de l'établissement où se produit la contravention.

764. On pourrait rapporter à une convention sinon expresse, du moins tacite, la responsabilité des entrepreneurs de travaux à prix fait ou, autrement, qui répondent des personnes ou des ouvriers qu'ils emploient (1); — celle des aubergistes à raison des délits et quasi-délits commis dans leurs hôtelleries ; — enfin celle des voituriers et entrepreneurs de transports par terre ou par eau, à raison des délits ou quasi-délits commis sur les objets qu'ils se sont chargés de transporter (2).

Mais ces divers cas de responsabilité sur lesquels nous donnerons des développements particuliers ne sont que des applications des principes généraux exprimés dans l'art. 1384, § 3, d'après lesquels les maîtres et commettants sont responsables du dommage causé par leurs domestiques et préposés dans les fonctions auxquelles ils les ont employés ; et dans l'art. 1383, d'après lequel chacun est responsable du dommage qu'il a causé, non-seulement par son fait, mais encore par sa négligence ou son imprudence. —La convention qui intervient entre le propriétaire de la chose et l'entrepreneur, l'aubergiste ou le voiturier, est la base de la responsabilité de ces derniers, en ce sens surtout qu'elle les oblige à veiller à la conservation de la chose qui fait l'objet du contrat, et les constitue en *faute* quand ils négligent d'accomplir cette obligation. Mais, pour apprécier et déterminer les conséquences de ces fautes, il n'est pas nécessaire de recourir à des conventions tacites. La loi elle-même s'est chargée de le faire, quelquefois d'une manière très-rigoureuse. Sous ce rapport, l'étude de la responsabilité encourue par ces diverses classes de personnes juridiques, rentre dans le cadre de cet ouvrage. Nous en parlons dans des chapitres spéciaux (3).

765. Indépendamment du contrat de cautionnement proprement dit, et de la promesse de garantie, la convention expresse pourrait soumettre une personne à une véritable responsabilité civile.

On trouve l'exemple d'une semblable convention dans

(1) C. civ., 1797, 1799.
(2) C. civ., 1952, 1953 et 1782 à 1786; Domat, liv. 1, t. 16, sect. 1; Toullier, 11, nᵒˢ 235, 247 et 248.
(3) V. *suprà*, nᵒˢ 671 à 675, et *infrà*, nᵒˢ 930 et suiv., 972 et suiv.

l'espèce d'un arrêt de la Cour de cassation, du 1ᵉʳ juillet 1814 (1).

Le sieur Rolland s'était rendu adjudicataire d'un canton de pêche dans la Seine. Le cahier des charges portait qu'il ne pourrait avoir plus de huit associés, qui seraient agréés par le conservateur, *et dont il serait responsable.* L'un de ses associés fut poursuivi pour avoir pêché avec un filet prohibé, et Rolland fut déclaré responsable des condamnations civiles.

766. Dans tous les cas où nous avons reconnu qu'il y a préjudice, donnant lieu à une action en dommages-intérêts (2), il peut y avoir lieu à une action en responsabilité civile ; celle-ci n'est autre chose que l'action ordinaire en réparation, dirigée principalement ou accessoirement (3) contre une autre personne que l'agent immédiat du fait dommageable. Pour tout ce qui concerne la capacité ou le droit d'intenter cette action, il faut donc se reporter à ce qui a été dit dans la première partie, au volume précédent.

767. Quant à la question de savoir contre quelles personnes l'action en responsabilité civile peut et doit être dirigée, elle fait précisément l'objet de cette deuxième partie. Nous entrerons dans les détails aux chapitres qui vont suivre.

Mais il y a lieu d'examiner, au préalable, des questions générales qui se rattachent aux différents cas de responsabilité civile.

768. La première est de savoir si la partie déclarée civilement responsable a son recours contre l'auteur personnel du dommage, pour le montant des condamnations qu'elle a encourues et payées comme responsable.

Cette question ne peut se résoudre que par des distinctions.

D'abord, toutes les fois que l'agent du dommage n'est pas tenu personnellement, à raison de son état ou de sa capacité générale, comme l'enfant, le fou, ainsi que nous l'avons vu n° 16, il ne pourra être condamné directement au profit de la partie lésée, et ne peut pas l'être davantage au profit et sur le recours de la partie civilement responsable. Celle-ci est d'autant moins recevable à exercer un tel recours que, le

(1) Merlin, *Rép.*, v° *Responsabilité civile des délits.*
(2) V. nᵒˢ 25 et suiv., 412 et suiv., 641 et suiv.
(3) V. *suprà*, n° 763 et la note 1, p. 12.

plus souvent, elle a commis une faute en ne surveillant pas cet incapable confié à ses soins; elle ne peut se décharger sur lui de la responsabilité qu'elle encourt vis-à-vis du public (1). La loi présume même l'existence de la faute, et cette présomption est la base de la responsabilité.

769. En nous plaçant maintenant dans l'hypothèse où l'agent est personnement susceptible de répondre de ses actes, nous ferons une autre distinction.

Le dommage peut résulter en entier de la faute de cet agent, de telle sorte que la partie civilement responsable ne sera tenue qu'en vertu de la présomption légale établie par l'art. 1384, présomption qui n'admet pas toujours la preuve contraire, comme nous le verrons n° 903.

Le dommage peut résulter aussi d'une faute commune à l'agent et à la partie civilement responsable, soit que le fait leur soit commun, soit que la personne responsable ait manqué de surveiller l'agent et d'empêcher le fait, alors qu'elle le pouvait, soit enfin que ce fait ait été commandé par elle, ou qu'elle en ait profité. On suppose, du reste, que l'agent ne puisse être considéré comme déchargé lui-même par le mandat ou les ordres qu'il a ainsi reçus, et c'est ce qui aura lieu toutes les fois qu'il s'agit de délits qualifiés par la loi pénale. Ces fautes-là ne sont excusables que dans les cas prévus par la loi, et nul n'est censé ignorer ce qu'elle ordonne ou défend sous la sanction d'une pénalité (2).

Enfin, le dommage peut être directement rapporté à la partie civilement responsable, qui a ordonné ou dirigé les faits de l'agent dans des conditions telles que celui-ci n'est pas en faute d'avoir obéi à ces ordres ou suivi ces instructions, et que, le plus souvent, il devra même être mis hors de cause, en prouvant qu'il n'a fait qu'exécuter ce qui lui était commandé.

770. Dans le premier cas, c'est-à-dire si la faute retombe vraiment en entier sur l'agent, si le maître ou commettant prouve qu'il n'a pu empêcher l'acte dommageable, bien qu'il

(1) Toullier, 11, 274.
(2) V. deux arrêts de la Cour de cassation, des 12 nov. et 17 déc. 1840, S. 41.1.698.
Notons d'ailleurs, que l'agent direct du dommage est toujours personnellement responsable vis-à-vis des tiers, et ne peut s'abriter derrière l'exception de mandat, quand le fait dont il s'est rendu coupable est qualifié délit par la loi. (Arg. d'un arrêt de rejet, du 9 janv. 1833, S. 321.)

ait exercé la surveillance la plus exacte, s'il n'est condamné
que par suite de la présomption légale de l'art. 1384, il doit
avoir son recours contre l'agent, car cette présomption n'est
établie que dans l'intérêt des tiers, pour les prémunir contre
les conséquences fatales, de la négligence des patrons ou
commettants et des mauvais choix qu'ils pourraient faire en
prenant des employés incapables, vicieux, et, le plus souvent,
insolvables.

Mais on n'a pas eu l'intention de donner aux préposés de
tout genre un brevet d'impunité pour tous les cas où une autre personne peut répondre de leurs actes, et où, d'ailleurs,
il ne s'agit pas d'un fait incriminé par la loi pénale. C'est
pourtant ce qui aurait lieu si le recours n'était pas admis, car
la partie lésée s'adressera naturellement à la personne civilement responsable, parce qu'elle présente plus de garanties,
et qu'une poursuite contre le préposé donnerait lieu souvent
à des frais inutiles.

En vain l'agent prétendrait-il repousser l'action en garantie en disant que celui qui l'exerce étant déclaré responsable par la loi, c'est donc à lui de supporter toutes les conséquences du fait. Ce ne serait là qu'une subtilité dont les
tribunaux feraient bien vite justice, puisque, nous le répétons
encore, la responsabilité civile est établie vis-à-vis, et dans
l'intérêt des tiers. Elle ne s'oppose donc, en aucune façon,
à ce que ceux-ci exercent l'action directement contre l'auteur
personnel du dommage, ni à ce que le recours dont nous
parlons soit exercé (1).

C'est ce que dispose formellement la loi des 28 septembre,
6 octobre 1791, titre 2, art. 8. Après avoir établi, dans
l'art. 7, que les pères, maîtres, entrepreneurs, sont responsables civilement des délits commis par leurs enfants, domestiques, ouvriers, le législateur ajoute, dans l'art. 8 :
« Les domestiques, ouvriers, voituriers et autres subor-
« donnés, seront à leur tour responsables de leurs délits
« envers ceux qui les emploient. »

La loi ne parle pas du recours des pères, mères et tuteurs,
contre les enfants et pupilles ; mais c'est probablement parce
que l'on n'a pas supposé que ces derniers eussent des biens
personnels de nature à répondre du dommage ; d'ailleurs, il
ne faut pas oublier que, d'après l'art. 1384, conforme aux

_____

(1) Bourges, 18 août 1838, D. 39.2.67.

anciens principes, les pères, mères, instituteurs, et sans aucun doute aussi les tuteurs, sont déchargés de toute responsabilité s'ils prouvent qu'ils n'ont pu empêcher le fait qui y donne lieu (1). La loi, du reste, n'est pas limitative. Il y a, dans ses termes, une lacune que les règles du droit commun servent à combler. Nous hésitons d'autant moins à donner le recours aux pères et mères que d'autres lois, destinées à protéger la propriété rurale, savoir : l'art. 206 du Code forestier, et l'art. 28 de la loi du 3 mai 1844, sur la chasse, portent que les pères, mères, maîtres et commettants seront civilement responsables des délits commis par leurs enfants, domestiques, ouvriers, et autres subordonnés, *sauf tout recours de droit.* Ici, pas la moindre distinction, quant au recours. Ce principe est donc en dehors de toute contestation (2).

771. Dans l'hypothèse où le dommage résulte d'une faute commune aux deux parties, parce qu'elles ont participé au même acte, ou parce que l'agent aurait pu être mieux surveillé et empêché de commettre le délit ou quasi-délit, la responsabilité se partage quelquefois. Les tribunaux doivent fixer alors la part qui revient à chacun personnellement dans les dommages-intérêts (3). Mais la partie civilement responsable est toujours tenue pour le tout vis-à-vis des tiers. Si • elle paie la somme entière, elle n'a recours, contre l'agent, que pour la quotité mise à la charge personnelle et définitive de ce dernier.

Si le jugement n'a rien statué à cet égard, le recours est de droit. L'action, du moins, est recevable. La question peut être débattue entre le responsable et l'auteur du délit, car le jugement qui prononce, au profit du tiers lésé, la condamnation de l'agent et de la personne civilement responsable, n'a pas l'autorité de la chose jugée, sur le point de savoir si ce dernier doit être garanti par l'autre des conséquences de la condamnation (4).

772. Notre troisième et dernière hypothèse est que l'agent peut s'abriter derrière les ordres ou instructions par lui reçus ; qu'ils étaient de nature et dans des conditions telles qu'il n'a point commis de faute en s'y soumettant ; enfin,

---

(1) C. civ., 1384 ; Toullier, 11, 271.
(2) V. n° 784, les décrets des 6 juill. et 18 août 1810, art. 59 et 27.
(3) Rej., 22 nov. 1848, S. 700.
(4) Arg. Rej., 15 mai 1848, S. 494.

que, dans l'exécution, il a suivi fidèlement la ligne qui lui était tracée, et n'a commis, de son chef, aucune imprudence, aucune négligence, qui serait la cause véritable du dommage.

En pareil cas, c'est évidemment à celui qui a donné les ordres ou instructions qu'incombe la responsabilité tout entière. Le dommage est la conséquence immédiate de son fait, et celui qui paraît en être personnellement l'auteur n'est qu'un intermédiaire que l'on doit écarter du débat, pour diriger la demande contre l'agent supérieur seul; à qui, enfin, pour obtenir sa mise hors de cause, il suffira de prouver qu'il ne s'est pas écarté de son mandat.

773. Quels sont donc les individus qui se trouvent placés dans des conditions telles que la responsabilité de l'autorité à laquelle ils obéissent les couvre aussi entièrement, et qu'on ne peut leur imputer de faute quand ils n'ont fait qu'exécuter ces ordres ?

La classe en est plus nombreuse qu'il ne semble au premier coup d'œil, et, du reste, c'est aux tribunaux d'examiner si celui qui invoque ces causes d'irresponsabilité est réellement placé sous leur abri. Ceci résultera de l'appréciation des faits. Nous donnerons seulement quelques exemples.

• On doit généralement considérer comme irresponsables les agents de l'administration, quand ils exécutent ses ordres, instructions, plans, etc. (1). Les garanties que présentent les formalités prescrites par les lois et règlements pour les décisions de l'autorité supérieure sont de nature à affranchir ceux qui les exécutent purement et simplement de toute imputabilité.

On devrait décider la même chose par rapport aux ouvriers, maçons, charpentiers ou autres, qui, travaillant sous la direction d'un architecte, ne font qu'exécuter ses plans et ses ordres. Ils ne peuvent être juges de l'exactitude de ses calculs et de la convenance de ses projets. Ils ne peuvent les discuter. Ils doivent, le plus souvent, s'en rapporter aux lumières que lui fournit l'art ou la science; il n'y a point en cela faute de leur part. Pour que l'exécution des ordres qu'ils reçoivent de lui, et qui auraient causé un accident, pût retomber jusque sur eux, il faudrait que le dommage fût une conséquence tellement manifeste de ce qui leur aurait été com-

_____

(1) V. les considérants d'une ord. du Cons. d'Etat, 26 avril 1847, S. 47 2.493.

mandé, que la simple connaissance de leur art mécanique eût dû certainement les avertir du danger ; et, dans l'appréciation de cette faute, il ne faudrait pas se montrer bien rigoureux.

L'élève, l'apprenti, dans une science, un art, un métier, est également couvert par la responsabilité du professeur, de l'artisan qui le dirige. Un domestique le sera souvent par les ordres de son maître, auxquels il a dû obéir sans en comprendre toute la portée (1).

Il en est de même de l'enfant à l'égard de ses parents.

En matière forestière, il est certains délits d'exploitation qui ne peuvent être poursuivis que contre l'adjudicataire seul sans recours de celui-ci contre ses ouvriers. « Tels sont ceux « qui résultent, non d'une infraction à la loi, mais d'une « contravention aux clauses du cahier des charges, dont les « conditions ne sont pas censées connues des ouvriers de « l'exploitation (2). » Par exemple, les ouvriers qui auraient abattu des arbres ou effectué la vidange des coupes après le délai fixé par cet acte ne pourraient être poursuivis comme auteurs de ces délits (3).

Dans toutes ces hypothèses, il est évident qu'aucun recours n'existe au profit de l'administration, des architectes, ingénieurs, des maîtres, patrons, parents, etc., contre les agents, ouvriers, élèves ou apprentis. Ceci n'a pas besoin de plus ample démonstration.

774. Dans tous les cas où le recours est admis contre les agents immédiats du dommage, il y aurait lieu de le donner solidairement à la personne responsable si le fait avait été commis par plusieurs, conformément aux règles exposées ci-dessus (4).

L'action de la personne responsable s'exerce contre les coupables comme s'exercerait l'action des tiers ; et, quand elle paie le montant de la condamnation, elle est subrogée aux droits de la partie lésée, en vertu du paragraphe 3 de l'art. 1251, C. civ.

775. Comme nous le verrons bientôt, l'action en responsabilité du fait d'autrui est purement civile ; elle se donne donc contre les héritiers, lors même qu'elle n'a pas été in-

---

(1) Cass., 4 août 1836, D. 37.1.120.
(2) M. Meaume, Cod. for., Sur l'art. 206, n° 1426.
(3) Ibid.
(4) Nos 142 et suiv., 473 et suiv., 704 et suiv.

tentée avant la mort de la personne que la loi y déclarait soumise (1).

Ceci aurait encore lieu, quoique pour un autre motif, dans tous les cas où, comme nous l'expliquerons, la responsabilité s'étend aux amendes : ainsi, en matière de douanes et de contributions indirectes ; ce n'est pas que les amendes deviennent alors de simples réparations civiles, mais c'est que la loi déroge, en ces matières, à ¡la personnalité des peines.

ARTICLE II.

DE L'ÉTENDUE DE LA RESPONSABILITÉ.

Sommaire.

---

(1) MM. Chauveau et Faustin Hélie, *Th. du Cod. pén.*, t. 2, p. 300, et 4° édit., t. 1, p. 600; Toullier, 11, 291.

788. — *Quid*, à l'égard des contraventions aux règlements sur les messageries? — Distinctions établies par la Cour de cassation.

789. — On doit les étendre aux contraventions à la loi sur la police des chemins de fer.

790. — La responsabilité de l'État pour le fait de ses agents est toujours purement civile.

791. — L'étendue de la responsabilité civile est la même que celle de la responsabilité encourue par l'agent.

792. — Elle comprend les dépens de l'instance contre l'obligé principal.

793. — *Quid*, si le jugement ne prononçait pas de condamnation à des dommages-intérêts? — Par exemple, au cas d'infanticide.

794. — Elle comprend les restitutions aussi bien que les dommages-intérêts.

795. — S'il y a plusieurs responsables, ils peuvent être condamnés solidairement.

796. — Les conventions particulières peuvent déroger aux règles de la responsabilité.

776. C'est dans les chapitres spéciaux qui vont suivre que nous indiquerons, d'une manière exacte, l'étendue de la responsabilité de chacune des catégories de personnes qui y sont soumises. Ici nous nous bornerons à l'exposé de quelques idées générales qui serviront de règle toutes les fois qu'une disposition particulière n'y aura point dérogé.

777. Le principe fondamental, en cette matière, c'est que la responsabilité du fait d'autrui ne s'étend qu'aux réparations ou indemnités purement civiles, et nullement aux peines proprement dites, comme les amendes ou autres, qui sont exclusivement personnelles (1). La peine est ordinairement la punition d'un délit; mais la responsabilité civile n'a pour cause qu'une négligence prouvée ou présumée de la part de celui que la loi déclare responsable. Cette négligence est assez punie par une condamnation pécuniaire civile.

Ainsi, un maître ne peut pas être condamné à l'amende encourue par son domestique pour une contravention de police, ou pour un délit de toute autre nature (2). Il en est de

_____

(1) Toullier, 11, 289 et 290; Delvincourt, 3, 454; Merlin, *Quest.*, v° *Responsabilité civile*, n° 1, et *Répert.*, v° *Responsabilité civile des délits*, § 8.

(2) Rej., 11 sept. 1818, S. 19.1.117; Cass., 21 avril 1827, D. 27.1. 407; 6 oct. 1832, D. 33.1.86; 19 mars 1836, D. 200.

même d'un père à l'égard des peines encourues par son fils (1),
et des instituteurs ou artisans à l'égard de leurs élèves, ouvriers ou apprentis.

En matière de chasse, la loi du 3 mai 1844 est formelle :
la responsabilité des pères, mères, tuteurs, maîtres et commettants ne s'appliquera qu'aux dommages-intérêts et
frais (2).

778. Toutefois ce principe reçoit exception dans des matières spéciales où la loi s'en est formellement expliquée.
C'est ce qui a lieu :

1° En matière de douanes ;

« Les propriétaires des marchandises, dit la loi des 6-22
« août 1791, seront responsables civilement du fait de leurs
« facteurs, agents, serviteurs et domestiques en ce qui con-
« cerne les droits, confiscations, amendes et dépens (3). »

Cette responsabilité s'étend même à toute personne chez
laquelle ou sur laquelle sont trouvées des marchandises
prohibées (4).

2° La même disposition se retrouve dans le décret du
1er germinal an XIII, sur les droits réunis, et la jurisprudence
l'applique aux amendes pour fabrication illicite de poudre à
tirer, par la raison que l'art. 25 de la loi de finances du
25 juin 1841 frappe ce délit des peines portées par l'art. 222 de
la deuxième loi du 28 avril 1816, sur les contributions indirectes (5).

779. On lit, dans une multitude d'arrêts de la Cour de
cassation, que cette extension de la responsabilité n'est point
une dérogation aux principes ordinaires, parce qu'en ces matières l'amende cesse d'être une peine, et ne constitue qu'une
réparation civile du dommage causé à l'Etat par la fraude
des délinquants (6). En conséquence, la même Cour décide
que les pères et mères eux-mêmes sont responsables de l'a-

---

(1) Cass., 4 sept. 1823, Dalloz, Obligat., p. 803, n° 2, 1re édit. ;
28 sept. 1838, D. 483.
(2) Art. 28. — V. n° 786.
(3) Tit. 13, art. 20 ; L. 28 avril 1816, tit. 5, art. 56 ; Merlin, Rép.,
v° Responsabilité, et v° Contributions, n° 6, et Quest., v° Responsabilité civile, § 3.
(4) L. 22 août 1791, tit. 2, art. 29 ; L. 21 avril 1818, art. 43 ; Cass.,
19 août 1819, S. 19.1.396, et 28 juill. 1820, Dalloz, Douanes, p. 427,
1re édit.
(5) Cass., 24 août 1850, S. 51.1.464.
(6) V. Cass., 17 déc. 1831. S. 32.1.272, et les autres arrêts cités
suprà, n° 79.

mende encourue par leurs enfants mineurs, dans les termes de l'art. 1384 du C. civ. (1), bien que les lois précitées n'aient parlé des *propriétaires de marchandises*.

Nous avons eu déjà l'occasion de nous expliquer là-dessus aux nos 79 et suivants, quand il s'est agi de savoir si ces sortes d'amendes pouvaient être prononcées après la mort du prévenu contre ses représentants. Nous avons décidé, avec Merlin (2) et les auteurs de la *Théorie du Code pénal*, en nous fondant sur d'autres arrês de la même Cour (3), que l'amende, en matière fiscale, ne cesse jamais d'être une peine ; seulement elle n'est pas rigoureusement personnelle, c'est une dérogation aux principes fondée sur une présomption légale de complicité, et que la loi établit sous la dénomination inexacte de responsabilité civile.

780. Tout au plus pourrait-on admettre que l'amende, peine véritable quand elle s'applique à l'auteur direct de la contravention, perd ce caractère quand le paiement en est poursuivi contre la personne responsable; que celle-ci en est tenue comme caution, par exemple comme la caution de l'adjudicataire de bois soumis au régime forestier (4). Il est clair qu'à l'égard de la caution, l'amende n'est pas une peine. Elle en est tenue au lieu et place de l'adjudicataire comme des dommages-intérêts, restitutions et frais (5). On peut soutenir qu'il en est de même à l'égard des amendes fiscales dont les maîtres, patrons et propriétaires sont tenus dans les cas ci-dessus spécifiés.

Mais il est toujours vrai de dire, même dans ce système, qu'il y a dérogation aux principes généraux de la responsabilité civile. Il fallait une disposition formelle pour que des individus, autres que les contrevenants eux-mêmes, fussent tenus du paiement de ces amendes, en vertu du cautionnement forcé dont nous venons de parler ; c'est pourquoi l'on ne saurait adhérer à la jurisprudence de la Cour suprême qui étend d'une manière absolue aux pères et mères la res-

---

(1) Cass., 6 juin 1811, S. 16.1.304 ; 13 mars 1844, S. 366. — *Adde*, Metz, 27 nov. 1867, D. 67.2.247.
(2) *Rép.*, v° *Responsabilité civile des délits*.
(3) Cass., 28 mess. an VIII, S. 1.309, et 9 déc. 1813, *Rép.*, v° *Tabac*, n° 9 ; Rej., 30 nov. 1821, *J. du Pal.*, p. 984; Lyon, 31 août 1821, *ibid.*
(4) Cod. forest., 28.
(5) *Ibid.*

ponsabilité des amendes encourues par leurs enfants, tandis que les lois dont il s'agit, évidemment limitatives, ne parlent que des propriétaires des marchandises.

781. 3° La loi du 9 juillet 1836, sur les droits de navigation intérieure, art. 20, punit les contraventions à ses dispositions d'une amende de cinquante à deux cents francs, et ajoute : « Les propriétaires de bâtiments, bateaux et trains, « seront responsables des *amendes* résultant des contraven-« tions commises par les bateliers et les conducteurs. »

La loi du 6 frimaire an VII, art. 54, renferme une exception semblable contre les adjudicataires ou fermiers des bacs, responsables de leurs préposés, et il en est de même de la loi du 30 mai 1851 sur la police du roulage contre les propriétaires de voitures et commettants quelconques qui ont préposé les conducteurs (art. 13).

782. 4° En matière de contraventions postales.

L'arrêté du 27 prairial an IX, après avoir rappelé les dispositions des lois antérieures (1), qui interdisent à tous les entrepreneurs de voitures et autres, de s'immiscer dans le transport des lettres, à peine d'une amende de 150 francs au moins et de 300 francs au plus, porte, art. 9 : « Les « maîtres de poste, les entrepreneurs de voitures libres et « messageries seront personnellement responsables des con-« traventions de leurs postillons, conducteurs, porteurs et « courriers, sauf leur recours. » — Cette extension de la responsabilité n'était pas, jusqu'alors, formulée aussi nettement par les textes législatifs. Les arrêts du Conseil des 18 juin et 29 novembre 1681 défendaient à « tous messagers..., « voituriers, tant par terre que par eau, et à toutes autres « personnes de se charger ni *souffrir que leurs valets ou* « *postillons et même les personnes qu'ils conduiront par* « *leurs voitures*, se chargent d'aucunes lettres ni paquets « de lettres..., à peine de 300 livres d'amende par chaque « contravention... » Mais ces dispositions ne semblent pas faire obstacle à l'excuse tirée de la bonne foi. Elles défendaient seulement à l'entrepreneur de souffrir les faits d'immixtion dans le transport des dépêches de la part de ses agents ou même des voyageurs. On pouvait donc penser qu'il fallait de sa part une connaissance qui aurait été une

---

(1) Arrêts du Conseil des 18 juin et 29 nov. 1681, maintenus par les lois des 26-29 août 1790 (art. 4), et 21 sept. 1792, et par les arrêtés du Directoire du 7 fruct. an VI et du 26 vent. an VII.

sorte de complicité, pour qu'il encourût personnellement l'amende.

L'arrêté de l'an ix reproduit la prohibition, mais d'une manière absolue, et la Cour de cassation décide en conséquence que le voiturier n'est admis à proposer aucune excuse tirée de l'ignorance et de la bonne foi. C'est à lui de s'assurer, par tous les moyens qu'il jugera convenable, qu'il n'existe ni lettres, ni paquets dans les effets dont il se charge, autrement le service des postes serait privé de la protection efficace qu'a voulu lui assurer le décret précité (1).

Et en admettant même qu'il y ait en cela extension des lois antérieures, le décret de l'an ix est considéré comme ayant force exécutoire, de même que les autres actes des gouvernements consulaire et impérial qui ont été exécutés comme lois, sans opposition des pouvoirs ayant droit d'apprécier s'ils renfermaient une usurpation de l'autorité législative (2).

782 *bis*. 5° En matière de délits forestiers.

L'art. 206, C. forest., dispose, il est vrai, conformément à la règle générale, que les maris, pères, mères, tuteurs, maîtres et commettants sont civilement responsables des délits et contraventions commis par leurs femmes, enfants, mineurs et pupilles, demeurant avec eux et non mariés, ouvriers, voituriers et autres subordonnés; et que cette responsabilité, réglée conformément au paragraphe dernier de l'art. 1384, C. civ., s'étendra aux restitutions, dommages-intérêts et frais seulement, et non aux amendes, comme le proposait le projet de loi (3); mais le même Code contient plusieurs dispositions qui dérogent à ce principe.

Art. 6. Les gardes sont responsables des délits commis dans leurs triages, et passibles des amendes et indemnités encourues par les délinquants lorsqu'ils n'ont pas dûment constaté les délits.

---

(1) Cass., 23 juill. 1836, *Journ. crim.*, n° 1959. — Et la jurisprudence décide que ces dispositions s'appliquent aux chefs de gares des chemins de fer pour les expéditions faites dans leur gare (Rej., 24 déc. 1864, D. 65.1.46. S. 66.1.454; Cass., ch. réun., 4 janv. 1866, D. 67. 1.84), et aux capitaines de navire (Aix, 12 fév. 1869, S. 69.2.85).

(2) Constitution du 22 frim. an viii, art. 21 et 44. — Cass., 3 févr. 1820, 14 juin 1822, 26 avril 1828; Morin, *Rép. du droit crim.*, v° *Décrets,* n° 2; Dall. alphab. 1re édit., 9, p. 801, n° 7; Dalloz, 2e édit., v° *Lois,* n°s 56 et 554.

(3) V. la discussion à la Chambre des députés, le 7 avril 1827, M. Meaume, *Cod. forest., Sur l'art.* 206, p. 969.

Art. 46. Les adjudicataires et leurs cautions sont responsables et contraignables par corps au paiement des amendes et restitutions encourues pour délits et contraventions commis soit dans la vente, soit à l'ouïe de la cognée, par des facteurs, gardes-ventes, ouvriers, bûcherons, voituriers et tous autres employés par les adjudicataires.

Art. 147. Ceux dont les voitures, bestiaux, animaux de charge ou de monture seront trouvés dans les forêts, hors des routes et chemins ordinaires, seront condamnés, savoir : par chaque voiture, à une amende de dix francs pour les bois de dix ans et au-dessus, et de vingt francs pour les bois au-dessous de cet âge ; — par chaque tête ou espèce de bestiaux non attelés, aux amendes fixées pour délit de pâturage, par l'art. 199 ; — le tout sans préjudice des dommages-intérêts.

Art. 199. Les propriétaires d'animaux, trouvés de jour, en délit, dans les bois de dix ans et au-dessus, seront condamnés à une amende de : un franc pour un cochon ; deux francs pour une bête à laine ; trois francs pour un cheval ou bête de somme ; quatre francs pour une chèvre ; cinq francs pour un bœuf, une vache ou un veau. — L'amende sera double si les bois ont moins de dix ans (1), sans préjudice, s'il y a lieu, des dommages-intérêts.

La loi frappe indistinctement de l'amende les propriétaires des voitures et animaux. Cependant, ils pourront quelquefois n'être poursuivis que par suite des faits de leurs subordonnés.

L'art. 72 du même Code déclare les communes responsables des condamnations pécuniaires prononcées contre les pâtres et gardiens du troupeau communal. Certains arrêts ont appliqué cette responsabilité aux amendes (2). Mais nous pensons, avec la plupart des auteurs, que l'article précité, malgré les termes équivoques de sa rédaction, doit être entendu dans un sens conforme au droit commun et aux dispositions générales de l'art. 206 (3).

783. 6° En matière de délits ruraux.

C'est du moins ce qui résulte de plusieurs arrêts de la Cour de cassation (4). D'après ces arrêts, les personnes ci-

---

(1) Ou si le délit a été commis la nuit. Cod. forest., 201.
(2) Toulouse, 8 fév. 1862, D. 62.2.97.
(3) Curasson sur ,Proudhon, n° 433; Meaume, n° 602; Dalloz, v° *Forêts*, n° 1500. — *Conf.*, Rennes, 29 mai 1839, Dalloz, *ibid.*
(4) V. Henrion de Pansey, *Compét. des juges de paix*, p. 170 et

vilement responsables des faits de leurs enfants et domestiques peuvent et doivent être condamnées à l'emprisonnement et à l'amende.

Sur quoi se fondait cette jurisprudence? L'art. 7, titre 2, de la loi des 28 septembre-6 octobre 1791, ne parle que d'une responsabilité civile. L'art. 8 donne au maître un recours, et ceci ne peut s'appliquer à l'emprisonnement. L'art. 12 ne parle que de réparations civiles, à raison du dégât commis par les bestiaux laissés à l'abandon. L'art. 23, il est vrai, prononce une amende contre le propriétaire d'un troupeau atteint d'une maladie contagieuse, et qui sera rencontré sur des terrains autres que ceux qui auront été assignés pour lui seul. Mais on comprend bien que c'est un cas de responsabilité directe et personnelle. C'est le maître seul qui ordonne ou qui empêche la sortie de son troupeau. L'amende peut le frapper sans qu'il y ait une exception à la règle. Enfin, l'art. 3 dit que tout délit rural, ci-après mentionné, sera passible d'une amende ou d'une détention. Mais ceci ne s'applique qu'aux délinquants proprement dits et non aux civilement responsables. Rien n'autorise à conclure de cette disposition que la responsabilité soit aussi bien *pénale* que *civile*.

La Cour de cassation, elle-même, a fini par le reconnaître. Elle s'est prononcée dans ce sens, par un arrêt du 30 juillet 1825 (1).

784. 7° Le décret du 6 juillet 1810, sur l'organisation des Cours d'appel, porte, art. 59 :

« Le greffier en chef est responsable solidairement de
« toutes amendes, restitutions, dépens, dommages-intérêts,
« résultant des contraventions, délits ou crimes dont ses
« commis se seraient rendus coupables dans l'exercice de
« leurs fonctions, sauf son recours contre eux, ainsi que de
« droit. »

Et l'art. 27 du décret du 18 août 1810, sur l'organisation des tribunaux de première instance, reproduit la même disposition.

785. 8° La loi du 15 ventôse an XIII dispose :

Art. 1er. Tout entrepreneur de voitures publiques et de

---

l'arrêt du 22 févr. 1811, par lui cité, et Cass., 26 déc. 1807, Dalloz, *Délit rural*, 1re édit., p. 761.

(1) D. 423. V. aussi Cass., 24 mars 1855, D. 219, et 19 janv. 1865, *Bull.*, n° 15; Cass., 10 mai 1872, S. 311.

messageries qui ne se servira pas des chevaux de la poste
sera tenu de payer, par poste et par cheval attelé à chacune
de ses voitures, 0,25 au maître du relais dont il n'emploiera
pas les chevaux.

Art. 2. Tous les contrevenants aux dispositions ci-dessus
seront poursuivis devant les tribunaux de police correctionnelle, et condamnés à une amende de cinq cents francs,
dont moitié au profit des maîtres de poste intéressés, et moitié à la disposition de l'administration des relais.

Comme on le voit, cette loi n'étend pas formellement la
responsabilité des amendes à d'autres que les délinquants
eux-mêmes. Cependant, la Cour de cassation a jugé que,
d'après sa destination spéciale aux parties intéressées, l'a-
mende établie, en cette matière, prenait le caractère de
simples dommages-intérêts. Elle a déclaré que le père d'un
mineur qui l'avait encourue en était aussi tenu en vertu de
l'art. 1384 (1).

785 bis. 9° Le décret-loi du 9 janvier 1852 sur la pêche
côtière renferme, art. 12, des dispositions d'un caractère
tout spécial. Il est ainsi conçu :

« Pourront être déclarés responsables des *amendes* pro-
« noncées pour contraventions à la présente loi, les arma-
« teurs des bateaux de pêche, qu'ils en soient ou non pro-
« priétaires, à raison des faits des patrons et équipages de
« ces bateaux ; ceux qui exploitent les établissements de
« pêcheries, de parcs à huîtres ou à moules, et de dépôts
« de coquillages à raison des faits de leurs agents ou em-
« ployés. Ils *seront*, dans tous les cas, responsables des con-
« damnations civiles. *Seront* également responsables tant
« des *amendes* que des condamnations civiles, les pères,
« maris et maîtres, à raison des faits de leurs enfants mi-
« neurs, femmes, préposés et domestiques. Cette responsa-
« bilité sera réglée conformément au dernier paragraphe
« de l'art. 1384, C. civ. »

Il y a ici plusieurs dérogations au droit commun. Les
armateurs peuvent être déclarés responsables des amendes,
ainsi que les exploitants de pêcheries, etc.; mais ce n'est
qu'une faculté dont les tribunaux useront suivant les circonstances, lorsque la faute remontera directement à l'armateur ou exploitant.

_____

(1) Rej., 20 déc. 1834, D. 35.1.247.

Les pères et maris sont, au contraire, responsables de plein droit des amendes encourues par leurs femmes et leurs enfants. Il en est de même des maîtres pour les faits de leurs domestiques; mais la disposition finale de l'art. 1384 est étendue aux maris, maîtres et commettants qui seront admis à prouver qu'ils n'ont pu empêcher la contravention (V. nᵒˢ 832 et suiv.).

Un autre décret, du 19 mars 1852, concernant le rôle d'équipage et les indications des embarcations exerçant une navigation maritime, porte, art. 11, que toutes les amendes appliquées en vertu de ce décret, pour infractions à ces dispositions réglementaires, seront prononcées solidairement tant contre les capitaines, maîtres ou patrons, que contre les armateurs des bâtiments ou embarcations. Ces derniers sont ainsi réputés coauteurs des contraventions commises sur leurs navires (1), mais seulement par des personnes de la catégorie de celles désignées par le décret comme capitaines, maîtres ou patrons (2).

Des dispositions semblables sont édictées par l'art. 8 d'un autre décret du 20 mars 1852, sur la navigation dite au bornage.

785 *ter*. 10° La loi du 12 juillet 1875 sur la liberté de l'enseignement supérieur, contient encore une exception du même genre que nous avons déjà signalée, n° 763.

786. La confiscation des instruments du délit est une peine, aux termes de l'art. 11, C. pén.; nous l'avons établi ci-dessus, n° 90. Les personnes civilement responsables n'y sont donc pas assujetties.

Cependant, en matière de chasse, relativement à la confiscation des armes, filets, engins, ordonnée par l'art. 16 de la loi du 3 mai 1844, la question est controversée.

Voici le texte de cet article :

« Tout jugement de condamnation prononcera la confis-
« cation des filets, engins et autres instruments de chasse.
« Il ordonnera, en outre, la destruction des instruments de
« chasse prohibés. — Il prononcera également la confisca-
« tion des armes, excepté dans le cas où le délit aura été
« commis par un individu muni d'un permis de chasse,
« dans le temps où la chasse est autorisée. — Si les armes,

---

(1) Cass., 10 août 1855, *Bull. crim.*, 284.
(2) Cass., 8 fév. 1855, D. 190.

« filets, engins ou autres instruments de chasse n'ont pas
« été saisis, le délinquant sera condamné à les représenter
« ou à en payer la valeur, suivant la fixation qui en sera
« faite par le jugement, sans qu'elle puisse être au-dessous
« de cinquante francs. — Les armes, engins ou autres
« instruments de chasse abandonnés par les délinquants
« restés inconnus, seront saisis et déposés au greffe du tri-
« bunal compétent. La confiscation, et, s'il y a lieu, la des-
« truction, en seront ordonnées sur le vu du procès-verbal,
« — Dans tous les cas, la quotité des dommages-intérêts
« est laissée à l'appréciation des tribunaux. »

La loi de 1790 n'ordonnait pas, comme le quatrième paragraphe de l'article qu'on vient de lire, la confiscation des
instruments abandonnés par les délinquants restés inconnus;
et sous l'empire de cette loi, la Cour de cassation jugea,
avec beaucoup de raison, que la confiscation du fusil, n'é-
tant que l'accessoire de la peine à appliquer (1), ne pouvait
être légalement prononcée quand, l'auteur du délit n'étant
pas connu, la condamnation principale n'était pas possible (2).

Assurément, rien dans le texte de la nouvelle loi n'autorise à penser que le caractère de cette confiscation ait été
modifié, et que le législateur de 1844 ait voulu, dérogeant à
l'art. 11, C, pén., la transformer en simple réparation
civile. Loin de là, il a été constaté dans la discussion que
ce n'était qu'une *nouvelle condamnation pécuniaire, une
nouvelle amende accessoire de l'amende principale* (3); doctrine parfaitement conforme à celle de l'arrêt du 21 juillet 1838. — On se demande, d'ailleurs, en quoi la confiscation de l'arme et des autres instruments de chasse, confiscation qui a lieu au profit de l'Etat, quand il ne s'agit pas
d'instruments prohibés dont la loi ordonne la destruction,
peut ressembler à un dédommagement pour ceux qui ont
souffert du délit.

Malgré ces raisons, la Cour de Grenoble a, par deux fois,
jugé que la confiscation des armes ou le paiement de leur
valeur rentrent dans les condamnations civiles, dont le père

(1) Ou plus exactement, une peine accessoire.
(2) Cass., 21 juill. 1838, *Journal du droit criminel*, par M. Morin,
t. 11, p. 52, n° 2327.
(3) Paroles de M. Genoux, député, auteur de l'amendement qui est
devenu le § 2 de l'art. 16 (séance du 3 mai 1844).

d'un mineur est responsable, aux termes de l'art. 28 de la même loi (1). Cette confiscation, disait-elle, a un caractère préventif, et qui affecte les choses mêmes dans lesquelles réside la contravention, comme la confiscation des marchandises saisies en contravention aux lois de douanes et de contributions indirectes. Cette mesure est donc indépendante de la personne du délinquant. Enfin, quand les armes ou autres instruments n'ont pas été saisis, le délinquant doit être condamné à les représenter ou à en payer la valeur. Or, c'est ici l'application du principe inscrit dans l'art. 1142, C. civ., portant que toute obligation de faire se résout en dommages-intérêts.

Ces motifs sont évidemment erronés.

D'abord, on ne peut argumenter par analogie de lois fiscales et pénales dont le caractère est éminemment restrictif. Puis, en admettant que, dans tous les cas qui viennent d'être rappelés, la confiscation des objets prohibés ait un caractère préventif ou réel qui s'attache à la chose, elle suppose aussi, par cela même, que la chose est représentée ou saisie, et les tiers dans les mains desquels on la trouve en sont dépossédés comme détenteurs, et non comme civilement responsables. Ici, par un motif de prudence facile à comprendre, la loi défendait au garde qui constate le délit de désarmer le délinquant (2). Il en résulte que la confiscation est le plus souvent impossible. Il faut donc qu'elle soit remplacée par un équivalent. Le paiement de la valeur de l'arme qui n'est pas représentée est une amende substituée à la confiscation de la chose. Il est impossible d'y voir une réparation civile, puisque évidemment il n'y a pas dommage causé à l'Etat, qui en profite. Les père et mère ne peuvent donc y être soumis que comme détenteurs, et la condamnation au paiement de la valeur des objets non représentés ne doit pas plus être prononcée contre eux que l'amende ordinaire à laquelle est soumis le délinquant.

Ce système, fondé sur les vrais principes, a triomphé devant la Cour de Grenoble elle-même, qui, par un arrêt beaucoup mieux motivé que les précédents, est complète-

---

(1) 20 déc. 1848, S. 49.1.665, aff. Drevet; 8 mars 1849, S. 50.2.229. M. Dalloz, dans son *Nouveau Répertoire*, v° *Chasse*, n° 342, paraît également admettre que la confiscation n'est pas une peine proprement dite.

(2) Art. 25.

ment revenue sur sa jurisprudence (1). Il a aussi triomphé, en dernier lieu, devant la Cour de cassation (2).

787. Il y a de certaines contraventions que la loi suppose toujours provenir du fait des propriétaires et commettants, et non du fait de leurs agents et subordonnés. En conséquence, elle leur en demande compte indistinctement, sans rechercher s'ils ont ou non pris part, dans tel cas particulier, à l'infraction constatée. Dans ces hypothèses, il y a plutôt responsabilité directe et personnelle que responsabilité du fait d'autrui; c'est ce qui résulte de la présomption de la loi. La responsabilité peut donc être pénale et non purement civile, sans qu'il en résulte une dérogation aux principes.

Nous en avons vu ci-dessus, n° 773, un exemple en matière de délits forestiers.

Il en est de même dans les professions réglementées par des arrêtés de police, telles que les cafés, cabarets, fabriques d'appareils à gaz, entreprises de vidange, etc. Les conditions d'exploitation prescrites dans un intérêt public, de bon ordre ou de salubrité, obligent essentiellement le chef de l'établissement, qui est tenu de les faire exécuter et demeure pénalement responsable de la faute d'omission ou de commission émanant de ses agents ou préposés (3), ces derniers restant d'ailleurs également responsables en leur propre nom (4).

Ainsi encore pour certaines infractions à la police du roulage. Par exemple, l'art. 7 de la loi du 30 mai 1851 porte que tout propriétaire d'une voiture circulant sur des voies publiques, sans qu'elle soit munie de la plaque prescrite par l'art. 3 de la même loi, sera puni d'une amende de six à quinze francs, et le conducteur d'une amende de un à cinq francs. Evidemment la condamnation contre le propriétaire a toujours lieu, quand même la voiture n'aurait pas été conduite par son ordre ou pour son compte.

_____

(1) 6 fév. 1850, S. 50.2.230.
(2) Rej., 6 juin 1850, S. 815.
(3) Cass., 15 janv. 1841, S. 146 ; Cass., 19 févr. 1858, D. 58.5.32, n° 11; 28 janv. 1859 et 26 nov. 1860, D. 61.5.425; Rej., 31 mars 1865, D. 399; Angers, 27 mai 1867, D. 220; Rej., 7 déc. 1872, D. 427. — V. encore en matière de balayage de la voie publique, Cass., 31 août 1854, D. 373, et 11 juill. 1868, S. 69.1.336, et en matière de boulangerie, Cass., 20 juill. 1854, D. 376.
(4) Cass., 27 janv. 1859, D. 425.

C'est ainsi que sous l'empire de la loi du 29 floréal an x, lorsque la contravention consistait dans un excès de chargement, on poursuivait le propriétaire de la voiture seul, et non pas le conducteur (1).

788. C'est aussi dans ce sens que la Cour de cassation avait interprété l'ordonnance royale du 4 février 1820, *concernant des mesures de police relatives aux propriétaires ou entrepreneurs de diligences, de messageries et autres voitures publiques.* « Considérant qu'il résulte du texte et du titre de l'ordonnance du 4 février 1820 que les mesures de police qui y sont prescrites relativement au chargement des voitures publiques concernent directement et immédiatement les propriétaires et entrepreneurs de ces voitures ; qu'il s'ensuit que, quel que soit l'individu employé pour le chargement ou la conduite desdites voitures, les surcharges faites en contravention à ladite ordonnance rendent lesdits propriétaires et entrepreneurs passible des peines de police portées à l'art. 475, C. pén. (2). »

Mais un autre arrêt du 18 novembre 1825 vint, au contraire, décider que la responsabilité des entrepreneurs et propriétaires n'était que civile et non pénale, et ne s'étendait point aux amendes et à l'emprisonnement (3).

Depuis, l'ordonnance du 16 juillet 1828, portant règlement sur les voitures publiques, remplaça celle du 4 février 1820 : elle reproduisit les dispositions de la première, et en ajouta d'autres. L'art. 8 porte : « Les propriétaires ou en-
« trepreneurs seront poursuivis à raison des accidents arri-
« vés par leur négligence, sans préjudice de leur responsa-
« bilité civile, lorsque les accidents auront lieu par la faute
« ou la négligence de leurs préposés. » — De ces dispositions, moins absolues que celles de l'ordonnance de 1820, la jurisprudence a conclu qu'il y avait des distinctions à faire, quant à la nature de la responsabilité, suivant la nature des contraventions : « Attendu que, dans cette ordonnance, il est reconnu et déclaré, en principe, *qu'il est des cas où les propriétaires et entrepreneurs sont personnellement responsables de certaines contraventions,* et d'autres où leur responsabilité est purement civile ; — Que cette ordonnance ne définissant point les divers faits qui peuvent entraîner ces

_____

(1) Ordonn. du Cons. d'Etat, 15 juin 1842, Lebon, p. 305 et 306.
(2) Cass., 31 juill. 1825, S. 26.1.213 ; 7 fév. 1822, S. 210.
(3) S. 26.1.107.

deux sortes de responsabilité, les tribunaux de répression
sont appelés à rechercher, dans chaque espèce, quelles sont
les obligations ou les conséquences qui en résultent à l'égard
des entrepreneurs (1). »

L'ordonnance du 16 juillet 1828 est abrogée par le décret
du 10 août 1852 (2), rendu en exécution de la loi du 30 mai
1851, sur la police du roulage ; et d'ailleurs, cette loi elle-
même abroge toutes les dispositions des règlements antérieurs qu'elle remplace ou modifie (3). — Or, dans son
art. 13, elle déclare que « tout propriétaire de voiture est res-
« ponsable des amendes, dommages-intérêts et frais de répa-
« ration prononcés en vertu des articles du titre 2 (4), contre
« toute personne préposée par lui à la conduite de sa voi-
« ture (5). — Si la voiture n'a pas été conduite par ordre et
« pour le compte du propriétaire, la responsabilité est en-
« courue par celui qui a proposé le conducteur. »

789. M. Cotelle, dans son traité des Procès-verbaux de
contravention en matière administrative (6), enseigne que
les distinctions faites, quant à l'ordonnance du 16 juillet
1828, doivent prédominer l'application à faire de la loi du
15 juillet 1845, et de l'ordonnance du 15 novembre 1846,
portant règlement sur la police, la sûreté et l'exploitation
des chemins de fer.

Ainsi, les art. 12 et 14 de la loi punissent d'une amende
de trois cents francs à trois mille francs les contraventions
aux clauses du cahier des charges, ou aux décisions rendues
en exécution de ces clauses, en ce qui concerne le service de
la navigation, la viabilité des routes, ou le libre écoulement
des eaux. Les administrations sont directement et exclusivement passibles de ces peines (7).

Mais vient ensuite l'art. 19 ainsi conçu :

« Quiconque, par maladresse, imprudence, inattention,
« négligence ou inobservation des lois ou règlements, aura
« involontairement causé, sur un chemin de fer, ou dans
« les gares ou stations, un accident qui aura occasionné des

---

(1) Rej., 22 mai 1834, S. 366.
(2) Art. 45.
(3) Art. 29.
(4) Art. 4 à 12.
(5) Voyez, comme application faite par la jurisprudence, Cass.,
23 mai 1854, D. 55.1.412.
(6) P. 368.
(7) M. Cotelle, p. 368.

« blessures, sera puni de huit jours à six mois d'emprison-
« nement, et d'une amende de cinquante à mille francs. Si
« l'accident a occasionné la mort d'une ou plusieurs per-
« sonnes, l'emprisonnement sera de six mois à cinq ans, et
« l'amende de trois cents à trois mille francs. »

Voilà des pénalités qui ne concernent plus que les auteurs
directs des accidents. Les administrateurs ne sont plus responsables des faits de ce genre, commis par les préposés aux
divers services du chemin de fer, que conformément au droit
commun, comme tout commettant, c'est-à-dire civilement,
car les imprudences, maladresses, négligences, dont il est
ici question, sont du fait individuel des agents. Le dommage
qui en résulte ne peut plus, en aucune façon, être directement rapporté au fait de la compagnie et des administrateurs
en chef. Or, c'est à des hypothè-es de ce genre que s'applique
la responsabilité civile du fait d'autrui.

Enfin, la peine pourrait atteindre à la fois le supérieur qui
aurait donné les ordres, et l'agent qui les aurait exécutés,
dans le cas prévu par l'art. 21, qui dispose :

« Toute contravention aux ordonnances royales portant
« règlement d'administration publique sur la police, la sû-
« reté et l'exploitation du chemin de fer, et aux arrêtés pris
« par les préfets, sous l'approbation du ministre des travaux
« publics pour l'exécution desdites ordonnances, sera punie
« d'une amende de seize à trois mille francs. »

L'ordre donné constituerait une véritable coopération; au
lieu d'un coupable, il y en aurait deux, mais ce serait alors
un cas de responsabilité personnelle contre chacun (1).

790. Toutes les exceptions au principe de la personnalité
des peines que nous avons énumérées cessent elles-mêmes à
l'égard de l'État, responsable du fait des ses agents. Sa responsabilité n'est jamais que purement civile.

L'État, personne morale, ne peut être réputé l'auteur d'un
crime, d'un délit ou d'une contravention (2). Par suite, les
condamnations qui présentent un caractère pénal ne peuvent
jamais l'atteindre, soit directement, soit indirectement,
comme responsable du fait d'autrui. Il n'y a jamais lieu à
prononcer, contre lui, ni confiscations, ni amendes.

791. Dès qu'il ne s'agit plus d'une peine proprement
dite, la condamnation à laquelle est soumise la personne ci-

(1) V. au surplus *infrà*, chap. VIII, nᵒˢ 1035 et suiv.
(2) Cass., 11 août 1848, S. 739.

vilement responsable comprend tout ce dont est tenu l'auteur direct du dommage, suivant les règles déjà exposées nᵒˢ 105, 456 et 690 (1).

De sorte qu'il n'y a pas lieu d'examiner si la faute de la personne civilement responsable est plus ou moins légère (2), plus ou moins excusable, car la loi a établi cette responsabilité en vertu d'une présomption légale, qui n'admet la preuve contraire que par exception, et dans des limites rigoureusement déterminées (art. 1384, 5°). Ainsi des objets ont été perdus ou volés par la négligence du voiturier chargé de les transporter, l'entrepreneur de roulage qui répond du fait de son voiturier doit restituer la valeur entière des objets, telle qu'elle sera estimée par le juge.

Toutefois, la fixation de l'étendue du dommage et du montant de la réparation, faite par le jugement qui condamne l'auteur direct du délit, n'est pas opposable d'une manière absolue à la personne civilement responsable.

Si cette dernière n'a pas figuré dans l'instance à la suite de laquelle l'*agent* a été condamné, et si c'est par une action distincte qu'on la poursuit, le juge saisi de cette nouvelle action en responsabilité reste libre de déterminer, d'après les nouveaux documents qui lui sont soumis, le montant réel des dommages-intérêts dont le civilement responsable doit être tenu. Il peut donc en diminuer le chiffre (3). C'est l'application rigoureuse des principes en matière de chose jugée. Par la même raison, il pourrait aussi l'augmenter, sauf le recours du responsable contre l'agent.

792. Une conséquence du principe posé au commencement du numéro qui précède, c'est que la personne civilement responsable garantit aussi le paiement des frais et dépens auxquels a donné lieu l'action principale.

Il n'en est pas des frais et dépens comme des amendes. On ne peut les considérer comme une peine, mais seulement comme une réparation civile due, par le plaideur téméraire, à celui dont il a contesté les droits mal à propos (4). Les dé-

---

(1) Lyon, 15 mai 1839, D. 39.2.222.
(2) On a discuté, *suprà*, la question de savoir si l'auteur même du dommage peut se prévaloir du plus ou moins de gravité de la faute pour y faire proportionner le montant de la réparation. — V. nᵒˢ 658 et 659.
(3) Paris, 15 mai 1851, S. 51.2.359.
(4) Cass., 18 avril 1828, D. 220; 4 fév. 1830, D. 107; 31 janv. 1833, D. 264; 2 sept. 1837, D. 38.1.414.

pens sont ici l'accessoire de la condamnation principale, et la suite même du délit, de l'acte dommageable, quel qu'il soit. Celui qui a été lésé ne serait pas complétement indemne, s'il était obligé de supporter les frais légitimes de la poursuite, en tout ou en partie. La personne appelée à répondre du dommage causé par une autre personne doit donc répondre également des frais auxquels ont donné lieu la poursuite et la condamnation, tant contre elle-même que contre l'auteur du dommage.

Suit-il de là que si l'agent du dommage, condamné en première instance, a interjeté appel, la personne condamnée avec lui comme civilement responsable, et qui n'a point interjeté appel, soit tenue même des frais d'appel? Nous le pensons, car la partie lésée est obligée de suivre l'instance d'appel, sous peine d'encourir une condamnation par défaut, et de perdre le bénéfice du jugement qu'elle a obtenu en première instance ; du moins, il en est ainsi tant qu'elle n'a pas reçu le paiement intégral des condamnations prononcées par les premiers juges. Les frais d'appel sont donc toujours la conséquence du délit et l'accessoire de la réparation principale. La personne civilement responsable est donc tenue de l'un et de l'autre (1).

793. Au reste, de cela seul que la partie civilement responsable ne serait pas condamnée à des restitutions ou dommages-intérêts, il ne s'ensuivrait pas nécessairement qu'elle ne pût être condamnée aux dépens, si, d'ailleurs, la poursuite avait été légitimement intentée.

Un arrêt de la Cour de cassation (2) a cependant rejeté le pourvoi formé contre un jugement portant : « Que, lorsque les tribunaux ne prononcent aucune restitution, aucun dommage, il n'y a pas lieu de déclarer le père civilement responsable des dépens; que la condamnation aux dépens est l'accessoire de la condamnation première prononcée contre la personne civilement responsable. »

Mais cette solution trop absolue est en contradiction avec d'autres arrêts de la même Cour (3) et combattue par les auteurs de la *Théorie du Code pénal* (4).

---

(1) Nîmes, 16 juin 1826, D. 27.2.36, S. 27.2.34.
(2) Cass., 15 juin 1832, D. 32.1.396.
(3) Cass., 14 juill. 1814, 4 juill. 1830 et 31 janv. 1833, *Journ. du droit crim.*, 1833, p. 76 et suiv. ; 11 juin 1836, D. 37.1.109.
(4) MM. Chauveau et Faustin Hélie, t. 2, p. 300.

Suivant eux, le premier motif sur lequel se fonde l'arrêt, et qui consiste à dire qu'il n'y aurait pas eu, dans l'espèce, de préjudice causé, n'est pas réellement concluant, car il y avait eu, dans cette espèce, un délit constaté, et, dès lors, la poursuite avait été, avec raison, exercée. Or, la Cour de cassation a toujours décidé que les frais occasionnés par une telle poursuite étaient un préjudice causé à l'État, et que le remboursement avait le caractère de véritables dommages-intérêts. Il y avait donc préjudice causé, et même partie civile en cause, puisque l'État, dans le système de la Cour, peut être réputé partie civile à l'égard des dépens dont il a fait l'avance. — Le second motif est que la condamnation aux frais doit être l'accessoire d'une condamnation principale en dommages-intérêts. Mais cette condition n'est nullement imposée par l'art. 194, C. instr. crim., et l'on ne voit pas d'ailleurs pourquoi le juge, tout en déclarant qu'il y a lieu à responsabilité, ne serait pas le maître d'en limiter les effets aux frais de la poursuite. ✦

Ces observations nous paraissent fondées, et nous adoptons la doctrine qu'elles consacrent.

Nous en tirerons cette conséquence : que la partie civilement responsable pourra toujours être condamnée aux dépens envers l'État, alors même que le crime ou délit poursuivi et constaté ne serait point, par sa nature, susceptible de donner lieu à réparations civiles proprement dites, comme l'infanticide, par exemple, ou un délit de chasse poursuivi à la requête du ministère public.

794. Il est évident que la partie civilement responsable l'est aussi bien à l'égard des restitutions proprement dites que des dommages-intérêts. Un arrêt du parlement de Bretagne de 1607 aurait cependant jugé qu'un père n'était pas tenu de rendre les sommes prises et volées par son fils, parce que la coutume n'obligeait qu'à la réparation civile du délit, et non à la restitution de ce qui a été volé, *choses bien diffé-rentes.* — Comme si la restitution de la somme volée n'était pas le premier élément de la réparation du délit!—Cet arrêt, dont l'erreur est par trop manifeste, ne s'explique pas suffisamment par la nécessité d'adoucir une loi rigoureuse et même injuste à certains égards, comme était la disposition de la coutume de Bretagne, d'après laquelle les pères étaient indéfiniment tenus du fait de leurs enfants, sans être admis à prouver qu'ils n'avaient pu empêcher le dommage. M. Toul-

lier, qui rapporte cette décision (1), ne la condamne pas assez énergiquement. Sous l'empire du Code, *il n'est pas douteux* qu'une pareille subtilité serait insoutenable.

795. L'action en responsabilité du fait d'autrui, se fondant sur une obligation qui naît *quasi ex delicto*, peut donner lieu à la solidarité, suivant la règle exposée n° 704. La faute, ou la présomption de faute, imputable à plusieurs commettants, par exemple, peut être indivisible; c'est le cas de les déclarer solidairement responsables. On appliquerait ceci à deux copropriétaires ayant un agent commun pour la garde de leurs terres (2); aux membres d'une société civile, par rapport aux faits des préposés de cette société. — A l'égard des membres d'une société de commerce en nom collectif, et des gérants d'une société en commandite, la solidarité est de droit (3).

La solidarité qui a lieu entre les coauteurs d'un délit s'étend encore aux personnes civilement responsables sous un autre rapport. Pierre et Paul ont commis un vol en commun. Ils sont condamnés solidairement à cinq mille francs de restitutions et dommages-intérêts. Or, Paul est mineur, et son père, comme civilement responsable, est tenu de payer. Mais payer quoi ?... La totalité des cinq mille francs, puisque la dette de son fils est de la totalité de cette somme, en vertu de la solidarité.

796. Les conventions particulières peuvent déroger aux règles établies par la loi sur la responsabilité du fait d'autrui. La dérogation peut même être tacite et résulter de la seule nature du contrat intervenu. Par exemple, une compagnie d'assurance ne pourrait refuser de payer, au propriétaire dont la maison a été incendiée, le montant de l'assurance promise, en se fondant sur ce que le feu aurait été mis par le domestique de l'assuré, dont celui-ci serait civilement responsable.

D'abord, si le feu avait été mis par ce domestique volontairement, pour nuire à son maître, il n'y aurait pas lieu à la responsabilité civile de celui-ci, parce que le domestique ne devrait pas être considéré comme ayant agi dans l'exercice de ses fonctions (Voy. n° 917). Et, dans le cas même où l'in-

_____

(1) T. 11, n° 276.
(2) *Argum.*, Bordeaux, 9 fév. 1839, D. 39.2.107.
(3) C. comm., 22 et 24.

cendie serait le résultat d'une imprudence de ce domestique, agissant réellement dans ses fonctions, par exemple, s'il n'avait pas surveillé le feu allumé dans un appartement pendant l'absence du maître, l'assureur ne peut pas invoquer le principe de la responsabilité civile pour se dispenser de payer, parce que l'assurance a précisément pour but d'indemniser l'assuré de la perte que lui fait éprouver l'incendie causé par des faits de ce genre.

ARTICLE III.

DE LA MISE EN EXERCICE DE L'ACTION EN RESPONSABILITÉ.—COMPTÉTENCE.
— EXÉCUTION DE LA CONDAMNATION. — PRESCRIPTION.

Sommaire.

797. Quand l'action en responsabilité civile est poursuivie par la voie purement civile, et c'est ce qui a lieu toutes les

fois qu'il s'agit d'un quasi-délit ou d'un délit non qualifié par la loi pénale, ou même d'un crime, d'un délit ou contravention proprement dits, mais dont la partie lésée demande la réparation séparément de l'action publique, la compétence est soumise aux règles ordinaires de toutes les actions portées devant les tribunaux civils.

Mais quand l'action civile est poursuivie en même temps, et devant les mêmes juges que l'action publique, on se demande si la personne qui n'est que civilement responsable peut être traduite, en même temps que l'agent du délit, devant les tribunaux de répression, pour s'entendre condamner par le même jugement comme civilement responsable des réparations pécuniaires.

798. Il importe à la partie lésée de mettre toujours en cause la personne civilement responsable, en même temps et devant les mêmes juges que l'auteur direct du dommage (1). Si l'on se contentait de prendre d'abord jugement contre le coupable principal, sauf à poursuivre, au moyen d'une action distincte celui que l'on prétend civilement responsable, on courrait le risque de voir rendre une décision différente de la première, et, dans tous les cas, d'avoir à débattre de nouveau la question de savoir, non-seulement si la responsabilité doit être prononcée, mais s'il y a matière à responsabilité, c'est-à-dire s'il y a eu fait dommageable, délit ou quasi-délit de la part de l'auteur prétendu principal. Le jugement rendu avec ce dernier tout seul ne ferait pas obstacle à ce nouveau débat.

Ceci résulte de l'application la plus élémentaire des principes de la chose jugée. — Pour que l'autorité de la chose jugée puisse être invoquée d'après l'art. 1351, C. civ., il faut que la chose demandée soit la même, que la demande soit fondée sur la même cause, enfin, que la demande soit entre les mêmes parties, et formée contre elles en la même qualité. Or, il est évident que la demande, même en ne considérant que ce qui a trait au fait de la culpabilité de l'agent principal, ne serait plus, dans notre hypothèse, formée entre les mêmes parties, agissant en la même qualité. Les personnes sont tout à fait distinctes, et elles n'agissent point

(1) Observez que l'action se donne toujours contre l'auteur du dommage, bien qu'il y ait une personne civilement responsable. La garantie résultant de la présence de celle-ci ne peut pas affranchir l'autre de sa responsabilité personnelle. — Rej., 9 janv. 1833, D. 105.

en la même qualité, puisque, dans le premier cas, le défendeur est assigné pour répondre de son fait personnel comme
apprenti, préposé, etc,; et, dans le second, pour répondre
du fait d'autrui en qualité de père, mari, maître ou instituteur, commettant de quelque nature que ce soit. Ce dernier
pourrait donc être admis à soutenir que l'autre s'est mal défendu, que sa culpabilité a été déclarée mal à propos, qu'il
n'y a pas *faute* de sa part, ou que le dommage n'existe
point, et que, par conséquent, il ne peut y avoir lieu à responsabilité.

L'art. 1384 ne s'oppose nullement à cette application du
principe général posé par l'art. 1351; il ne dit pas qu'on est
responsable des condamnations prononcées contre ceux
dont on doit répondre, et sur le vu seulement de ces condamnations. Il dit que l'on est responsable du dommage
causé par le fait des personnes ou des choses dont on a la
garde. Il faut donc qu'il soit légalement prouvé contre la
personne actionnée comme civilement responsable qu'il y a
un dommage causé par celui dont elle a la surveillance,
dans les conditions voulues pour donner lieu à dommages-
intérêts. Or, une preuve légale ne peut jamais résulter, contre une personne, d'un jugement rendu avec un tiers.

Toutefois, cette application des principes relatifs à la
chose jugée ne doit pas être faite sans distinction.

Ainsi nous admettons avec M. Larombière (1) que si la
partie lésée, ayant poursuivi d'abord l'auteur du fait devant
les tribunaux criminels ou civils, a succombé dans son action par des motifs tirés des circonstances intrinsèques qui
font disparaître soit le caractère de *faute*, soit la nature
préjudiciable attribuée à ce fait, elle ne pourra agir plus
tard en dommages-intérêts contre ceux que la loi déclare
responsables. L'obligation principale n'ayant point alors
d'existence reconnue, l'obligation accessoire n'a point de
base.

Cette nouvelle action ne serait fondée qu'autant que la
demande dirigée contre l'auteur du fait, aurait été écartée
par une exception purement personnelle à ce dernier,
comme, par exemple, s'il s'agissait d'un enfant sans discernement ou d'un individu en état de démence.

Nous pensons, au contraire, que si la partie civile a triom-

phé et qu'elle agisse ensuite contre le civilement responsable, le tribunal n'est pas lié par l'évaluation des dommages-
intérêts faite par le juge criminel ou civil précédemment
saisi, et qui a statué seulement vis-à-vis de l'auteur du dommage ; le maître, le père, l'in-tituteur, assignés à leur tour,
pourraient établir que le préposé, le domestique, l'enfant,
dont ils sont responsables, a été mal défendu, et que le
dommage est moins considérable que le demandeur ne le
prétend.

C'est ce qu'a jugé la Cour de Paris par un arrêt du
15 juin 1851 (1), dont M. Larombière critique la doctrine.
La responsabilité civile n'est, suivant cet auteur, que « le
« cautionnement indéfini par lequel la personne civilement
« responsable est tenue de réparer le dommage causé par le
« fait de celui dont elle répond. L'obligation de l'ún doit
« donc toujours cadrer, comme engagement accessoire, avec
« l'obligation principale de l'autre. Or, si la personne civi-
« lement responsable est ensuite condamnée à *moins* que
« l'auteur du fait, il n'e-t pas vrai qu'elle soit tenue de
« payer pour ce dernier, puisqu'elle ne l'est que pour partie,
« tandis qu'elle est indéfiniment responsable de droit pour
« le tout. — Que si elle est condamnée à *plus*, le principe
« de la responsabilité civile, considéré comme cautionne-
« ment, est encore plus manifestement méconnu, puisque
« la caution est alors obligée à *plus* que le débiteur princi-
« pal, ce qui ne saurait être (2). »

Ainsi, c'est en assimilant complétement la théorie de la
responsabilité civile à celle du cautionnement, que l'auteur
arrive à cette conclusion absolue.

Mais le point de départ est-il bien exact ; et d'ailleurs, les
principes du cautionnement eux-mêmes sont-ils sainement
appliqués ?

Nous avons signalé ci-dessus (3) les traits par lesquels la
responsabilité civile se rapproche du cautionnement, mais
aussi ceux par lesquels elle s'en distingue. Le plus saillant
de tous est que le cautionnement dérive d'une convention ;
c'est librement, par l'effet de sa volonté propre, que la caution garantit les faits du cautionné. Cet agissement implique une sorte de mandat de part et d'autre, et, dès lors, il

_____

(1) S. 51.2.359.
(2) T. 5, p. 775.
(3) N° 739.

est possible d'admettre, avec la plupart des auteurs (1), que le jugement rendu contre l'obligé principal, sur l'existence et le montant de la créance, a l'autorité de la chose jugée contre la caution.

La caution a accepté cette situation, et elle est censée avoir donné mandat au débiteur, afin de défendre leurs intérêts communs pour lesquels il est mieux que personne en mesure de discuter les moyens et les faits (2).

Ces raisons ne sont nullement applicables à la responsabilité. Ici, point d'obligation volontaire, point de mandat exprès ou tacite. Nous ne rencontrons qu'une sorte de cautionnement forcé (3), mais à l'égard duquel la loi qui l'institue n'a pas dérogé aux principes qu'elle a posés, ailleurs sur l'autorité de la chose jugée.

Or, ces principes combinés avec ceux du cautionnement ne s'opposent en aucune manière à ce que le civilement responsable se fasse décharger en partie des condamnations prononcées contre l'auteur direct du dommage. En effet, la caution peut être tenue à payer *moins* que le débiteur principal; ceci est incontestable (4), et, d'autre part, nous l'avons déjà dit, la loi porte que les pères, mères, maîtres et commettants, etc., sont responsables du *dommage* causé et non pas des *condamnations*.

C'est donc dans l'étendue du dommage qu'est la limite de cette responsabilité, et non dans une égalité symétrique avec la condamnation qui aurait pu être portée contre l'agent. Si ce dernier a été condamné à 1000 francs de dommages-intérêts et que le responsable démontre que le préjudice réellement éprouvé n'est que de 500 francs, il ne doit pas être tenu à payer davantage.

Mais, dans le cas inverse, nous pensons avec M. Larom-

---

(1) Merlin, *Q. de droit*, v° *Chose jugée*, § 18, n° 5, et v° *Acquiescement*; M. Troplong, *Cautionnement*, n°ˢ 511 et 512; Cass., 27 nov. 1811, S. 3.1.429.

Mais ce point, M. Troplong le reconnaît lui-même, a été l'objet d'une ardente controverse.

(2) M. Troplong, *loc. cit.*

(3) Dans des cas très-nombreux, on ne trouve même qu'une seule obligation, celle du père, de l'instituteur, etc., par exemple, quand le fait a été commis par un enfant sans discernement. La *faute*, et, par conséquent, l'*obligation* n'existent que de la part du civilement responsable. — V. *infrà*, n° 825.

(4) Art. 2013. — M. Troplong, n° 117.

bière que le plaignant ne peut rien réclamer *au delà* des condamnations prononcées contre l'*agent* (1).

Est-ce une contradiction? — Nullement. En voici nos raisons :

D'abord, si la caution peut être tenue pour une somme *moindre* que l'obligé principal, elle ne peut jamais être soumise à des conditions *plus onéreuses* (2). Il y a là une analogie qu'il est parfaitement logique d'invoquer et qui s'oppose à ce que la condamnation subsidiaire dépasse celle qui a été prononcée contre l'auteur principal. Cette règle, empruntée à la matière du cautionnement, fait échec, et à bon droit, aux raisons que l'on voudrait puiser dans l'art. 1351.

En second lieu, c'est l'art. 1351 lui-même que nous allons invoquer. Supposons que la deuxième condamnation excède la première, refusera-t-on au civilement responsable son recours contre le débiteur principal? et sur quel motif pourrait-on se baser pour le faire? Mon préposé aura commis un crime, blessé un homme, commis un vol dans l'exercice de ses fonctions ; on le condame à 4,000 fr. de dommages-intérêts. — La partie civile ferait ensuite juger avec moi que le dommage qui lui a été causé est de 6,000 fr.; —elle me ferait condamner à lui payer cette somme, et je ne pourrais en réclamer que 4,000 à l'obligé principal? Ne serait-ce pas le comble de l'injustice? Celui-ci n'est-il pas le vrai coupable? ne doit-il pas supporter toutes les conséquences du délit?

Mais voici donc que par voie indirecte on va porter atteinte à la chose jugée entre le plaignant et lui. On va élever de 2,000 fr. la condamnation primitivement prononcée, et par ce circuit d'actions dénaturer la situation vis à-vis de la partie plaignante !

Ce résultat est également inadmissible.

Ainsi, dans le système opposé, il arrive nécessairement de deux choses l'une :

Ou le recours n'existe pas, et alors la personne civilement responsable est lésée sans avoir pu se garantir de cet inconvénient.

Ou l'on admet le recours, et le sort du condamné se trouve

_____

(1) Sur ce point, nous nous associons à la critique qu'il dirige contre l'arrêt de la Cour de Paris, du 15 juin 1851, dont les motifs sont trop généraux.

(2) Art. 2013.

aggravé par le fait du plaignant, au mépris de la chose jugée. De toute manière le résultat auquel on aboutit est souverainement injuste.

La distinction que nous proposons concilie, au contraire, les différentes règles de la matière et les intérêts en jeu. Au surplus, ces hypothèses se réaliseront rarement. D'ordinaire, la seconde demande sera justifiée par les mêmes moyens que la première, puisqu'elle se fondera sur les mêmes faits. Néanmoins, pour éviter toute difficulté, il importe, comme nous le disions en commençant, de ne pas diviser l'action et de traduire simultanément les deux personnes responsables devant la même juridiction.

799. Si l'agent principal est poursuivi devant les tribunaux civils, il sera facile d'amener en cause la personne civilement responsable, puisque, d'après l'art. 59, C. proc., s'il y a plusieurs défendeurs, ils peuvent toujours être assignés devant le tribunal du domicile de l'un d'eux.

Si l'action se rattachait à un crime, délit ou contravention, qualifiés par les lois pénales et de la juridiction des Cours d'assises ou des tribunaux de police, il y a plus de difficulté.

Est-il permis (c'est la question que nous posions tout à l'heure, n° 797), est-il permis d'amener, devant les tribunaux de répression, une partie qui n'est sujette qu'à une condamnation civile?

A cet égard, le doute disparaît bientôt en présence de l'art. 74, C. pén., aux termes duquel : « Dans les (autres) « cas de responsabilité civile qui pourront se présenter dans « les affaires criminelles, correctionnelles ou de police, les « Cours et tribunaux devant qui ces affaires seront portées « se conformeront aux dispositions du C. civ., livre 3, « titre 4, chapitre 2. » Il s'agit ici d'un cas de responsabilité civile proprement dite, comme le prouve la liaison de l'art. 74 avec l'art. 73 qui le précède. Puis, la loi suppose évidemment que la question de responsabilité est portée devant les tribunaux de répression en même temps que l'action principale. Cela résulte de ces mots : « dans les affaires « criminelles.... les tribunaux devant qui ces affaires se- « ront portées... » Il s'agit donc d'affaires criminelles portées devant les tribunaux criminels, et dans lesquelles surgit une question de responsabilité civile, et l'art. 74 déclare que ces mêmes tribunaux les jugeront.

Au reste, en matière de simple police, l'art. 145, C. inst.

crim., dit formellement que la citation pourra être donnée à la personne civilement responsable ; en matière de police correctionnelle, l'art. 182 renferme une disposition. semblable, et les art. 190 et 194 supposent formellement que la personne civilement responsable est jugée simultanément avec le prévenu. — Le doute ne pourrait donc s'élever qu'à l'égard des Cours d'assises, mais l'art. 74 les comprend positivement dans ses expressions générales. En parlant des Cours auxquelles sont portées les affaires criminelles, il ne peut entendre autre chose que les Cours d'assises. Aussi a-t-il été jugé plusieurs fois que la partie lésée a le droit d'assigner à fins civiles la personne responsable pour l'audience de la Cour d'assises à laquelle l'affaire est portée.

Il n'y a donc aucune distinction à faire, sur ce point, entre les différents tribunaux de répression qui peuvent être appelés à connaître de l'action principale (1).

Quid, cependant, si la partie, citée comme civilement responsable, conteste cette qualité et prétend ne pas appartenir aux catégories de personnes qui sont tenues du fait d'autrui? Même dans ce cas, la citation devant la Cour d'assises est valable. C'est ce que décide l'arrêt de la chambre criminelle de la Cour de cassation du 25 février 1848 :

« Attendu qu'aux termes de l'art. 1er du Code d'instruction criminelle, l'action en réparation du dommage causé par un crime, par un délit ou par une contravention, appartient à tous ceux qui ont souffert de ce dommage; que l'art. 3 dudit Code autorise à intenter cette action en même temps et devant les mêmes juges que l'action publique ; — Qu'il ne serait pas satisfait au vœu de ces dispositions, formulées en termes généraux et motivées par l'intérêt d'une bonne et prompte administration de la justice, si la voie qu'elles ouvrent au tiers lésé, devant les tribunaux de répression, ne lui assurait pas l'entier dédommagement qu'il serait fondé à réclamer des juges civils ; — Qu'on doit, dès lors, considérer comme le complément de cette faculté lé-

---

(1) Cass., 18 juin 1847, S. 783 ; 25 févr. 1848, S. 48.1.415 ; Cour d'assises de la Seine, 5 oct. 1847, aff. Sommé *C.* l'Administration des Postes ; *Id.*, 14 fév. 1848, Vandermarq *C.* l'Administration des Postes, *Droit,* 17 fév. 1848 ; Cass., 2 avril 1859, D. 139.

V. aussi MM. Chauveau et Faustin Hélie, *Th. du Code pén.*, t. 2, p. 298, 2e édit. ; Lesellyer, t. 2, n° 724 ; MM. Mangin et Hélie, *De l'Instr. écrite et de la compét.*, t. 2, p. 405.

gale, et comme rentrant virtuellement dans son exercice, l'appel, s'il y a lieu, dans l'instance criminelle, des personnes civilement responsables du crime...;—Que cette application du texte précité aux matières correctionnelles et de simple police a été formellement consacrée par l'art. 190, C. instr. crim.; — Qu'en ce qui concerne la juridiction des Cours d'assises, elle n'a été contredite, ni par l'art. 369 du même Code, ni par aucune autre de ses dispositions, et qu'elle ressort, au contraire, de leur rapprochement avec l'art. 74, C. pén., qui comprend les Cours dans lesquelles sont portées les affaires criminelles au nombre des tribunaux éventuellement appelés à statuer sur les cas de responsabilité civile ; — Attendu qu'il résulte des principes ci-dessus posés que la Cour d'assises de Toulouse, en admettant, dans l'espèce, les époux Bernard Combettes à prendre part aux débats de l'affaire dont il s'agit comme parties civiles, et en se déclarant compétente pour connaître de l'action en responsabilité civile exercée contre les supérieurs de l'établissement et du pensionnat de l'institut des frères de la Doctrine chrétienne, n'a violé ni les art. 190, 359, C. instr. crim., et 74, C. pén., ni les règles de la compétence, et en a fait, au contraire, une juste application ;— Attendu que la Cour d'assises a expressément déclaré ne rien préjuger et renvoyer en fin de cause la solution des autres questions qui se rattachent à l'exercice de cette action, tous droits, actions et exceptions demeurant saufs et réservés ainsi...; Rejette. »

800. Mais les tribunaux de répression ne sont compétents pour statuer sur les effets de la responsabilité civile, qu'autant qu'ils sont saisis de l'action publique pour l'application de la peine à l'auteur personnel du fait incriminé. Car l'obligation de la personne responsable n'est que l'accessoire de l'obligation de l'agent direct, et ne peut leur être déférée qu'accessoirement à l'action criminelle. Or, si le prévenu n'est pas traduit lui-même devant le tribunal, l'action publique n'est pas mise en mouvement (1). Dans ce cas, leur incompétence est matérielle et absolue ; elle pourrait être proposée en tout état de cause, même sur l'ap-

(1) Mangin, Act. publ., t. 1, n° 34; Chauveau et Hélie, t. 2, p. 298; Lesellyer, t. 2, n°⁵ 724 et 725; Cass., 11 sept. 1818, S. 19.1. 117; 15 déc. 1827, D. 28.1.59, S. 28.1.216; 9 juin 1832, D. 317; Rej., 29 avril 1843, S. 43.1.923; Douai, 31 août 1832, D. 33.2.13.

pel (1). Il résulte de là que, après la mort de l'accusé ou du prévenu, la partie civilement responsable ne peut plus être actionnée que devant les tribunaux civils, puisque, après la mort du prévenu, l'action publique est éteinte, aux termes de l'art. 2, C. instr. crim.

801. Cette doctrine est certaine pour les affaires portées devant les tribunaux de police correctionnelle et les Cours d'assises.

Mais, en ce qui concerne les affaires de simple police, on n'est pas également d'accord. M. Legraverend enseigne que la partie civilement responsable peut être citée devant le tribunal de répression, en l'absence de l'auteur immédiat de la contravention.

Voici le passage de M. Legraverend :

« Si la citation n'était dirigée que contre la personne réputée civilement responsable d'après la loi, sans que l'auteur de la contravention fût appelé, la citation n'en serait pas moins régulière quant à cette personne, et elle n'en devrait pas moins être condamnée par le tribunal de police, s'il y avait lieu, aux dommages-intérêts résultant de la contravention. En effet, quoique le tribunal de police ne doive connaître que des faits qui sont considérés comme contraventions, et que, dans le cas supposé, on ne peut reprocher aucune contravention personnelle à celui qui serait cité devant le tribunal, cependant, comme son appel en justice serait le résultat d'une contravention et que la loi n'oblige pas à citer tout à la fois le contrevenant et celui qui en répond ; qu'elle semble, au contraire, permettre de ne citer que le dernier, et que, dans beaucoup de cas, c'est le responsable seul qui peut être cité, il est évident que le tribunal de police est compétent pour statuer, quoique le responsable soit seul mis en cause. Il est évident, d'ailleurs, que cette marche n'a rien d'extraordinaire, car si les tribunaux de répression sont, en général, incompétents pour statuer sur des intérêts civils, isolés d'un fait qui puisse donner lieu à quelque peine, ce principe commun ne saurait trouver ici d'application. En effet, la responsabilité civile, résultant d'un délit ou d'une contravention de police, ne peut être isolée de ce fait; c'est parce qu'elle s'y rattache essentiellement, c'est parce que la

(1) Cass., 11 sept. 1818, S. 19.1.117; Chauveau et Faustin Hélie, t. 2, p. 299 ; Mangin, loc. cit.

responsabilité ne porte pas seulement sur le dommage dont
la partie lésée demande la réparation, mais qu'elle s'étend
aussi en divers cas aux amendes, qui sont une véritable peine,
comme aux autres condamnations pécuniaires, que le ministère public peut et doit agir contre les responsables, pour
les faire condamner à raison de la contravention ou du délit
qui donne lieu à la responsabilité, qui forme, quant à eux,
un quasi-délit (1).

Ce système s'appuie sur la rédaction ambiguë de l'art. 145,
C. d'instr. crim., qui porte que les citations, pour contraventions de police seront faites à la requête du ministère
public ou de la partie qui réclame, et qu'il en sera laissé
copie *au prévenu ou à la partie civilement responsable.* Il
semble résulter de ces expressions que l'on peut indifféremment traduire devant le tribunal l'auteur de la contravention
et la personne qui en répond (2). Et l'on pourrait croire que
cette interprétation a été consacrée par deux arrêts de la
Cour de cassation, l'un du 24 septembre 1829 (3), l'autre
du 24 mars 1848 (4), qui jugent que le maître peut être
directement traduit devant le tribunal de simple police, en
l'absence et comme responsable de la contravention commise
par ses domestiques.

A notre avis, tout cela n'est qu'erreur et confusion. Dans
le passage ci-dessus, M. Legraverend fait de vains efforts
pour justifier la dérogation aux principes les plus certains de
la compétence qu'il croit écrite dans l'art. 145. Avec ses rai-
sonnements, on irait jusqu'à décider que la partie qui n'est
que civilement responsable peut être isolément traduite devant le tribunal correctionnel. Ne pourrait-on pas dire aussi
que « son appel en justice serait le résultat d'un délit, que
« la responsabilité civile ne peut être isolée de ce délit, et
« qu'elle s'y rattache essentiellement? » Ce point de départ
est vrai; c'est pour cela que l'action en responsabilité civile
peut être portée au tribunal de répression, concurremment
avec l'action publique. Mais il n'est pas permis d'en conclure
qu'elle y puisse être portée isolément, en l'absence de l'action publique. Cette conclusion est aussi fausse quand il
s'agit de contraventions que lorsqu'il s'agit de délit, et dans

_____

(1) T. 2, p. 272.
(2) M. Carnot, *Sur l'art.* 145, n° 4.
(3) D. 360.
(4) S. 49.1.384.

ce dernier cas pourtant, nul ne prétend que les deux actions puissent être séparées.

« C'est, ajoute M. Legraverend, parce que la responsabilité s'étend, en divers cas, aux amendes, qui sont une véritable peine, comme aux autres condamnations pécuniaires, que le ministère peut et doit agir contre les responsables pour les faire condamner à raison de la contravention ou du délit. »

Mais c'est là raisonner d'un cas tout particulier à un fait général. C'est ériger en règle ce qui n'est que l'exception. Si, dans certains cas, les personnes responsables le sont de l'amende, si l'on peut alors considérer l'action publique comme mise en mouvement à leur égard, il faudra bien admettre que, dans ces hypothèses, les responsables pourront être cités devant le tribunal de répression en l'absence du prévenu. Mais il faudra toujours qu'il en soit autrement, quand le responsable n'encourra qu'une condamnation purement civile, et c'est le cas que nous supposons. Comment, d'ailleurs, peut-on dire que le ministère public doit agir contre les responsables pour les faire condamner à raison du délit qui forme, quant à eux, un quasi-délit? L'art. 182, C. instr., est incompatible avec une pareille doctrine, que condamnent, d'ailleurs, tous les principes du droit criminel.

802. Serait-il vrai que l'art. 145 autorisât cette dérogation? En disant que la copie de la citation sera laissée au prévenu *ou* à la partie civilement responsable, a-t-il entendu que celle-ci et le prévenu pourraient être indifféremment et isolément traduits devant le tribunal?

On a vu que la plupart des auteurs qui ont écrit depuis M. Legraverend sont d'un avis contraire au sien. M. Boitard dit nettement qu'il faut rectifier l'art. 145 par l'art. 182, qui ne permet de citer la personne responsable qu'avec le prévenu (1). « S'il faut, ajoute-t-il, donner un sens particulier à ces mots de l'art. 145 : *ou* à la personne civilement responsable, on peut admettre, comme cas unique où la personne civilement responsable pourra être citée seule valablement, le cas où l'auteur du fait serait tellement jeune, qu'il y aurait impossibilité de voir en lui un prévenu, par exemple, un enfant de 7 à 8 ans.

(1) *Leçons sur le C. d'instr. crim.*, p. 436 et 437, n° 641.

Cette explication assez plausible suppose encore dans
l'art. 145 une dérogation à la règle. Pour moi, je croirais
plus rationnel et plus juridique de dire que l'art. 145 a seulement pour but d'indiquer à qui la copie de la citation sera
laissée. Suivant moi, le prévenu doit toujours être cité personnellement, mais la loi permet de remettre la citation à la
personne responsable, soit parce que, dans certains cas,
comme celui que suppose M. Boitard, elle seule peut défendre à la poursuite, l'auteur de la contravention se trouvant
incapable de paraître en justice et d'être considéré comme
prévenu, soit parce que, dans d'autres cas, elle doit assumer
la responsabilité, la contravention ayant été commise par
ses ordres ou à son profit; soit enfin, et dans toutes les hypothèses, parce que la personne responsable a toujours intérêt
à faire comparaître le prévenu, et que la loi se tient pour
assurée que la citation remise à la première parviendra toujours à ce dernier.

Quant aux arrêts de la Cour de cassation, il est à remarquer que ceux des 11 septembre 1818 et 9 juin 1832, cités
au n° 800, ceux des 24 décembre 1830 (1), 31 janvier 1833 (2),
5 juillet même année (3), et 25 novembre 1836 (4), qui ont
décidé la question dans notre sens, ont tous été rendus dans
des affaires de simple police. Il est bien difficile de croire que
la Cour suprême, en rendant son arrêt du 24 septembre
1829, ait contredit une jurisprudence qu'elle a consacrée de
nouveau en 1830 et 1833, et que par l'arrêt de 1848 elle ait
entendu revenir sur une doctrine aussi établie et si conforme
aux vrais principes du droit. Mais, en effet, on reconnaît,
avec un peu d'attention, que ces deux arrêts ont statué sur
un point tout différent de celui que nous discutons.

Voici le texte de celui de 1829 : « Attendu, s'il est vrai, en
droit, que la partie civilement responsable ne peut être condamnée qu'autant qu'il y a des prévenus en cause, il n'en est
pas de même en matière de simple contravention de police,
et quand il ne s'agit, par conséquent, ni de crime, ni de délit
commis par des domestiques, lorsque le maître reconnaît
que ses domestiques ou gens de travail n'ont commis la con-

(1) D. 31.1.56, *Bull. off.*, n° 254.
(2) *J. du Pal.*, à sa date, p. 103, *Bull. off.*, n° 28. Il s'agissait d'un
père traduit comme responsable de ses enfants mineurs.
(3) *J. du Pal.*, à sa date, p. 638, *Bull. off.*, n° 253.
(4) D. 37.1.66.

travention que par suite des ordres qu'il leur a donnés; que Servoise et Berdez, en convenant du fait incriminé devant ce tribunal de police, et en n'articulant pas que le fait avait eu lieu sans leur ordre ou malgré leur ordre, ont assumé sur eux la responsabilité du fait et s'en sont déclarés eux-mêmes les seuls coupables (1). »

La Cour déclare ici qu'en matière de contravention, celui au profit et par les ordres de qui elle a été commise en est le véritable auteur; que, dans ces circonstances, l'agent direct peut être totalement écarté, et que la responsabilité pleine et entière peut retomber sur le maître dont il n'a été que l'instrument.

Ce n'est donc plus alors d'un cas de responsabilité civile qu'il s'agit simplement. C'est une responsabilité pénale qui a été encourue. La peine peut être appliquée au commettant, bien qu'il n'ait été cité que comme civilement responsable.

Tel est le sens de ces deux arrêts. Ce qui le prouve, c'est qu'ils ont été rendus sur les poursuites du ministère public, qui ne pouvait évidemment poursuivre contre les individus cités que l'application de la peine et nullement des réparations civiles. On voit qu'ils ne portent aucune atteinte à la jurisprudence antérieure que nous avons invoquée.

803. De ce que le tribunal de répression est incompétent pour statuer sur l'action civile exercée isolément, il ne s'ensuit cependant pas que l'on dût renvoyer purement et simplement de la plainte la partie civilement responsable, traduite seule devant le tribunal de police simple ou correctionnelle. Ce tribunal devrait surseoir à statuer et fixer le délai pendant lequel le ministère public serait tenu de mettre en cause l'auteur même du délit(2). Tout au plus pourrait-il se borner à déclarer son incompétence, sous toutes réserves de l'action de la partie lésée (3).

Nous disons devant les tribunaux de police simple ou correctionnelle, et non pas devant les Cours d'assises, car cel-

---

(1) L'arrêt du 24 mars 1848 est identiquement calqué sur celui-ci. — V. dans le même sens, Cass., 3 août 1855, *Bull.*, 277.
(2) Cass., 18 oct. 1827, D. 505; 24 déc. 1830, *J. du Pal.*, à sa date, D. 31.1.56; 9 juin 1832, S. 744; 31 janv. et 5 juill. 1833, D. 264, et *J. du Pal.*, à leur date; Chauveau et Faustin Hélie. 2, p. 299, 2ᵉ édit.
(3) Cass., 25 nov. 1836, D. 37.1.66.

les-ci ne peuvent être, en général, saisies de la connaissance des crimes qui leur sont déférés par la citation directe du ministère public. Cela n'a lieu que tout à fait exceptionnellement en matière de presse; en tout autre cas, la Cour d'assises n'est régulièrement saisie que par le renvoi qui lui est fait de l'accusé par la chambre des mises en accusation de la Cour d'appel (1). Or, d'une part, ceci rend à peu près impossible l'hypothèse d'une personne civilement responsable traduite aux assises séparément de l'accusé; d'autre part, on ne pourrait, dans la durée de la session d'une même Cour d'assises, remplir toutes les formalités exigées pour arriver à une mise en accusation de l'auteur principal du crime ou délit, et, d'ailleurs, l'art. 261, C. d'inst. crim., porte que les accusés qui ne seront arrivés dans la maison de justice qu'après l'ouverture des assises, ne pourront y être jugés que lorsque le procureur général l'aura requis, lorsque les accusés y auront consenti, et lorsque le président l'aura ordonné. Ainsi donc, en principe, la Cour d'assises ne peut connaître des affaires qui ne lui seraient déférées que dans le cours de sa session; par conséquent, le sursis dont nous venons de parler ne devrait pas être prononcé par elle, elle devrait se déclarer incompétente.

804. Dans les cas exceptionnels, comme en matière de douanes, où la personne civilement responsable est soumise, par une loi expresse, aux *peines* de la contravention commise par ses préposés, on peut dire que l'action publique existe dès que le responsable est mis en cause. On peut donc, en pareille hypothèse, admettre que le responsable soit traduit isolément devant le tribunal de répression; cependant le contraire a été jugé par la Cour de Douai (2).

804 *bis*. On vient de voir qu'en règle générale la personne civilement responsable ne peut être citée seule devant le tribunal de répression. Nous avons à rechercher maintenant si elle peut y être appelée par le prévenu, ou y intervenir spontanément pour prendre le fait et cause de ce dernier, notamment, soulever l'exception préjudicielle de propriété ou simplement établir la bonne foi du prévenu :

Il a été jugé à plusieurs reprises que le civilement responsable a droit d'intervenir sur les poursuites pour con-

---

(1) C. instr. crim., 217 et suiv., 231, 251.
(2) 31 août 1832, D. 33.2.13.

tester l'existence du délit ou l'importance de la réparation demandée (1). Car il a dans la cause un intérêt personnel et direct, notamment s'il y a lieu de soulever la question de propriété (2); il pouvait être appelé dans l'origine, et ne fait en se présentant « que réunir les différents éléments d'un procès qui n'aurait pas dû être divisé (3). » Son intervention, en pareil cas, nous paraît donc admissible, non-seulement devant les tribunaux de police simple et correctionnelle, mais devant la Cour d'assises elle-même. L'art. 359, C. d'instr. crim., et l'art. 23 de la loi du 17 mai 1819, qui autorisent l'intervention de la partie civile, fournissent un argument d'analogie dont la puissance ne saurait être méconnue.

Les mêmes raisons conduisent à décider que le prévenu peut mettre en cause la personne responsable, s'il juge cette mesure nécessaire à sa défense. Il ne fait alors que provoquer son intervention au débat, intervention qui pouvait être formée librement, comme on vient de le voir, et c'est ce que la Cour de cassation a également reconnu (4).

805. La question ne souffre pas autant de difficultés quand l'action est portée devant les tribunaux civils, car la juridiction de ceux-ci n'est pas limitée, comme celle des tribunaux de répression, par la nécessité de prononcer sur l'action publique. Rien n'empêche d'actionner directement la partie civilement responsable, pour faire décider contre elle qu'un dommage a été causé par celui dont elle répond, et la faire condamner au paiement des dommages-intérêts. Il n'est pas nécessaire, pour cela, que l'auteur du dommage figure dans la cause (5), sauf à la personne civilement responsable à l'y appeler pour le faire condamner par le même jugement à la garantie, s'il y a lieu (6).

---

(1) Cass., 7 janv. 1853, D. 66, et 12 janv. 1866, D. 416; Rej., 16 avril 1858, D. 295.

(2) Cass., 13 nov. 1835, Dalloz, *Intervention*, n° 167, et Rej., 10 mai 1845, D. 45,4 324.

(3) Faustin Hélie, *Instr. crim.*, t. 7, p. 354, 1ʳᵉ édit. — *Conf.*, Mangin, *Act. publ.*, t. 1, n° 217, et Dalloz, v° *Intervention*, n° 167. — V. une application de cette faculté d'intervention dans l'art. 36 du décret du 1ᵉʳ germ an VI, sur les droits réunis.

(4) Cass., 7 janv. 1853, D. 66, et les autoritées citées à la note précédente. — *Adde*, Cass., 16 août 1822 et 22 juin 1826, rapportés par M. Dalloz, v° *Intervention*, n° 167.

(5) Grenoble, 13 mars 1834, D. 34.2.197 ; Rej., 19 févr. 1866, D. 20.

(6) V. nᵒˢ 769 et suiv.

Mais cette demande en garantie doit-elle avoir lieu sans
retarder l'action principale, ou, au contraire, la partie civilement responsable jouira-t-elle des délais ordinaires, pour
appeler le garant en cause? — L'art. 175, C. de proc. civ.,
porte que celui qui prétendra avoir droit d'appeler en garantie sera tenu de le faire dans la huitaine du jour de la demande originai·e, outre un jour pour trois myriamètres; et,
d'après l'art. 179, si les délais des assignations en garantie
ne sont pas échus en même temps que celui de la demande
originaire, il ne sera pris aucun défaut contre le défendeur
originaire lorsqu'avant l'expiration du délai il aura déclaré,
par acte d'avoué à avoué, qu'il a formé sa demande en garantie. — Il nous semble que dans tous les cas où la partie
civilement responsable a son recours, en tout ou en partie,
contre l'agent du dommage, elle doit jouir du délai que
l'art. 175 accorde à tout défendeur qui veut appeler garant.
Il n'y a aucune exception établie à son égard dans le Code ;
et, d'ailleurs, cette faculté ne peut être une source de graves
abus, puisque l'art. 180 donne au demandeur originaire le
droit de faire décider par le tribunal saisi s'il y a réellement
lieu à appeler garant. L'incident, porte cet article, sera jugé
sommairement.

806. Ni devant les tribunaux civils, ni devant les tribunaux criminels, la personne responsable ne peut être condamnée sans avoir été entendue ou régulièrement appelée (1).
C'est l'application d'un principe incontestable et de droit naturel. Une pareille condamnation serait radicalement nulle,
le responsable pourrait se pouvoir contre elle par voie de
tierce opppsition, lorsqu'on en poursuivrait contre lui l'exécution (2). »

Il y a cependant des lois exceptionnelles qui dérogent à
ce principe dans un intérêt fiscal ; on peut citer l'art. 36 du
décret du 1er germinal an xiii, sur les droits réunis, ainsi
conçu :

« La confiscation des objets saisis pourra être poursuivie
« et prononcée contre les conducteurs sans que la régie soit
« tenue de mettre en cause les propriétaires, quand même
« ils lui seraient indiqués, sauf, si les propriétaires inter-
« venaient ou étaient appelés par ceux sur lesquels les sai-

---

(1) Cass., 21 prair. an xi, Dalloz, *Défense*, p. 548, 1ʳᵉ éd. ; MM. Mangin et Faustin Hélie, *De l'Instr. écrite*, t. 2, p. 405.
(2) M. Legraverend, t. 2, p. 272 ou 316, suivant les éditions.

« sies auraient été faites, à être statué, avec qui de droit,
« sur toutes interventions ou réclamations. »

La Cour de cassation a conclu de là que les maîtres ou
propriétaires peuvent être déclarés responsables des condamnations prononcées contre les conducteurs sans qu'il soit
besoin de les mettre en cause (1).

806 bis. Quoi qu'il en soit, le ministère public peut toujours faire citer à sa requête la partie civilement responsable avec le prévenu, pour ce qui concerne les frais et dépens.
Et si la responsabilité est déclarée, la condamnation aux frais
dus au trésor, doit être mise à la charge du responsable. Il
n'est pas nécessaire pour cela qu'il y ait partie civile en
cause (2).

807. L'action en responsabilité civile est, comme nous
l'avons dit, de celles qui naissent *quasi ex delicto*. Les questions qui pourraient s'élever sur l'étendue des droits de la
partie lésée, par rapport à la nature des biens affectés à sa
créance, se résolvent par ce que nous avons dit nᵒˢ 167 et
suivants.

808. Quant à la contrainte par corps, les personnes condamnées comme civilement responsables y sont-elles sujettes
de la même manière que les auteurs personnels du délit?
Pothier (3) enseignait la négative, et M. Proudhon (4) reproduit sa décision dans les mêmes termes : « Ceux qui sont
tenus de l'obligation d'un délit commis par une autre personne sans y avoir concouru eux-mêmes, disent-ils, en sont
tenus différemment que l'auteur du délit. Quoique celui-ci
soit contraignable par corps au paiement de la somme à laquelle il a été condamné pour la réparation du tort qu'il a
causé, lorsque le délit est de nature à donner lieu à cette
condamnation, les personnes qui en sont responsables ne le
sont que civilement, et ne peuvent être contraintes que par
la saisie de leurs biens, et non par l'emprisonnement de
leurs personnes. »

Cette solution n'était pas exacte sous la législation des
Codes et avant la loi de 1867. Une distinction était nécessaire.

Les personnes civilement responsables d'un crime, d'un

---

(1) Rej., 26 avril 1839, D. 305.
(2) Rej., 13 déc. 1856, D. 57.1.75.
(3) *Oblig.*, n° 122.
(4) *Usufr.*, 2.1535 ; V. aussi Zachariæ, 3, p. 192, note 9.

délit ou d'une contravention, n'étaient pas soumises de plein droit à la contrainte comme lés agents directs de l'infraction, en vertu des art. 52, C. pén., 33, 37 et 38 de la loi du 17 avril 1832. Les coupables seuls sont tenus, de cette manière, pour les dommages qui sont l'accessoire de condamnations pénales (1).

Conformément à cette doctrine universellement reçue (2), la loi sur la chasse, du 3 mai 1844, dans l'art. 28, après avoir déclaré que les pères, mères, tuteurs, maîtres et commettants sont civilement responsables des délits de chasse commis par leurs enfants mineurs, domestiques ou préposés, ajoute : « Cette responsabilité sera réglée conformément à « l'art. 1384, C. civ., et ne s'appliquera qu'aux dommages-« intérêts et frais, sans pouvoir, toutefois, donner lieu à la « contrainte par corps. » — L'art. 206, C. forest., dispose également que les personnes qu'il déclare civilement responsables des restitutions, dommages-intérêts et frais, ne seront pas contraignables par corps, si ce n'est dans le cas prévu par l'art. 46. Cet art. 46 a trait aux adjudicataires des coupes, il les rend responsables *par corps* des amendes et restitutions encourues par leurs facteurs, ouvriers, bûcherons et autres employés. C'était une exception, mais on sait qu'il en existe plusieurs à l'égard de ces adjudicataires (3). La loi s'est montrée très-rigoureuse à leur égard parce qu'ils sont, suivant la remarque de M. Troplong, possesseurs de la coupe et pourraient facilement abuser. — En matière de délit rural, la jurisprudence a, quelquefois, admis que les personnes civilement responsables le sont de l'amende. Nous avons, plus haut (n° 783), combattu ce système; mais, s'il devait être suivi, il faudrait décider de même, par rapport à l'application de la contrainte par corps établie pour le paiement de ces amendes et indemnités, par l'art. 5, titre 2, de la loi des 28 septembre-6 octobre 1791. — Ces exceptions, du reste, ne changent absolument rien au principe établi ci-dessus, que la contrainte n'a pas lieu de plein droit, et pour le montant, quel qu'il soit, des dommages auxquels sont condamnées les personnes civilement responsables.

---

(1) V. n° 193; Rej., 11 fév. 1843, S. 626 : Cass., 3 juin 1843, S. 937; MM. Coin-Delisle, *Contr. par corps*, p. 112, n° 3; Troplong, *Contr. par corps*, n°° 623 et 624.
(2) V. cependant M. Carnot, *Sur l'art.* 32 *du C. pén.*, n° 12.
(3) V. n° 782 *bis*.

Mais les juges avaient la faculté de prononcer contre elles cette voie d'exécution, en vertu de l'art. 126, C. de proc. civ., quand la condamnation était de plus de trois cents francs (1).

Aujourd'hui, cet art. 126 est abrogé par la loi du 22 juillet 1867 qui supprime la contrainte en matière civile et ne la maintient que pour les réparations mises à la charge du coupable lui-même, condamné préalablement par la juridiction répressive (art. 2, 4 et 5). On est donc revenu au système de Pothier, et cela sans aucune exception.

Nous pensons, toutefois, que cette abrogation ne s'étend pas à l'art. 46, C. forest., que nous venons de citer à l'instant, bien que le titre XIII du Code forestier, dont ne font partie ni cet art. 46, ni l'art. 206 qui s'y réfère, soit seul et expressément maintenu par l'art. 18 de la loi du 22 juillet.

— Il faut remarquer, en effet, que les adjudicataires sont responsables des *amendes*. Les condamnations prononcées contre eux, en cette qualité, sont donc des condamnations pénales et non civiles; elles sont prononcées par les tribunaux correctionnels (C. instr. crim., 179).

On ne saurait douter, dès lors, que les art. 2 et 3 de la loi nouvelle ne les comprennent dans ces expressions si formelles : « Condamnation à des amendes, restitutions et « dommages-intérêts en matière correctionnelle. »

Seulement la contrainte ne devait pas s'étendre au paiement des frais, au profit de l'Etat, aux termes de la disposition générale contenue dans le 2° paragraphe du même art. 3 de la loi de 1867 :

Il en est autrement depuis la loi du 19 décembre 1871 (V. n° 200).

809. L'action en dommages-intérêts ne peut être dirigée contre la personne civilement responsable d'un délit ou d'un quasi-délit, lorsque l'action est éteinte à l'égard de l'agent direct. Nous disons quand elle est éteinte, et non pas quand elle est sans résultat, parce qu'une condamnation ne pourrait pas être prononcée, par exemple, si l'auteur du dommage n'avait pas conscience de ses actes, comme un fou ou un enfant en bas âge; au contraire, nous verrons bientôt (n°s 824 et 876) qu'en pareil cas, la responsabilité civile reçoit une application certaine et fréquente.

(1) V. t. 1, n°s 494 et suiv.

Mais aucune action n'est perpétuelle ; elles s'éteignent toutes par la prescription, et la prescription de l'action en responsabilité civile est nécessairement la même que celle de l'action contre l'auteur même du délit ou quasi-délit, car celle-ci est la principale et l'autre l'accessoire. Tous les motifs qui ont fait limiter à un temps plus ou moins long les actions civiles résultant d'un délit s'appliquent avec la même force à l'action contre la personne responsable. La raison répugnerait plus encore à admettre que le coupable fût à l'abri de toute recherche, et que, cependant, un tiers qui n'a pas commis le délit dût en supporter certaines conséquences. D'ailleurs, l'action en responsabilité n'est-elle pas aussi, à proprement parler, une *action civile pour la réparation du dommage causé par un délit*, à laquelle s'applique directement l'art. 2, C. instr. crim., portant que l'action civile s'éteint, comme l'action publique, par la prescription, d'après les règles tracées par ce Code? Cela paraît incontestable (1).

Pour savoir quand et comment une action en responsabilité civile est prescrite, il suffira donc de rechercher quand et comment serait prescrite l'action civile dirigée contre l'agent du dommage personnellement (2), et c'est ce que nous avons expliqué aux nos 373, 636 et 742 de cet ouvrage, auxquels nous renvoyons.

Les mêmes règles s'appliquent à l'action récursoire que le civilement responsable, condamné en cette qualité, exercerait contre l'agent direct du dommage. Car cette action, comme celle de la partie lésée, naît *ex delicto* (3).

Observons seulement que la prescription pourrait être interrompue vis-à-vis de l'un, sans l'être vis-à-vis de l'autre. Il peut en résulter la perte du recours de la personne civilement responsable contre l'agent du dommage (4). Mais elle a le moyen de l'éviter, en formant son action propre contre ce dernier, dès qu'elle est assignée par le demandeur en dommages-intérêts.

---

(1) Toullier, 11, nos 294 et suiv. ; MM. Chauveau et Faustin Hélie, *Th. du C. pén.*, t. 2, p. 301, et 4e édit., t. 1, p. 600.
(2) *Conf.*, Rej., 14 mars 1853, D. 83, et Cass., 6 mars 1855, D. 84; Rej., 13 mai 1868, et 12 janv. 1869, D. 69.1.217 ; Aix, 15 juin 1871, rapp. avec Cass.. 20 mars 1872, D. 343.
(3) Bourges, 27 mars 1857, D. 57.2.164.
(4) Même arrêt.

CHAPITRE II.

RESPONSABILITÉ DES PÈRES, MÈRES ET TUTEURS.

Sommaire.

833. — L'impossibilité physique d'empêcher le fait ne suffit pas, s'il a été précédé d'une faute de la part des parents.

834. — Notamment, s'ils ont négligé de donner à l'enfant une éducation convenable.

835. — Hors de ces circonstances, l'absence est une excuse pour les père et mère.

836. — C'est à eux qu'incombe la preuve.

837. — Elle se fait conformément aux règles ordinaires, sur la preuve testimoniale.

838. — La responsabilité s'étend à tous les actes quelconques de l'enfant. — Quid, si le père lui donne un emploi déterminé?

839. — L'enfant, comme auteur du dommage, est tenu de la réparation sur ses biens personnels.

840. — Le père a son recours contre lui.

841. — Les cohéritiers peuvent demander le rapport, à la succession du père, des sommes qu'il a payées comme responsable.

842. — S'ensuit-il que l'effet de la responsabilité soit borné, vis-à-vis des tiers, à la portion héréditaire de l'enfant ?

843. — Responsabilité du tuteur et du cotuteur.

844. — Elle n'a lieu que si le pupille habite avec lui. — Quid, si l'enfant est placé par lui chez une autre personne ?

845. — Elle cesse quand le tuteur prouve qu'il n'a pu empêcher le fait dommageable.

846. — Le tuteur a son recours contre le pupille.

810. Le premier exemple de la responsabilité civile, dans l'ordre de la nature et de la loi, c'est la responsabilité des pères et mères à l'égard des faits de leurs enfants. Dans le droit romain, on appliqua longtemps aux fils de famille de l'un et l'autre sexe ce qui avait lieu pour les esclaves (voyez n° 754, *suprà*). Gaius dit, à l'égard des uns comme des autres, qu'il eût été injuste *nequitiam eorum ultrà ipsorum corpora parentibus dominisve damnosam esse* (1). Le père de famille qui les avait sous sa puissance pouvait donc en faire l'abandon noxal. Il s'opérait au moyen d'une mancipation qui les plaçait sous la puissance de la partie lésée. *Et hunc actor pro pecunià habet* (2). Mais cet usage barbare tomba en désuétude et l'action fut alors dirigée contre le fils de famille lui-même (3). La condamnation s'exécutait aussi contre ce dernier en tant que cela était possible, sauf

_____

(1) Gaii *Instit.*, 4, n°ˢ 75, 77, 78 et 79 ; Justin. *Instit.*, 4, t. 8, § 7
(2) Gaii *Instit.*, 1, 140.
(3) L. 33 et 34, D. *de Noxal. act.*

au demandeur à agir *de peculio* contre le père, jusqu'à due concurrence de la condamnation (1).

811. De l'assimilation complète qui, d'après les textes, aurait existé primitivement entre les enfants et les esclaves par rapport à la responsabilité du père de famille (2), il y a lieu de conclure que celui-ci pouvait être poursuivi directement quand il avait toléré le délit auquel il pouvait mettre obstacle, bien que la loi 2 *D. h., tit.* (3), ne s'applique qu'aux propriétaires d'esclaves. Les raisons sont les mêmes à l'égard du père.

Quoi qu'il en soit, cette responsabilité fondée sur la puissance paternelle disparaissait avec elle, soit que l'enfant passât sous une autre puissance, soit qu'il devînt *sui juris*.

812. Dans notre ancienne jurisprudence, les principes du droit romain ne furent pas universellement admis. Merlin (4) cite plusieurs coutumes et un grand nombre d'arrêts, notamment du parlement de Paris, qui déclaraient le père irresponsable de la réparation civile des délits de ses enfants. On ne peut, ajoute-t-il, « s'adresser au père en pays coutumier que pour lui faire rendre compte de ce qu'il pourrait devoir à son fils comme détenteur des biens de la mère défunte ou à tout autre titre. » Cependant la coutume de Bretagne, conforme en cela à l'ancienne et à la très-ancienne, rédigée vers l'an 1230, portait, art. 656 : « Si l'en-« fant fait tort à autrui, tant qu'il sera au pouvoir de son « père, le père doit payer l'amende civile, pour ce qu'il doit « châtier ses enfants (5). » M. Toullier assure que cet article fut suivi dans les coutumes qui n'avaient pas de dispositions semblables, et devint le droit commun de la France (6). Ce point paraît fort contestable en présence des autorités rapportées par Merlin. Toutefois ce dernier lui-même reconnaît que plusieurs auteurs avaient tenté d'ériger la disposition de la coutume de Bretagne en règle générale, et que plusieurs décisions avaient été rendues dans le même sens (7). Mais on faisait valoir, pour en diminuer l'autorité,

---

(1) L. 35, *cod.*
(2) *Instit.*, 4, t. 8, § 7 ; t. 7, *princip.*
(3) V. n° 755.
(4) *Rép.*, v° *Puissance paternelle*, sect. 3, § 2, n° 2.
(5) Toullier, t. 11, p. 260 ; Merlin, *ibid.*, n° 7.
(6) Denisart, *Nouv. collect.*, v° *Délit*, § 3, n° 5.
(7) Legrand, *Cout. de Troyes*, art. 168, gl. 5, n° 26; Arr. du Parlem. de Paris, 9 juin 1625, dans Bardet, t. 1, liv. 2, chap. 46.

que, dans presque toutes ces espèces, il s'agissait d'enfants impubères, sur lesquels, par conséquent, les père et mère étaient tenus de veiller.

813. En résumé, les principes, en cette matière, étaient demeurés fort incertains. Cependant on s'accordait à reconnaître que le père pouvait être condammé : 1° lorsqu'il prenait fait et cause pour son fils et le défendait en justice (1); 2° quand il y avait connivence de sa part aux délits de ses enfants. Or, il suffisait pour cela qu'il ne les empêchât point autant qu'il le pouvait; il s'en rendait par là en quelque sorte complice (2). Legrand, sur la coutume de Troyes (3), dit que, par un arrêt du mois d'avril 1644, M. le président Lecoigneux tenant l'audience, « un père, en la présence duquel son fils impubère, sortant de l'église, ayant querelle, avait baillé un coup de pied à un autre, dont il mourut quelques jours après, fut condamné à cent vingt livres pour dépens, dommages et intérêts ; le fils fut renvoyé absous. »

— Le père était donc déchargé lorsqu'il n'avait pu empêcher le fait. Il n'était même pas présumé avoir pu s'y opposer, on devait d'abord faire contre lui la preuve de la connivence. C'est en quoi l'ancienne jurisprudence différait de notre droit actuel, comme nous le verrons plus loin.

814. Aujourd'hui la responsabilité civile des parents est bien définie. L'art. 1384, C. civ., porte : « Le père et la « mère, après le décès du mari, sont responsables du dom- « mage causé par leurs enfants mineurs habitant avec « eux..., à moins que les père et mère ne prouvent qu'ils « n'ont pu empêcher le fait qui donne lieu à cette respon- « sabilité. »

Cette disposition est fondée sur la puissance paternelle, qui donne aux père et mère le droit et le devoir de veiller constamment sur leurs enfants, tant qu'ils sont incapables de diriger leurs propres actions, en tant qu'ils leur sont soumis dans l'ordre civil, et de prévenir leurs fautes, soit par cette surveillance actuelle, soit surtout par l'éducation intellectuelle et morale qu'ils sont chargés de leur donner. Si le dommage causé par l'enfant a sa source dans une né-gligence, une omission de la part du père dans l'accomplis-

---

(1) Serpillon, *Cod. crim.*, p. 388.
(2) Merlin, *ibid.*, n° 5.
(3) Art. 168, gl. 5, n° 26.

sement de ce devoir complexe, il est juste qu'il en soit responsable.

La loi ne distingue point à cet égard et ne devait pas distinguer les enfants naturels reconnus des enfants légitimes (1). Les père et mère en sont également responsables par les mêmes raisons.

815. D'après le texte que nous venons de citer, il faut, pour que la responsabilité soit encourue par les parents, la réunion des deux circonstances : que l'enfant habite avec eux, et qu'il soit mineur.

Que l'enfant habite avec eux, c'est-à-dire qu'il loge sous le même toit, qu'il soit resté dans la maison parternelle, et de manière que la surveillance de son père ait pu s'exercer.

— Le père étant spécialement chargé de former son fils, de le diriger, ayant la haute main sur son éducation, c'est toujours à lui qu'incombe la responsabilité, quand même d'autres personnes sont chargées de la garde de l'enfant momentanément, ou même d'une manière continue, mais dans le domicile paternel.

Dans le premier cas, l'instituteur auquel l'enfant serait confié quelques heures par jour ne peut ordinairement être déclaré responsable de ses actes. L'enfant reçoit ou est censé recevoir plus habituellement les leçons de son père, et si celui-ci néglige ses devoirs, s'il donne à l'enfant une liberté et peut-être des exemples funestes, c'est à lui que devra remonter la responsabilité, vis-à-vis des tiers surtout; il est incontestable que c'est le père qui doit répondre du dommage (2), sauf à décider, suivant les cas, si le père aura son recours contre l'instituteur.

816. Les termes de l'art. 1384, « habitant avec eux, » sont trop précis pour que l'on ne décide pas de même quand l'instituteur a la garde de l'enfant d'une manière suivie. Le précepteur qui élève l'enfant dans la maison paternelle est lui-même sous la surveillance du chef de la famille, il est son représentant vis-à-vis de l'enfant, mais non vis-à-vis des tiers. Ceux-ci s'adresseront toujours au père. Le père aura seulement son recours contre le précepteur, si la faute appartient principalement à ce dernier.

817. Le père est déchargé de toute responsabilité, quand

_____

(1) C. civ., 373 ; M. Duranton, n° 715.
(2) Rej., 20 déc. 1831, D. 33.1.16.

II.   5

il a placé l'enfant en apprentissage chez un maître artisan. D'une part, l'enfant n'habite plus avec lui, condition essentielle pour l'application du § 2 de l'art. 1384 ; et, d'autre part, les instituteurs et artisans sont déclarés, par le quatrième paragraphe du même article, personnellement responsables de l'apprenti «pendant le temps qu'il est sous leur surveillance (1). »

Remarquons ces derniers mots qui servent à résoudre plusieurs difficultés. — Si l'enfant revient coucher ou même prendre ses repas dans la maison paternelle, le maître sera déchargé à partir du moment où l'enfant sera rentré chez ses parents. Car il n'est plus alors sous sa surveillance, mais bien sous celle des père et mère, qui doit être largement appréciée. — Si l'enfant demeure chez son maître d'apprentissage, celui-ci est seul responsable. M. Delvincourt le décide sans distinction (2). Cette opinion a paru trop absolue à M. Toullier (3), dans le cas où le maître demeure dans la même ville que le père et où le dommage est causé dans la maison du père. — La première circonstance nous paraît indifférente, mais la seconde ne l'est point. Car l'enfant rentré dans la maison de son père, au su de ce dernier, ou à l'heure accoutumée, retombe sous sa surveillance, comme nous venons de le dire.

818. La responsabilité du père cesse également, et à plus forte raison, quand il a placé l'enfant dans une maison d'éducation. L'instituteur en est chargé par l'art. 1384, § 4. « Le père, dit Toullier, s'est reposé sur lui, en lui confiant l'enfant, d'une surveillance qu'il n'est plus désormais à lieu d'exercer ; c'est donc l'instituteur qui en est chargé dans la place du père. La loi lui délègue une portion d'autorité suffisante pour retenir l'enfant dans les bornes du devoir. C'est lui seul qui est en faute si ce dernier s'en écarte. Il doit donc en répondre civilement sans recours contre le père, mis désormais à l'abri de toute responsabilité par la disposition de la loi, et par le mandat qu'il a spécialement donné au chef de la maison où il a placé son fils (4). »

---

(1) V. dans ce sens, Agen, 23 juin 1869, S. 69.2.253, et infrà, n° 832.
(2) T. 3, p. 685, note 4 ; Dalloz, Oblig., p. 786, n° 13, 1re édit.
(3) 11, 268.
(4) N° 265. — Conf., Aix, 17 déc. 1870, D. 72.2.131. De même si l'enfant est placé dans un asile d'aliénés : Agen, 16 mars 1872, D. 72.2.153, S. 73.2.113.

819. Ce système est parfaitement juste. Le décret impérial du 15 novembre 1811, art. 79, le confirme en partie, mais il s'en écarte en ce qui touche le recours du maître de pension. Cet article porte : « Pour les délits commis par les « élèves au dehors, dans les sorties et promenades faites en « commun, la partie lésée conservera le droit de poursuivre, « si elle le veut, ses réparations, par les voies ordinaires : « dans tous les cas, l'action sera dirigée contre le chef de « l'établissement auquel l'élève appartiendra, lequel chef « sera civilement responsable. » Puis il ajoute : « Sauf son « recours contre les pères et mères ou tuteurs, en établissant « qu'il n'a pas dépendu des maîtres de prévenir ni d'empê- « cher le délit. »

Cette disposition nous paraît en contradiction avec l'art. 1384, C. civ. D'abord, s'il est prouvé que les maîtres qui ont la surveillance de l'enfant n'ont pu l'empêcher de commettre le délit, à plus forte raison l'impossibilité existe-t-elle pour le père qui n'est pas sur les lieux. Or, la loi décharge le père quand il n'a pu empêcher le dommage (1). On ne peut donc exercer le recours contre lui dans un cas où il est dégagé de toute responsabilité vis-à-vis des tiers (2). On dira qu'il existe un contrat de mandat entre les père ou mère et l'instituteur (3), tandis qu'il n'y en a point avec les tiers ; que le mandant, d'après l'art. 2000, C. civ., doit indemnité au mandataire à raison des pertes que celui-ci a éprouvées à l'occasion de sa gestion, sans imprudence qui lui soit imputable, et que si cette indemnité est tacitement convenue dans un mandat ordinaire, on ne voit pas pourquoi elle ne le serait pas dans le contrat fait avec l'instituteur ou le maître de pension, qui constitue un véritable mandat avec salaire (4). — Il faut répondre que l'indemnité dont il est ici question doit être considérée comme comprise dans le salaire, qui est précisément pour le maître la compensation des soins et des pertes que peut lui occasionner le mandat. En l'acceptant, il s'est chargé de la surveillance de l'enfant avec toutes ses conséquences. D'ailleurs, il y a une autre raison décisive et qui rend l'art. 79 du décret sans application aucune. C'est

(1) V. n° 832.
(2) Toullier, 11, 266.
(3) Ceci s'appliquerait également au contrat d'apprentissage. — V. n° 817.
(4) Duranton, n° 723.

que les instituteurs et artisans sont aussi déchargés de la responsabilité, quand ils prouvent qu'ils n'ont pu empêcher le fait qui y donne lieu. N'ayant point de condamnation à subir, il n'ont, par conséquent, aucun recours à exercer contre les père et mère.

820. Le père est également déchargé, quand il a placé son fils comme serviteur à gages chez un autre particulier. Il est, du moins, certain que sa responsabilité ne se cumule pas avec celle du maître, quand son fils a causé le dommage dans l'exercice des fonctions auxquelles il a été préposé (1).

821. Par cela seul que l'enfant aurait cessé d'habiter avec son père, il ne faudrait pas croire que celui-ci sera toujours affranchi de la responsabilité. Il faut que la séparation d'habitation soit fondée sur un motif légitime comme ceux dont nous venons de parler. Il en serait encore de même en cas d'émancipation (2), et si l'enfant, âgé de plus de vingt ans, s'était enrôlé volontairement avec ou sans le consentement de son père (3). L'art. 374, C. civ., lui donnait cette faculté à dix-huit ans ; la loi du 21 mars 1832, art. 32, § 5, l'a reculée de deux ans, et cette disposition a été maintenue par la loi du 27 juillet 1872, art. 46.

Mais le père qui laisserait son enfant mineur en état de vagabondage, ou qui lui aurait permis d'habiter seul à un âge où l'enfant a besoin de sa surveillance, ne pourrait évidemment se prétendre affranchi des conséquences du dommage par lui causé. Au-dessous de quinze ans, l'enfant ne peut guère être abandonné à lui-même sans une faute très-grave de la part du père. A cet âge, de même qu'il pourrait être émancipé, il semble que l'on puisse l'autoriser à aller seul achever ses études ou se livrer à quelque industrie, dans un lieu différent de celui qu'habite le père, et que celui-ci doive être admis à invoquer l'exception qu'établit, en sa faveur, l'art. 1384.

822. La seconde condition nécessaire pour qu'il y ait lieu à responsabilité de la part des père ou mère, c'est que l'enfant soit *mineur* au moment où il a commis le dommage. La

(1) M. Meaume, *C. forest.*, n° 1423; Metz, 13 nov. 1832, D. 36.2.35; Bordeaux, 9 fév. 1839, D. 39.2.107. — V. n° 875.
(2) V. n° 827.
(3) Voy. toutefois un arrêt de Colmar du 30 avril 1863, D. 63.2.81, rendu dans une espèce toute spéciale. Le père était colonel du régiment où servait son fils.

coutume de Bretagne obligeait aussi le père à réparer le dommage causé par l'enfant, « tant qu'il sera en son pouvoir. » En effet, cette responsabilité est fondée sur la puissance paternelle. C'est pour cela qu'après la mort du père, elle est imposée à la mère qui exerce alors la même puissance (1).

823. Cette condition de la minorité de l'enfant se retrouve dans les lois spéciales qui ont statué sur la responsabilité des parents. — L'art. 206, C. forest., déclare les père et mère civilement responsables des délits commis par leurs enfants mineurs et non mariés, et se réfère, d'ailleurs à l'art. 1384, C. civ., pour les effets de cette responsabilité. La loi des 28 septembre-6 octobre 1791 sur la police rurale, titre 2, art. 7, diffère du Code civil, en ce qu'elle n'établit la responsabilité des père et mère que pour le dommage causé par leurs enfants mineurs n'ayant pas plus de vingt ans, et non mariés. — La loi du 30 avril 1790 sur la chasse, art. 6, déclarait aussi les père et mère responsables des délits de chasse commis par leurs enfants mineurs de vingt ans, non mariés et domiciliés avec eux. Celle du 3 mai 1844, qui a remplacé la loi de 1790, dit, art. 28 : «..... leurs enfants mineurs, « non mariés, demeurant avec eux, sauf tout recours de « droit. »

Enfin, l'art. 12 du décret du 9 janvier 1852 sur la pêche côtière porte aussi : « seront responsables... les père... à « raison des faits de leurs enfants *mineurs*, etc. » (V. *suprà*, n° 785 *bis*.)

824. La loi n'a fait aucune distinction entre le cas où l'enfant, qui a commis le dommage, était en bas âge et incapable de discernement, et ceux où il a eu conscience de son acte. Il semble même tout d'abord que la responsabilité du père soit particulièrement établie en vue de la première hypothèse, puisque l'enfant ne peut alors répondre du dommage sous aucun rapport.

Cependant M. Toullier (2) paraît admettre que le père n'est pas responsable dans ce cas. Après avoir rappelé ce que nous avons dit nous-même (3), que l'enfant n'est pas personnellement obligé, que le dommage ne lui est point imputable, et doit être, à son égard, considéré comme un cas

---

(1) Toullier, 277 ; Duranton, 715 ; Dalloz, *Obligat.*, p. 797, n° 18, 1re édit.
(2) N° 270.
(3) Nos 16 et 416.

fortuit, il conclut qu'il en est de même par rapport au père; qu'il suffit à ce dernier de prouver, pour sa décharge, que l'enfant a agi sans discernement. « Si le demandeur en réparation, ajoute M. Toullier, prétendait faire rejeter cette excuse, en disant que l'action de l'enfant pouvait être empêchée par le père ou par la personne dont il répond, *ce serait à lui de le prouver.* A la différence du cas dont nous avons parlé, n° 262, où c'est au père de prouver qu'il a été dans l'impossibilité d'empêcher l'action de son enfant, dont la loi l'oblige de répondre, s'il n'a pas l'excuse d'impossibilité; *au lieu que la loi ne l'oblige point de répondre des actions d'un enfant impubère et sans discernement.* Il en répondrait cependant, comme nous l'avons dit, n° 263, si l'action de l'enfant a été précédée d'une faute du père, sans laquelle l'action n'aurait pas eu lieu. »

M. Toullier mêle ici deux choses, le principe de la responsabilité lui-même et la question de savoir à qui incombe la preuve de l'excuse ou de la faute qui doit la faire rejeter. Sans nous préoccuper de la preuve dont nous parlerons plus loin, n° 832, examinons la valeur du principe. M. Toullier est certainement tombé dans une erreur très-grave, quand il dit que la loi n'oblige pas le père de répondre des actions d'un enfant impubère et sans discernement. Cette distinction n'est pas dans la loi, et l'on n'en comprendrait pas les motifs. Tous ceux sur lesquels se fonde le principe de la responsabilité sont applicables, à plus forte raison, au cas qui nous occupe. L'obligation de veiller sur l'enfant n'est-elle pas d'autant plus étroite qu'il est moins en état de diriger lui-même ses actions? Plus il manque de jugement, plus il est à craindre qu'il ne nuise à lui et aux autres; plus la faute des parents qui l'abandonnent à lui-même est grave. On ne doit pas le perdre de vue un seul instant. Dans la première enfance, le père ne pourra presque jamais invoquer pour excuse qu'il n'a pu empêcher le dommage. Car la surveillance exercée, soit par lui-même, soit par les personnes dont il répond, devrait être continuelle. S'il manque à ce devoir, il commet une faute des plus graves. — Qu'importe maintenant que l'enfant soit personnellement à l'abri du reproche, que le fait ne lui soit pas imputable? Ce n'est pas la faute de l'enfant qu'il s'agit de réparer. C'est la faute du père. C'est précisément parce que l'enfant ne présente pas de garanties, que la responsabilité civile des père et mère a été établie. Or, elle est surtout nécessaire dans le cas où l'auteur direct du dommage n'en présente absolument aucune. C'est ainsi que l'on répond du fait d'un animal (art. 1385), à plus forte raison de celui d'un enfant sans raison. Jusqu'à l'âge de discernement, les parents pourraient donc impunément négliger une surveillance qui commencerait alors à s'exercer, tandis qu'il est, au contraire, dans l'ordre des choses qu'ils la relâchent progressivement.

Le demandeur en réparation, dit M. Toullier, pourrait faire rejeter l'excuse en prouvant que l'action de l'enfant pouvait être empêchée par le père ou par les personnes dont il répond; que le père est responsable, parce que l'action de l'enfant a été précédée d'une faute du père, sans laquelle l'action n'aurait pas eu lieu.—Mais qui ne voit que la faute existe par cela même que l'enfant a été laissé seul, ou tout au moins que ce doit être la présomption dans le véritable esprit de la loi? Quoi! cette présomption a lieu quand l'enfant est en âge de se rendre compte de ses actes et, par conséquent, d'éviter ce qu'il peut savoir être nuisible, et elle n'existerait pas à un âge où il peut commettre le mal sans être arrêté par aucune réflexion! Evidemment, ce n'est pas là ce qu'a voulu la loi.

825. L'auteur que nous combattons s'appuie sur l'ancienne jurisprudence bretonne, qui aurait admis qu'en pareil cas l'action de l'enfant n'étant qu'un cas fortuit, le père n'était pas tenu de la réparation civile.—Mais M. Toullier nous apprend lui-même (1) que c'était un adoucissement introduit par la jurisprudence pour atténuer la rigueur de la coutume d'après laquelle le père devait être condamné dans tous les cas, même quand il aurait prouvé qu'il n'avait pu empêcher le fait. L'injustice d'une disposition aussi absolue peut expliquer l'introduction d'un pareil système. Mais ceci nous indique en même temps qu'il doit être rejeté aujourd'hui que la loi est revenue à la vérité des principes et à l'équité, en admettant les parents à faire la preuve de l'impossibilité où ils se sont trouvés d'empêcher le dommage, et les déchargent alors de condamnations qu'ils auraient encourues sans cela.

M. Toullier part d'ailleurs de ce principe : que la responsabilité du père n'est autre chose que le cautionnement légal et forcé de l'obligation de l'enfant. Celle-ci est l'obliga-

_____

(1) N° 260.

tion principale, celle du père n'en est que l'accessoire; s'il est obligé de payer, c'est parce que l'enfant doit; en un mot, c'est la dette de l'enfant qu'il est tenu de payer d'avance (1) et sans bénéfice de discussion. Il suit de là que si l'obligation principale n'existe pas, si l'acte dommageable n'est pas imputable à l'enfant, il ne saurait y avoir obligation accessoire de la part du père. Mais cette idée, que la responsabilité civile est un cautionnement forcé, juste sous certains rapports, serait fausse en l'appliquant d'une manière absolue. La responsabilité civile n'est bien souvent, comme nous avons eu déjà l'occasion de le faire remarquer (2), qu'un mode particulier de poursuivre l'acquittement d'une obligation personnelle. Le fait dommageable est émané physiquement de l'enfant ou du préposé, mais la *faute* appartient tout entière au père ou au commettant. Cependant, comme celui-ci n'est pas l'agent immédiat du dommage, on ne peut le poursuivre directement; on l'attaquera donc comme civilement responsable. L'enfant, le préposé, pourront être, en pareil cas, à l'abri de toute condamnation, mais il serait absurde de renvoyer également le père et le commettant : c'est ce qui devrait avoir lieu cependant, si, comme le dit M. Toullier, la responsabilité civile n'était jamais qu'un cautionnement légal. On se trouverait donc dans la double nécessité, ou de mettre les deux parties hors de cause, ou de les condamner simultanément, ce qui serait également injuste. Le père, condamné comme civilement responsable du dommage causé par son enfant sans discernement, acquitte toujours son obligation personnelle, et pour arriver à cette condamnation, il n'est pas nécessaire que la partie lésée justifie de l'existence d'une faute de la part du père qui aurait particulièrement donné lieu au dommage, comme dans l'espèce de l'arrêt Carlier, où le père avait laissé un pistolet chargé à la portée des enfants. Il suffit, au contraire, que la surveillance qui doit toujours être exercée sur les enfants ait été négligée, et c'est ce que ne paraît pas admettre M. Toullier quand il exige, de la part du demandeur, la preuve que l'action de l'enfant a été précédée d'une faute de la part du père, sans laquelle le dommage ne serait pas arrivé.

826. Son opinion n'a pas été suivie dans la pratique; celle du parlement de Paris lui était contraire, comme le

_____

(1) T. 11, n° 271.
(2) N° 768.

prouve l'arrêt suivant, rapporté par Denisart, v° *Délit*, § 3, n° 5.—Carlier était armurier à Guise. Le 24 janvier 1784, le fils de Carlier et la fille du nommé Taffin, tailleur d'habits, tous deux enfants de sept à huit ans, jouaient ensemble dans la boutique de Carlier, qui était absent. L'enfant Carlier ouvre un tiroir, en tire un pistolet chargé à poudre, presse la détente : le pistolet part et blesse au visage la fille Taffin. Taffin père rend plainte contre Carlier père et fils devant le lieutenant criminel de Guise. — Appel au Parlement. Carlier demande sa décharge entière pour lui et pour son fils, attendu son bas âge, d'après lequel il ne peut être coupable d'aucun délit. Par arrêt du mois de mars 1784, rendu sur les conclusions de M. Séguier, avocat général, Carlier père fut condamné à deux cents livres de dommages-intérêts, et en tous les dépens. La majorité des auteurs adoptent également notre doctrine. Ainsi, M. Duranton décide, sans distinction aucune, que le père est responsable du dommage causé par l'enfant sans discernement. La faute, dit-il, lui est imputable pour n'avoir pas assez surveillé, et la dette qu'il acquitte à cet égard est sa propre dette (1); en conséquence, il lui refuse un recours contre l'enfant, et aux cohéritiers le droit de demander le rapport à la succession pour le montant de la condamnation que les parents auraient acquittée (2).

827. Dans les principes du Code civil, la responsabilité ne cesse-t-elle pas au moment de l'émancipation ? On dit, pour l'affirmative, que la responsabilité est incontestablement fondée sur la puissance paternelle ; que d'après l'art. 372, l'enfant ne reste sous l'autorité de ses père et mère que jusqu'à sa majorité ou son émancipation ; que, la responsabilité étant contraire au droit commun, il faut, au lieu de l'étendre, la restreindre dans ses bornes les plus étroites (3).—On répond qu'il faut distinguer entre l'émancipation volontaire et l'émancipation par mariage, que l'émancipation, sans doute, fait cesser la puissance paternelle, mais que le père, obligé à la surveillance de son enfant tant qu'il est mineur, n'a pu volontairement s'en affranchir en se dépouillant de la puissance paternelle ; qu'il est précisément en faute d'avoir émancipé l'enfant à un âge où il n'était

(1) T. 7. 367 ; t. 13, 717.
(2) *Ibid.* — *Junge, Th. du C. pén.*, t. 2, p. 291, 2° édit.
(3) Toullier, 277.

pas sans doute en état de diriger convenablement ses actions.

À la vérité, il doit en être autrement quand l'enfant est émancipé par mariage; alors même qu'il habite avec son père, il est dans un état d'indépendance très-différent de celui d'un enfant émancipé par une simple déclaration devant le juge de paix (1); on ne peut reprocher au père d'avoir marié son enfant lorsque l'occasion de le faire s'est présentée.—Ajoutons que l'émancipation volontaire peut avoir lieu à l'âge de 15 ans, sans distinction. Le mariage, au contraire, ne peut avoir lieu qu'à 18 ans révolus pour les hommes. La femme peut être émancipée par le mariage à 15 ans, mais elle passe alors sous l'autorité du mari, qui offre à la société de nouvelles garanties. On remarquera d'ailleurs que les lois spéciales, citées n° 823, déchargent de la responsabilité les pères et mères dont les enfants sont *mariés*, mais l'exception ne s'étend pas à ceux qui les ont émancipés autrement que par mariage. Dans la pensée du législateur la responsabilité ne cesse donc pas toujours avec l'émancipation volontaire.

Mais cela doit avoir lieu quelquefois; n'oublions pas, en effet, que l'émancipation donne à l'enfant le droit de se choisir un domicile séparé de celui de son père, et que, dès lors, en cas d'émancipation, même volontaire, la séparation d'habitation mettrait incontestablement le père à l'abri de toute responsabilité, puisque l'art. 1384 ne la prononce qu'autant que l'enfant habite avec lui. Il est vrai de dire, en pareil cas, que la puissance paternelle a cessé de fait et de droit, et que l'enfant a un état complétement indépendant. Quant au mineur émancipé dont l'émancipation est révoquée, en vertu des art. 485 et 486, C. civ., la responsabilité de ses délits doit se reproduire avec son état de minorité.

828. La majorité ferait-elle cesser la responsabilité si l'enfant demeuré chez ses père et mère était en état de démence, quand même l'interdiction n'aurait pas été prononcée?

L'art. 150 de la coutume de Normandie portait que les parents doivent avoir soin de tenir en sûre garde ceux qui sont troublés d'entendement, pour qu'ils ne fassent mal à d'autres. Merlin (2) dit avec raison que cet article a été

_____

(1) Durahton, 715.
(2) *Rép.*, v⁸ *Blessé*, § 3, n° 4, et *Femme*, § 11.

abrogé par la loi du 30 ventôse an XII, art. 7, portant que les coutumes cessent d'avoir force de loi dans les matières qui font l'objet des dipositions du C. civ.; que la disposition serait inconciliable avec l'art. 490, C. civ., qui autorise bien, mais qui n'oblige pas les parents des insensés et des furieux à provoquer leur interdiction (1), et avec l'art. 1384, qui détermine les personnes responsables du fait d'autrui. Un arrêt de la Cour de cassation, du 26 juin 1806, a décidé, par ces motifs, à l'égard d'une femme dont le mari était atteint d'aliénation mentale, qu'elle n'en était point responsable, « attendu que le sieur Goujet jouissant de la plénitude de ses droits civils, la dame Goujet, son épouse, n'avait aucune autorité sur lui (2). » Cependant un arrêt de la Cour de Lyon, du 27 mai 1840 (3), a condamné la mère d'un individu majeur en état de démence comme responsable. « Attendu que la femme Lamure, chez laquelle demeurait son fils, a à s'imputer la négligence d'avoir laissé des armes à feu à sa portée, et de n'avoir pas provoqué son interdiction. » Et la Cour de Caen, à la date du 2 décembre 1833, a également prononcé des dommages-intérêts dans un cas identique (4). Mais l'opinion exprimée par Merlin nous paraît seule compatible avec les principes de la matière établis ci-dessus (5), et qui ne permettent pas d'étendre d'une personne à une autre la responsabilité du fait d'autrui. Est-ce à dire que nous considérons les parents d'un insensé comme affranchis de toute obligation à raison des actes préjudiciables commis par celui-ci? Assurément non.

La nature et la loi leur font un devoir de veiller sur lui. L'art. 475, n° 7 du C. pén., prononce une amende à laquelle l'art. 478 permet de substituer un emprisonnement, contre ceux qui auront laissé divaguer des fous ou des furieux étant sous leur garde. Or, cette garde appartient en première ligne aux père et mère, lorsqu'ils connaissent l'état mental de leur fils et que celui-ci n'a pas un domicile séparé.

Mais le père, ou la mère, encourt alors le reproche d'une faute à lui personnelle. C'est son imprudence ou sa négligence propres, dont il répond. Ce n'est plus le principe de la

---

(1) *Consult.*, Rej., 14 mai 1866, S. 237, D. 67.1.296.
(2) Merlin, v° *Femme*, n° 11.
(3) D. 41.2.2.
(4) D. 55.2.117, S. 54.2.385.
(5) N° 753. — *Conf.*, Agen, 9 nov. 1864, S. 65.2.230.

responsabilité civile du fait d'autrui qu'il s'agit d'appliquer (1). Aussi la Cour de Caen, dans l'arrêt qui vient d'être cité, s'est uniquement fondée sur l'art. 1383 et non pas sur l'art. 1384 du C. civ. On arrive sans doute à peu près au même but, mais les principes diffèrent et peuvent entraîner d'autres conséquences, suivant les cas.

Ainsi, nous n'approuvons pas la décision de la Cour de Lyon en tant qu'elle s'est fondée, pour condamner la femme Lamure, sur ce qu'elle n'avait pas provoqué l'interdiction de son fils. En quoi cette mesure aurait-elle profité aux tiers et comment, dès lors, pourraient-ils se plaindre de ce que les parents avaient omis de la provoquer? L'interdiction ne serait qu'une raison de plus pour éviter au dément une condamnation personnelle et sur ses propres biens, mais elle n'offre aucune garantie à ceux que l'insensé peut blesser ou atteindre d'une manière quelconque dans ses moments de fureur. On ne trouve donc pas dans le fait seul de cette omission, la *faute* qui doit nécessairement servir de base à toute responsabilité (2).

829. Nous venons de parler des conditions dont la loi a fait dépendre la responsabilité des père et mère en général. Il nous reste à dire quand et comment cette responsabilité retombe en particulier sur la mère. On comprend que cela n'a lieu que si le père en est totalement dégagé. Comme nous l'avons déjà dit, le père est principalement chargé de veiller sur l'enfant; c'est lui, d'ailleurs, qui seul exerce la puissance paternelle pendant le mariage (3). C'est donc à lui seul qu'on doit, en principe, en demander compte. Sa responsabilité couvre celle de la mère, comme nous avons vu déjà qu'elle couvre celle de l'instituteur.(4).

La mère ne peut-elle pas cependant y être quelquefois soumise? M. Toullier fait remarquer que c'est elle qui est spécialement chargée de la garde des enfants dans le premier âge, et que si elle a pu empêcher le dommage causé en l'absence du père, par l'enfant encore sans discernement, la responsabilité doit peser sur elle et sur elle seule. Le père est certainement sans reproche en lui laissant la garde de l'enfant; elle n'agit même pas alors comme exerçant des

(1) *Suprà*, n° 680.
(2) *Conf.*, Grenoble, 15 déc. 1859, D. 60.2.30.
(3) C. civ., 373.
(4) N° 846.

fonctions que son mari lui aurait confiées, puisque c'est la nature et la loi qui confient l'enfant en bas âge à sa mère. Elle seule est donc en faute, elle seule doit être responsable (1). Cette doctrine n'est pas universellement admise (2), et l'on peut citer, en sens contraire, un arrêt de la Cour de Dijon, du 6 février 1840, contre lequel on s'est inutilement pourvu en cassation, et qui a déclaré le père responsable de l'enfant demeurant avec sa mère, à peu de distance de l'habitation du père, dans un appartement loué par ce dernier et pour son compte. Mais la question de savoir qui, du père ou de la mère, devait être responsable, n'a pas été soulevée dans l'espèce. C'était la responsabilité du père seul que l'on discutait (3).

Il faut convenir que l'art. 1384 paraît, dans sa rigueur, s'opposer au tempérament proposé par M. Toullier, et, cependant, il faut l'admettre, sous peine d'imposer au mari une charge beaucoup trop lourde, et de manquer à la vérité des faits les plus ordinaires. Dans le premier âge, c'est-à-dire tant que l'enfant est sans discernement, et que les soins de son éducation physique et morale appartiennent principalement aux femmes, la mère doit être seule déclarée responsable quand le père prouve qu'il n'était pas présent et n'a pu empêcher le fait au moment où il se commettait. Passé cette époque, l'enfant a besoin d'une surveillance plus sévère, que le père doit exercer pour qu'elle soit plus efficace, et sa responsabilité, comme nous l'avons dit, couvre alors celle de la femme.

830. Du reste, après la mort naturelle ou civile du père, ses droits et ses obligations passent formellement à la mère. L'art. 1384 dit que la responsabilité civile du dommage causé par l'enfant a lieu contre la mère, *après le décès du mari*.

Il doit en être de même toutes les fois que l'exercice de la puissance par le père est légalement suspendu, et remis à la mère, qui n'agit plus seulement alors comme par délégation de l'autorité de son mari, mais en vertu de celle qui lui est propre (4). — Ainsi, 1° quand le père a disparu, et avant

---

(1) Toullier, nᵒˢ 278, 281 ; Dalloz, *Oblig.*, p. 797, n° 19, 1ʳᵉ édit.
(2) Bellot des Minières, *Contr. de mar.*, t. 1, p. 451.
(3) Rej., 16 août 1841, S. 751, D. 342.
(4) C. civ., 371, 372; M. Valette, *Notes sur le Traité des personnes*, par Proudhon, t. 2, p. 245, note *a*.

même que l'absence soit déclarée, la mère a la *surveillance* des enfants mineurs, elle exerce à leur égard les droits du père, aux termes de l'art. 141, C. civ. : elle en a donc aussi la responsabilité ; — 2° en cas de séparation de corps entre le père et la mère, si l'enfant était confié à celle-ci (1); le père, en pareil cas, conserve le droit de surveiller l'éducation de l'enfant (C. civ., 303), mais il n'a plus l'obligation ni le pouvoir de le suivre et de diriger ses actions comme dans l'état normal du mariage. L'enfant n'habite plus avec lui par un motif juridique de nature à l'affranchir de toute responsabilité ; — 3° en cas d'interdiction du père, car l'exercice de la puissance paternelle lui est retiré, et la mère a la garde et la surveillance de l'enfant (2) ; — 4° dans le cas prévu par l'art. 335, C. pén., quand le père est condamné pour avoir facilité la prostitution ou la corruption de ses enfants (3). — Aux termes de l'art. 29 du C. pén., quiconque aura été condamné à la peine des travaux forcés à temps, de la détention et de la reclusion, sera, pendant la durée de sa peine, en état d'interdiction légale. En admettant, comme on le fait généralement (4), que les effets de cette interdiction ne se rapportent qu'à l'administration de ses biens, et que tous les droits qui n'ont pas été expressément enlevés au condamné, particulièrement la puissance paternelle, lui sont conservés, il est certain que l'exercice de cette puissance est forcément suspendu pendant la durée de la peine, en ce qui concerne au moins la surveillance de l'enfant, et que cette portion des droits et obligations du père passe à la femme.

831. Le bannissement, l'emprisonnement simple, sont des peines qui, par elles-mêmes, mettent aussi le mari dans l'impossibilité de fait d'exercer aucune surveillance sur ses enfants, bien que la puissance paternelle continue à résider sur sa tête. Dans ces deux hypothèses, il ne pourrait donc être poursuivi à raison des actes dommageables commis par ses enfants, à moins qu'on ne dût attribuer leurs excès au relâchement antérieur de la discipline domestique (5).

---

(1) C. civ., 302; Duranton, 13, 716; Zachariæ, Aubry et Rau, 3e éd t. 3, § 447, p. 550; Larombière, p. 740.
(2) Duranton, 3, n° 351.
(3) M. Valette, *loc. cit.*
(4) MM. Chauveau et Faustin Hélie, 1, p. 209.
(5) V. n° 833.

Quant à la mère, sera-t-elle responsable? Bien qu'en droit la puissance paternelle réside dans sa plénitude sur la tête du mari, en fait, l'exercice en est suspendu pour lui ; la mère peut et doit l'exercer dans de certaines limites (1) ; si elle n'en usait pas convenablement, elle pourrait encourir la responsabilité (2).

831 bis. Mais l'art. 1384 est limitatif ; ses dispositions ne peuvent être étendues par analogie. La responsabilité légale qui en résulte est donc bornée au père et à la mère seuls, et ne passe point aux autres parents, ascendants ou autres, chez lesquels pourrait se trouver l'enfant (3), du moins elle ne résulterait que de l'existence dans leur personne d'une autre qualité formellement prise, telle que celle d'instituteur, maître ou commettant (4). Mais ici encore une responsabilité personnelle pourrait se fonder sur leur participation directe au délit, ou suivant les cas, sur une autre faute suffisamment caractérisée, donnant lieu à l'application des art. 1382 et 1383.

832. La responsablilité ci-dessus cesse, d'après l'art. 1384, si les père ou mère prouvent qu'ils n'ont pu empêcher le fait qui y donne lieu. Cette disposition est juste, car la surveillance des parents ne peut pas être tellement exacte que l'enfant ne puisse s'y dérober un seul instant. Toutes les obligations ont des bornes dans les conditions de la nature humaine. La méchanceté et la ruse d'un enfant peuvent aussi déjouer les meilleures combinaisons. Pour que le père soit responsable, il faut qu'on puisse lui imputer une faute, et si la présomption est contre lui, il faut du moins l'admettre à la preuve contraire. La loi se montre plus sévère à l'égard des maîtres et commettants, qui sont toujours responsables des délits commis par leurs préposés dans l'exercice des fonctions qu'ils leur ont confiées. Cette différence s'explique par la raison que les commettants ont choisi leurs préposés, et qu'ils sonts garants de leur choix à l'égard du public. Les parents sont responsables malgré eux, par une cause indépendante de leur volonté; ils ne choisissent pas leurs enfants, et ne peuvent toujours modifier leur caractère par l'éduca-

---

(1) C. civ., 372. — L'art. 373 statue pour les cas ordinaires. — V. n° 829.
(2) M. Duranton, n° 716.
(3) Cass., 24 mai 1855, D. 426.
(4) V. infrà, n° 844. — Conf., Larombière, t. 5, p. 741.

tion, de manière à mettre les tiers à l'abri de tout danger. Enfin, leur surveillance est plus difficile, puisqu'elle doit s'étendre à toutes les actions des enfants, et non pas seulement à celles qui ont rapport à telle ou telle fonction. La loi se justifie donc pleinement à nos yeux.

833. Dans l'application, la disposition qui nous occupe n'est pas sans difficulté. Comment s'appréciera l'excuse du père ou la faute qui lui est imputée? Lui suffira-t-il, pour obtenir sa décharge, de justifier de l'impossibilité matérielle et immédiate où il a pu se trouver d'empêcher le fait dommageable? Peut-on, au contraire, le rattacher comme une conséquence plus ou moins éloignée à des négligences antérieures, par exemple au défaut d'éducation? Telles sont les principales questions qui s'élèvent en cette matière.

Le principe général est que le père ne peut invoquer l'impossibilité physique et immédiate où il s'est trouvé d'empêcher le fait, pour repousser la responsabilité, si ce fait a été précédé d'une faute de sa part sans laquelle l'événement ne serait pas arrivé (1). On l'a jugé avec raison dans l'espèce que voici, dont les circonstances impliquaient à notre avis une véritable imprudence chez le père, bien que les considérants de l'arrêt semblent admettre le contraire et contiennent l'expression d'une doctrine plus large encore que la nôtre. — Barbel père permit à son fils, âgé de 19 ans, de faire une partie de chasse avec le jeune Dupin, son ami. Il lui remit des armes et lui fournit tous les moyens de chasser. — Arrivé en chasse, Auguste Barbel atteint Dupin d'un coup de fusil à la figure et le prive de la vue. Dupin demande contre Barbel père une somme de quarante mille francs à titre d'indemnité comme responsable de l'accident; Barbel oppose qu'il ne peut être responsable d'un accident qu'il n'a pu empêcher. — Jugement qui le condamne; sur l'appel, arrêt de la Cour de Caen qui confirme : « Attendu qu'il est évident, d'après la nature même de l'accident, qu'il doit être attribué à l'imprudence et à la maladresse d'Auguste Barbel; que celui-ci était mineur au moment où l'événement a eu lieu, habitait avec son père, et qu'aux termes de l'art. 1384, C. civ., celui-ci est responsable du dommage causé par son fils, à moins qu'il ne prouve qu'il n'a pu empêcher cet évé-

---

(1) Delvincourt, t. 3, p. 455, note; Toullier, 11, 264; Duranton, 13, n° 718; Rennes, 16 janv. 1862, *J. du Pal.*, 1862, 16.

nement ; que cette preuve n'est pas rapportée, qu'elle ne pouvait pas l'être ; qu'il est constant que Barbel père, loin de s'opposer à ce que son fils allât souvent à la chasse, et notamment dans la journée du 2 septembre, l'y avait positivement autorisé, et lui en avait fourni les moyens, — Considérant qu'on dirait inutilement qu'il n'y avait pas imprudence de la part de Barbel père à permettre l'exercice de la chasse à son fils, alors âgé de 19 ans ; la loi n'exige pas qu'il y ait imprudence personnelle du père pour le rendre responsable. Par cela seul qu'il a autorisé ou même qu'il n'a pas empêché un fait quelconque, il s'expose à répondre du dommage que son fils a causé à autrui à cette occasion, par son imprudence, quoique le fait considéré en lui-même, et la permisssion de l'exécuter, puissent être à l'abri de tout reproche (1). »

834. La responsabilité pourrait même se rattacher à des fautes du père, comme conséquence éloignée. — M. Toullier veut que l'on examine s'il n'y a pas de reproches fondés à lui faire, à raison de la mauvaise éducation qu'il a donnée à l'enfant ; si, au lieu de le châtier quand l'occasion s'est présentée, il a passé sous silence par trop de faiblesse, peut-être même autorisé par ses exemples, des fautes de la nature de celles dont on se plaint (2). Le relâchement de la discipline domestique et les mauvaises leçons des parents sont en effet la source la plus fréquente des écarts de leurs enfants (3). Si donc le père est coupable de cette négligence, de ces défauts d'éducation, il ne pourra pas échapper à la responsabilité en justifiant de son absence au moment où le dommage a été commis, et de l'impossibilité actuelle où il s'est trouvé de l'empêcher (4).

835. En dehors de ces circonstances, l'absence sera ordinairement pour le père une excuse suffisante qui le fera décharger (5). Il a été jugé, dans ce sens, qu'un père n'est pas responsable civilement de la mort donnée en duel par son

---

(1) Caen, 2 juin 1840, D. 41.2.45, S. 40.2.538.
(2) N° 264.
(3) Duranton, 715.
(4) Bourges, 9 mars 1821, S. 22.2.238; Bordeaux, 1er avril 1829, D. 29.2.216, S. 29.2.219 ; Rej., 29 mars 1827, D. 397, S. 28.1.373 ; Aix, 11 juin 1859, D. 59.2.195 ; Bourges, 16 déc. 1872, D. 73.2.197.
(5) Toullier, 11, 264; Agen, 21 fév. 1866, S. 66.2.277 ; Nancy, 8 août 1874, S. 74.2.301.

fils mineur, alors qu'ignorant le duel et ses causes, il n'a pu l'empêcher (1).

Il en doit être de même si le fait est commis pendant que l'enfant est sous la surveillance momentanée d'un instituteur en dehors de la maison paternelle, circonstance qui n'est pas toujours exclusive de la responsabilité du père, comme nous l'avons fait remarquer ci-dessus, n°s 815 à 817, sauf le recours du père contre le maître ; mais qui, en l'absence de toute faute antérieure du père, peut le faire décharger comme l'ayant mis dans l'impossibilité d'empêcher le fait (2).

Si le père est infirme, si le délit a été commis dans une émeute, dans un mouvement populaire, c'est comme s'il était absent; il doit être excusé (3).

836. L'art. 1384 ne décharge les père et mère de la responsabilité, qu'autant qu'ils prouvent qu'ils n'ont pu empêcher le fait dommageable. C'est donc à eux à prouver l'impossibilité qui fonde leur excuse, après que la partie lésée aura prouvé l'existence du dommage qui donne lieu à l'action, Le père oppose ici une exception à la demande principale, *reus in excipiendo fit actor.* M. Toullier pense, comme nous l'avons vu, n° 824, que si l'enfant est en très-bas âge, de telle sorte que n'ayant point agi avec discernement, le dommage qu'il a causé ne puisse lui être imputé, le père ne peut être poursuivi : que pour s'excuser de la responsabilité, il n'a en ce cas rien autre chose à prouver, si ce n'est que son enfant n'a point agi avec discernement, sauf au demandeur en réparation à faire rejeter cette excuse en prouvant que l'action de l'enfant pouvait être empêchée, ou qu'elle a été précédée d'une faute de la part du père.

C'est la conséquence du système adopté par cet auteur, sur la non-responsabilité du père quand l'enfant est sans discernement, système que nous avons combattu. Suivant nous, le père est présumé en faute, par cela seul que le dommage a été causé par le fait de l'enfant, Il est probable que cela n'est arrivé que par suite de la négligence que l'on a mise à le surveiller. Dès lors, c'est au père à prouver pour sa décharge que le fait n'a pu être empêché, sauf au demandeur à faire la preuve contraire.

_____

(1) Toulouse, 7 déc. 1832, D. 33.2.146.
(2) Agen, 23 juin 1869, S. 69.2.253. — V. cependant *contrà*, Cass., 29 déc. 1831, S. 33.1.655.
(3) M. Duranton, n° 718.

837. La preuve à faire par le père de l'impossibilité où il s'est trouvé d'empêcher le dommage causé par l'enfant est soumise aux règles ordinaires en matière de preuve testimoniale. Par conséquent, les tribunaux ont toujours un pouvoir discrétionnaire pour apprécier si les faits que le père allègue sont pertinents et concluants (1).

838. La responsabilité des père et mère est générale et s'applique à tous les actes émanés de l'enfant sans distinction, parce que la vigilance des parents doit être continuelle et universelle. Le père ne pourrait, par l'effet seul de sa volonté, restreindre cette obligation à certains cas déterminés ; par exemple, s'il emploie son fils comme domestique ou préposé à tel ou tel genre d'ouvrage, il ne peut prétendre que la responsabilité cesse quand le dommage causé par son fils est le résultat d'un fait commis en dehors des fonctions spéciales qu'il lui a confiées. En pareil cas, on peut certainement invoquer contre lui la disposition d'après laquelle les maîtres et commettants sont tenus du fait de leurs domestiques et préposés, car en confiant la gestion de quelque service ou emploi à son fils, il a assumé sur lui la responsabilité qui résulte de leurs qualités respectives. Sous ce rapport, l'obligation du père sera plus rigoureuse, car si le fait a été commis par le fils dans l'exercice de ses fonctions, le père ne sera point recevable à prouver qu'il n'a pu l'empêcher : cette excuse n'a pas lieu pour les commettants à l'égard de leurs préposés (2). Or, cette qualité de commettant peut très-bien se cumuler dans la même personne avec celle de père, et c'est ce qui a lieu dans notre hypothèse. Mais alors ces deux qualités subsistent concurremment, elles ne s'absorbent point l'une l'autre, chacune crée pour celui qui les revêt des obligations d'une nature diverse, et qui sont respectivement plus ou moins étendues suivant le rapport sous lequel on les considère. Il faut donc décider que la qualité de commettant ne détruit point celle de père, et que la responsabilité du père produira ses effets dans le cas où celle du commettant ne pourrait être invoquée.

La Cour de cassation, faisant application du principe que la responsabilité du père s'étend à tous les délits de l'enfant, a très-justement décidé qu'elle a lieu à raison du fait par un

---

(1) Rej., 28 fév. 1843, S. 330.
(2) V. n° 903.

fils mineur d'avoir établi une voiture publique, sans employer les chevaux des maîtres de poste, ce qui constitue une contravention à la loi du 15 ventôse an XIII (1).

839. La responsabilité du père n'empêche pas l'enfant d'être tenu de réparer sur ses biens propres le dommage qu'il a causé. Nous nous sommes déjà expliqué à cet égard (2). — La partie lésée n'est même pas tenue de mettre le père en cause, si ce n'est en qualité de tuteur. Mais, à défaut d'avoir poursuivi le père comme civilement responsable, si l'enfant reconnu coupable du fait était cependant déchargé de toute condamnation comme ayant agi sans discernement, la partie lésée ne pourrait obtenir aucune indemnité, à moins d'introduire contre le père une instance nouvelle. Il est donc toujours utile d'appeler le père au procès.

840. L'enfant, quand il répond de ses actes vis-à-vis des tiers, en répond aussi vis-à-vis de son père. Celui-ci a un recours contre lui, à raison des condamnations qu'il a encourues et acquittées comme civilement responsable, et peut en faire figurer le montant, par exemple, dans le compte de tutelle (3). Nous avons fait connaître les conditions d'existence de ce recours dans le chapitre précédent (4). — Il en résulte non-seulement que le père n'a pas de répétition à exercer contre l'enfant auquel le dommage n'est pas imputable à cause de son âge et du défaut de discernement (5), mais qu'il n'a pas non plus de recours contre l'enfant condamné personnellement et pour lequel il a payé comme civilement responsable, si le dommage a été précédé d'une faute assez grave de la part du père, pour qu'elle puisse être considérée comme la cause principale de l'événement préjudiciable. En pareil cas, le père n'est pas recevable à demander la garantie d'une condamnation qu'il encourt en réalité pour son propre fait, celui de l'enfant n'ayant été que la cause occasionnelle du dommage (6).

841. Toutes les fois que le père aurait pu répéter le montant de la condamnation contre l'enfant, s'il ne l'a pas fait, il

---

(1) Rej., 20 déc. 1834, D. 35.1.247.
(2) V. n°ˢ 769 et 770; Toullier, 11, 272; Rolland de Villargues, *Rép. du not.*, v° *Respons.*, n° 36.
(3) Toullier, 11, 271 ; Duranton, 13, 717.
(4) N° 768.
(5) Toullier, 11, 274 ; Duranton, 7, 367 ; 13, 717.
(6) V. n°ˢ 772 et 773.

y a lieu au rapport, de la part de ce dernier, à la succession. Car il est vrai de dire, en pareil cas, que la responsabilité de la part du père n'était qu'un cautionnement légal et forcé, et qu'il a payé la dette de son fils, et en son acquit. Or, l'héritier doit le rapport de ce qui a été employé pour le paiement de ses dettes (1).

842. On a cru pouvoir conclure de là que la responsabilité du père était bornée à la portion héréditaire de l'enfant, dans les biens du père, déduction faite des dettes. Car a-t-on dit, si le père était obligé de payer indéfiniment le montant du dommage causé, toute la famille pourrait être ruinée par la faute d'un seul. Car la valeur du dommage peut être quelquefois énorme, par exemple, s'il s'agit d'un incendie causé par la faute de l'enfant. — Mais cette opinion, avancée par d'anciens auteurs, n'est pas soutenable en présence de l'art. 1384, qui dispose, d'une manière absolue et sans limitation aucune, que le dommage doit être réparé. C'est donc tout le dommage et non pas seulement une portion calculée sur la part héréditaire (2). — D'ailleurs, tant que la succession du père n'est pas ouverte, on ne peut savoir exactement quelle sera la valeur de la portion virile de l'enfant dans cette succession, ce qui serait pourtant indispensable pour déterminer la somme que le père serait tenu de payer. L'hérédité, jusqu'à la mort du père, est susceptible de s'accroître ou de diminuer. Il faudrait donc, pour que le père pût être forcé de payer *tout* ce qu'il doit, et rien que ce qu'il doit, surseoir à l'exécution de la réparation jusqu'après son décès, comme l'avait jugé un arrêt du parlement de Bretagne, du 22 octobre 1605, que mentionne M. Toullier (3), d'après Hévin, commentateur de la coutume de cette province, *Sur l'art.* 656.—Mais ce serait introduire des dispositions toutes nouvelles dans la loi qui déclare le père purement et simplement responsable, et, par conséquent, l'oblige à payer immédiatement les dommages-intérêts auxquels il peut être condamné. La partie lésée ne peut être soumise à des délais de ce genre, et le père ou la famille sont d'autant moins fondés à s'en plaindre, que c'est une faute réelle ou présumée du

(1) C. civ., 851 ; Dargentré, *Sur l'art.* 611 *de l'ancienne Coutume de Bretagne;* Duparc-Poullain, *Principes de droit,* t. 4, p. 210, n° 309; Toullier, 11, 271 ; Duranton, t. 7, n° 367; t. 13, n° 717.
(2) Toullier, 11, 273.
(3) *Ibid.*

père que la loi a eu en vue de punir en même temps que celle de l'enfant. C'est donc, sous certains rapports, sa propre dette qu'il acquitte, et l'on comprend qu'elle soit à la charge de l'hérédité.

843. Il nous reste à dire un mot de la responsabilité du tuteur.

Le tuteur tient la place des père et mère. Il exerce des droits analogues à ceux qui dérivent de la puissance paternelle, et ses devoirs sont les mêmes. Ainsi, aux termes de l'art. 450, C. civ., il doit prendre soin de la personne du mineur, et l'art. 468 lui donne des moyens de correction efficaces, en cas de mécontentements graves sur la conduite de celui-ci.—Aussi, bien que l'art. 1384 ne parle pas du tuteur lorsqu'il énumère les personnes responsables, on ne saurait douter que le tuteur ne soit soumis à ses dispositions (1).

Les lois spéciales qui contiennent des applications du principe de la responsabilité, lois que nous avons plus d'une fois citées, font mention expresse du tuteur et l'assimilent aux père et mère : telles sont la loi des 28 septembre-6 octobre 1791 (Code rural), titre 2, art. 7; le C. for., art. 206; la loi du 15 avril 1829 sur la pêche fluviale, art. 74, et la loi du 3 mai 1844 sur la chasse, art. 28.

Cette responsabilité atteint nécessairement aussi le co-tuteur, second mari de la mère à laquelle la tutelle a été conservée par le conseil de famille (C. civ., 396); car leur gestion est commune et leurs obligations identiques et solidaires. — La responsabilité subsisterait évidemment lors même que la mère, n'ayant pas convoqué le conseil de famille, se serait remariée sans prendre l'avis que prescrit l'art. 395 et se trouverait légalement déchue (2), car cette irrégularité ne peut tourner au détriment du mineur ni des tiers atteints par les délits ou quasi-délits de ce dernier (3), et l'art. 395 déclare formellement que la mère et son nouveau mari seront responsables solidairement de toutes les suites de la tutelle qu'elle aura indûment conservée.

La femme, toujours tenue personnellement vis-à-vis des tiers, aura-t-elle, suivant les circonstances, un recours

---

(1) Pothier, *Oblig.*, n° 121 ; MM. Duranton, 13, n° 719 ; Zachariæ, Aubry et Rau, 3e édit., t. 3, p. 550, § 447 ; Larombière, 5, p. 741.
(2) M. Larombière, 5, p. 742.
(3) V. sur les obligations de la mère, M. Demolombe, t. 7, p. 62.

contre son mari? M. Larombière enseigne l'affirmative (1), attendu que l'autorité maritale et la nature des choses obligent dans certains cas la femme à laisser à son mari la direction de l'enfant. Nous pensons aussi que les faits peuvent justifier de cette solution. Elle rentre dans le pouvoir d'appréciation des tribunaux et s'appuie sur le dernier paragraphe de l'art. 1384.

Le tuteur seul ayant l'administration complète de la fortune de l'enfant, le soin de sa personne et des pouvoirs semblables à ceux des parents, lui seul aussi encourt la responsabilité légale à laquelle ils sont assujettis. Elle ne peut être étendue ni au subrogé tuteur qui ne remplace pas de plein droit le tuteur (art. 424), ni au conseil judiciaire qui donne seulement son autorisation pour des actes de gestion pécuniaire (art. 513), ni enfin aux personnes charitables qui prendraient soin volontairement de la personne des mineurs (2). Ils ne seraient exposés qu'à l'application de l'art. 1383 en cas de faute personnelle ou à celle de l'art. 1384 en tant qu'ils prendraient le rôle d'instituteur ou de commettant.

844. La loi de 1844 sur la chasse ainsi que le Code forestier mentionnent comme condition nécessaire de la responsabilité que le pupille demeure avec le tuteur. C'est l'application du principe général écrit dans l'art. 1384, par rapport aux pères et mères.—Il est donc bien clair que le tuteur est déchargé comme les parents, quand le mineur habite avec une autre personne, par suite d'une cause légitime, par exemple s'il est placé dans une institution, ou chez un maître en qualité de domestique ou d'apprenti.

Il arrive quelquefois que le pupille, à raison de l'âge ou du sexe, est confié par le tuteur aux soins d'une autre personne, ordinairement une parente plus ou moins proche. La séparation d'habitation est alors légitime, elle affranchit le tuteur de la responsabilité. Celle-ci pèse sur la personne qui a la garde de l'enfant, au même titre qu'elle pèserait sur un instituteur proprement dit (V. n° 831 *bis* et *infrà*, n° 875).

845. Le tuteur doit pouvoir, comme les parents, s'affranchir de la responsabilité, en prouvant qu'il n'a pu empêcher le fait à raison duquel il est poursuivi comme civilement responsable.

(1) *Loc. cit.*
(2) *Conf.*, M. Larombière, *ibid.*

846. Si le pupille qui a commis l'acte dommageable est en âge de discernement, il est tenu personnellement de l'obligation qui en résulte. Le tuteur peut donc porter au compte de ses dépenses la somme qu'il aura payée pour lui (1).

CHAPITRE III.

RESPONSABILITÉ DU MARI ET DE LA FEMME.

Sommaire.

---

(1) Duranton, *ibid.*

868. — Comment elle peut en subir indirectement les conséquences. — Délits du mari qui n'emportaient pas mort civile, art. 1424, C. civ.

869. — La femme a-t-elle droit à récompense pour les dommages-intérêts et frais, comme pour les amendes ? — Controverse.

870. — *Quid,* lorsqu'il s'agit de simples quasi-délits ?

871. — Et de la responsabilité civile des faits d'un enfant commun ?

872. — Conséquences des délits qui emportaient la mort civile. — Art. 1425, C. civ. — Abrogation de cette disposition par la loi du 31 mai 1854.

847. Chef de la famille, l'homme n'exerce pas une puissance légale sur les enfants seulement, il en a une aussi sur la femme. L'art. 213 dit que la femme doit obéissance à son mari.

Mais l'autorité maritale doit-elle, comme la puissance paternelle, entraîner, pour le mari, la responsabilité civile du dommage causé par sa femme ?

L'art. 1384 n'a point établi cette responsabilité ; ce serait une raison suffisante pour la faire rejeter, car la disposition qui met à la charge de certaines personnes les conséquences du fait d'autrui ont, comme nous l'avons dit n° 753, un caractère d'exception qui ne permet pas de les étendre en dehors des cas prévus.

Au reste, l'application de ce principe est ici parfaitement fondée : bien que le mari ait, sur la femme, une autorité naturelle et légale, elle ne s'exerce plus comme la puissance paternelle, elle n'a plus le même objet, elle est établie bien plutôt pour régler les rapports de l'homme et de la femme entre eux que leurs rapports vis-à-vis des tiers. Si la femme ne se fût pas mariée, elle aurait elle-même répondu de ses actions ; le mari, en prenant une compagne pour l'aider dans ses travaux, pour se décharger des soins de la vie intérieure, n'a pas entendu s'imposer une surveillance onéreuse à laquelle la société n'avait pas besoin de le soumettre, puisqu'elle n'a perdu, par le mariage de la femme, aucune des garanties que celle-ci présentait en dehors de ce nouvel état.

848. Quelquefois, il est vrai, la femme passe sous la puissance du mari à un âge où elle se trouve encore sous celle de ses père et mère, et couverte par la responsabilité de ceux-ci. Il semble donc que la société ne devrait pas perdre cette garantie contre les actes de la femme mineure, sans en trouver une autre dans la responsabilité du mari.

Mais si cette émancipation peut paraître prématurée sous certains rapports, il faut cependant tenir compte de l'influence morale que doit avoir sur la femme la position nouvelle qui lui est faite, la dignité à laquelle elle est élevée par le mariage. La nature l'appelle à devenir mère de famille de nouveaux devoirs lui inspireront ordinairement une maturité d'esprit plus grande. Ce sont là des faits de l'humanité dont le législateur a tenu compte, et, sans aucun doute c'est sous l'empire de ces idées qu'il a rédigé l'art. 1384 c'est à dessein qu'il n'a pas déclaré le mari responsable en général des faits de la femme. S'il en est autrement dans certains cas prévus par des lois spéciales, c'est que la femme est censée agir pour le compte de son mari, et comme préposée par lui (1).

849. Dans l'ancien droit, le mari n'était pas considéré comme responsable (2).

Le Code civil exclut cette responsabilité par cela seul qu'il ne l'établit pas expressément.

En outre, aux termes de l'art. 1424, les amendes encourues par la femme ne peuvent se poursuivre que sur la nu propriété de ses biens personnels, non sur les biens de la communauté; il doit nécessairement en être de même des dommages-intérêts auxquels la femme pourrait être condamnée à raison de ses délits ou quasi-délits (3). Or, ceci prouve que le mari n'est pas civilement responsable des faits de sa femme, car il serait alors personnellement obligé, et la communauté le serait aussi. Mais il est dans le système du Code que le mari ait la jouissance de la communauté dans laquelle tombent même les revenus des biens propres de la femme, et que cette jouissance ne puisse être diminuée par le fait de sa femme sans son consentement. Ainsi, les actes faits par la femme sans le consentement du mari, et même avec l'autorisation de la justice, n'engagent point les biens de la communauté (4).

---

(1) V. n° 857.
(2) Denisart, v° *Communauté*, § 9, n°s 16 et 17, et v° *Délit*, § n° 7; Duparc-Poullain, *Sur l'art.* 657 *de la Coutume de Bretagne* Toullier, 11, 279. V. cependant Pothier, *Oblig.*, n° 454.
(3) Merlin atteste que cela ne faisait aucun doute dans l'ancien jurisprudence, *Rép.*, v° *Autor. marit.*, sect. 7, § 18, p. 599, col. 1 édit. de 1827. Voy., en effet, Pothier, *Communauté*, n° 236 ; Lebrun *Communauté*, liv. 2, chap. 2, sect. 3, n° 7; Rodière et Pont, *Contr. mar.*, t. 1, n° 587 ; M. Troplong, *Contr. de mar.*, n° 919.
(4) C. civ., 1426 et 1427.

A la vérité, il y a, entre le cas qui nous occupe et celui-ci, cette différence que les tiers qui voudraient contracter avec la femme sont prévenus, et ont la liberté de ne pas traiter avec elle, tandis que ceux qui sont lésés par ses délits ou quasi-délits n'ont pas été maîtres d'éviter le dommage qu'elle leur a causé, et de ne pas devenir ses créanciers. Mais la loi s'est attachée à cette idée que le mari ne devait pas être obligé malgré lui par sa femme. Ce point est universellement reconnu.

MM. Merlin (1), Duranton (2), Zachariæ (3), Chauveau et F. Hélie (4), Larombière (5), décident, comme nous, que le mari n'est pas responsable (6).

850. M. Toullier professe la même doctrine (7), mais il y apporte bientôt la limitation que voici :

Rappelant la règle très-générale de l'art. 1384, d'après laquelle on doit réparer le dommage causé « par les personnes dont on doit répondre », il se demande quelles sont les personnes dont on doit répondre. Celles, sans contredit, qu'on a sous sa puissance et auxquelles on peut commander. L'art. 1384 fait de ceci une application spéciale aux père et mère, aux maîtres, aux instituteurs, et de là il résulte que la seule qualité de père, de maître, d'instituteur, suffit pour autoriser la partie lésée à diriger contre eux une action en dommages-intérêts, sans prouver autre chose que la réalité du délit ou quasi-délit de celui qui a causé le dommage. S'ils ont une excuse légitime, c'est à eux de le prouver, parce que l'art. 1384 établit contre eux une présomption de négligence.

Cette présomption n'existe pas contre les maris, mais faut-il en conclure qu'ils ne sont jamais responsables du fait de leurs femmes ?

Non, car le mari peut commander à la femme. Il est donc en faute quand il n'a pas empêché le dommage qu'elle a causé, pouvant le faire ; seulement, comme la présomption de négligence n'existe pas contre le mari, c'est à la partie lésée de *prouver* que le mari a pu empêcher le dommage.

---

(1) *Rép.*, vᵒ *Délit*, § 8, et *Mari*, § 3 ; *Quest.*, vᵒ *Mari*, §§ 1 et 2.
(2) 13, 720.
(3) T. 3, § 447, note 25.
(4) *Th. du C. pén.*, t. 2, p. 296, 1ʳᵉ édit.
(5) T. 5, p. 743.
(6) *Conf.*, Rej., 8 juill. 1872, S. 257, D. 73.1.33.
(7) 11, nᵒ 279.

Mais, en pareil cas, la responsabilité du mari n'est pas douteuse.

851. Cette opinion est conforme aux principes généraux que nous avons établis en parlant de la responsabilité personnelle, n° 442, et d'après lesquels il y a faute de négligence ou d'omission à ne pas empêcher un dommage que l'on sait se commettre, lorsqu'on était tenu, sous quelque rapport, de l'empêcher. Il est difficile de méconnaître que l'autorité du mari, en lui donnant les moyens de diriger, dans une certaine limite, les actions de la femme, ne lui impose en même temps l'obligation d'empêcher les délits dont elle pourrait se rendre coupable quand il les voit ou sait se commettre, et quand il peut, par conséquent, y mettre obstacle. Un mari qui, en pareil cas, resterait témoin impassible du fait ne manquerait pas seulement aux devoirs généraux de l'humanité, de la charité, mais à des obligations toutes spéciales que lui impose la puissance maritale.

Mais prenons garde de ne pas aller trop loin dans ce système.

Le mari, comme nous l'avons dit, n° 847, n'est pas tenu d'exercer, sur sa femme, la même surveillance que sur un enfant. Ce serait aussi ridicule qu'impossible. Non-seulement la présomption de négligence n'existe pas, mais, dans la plupart des cas, le mari n'en pourra être accusé. On peut souvent reprocher au père d'avoir donné à l'enfant une mauvaise éducation, et le rendre responsable des désordres qui en sont la suite, mais il n'en peut être de même par rapport aux faits de la femme. Ce n'est guère que quand le mari aura eu la possibilité *actuelle* d'empêcher le dommage qu'il pourra être déclaré responsable, et, nous le répétons, ce sera à la partie lésée à le prouver. Les tribunaux devront se montrer rigoureux sur cette preuve, et, pour admettre la responsabilité, il faudra qu'il soit parfaitement démontré que le mari a connu, soit l'existence du fait dommageable au moment où il s'est commis, soit le dessein qu'avait sa femme de le commettre; qu'il était à même de l'empêcher, ou que l'impossibilité dans laquelle il s'est trouvé de le faire, provenait d'une faute de sa part.

Dans ces limites, nous croyons que la doctrine professée par M. Toullier est la plus juste et la plus conforme à l'esprit de la loi.

Nous la rattachons, au reste, moins encore au principe de la responsabilité du fait d'autrui qu'à ceux de la responsabilité personnelle, à l'art. 1383, d'après lequel chacun répond du dommage causé par sa *négligence*.

Ce système a pour lui l'opinion de Pothier, qui dit que le mari ne doit pas souffrir des délits ou quasi-délits de sa femme, sauf quand il ne les a pas empêchés, pouvant le faire (1).

852. La Cour de cassation, par un arrêt du 23 décembre 1818, paraît aussi l'avoir adopté; mais cet arrêt n'a pas pour nous beaucoup de valeur, à raison des circonstances dans lesquelles il a été rendu, et du peu de précision des motifs dont il s'appuie. Ces motifs, s'ils étaient pris à la lettre, nous conduiraient beaucoup trop loin.

La femme Rigaud et autres ayant glané avec des râteaux de fer dans les champs du sieur Chevalier, ensemencés de trèfle et de luzerne, leurs maris furent condamnés aux dommages-intérêts, solidairement avec elles, comme civilement responsables de leur délit. Ils se pourvurent en cassation.

Il faut remarquer qu'il s'agissait d'un délit rural, et qu'aux termes de l'art. 7, tit. 2, de la loi des 28 septembre-6 octobre 1791, les maris sont responsables des délits commis par leurs femmes, dans les cas prévus par cette loi.

Mais la Cour ne s'est pas appuyée sur cette disposition, et a rejeté le pourvoi en ces termes :

« Attendu que le jugement attaqué, en ce qu'il condamne les maris comme civilement responsables des délits de leurs femmes, n'a fait, dans le cas où ces délits ont produit un dommage, qu'une juste application des art. 1383 et 1384, C. civ., les premiers ne prouvant pas qu'ils n'ont pu empêcher de les commettre celles qui étaient sous leur surveillance (2). »

Cet arrêt s'explique par ces deux circonstances : 1° que la loi spéciale, bien qu'elle n'y soit pas visée, justifie la décision; 2° que les maris, comme le remarque M. Toullier, n'ignoraient certainement pas le délit, et auraient pu l'empêcher.

Nous ne l'approuvons pas, du reste (3), en tant qu'il décide, d'une manière générale, que les femmes sont sous la surveillance de leurs maris, comme les enfants sous celle de leurs

---

(1) *Obliy.*, n° 454; *Puiss. marit.*, n° 52.
(2) S. 19.1.178 ; Merlin, *Quest.*, v° *Mari*, § 2.
(3) Merlin en critique vivement les motifs.

pères, les domestiques ou préposés sous celle du maître en ce qui concerne les fonctions qui leur sont confiées, et qu'il y a présomption de négligence à l'égard du mari comme des autres personnes dont parle l'art. 1384. Cette présomption serait trop contraire à la vérité des faits.

La Cour de cassation elle-même a maintes fois jugé tout l'opposé. Merlin (1) rapporte quatre arrêts des 9 juillet 1807, 5 octobre 1810, 6 juin et 16 août 1811, qui ont cassé dans l'intérêt de la loi des jugements qui, en condamnant des femmes pour délits d'injures verbales, avaient déclaré leurs maris civilement responsables des *amendes, des dommages-intérêts* et des *dépens.* Les considérants de ces arrêts sont extrêmement positifs. Il en a été rendu depuis un grand nombre dans le même sens (2).

Les auteurs se sont divisés sur la question que nous venons d'examiner. — MM. Rolland de Villargues (3) et les auteurs de la *Théorie du Code pénal* (4) adoptent comme nous le système de M. Toullier. — D'autres, comme MM. Duranton (5), Zachariæ (6), Merlin (7), se prononcent pour l'absence de responsabilité de la part du mari et ne paraissent mettre à leur doctrine aucune restriction. — A l'inverse, M. Delvincourt (8) pense que le mari est responsable dans tous les cas.

853. Nous passons aux lois spéciales qui imposent formellement au mari la responsabilité du fait de la femme.

La loi des 28 septembre-6 octobre 1791, tit. 2, art. 7, déclare que les maris seront civilement responsables des délits commis par leurs femmes.

Lorsqu'il s'agit d'un délit rural, la femme agit presque toujours comme préposée de son mari, avec son consentement et sa participation, ou du moins ce n'est pas à son insu. L'intérêt de l'agriculture et la nécessité de prévenir des délits qui sont plus difficiles à constater dans l'isolement de la cam-

---

(1) *Rép.*, v° *Délit*, § 8, et *Quest.*, v° *Mari*, § 1.
(2) Cass., 13 mai 1813, S. 365; 18 nov. 1824, Dall., *Oblig.*, p. 797, n° 2 ; Rej., 14 nov. 1840, D. 41.1.148; Cass., 4 mars 1845, S. 513; Bordeaux, 29 janv. 1845, S. 45.2.355.
(3) *Rép. du notar.*, v° *Respons.*, n°ˢ 8, 9 et 10.
(4) T. 2, p. 296.
(5) N° 720.
(6) Aubry et Rau, 3ᵉ édit., t. 3, § 447, p. 557.
(7) *Loc. cit.*
(8) 3. 454.

pagne motivent encore cette dérogation au droit commun.

Au reste, la disposition exceptionnelle de l'art. 7 de la loi de 1791 ne s'applique directement qu'aux délits ruraux prévus par cette même loi. On en conclut que les délits de ce genre, punis par le Code pénal qui ne reproduit pas la disposition de l'art. 7, ne donnent pas lieu à la responsabilité civile des maris. Ainsi la Cour de cassation a jugé que l'art. 21 de la loi de 1791, qui punissait le délit de glanage, ayant été abrogé par l'art. 471, n° 10, C. pén., cette contravention ne donne pas lieu à la présomption de responsabilité civile à l'égard des maris (1).

854. Le Code forestier, article 206, porte également que les maris sont civilement responsables des délits et contraventions commis par leurs femmes, et que cette responsabilité sera réglée conformément au paragraphe dernier de l'art. 1384, C. civ.

On remarquera que cet article, s'il déroge à la règle que nous avons posée, n° 847, en déclarant le mari responsable de plein droit du dommage causé par sa femme, étend à toutes les personnes dont il fait mention la disposition finale de l'art. 1384, d'après laquelle les pères et mères, instituteurs et artisans sont déchargés, s'ils prouvent n'avoir pu empêcher le fait qui donne lieu à la responsabilité. Ainsi, lorsqu'il s'agira de ces sortes de délits, le demandeur n'aura d'autre preuve à faire que celle de l'existence du délit commis par la femme ; mais le mari pourra se libérer en prouvant qu'il lui a été impossible d'empêcher le fait.

855. L'art. 74 de la loi sur la pêche fluviale, du 15 avril 1829, n'est point conçu de la même manière que l'art. 206, C. for. Il déclare les maris civilement responsables des délits en matière de pêche commis par leurs femmes, et cette responsabilité sera réglée « conformément à l'art. 1384, C. civ. »

Ici l'on paraît rentrer entièrement sous l'empire des règles générales.

Devons-nous en conclure que les maris ne seront condamnés que si l'on prouve qu'ils n'ont pu empêcher le délit de leur femme?

Non, puisque la loi déclare expressément le mari responsable, et l'assimile aux pères, mères, propriétaires et com-

____

(1) Rej., 14 nov. 1840, D. 41.1.148. — *Conf.*, Morin, *Rép. du droit crim.*, v° *Respons.*, n° 19.

mettants, établissant ainsi contre lui la présomption de faute
qui existe à l'égard de toutes ces personnes. Mais on ne peut
lui refuser le droit de faire la preuve contraire, et d'établir
qu'il n'a pas dépendu de lui que le délit ne fût pas commis.
856. On a fait retour au droit commun dans la loi du
3 mai 1844 sur la chasse. L'art. 28, qui énumère les personnes civilement responsables des délits prévus par cette
loi, ne parle point des maris ; et c'est avec intention. Lors
de la discussion de cet article à la Chambre des députés, un
membre (1) demanda qu'ils fussent déclarés responsables
de leurs femmes, comme en cas de délits ruraux. On a répondu
que la loi rurale n'appliquait la responsabilité dont elle parle
qu'aux délits prévus par cette loi même, et que les délits de
chasse restaient entièrement en dehors de ses prévisions.
857. Quand la femme agit comme préposée du mari,
celui-ci est évidemment soumis à la responsabilité qui pèse
sur tout commettant. Cela ne peut souffrir aucune difficulté (2).
Les circonstances aideront à décider, suivant les cas, si la
femme était en effet commise par le mari à quelque fonction,
et l'on conçoit que très-ordinairement elle pourra être considérée comme ayant agi en cette qualité. Il n'est rien de plus
fréquent que de voir ceux qui exercent une industrie, un
commerce, se faire aider et suppléer par leur femme. Celle-
ci ne s'en mêle point sans l'assentiment du mari. Les tribunaux seront donc souvent conduits à déclarer que la responsabilité de ce dernier est engagée.
La femme doit même quelquefois être considérée de plein
droit comme préposée par son mari. Les femmes des commerçants soumis à l'exercice des boissons sont, aux yeux de
la loi, les agents du mari, et si, en son absence, elles refusent aux employés des contributions indirectes l'entrée des
caves et magasins pour y pratiquer l'exercice, c'est une contravention dont le mari supporte toutes les conséquences (3).
858. Si le mari est responsable quand il a laissé commettre le dommage, pouvant l'empêcher, à plus forte raison
en est-il tenu quand il l'a commis de concert avec sa
femme (4); — ou quand il l'a positivement autorisé. — Il

(1) M. Delespaul.
(2) Rej., 27 fév. 1827, S. 228.
(3) Cass., 15 janv. 1820, S. 20.1.188.
(4) Rolland de Villargues, Rép. du not., v° Responsabilité du mari,
n° 29 ; Bellot des Minières, Contr. de mar., t. 1, p. 434.

suffirait même que le mari eût profité sciemment du délit.

859. Dans tous les cas où la femme seule répond de ses actes, le créancier est obligé d'attendre la fin de la communauté pour se faire payer sur la part qui doit revenir à la femme, ou de saisir seulement la nue propriété des biens propres à celle-ci, dont la jouissance doit être réservée au mari (1).

Quand le mari est civilement responsable, le créancier peut, au contraire, se faire payer tant sur les biens de la communauté que sur les propres de chaque époux, puisque le mari est condamné personnellement.

860. N'existe-t-il pas, en outre, des circonstances dans lesquelles, bien que le mari ne fût pas personnellement obligé comme civilement responsable, la communauté pourrait être tenue de la dette de sa femme ?

Denisart décide que oui, si la femme agit au profit de la communauté dont elle avait l'administration, par exemple, s'il s'agit d'un vol de bois à brûler (2). Ceci pourrait ne pas constituer un délit forestier, si le bois était coupé et en magasin. En supposant, d'ailleurs, que le mari prouvât qu'il n'a pu empêcher le fait, il ne serait point tenu, mais la communauté le serait, puisqu'elle en a profité.

Dans cette limite, et en généralisant le principe, nous déciderons que la communauté sera toujours tenue des suites du délit de la femme, jusqu'à concurrence de ce qui aura tourné à son profit (3).

861. Que faut-il conclure des règles qui viennent d'être posées, par rapport aux dépens et même aux dommages-intérêts qui peuvent être prononcés contre la femme, quand celle-ci a plaidé avec l'autorisation de son mari ? — Nous supposons que le mari n'a pas pris fait et cause pour sa femme, car il serait alors condamné personnellement sans difficulté (4). De même que s'il avait plaidé avec elle, il serait partie au procès et, comme tel, passible de toutes ses con-

(1) Denisart, v° Délit, § 7.
(2) V° Délit, § 3, n° 8. Pothier dit aussi : « La communauté qui n'a « pas profité du délit ne sera aucunement tenue de cette dette. » Commun., n° 256.
(3) Bellot des Minières, Contr. de mar., p. 433.
(4) C. civ., 1432; C. proc. civ., 130; Cass., 21 févr. 1832, J. du Pal., 24, 762; Nîmes, 20 brum. an XIII, J. du Pal., 4, 233; Boncenne, t. 2, p. 547.

séquences (1). Le mari, dans notre hypothèse, s'est borné à
l'autoriser.

Voyons, d'abord, ce qui a lieu en matière civile.
Si les époux sont mariés en communauté, l'art. 1419,
C. civ., semble trancher la question :

« Les créanciers peuvent poursuivre le paiement des dettes
« que la femme a contractées avec le consentement du mari,
« tant sur les biens de la communauté que sur ceux du mari
« et de la femme. »

Il résulterait de là que le mari devient codébiteur avec sa
femme toutes les fois qu'il l'a autorisée à s'obliger, aussi
bien en plaidant qu'en contractant, lors même qu'il s'agirait
d'une affaire étrangère à la communauté (2).

Mais on a fait une distinction. On a dit que l'art. 1419
étant uniquement basé sur le motif que l'opération faite par
la femme peut profiter à la communauté et au mari, on doit
en rejeter l'application toutes les fois qu'il est évident que
l'opération ne peut profiter qu'à la femme, par exemple, si
elle fait bâtir sur un terrain qui lui est propre (3) ; s'il l'autorise à accepter une succession purement immobilière (4),
ou à plaider pour ses biens propres (5). Les art. 1443 et
1432 fournissent des arguments très-puissants en ce sens.

Mais cette restriction aura bien peu d'effet en ce qui concerne les actions en réparations civiles exercées par la femme.
Car les dommages-intérêts qu'elle obtiendra tomberont presque toujours dans la communauté, sauf récompense, il est
vrai ; mais, néanmoins, le mari court ainsi la chance de gagner. Il doit aussi, ce semble, courir celle de perdre. *Ubi*
lucrum, ibi periculum.

862. Sous les autres régimes, la loi n'a pas de disposition pareille à l'art. 1419. C'est donc par les principes généraux qu'il faut se guider.

Suivant Merlin, si le mari a intérêt à la contestation qu'il
autorise sa femme à soutenir en justice, par exemple, s'il
s'agit de ses biens dotaux, nul doute qu'il ne soit personnellement passible des dépens envers leur adversaire commun.
Car il aurait droit aux fruits des biens litigieux si sa femme

(1) M. Troplong, *Contr. de mar.*, n° 922 ; M. Boncenne, *loc. cit.*
(2) Duranton, 3e édit., 2, 461 ; Toullier, 2, 658 ; Proudhon, *des Personnes*, t. 1, chap. 22, § 5 ; Merlin, v° *Autor. marit.*, sect. 7 *bis.*
(3) Valette sur Proudhon, *loc. cit.*
(4) Duranton, 4e édit., n°s 248, 225 et suiv., t. 14.
(5) Demolombe, t. 4, n° 310, p. 408.

triomphait. C'est donc sa cause personnelle qu'il soutient : dès lors, il n'a aucun prétexte pour échapper, si la femme succombe, à la condamnation aux dépens en son nom (1).

Mais quand l'instance n'intéresse que la femme, s'il s'agit de ses biens paraphernaux, ou si elle est séparée de biens, on admet que, par l'autorisation, le mari ne s'engage en rien envers les tiers, et ne peut être condamné personnellement aux dépens (2). L'autorisation n'est considérée que comme une formalité pour habiliter la femme, qui n'emporte point obligation de la part du mari (3).

A la vérité, la femme commet une faute quand elle intente un procès mal fondé ; elle peut être, à raison de ce, condamnée aux dommages-intérêts. La condamnation aux dépens elle-même est fondée sur l'application des art. 1382 et 1383. On pourrait donc croire que le mari, en autorisant sa femme à soutenir ce procès déclaré injuste, s'est rendu participant de sa faute, et peut en être déclaré responsable.

Mais ce serait une erreur. Le mari ne peut être considéré comme en faute, quand il s'est borné à autoriser sa femme. L'autorisation est un hommage rendu à la puissance maritale, une mesure d'ordre établie dans l'intérêt du mari beaucoup plus que dans celui de la femme, et dont les tiers surtout ne peuvent se prévaloir. La loi n'oblige pas le mari à examiner la valeur des prétentions de sa femme. Elle veut seulement qu'il examine s'il lui convient que sa femme plaide. En cas d'affirmative, il l'autorise à paraître devant les tribunaux, ce qui est un acte licite en soi : l'autorisation ne peut donc, par elle-même, engager sa responsabilité.

Elle ne produit cet effet que si la cause de la femme est en même temps celle du mari personnellement, ou si celui-ci a plaidé effectivement, prenant fait et cause pour sa femme (4).

---

(1) *Rép.*, v° *Autor. marit.*, sect. 7 *bis*, n° 2. V. dans le même sens, Roussilhe, *de la Dot*, 1, 423 ; Rousseau de Lacombe, *Jurispr. civ.*, v° *Dot*, sect. 3 ; Favard de Langlade, 3, 160 ; Dalloz, *Jugem. et arr.*, p. 653, n° 1, 1ʳᵉ édit. ; Demolombe, t. 4, n° 311 ; Proudhon, *Usufr.*, 4, 1780 ; Boncenne, t. 2, p. 531 ; Lyon, 2 fév. 1825, *J. du Pal.*, 19, 134.

(2) Merlin, *eod.*

(3) Duranton, 4ᵉ éd., 2, 461 ; Cass., 24 vend. an VII, S. 1, 170 ; 6 nov. 1827, *J. du Pal.*, 21, 836.

Dans la discussion, au Conseil d'Etat, de l'art. 219, C. civ., M. Tronchet dit formellement que le mari qui autorise sa femme ne s'oblige pas envers les tiers. — V. Locré, t. 4, p. 399.

(4) M. Boncenne, t. 2, p. 549 et suiv., veut que le mari soit tenu

863. En matière criminelle, correctionnelle ou de police, il faut d'abord distinguer si la femme poursuit ou si c'est elle qui est poursuivie.

Si c'est la femme qui poursuit en se portant partie civile devant les tribunaux de répression, elle a besoin de l'autorisation de son mari (1), et quand cette autorisation lui aura été donnée, il faudra recourir aux mêmes distinctions qu'en matière civile pour savoir quels doivent être ses effets à l'égard du mari.

S'il y a communauté entre eux, on décidera généralement que le mari est obligé, par application de l'art. 1419, à moins que l'affaire ne soit évidemment sans intérêt pour lui, n'ayant trait qu'à des biens exclusivement propres à la femme.

Il en sera de même, quand l'action en réparation aura trait aux biens dotaux, contre lesquels le délit aurait été commis (2). La femme n'agit d'ailleurs, en pareils cas, que comme mandataire du mari à qui seul appartiennent les actions relatives aux biens dotaux, aux termes de l'art. 1549, C. civ.

A l'inverse, on devra décider que le mari est à l'abri de toute responsabilité, quand le délit aura causé un dommage aux paraphernaux ou aux propres de la femme séparée de biens (3).

864. Mais il est, en cette matière, toute une classe d'actions qui, bien qu'elles intéressent la femme et lui appartiennent, sont toujours considérées comme intéressant le mari directement. Ce sont celles où la femme poursuit la réparation d'un délit commis contre sa personne ou sa réputation. « La personne de la femme et celle du mari n'en formant, en quelque sorte, qu'une seule, les délits commis sur la personne ou contre l'honneur de la femme ne peuvent pas lui être étrangers, et dès là, lorsqu'avec son autorisation la femme poursuit la réparation d'un délit dont elle soutient avoir été personnellement victime, ce n'est pas seulement sa propre action, mais encore celle de son mari qu'elle exerce. Cela est si vrai, qu'aux termes des lois romaines (4) et,

---

des dépens, toutes les fois qu'il a autorisé sa femme, parce qu'il est partie au procès. Cela n'est pas exact. Le mari ne figure pas toujours dans l'instance pour autoriser sa femme.

(1) C. civ., 216, à contrario.
(2) Merlin, eod., n° 3.
(3) Cass., 24 vend. an VII. Dalloz, Jugements et arrêts, p. 653, note 2, n° 1 ; Montpellier, 10 flor. an XIII, ibid., n° 2 ; Merlin, Rép., v° Autor. marit., sect. 7 bis, n° 4.
(4) § 2, Instit. de Injuriis; L. 1, §§ 8 et 9, D. de Injur. et famos. libel.

suivant un arrêt de la Cour de cassation du 14 germinal an XIII (1), le mari peut poursuivre seul en son nom l'injure faite à sa femme (2). »

On en conclut que, dans ces sortes d'actions, le mari qui a donné son autorisation doit répondre à la fois des dépens et des dommages-intérêts.

S'il refuse son autorisation, s'il témoigne ne vouloir prendre aucune part au débat, il est clair qu'il n'en est nullement responsable.

865. Voyons maintenant ce qui doit avoir lieu quand la femme est poursuivie.

L'art 216 dit qu'en pareil cas elle n'a pas besoin de l'autorisation du mari 'pour ester en justice. Mais, si le mari lui donne surabondamment l'autorisation, encourt-il la responsabilité des condamnations aux dommages-intérêts?

S'il y a communauté, l'autorisation, bien que surabondante, doit produire les mêmes effets qu'au cas où la femme est poursuivante. L'art. 1419, C. civ., ne distingue pas. Le mari a donné son consentement à l'action, et d'une manière d'autant plus formelle que le consentement n'était pas nécessaire. Enfin, il aurait eu le profit de la condamnation aux dommages-intérêts qu'aurait pu obtenir la femme : il est juste qu'il supporte les effets de la condamnation prononcée contre elle (3).

866. Sous les autres régimes, comme il n'existe point de disposition particulière, on peut revenir au principe général d'après lequel l'autorisation n'engage pas la responsabilité du mari. L'autorisation, bien que surabondante, ne constitue ni une ratification, ni une approbation du délit. On ne doit la considérer que comme exprimant l'intention que la femme se défende, et qu'elle comparaisse pour prouver, soit qu'elle n'est pas l'auteur de l'acte incriminé, soit que l'acte était licite en lui-même. L'autorisation n'implique donc point, ni que le mari approuve les actes imputés à sa femme, ni qu'il se les rende propres. Elle indique seulement que le mari ne met pas d'obstacles à sa défense et à sa comparution devant les tribunaux. Une autorisation, même surabondante, ne peut pas produire d'autres effets.

---

(1) *Rép.*, v° *Injure*, § 5, n° 2.
(2) *Rép.*, v° *Autor. marit.*, sect. 7 *bis*, § 3. — V. *suprà*, n° 38.
(3) Bourjon, *Droit comm. de la France*, t. 1, p. 570 et 571, édit. de 1770 ; *Rép.*, v° *Autor. marit.*, sect. 7 *bis*, n° 4.

Tout au plus pourrait-on admettre que si cette autorisation a occasionné un surcroît de dépens, le mari y fût condamné en son propre nom (1). Mais il n'a contracté aucune autre obligation.

867. Telles sont les circonstances où le mari peut être déclaré responsable du fait de la femme.

Quant à celle-ci, elle n'a point à répondre de son mari, puisqu'elle n'a point d'autorité sur lui.

La question n'a pu s'élever qu'au cas de démence de ce dernier. Mais nous avons dit au chapitre précédent, n° 828, que la Cour de cassation l'avait résolue négativement. Nous adoptons pleinement le principe de cette solution.

868. Remarquons seulement que la femme peut souffrir indirectement des faits de son mari. -

L'art. 1424, C. civ., porte que les amendes encourues par le mari, pour crime n'emportant pas mort civile (2), peuvent se poursuivre sur les biens de la communauté. Il est sans difficulté que la règle s'étend aux amendes encou-rues pour délits et contraventions, et aux réparations civiles, frais et dépens qui en sont la suite. Si le mari, par un acte criminel, peut engager la communauté, à plus forte raison l'engage-t-il par des actes moins répréhensibles; et si la com-munauté peut être poursuivie pour le paiement de l'amende, c'est-à-dire pour une peine essentiellement personnelle, à plus forte raison doit-elle supporter les dommages-intérêts qui n'ont pas ce caractère au même degré.

La femme pourra donc subir, jusqu'à un certain point, les conséquences des faits illicites du mari, car si l'art. 1424 ajoute qu'il lui est dû récompenses des sommes payées par la communauté pour les causes ci-dessus, ce recours peut être inutile en tout ou en partie par l'insuffisance des res-sources finales de la communauté ou du mari (3).

869. C'est même une question très-controversée que celle de savoir si la disposition de l'art. 1424, qui donne récom-pense à la femme pour les amendes, s'étend aux réparations purement civiles.

On admettait autrefois que le mari pouvait diminuer la communauté par l'effet des amendes et des dommages-inté-rêts auxquels il est condamné à raison de ses délits. « Celui

(1) *Rép.*, *eod.*, n° 5.
(2) La mort civile est abolie, L. du 31 mai 1854.
(3) C. civ., 1471 et 1472.

qui la peut augmenter en contractant la peut diminuer en délinquant... et la femme n'a aucun recours contre le mari, parce que son délit fait une dette de communauté (1). » Le Code n'ayant littéralement dérogé à cette doctrine que par rapport aux *amendes*, on en a conclu qu'il fallait restreindre au cas prévu ce que l'on a appelé une exception (2).

D'autres, et nous partageons leur avis, ont vu, dans l'art. 1424, l'introduction d'un principe nouveau qui consiste à affranchir la femme des conséquences d'actes illicites qui lui sont étrangers. Or, la logique et l'équité réclament l'application de ce principe aux réparations civiles comme aux amendes (3).

870. On a encore prétendu que les dépens et les réparations civiles dus par le mari à raison d'un quasi-délit doivent être à la charge de la communauté sans récompense pour la femme. Ces quasi-délits, a-t-on dit, sont plus ou moins inséparables de toute administration, de toute existence; ils constituent, en quelque sorte, une éventualité normale dont la communauté ne saurait raisonnablement répudier les conséquences (4).

Cette distinction ne nous paraît point fondée. La loi ne l'a pas consacrée. Nous répondons qu'elle a voulu soustraire la femme aux conséquences des actes *illicites* du mari ; ce qui doit logiquement s'appliquer aux réparations des quasi-délits. Tel fait de ce genre, quoique non prévu par la loi pénale, ne constitue-t-il pas une faute beaucoup plus grave que toutes les contraventions punies d'amendes de cinq à quinze francs ? Ne peut-il pas entraîner des dommages très-considérables ? Cependant la femme aurait droit à récompense pour l'amende de contravention, et on la lui refuserait pour vingt et trente mille francs de dommages-intérêts! On doit, selon nous, se décider dans les deux cas par le même principe : la personnalité des fautes (5).

---

(1) Lebrun, *Communauté*, liv. 2, chap. 2, sect. 3, n° 3, p. 222 ; Pothier, n° 248.

(2) MM. Toullier, t. 12, n° 224 ; Troplong, n° 918 ; Zachariæ, t. 3, p. 441.

(3) MM. Delvincourt, t. 3, p. 18 ; Duranton, t. 14, n° 298 ; Rodière et Pont, t. 1, n° 632 ; Colmar, 29 déc. 1849, S. 52.2.193, D. 53.2.77. — *Contrà*, Douai, 30 janv. 1840, S. 40.2.322, D. 40.2.193.

(4) MM. Rodière et Pont, *Contr. de mar.*, t. 1, n° 633 ; Frédéric Taulier, t. 5, p. 92.

(5) *Conf.*, Duranton, 14, n° 298, p. 409.

871. Nous admettons, toutefois, que la communauté supportera, sans récompense pour la femme, les dommages-intérêts et les dépens dus par le mari, comme civilement responsable du délit ou du quasi-délit commis par un enfant commun. La raison qu'on en donne est que le dommage pour la communauté procède ici de l'enfant plutôt que du mari (1). Ajoutons que si la loi établit une présomption de faute à l'égard du père, et le rend seul responsable vis-à-vis des tiers, la faute, en réalité, peut être personnelle à la femme ou commune aux deux époux.

Mais cette solution ne doit s'appliquer qu'à l'enfant commun, et nullement à l'enfant d'un premier lit, soit de la femme, soit du mari : la dette est alors personnelle à son père ou à sa mère, qui seul en est responsable. La communauté est tenue de l'entretien et de l'éducation de cet enfant, mais cela ne comprend point la réparation du dommage qu'il cause (2).

872. L'art. 1424 s'appliquait aux délits qui n'emportent pas mort civile.

L'art. 1425 disposait, pour le cas contraire, en ces termes:

« Les condamnations prononcées contre l'un des deux « époux, pour crime emportant mort civile, ne frappent que « sa part de communauté et ses biens personnels. »

Ainsi, même pour les condamnations de ce genre prononcées contre le mari, la communauté n'était pas engagée, ce qu'on explique en disant qu'elle était dissoute et prenait fin par cette condamnation même (3). Remarquez, d'ailleurs, que les expressions très-générales de la loi excluent ici toute distinction entre les amendes et les dommages-intérêts.

Mais l'art. 1425 a été implicitement abrogé par la loi du 31 mai 1854, qui abolit la mort civile. Par suite, l'art. 1424 régit actuellement toutes les condamnations ; les amendes et les dommages-intérêts encourus pour un crime dont le mari aurait été déclaré coupable depuis la promulgation de cette loi, peuvent s'exécuter sur la communauté entière (4),

---

(1) MM. Rodière et Pont, *ibid.*
(2) MM. Rodière et Pont, *loc. cit.* ; Taulier, t. 5, p. 92. — *Contrà,* M. Bellot des Minières, t. 1, p. 459.
(3) Pothier, *Communauté,* n° 249 ; Lebrun, liv. 2, chap. 2, sect. 3, n° 1 ; M. Troplong, *Contr. de mar.*, n° 930. Voyez ce que disent là-dessus MM. Rodière et Pont, n° 635.
(4) Rej., 2 mai 1864, D. 266.

sauf la récompense au profit de la femme ; et il en est de même évidemment pour les réparations obtenues par la voie purement civile à raison d'un fait qui eût pu être poursuivi criminellement, mais qui s'est trouvé couvert par le décès de son auteur (1), l'amnistie ou autre cause analogue.

CHAPITRE IV.

RESPONSABILITÉ DES INSTITUTEURS ET ARTISANS, A RAISON DU DOMMAGE CAUSÉ PAR LEURS ÉLÈVES ET APPRENTIS.

Sommaire.

873. Les instituteurs qui reçoivent chez eux des élèves, et les artisans qui prennent des apprentis, pour faire leur

---

(1) Même arrêt.

éducation, les instruire dans les sciences ou dans les arts, tiennent la place des père et mère ; ils en reçoivent une délégation de la puissance paternelle, et sont soumis à la responsabilité qui en dérive.

Sous ce dernier rapport, l'assimilation faite par la loi entre eux et les père et mère est complète : seulement, elle est limitée par la nature des choses, au dommage causé par les élèves et apprentis, pendant le temps qu'ils sont sous leur surveillance (1).

874. Tout ce qui va être dit doit s'entendre des instituteurs et artisans qui reçoivent les enfants dans leur domicile.

Nous avons déjà vu (n° 816) que les maîtres qui habitent la maison du père, ou qui viennent seulement y donner des leçons, étant eux-mêmes sous la surveillance du père de famille, ne font point cesser la responsabilité de celui-ci vis-à-vis des tiers; que suivant les circonstances, le père peut avoir un recours contre le précepteur ou l'instituteur, à raison de la négligence de ce dernier à remplir la fonction qui lui était confiée, mais que ce n'est plus alors par application directe de l'art. 1384.

Cet article suppose que les instituteurs et artisans sont substitués aux père et mère pendant un certain temps, qui peut se réduire même à quelques heures du jour ; pendant ce temps où les enfants demeurent sous leur surveillance et responsabilité, celle des pères et mères cesse complétement (2).

Elle reparaît, au contraire, dans les intervalles, lorsque l'enfant quitte régulièrement, et suivant l'usage, le domicile de son instituteur pour retourner chez ses parents, soit pour la nuit, soit pour y prendre ses repas, soit dans les jours de repos, et c'est aux parents, sauf conventions contraires, à veiller sur l'enfant aussitôt sa sortie de chez l'instituteur.

875. On doit assimiler aux instituteurs tous ceux qui ont la garde de l'enfant à un autre titre, mais dans des conditions semblables et d'une manière suivie. Dans certains pays, en Alsace, par exemple, il est d'usage de recevoir chez soi l'enfant d'un autre individu pour l'élever, et, quelquefois, de faire un échange entre les parents. La personne qui se charge

_____

(1) C. civ., 1384, §§ 4 et 5.
(2) Metz, 13 nov. 1833, D. 36.2.35.

ainsi de l'éducation de l'enfant d'autrui en est responsable comme l'instituteur (1).

Un maître peut, dans certains cas, être considéré comme tel vis-à-vis de son domestique mineur [(2). Il y a identité entre cette situation et celle d'un artisan vis-à-vis de son apprenti.

875 *bis*. Que faut-il décider par rapport au directeur d'un établissement d'aliénés, dans lequel un mineur a été régulièrement placé?

On trouve dans les motifs d'un arrêt de la Cour d'Agen (3) :
« Que le directeur est substitué au père de famille par les
« dispositions de la loi du 30 juin 1838;... qu'il doit être
« déclaré en droit responsable du mineur aux termes de
« l'art. 1384; que cette responsabilité rentre dans les termes
« de l'art. 1384 ; qu'elle résulte également de l'esprit de
« cette même disposition, appliquée sans contestation au
« tuteur (4), parce qu'il a légalement commis au directeur
« d'une maison d'aliénés la garde et la surveillance exclu-
« sives de la personne qui lui est confiée. »

Nous ne croyons pas, quant à nous, devoir souscrire à cette décision.

La présomption légale en vertu de laquelle les personnes énumérées dans l'art. 1384, sont déclarées responsables du fait d'autrui, ne peut être étendue à une classe différente de celles qui y sont taxativement indiquées, que lorsqu'il y a, non-seulement analogie, mais assimilation complète, quant au fond des choses, comme dans les cas précédemment indiqués (V. n°s 829, 843, 875).

Or, en y réfléchissant, on verra qu'il existe une différence sensible entre le chef d'une maison d'aliénés et les père, mère, tuteur et instituteurs, chargés d'un enfant. Ces derniers ont, non-seulement la force et l'autorité pour la surveillance matérielle du mineur, mais le droit et le *devoir* de lui donner une éducation qui prévienne ses écarts et l'empêche de faire mal. Leur responsabilité découle de cette double obligation qu'ils ont, en général, la faculté d'accomplir, autant par l'influence morale qu'ils exercent sur l'in-

---

(1) Colmar, 14 juin 1830, D. 30.2.192 et 193. V. *suprà*, n°s 831 *bis*, 843 et 844.
(2) Dijon, 6 avril 1870, D. 72.2.103, V. *infrà*, n° 927.
(3) Agen, 16 mars 1872, D. 72.2.153, S. 73.2.113.
(4) V. en effet n° 843.

telligence, la volonté et les sentiments de l'enfant que par des moyens physiques.

Il n'en est pas de même de celui qui a la garde d'un aliéné. Il a sans doute des moyens de surveillance ; il peut le tenir enfermé; il peut exercer sur lui une certaine influence, par suite même des moyens qu'il emploie pour le guérir; mais il peut se faire aussi que cette influence soit nulle si l'aliéné est totalement privé de raison, et qu'il ne reste au directeur de l'établissement [que des ressources purement matérielles pour empêcher les actes préjudiciables de l'insensé. Sa position est donc toute différente de celle des autres personnes énumérées dans l'art. 1384. On ne voit pas pourquoi il encourrait la responsabilité de plein droit, plutôt des faits d'un mineur que d'un majeur, lorsqu'ils sont tous deux également privés de la raison. Et cependant la responsabilité légale des père et mère ne s'applique qu'à leur enfant mineur (1). Ce n'est aussi que le tuteur d'un mineur que l'on met sur le même rang, parce qu'il remplit la même fonction; mais on n'étend pas cette responsabilité au tuteur d'un majeur interdit, car on se mettrait complétement en dehors de l'art. 1384.

Dire, en effet, avec la Cour d'Agen, que la responsabilité dont s'agit, rentre dans les termes aussi bien que dans l'esprit de cet article, c'est évidemment passer à côté du texte ou le refaire à son gré. C'est aussi se mettre en contradiction avec tous les interprètes de la loi.

Nous écarterons donc l'extension de la responsabilité définie par l'article 1384 et de la présomption légale qu'il établit, au cas qui nous occupe.

Mais il restera vis-à-vis du directeur de l'asile, comme à l'égard du père ou de la mère (2), la responsabilité résultant de l'art. 1383, à la charge par la partie qui l'invoquera, de prouver la faute qui lui serait imputable, son défaut de surveillance, ou tout autre fait qui aurait occasionné le dommage. A cet égard, le directeur ou ses employés répondraient, chacun en ce qui le concerne et suivant les circonstances, de l'aliéné majeur aussi bien que d'un mineur. Il n'y a plus à distinguer l'un de l'autre dans l'application de la disposition qui doit seule être invoquée contre lui.

---

(1) Agen, 9 nov. 1864, S. 65.2.230, et Rej., 14 mai 1866, S. 237, D. 67.1.296. — V. *suprà*, n° 828.
(2) Caen, 2 déc. 1853, D. 55.2.117, S. 54.2.385. — Voy. *suprà*, n° 828.

876. Si l'enfant est en très-bas âge, de telle sorte qu'il n'ait pas encore de discernement, celui qui l'élève doit l'entourer d'une surveillance d'autant plus active, et ne saurait puiser dans ce fait une raison de se faire décharger. Nous renvoyons à ce qui a été dit là-dessus, n° 824, par rapport aux pères et mères. ·

877. Mais, à l'inverse, les instituteurs et artisans répondent-ils du fait de leurs élèves et apprentis quand ils sont majeurs?

Oui, dit M. Duranton (1); la loi ne distingue pas. C'est à eux de ne les point garder, s'ils sont impuissants pour les surveiller. Il en est autrement du père, parce que celui-ci ne peut renvoyer son enfant de chez lui, quoiqu'il fût majeur, puisqu'il lui doit des aliments.

Ces raisons ne nous paraissent pas décisives.

La loi n'a pas dit, en effet, en parlant des élèves et apprentis, qu'ils devaient être mineurs, mais elle le suppose nécessairement. D'abord, les majeurs ne se trouvent guère dans cette situation, et la loi statue *de eo quod plerùmque fit.*

Pourquoi, d'ailleurs, aurait-elle établi ce genre de responsabilité? Le majeur n'a pas besoin d'être surveillé, il est maître de ses droits, maître de ses actions, et, par conséquent, il en est responsable; il n'est venu chercher, auprès de l'instituteur ou de l'artisan chez lequel il se trouve, que l'instruction dans une branche quelconque des connaissances humaines, et ne se soumet aucunement à une influence légale destinée à régir ses actes extérieurs. Les relations qui subsistent alors entre le maître et lui sont l'effet d'une volonté entièrement libre de sa part, qui impliquerait contradiction avec l'obligation de surveiller et diriger les actions de l'élève, obligation sur laquelle se fonde la responsabilité de l'instituteur.

Le majeur qui prend ainsi volontairement la qualité d'élève ou d'apprenti reste, vis-à-vis de la société, dans les mêmes rapports qu'auparavant. Sa nouvelle situation ne fait pas courir au public de nouveaux dangers auxquels il faille pourvoir en le soumettant à une surveillance particulière. Or, s'il eût conservé son domicile particulier, si même il fût demeuré chez ses père et mère, lui seul eût encouru la responsabilité de ses actes. Pourquoi donc celui chez lequel il est venu s'instruire serait-il traité autrement que le père?

C'est, dit M. Duranton, que le père ne peut pas chasser

(1) T. 13, n° 321.

son fils de chez lui, tandis que l'instituteur ou l'artisan peut renvoyer l'élève qu'il n'est pas en état de surveiller suffisamment. — Mais qui ne voit que si le père cesse d'être responsable au moment de la majorité, c'est parce que la puissance paternelle n'existe plus, et que le principe de la personnalité des fautes n'a plus rien qui lui fasse obstacle. Or, le pouvoir de l'instituteur n'étant qu'une délégation de la puissance paternelle, disparaît en même temps qu'elle, et la responsabilité s'évanouit aussitôt.

877 *bis*. Ceci nous conduit à la solution d'une question soulevée dans ces dernières années à l'occasion d'un procès criminel dont l'opinion publique s'émut très-vivement (1). Cette question est celle de savoir si le supérieur d'une communauté religieuse, ou la communauté elle-même, peuvent être déclarés civilement responsables d'un crime commis par un membre de la communauté.

La négative découle de tous les principes de la matière, tels que nous les avons posés jusqu'ici.

La responsabilité dont il s'agit n'est écrite nulle part dans la loi, et nous avons déjà reconnu qu'on ne peut établir, par assimilation, une dérogation de ce genre au principe de la personnalité des fautes.

Et d'ailleurs, comment raisonnerait-on pour arriver par induction à l'affirmative ?

Assimilera-t-on le supérieur d'une communauté religieuse au père de famille ou à l'instituteur? Mais il vient d'être démontré, au numéro qui précède, que l'instituteur comme le père ne répondent aucunement du fait des majeurs, parce que ces derniers ne sont plus soumis à aucune influence *légale* destinée à régir leurs actes extérieurs. Que l'on suppose donc tant que l'on voudra un homme se mettant sous la conduite d'un autre, et s'abandonnant de la manière la plus aveugle à son impulsion, il n'y aura pas, dans ce fait, matière à responsabilité civile, parce que l'autorité du maître procéderait toujours uniquement du libre arbitre du disciple, et n'aurait aucune espèce de sanction légale. C'est pourquoi l'on ne peut tirer aucun argument ni des lois du *Digeste*, au titre *de Noxalibus actionibus*, rappelées nᵒˢ 442 et 755, ni de ce qui a été dit nᵒ 851 de la responsabilité du mari par rapport à sa femme, même en supposant un cas pareil à celui que l'on prévoit dans ces divers passages.

_____

(1) L'affaire Léotade.

Inutile, par conséquent, de prétendre que le chef de la communauté exercerait sur ceux qui lui sont soumis une influence despotique. La loi ne pourrait lui en demander compte que s'il en usait pour les pervertir, pour leur faire quitter le droit chemin que des hommes faits sont censés devoir suivre par eux-mêmes, en un mot s'il commandait le délit.

On punirait alors un *complice*.

Mais si cette *complicité* n'existe pas, il n'y a de base pour aucune espèce d'action ; on ne peut fonder sur les relations du supérieur avec le religieux quelque chose d'intermédiaire qui s'appellerait *responsabilité civile*.

On aura beau dire que le supérieur est coupable de négligence, que s'il eût mieux surveillé ce qui se passait dans la communauté, il aurait empêché le crime. Toute négligence, toute faute, ne donne pas lieu à responsabilité civile ; il faut que cette faute constitue une infraction à un devoir positif, c'est-à-dire reconnu et imposé par la loi. Mais, nous verrons, n° 919, que le maître de maison, chez qui un crime aurait été commis, n'en serait pas tenu, parce que l'art. 1384 définit limitativement les circonstances qui donnent naissance à l'obligation ; or, le chef d'une communauté religieuse ne s'y trouve aucunement soumis à raison de cette seule qualité. Il y a plus : l'autorité qu'il exerce n'est même pas reconnue par la loi, du moins celle-ci ne lui prête aucun appui, aucune sanction ; comment pourrait-elle en faire découler des obligations ?

Invoquera-t-on encore comme base d'assimilation le paragraphe 2 de l'art. 1384 ?

Mais alors il faudrait distinguer.

Un membre de la communauté peut être préposé à quelque service. En pareil cas, celui qui l'en a chargé, notamment le supérieur de la communauté, peut être responsable des délits commis par lui dans l'exercice de ses fonctions, comme tout autre commettant. Alors c'est en cette qualité spéciale de commettant qu'il est tenu et pour des faits exclusivement commis dans l'exercice des fonctions du préposé, ce qui est une hypothèse toute différente de celle que nous examinons (1).

En résumé, la responsabilité imposée d'une manière gé-

---

(1) V. n°⁵ 888 et suiv.

nérale et absolue à ceux qui ont d'autres hommes sous leur
direction, serait beaucoup trop onéreuse et constituerait une
injustice. Il faut que l'obligation de la surveillance soit *spé-
cialisée*. Si donc le religieux chargé d'une mission, cause,
en la remplissant, un dommage quelconque, le supérieur
peut en être tenu; hors de là il ne l'est point.

Nous passons maintenant à la seconde partie de la question : la communauté tout entière peut-elle être déclarée civilement responsable des faits de l'un de ses membres?

Une communauté forme un être moral qui, comme toute
autre personne, peut être condamnée à la réparation civile
du dommage causé par ceux dont elle doit répondre. Elle
encourt donc la responsabilité quand elle agit dans l'une des
qualités qui l'imposent, aux termes de l'art. 1384. Ainsi elle
joue le rôle de maître et de commettant, elle a des domestiques, des agents qui sont ceux de la communauté entière,
soit qu'elle les choisisse et les institue directement, par une
élection immédiate, soit qu'ils aient été choisis par les représentants du corps, tels que le supérieur, l'économe, etc. La
responsabilité remonte de l'un à l'autre, jusqu'au commettant primitif qui est la communauté. Celle-ci peut jouer également le rôle d'instituteur; si elle se livre à l'éducation des
enfants, elle doit répondre de leurs actes pendant qu'ils sont
dans la maison et sous la surveillance de leurs maîtres pris
dans la communauté et choisis par elle. Ces derniers sont ses
agents et l'obligent par leurs fautes commises dans l'exercice
de leurs fonctions.

Mais à l'égard d'un corps comme à l'égard de tous autres,
il n'est point possible d'étendre à des cas nouveaux les règles
sur la responsabilité du fait d'autrui, établies par l'art. 1384
et par quelques lois spéciales, dispositions toutes inapplicables à une communauté religieuse en ce qui touche les
délits commis par un de ses membres. Tous les raisonne-
ments que nous avons faits ci-dessus à l'égard du chef de
l'établissement s'appliquent ici avec la même force.

On objecte que d'après l'organisation intérieure de quelques-unes de ces sociétés, un seul ne peut agir sans que tous
en aient connaissance ; un seul ne peut faire un pas que tous
les autres ne lui prêtent en quelque sorte leur concours; sans
qu'ils en assument, par suite, la responsabilité.

Mais, s'il en est ainsi, tous devraient être poursuivis criminellement, comme complices ; l'art. 60, C. pén., l'exige.
En n'empêchant pas ce crime, dont on veut qu'ils aient eu

nécessairement connaissance, n'ont-ils pas aidé, favorisé le coupable? Dès lors, ce n'est plus de l'action civile qu'il doit être question, la responsabilité pénale elle-même a été encourue.

Et si, reculant devant ces conséquences logiques, mais évidemment parties d'un principe erroné, on se borne à prétendre que c'est grâce à leur négligence que le crime est resté inconnu des autres membres de l'association, nous demanderons encore une fois quelle est la *loi* qui les oblige à s'épier réciproquement. — Dira-t-on enfin, pour dernière objection, que le coupable doit au moins répondre sur ses biens, et que ses biens étant confondus avec ceux de la communauté, celle-ci doit être responsable? — Ce serait sortir entièrement de la question et confondre la règle de responsabilité civile avec celle du paiement des dettes entre communistes ou associés. Comment l'association, dont fait partie l'auteur d'un dommage, pourrait-elle être poursuivie pour une dette *exclusivement personnelle* à ce dernier? Les créanciers du délinquant ne peuvent avoir de droits que sur sa portion. Quant à la manière dont ils pourraient la faire déterminer et liquider, c'est ce que nous n'avons pas à rechercher ici.

878. Revenons à la responsabilité spéciale de l'instituteur proprement dit.

Il est bien entendu, et c'est ce que nous avons déjà fait comprendre en passant, dans les numéros ci-dessus, que si l'apprenti est préposé par son maître à quelque fonction, à quelque travail particulier et qu'il en résulte un dommage pour les tiers, le maître en est responsable comme tout commettant, parce que le dommage a été causé par l'apprenti dans l'exercice de son emploi, que le maître a eu tort de lui confier s'il n'était pas capable de le remplir. Mais c'est alors à raison d'une qualité toute différente de celle d'instituteur qu'il est poursuivi, et sa responsabilité a sa base dans une autre disposition de la loi, qu'il faut bien distinguer de celle que nous étudions en ce moment.

879. La responsabilité des instituteurs ou artisans est générale comme celle des père et mère; elle s'étend à tous les faits de l'élève ou apprenti.

880. Mais doit-on leur accorder un recours, soit contre l'élève lui-même, soit contre ses parents?

Et d'abord contre l'élève ou apprenti personnellement?

La responsabilité de l'instituteur étant analogue à celle

des père et mère, il y a lieu d'autoriser le recours de l'instituteur contre l'élève dans le cas où il est accordé au père contre l'enfant.

Ainsi, comme nous l'avons dit, n° 768, le recours n'a pas lieu si l'enfant était sans discernement, et si ses actes ne lui sont pas imputables. En pareil cas, c'est la faute de celui qui le dirige que la loi punit. — Il faudrait en dire autant, si le dommage causé par l'enfant avait été précédé d'une faute de la part de l'instituteur, telle qu'on dût la considérer comme la raison principale du dommage, par exemple, s'il avait laissé à la portée de l'enfant des armes à feu, ou des instruments dangereux dont celui-ci a fait usage d'une manière préjudiciable. L'instituteur est coupable autant que l'agent direct du dommage, et le recours doit lui être interdit.

Mais toutes les fois que l'instituteur ne pourra être repoussé par cette fin de non-recevoir, quand il s'agira simplement d'un défaut de surveillance qui ne constituera pas l'instituteur à l'état de faute grossière, quand l'élève sera d'ailleurs en âge de discernement, il est juste que le maître ait son recours contre lui. Sa responsabilité est établie en faveur des tiers, mais il ne peut être victime de tous les délits de ses élèves.

881. Nous déciderons tout le contraire sur la question de savoir si le recours lui sera donné contre les parents.

Car, de deux choses l'une :

Ou l'instituteur a pu empêcher le délit, et il est lui-même en faute, ce qui lui interdit tout recours, tandis que le père n'a absolument rien à se reprocher, pas même un défaut de surveillance : l'enfant étant confié à l'instituteur, le père n'avait plus ni l'obligation, ni les moyens de le surveiller ;

Ou l'instituteur prouve qu'il n'a pu empêcher le fait, et aux termes de l'art. 1384, § 5, il est déchargé vis-à-vis des tiers ; auquel cas il ne peut avoir aucun recours à exercer, puisqu'il n'encourt aucune condamnation.

On a vu, n° 819, que le décret du 15 novembre 1811, art. 79, veut que l'instituteur ait son recours contre les père et mère ou tuteur, en établissant qu'il n'a pas dépendu du maître de prévenir ou d'empêcher le délit; mais que cette disposition, contraire à celle du Code civil, était d'ailleurs inapplicable.

882. La responsabilité cesse, disons-nous, quand les insti-

tuteurs ou artisans prouvent qu'ils n'ont pu empêcher le fait qui y donne lieu (1).

Pour que l'excuse soit considérée comme valable, il faut, suivant ce qui a été dit pour les pères et mères, que l'impossibilité où l'instituteur s'est trouvé d'empêcher le délit au moment où il s'est commis ne résulte pas d'une négligence antérieure de sa part. Si l'enfant n'était pas sous ses yeux, il faut que ç'ait été pour une cause légitime, comme s'il était rentré chez ses parents.

Il arrive même un âge où la surveillance du maître n'a plus besoin d'être aussi absolue : particulièrement si l'élève ou l'apprenti est seul et n'est pas exposé aux excitations dangereuses qui naissent de la réunion de plusieurs jeunes gens, toujours disposés à se montrer plus entreprenants les uns que les autres.

En pareil cas, si l'élève a commis quelque imprudence dont il soit résulté un dommage, et que le maître qui l'aurait livré à lui-même pendant quelques instants n'ait pas donné lieu au dommage par une faute spéciale, en laissant, par exemple, à la portée du jeune homme, des armes à feu, ou des matières susceptibles de faire explosion, des instruments et outils dangereux, dont l'apprenti serait tenté de faire un usage abusif, l'absence du maître pourra être considérée comme une excuse suffisante.

883. Il peut arriver que le délit soit commis en la présence même du maître, qui n'aurait pas eu assez d'autorité sur ses élèves pour les arrêter. Cette insubordination est quelquefois imputable à l'instituteur. Les fonctions qu'il remplit ne sont pas sans présenter de grandes difficultés. Il a dû éprouver ses forces avant de les embrasser et d'assumer sur lui la responsabilité qu'elles entraînent. Si son caractère, si quelque défaut de son esprit ou de sa personne ne le rendent pas propre à maintenir, parmi les élèves qui lui sont confiés, une exacte discipline, qu'il renonce à cette rude tâche : il s'exposerait aux plus graves inconvénients.

La faiblesse, l'impéritie de celui qui entreprend une chose au-dessus de sa capacité ou de ses forces, loin d'être une excuse du dommage qu'il cause, même sans le vouloir, le constituent en faute et engagent sa responsabilité. — L'in-

---

(1) C. civ., 1384, § 5. — V. Trib. civ. Seine, 23 avril 1869, D. 69.3.341, n° 7; Aix, 17 déc. 1870, D. 72.2.131.

stituteur est soumis comme les autres à cette règle. Les tribunaux apprécieront si elle doit lui être appliquée, ou si, au contraire, le défaut d'obéissance qu'il a subi tient à des causes étrangères, à cette effervescence de la jeunesse que l'éducation la plus éclairée, la plus soignée ne peut pas toujours amortir, qui rompt parfois toutes les digues, et dont les éclats sont si souvent dangereux.

CHAPITRE V.

RESPONSABILITÉ DES COMMETTANTS A RAISON DES FAITS DE LEURS PRÉPOSÉS.

ARTICLE Ier.

RESPONSABILITÉ DES COMMETTANTS EN GÉNÉRAL.

Sommaire.

884. Le troisième paragraphe de l'art. 1384 porte que les maîtres et commettants répondent du dommage causé par leurs domestiques et préposés, dans les fonctions auxquelles ils les ont employés.

Le principe et la raison de cette responsabilité se trouvent dans le choix libre et volontaire du commettant qui, avant de confier un emploi au préposé, avant de le mettre en rapport avec les tiers, dans l'exercice de cet emploi, a dû s'assurer de sa probité et de sa capacité, c'est-à-dire de son aptitude morale, intellectuelle et physique à remplir la fonction sans dommage pour les tiers. En le présentant à leur confiance, il s'est tacitement porté garant de la sécurité des relations qu'il établissait entre eux et lui. *Qui enim aliquem præponit, is clarâ et apertâ voce dicere videtur : « hunc ego præposui ; qui volet cum eo contrahat* (1). » Si donc le choix qu'il a fait n'est pas suffisamment éclairé, il y a faute, imprudence, négligence, de la part du commettant, il est juste qu'il soit responsable du dommage dont il a été la cause originaire, il est censé avoir pu et dû le prévoir.

C'est ce qu'indiquait Pothier dans le *Traité des obligations;* après avoir formulé la règle reproduite ci-dessus, il ajoute : « Ceci a été établi pour rendre les maîtres attentifs à ne se servir que de bons domestiques (2). » C'est ce qu'exprimait aussi le rapporteur de la loi au Tribunat, en disant : « Le projet assujettit les maîtres et commettants à la responsabilité la plus entière et la moins équivoque. Cette disposition, qui se rencontre déjà dans le Code rural, ne présente rien que de très-équitable. N'est-ce pas, en effet, le service dont le maître profite qui a produit le mal qu'on le condamne à réparer? N'a-t-il pas à se reprocher d'avoir donné sa confiance à des hommes méchants, maladroits ou imprudents? Et serait-il juste que des tiers demeurassent victimes de cette confiance inconsidérée, qui est la cause première, la véritable source du dommage qu'ils éprouvent (3)?

La loi romaine avait déjà formulé cette pensée: « *Aliqua-* « *tenus culpæ reus est, quod operâ malorum hominum ute-* « *retur* (4). »

Mais ce que le jurisconsulte Gaius présentait ici comme ayant lieu, à un certain point, *aliquatenus*, a été érigé en règle générale et en présomption légale *juris et de jure*, par l'art. 1384.

---

(1) Peckius, *in leg.* 5. D. *De exercit. actione.*
(2) N° 121.
(3) Locré, 13, p. 42, n° 14.
(4) L. 5, § 6, D. *de Oblig. et act.*

Ainsi, la loi suppose toujours que le dommage causé par le préposé dans l'exercice de ses fonctions est, avant tout, la faute du maître, qui n'aurait pas dû les lui confier, et cette présomption n'admet pas la preuve contraire (1). — Dérogation profonde au principe de la personnalité des fautes.

885. La liberté du choix fait par le commettant, dans la personne de son préposé, n'est pas le seul élément de la responsabilité qu'il encourt. A ce premier motif s'en joint un autre non moins déterminant : c'est le droit qui appartient au commettant de donner au préposé des instructions, et même des ordres, et de surveiller l'exécution du mandat qu'il lui a confié (2). De ce droit découle une obligation qu'il lui faut accomplir dans l'intérêt des tiers, pour empêcher le préjudice que l'imprudence du préposé pourrait causer.

La faute de celui-ci remontera donc jusqu'au maître, soit parce qu'il aura donné l'ordre de commettre l'action nuisible dont il est alors véritablement l'auteur ou le complice, soit parce que les instructions qu'il devait donner à son agent, la surveillance qu'il devait exercer sur lui, n'ont été ni intelligentes ni complètes.

886. Telle est la raison de la loi.

Maintenant, à quelles personnes s'appliquera-t-elle? Que faut-il entendre par commettant et préposé? A quels signes reconnaîtra-t-on l'existence de ces qualités respectives pour en déduire la responsabilité qui s'y attache? Il importe de le savoir, car il est évident que tout mandat donné à un autre n'entraîne pas, par lui-même, la responsabilité civile dont nous traitons ici.

Le contrat qui intervient entre le commettant et le préposé tient à la fois de la nature du mandat et de celle du louage.

Si nous n'avions à rechercher la nature de ce contrat qu'en ce qui concerne les rapports du commettant et du préposé, nous dirions simplement que c'est tantôt un mandat proprement dit, et tantôt un louage de services ou d'ouvrages ; un mandat quand le service est gratuit, un louage quand il est salarié (3). La *préposition* est principalement un contrat

(1) *Exposé des motifs*, Locré, 13, p. 26 ; Malleville, *Sur l'art.* 1384, t. 2, p. 191 ; Toullier, 11, 283 ; Duranton, 13, 724.
(2) Cass., 20 août 1847, S. 855.
(3) L. 1, § 18, D. *de Exercit. act.*

commercial qui a pour objet la gestion d'un négoce que le commettant confie au préposé. *Institor est qui tabernæ locove ad emendum vendendumve præponitur*, porte la loi 18 au **D.** *De instit. act.* Toutefois, elle peut avoir pour objet toute autre gestion du même ordre et purement civile, par exemple, la gouverne d'une maison ou d'une exploitation rurale ; Ulpien le dit expressément dans la loi 5, au **D.**, même titre. Or, l'exercice d'une pareille gestion se rattache ordinairement à un louage de services. La gratuité, cependant, trait distinctif du mandat, conduirait nécessairement à décider, dans les cas où elle se rencontrerait, que la gestion relève uniquement de ce dernier contrat (1).

Quoi qu'il en soit, notre but étant uniquement ici de distinguer la *préposition* qui engendre la responsabilité civile du commettant, et les autres contrats analogues qui n'engendrent pas cette responsabilité, peu nous importe que le caractère du mandat puisse y prédominer dans certains cas, et celui du louage dans les autres. Il nous suffit d'indiquer que la *préposition* est une convention à part, tenant à la fois de l'un et de l'autre de ces contrats, du louage par la nature des services, et souvent par le salaire, du mandat par le caractère représentatif qui appartient au préposé, et quelquefois par la gratuité.

Comme le mandataire proprement dit auquel nous l'opposons en ce moment, le préposé est bien chargé de faire quelque chose pour un autre, en son nom, suivant la définition de l'art. 1984, C. civ.; mais une différence apparaît dans la nature des faits qui leur sont confiés. Le premier représente plus ordinairement son mandant dans des actes juridiques, emportant, d'une manière expresse, obligation ou décharge, dans l'administration générale ou spéciale de sa fortune, de ses affaires; le second, dans des actes d'exécution matérielle. La qualité de mandataire suppose, chez celui qui en est revêtu, une mission moins étroite, et beaucoup plus d'initiative ; elle n'implique pas toujours l'idée de subordination et d'infériorité vis-à-vis du mandant. Il arrive souvent que celui-ci ne pourrait pas accomplir par lui-même, ni en fait, ni en droit, la mission qu'il donne au mandataire et qu'il n'est point en état d'apprécier d'une manière exacte

---

(1) V. M. Troplong, *Mandat*, nᵒˢ 233 à 237, et nᵒˢ 164 et suivants; *Louage*, nᵒˢ 791 et suiv.

le mérite et la capacité du représentant auquel il a recours. On ne pourra donc pas toujours lui imputer comme une faute, soit un défaut de surveillance vis-à-vis du mandataire dans l'accomplissemeni du mandat, soit le choix par lui fait de la personne même du mandataire (1); du moins, l'on devra, dans cette dernière hypothèse, apprécier beaucoup moins sévèrement la faute et les circonstances qui peuvent influer sur sa gravité.

887. On entendra plus particulièrement par préposé la personne qui tient la place d'une autre dans une gestion commerciale ou une autre analogue; qui, d'ailleurs, ne procède que sous les ordres, sous la direction et la surveillance du commettant, de telle sorte que c'est toujours celui-ci qui est censé agir à chaque instant par l'entremise de son préposé.

Ceci nous ramène à l'idée d'un contrat de louage d'ouvrages et de services tout en impliquant nécessairement l'idée d'un mandat exprès ou tacite qui vient y accéder.

Ajoutez à cela que la rétribution du préposé constituera, le plus souvent, un véritable salaire, à la différence de l'indemnité que reçoit le mandataire, qui n'est pas ordinairement considérée comme la représéntation exacte de la valeur des services rendus, *comme le prix vénal d'une chose qui s'achète* (2).

Quoi qu'il en soit, et bien que la prédominance de l'un ou de l'autre contrat soit plus marquée suivant les circonstances de chaque espèce, le rapport de commettant à préposé entre deux personnes dans le sens de l'art. 1384, C. civ., dépend de ces deux conditions réunies : 1° que le préposé ait été volontairement et librement choisi ; 2° que le commettant ait le pouvoir de lui donner des instructions, et même des ordres sur la manière d'accomplir les actes qui lui sont confiés. Partout où l'existence de ces deux conditions sera constatée, on pourra dire hardiment que la responsabilité existe : que si l'une d'elles vient à manquer, la responsabilité cesse.

Ceci s'éclaircira tout à l'heure par des exemples.

Mais, avant d'examiner les applications, signalons immédiatement une conséquence importante de tout ce qui vient

---

(1) V. nᵒˢ 896 à 899, *infrà*.
(2) M. Troplong, nᵒ 172; Pothier, *Mandat*, nᵒˢ 23, 24, 26 et 27.

d'être dit, déterminons l'ordre de faits auxquels est bornée la responsabilité du commettant. Il est utile de compléter ses idées à cet égard, car, dans les difficultés que présente la pratique, cette question est ordinairement liée à la précédente.

888. Par l'effet même du principe d'où elle part, cette responsabilité est limitée aux actes commis par le préposé dans l'exercice de ses fonctions.

Pour tout le reste, ce dernier demeure, vis-à-vis des tiers, dans les mêmes relations où il était auparavant. Il ne leur présente ni plus ni moins de garantie, car la responsabilité du commettant peut, au besoin, se cumuler avec celle du père, de la mère, du tuteur, et l'on ne doit pas non plus présumer que le maître ait donné à ses préposés l'ordre de délinquer dans des actes étrangers aux fonctions auxquelles il les emploie (1) ; dès lors, il n'y a aucune relation entre son propre fait, et le dommage causé, qui n'est plus, à son égard, qu'un cas fortuit. D'ailleurs, en dehors de ces actes, le commettant n'a plus d'ordres ni d'instructions à donner, plus de surveillance à exercer. Il n'aurait, à cet égard, ni autorité, ni intérêt.

Un négociant a des commis chargés de la gestion de son commerce, ils ont mandat pour vendre, acheter, expédier les marchandises, et les recevoir. Ils sont ses préposés, il est responsable du dommage par eux causé dans l'exercice de ces fonctions. Ainsi, des marchandises sont remises à ses commis, amenées et déposées dans ses magasins, afin d'être vendues en commission, le négociant est tenu de représenter ces marchandises ou leur valeur. Si elles ont été détruites ou détournées par ses commis, il est tenu à des réparations civiles (2). — Il en serait de même d'un officier ministériel ou d'un notaire à l'égard de ses clercs. Il pourrait être déclaré responsable des sommes remises à ces derniers par des clients de l'étude, à raison d'actes qui y auraient été passés, et que ces clercs auraient eux-mêmes dressés d'après le mandat exprès ou tacite du patron (3). — Un entrepreneur de travaux publics ou privés emploie des ouvriers de divers métiers qui exécutent ces travaux sous ses ordres. Ils sont

(1) *Revue de droit français et étranger*, t. 5 (1848), p. 341.
(2) Bruxelles, 10 janv. 1811, S. 11.2.332.
(3) Rej., 2 déc. 1824, S. 25.196. V. cependant, Cass., 9 avril 1873, S. 464, D. 343.

ses préposés dans l'accomplissement de ces travaux, ils sont dans l'exercice de leurs fonctions pendant qu'ils les exécutent. Si un ouvrier, par malveillance ou impéritie, fait tomber des matériaux sur une personne, ou sur l'immeuble voisin auquel il cause du dégât, l'entrepreneur en est tenu. Dans ces conditions, la responsabilité s'étend à tous les faits portant préjudice à autrui, par exemple à des propos diffamatoires tenus par l'agent d'une entreprise commerciale, contre une maison rivale (1), à des fraudes commises à l'égard du Trésor en matière de timbre de lettres de voiture (2), ou par introduction de tabacs étrangers (3), etc. Il suffit que l'acte dommageable se rattache à l'objet du mandat donné au préposé, et se soit produit dans l'exécution de ce mandat. Peu importe qu'il constitue un abus des fonctions qui sont conférées à l'agent, que les ordres du maître aient été peut-être méconnus. La loi évidemment ne suppose pas la connivence de ce dernier. Il serait alors responsable de son fait personnel et non plus seulement du fait d'autrui.

889. Tels sont les principes généraux; éclaircissons-les par des applications.

Nous examinerons d'abord quelques hypothèses où la difficulté consiste principalement à reconnaître si la qualité de commettant appartient véritablement à la personne poursuivie comme civilement responsable.

On vient de voir qu'un entrepreneur, un industriel quelconque, étaient responsables du fait des ouvriers qui travaillent pour eux, et sous leur direction. On peut dire généralement que cette responsabilité incombe, même à tous ceux qui emploient des ouvriers travaillant à la tâche ou à la journée, parce qu'ils sont sous leurs ordres et sous leur surveillance (4).

890. Mais lorsqu'un particulier s'adresse à un artisan d'une profession déterminée, pour faire exécuter un travail quelconque, cet artisan doit-il être considéré comme son préposé, et s'il cause un dommage à des tiers en exécutant le travail qui lui est confié, le particulier, dont nous parlons,

---

(1) Orléans, 21 déc. 1854, D. 57.2.30; Rej., 5 nov. 1855, D. 56.2. 353.

(2) Paris, 15 mai 1851, D. 52.2.240, S. 51.2.359. V. encore Paris, 15 avril 1847, D. 47.5.423, n° 9.

(3) Lyon, 1er juill. 1872, S. 73.2.42, D. 73.2.157.

(4) Merlin, *Rép.*, v° *Incendie*, § 2, n° 9, p. 790, 2e col.

en sera-t-il responsable? Ainsi, le toit de ma maison est dégradé; je charge un couvreur et un charpentier d'y faire les réparations nécessaires : si des tuiles détachées du toit blessent ou tuent quelques personnes ; si le charpentier fait tomber une pièce de bois sur la maison voisine et y cause du dégât, serai-je tenu de la réparation civile du dommage ainsi causé?

L'affirmative est soutenue par quelques auteurs (1). Mais n'est-ce point une erreur? Cet artisan est-il réellement mon préposé? Dans le contrat intervenu entre nous, les caractères du louage d'ouvrage dominent : ceux du mandat s'effacent presque entièrement. Or le locateur n'est pas, en cette seule qualité, soumis à la responsabilité des faits du conducteur. Il n'est pas compris dans les dispositions de l'art. 1384.

L'artisan, dans l'hypothèse qui nous occupe, est entrepreneur dans la partie qu'il traite (2), et nous verrons tout à l'heure (3) qu'il est constant que le propriétaire n'est pas responsable de l'entrepreneur.

D'ailleurs, quelle faute peut-on me reprocher? Puis-je directement surveiller l'exécution des travaux dont il s'agit? Non, car il faudrait pour cela des connaissances techniques que je ne suis point obligé de posséder. Il faudrait une aptitude physique qui n'appartient qu'à ces artisans. Je ne suis donc pas obligé d'exercer par moi-même ou par les gens de ma maison une surveillance actuelle. On ne peut exiger davantage que je paie un architecte pour cela, si les travaux dont il s'agit sont de la nature de ceux que l'ouvrier couvreur ou l'ouvrier charpentier exécutent ordinairement par eux-mêmes. Je ne suis donc pas coupable d'un défaut de surveillance (4). Je n'avais aucune instruction, aucun ordre à leur donner sur la manière d'exécuter ces travaux de leur art. Je ne suis pas coupable de négligence à cet égard.

Peut-on du moins me reprocher d'avoir mal placé ma confiance? Peut-on me dire que, parmi les ouvriers d'une même profession, il en est de plus ou moins habiles, de plus ou moins propres à tel travail qui présente plus de difficultés

---

(1) V. Toullier, 11, 284 ; M. Larombière, t. 5, sur 1384, n° 10, p. 747.
(2) Argument de l'art. 1799, C. civ.
(3) N° 892.
(4) Rej., 25 mars 1824, D. 31.263; Douai, 25 juin 1841, S. 42.2.49, D. 42.2.61.

que tel autre, que je n'ai pas suffisamment étudié la capacité de l'ouvrier dont je me suis servi? Ceci peut être vrai, mais il en résulte seulement qu'il faut examiner les circonstances dans lesquelles ce choix est intervenu.

Si je me suis adressé à un artisan d'une incapacité notoire ou même douteuse, pour exécuter un travail difficile, et pouvant devenir dangereux pour le public, j'ai commis une imprudence. Je puis être responsable de ses suites.

S'il s'agissait, au contraire, d'un travail ordinaire ; si le dommage est arrivé parce que l'ouvrier a négligé une de ces précautions qui doivent être prises en pareil cas, et qui étaient de son ressort exclusif ; si d'ailleurs la réputation de cet homme était satisfaisante, on ne peut me reprocher de l'avoir choisi pour exécuter un ouvrage de sa profession.

Depuis l'époque où nous avons formulé pour la première fois cette doctrine (1), elle a été consacrée par de nombreux arrêts (2), et l'on peut dire que la jurisprudence est formée sur ce point.

M. Larombière a cependant embrassé l'opinion contraire. Mais sa discussion repose uniquement sur cette idée que l'artisan, dont il s'agit, travaille sous les ordres et la direction de celui qui l'emploie, tandis qu'à notre avis c'est un simple contrat de louage qui intervient entre eux (3). Il admet cependant avec nous que le propriétaire n'est pas responsable des faits de ses fermiers et en général des entrepreneurs à forfait. — Cette dernière stipulation paraît être, à ses yeux, la cause déterminante de la solution. — Mais, suivant nous, on ne doit pas s'y attacher d'une manière absolue, on doit considérer s'il y a subordination réelle, en fait ou en droit. Aussi a-t-on décidé avec raison en sens inverse, que le propriétaire peut être déclaré responsable d'ouvriers tâcherons qui exploitent une carrière pour son compte (4), et que les compagnies de chemins de fer le sont également de leurs sous-entrepreneurs (5).

---

(1) Dans notre première édition de 1852.
(2) Cass., 10 nov. 1859, D. 49, S. 60.1.185; Lyon, 20 janv. 1863, D. 63.2.199; Douai, 26 déc. 1865, D. 66.2.237, S. 66.2.123; Bourges, 23 janv. 1867, D. 67.2.197; Dijon, 7 août 1868, S. 68.2.315, 2ᵉ espèce; Cass., 27 mai 1868, S. 299; et Amiens, 24 fév. 1869, S. 69.2.67.
(3) Loc. cit.
(4) Paris, 4ᵉ ch., 13 avril 1861, Droit du 19; Angers, 16 mars 1868, S. 68.2.315, 1ʳᵉ esp. V. aussi Cass., 13 déc. 1856, S. 57.1.442.
(5) V. nᵒˢ 892, 1029 et suiv.

891. Au surplus, quand même on prétendrait que je mérite un reproche de négligence dans le choix de l'artisan, et que ma responsabilité est engagée par ce motif, il y aurait à faire une remarque importante.

Ce ne serait point en cette qualité de commettant, et par application de l'art. 1384, que je serais tenu de ses faits; par conséquent, je ne serais point responsable de plein droit, à raison de tous les actes dommageables commis par l'ouvrier dans l'accomplissement du travail qu'il s'est obligé à faire, et de toute l'étendue du dommage qu'il aurait pu causer. Si j'ai commis une imprudence en contractant avec lui, sachant ou devant savoir qu'il était incapable d'exécuter ces travaux, si j'ai par suite donné lieu au dommage dans une certaine mesure, si j'en suis responsable, c'est en vertu de l'art. 1383, et je ne suis tenu que du dommage qui sera la suite directe et immédiate de la faute qui m'est imputable (1).

Cette distinction, avons-nous dit, a de l'importance. Et en effet, lorsqu'il s'agit d'un cas de responsabilité de commettant à préposé, comme la responsabilité résulte de la présomption de la loi elle-même, il suffit au demandeur de prouver l'existence de ces qualités respectives. La responsabilité s'en déduit nécessairement, et les tribunaux ne pourraient en affranchir le commettant. S'il s'agit simplement d'un cas de responsabilité fondée sur l'art. 1383, les juges ont toujours le pouvoir d'apprécier s'il y a eu négligence ou imprudence, et quel est le rapport de cette faute avec l'étendue du dommage causé.

C'est ainsi que le propriétaire d'une maison peut être condamné à réparer les suites d'un accident occasionné par la chute de matériaux tombés du faîte de son toit sur lequel un ouvrier maçon ou zinguiste établissait des tuyaux de cheminée, alors qu'aucun signe n'avait été placé par cet ouvrier pour avertir les passants du danger (2). En effet, cette précaution est imposée d'une manière générale, par l'art. 474, § 4, C. pén., à tous ceux qui font exécuter des

---

(1) V. n° 690.

(2) Cass., 27 mai 1868, S. 299, D. 68,1.404, et Amiens, 24 fév. 1869, S. 69.2.67, D. 69.2.153.

L'arrêt de la Cour de cassation vise, à la vérité, l'art. 1384; mais il résulte de ces motifs que c'est à raison d'une faute personnelle qu'il a considéré, dans l'espèce, le propriétaire comme responsable.

travaux joignant la voie publique, ce qui s'étend au propriétaire aussi bien qu'à l'ouvrier, et cela en l'absence même de règlement local. Il en est encore de même, si l'on a négligé d'éclairer des matériaux déposés sur la voie publique (1). En pareil cas, la responsabilité du maître de la chose se cumule avec celle de l'entrepreneur. Mais elle est régie par un principe différent de celui de la responsabilité civile, bien que le résultat soit presque toujours le même (2).

892. Ce qui vient d'être dit du propriétaire qui confie des travaux à un artisan d'une profession déterminée s'applique sans contestation à toute personne qui fait exécuter un ouvrage à l'entreprise. Le dommage causé par l'entrepreneur lui-même ou par ses ouvriers n'engage pas la responsabilité de celui qui a traité à forfait de l'exécution des ouvrages, par exemple l'État, une compagnie de chemins de fer ou de canaux. Entre eux et l'entrepreneur il n'y a qu'un contrat de louage d'ouvrage qui ne soumet par lui-même les contractants à aucune responsabilité civile vis-à-vis des tiers.

La Cour de cassation en a très-bien exprimé le motif dans son arrêt du 20 août 1847 (3). « Vu l'art. 1384, C. civ.; attendu que la responsabilité à laquelle cet article soumet les commettants, ne dépend pas seulement de ce qu'ils ont choisi leurs préposés, mais suppose en outre qu'ils ont le droit de leur donner des ordres et instructions sur la manière de remplir les fonctions auxquelles ils les emploient,

---

(1) Rej., 17 fév. 1868, D. 273, et argument de Rej., 22 fév. 1868, S. 368.

(2) Dans l'affaire Courtin, que nous rapporterons n° 901, le sieur Chapelle, à défaut de l'art. 1384, invoquait subsidiairement l'art. 1383, et prétendait que, du moins, la compagnie était responsable du préjudice qui avait été la suite de la négligence ou du défaut de surveillance des administrateurs qui avaient laissé à un employé tant de facilités pour tromper des tiers.

Ce moyen a été écarté par des considérations de fait. — « Attendu que si Chapelle prétend que quelques reproches de négligence peuvent être adressés aux administrateurs....., il est certain qu'ils ont porté à la connaissance du public l'emploi frauduleux qui avait été fait desdits feuillets, aussitôt qu'ils ont su que cet emploi avait eu lieu....., que Chapelle ne doit imputer qu'à sa propre imprudence la perte qu'il éprouve, puisqu'il a consenti à prêter des sommes considérables, sur le dépôt des titres faux qui lui ont été remis par un simple employé de la compagnie, n'ayant qu'un modique traitement et ne possédant aucune fortune. »

(3) S. 855.

autorité sans laquelle il n'y a pas de véritables commettants (1). »

893. Des stipulations particulières pourraient cependant
modifier le contrat et donner aux parties les qualités respectives de commettant et de préposé ; c'est une question de
fait à décider suivant les circonstances. Dans l'espèce de
l'arrêt qui vient d'être cité, il avait été jugé, en fait, qu'un
ingénieur surveillant les travaux dans l'intérêt de la compagnie poursuivie comme responsable, devait seulement veiller
à ce qu'ils fussent exécutés conformément aux conventions,
mais qu'il n'avait pas mission de donner des ordres à l'entrepreneur sur le mode d'exécution desdits travaux, la compagnie ne s'étant réservé aucun droit de surveillance à cet
égard.

Mais si, au contraire, la compagnie, le propriétaire ou
autre personne intéressée, bien que traitant à prix fait avec
l'entrepreneur, conserve la direction effective de l'ouvrage,
cet entrepreneur, comme nous venons de le dire au numéro
précédent, demeure en réalité son préposé et, de cette qualité, se déduisent les conséquences prévues par l'art. 1384 (2).
Les tribunaux apprécient souverainement ces sortes de
questions et les faits dont la solution dépend presque entièrement (3).

A plus forte raison doit-on décider que la responsabilité du
maître est engagée, lorsque l'objet même des travaux qu'il fait
exécuter par entreprise est illicite, dangereux par sa nature
et a causé effectivement un dommage (4). Evidemment alors
le propriétaire commet une faute personnelle des suites de
laquelle il est toujours tenu.

894. On ne doit pas être ordinairement déclaré responsable des gens que l'on emploie accidentellement et qui sont
loués à celui qui s'en sert par d'autres patrons. Ceux-ci sont
de véritables entrepreneurs auxquels on s'adresse pour tels

---

(1) *Adde*, Paris, 24 nov. 1842, S. 42.2.522, et 15 avril 1847, S. 47.
2.283; Rej., 10 nov. 1859, D. 60.1.49; Rej., 17 mai 1865, D. 372, S.
327.
(2) V. ce qui vient d'être dit n° 891. — *Adde*, Rej., 17 mai 1865, S.
327; Rej., 24 nov. 1865, D. 67.1.459, et 10 nov. 1868, D. 69.1.133,
S. 69.1.127; Bordeaux, 11 juill. 1859, D. 60.2.23; M. Cotelle, *Traité
des procès-verbaux*, 317.
(3) Rej., 25 nov. 1845, D. 46.1.32; Rej., 10 nov. 1859, D. 60.1.49;
Rej., 24 nov. 1865, D. 67.1.459.
(4) Rej., 20 avril 1866, D. 69.1.364.

ou tels services; s'ils se font représenter par des employés à leurs gages, c'est à eux d'en répondre.

Par exemple, en cas d'accident causé par une voiture de louage, c'est à l'entrepreneur qui fournit les chevaux et le cocher, d'indemniser le blessé, et non pas à la personne à qui la voiture est louée (1). J'excepte le cas où cette dernière aurait contribué à l'accident par des ordres particuliers ou quelque autre fait du même genre.

895. Le fermier n'est pas le préposé du propriétaire de l'immeuble. Cela n'est pas douteux, car le louage des choses n'établit, par lui-même, aucune subordination du preneur vis-à-vis du bailleur. Celui-ci, à moins de stipulations particulières, n'a pas le droit de surveiller et de diriger les opérations du fermier, sauf en ce qui concerne la jouissance de l'immeuble et dans son intérêt propre. Le fermier est aussi un entrepreneur à forfait, un entrepreneur de culture. Ainsi, le bailleur n'est pas responsable des dégâts causés par le fermier dans des opérations faites même sur l'immeuble, ou à raison de l'immeuble (2).

896. La question relative à la détermination des qualités de commettant et de préposé se présente avec beaucoup d'intérêt en ce qui concerne les officiers ministériels. Sont-ils les préposés de ceux qui les emploient pour des actes de leur ministère, de telle sorte que ces derniers soient civilement responsables des fautes par eux commises dans l'exercice de leurs fonctions?

Ici s'appliquera la distinction que nous avons indiquée n°⁵ 886 et 887. L'officier public est sans contredit le mandataire de la partie pour laquelle il exerce. Mais est-il son préposé agissant en son lieu et place sous sa direction? La partie peut-elle être responsable du choix même qu'elle a fait dans la personne de l'officier public, notaire, avoué, huissier?

Je n'hésite pas à décider ces deux questions négativement.

D'abord, quant au choix du mandataire, il ne peut être critiqué, puisqu'il a porté sur un fonctionnaire investi d'une mission *ad hoc* par l'autorité publique et par la loi. Le ministère de ces officiers est forcé, c'est la loi même qui les

---

(1) *Contrà*, M. Cotelle, *Traité des procès-verbaux*, p. 316, n° 20 ; Jug. du trib. civ. de la Seine du 25 nov. 1847, *Droit* du 27 novembre.
(2) Cass., 12 juin 1855, S. 710; Grenoble, 19 juin 1866, D. 66.2.196.

établit en nombre limité, et qui détermine les règles d'après lesquelles ils sont individuellement nommés. Ils sont institués par le Gouvernement, avec la garantie de son examen préalable et de son approbation ; les particuliers sont, dès lors, autorisés à recourir à eux avec toute sécurité. Ceci est d'autant plus indubitable que, dans certains cas, le choix n'est pas libre entre plusieurs individus ayant même qualité, puisque, dans bien des localités, il n'existe qu'un seul notaire, par exemple. Les parties ne sont point en faute de n'avoir point été chercher un autre que celui-là, placé près d'elles pour leur éviter l'inconvénient de se déplacer. D'autre fois, le choix est tellement limité, qu'on peut le considérer comme n'existant pas. — Et quand même le choix a été possible, la garantie de la loi qui établit ces officiers publics pour des actes déterminés, celle de l'autorité supérieure, sous la surveillance de laquelle ils exercent leur ministère, est suffisante pour mettre la partie à l'abri de toute responsabilité.

Il faut en dire autant quant à l'exécution même du mandat. Les parties ne sont point habiles à faire elles-mêmes les actes du ministère des officiers publics ; par conséquent, elles ne peuvent être censées avoir dû les accomplir personnellement avec plus d'intelligence et de soin. Ici le mandataire ne représente pas exactement la personne du mandant. La fiction d'après laquelle ce dernier est censé agir par l'organe du mandataire doit être écartée (1). Elle impliquerait contradiction avec la nature du mandat spécial dont il s'agit. Ajoutons enfin que, dans notre hypothèse, les parties ne sont pas appelées non plus à contrôler les actes que l'on exécute à leur requête, elles n'ont point à en surveiller le mode d'exécution, le ministère de ces fonctionnaires étant exigé précisément pour assurer l'accomplissement de toutes les prescriptions légales qu'ignorent ordinairement les parties. —Il est donc impossible de trouver, dans les rapports de ces dernières avec les officiers ministériels qu'elles emploient, les éléments caractéristiques de la qualité respective de commettant et de préposé, et d'un cas de responsabilité civile réglé par l'art. 1384.

On ne saurait la trouver davantage dans les règles spéciales sur le mandat proprement dit. Car le mandant n'est tenu

---

(1) Pothier, *Mandat*, n°⁵ 10 et 125.

d'exécuter les engagements contractés par le mandataire que dans les limites du pouvoir qu'il lui a donné (1) : or le mandat des officiers publics est déterminé d'avance et connu de tous. Leurs clients ne peuvent jamais être présumés leur avoir donné celui de délinquer.

897. Ainsi, supposons que Pierre soit créancier de Paul en vertu d'un titre exécutoire. Il remet son titre à un huissier pour pratiquer une saisie-exécution au domicile de son débiteur. L'huissier procède à la saisie, puis établit pour gardien un tiers avec lequel il s'entend pour commettre quelque dilapidation. C'est un fait de charge qui n'engage que sa responsabilité personnelle, et ne peut retomber sur le saisissant. La Cour d'appel de Bruxelles a jugé le contraire, le 2 juin 1806 : « Attendu que tout mandant doit répondre du fait de son mandataire, sauf son recours en garantie contre celui-ci (2). »

Ces motifs sont beaucoup trop laconiques pour entraîner la conviction. C'est là trancher une question et non pas la résoudre.

898. On peut leur opposer un arrêt. d'Orléans du 14 novembre 1821 (3), par lequel un huissier, qui avait été personnellement chargé d'une saisie et s'était substitué un de ses confrères, sans l'aveu de la partie, fut déclaré irresponsable des fautes et prévarications du substitué.

Vis-à-vis des tiers, du saisi notamment, cela ne doit pas faire de doute. Le substitué n'est pas plus le préposé du substituant qu'il ne serait celui du saisissant lui-même. Il a accompli un acte de son ministère, librement, en dehors de toute surveillance légale, obligée. Il a été choisi, il a reçu un mandat volontaire, mais le mandant n'était pas tenu d'en suivre l'exécution dans tous ses détails. Sa responsabilité n'aurait aucune base dans l'art. 1384.

Vis-à-vis du mandant primitif, de la partie à la requête de qui se faisait la saisie, il peut en être autrement. Mais ce n'est plus par une raison tirée de l'art. 1384, c'est à cause du principe de l'art. 1994, C. civ., d'après lequel le mandataire répond de celui qu'il s'est substitué dans la gestion, quand il n'a pas reçu le pouvoir de se substituer quelqu'un.

---

(1) C. civ., 1998.
(2) Dalloz, *Oblig.*, p. 799, 1re édit.
(3) *Ibid.*, p. 800.

La responsabilité du substituant serait ici l'effet du contrat intervenu entre le saisissant et lui.

On a encore décidé, et c'est pour nous un argument à fortiori, que l'avoué chargé d'une poursuite n'est pas responsable, à l'égard de son mandant, de la nullité commise par l'huissier qu'il a choisi, dans un acte du ministère exclusif de cet huissier, par exemple, un commandement tendant à saisie immobilière en tête duquel il n'avait pas été donné copie du titre en vertu duquel on procédait (1).

Enfin, la Cour d'Amiens a jugé dans ce sens que le propriétaire, à la requête duquel un huissier saisit les meubles du locataire, n'est pas responsable envers celui-ci du préjudice qu'il peut éprouver de ce que l'huissier aurait contrevenu soit à l'art. 622 du C. proc., en vendant des objets saisis pour une somme supérieure à la créance du propriétaire, soit à l'art. 624 du même Code, en accordant des délais aux acheteurs (2).

899. N'oublions pas, du reste, que la nature et l'objet du mandat, à la différence de son exécution, pourraient constituer un délit ou un quasi-délit imputables à la partie qui le donne, et lui faire encourir une certaine responsabilité par application des art. 1382 et 1383 C. civ. (3). C'est une autre question qu'il faut distinguer de la première. Les effets de cette responsabilité personnelle diffèrent de celle qui résulte de l'art. 1384, alors même que le mandant et le mandataire auraient pris une part commune à la faute, car elle n'a pas lieu de plein droit et il faut faire preuve de la faute contre le commettant.

Ainsi, quand un huissier a procédé à une saisie qui vient à être déclarée nulle, si la nullité tient à ce que la saisie a été pratiquée en vertu d'un titre nul ou éteint, ou encore avant l'échéance de la dette, si la poursuite frustratoire est le fait personnel du saisissant, les frais doivent être mis à sa charge ainsi que des dommages-intérêts proportionnels au préjudice souffert par le saisi. C'est ce qu'enseignaient Jousse et Bornier, dont M. Dalloz a reproduit la théorie (4).

_____

(1) Metz, 2 juill. 1819, et Rej., 21 fév. 1821; Dalloz, *Avoué*, p. 214, 1ʳᵉ édit.

(2) Amiens, 8 déc. 1873, S. 74.2.41.

(3) V. à cet égard, n° 893, et l'arrêt du 20 avril 1866, D. 69.1.364, qui y est cité.

(4) *Oblig.*, p. 798, n° 21, 1ʳᵉ édit. — *Conf.*, Chauveau et Carré, t. 6, q. 3395 et 3398.

Il en sera de même toutes les fois que les abus, extorsions ou rigueurs inutiles pratiqués par l'officier ministériel lui auront été imposés par son mandant.

Quant à la nullité des actes de procédure résultant d'un vice de forme personnel à l'huissier ou à l'avoué, par exemple si le commandement prescrit par l'art. 673, C. proc., ne contenait pas l'indication exacte des noms du poursuivant et qu'il en soit résulté une erreur préjudiciable au saisi, la nullité rejaillira incontestablement sur le saisissant, en ce sens que la procédure vicieuse ne pourra produire d'effet en sa faveur.

Mais nous ne pensons pas que le saisi puisse réclamer contre lui de dommages-intérêts. Il ne pourrait agir que contre l'huissier seul, la faute étant, comme nous le supposons, personnelle à celui-ci (1). L'officier ministériel serait même exposé à l'action en réparation de son propre mandant, aux termes des art. 71 et 1031 du Code de procédure.

Et quand même on devrait admettre que le mandant est responsable envers la partie adverse des conséquences de cette nullité, on ne pourrait lui refuser son recours contre l'huissier ou l'avoué qui l'aurait commise.

900. Ce qui précède nous conduit à rechercher si l'huissier qui pratique une saisie est responsable du fait du gardien qu'il établit.

Il faut d'abord faire la distinction que nous avons déjà reproduite plusieurs fois. L'huissier n'échappe, dans aucun cas, à la responsabilité résultant de l'art. 1383, et d'une faute à lui personnelle et démontrée positivement. Cette faute existe si l'individu dont il a fait choix était d'une improbité notoire, s'il était, par une raison déterminée, dans l'impossibilité de veiller efficacement à la garde des objets qui lui étaient confiés. Dans une espèce jugée par la Cour d'appel de Poitiers, le gardien établi par l'huissier était porteur de contraintes pour l'administration des contributions directes, et son emploi l'obligeait à être presque toujours en course. Il n'offrait, d'ailleurs, aucune garantie de solvabilité. L'huissier fut déclaré responsable des effets détournés (2).

Les articles du Code de procédure qui déterminent les obligations de l'huissier, à cet égard, conduiraient plutôt à

---

(1) *Contrà*, Chauveau et Carré, t. I, q. 376, 377, et t. VI, q. 3398.

(2) Poitiers, 7 mars 1827, D. 27.2.132; Argum. des motifs d'un arrêt de cassation du 24 avril 1833, D. 204.

faire déclarer l'huissier responsable d'une manière absolue qu'à le décharger des conséquences du droit commun. En effet, l'art. 596 porte que si la partie offre un gardien *solvable*, il sera établi par l'huissier. L'art. 597, que : « si le saisi « ne présente un gardien *solvable* et de la qualité requise, « il en sera établi un par l'huissier. » L'huissier semblerait donc, d'après la combinaison de ces articles, obligé, sous sa responsabilité, de faire choix d'un gardien solvable, et c'est en effet ce qu'a jugé la chambre des requêtes de la Cour de cassation, par arrêt du 18 avril 1827 (1) : « Attendu que l'arrêt attaqué a jugé en point de droit que l'huissier qui, aux termes des art. 596 et 597, choisit seul et établit un gardien, est responsable de la moralité et de la solvabilité de ce gardien. — Attendu que cette doctrine est la conséquence nécessaire des art. 596 et 597, C. proc., 1992 et 1382, C. civ., etc. »

Mais la théorie, moins absolue, qui consiste à ne rendre l'huissier responsable que suivant les circonstances, en cas de connivence ou faute grave, enseignée par la plupart des auteurs (2), a prévalu dans la jurisprudence (3).

On n'a donc pas considéré le gardien comme le préposé de l'huissier (4). Cet office de gardien était anciennement regardé comme une sorte de fonction publique, on ne pouvait la refuser sans motifs légitimes (5). Le choix de l'huissier était donc parfaitement libre. Il n'en est plus de même aujourd'hui. On n'admet pas une atteinte semblable à la liberté individuelle (6). C'est au saisi de présenter lui-même un gardien ; à défaut, l'huissier ne peut guère le prendre que dans une classe d'hommes qui, par besoin, se livrent à ce métier. On ne peut le forcer à répondre absolument d'un homme qu'il prend dans de pareilles conditions. « Aucune disposition législative, a dit l'arrêt du 25 janvier 1836, ne

---

(1) S. 195, D. 205.
(2) Pigeau, *Comm.*, t. 2. p. 189 ; Thomine-Desmazures, t. 2, p. 113 ; Carré et Chauveau, t. 4, n° 2052 *bis*. — *Contrà*, Berriat, p. 397.
(3) Caen, 12 déc. 1826, S. 27.2.113 ; Rouen. 5 déc. 1831, D. 34.2.31 ; Cass., 24 avril 1833, S. 415 et D. 204 ; Rej., 25 janv. 1836, D. 95.
(4) Rouen, 8 août 1832, S. 33.2.434.
(5) Rodier, *Sur l'art.* 6, *tit.* 19 *de l'Ord. de* 1667 ; Pothier, *Proc. civ.*, part. 4, chap. 2, sect. 1, art. 5, § 1.
(6) Favard de Langlade, t. 5, p. 32, notes ; Pigeau, *Comm.*, t. 2, p. 189 ; Dalloz, *Saisie-exécution*, p. 659, n° 2 ; Carré et Chauveau, n° 2052.

rend l'huissier responsable de la solvabilité des gardiens qu'il établit sur les objets qu'il saisit. L'appréciation, par les tribunaux, de la question de savoir s'il n'y a eu ni connivence, ni fraude, ni négligence de la part de l'huissier, est exclusivement de leur domaine, et ne peut fournir matière à cassation. »

900 bis. La question que nous venons d'examiner par rapport aux officiers ministériels peut également se poser à l'égard des *experts*. Il arrive, tous les jours, que dans une instance judiciaire, des hommes de l'art sont commis pour vérifier des travaux, examiner des machines ou appareils sur la valeur et le conditionnement desquels les parties sont en désaccord. Un expert, dans le cours de ses opérations, peut commettre une faute, une imprudence et occasionner de graves dommages. Les parties en seront-elles responsables?

La négative nous paraît certaine si l'expert a été choisi d'office par le tribunal (C. proc. civ. 305). Il est alors le mandataire de la justice, non de la partie ; il tient en quelque sorte la place du juge et le représente pour des constatations techniques que celui-ci ne saurait faire par lui-même. La faute qu'il commet dans l'exercice de ses fonctions ne peut donc rejaillir sur la partie, car elle est complétement étrangère à celle-ci.

Toutefois la faute de l'expert pourrait coïncider avec une faute de la partie; dans ce cas, tous deux seraient responsables.

Un arrêt de la Cour d'Amiens en fournit un exemple important à retenir.

En 1864, une société s'était formée à Chauny pour la fabrication du papier d'après un procédé nouveau. Les matières destinées à former la pâte devaient être renfermées dans des chaudières de cuisson en forte tôle, avec des agents chimiques et de l'eau chauffée au moyen de la vapeur. Ces appareils devaient supporter une pression de deux atmosphères et demie. Quand le constructeur les eut livrés, on remarqua des fuites et d'autres imperfections qui les rendaient impropres à l'usage auquel ils étaient destinés. La tôle, notamment, était trop faible dans certaines parties, n'ayant que 4 millimètres d'épaisseur au lieu de 8 que comportait le devis. Sur la réclamation de la compagnie, un procès s'engagea entre le sieur Farinaux, entrepreneur principal de la construction, et le sieur Mouquet, son sous-traitant, devant le tribunal de commerce de Lille, qui nomma pour expert un sieur D... afin de visiter les chaudières, constater leurs vices et régler le mémoire du sieur Mouquet.

Ce dernier avait opéré quelques réparations, pour consolider les appareils. D'un autre côté, l'ingénieur de la compagnie avait prescrit de remplacer des bandes de tôle placées à l'intérieur par une armature plus forte. Ces travaux n'étaient pas encore terminés à l'une des chaudières, lorsque, le 24 juin 1864, l'expert D... se rendit sur les lieux pour accomplir sa mission.

Malgré les observations qui lui furent faites par les chefs de l'établissement, sur le peu de solidité de cette chaudière, bien que d'ailleurs il eût dû l'examiner lui-même, et constater l'état imparfait dans lequel elle se trouvait encore, D... voulut passer outre à l'expertise, et fit introduire la vapeur dans la chaudière pour reconnaître les fuites qui se produisaient.

La pression de la vapeur n'était pas encore arrivée à deux atmosphères, que les parois de la chaudière se déchirant, une explosion terrible s'opéra ; plusieurs ouvriers, le sieur Mouquet, l'expert D... lui-même furent tués sur place, et quelques autres grièvement blessés. — A la suite de cette catastrophe, une action en dommages-intérêts a été intentée par les victimes, notamment par un sieur Rochu, employé de la papeterie, contre la société propriétaire de l'établissement et le sieur Farinaux. La succession du sieur Mouquet et celle de l'expert D... furent aussi appelées en cause.

Un jugement du tribunal de Laon condamna la société au principal envers Rochu, mais admit son recours en garantie contre Farinaux et celui de Farinaux contre l'expert D... jusqu'à concurrence des trois douzièmes de l'indemnité.

Appel, et, par arrêt du 28 juin 1866, la Cour d'Amiens décida qu'il s'agissait d'une faute commune à laquelle les parties avaient pris part personnellement, qu'ainsi chacune d'elles devait être tenue de l'indemnité directement dans la mesure de sa culpabilité ; — que la société de Chauny ayant prescrit et fait exécuter des changements à la chaudière, avait eu le tort de permettre que la vapeur fût introduite dans cet appareil avant que le travail destiné à le consolider l'eût mis en état de supporter la pression voulue ; — que D..., de son côté, avait commis l'imprudence la plus grave en exigeant que l'épreuve eût lieu dans ces conditions, bien qu'il eût été averti de l'inachèvement du travail, et que ses connaissances techniques dussent l'éclairer plus que tout autre sur le danger auquel il s'exposait aussi bien que tous ceux qui prenaient part à l'expérience ; — que la société comme l'expert avaient contrevenu à l'ordonnance royale du 22 mai 1843 sur les appareils à vapeur, dont les art. 14 et 21 exigeaient que la chaudière à laquelle il avait été apporté des modifications importantes ne fût soumise à la pression qu'après une épreuve faite par les ingénieurs des mines.

En conséquence, les parties ont été condamnées solidairement envers Rochu, sauf leur recours entre elles pour la répartition de l'indemnité mise à la charge de la compagnie pour quatre douzièmes, de l'expert D... pour cinq douzièmes, et des sieurs Farinaux et Mouquet pour le surplus (1).

Comme on le voit, la responsabilité a été partagée entre D... et les autres défendeurs, en raison de la faute personnelle à chacun d'eux, en raison de leur participation plus ou moins étendue à l'imprudence, à l'inobservation des règlements, causes directes et immédiates de la catastrophe.

Et ce que nous devons particulièrement remarquer, c'est que ni Mouquet ni Farinaux, parties adverses et plaidantes, n'ont été déclarés responsables de l'expert comme mandants ou commettants.

Mais que doit-on décider quand l'expert est choisi par les parties elles-mêmes, comme les art. 304 et 305, C. proc., permettent de le faire ? Seront-elles tenues, vis-à-vis des tiers, des conséquences de la faute de l'expert unique, ou chacune d'elles respectivement de la faute de celui qu'elle aura désigné ?

Ici encore, je n'hésite pas à répondre négativement.

Où serait, en effet, la base de cette responsabilité ? Un mandat donné à l'expert. — Mais, comme nous l'avons déjà fait remarquer plusieurs fois, tout mandat n'engage pas la responsabilité civile de celui qui le donne (2). L'art. 1384 ne l'établit qu'à l'égard du fait du *préposé*, de l'homme auquel on commande, et nous avons signalé avec soin les nuances bien tranchées qui distinguent celui-ci du mandataire (3).

L'expert, dans le cas qui nous occupe, tient sans doute ses pouvoirs de la partie ; c'est, d'après une expression qui nous paraît juste, « *un commissaire avoué par elle* » (4). Mais la

---

(1) V. le *Droit*.
(2) Nᵒˢ 886 et 887, 896 et 897.
(3) Nᵒ 886.
(4) Chauveau sur Carré, *Lois de la proc.*, quest. 1223.

mission qu'elle lui a donnée, il l'exercè librement, avec toute son initiative et sans recevoir d'ordres auxquels il ait à obéir ; ses lumières et sa conscience doivent seules le diriger.

En outre, comme nous l'avons fait observer à l'égard de l'artisan, de l'industriel (1), de l'officier ministériel (2), la partie qui choisit un expert peut être inhabile à faire elle-même les actes dont elle le charge, et, à ce nouveau point de vue, le mandat qu'elle lui donne se présente dans des conditions toutes spéciales et avec des restrictions que ne comporte pas le mandat ordinaire. En un mot, la partie ne peut ni commander à l'expert qu'elle a nommé, ni diriger ses opérations, ni révoquer le mandat et accomplir par elle-même les actes qui en sont l'objet, toutes circonstances qui l'affranchissent de la responsabilité.

Elle ne peut donc être tenue qu'à raison du choix même qu'elle aurait fait d'un homme notoirement incapable de remplir convenablement les fonctions d'expert ; sa responsabilité découlerait alors de son imprudence personnelle, et les conséquences en seraient réglées par l'art. 1383 au lieu de l'art. 1384. Les distinctions que nous avons posées n° 890, trouveraient ici leur application.

J'étendrais encore cette solution au cas même où l'expert eût été nommé en dehors de toute délégation judiciaire et par convention amiable. Ici le caractère du mandat est plus accusé que jamais ; mais, en commettant un délit, l'expert est sorti des bornes de son mandat, et le mandant n'est pas obligé (3), à moins, comme nous l'avons répété plusieurs fois, qu'il ne soit coupable du choix même de l'expert, ou qu'il n'ait commis une faute concurremment avec celui-ci.

Dans ce cas même, il pourrait avoir, suivant les circonstances, son recours contre l'expert, tout en demeurant responsable au principal vis-à-vis des tiers.

900 ter. De même que le délit ou le quasi-délit donnant lieu à responsabilité, peut résulter du mandat lui-même, et du fait pur et simple de son exécution (4), et qu'il entraîne alors la responsabilité directe du mandant (5), de même il

---

(1) N° 890.
(2) N° 896.
(3) C. civ., art. 1998.
(4) V. n° 899.
(5) C. civ., art. 1382 et 1383 ; Argum. des motifs d'un arrêt d'Orléans du 21 déc. 1854, D. 57.2.30.

peut arriver que le mandant, en s'appropriant les actes délictifs du mandataire, en acceptant leurs conséquences dont il profite d'une façon quelconque, assume sur lui la responsabilité de ces faits : *Ratihabitio mandato æquiparatur* (1). »

Par exemple, je donne mandat à N.... de vendre ma terre des Cormiers à Jacques, au prix de 100,000 francs, et pour en passer acte sous seings privés. Pierre, dans l'espoir d'obtenir de moi des honoraires plus considérables, porte frauduleusement dans l'acte le prix à 110,000 francs, et fait signer Jacques par surprise ou à l'aide de manœuvres. Si, lorsque la fraude m'est connue, je ratifie la conduite de Pierre; si, me prévalant des énonciations abusives de l'acte, j'exerce des poursuites contre Jacques, nul doute que ma responsabilité ne soit engagée comme si Pierre avait employé par mes ordres le dol dont Jacques a été victime.

Il est bien vrai que je ne l'avais pas chargé d'agir par ces moyens condamnables; en les employant, il a excédé ses pouvoirs. Mais la ratification que je donne à ses actes, par cela même que je cherche à en profiter, couvre cette irrégularité (2).

901. Ceux qui emploient des ouvriers travaillant à la tâche (3) ou à la journée sont responsables du dommage causé par ceux-ci dans l'accomplissement ou à l'occasion de leurs travaux. Un propriétaire envoie un manœuvre défricher une pièce de terre voisine d'un bois. L'ouvrier allume du feu pour détruire des racines ou de mauvaises herbes, et le feu se communique au bois voisin. Le maître est responsable de l'incendie, car c'est dans le cours du défrichement pour lequel l'ouvrier était salarié qu'il a mis le feu au bois. Le propriétaire, il est vrai, ne l'avait pas expressément chargé d'allumer du feu pour aider au défrichement, mais le dommage n'en a pas moins été commis par l'ouvrier dans l'exercice même et par suite du travail pour lequel le propriétaire l'avait appelé : celui-ci doit donc en répondre (4).

La jurisprudence, du reste, est fixée sur ce point. Ainsi, elle a encore décidé que le vol de bois ou de fourrages, commis par un berger pendant qu'il garde les troupeaux de

(1) V. C. civ., art. 1998.
(2) M. Troplong, *Mandat*, n° 611.
(3) Aix, 13 mai 1865, D. 66.2.238.
(4) Merlin, *Rép.*, v° *Incendie*, § 2, n° 9.

son maître, entraîne la responsabilité de celui-ci (1); qu'un
entrepreneur de constructions doit répondre de l'incendie
occasionné par un de ses ouvriers, en fumant dans l'endroit
où il travaille, près d'un amas de matières combustibles (2).

902. Dans toutes les espèces que nous venons de parcourir, nous avons supposé que l'ouvrier, le commis, les
préposés enfin, quels qu'ils fussent, avaient agi dans l'exercice
de leurs fonctions (3), et que le commettant qui les emploie
devait, par conséquent, être considéré comme l'auteur primitif du dommage causé par eux.

Mais on comprend que la responsabilité cesse quand l'acte
incriminé est étranger au mandat reçu par le préposé, comme,
par exemple, si l'ouvrier employé par l'entrepreneur a commis un vol dans le cabaret où il prend ses repas, dans
l'hôtellerie où il loge, s'il a insulté un passant sur la voie
publique, dans une querelle, ou de toute autre façon; si le
commis du négociant a détourné une somme que lui avait
confiée quelqu'un, par suite de relations toutes personnelles,
et pour en faire un emploi qui ne se rapportait en rien au
négoce de son patron.

La Cour royale de Paris a très-bien appliqué les principes
de la matière dans l'espèce que voici :

Le sieur Courtin, employé dans les bureaux de la compagnie du chemin de fer de Rouen au Havre, avait dérobé, du
livre à souche servant à l'émission des obligations dudit chemin de fer, huit obligations, portant seulement une signature
sur les trois nécessaires pour constituer le titre; il y avait
ajouté deux fausses signatures. Il céda ensuite ces obligations
à un sieur Chapelle.

La compagnie avait refusé le paiement à ce dernier, par le
motif que les obligations étaient fausses. Celui-ci, dont la
bonne foi n'était pas mise en doute, a soutenu que la com-

---

(1) Cass., 25 nov. 1813, S. 14.1.24; 13 janv. 1814, S. 190; 18 juill.
1826, S. 27.1.232; *Th. du C. pén.*, t. 2, p. 295, 2e édit. — V. aussi
suprà, n° 888.
(2) Paris, 15 avril 1847, S. 47.2.283; Rej., 13 déc. 1856, D. 57.1.75.
(3) V. affaire veuve Juge C. Besson.— Le sieur Juge ayant été assassiné par le cocher de fiacre Collignon, dont il avait pris la voiture pour
se faire conduire à son domicile, sa veuve a réclamé des dommages-
intérêts contre le sieur Besson, propriétaire du fiacre. Le tribunal de la
Seine a accueilli sa demande par application de l'art. 1384 (Jugement
du ... avril 1856). V. encore. Rej., 19 juill. 1826, D. 26.1.421, et S.
27.1.232.

pagnie était responsable du méfait de son préposé. Mais, par arrêt du 19 mai 1848, il a été jugé que le délit n'avait pas été commis par Courtin dans l'exercice de ses fonctions, et qu'en conséquence il n'y avait pas lieu à l'application de l'art. 1384, C. civ.

« Attendu, porte le jugement dont la Cour a adopté les motifs, que ledit Courtin s'était présenté à Chapelle comme propriétaire desdites obligations, afin de lui emprunter diverses sommes sur leur dépôt ; que les relations entre Chapelle et Courtin continuèrent après que ce dernier eut cessé d'être employé au chemin de fer, et eurent pour résultat l'acquisition définitive des obligations par Chapelle ; — Attendu qu'il est constant que les rapports qui ont existé entre Chapelle et Courtin n'ont eu lieu que pour des affaires personnelles à ce dernier, et non à raison de ses fonctions comme employé dans les bureaux du chemin de fer (1). »

On a décidé également que l'administration des douanes n'avait pas à répondre d'un délit de chasse commis par un de ses préposés, attendu que cette administration n'est pas indistinctement responsable de tous les faits de ses agents, « alors surtout, lorsqu'il s'agit d'un délit qui, ne se ratta- « chant en aucune manière à l'exercice des fonctions, en « serait au contraire *exclusif* » (2).

Cet arrêt ne doit pas être accepté sans examen. D'abord il y est constaté en fait que rien n'établissait dans la cause que l'agent eût chassé dans l'exercice de ses fonctions de douanier. La circonstance essentielle d'où pouvait résulter la responsabilité de l'administration en qualité de commettant faisait donc défaut.

L'arrêt nous semblerait au contraire susceptible de critique lorsqu'il ajoute que le délit de chasse, par sa nature même, loin de se rattacher à l'exercice de ses fonctions de préposé des douanes, en est *exclusif*. Car, supposé que l'agent eût commis le délit alors qu'il était en surveillance dans la campagne et avec l'arme même qui lui est remise par l'administration pour son service (3), la relation du délit avec

(1) S. 48.2.299, D. 48.2.146. — *Adde*, Rouen, 18 janv. 1837, D. 45.2.58.
(2) Rej., 16 avril 1858, D. 295.
(3) Ce qui était allégué dans l'espèce par le préposé lui-même, qui prétendait en conséquence être couvert par l'art. 75 de la Constitution de l'an VIII.

les fonctions serait évidente. Pour un commettant ordinaire, la responsabilité serait indiscutable. Reste la question de savoir si, comme le décide implicitement l'arrêt, la régie, à raison des lois spéciales de la matière, n'est pas responsable de tous les faits délictifs ou dommageables commis par ses préposés dans des circonstances semblables. C'est un point que nous examinerons plus loin, en traitant de la responsabilité de l'Etat (n° 1310).

902 *bis*. Au surplus, la responsabilité, dans certains cas où l'acte n'est pas le résultat des fonctions du préposé, peut découler de la faute personnelle du maître, par exemple d'un défaut de surveillance. C'est ainsi et par application, non de l'art. 1384, mais du principe posé dans les art. 1382 et 1383, que se justifient à nos yeux les arrêts qui ont décidé qu'une compagnie de chemin de fer était responsable des dommages causés par ses ouvriers à une propriété qu'ils traversaient pour se rendre à leurs chantiers (1), et qu'un industriel qui avait reçu dans son atelier un ouvrier atteint d'une maladie contagieuse, devait indemniser ceux de ses employés auxquels ce mal avait été communiqué (2).

903. L'art. 1384 ne dit pas que les commettants pourront se faire décharger de la responsabilité en prouvant qu'ils n'ont pu empêcher le fait de leurs préposés qui y donne lieu : cela n'est admis qu'au profit des pères et mères et instituteurs.

Les commettants n'ont point la même excuse (3), puisque la faute à laquelle se rattache la responsabilité consiste primitivement dans le choix qu'ils ont fait de la personne du préposé, choix qui est présumé mauvais, d'après l'événement.

Aussi leur responsabilité est-elle bornée aux dommages causés par le préposé dans l'exercice de ses fonctions.

Mais on ne peut faire le même reproche aux pères et mères, leur imputer cette faute originaire, et si leur responsabilité est universelle, elle doit cesser quand ils prouvent qu'ils n'ont pu empêcher le fait, car ils prouvent par cela même qu'ils n'ont commis aucune espèce de faute.

Et quant aux instituteurs et artisans, il en est encore de

_____

(1) Décr. Cons. d'Etat, 13 déc. 1855, D. 59.3.6.
(2) Dijon, 23 avril 1869, S. 69.2.148.
(3) V. cependant *infrà*, n° 906.

même, bien qu'ils puissent renvoyer de chez eux les élèves ou apprentis, parce que le fait de les prendre sous leur surveillance, quelque méchants ou inconsidérés qu'ils soient, n'est pas en lui-même une faute, et n'expose pas la société à un danger plus grand que s'ils fussent restés chez leurs parents.

Tous les auteurs qui ont écrit avant et depuis le Code civil décident, en conséquence, que l'exception de l'art. 1384, § 5, ne s'étend pas aux maîtres et commettants (1). L'opinion contraire a été exprimée par M. Tarrible, dans son discours au Corps législatif, comme orateur du Tribunat. Mais l'isolement dans lequel il est resté prouve assez que c'était une erreur de sa part.

904. Les seules excuses que peut faire valoir le commettant sont donc : 1° que le fait dommageable a été commis hors de l'exercice des fonctions par lui confiées à l'agent ; 2° que ce dommage n'est point de nature à engendrer une action en responsabilité ; ou bien encore qu'il n'y a point eu faute imputable au préposé.

C'est, d'ailleurs, à celui qui se prétend lésé de justifier l'accusation ; il n'y a lieu de déclarer le maître responsable du fait de ses ouvriers, qu'autant que l'imprudence ou la négligence de ceux-ci est prouvée (2).

905. Même en supposant cette preuve faite, le commettant opposerait encore avec succès l'exception fondée sur la faute commune, c'est-à-dire sur ce que la partie lésée aurait donné lieu au dommage par sa propre imprudence (3), par une faute lourde, ou ne l'aurait souffert qu'à l'occasion d'un acte illicite dont elle serait l'auteur, ou bien auquel elle aurait participé. Lorsqu'on éprouve un dommage dans l'accomplissement ou à l'occasion d'un acte illicite, on n'est pas recevable à s'en plaindre. *Ex delicto non jus oritur.* S'il y a délit réciproque, les circonstances peuvent modifier l'application du principe. Mais s'il y a délit du côté seulement de la personne qui se prétend lésée, elle ne doit jamais être

---

(1) Pothier, *Obligat.*, n° 121 ; MM. Malleville, t. 3, p. 191 ; Toullier, 11, 283 ; Delvincourt, 3, p. 218 ; Duranton, 13, 724 ; Zachariæ, 3, p. 199 ; Paris, 15 mai 1851, S. 51.2.359. V. aussi Cass., 11 mai et 3 déc. 1846, S. 46.1.364. et 47.1.302 ; Dijon, 23 avril 1869, S. 69.2. 148.

(2) Cass., 18 déc. 1827, D. 28.1.63.
(3) Paris, 22 janv. 1867, *Journ. des trav. publ.*, du 14 fév. 1867.

écoutée, car, en commettant l'acte illicite, elle s'est volontairement exposée aux conséquences de tout genre qui en pourraient résulter (1).

A cet égard, le commettant peut faire valoir, du chef de son préposé, tous les moyens que celui-ci aurait à opposer s'il était actionné directement ; à plus forte raison, le commettant peut-il opposer la même exception si elle lui est personnelle, c'est-à-dire si le délit, à l'occasion duquel le dommage est arrivé, était dirigé contre lui-même.

Appliquons ceci à une espèce. Le conducteur d'une voiture de petite messagerie s'arrêtait ordinairement à un cabaret placé sur sa route. Un jour il donne place dans sa voiture à l'hôtesse accompagnée d'un enfant de six ans, sans exiger aucune rétribution pour ces deux places, par conséquent au préjudice de l'entrepreneur de la messagerie et à son insu. A quelque distance, la voiture mal conduite verse dans un ravin ; les voyageurs éprouvent des contusions et l'enfant une fracture grave. La cabaretière, à raison de ces faits, demanda des dommages-intérêts contre le conducteur de la voiture et assigna l'entrepreneur de la diligence comme civilement responsable. De là, question de savoir si l'action ne devait pas être repoussée par l'exception tirée de la fraude de la demanderesse. Pour notre compte, nous pensons qu'en prenant une place sans payer, et en cherchant à frustrer l'entrepreneur, elle ne pouvait avoir acquis le droit de se plaindre du dommage qui en avait été la suite.

906. Nous ne faisons que mentionner les lois spéciales qui appliquent, en le modifiant quelquefois, le principe contenu dans le § 3 de l'art. 1384.

L'art. 7, tit. 2, de la loi des 28 septembre-6 octobre 1791, déclare les maîtres et entrepreneurs de toute espèce civilement responsables des délits ruraux commis par leurs domestiques, ouvriers, voituriers et autres subordonnés. Il faut entendre ceci conformément au droit commun ; les principes, à l'époque où elle a été formulée, étaient les mêmes qu'aujourd'hui.

L'art. 206, C. for., reproduit d'abord cette disposition dans les mêmes termes, mais il ajoute : « Cette responsabilité sera réglée conformément au paragraphe dernier de l'art. 1384, C. civ. » Il résulte de là que le droit réservé

____

(1) V. *suprà*, n°⁸ 461 et 660.

aux pères et mères seuls, d'après ce dernier paragraphe, de se faire décharger de la responsabilité en prouvant qu'ils n'ont pu empêcher le fait qui y donne lieu, est commun à toutes les personnes responsables en matière de délits forestiers. On en a conclu que l'assimilation entre ces diverses classes de personnes était complète, et que les commettants, par contre, devaient répondre comme les pères et mères des délits forestiers de leurs préposés commis même en dehors de leurs fonctions (1).

Mais l'immunité qu'établit l'art. 206 est absolue. Les termes de la loi ne comportent aucune distinction. On doit donc l'appliquer au cas même où le délit du domestique ou préposé a été commis dans l'exercice de ses fonctions (2).

Comment admettre, en effet, que la loi ait retiré le bénéfice de cette exception aux maîtres et commettants dans le seul cas où ils soient responsables d'après le droit commun, le seul, par conséquent, où il fût nécessaire de statuer à leur égard d'une manière particulière, en établissant l'immunité dont il s'agit ? — Si, de leur assimilation aux pères et mères quant à l'application du dernier paragraphe de l'art. 1384, on peut induire, comme l'a fait la jurisprudence, que leur responsabilité s'étend même aux faits commis en dehors des fonctions de l'agent (v. n° 921), on ne saurait avec fondement conclure à une distinction que ne comporte pas la responsabilité des pères, mères et instituteurs eux-mêmes. Il y a ici une disposition spéciale essentiellement dérogatoire au droit commun, dont on peut critiquer le principe, mais qu'il ne nous semble pas possible d'entendre autrement que nous venons de le faire.

La loi sur la pêche fluviale, du 15 avril 1829, règle, au contraire, la responsabilité des maîtres et commettants conformément à l'art. 1384, c'est-à-dire, nécessairement, d'après le troisième paragraphe.

Enfin, celle du 3 mai 1844, sur la police de la chasse, s'est également référée au droit commun par l'art. 28, qui porte simplement : « Les maîtres et commettants sont civilement « responsables des délits de chasse commis par leurs... do-

_____

(1) V. le *Comment. du Cod. for.*, par M. Meaume, *Sur l'art.* 206, t. 2, n° 1422; Cass., 9 janv. 1845, S. 548.
(2) *Contrà*, M. Larombière, p. 768.

« mestiques ou préposés... Cette responsabilité sera réglée
« conformément à l'art. 1384, C. civ. ». Ce renvoi général
ne laisse aucun doute. Mais il y a plus encore, c'est que la
rédaction actuelle a remplacé un article du projet qui devait
rendre les commettants responsables indistinctement et dans
tous les cas. Cette dérogation au Code civil a été, avec raison,
combattue et définitivement écartée (1).

906 bis. Quant aux dispositions exceptionnelles qui ont
étendu jusqu'aux peines la responsabilité des commettants,
nous les avons déjà fait connaître au chapitre 1er ci-dessus (2).

907. On a vu, n°s 770 à 772, dans quelles circonstances
et sous quelles conditions le commettant était recevable à
exercer un recours contre le préposé, quand il a été condamné à raison des faits de ce dernier. Il faut pour cela que
le commettant n'ait point lui-même donné lieu au dommage
et soit resté étranger à toute faute qui s'y rattacherait.
Par exemple, l'adjudicataire de coupes de bois, qui n'aurait
pas suffisamment indiqué à ses bûcherons les limites de la
vente, n'aurait aucun recours contre eux à raison des délits
d'outre-passe qu'ils auraient pu commettre involontairement.
Il en est de même, à plus forte raison, s'il leur a commandé
positivement le fait qui constitue le délit, s'il leur a désigné
des limites autres que celles qui sont portées dans son adjudication, soit que les ouvriers aient connu, soit qu'ils aient
ignoré cette circonstance. Le commettant est alors la cause
principale du délit, et l'obligation lui est personnelle (3).

Rien ne s'oppose, du reste, s'il existe plusieurs commettants également tenus des faits du préposé, à ce que la responsabilité se répartisse entre eux, et que celui qui serait actionné
exerce à cet effet un recours en garantie contre les autres (4).

908. Nous avons dit aussi que le préposé pourrait, suivant
les circonstances, se faire mettre hors de cause. Cette faculté
a de l'importance, car on sait que la partie lésée peut s'adresser directement à celui qui a commis en personne le fait
dommageable pour le faire condamner à la réparation; comme

(1) Conf., Dalloz, Jur. gén., v° Chasse, n° 461.—Contrà, M. Larombière, p. 769.
(2) N°· 778 ct suiv.
(3) Cass., 11 juill. 1808, S. 10, p. 217 et 218; Toullier, 11, 282.
(4) Rej., 23 avril 1872, D. 411.

elle peut aussi s'adresser simultanément à l'agent et à la personne civilement responsable et les faire condamner par un seul et même jugement.

Or, l'agent pourrait être à l'abri de toute espèce de reproche, si le fait dont il est l'auteur n'était point criminel en soi, et s'il a été dans une ignorance plausible des circonstances constitutives du délit. Par exemple, un propriétaire envoie un journalier moissonner ou vendanger dans un champ ou dans une vigne, mais ce champ ou cette vigne appartient à un tiers qui poursuit le journalier comme voleur. Si ce dernier a su que le champ n'appartenait pas à celui qui lui a donné les ordres, il est certainement coupable, je ne dis pas de vol, car il a pu agir sans mauvaise intention, mais d'une imprudence très-grave, car il aurait dû s'assurer du consentement du véritable propriétaire avant de s'introduire dans son champ ou dans sa vigne. L'acte dommageable lui est donc certainement imputable, bien qu'il le soit également à son maître, et que ce dernier soit sans recours contre lui.

Mais si l'ouvrier ignorait que son commettant ne fût pas le propriétaire du champ, étant lui-même étranger à la localité, ou si son commettant lui a déclaré qu'il avait acheté la récolte qu'il le chargeait de recueillir, l'ouvrier est évidemment déchargé de toute responsabilité, car, dans le premier cas, il a dû supposer que le maître ne le faisait travailler que sur sa propriété, et dans le second, il a dû s'en rapporter à sa parole. Ainsi, l'ouvrier qui aurait agi de bonne foi pourrait appeler son maître en garantie et se faire mettre hors de cause en prouvant qu'il n'a fait que suivre ses ordres (1).

909. La partie lésée pourrait même agir directement contre le commettant sans mettre en cause le préposé, en alléguant que ce dernier exécutait les ordres du commettant. L'obligation étant alors personnelle au commettant, peu importe qu'elle existe aussi de la part du préposé, la partie lésée peut s'adresser à celui qu'elle veut choisir. Et cela quand même la poursuite aurait lieu devant les tribunaux de répression, sauf au ministère public à poursuivre l'agent immédiat du dommage comme personnellement coupable du délit.

910. Conformément aussi à ce qui a été dit, n° 777,

_____

(1) Duparc-Poullain, *Princip.*, t. 8, p. 94 ; Toullier, 11, 282.

la responsabilité des commettants est purement civile. Quelques lois spéciales ont des dispositions dérogatoires à ce principe, nous les avons fait connaître n°ˢ 778 et suivants.

Elle s'étend en général à toutes les suites de l'acte dommageable, de la même manière que l'agent lui-même en est tenu (1). La loi n'a fait aucune restriction. Elle déclare le commettant responsable du *dommage*, c'est-à-dire de tout le dommage. Il ne pourrait donc prétendre qu'il n'est tenu que jusqu'à concurrence de la valeur des objets confiés à son préposé et dont il lui a donné la gestion. Car il est tenu des faits de la personne, et non pas à raison de la chose.

911. Celui qui emploie plusieurs agents à un même travail est aussi bien responsable des délits et quasi-délits de chacun d'eux vis-à-vis des autres que vis-à-vis des tiers (2).

La Cour royale de Toulouse avait jugé le contraire : «Attendu que lorsque des individus salariés au même titre ont accepté des travaux dont les suites peuvent entraîner, par l'imprudence de l'un envers l'autre, des accidents possibles, si la responsabilité peut exister entre eux à cet égard, elle ne doit point s'étendre au maître, qui s'est affranchi, par le salaire promis, des chances du travail que les salariés ont accepté » (3).

Mais son arrêt a été cassé, « attendu que les dispositions du deuxième paragraphe de l'art. 1384 sont générales ; que l'action en responsabilité contre les maîtres à raison de faits dommageables causés par leurs domestiques dans les fonctions auxquelles ils sont employés est admise sans distinction, sauf l'appréciation des faits qui la motivent; qu'enfin le salaire réglé entre le maître et l'agent du dommage ne saurait affranchir le premier de toute responsabilité, quant au dommage causé à l'un de ses domestiques par l'imprudence d'un autre individu salarié au même titre dans un travail qui leur était commandé en commun » (4).

912. Les maîtres et commettants responsables, vis-à-vis

(1) V. n° 791.
(2) M. Cotelle, *Traité des procès-verbaux*, p. 313. — *Conf.*, Aix, 13 mai 1865, D. 66.2.238 ; Angers, 16 mars 1868, D. 68.2.160.
(3) 26 janv. 1839, S. 39.2.432 ; Lyon, 29 déc. 1836, S. 38.2.70, et D. 37.2.161.
(4) Cass., 28 juin 1841, S. 476, D. 271 ; Rennes, 24 juill. 1874, S. 74.2.244.

des tiers, du fait de leurs agents et du fait de ceux-ci à l'égard les uns des autres, le sont-ils également à l'égard des agents eux-mêmes des accidents auxquels ils sont exposés par la nature des fonctions auxquelles ils sont employés?

Cette question semblerait mieux placée ailleurs, puisqu'elle n'a point trait à un cas de responsabilité du fait d'autrui, et à une application de l'art. 1384 que nous expliquons en ce moment, mais elle se lie trop intimement à toutes celles qui la précèdent pour ne pas nous en occuper ici. — Elle se résoudra par une distinction.

Le commettant n'est pas responsable des accidents dont l'agent a été victime, et qui étaient la conséquence de la nature même de ses fonctions, quand celui-ci a dû et a pu en mesurer le danger, prendre les précautions nécessaires pour les éviter, et qu'il a été conduit librement et par des moyens licites à s'en charger.

Par exemple, les chefs d'atelier ne sont pas responsables des blessures occasionnées à leurs ouvriers par l'usage indispensable d'instruments de leur profession qui sont dangereux par eux-mêmes. Un entrepreneur ne le serait pas, à raison de l'usage même accidentel, mais indispensable de ces instruments, si les ouvriers blessés étaient instruits du danger, et si les précautions usitées en pareil cas avaient été prises (1).

L'accident n'est point alors imputable au commettant. C'est un cas fortuit ou de force majeure ou c'est une suite de l'imprudence et de la négligence du préposé lui-même qui n'aura pas fait usage de toutes les précautions voulues pour éviter ce danger (2).

C'est peut-être enfin la suite de son défaut de courage ou d'intelligence, et lui seul peut en subir les conséquences (3). Ainsi deux convois se sont rencontrés et choqués sur un chemin de fer. Un ouvrier remplissant les fonctions de mécanicien en chef a prétendu qu'il avait été jeté sur un tas de pierres et grièvement blessé; il a été accusé, au contraire, d'avoir lâchement abandonné son poste, et de n'avoir été blessé que parce qu'il avait quitté sa place, et le tribunal de

(1) Bourges, 15 juill. 1840, D. 41.2.131; Dijon, 16 mars 1865, D. 65.2.81.

(2) Paris, 19 janv. 1867, D. 67.5.359. — V. aussi Chambéry, 8 juin 1872, S. 72.2.275; Lyon, 9 mai 1874, S. 74.2.316.

(3) M. Cotelle, *Procès-verbaux*, p. 313 et 314.

la Seine a décidé dans ce sens : « Attendu que s'il est jugé
que le choc des convois a eu pour cause un défaut de régularité dans l'heure des départs, D... n'a pas été blessé par ce
choc, puisqu'alors il n'était plus sur la locomotive; qu'il n'a
pas prouvé « qu'il ait été renversé par l'effet des manœuvres
exigées, et par une secousse résultant de ces manœuvres et
de la position qui les avait nécessitées, etc. » (1).

Maintenant, supposons que l'accident et le dommage proviennent du vice des machines et instruments que le maître
met à la disposition de ses ouvriers, ou de toute autre cause
qui lui est imputable; il leur devra des réparations (2).

943. Il y aurait inhumanité à exposer un homme à un
danger tel, que les précautions suggérées par la prudence
même la plus exacte ne pourraient seules le lui faire éviter.
Suivant la gravité des circonstances, le commettant pourrait
être considéré comme en faute, pour avoir imposé ou confié
à un tiers une opération de ce genre, alors même que celui-
ci aurait bien connu l'étendue du danger à courir. Dareau
dit que les maîtres ne sont pas garants des accidents arrivés
à un domestique, à la garde duquel un animal aurait été
confié, dès qu'il aurait été prévenu du danger, à moins que
le maître n'eût commis ce domestique dans une occasion si
périlleuse, qu'il en fût mort ou qu'il eût été grièvement
blessé, parce qu'alors le maître serait dans son tort *d'avoir
exigé plus qu'il n'aurait dû faire* (3).

Il peut arriver aussi que ce danger et par suite la faute
du patron soient relatifs, en ce sens que l'opération, qui aurait dû être faite par un homme ayant plus de force ou
d'expérience, a été confiée à une femme ou à un enfant à
l'égard desquels des précautions particulières eussent été
nécessaires. La responsabilité est déterminée par les tribunaux d'après ces circonstances (4).

Depuis longtemps, du reste, dans les grands établissements, les ouvriers blessés et les familles de ceux qui péris-
sent reçoivent ordinairement des indemnités et des secours

(1) *Droit* du 3 déc. 1847.
(2) Lyon, 13 déc. 1854, D. 55.2.86; Amiens, 28 juin 1866, cité
n° 900 *bis;* Paris, 4 fév. 1870, D. 70.2.111, et 16 nov. 1871, D. 71.2.
208.
(3) *Traité des injures,* chap. 8, n° 15.
(4) Lyon, 9 déc. 1854, D. 55.5.391; Bourges, 23 janv. 1867, D. 67.
2.197; Paris, 16 nov. 1871, D. 71.2.208.

spontanés, déterminés, quelquefois à l'avance. L'intérêt toujours croissant qui s'attache au sort de la population laborieuse développe tous les jours ces institutions bienfaisantes.

913 *bis.* Il est évident, d'ailleurs, que si le dommage éprouvé par l'ouvrier ou préposé dans l'exercice de ses fonctions résulte exclusivement du fait d'un tiers dont le commettant n'a point à répondre, celui-ci n'est aucunement tenu aux réparations (1). A son égard le fait n'a pas d'autres conséquences qu'un cas purement fortuit.

913 *ter.* On pourrait cependant trouver, dans certains cas, une cause d'indemnité dans les principes du mandat. Comme nous l'avons vu, 886, dans les rapports du commettant avec le préposé, le contrat qui intervient entre eux implique souvent, à côté du louage de services, un véritable mandat. Ces deux éléments sont ordinairement combinés; l'un ou l'autre prédomine suivant les circonstances, Or, si l'existence d'un mandat s'accuse nettement, le préposé peut invoquer l'art. 2000, C. civ., aux termes duquel il a droit d'être indemnisé des pertes qu'il a essuyées à l'occasion de sa gestion, sans imprudence qui lui soit imputable. A cet égard nous repoussons avec M. Troplong (2) la distinction proposée par Pothier, sur le fondement d'une loi romaine, entre les pertes ou dommages dont le mandat a été la cause et ceux dont il n'aurait été que l'occasion. Le texte même de l'art. 2000 condamne cette distinction déjà rejetée par l'ancienne jurisprudence.

Le préposé mandataire pourra de la sorte obtenir des réparations qu'il n'aurait pas été fondé à demander au commettant en vertu des art. 1383 et 1384, c'est-à-dire en l'absence d'une faute personnelle ou d'un cas de responsabilité civile pesant sur le maître à raison d'un autre de ses employés. La Cour de Paris nous semble avoir sainement appliqué cette doctrine dans une espèce qu'il est utile de consulter (3).

914. Nous nous demanderons en terminant comment

---

(1) Lyon, 19 juill. 1853, D. 53.2.223 ; Rej., 9 fév. 1857, et Cass., 24 juill. 1857, D. 221 et 369.

(2) *Mandat*, nᵒˢ 655 et suiv.

(3) Paris, 14 août 1852, D. 53.2.75. Mais voyez la solution donnée en sens contraire par un arrêt de Lyon du 19 juill. 1853, D. 53.2.233, à raison de la différence des faits.

s'établit la preuve de l'existence, entre deux personnes, des relations de commettant et préposé, à quels signes on peut leur reconnaître ces qualités respectives, pour en déduire la responsabilité civile du premier à l'égard des faits du second.

On peut d'abord prouver l'existence du mandat par la représentation du contrat intervenu entre les parties.

Mais les tiers auront assez rarement le moyen d'administrer ce genre de preuve. Ils ignoreront l'existence de l'écrit, ils ne l'auront pas en leur possession, et les contractants pourraient s'entendre pour leur en dérober la connaissance. Les tiers, n'ayant pas eu la possibilité de se procurer un écrit, ne peuvent être tenus de faire la preuve par cette voie; d'ailleurs, il arrivera très-ordinairement qu'il n'en aura pas été fait entre le commettant et le préposé, car ces relations s'établissent journellement par conventions verbales et même tacites, parce qu'elles ont pour objet une foule d'opérations sans importance, passagères, qui ne demandent pas à être constatées par écrit.

On aura donc recours à la preuve testimoniale, avec ou sans commencement de preuve par écrit (1), à l'aveu (2), au serment décisoire ou supplétoire (3).

Les juges pourront encore se déterminer par des présomptions tirées des faits, des circonstances, de ce qui a lieu ordinairement en pareil cas, et ces présomptions sont abandonnées à la prudence et aux lumières des magistrats (4).

Par exemple, si le dommage a été causé par un journalier travaillant sur le domaine d'un propriétaire, il suffira, pour faire présumer que celui-ci lui en a donné l'ordre et qu'il lui a confié la mission dont il s'est mal acquitté, que l'ouvrier ait été vu travaillant avec les domestiques de la maison (5), car le maître doit savoir quels sont les travaux à faire chez lui, et par quelles personnes ils s'exécutent, et l'on ne peut supposer qu'il souffrirait la présence, sur sa propriété, d'un étranger auquel il n'aurait point donné mandat d'y travailler.

_____

(1) C. civ., 1347 et 1348.
(2) C. civ., 1354 et suiv.
(3) C. civ., 1357 et suiv.
(4) C. civ., 1353.
(5) Toullier, 11, 282.

On décidera de même à l'égard de l'ouvrier occupé aux travaux d'un entrepreneur, à l'égard des commis qui se trouvent dans les magasins d'un négociant. Les tribunaux ont, en cette matière, un pouvoir discrétionnaire.

ARTICLE II.

RESPONSABILITÉ DES MAÎTRES PAR RAPPORT AUX FAITS DE LEURS DOMESTIQUES.

Sommaire.

915. Les domestiques forment une classe particulière de préposés. La responsabilité que leurs maîtres encourent à leur occasion est déterminée conformément aux principes exposés dans l'article précédent. Il s'agit seulement ici d'en montrer l'application à cette catégorie nombreuse de commettants, et de résoudre certaines questions qui naissent à leur égard.

916. Le délit serait personnel et directement imputable au maître s'il avait donné l'ordre exprès de le commettre, par exemple, s'il avait envoyé son domestique enlever la récolte d'un terrain appartenant à autrui (1). Ce ne serait plus alors un cas de responsabilité civile. La peine même serait encourue, soit par le maître, soit pour tous les deux, suivant les circonstances (2).

917. Mais, cette hypothèse mise à part, le maître sera civilement responsable toutes les fois que le délit aura été commis par le domestique dans l'exercice de ses fonctions, dans l'accomplissement du service qui lui est confié (3). L'occupation à laquelle se livre le domestique ayant été commandée par le maître, expressément ou tacitement, il est la cause originaire du dommage pour avoir employé un domestique incapable ou vicieux, pour n'avoir point exercé sur lui une surveillance assez active.

918. C'est pourquoi le maître alléguerait en vain qu'il a ignoré le fait et qu'il n'a pu l'empêcher. Nous avons montré, n° 903, que l'art. 1384 n'avait établi ce motif d'excuse qu'en faveur des pères et mères et des intituteurs. Les maîtres comme les commettants en sont privés par le texte de la loi et par les raisons que nous avons fait connaître (4).

Ainsi, mon cocher, en conduisant mes chevaux dans les rues d'une ville, blesse ou tue un passant par maladresse ou imprudence. Je suis civilement responsable de ce fait. Peu importe que je fusse ou non dans la voiture, que j'eusse ou non donné l'ordre au cocher de mener avec précaution.

De même, si mon valet de ferme, en labourant, empiète sur le champ voisin et détruit une partie de récolte (5).

---

(1) Toullier, 11, 282, 284; M. Meaume, n° 1423; Cass., 11 juin 1808, rapporté dans la Revue forest., t. 2, p. 212.
(2) V. n°ˢ 771, 772, 908.
(3) Cass., 14 juin 1861, D. 453.
(4) Cass., 25 nov. 1815, Dalloz, Oblig., p. 815, n° 1, 1ʳᵉ éd. ; Cass., 11 juin 1836, D. 37.109.
(5) Le domestique, dans la maison de son maître, doit, en principe général, être réputé agir dans l'exercice de ses fonctions pour ce qui touche notamment l'observation des règlements de police relatifs à la propreté et à la sûreté de la voie publique, car l'obligation de balayer, par exemple, rentre manifestement dans le service du domestique. La Cour de cassation a même étendu cette présomption à la contravention résultant du fait d'avoir sonné du cor pendant la nuit (Cass., 30 août 1860, D. 518).—Mais nous ne pouvons admettre les considérants beaucoup trop absolus, suivant nous, qui précèdent cette décision et dont il

Tous ces actes ont été commis par mes domestiques, en se livrant à une occupation que je leur avais commandée, ou que je suis censé leur avoir commandée. C'est moi qui agissais par leur intermédiaire.

919. Il en est autrement si mon domestique, se trouvant dans la rue comme pourrait le faire tout autre particulier, blesse ou tue dans une querelle.

Bien plus, supposons qu'il ait attiré la victime dans ma propre maison, sous un prétexte quelconque, et que là il l'ait assassinée. Je ne suis tenu à aucune réparation civile. Je n'ai, en aucune façon, donné lieu au dommage. Il n'y a aucune corrélation entre le service que j'ai confié à ce domestique et le crime qu'il a commis (1).

De même, l'on décide, en général, que le maître n'est pas responsable des condamnations civiles prononcées contre le domestique pour délit d'injures (2).

On conçoit cependant certaines hypothèses où le délit se rattacherait à l'exercice des fonctions du domestique. L'injure peut avoir été provoquée par une discussion survenue entre le domestique et un tiers, dans l'accomplissement d'une commission que le maître aurait donnée au premier. La grossièreté du domestique engagerait alors, aussi bien que sa maladresse ou son imprudence, la responsabilité du maître (3).

Un arrêt de 18 juillet 1698, rapporté dans le *Journal des Audiences*, a jugé qu'un maître ne répond point des vols de fruits commis par ses domestiques dans un verger voisin (4). Mais on considérerait sans doute comme complice de ces vols un maître qui, après qu'ils se seraient répétés, refuserait de mettre obstacle à des délits, soit en renvoyant le domestique, soit en lui faisant quitter une chambre qu'il occupe la nuit, à proximité du jardin où il a volé.

920. L'art. 7 du tit. 2 de la loi des 28 septembre-6 oc-

---

résulterait que le maître est nécessairement responsable de tout fait quelconque commis par son domestique. Cet arrêt ne doit être entendu que *secundùm subjectam materiam*. V., en effet, n° 919.

(1) V. conf. à *notre décision*, Rej., 5 juin 1861, D. 439. — *Anal.*, Paris, 19 mai 1874, D. 74.2.214, aff. Fiot.

(2) Merlin, *Rép.*, v° *Injure*, et v° *Délit*, § 8; Toullier, 11, 288; Cass., 6 juin 1811, Dalloz, *Outrage*, p. 115, n° 19, 1re édit., et S. 21.1.212.

(3) V. dans ce sens et pour un cas d'homicide volontaire, Paris, 19 mai 1874, D. 74.2.214, aff. Hain.

(4) Toullier, 11, 286.

tobre 1791, qui déclare les maîtres responsables des délits ruraux commis par leurs domestiques, ouvriers, voituriers et autres subordonnés, ne contient aucune dérogation aux principes ci-dessus, admis dans l'ancienne jurisprudence. Les maîtres ne sont responsables de ces délits qu'autant que leurs domestiques les ont commis dans l'exercice de leurs fonctions.

921. A l'égard des délits forestiers, le maître est responsable sans distinction.

L'art. 206, C.for., déclare les maris, pères, mères, tuteurs, et en général *tous maîtres et commettants*, responsables des délits commis par leurs subordonnés, et il ajoute que cette responsabilité sera réglée conformément au paragraphe dernier de l'art. 1384, C. civ.

Cet article met ainsi sur la même ligne et soumet aux mêmes dispositions toutes les personnes civilement responsables; il leur étend, d'une manière générale, le bénéfice réservé par le paragraphe final de l'art. 1384 aux pères, mères, instituteurs et artisans, consistant à pouvoir se faire décharger de toute condamnation en prouvant qu'ils n'ont pu empêcher le fait qui donne lieu à responsabilité.

De cette assimilation on a conclu que le maître était, en cette matière, responsable de ses domestiques et préposés, comme le père de ses enfants, même lorsqu'ils ne sont pas dans l'exercice des fonctions auxquels il les emploie : ainsi l'a décidé la Cour de cassation par un arrêt du 9 janvier 1845 (1).

Du reste, c'est précisément dans le cas où le délit aura été commis en dehors des fonctions du domestique que le maître sera le plus souvent appelé à faire usage de la faculté que la loi lui accorde de prouver qu'il n'a pu empêcher le fait. Ces deux circonstances sont le correctif l'une de l'autre (2).

922. L'art. 74 de la loi sur la pêche fluviale, du 15 avril 1829, n'est pas conçu dans les mêmes termes que l'art 216, C. for. Il renvoie simplement à l'art. 1384, C. civ. Il faut en conclure qu'en cette matière la responsabilité civile des maîtres est réglée conformément au droit commun.

923. A l'égard des délits de chasse, on doit également suivre la règle générale.

---

(1) S. 548; Amiens, 19 déc. 1843, *ibid.*; M. Meaume, *Comment. du Cod. forest.*, n° 1422, p. 770, note 2.

(2) V. n° 906, où nous avons développé ce point.

La loi du 30 avril 1790, qui a régi le droit de chasse jusqu'en 1844, déclarait, art. 6, les pères et mères responsables des délits de chasse de leurs enfants mineurs de vingt ans, non mariés et domiciliés avec eux, mais elle n'avait aucune disposition semblable à l'égard des domestiques. La loi du 3 mai 1844, au contraire, les comprend dans ses dispositions.

Art. 28. « Le père, la mère, le tuteur, les maîtres et com-
« mettants sont civilement responsables des délits de chasse
« commis par leurs enfants....., domestiques ou préposés,
« sauf tout recours de droit. Cette responsabilité sera réglée
« conformément à l'art. 1384, C. civ., et ne s'appliquera
« qu'aux dommages-intérêts et frais, sans pouvoir donner
« lieu à la contrainte par corps. »

C'est conformément à l'art. 1384, et non pas conformément à son dernier paragraphe, comme le voulait le projet de loi, que la responsabilité des maîtres et commettants est réglée en définitive. Ainsi, les maîtres sont ici sous l'empire du droit commun : ils ne seront responsables du délit de chasse que s'il a été commis par leurs domestiques dans l'exercice de leurs fonctions (1). Ceci ne s'appliquera guère qu'aux faits des gardes-chasse, piqueurs et autres dont l'emploi spécial est de chasser, comme aussi des autres domestiques qui seraient chargés accidentellement de chasser pour le compte de leur maître, et aux délits que les domestiques auraient commis par l'ordre exprès de ce dernier. La responsabilité cessera, au contraire, toutes les fois que le domestique aura chassé pour son compte particulier, et sans y être appelé par la nature de son emploi.

924. Nous venons d'indiquer les limites dans lesquelles est renfermée l'application de l'art. 1384 : mais on peut se demander si, en l'absence d'une disposition spéciale, comme l'art. 206, C. for., le maître ne sera jamais tenu de réparer le dommage causé par son domestique, en dehors même de ses fonctions. N'est-il pas permis d'invoquer ici un principe déjà posé d'une manière générale, n° 442, d'après lequel on est tenu du dommage que l'on n'a point empêché, lorsqu'il y avait obligation et possibilité d'y mettre obstacle?

Ce principe, nous l'avons appliqué aux maris qui auraient

---

(1) MM. Petit, *Tr. du droit de chasse*, t. 3, p. 276 et 278 ; Berriat, *Législ. de la chasse*, p. 241 et 242.

toléré les délits commis par leurs femmes (1). L'appliquerons-nous également aux maîtres par rapport aux délits de leurs domestiques? L'autorité qu'ils exercent sur ces derniers est-elle donc assez absolue pour influer sur toutes leurs actions? Pourra-t-on jamais dire et prouver que le maire a eu le moyen d'empêcher le dommage? Peut-on prouver surtout qu'il y ait, dans l'hypothèse admise, *obligation* de l'empêcher autant qu'il est en lui?

Pothier l'admettait (2), et Toullier l'enseigne d'après lui (3).

Malgré ces autorités nous éprouvons à cet égard les doutes les plus sérieux. Il s'agit de créer une exception bien grave au principe fondamental de la personnalité des fautes. Or, dans une pareille voie, l'on est facilement conduit à l'arbitraire.

On se le rappelle : pour qu'une omission donne lieu à responsabilité, pour que cette omission constitue une faute, il est nécessaire de supposer une obligation préexistante d'accomplir l'acte qui a été omis. La violation seule de cette obligation constitue une négligence imputable à son auteur. Mais cette obligation, d'où naît-elle? De la loi, car si la loi n'a pas parlé, on ne trouve que des infractions aux devoirs généraux de l'humanité, à la morale naturelle ou religieuse, infractions qui ne relèvent que de la conscience.

Tout dépend donc de la question de savoir si le Code a imposé aux maîtres l'obligation positive d'empêcher le dommage causé par leurs domestiques en dehors de leurs fonctions. —Mais cette question n'est pas douteuse. Le Code ne s'est occupé de ces rapports de maître à domestique que dans l'art. 1384, qui déclare les maîtres responsables des faits de leurs domestiques dans le cas seulement où ils ont été commis dans leurs fonctions. En toute autre hypothèse, ils restent donc dans les termes du droit commun, qui nous affranchit de la responsabilité du fait d'autrui.

925. Un homme est assassiné devant la porte de ma maison ; j'entends les cris de la victime, j'aperçois peut-être la lutte du fond de mon appartement, et je ne bouge pas. Certes, j'ai commis une lâcheté qui mérite d'être flétrie; mais il n'existait aucune relation entre l'assassin et moi : je n'ai en

---

(1) V. n° 850.
(2) *Oblig.*, n° 456.
(3) 11, 287 et 289, *in fine.*

aucune façon participé au crime. Aucune responsabilité civile ne peut m'atteindre. Cela est incontestable.

Mais l'assassin est mon domestique, qu'un sentiment de jalousie et de vengeance a poussé à ce crime. J'ai pu le reconnaître à la voix, à tout autre signe; en un mot, il est bien prouvé que j'ai su qu'il était l'agresseur. Je suis resté impassible. Sans doute, je suis plus blâmable encore que dans la première hypothèse. Puisque je connais cet homme, puisque j'ai sur lui une autorité quelconque, j'aurais dû essayer d'en faire usage pour empêcher le crime. En ma présence, à ma voix, il se fût peut-être arrêté. J'ai manqué aux lois de l'humanité.

Mais, encore une fois, où est la source d'une responsabilité même purement civile? Cet homme est en âge de diriger lui-même ses actions. Il n'est sous mes ordres que par suite d'un contrat libre et volontaire qu'il peut rompre à tout instant comme il lui plairait. Il n'est tenu de m'obéir que pour les faits de son service. En dehors de ces faits je n'avais pas de contrôle légal sur ses actions. Je suis donc vis-à-vis de lui dans la même position que vis-à-vis de tout autre individu. En fait, j'aurais pu exercer sur lui quelque influence; mais c'est un pur fait qui ne crée aucune obligation. C'est un accident heureux, mais ce n'est point un principe. Il est même fort difficile de se convaincre de l'existence de ce fait. L'autorité habituelle que j'exerce se serait-elle fait sentir dans un moment où la passion la plus violente dominait? Aurait-elle eu assez de force pour arrêter le crime? Autant de problèmes presque insolubles.

Ainsi, d'une part, la responsabilité que l'on voudrait faire peser sur moi ne se justifie point par l'autorité que j'exerce sur mon domestique.

D'autre part, elle ne se justifie pas mieux par le choix que j'ai fait de lui pour exercer certain emploi, s'il n'y a aucune corrélation entre les fonctions dont je l'ai chargé et le crime qu'il a commis.

Les conséquences de ce crime ne peuvent sous aucun rapport remonter jusqu'à moi.

S'agit-il d'un quasi-délit, d'une simple imprudence, les mêmes raisons s'appliquent avec plus de force encore. J'étais sollicité moins énergiquement par la nature même des faits à intervenir, mon inaction est moins odieuse.

926. En adoptant ce système nous ne sommes point en contradiction avec nous-même. Nous avons donné une solu-

tion différente en ce qui concerne le mari et la femme (1).
Mais qui ne sent que l'on ne peut établir de comparaison
entre ces deux cas? Les liens qui unissent une femme à son
mari sont les plus étroits que l'on puisse concevoir. La subordination de la femme lui est commandée d'une manière
générale. « La femme doit obéissance à son mari. » Cette
disposition de l'art. 213, C. civ., est absolue. L'affection
conjugale vient d'ailleurs augmenter la puissance de l'autorité
que le mari tient de la nature, de la loi religieuse et de la loi
civile. Puis la femme est, dans une certaine mesure, sous la
tutelle de son mari ; elle ne peut se passer de son autorisation pour les actes de la vie civile (2), à part quelques rares
exceptions (3). Donc aussi, dans une certaine mesure, le
mari est dans l'obligation de surveiller sa conduite et d'empêcher le mal qu'elle pourrait causer.

Dans l'état actuel de nos mœurs et de notre législation, un
domestique est-il dans la dépendance de son maître pour tout
ce qui est en dehors de ses fonctions spéciales? Assurément,
non. La dernière trace de cette dépendance qui a pu exister
autrefois a disparu ; la constitution de 1848, à la différence
des lois qui la précèdent, a appelé au droit de vote même
les domestiques à gages au service de la personne. C'est une
preuve que la loi n'établit et ne reconnaît entre eux et le
maître d'autres rapports que ceux qui naissent directement
du contrat de louage qu'ils ont passé, Or, ce contrat n'a
d'effet que sur les actes qui se rattachent au service. On
peut voir avec peine ces changements dans les lois, on peut
croire que ces affaiblissements de la discipline domestique,
cet abandon des antiques mœurs, ne sont rien moins qu'un
progrès. Il n'en faut pas moins accepter le fait. Nous main-
tenons donc notre système par rapport à la responsabilité du
mari, et nous en repoussons l'application aux maîtres par
rapport aux faits de leurs domestiques.

927. Un mineur placé chez un maître en qualité de domestique pourrait être sous la gouverne et dépendance de ce
maître comme sous celle d'un instituteur ou d'un maître
artisan. Le père pourrait avoir transporté à la personne chez
laquelle il a placé son fils ses droits de puissance paternelle,

(1) V. nᵒˢ 850 et 851.
(2) C. civ., 215, 217.
(3) C. civ., 905, 940, 1449

comme s'il l'avait mis en apprentissage. Cela dépendrait des circonstances que les tribunaux apprécieraient.

En pareil cas, la responsabilité du maître devrait être réglée bien plutôt par les dispositions des paragraphes 2 et 4 de l'art. 1384 que par celles du paragraphe 3, relatif aux commettants en général.

C'est ce que nous avons déjà dit n° 875, en citant un arrêt de la Cour de Dijon, rendu dans ce sens.

La Cour de Nancy a déclaré le maître responsable en s'appuyant également sur ce que le domestique était mineur, mais dans des circonstances d'où elle a induit que le § 3 de l'art. 1384 était directement applicable.

Le nommé Husson bottelait de la paille dans une grange avec Nicolas Foliot; il avait préparé sur le seuil des appâts pour les oiseaux et s'était muni d'un fusil pour les tirer. Il blessa d'un coup de feu une jeune fille qui passait. La Cour condamna Foliot comme civilement responsable de son domestique, « attendu que le fait avait été commis pendant qu'ils se livraient à un travail commun et que si ce fait n'avait eu pour *objet* ni pour *but* les fonctions du serviteur, il suffit qu'il s'y rattachât *d'une manière quelconque* par des circonstances *de temps, de lieu et de service* » (1).

Cette rédaction est sans doute fort large dans ses expressions et semblera peut-être s'éloigner par là du véritable esprit de la loi ; — Mais nous pensons qu'au fond la décision est juste et que le délit avait été réellement commis dans les fonctions du domestique, puisqu'il s'accomplissait au moment où il y était employé sous les yeux de Foliot son maître, et que si ce délit n'en était pas la conséquence, elles en avaient été l'occasion et avaient servi à le faciliter. (V. *suprà* n° 888).

C'est avec raison aussi que l'arrêt dont s'agit constate de plus qu'à la responsabilité légale du maître venait encore se joindre de la part de Foliot la responsabilité née d'une imprudence personnelle, car les agissements du jeune Husson s'étant produits au cours de son travail, en présence de son maître, ce dernier était en droit de s'y opposer et avait, à tort, négligé de le faire.

928. On peut rattacher à l'art. 1384 la question de savoir si le maître est tenu de payer le prix des marchandises ache-

_____

(1) Nancy, 5 avril 1873, D. 74.2.52.

tées en son nom par son domestique et à crédit, bien qu'elle se résolve aussi par les principes du mandat.

Le fait par le domestique d'avoir détourné l'argent qui lui était remis pour payer les provisions, et d'avoir ainsi trompé son maître et le marchand, se rattache évidemment à l'exercice de ses fonctions. Selon nous, le maître en est incontestablement responsable.

Il s'agit seulement de discerner les cas où le marchand étant lui-même en faute, ayant commis de son côté une imprudence, doit être déclaré non recevable à demander réparation du dommage dans lequel il a autant de part que l'agent même du délit.

C'est d'abord ce qui aura lieu quand le maître était dans l'usage d'acheter au comptant, surtout s'il avait prévenu lui-même le marchand de sa volonté à cet égard. Celui-ci aurait dû soupçonner la fraude en cas de dérogation à cette règle (1).

De même, si les approvisionnements sont faits par un domestique dans les attributions ordinaires duquel ces sortes d'achats ne rentrent pas.

De même encore s'il s'agit de marchandises que les maîtres achètent ordinairement par eux-mêmes, et l'on peut appliquer ceci à tout ce qui sort de la catégorie des denrées de consommation.

Si, au contraire, le maître était dans l'usage de prendre toujours à crédit, sauf règlement de comptes à des termes périodiques, ou s'il prenait tantôt au comptant, tantôt à crédit, le marchand n'ayant pas le moyen de distinguer si le domestique a agi avec ou sans ordres, est à l'abri de tout reproche, et toute la responsabilité pèse sur le maître (2).

929. Suivant les règles générales exposées ci-dessus, nos 777 et suivants, la responsabilité du maître est purement civile. Nous avons indiqué dans ce même chapitre les lois spéciales qui font exception à ce principe (nos 778 et s.). Nous y renvoyons également pour tout ce qui a trait à l'étendue de cette responsabilité, comme aussi à la compétence, et, au recours qui a lieu, soit de la part du domestique contre le maître, soit de la part du maître contre le domestique.

---

(1) Paris, 8 août 1872, D. 73.2.187.
(2) Merlin, *Vol*, sect. 2, § 3 ; M. Troplong, *Mandat*, n° 134 ; Duranton, 18, n° 220 ; Delvincourt, 3, p. 454, notes ; Legraverend, 2, p. 136 ; Cass., 22 janv. 1812, S. 13.224 ; Paris, 13 nov. 1828, D. 28.2. 225, et 28 avril 1838, D. 38.2.123.

Enfin on peut voir à l'article précédent ce que nous avons dit de la [responsabilité des commettants, quant aux dommages éprouvés par leurs préposés par suite de la faute les uns des autres et par l'effet même des travaux ou opérations qui leur sont commandés. Toutes ces règles s'appliquent sans difficulté aux rapports des maîtres avec leurs domestiques.

CHAPITRE VI.

RESPONSABILITÉ DE L'AUBERGISTE.

Sommaire.

948. — *Quid*, à l'égard de l'or, des bijoux précieux et des valeurs que le voyageur porterait avec lui ?

949. — Suite.

950. — Exception résultant de la faute du voyageur.

951. — L'appréciation en est laissée à l'arbitrage du juge.

952. — Distinction établie par un arrêt de la Cour de cassation entre le vol commis par un préposé de l'hôtel et le vol commis par toute autre personne.

953. — Texte de l'arrêt.

954. — Observations sur la théorie qu'il consacre.

955. — L'aubergiste est-il responsable du vol commis sur une voiture laissée devant sa porte, sur la voie publique ?

956. — La responsabilité de l'aubergiste comprend non-seulement le vol, mais toute espèce de dommage.

957. — Le voyageur doit prouver l'apport des effets dans l'hôtellerie et leur valeur. — Il peut employer la preuve testimoniale.

958. — Et les présomptions de toute nature.

959. — Le juge peut déférer le serment aux parties.

960. — Chacune d'elles peut déférer à l'autre le serment décisoire.

961. — La simple affirmation du demandeur ne suffit jamais.

962. — La responsabilité de l'hôtelier cesse en cas de vol avec force majeure.

963. — A moins qu'il ne soit commis par des gens de l'hôtel.

964. — C'est à l'aubergiste à faire la preuve de la force majeure, sauf au demandeur à prouver que l'événement est dû à la complicité ou à l'imprudence de l'aubergiste.

965. — *Quid*, si le voyageur est volé par son propre domestique ?

966. — Si le vol est commis par le domestique d'un autre voyageur, l'hôtelier a son recours contre ce dernier.

967. — Compétence. — Art. 2 de la loi du 25 mai 1838.

968. — Quelles sont les contestations que cet article défère au tribunal de paix ? — Compétence d'attribution.

969. — Compétence territoriale.

970. — Compétence quant à la somme et au droit de juger en dernier ressort.

971. — Responsabilité spéciale des aubergistes à l'égard des délits des personnes qui ont logé chez eux plus de vingt-quatre heures.

930. La responsabilité de l'aubergiste est complexe. Considérée d'abord vis-à-vis du voyageur qui a logé dans l'hôtellerie, elle diffère des cas de responsabilité que nous avons étudiés dans les chapitres précédents. L'engagement de l'aubergiste n'est plus de la classe de ceux qui se forment purement sans convention comme est celui des père et mère, instituteurs, commettants, vis-à-vis des tiers lésés par le fait de leurs enfants, de leurs élèves ou de leurs préposés.

Il a sa source primitive dans un contrat (1) exprès ou tacite intervenu entre la personne qui loge dans son hôtellerie et lui. « Il se forme, dit Domat, une convention entre l'hôtelier et le voyageur, par laquelle l'hôtelier s'oblige envers ce dernier de le loger et de garder ses hardes, chevaux et autres équipages, et le voyageur, de sa part, s'oblige à payer la dépense (2). »

Le Code civil assimile ce contrat au dépôt nécessaire :

« Les aubergistes ou hôteliers, porte l'art. 1952, sont « responsables, comme dépositaires, des effets apportés par « le voyageur qui loge chez eux ; le dépôt de ces sortes d'ef- « fets doit être regardé comme un dépôt nécessaire. »

931. Mais cette assimilation nous indique qu'il s'agit d'une convention où l'on n'a pas, comme dans les autres, le choix des personnes ni la liberté de s'abstenir de l'engagement. La nécessité oblige d'avoir affaire à tel ou tel individu par cela même qu'il exerce la profession d'hôtelier ; on n'a pas toujours le choix entre plusieurs auberges dans le lieu où l'on arrive. Puis, une fois logé, on est contraint de suivre la foi du maître de la maison. *Plerùmque necesse est eorum fidem sequi et res custodiæ eorum committere* (3). C'est pourquoi la loi a pris soin de déterminer les effets de cette convention lorsqu'elle est tacite, et de suppléer à ce que la convention expresse aurait pu avoir d'insuffisant, afin que ces personnes n'abusent pas de la nécessité où l'on est de traiter avec elles et de s'y confier (4).

On peut même dire qu'elle a donné à l'obligation qui en résulte une extension assez notable et des effets qui n'auraient pas toujours été dans l'intention des parties. Ainsi, non contente de l'application, qui eût été faite à l'aubergiste, des principes sur la responsabilité des maîtres et commettants, elle l'a déclaré responsable du vol ou autre dommage causé aux effets du voyageur, soit par ses domestiques et préposés, soit par des étrangers allant et venant dans l'hôtellerie (5).

---

(1) Pothier, *Dépôt*, n° 76 ; Toullier, 11, 248 ; Duvergier, *Dépôt*, t. 20, n° 508.

(2) *Lois civ.*, liv. 1, t. 16, sect. 1.

(3) L. 1, D. *Nautæ caupon.*

(4) Domat, *Lois civ.*, liv. 1, t. 16, sect. 1.

(5) C. civ. 1953.

932. D'un autre côté, l'art. 73, C. pénal, soumet, dans certaines circonstances, les aubergistes à la responsabilité civile des délits commis par les personnes qu'ils ont logées chez eux.

Il s'agit alors d'un cas de responsabilité civile du fait d'autrui résultant directement de la loi, et, à ce titre, se rattachant intimement à la matière que nous traitons. — D'ailleurs, prise dans son ensemble, la responsabilité de l'aubergiste se présente avec des caractères tout particuliers et mérite un examen et des développements spéciaux.

933. Occupons-nous d'abord de la responsabilité de l'aubergiste vis-à-vis des personnes qui logent chez lui.

Les art. 1952, 1953 et 1954, C. civ., l'établissent en ces termes :

Art. 1952. « Les aubergistes ou hôteliers sont responsa-
« bles, comme dépositaires, des effets apportés par le voya-
« geur qui loge chez eux; le dépôt de ces sortes d'effets doit
« être regardé comme un dépôt nécessaire. »

Art. 1953. « Ils sont responsables du vol ou du dommage
« des effets du voyageur, soit que le vol ait été fait ou que
« le dommage ait été causé par les domestiques et préposés
« de l'hôtellerie, ou par des étrangers allant et venant dans
« l'hôtellerie. »

Art. 1954. « Ils ne sont pas responsables des vols faits
« avec force armée ou autre force majeure. »

934. Ces dispositions sont rigoureuses, mais une sorte de nécessité publique a toujours paru les justifier. — Celui que sa santé ou ses affaires obligent à voyager et à loger dans une hôtellerie est obligé aussi de suivre la foi du maître pour la sûreté de sa personne et de ses effets. Il importe qu'il soit prémuni contre la négligence ou la mauvaise foi de ce dernier. Il serait à craindre que des associations frauduleuses ne s'établissent entre les voleurs et les aubergistes, qui auraient toutes facilités pour dépouiller les voyageurs. *Maxima utili-
tas est hujus edicti, quia necesse est plerumque fidem eorum
sequi et res custodiæ eorum committere. Ne quisquam putet
graviter hoc adversus eos constitutum : nam est in ipsorum
arbitrio ne quem recipiant ; et nisi hoc esset statutum, ma-
teria daretur cum furibus adversus eos quos recipiunt
coeundi, cum ne nunc quidem abstineant hujusmodi frau-
dibus* (1).

_____

(1) L. 1, § 1, D. *Nautæ caupon.*

935. Ajoutons que, dans certains cas particuliers, l'aubergiste pourrait, par une convention expresse, modifier la responsabilité que la loi fait peser sur lui de plein droit. Le contrat prendrait alors le caractère d'un dépôt *volontaire* (1).

Mais il faudrait pour cela justifier d'un consentement réel et librement donné de part et d'autre. Un simple avis affiché dans toutes les chambres de l'hôtellerie, indiquant les mesures de précaution à prendre par les voyageurs, et les conditions auxquelles l'aubergiste entend être responsable, ne saurait, en principe général, modifier les règles qui lui sont formellement imposées par la loi (2).

M. Troplong fait aussi remarquer (3), d'après Danty (4), que la déclaration de l'hôte, qu'il n'entend pas se charger des risques de telle ou telle chose, ne doit pas indistinctement avoir pour effet de l'affranchir de la responsabilité. Si, par exemple, l'auberge était située sur une route à une très-grande distance de toute habitation, de sorte que le voyageur ne pût se retirer ailleurs, on pourrait voir dans ces restrictions une fraude de l'hôtelier qui aurait abusé de la position du voyageur, et aurait peut-être voulu s'assurer ainsi les moyens de le livrer à des malfaiteurs ses complices, sans courir lui-même aucune chance. On se déciderait là-dessus d'après les circonstances du fait.

936. Les dispositions des art. 1952 et suivants du Code civil s'appliquent directement aux aubergistes et hôteliers, c'est-à-dire à ceux qui tiennent maison garnie et reçoivent les voyageurs auxquels ils fournissent le logement et la nourriture ou le logement seul.

Elles s'appliquent également à tous ceux qui font profession de louer des appartements meublés (5) où les étrangers viennent résider momentanément. Les rapports du locataire avec le maître de la maison et ses gens sont les mêmes que ceux du voyageur avec l'aubergiste. Ce sont ces derniers qui font le service, qui tiennent les clefs de l'appartement, qui sont les dépositaires de tous les objets apportés par l'étran-

---

(1) L. 7, D. *Nautœ caupon.*; Toullier, 11, 252.
(2) Rouen, 4 fév. 1847, S. 48.2.452. — V. cependant n° 948.
(3) *Dépôt*, n° 240.
(4) Sur Boiceau, *Preuve par témoins*, p. 83.
(5) M. Duranton, 18, n° 78; M. Troplong, *Dépôt*, n° 228.

ger. La confiance nécessaire de celui-ci-est garantie par la responsabilité du logeur.

L'art. 475, § 2, C. pénal, assimile expressément aux aubergistes et hôteliers les logeurs *ou loueurs de maisons garnies* (1), quant aux obligations de police. Et la loi du 25 mai 1838, sur la compétence des juges de paix, offre encore un argument à l'appui de cette interprétation. L'art. 2 défère aux juges de paix les contestations entre les hôteliers, aubergistes ou logeurs, et les voyageurs *ou locataires en garni*, pour dépense d'hôtellerie et perte ou avarie d'effets déposés dans l'auberge ou dans l'hôtel. Il ne s'agit ici que de la compétence, mais l'assimilation établie sous ce rapport suppose la similitude dans la nature des professions et dans les obligations qui en résultent. Enfin, la jurisprudence a étendu à ceux qui logent en garni l'art. 386, C. pénal, qui prévoit spécialement le vol commis par les aubergistes, hôteliers ou leurs préposés, de choses qui leur étaient confiées à ce titre (2).

937. Mais il est impossible de mettre sur le même rang les personnes qui, sans en faire leur profession, louent en garni tout ou partie de leurs maisons à des étrangers qui viennent y résider pendant un espace de temps plus ou moins long (3). L'apport des effets d'un particulier dans l'appartement que lui loue le propriétaire n'est plus comparable au dépôt, surtout au dépôt nécessaire. Le propriétaire ne doit point être responsable du vol d'objets qui ne sont point sous sa garde, car le locataire en garni possède seul les clefs de l'appartement, et souvent il n'a rien de commun avec les locataires de la maison (4).

La Cour de Nîmes a jugé, dans ce sens, que les art. 1952 et 1953, C. civ., ne sont pas applicables aux propriétaires qui, sans être logeurs de profession, louent leurs propres maisons pour un temps de foire ou pour le cas d'une affluence extraordinaire d'étrangers ; notamment qu'ils ne sont pas

_____

(1) Cass., 20 mars 1872, D. 343, S. 265. — V. *infrà*, n° 971. — Cette qualité, avec toutes ses conséquences, appartient au propriétaire qui exploite sa propre maison en la louant en garni, même en partie. Cass., 6 oct. 1854, *Bull.*, 297, D. 55.1.43.
(2) Cass., ch. réun., 27 juin 1811, S. 300.
(3) Argum. d'un jugement de Colmar maintenu par arrêt de rejet du 3 nov. 1827, D. 28.1.9; Rej., 20 sept. 1849 et 9 sept. 1853, D. 50.5.39.
(4) M. Curasson, *Compét. des juges de paix*, t. 1, p. 274.

responsables de plein droit du fait de leurs locataires et des gens allant et venant dans la maison (1).

« Attendu que s'il était juste que la responsabilité qui pèse sur les hôteliers et aubergistes, relativement aux effets apportés chez eux, s'étende aux simples logeurs, et à ceux qui, *par état*, louent des chambres garnies, afin que les étrangers qui arrivent dans une ville, et qui sont forcés de choisir, dans un nombre déterminé de maisons publiques, celles où ils logeront, trouvent pour leur sûreté la même garantie, quelle que soit, d'ailleurs, l'espèce particulière de cette maison, puisqu'elles sont toutes soumises aux mêmes règlements, à la même surveillance de l'autorité, et qu'elles sont toutes, par suite, désignées comme devant inspirer la même confiance, on ne doit pas en conclure que les dispositions de la loi, à cet égard, puissent être applicables à la généralité des propriétaires d'une ville qui, pour un temps de foire ou pour le cas d'une affluence extraordinaire d'étrangers, louent leurs propres maisons, quand bien même ils loueraient en détail et en garni chacun des appartements qui les composent; que cette location momentanée ne produit pas l'effet de changer leur qualité de simples propriétaires en celle de loueurs ou logeurs en garni tels que le comprend la loi, puisqu'ils ne contractent aucun engagement général ; que leurs maisons ne deviennent pas publiques et qu'ils ne paient aucune patente à cet effet. »

938. Il ne faudrait même pas s'attacher à cette circonstance, que le locataire garde lui-même la clef de son appartement. Elle ne sera pas toujours déterminante. C'est ce qui résulte encore de l'arrêt que nous venons de citer. Dans l'espèce, le demandeur avait placé une malle renfermant des valeurs dans une chambre où il logeait en commun avec plusieurs autres individus, couchant pêle-mêle sur la paille. La clef restait aux mains du maître de la maison pour le service commun. Il n'en résultait pas pour lui l'obligation de veiller sur les effets des locataires qui ne les lui avaient pas spécialement confiés.

La malle en question ayant été volée par un des locataires de la chambre commune, le propriétaire de la maison fut renvoyé de l'action en responsabilité : « Attendu que la condition de la part des propriétaires de garder la clef des appartements qu'ils louent, et d'en faire faire les chambres, ne suffit pas pour donner à ces derniers une qualité qu'on ne doit reconnaître qu'à des caractères déterminés; que c'est un service à part qu'ils s'imposent, totalement indépendant de la location et pour lequel ils doivent des soins, mais qui ne peut les soumettre à une responsabilité générale, etc. »

Réciproquement, la qualité d'aubergiste, de la part du bailleur, pourrait, dans ces circonstances spéciales, être sans effet, par rapport à l'application de l'art. 1952; par exemple s'il avait loué des bâtiments dépendant de son auberge, non pour un bref délai à des voyageurs, mais par année à des personnes qui y résideraient pour leurs affaires d'une manière permanente et dès lors devraient être considérées comme ayant pris sur elles la garde des locaux qu'elles occupent (1).

939. On assimile encore aux aubergistes et hôteliers, les restaurateurs, ceux qui tiennent des cafés et des bains publics. Le dépôt des effets apportés dans ces établissements par ceux qui viennent y prendre le repas ou le bain est considéré comme un dépôt nécessaire (2).

940. Les individus qui reçoivent et gardent des chevaux ou autres animaux sont soumis aux mêmes obligations que ceux qui logent les voyageurs.

Cette industrie était connue à Rome; c'était celle des *stabularii* que l'édit du préteur assimilait aux *caupones* (aubergistes) et aux *nautæ* (bateliers, maîtres de navires). *Nauta et caupo et stabularius mercedem accipiunt... stabularius ut permittat jumenta apud eum stabulari. Et tamen custodiæ nomine tenentur* (3).

L'identité de cette profession avec celle de l'aubergiste proprement dit est telle que la patente est la même (4).

941. La responsabilité de l'aubergiste commence aussitôt que les effets ont été apportés dans l'auberge et par le seul dépôt qu'en fait le voyageur entre les mains de l'hôtelier ou de ses domestiques.

---

(1) Angers, 15 juill. 1857, D. 57.2.166.
(2) Merlin, *Quest. de droit*, v° *Dépôt nécessaire* ; Curasson, p. 275; M. Troplong, n° 229.
(3) L. 5, D. *Nautæ caupon.*
(4) L. du 1er brum. an VII, art. 35 ; Ord. du Cons. d'Etat, 25 janv. 1839, D. 39. 3, p. 158 ; Lebon, *Rec. des arr. du cons.*, t. 9, p. 58.

Évidemment, il n'est pas nécessaire que le voyageur les remette au maître lui-même, puisqu'il répond de ses gens en qualité de commettant, à raison des fonctions qui leur sont confiées. Il suffit donc que le voyageur ait remis sa malle ou autres objets au domestique qui l'introduit dans l'hôtel et le conduit à sa chambre, ou qu'il ait placé son cheval dans l'écurie, qu'il l'ait donné en garde au palefrenier, pour que l'aubergiste soit incontestablement chargé de ces objets (1).

Il faut même aller plus loin. La loi n'exige pas que le voyageur ait positivement confié ses effets aux préposés de l'aubergiste, pour que celui-ci en devienne responsable. Ce ne serait là que la conséquence des principes généraux.

Il suffit qu'ils aient été apportés, qu'ils soient entrés dans l'auberge, soit que le maître en ait eu connaissance ou non.

C'est ce que décident Ulpien et Gaius au titre du Digeste *Nautæ, caupones, stabularii. Recipit autem salvum fore,* utrùm si in navem res missæ ei adsignatæ sunt, ut, ETSI NON SINT ADSIGNATÆ, HOC TAMEN IPSO QUOD IN NAVEM MISSÆ SUNT RECEPTÆ VIDENTUR? ET PUTO OMNIUM EUM RECIPERE CUS-TODIAM QUÆ IN NAVEM ILLATÆ SUNT; *et factum non solùm nautarum præstare debere, sed et vectorum* (2). SICUT ET CAUPO VIATORUM (3).

942. Dès que les effets du voyageur sont placés, comme nous venons de le dire, sous la responsabilité de l'aubergiste, on n'a pas à distinguer si le vol a été commis par des domestiques de la maison, ou par des étrangers allant et venant dans l'hôtellerie.

Avant le Code, c'était la jurisprudence consacrée par plusieurs décisions; on trouve notamment deux arrêts du Parlement de Paris, l'un du 30 janvier 1675 (4), l'autre du 22 février 1780 (5), qui condamnent l'aubergiste à restituer à un voyageur la valeur des effets qui lui avaient été volés par un autre individu descendu dans l'hôtel.

Dans l'espèce du premier, un marchand qui voyageait

---

(1) Domat, liv. 1, tit. 16, sect. 1, n° 3.
(2) L. 1, § 8.
(3) L. 2, *eod.*
(4) *J. du Pal.*, t. 1, p. 524.
(5) Merlin, *Rép.*, v° *Vol*, sect. 3, § 3, n° 2; Toullier, 11, 249; Curasson, p. 281.

avec une cassette renfermant une somme de neuf cents livres l'avait placée dans un coffre fermant à clef qui se trouvait dans sa chambre, puis il était sorti laissant la clef de sa chambre pendue à son clou, comme cela se pratique dans les hôtels. Un autre voyageur prit la clef, s'introduisit dans la chambre, enleva la serrure du coffre et celle de la cassette, et vola les neuf cents livres. L'hôtelier fut condamné au Châtelet comme responsable, et le jugement fut confirmé en appel.

Dans la seconde espèce, le sieur Verdier ayant été logé par l'aubergiste dans une chambre à deux lits où couchait déjà un autre individu, avait, en se couchant, placé sa montre, sa bourse et ses boucles sous son oreiller. Pendant son sommeil ces objets furent volés. L'aubergiste fut condamné à lui payer cent quarante-six livres pour leur valeur.

On remarquera que, dans ces deux affaires, les objets volés n'avaient pas été confiés à l'aubergiste d'une manière spéciale.

943. Cependant Pothier enseignait une doctrine contraire :

« Observez, dit-il, que ce dépôt n'est pas censé intervenu par cela seul que le voyageur a apporté ses effets dans l'auberge, au vu et au su de l'aubergiste, s'il ne les lui a pas expressément donnés en garde. C'est pourquoi, si les effets du voyageur sont volés ou endommagés dans l'auberge, par des allants et venants, et même par d'autres voyageurs qui logent comme lui dans l'auberge, l'aubergiste n'en est pas responsable (1). »

Pothier n'admettait donc la responsabilité absolue de l'aubergiste qu'autant que les effets lui avaient été expressément donnés en garde (2). Dans tous les autres cas, et quand même ils auraient été apportés dans l'auberge au vu·et su du maître, celui-ci ne répondait, suivant Pothier, que du fait de ses domestiques.

944. Les art. 1952, 1953 et 1954 nous paraissent avoir voulu proscrire ces distinctions. L'art. 1952 déclare l'aubergiste responsable comme dépositaire des effets apportés par le voyageur. Il suffit donc que les effets aient été appor-

---

(1) *Dépôt*, n° 79.
(2) N°s 78 et 78 comb.

tés (1), introduits dans l'hôtellerie, sans qu'il y ait eu convention expresse à l'égard du dépôt. S'il y avait convention expresse, il y aurait dépôt proprement dit, et ce ne serait pas par une simple assimilation que l'aubergiste serait responsable. Puis l'art. 1953, se référant au cas prévu par l'article précédent, veut que l'aubergiste soit responsable du fait, non-seulement des domestiques, mais des gens allant et venant dans l'hôtellerie.

La seule exception est celle de l'art. 1954, c'est-à-dire le cas où le vol a été fait avec force armée ou autre force majeure.—Hors de là, l'aubergiste est donc responsable de la perte des effets, quel que soit l'auteur du dommage (2). La surveillance qu'il exerce par lui-même et par les siens doit être assez exacte pour prévenir les délits de ce genre.

945. Toutefois, il est des circonstances qui pourraient atténuer la faute de l'aubergiste, et constituer, de la part du voyageur, une imprudence telle que la responsabilité ne retomberait que sur lui. Qu'on suppose, par exemple, qu'il ait mis ses effets dans un endroit accessible à tout le monde, sans en prévenir l'aubergiste ni aucun de ses domestiques, et qu'on les ait volés ou endommagés ; l'aubergiste n'en est pas responsable (3), car pour veiller sur ces effets, il fallait que les gens de l'hôtel sussent à qui ils appartenaient, sans cela ils ont pu les laisser enlever par un autre que le propriétaire.

Il en est autrement, selon nous, du moment que les effets du voyageur ont été transportés dans sa chambre, quand même il aurait négligé de retirer la clef en sortant; l'hôtelier doit exercer la police la plus sévère afin de ne laisser introduire dans les chambres que ceux qui les occupent (4).

946. D'après ce qui vient d'être dit, on ne doit plus admettre aujourd'hui la distinction faite par Pothier (5) et Domat (6), entre le cas où le voyageur, apportant ses effets dans l'auberge, les confie à la personne spécialement préposée pour les recevoir, et le cas où il les remet à une

---

(1) M. Troplong, n° 218.
(2) Toullier, 11, 249, 251 ; Curasson, p. 280; Argum. d'un arrêt de cass., 28 oct. 1813, S. 14.1.17; Rouen, 4 févr. 1847, S. 48.2.452, D. 47.2.74.
(3) Duranton, 18, n° 80.
(4) Contrà, Duranton, loc. cit.
(5) N° 80.
(6) N° 3 ; L. 1, D. § 5, Nautæ caupon.

autre. Suivant ces auteurs, l'aubergiste n'était tenu de restituer les effets que dans la première hypothèse, puisque, autrement, le préposé n'avait pas agi dans l'exercice de ses fonctions.

Ce système était bien quelque peu subtil. Tous les domestiques d'une auberge sont appelés à se suppléer les uns les autres en cas de besoin. Il entre toujours dans leurs fonctions de recevoir les voyageurs et de garder leurs effets. — D'ailleurs, comme il est constant aujourd'hui que le maître est responsable des effets, même quand ils ont été simplement apportés dans l'auberge, même quand le vol a été commis par des allants et venants; à plus forte raison en est-il responsable quand les effets ont été confiés à un de ses domestiques. C'était à celui-ci de les remettre au préposé spécial.

947. Le mot « effets », dont se servent les art. 1952 et 1953, est un mot générique qui comprend non-seulement les bagages ordinaires d'un voyageur, mais les marchandises, les équipages et les animaux (1).

948. Toutefois, l'aubergiste serait-il indéfiniment responsable de l'or, des valeurs ou des bijoux précieux que le voyageur aurait apportés dans l'hôtel sans en faire une déclaration ou dépôt exprès ?

On décide sans difficulté que la responsabilité de l'aubergiste s'étend à l'argent que le voyageur est présumé, d'après sa position sociale et les circonstances de la cause, avoir eu en sa possession au moment du vol, et qu'il pouvait conserver sans imprudence, eu égard à sa fortune et à ses besoins (2). — Pour conserver son recours, le voyageur n'est tenu qu'aux précautions ordinaires, et la responsabilité de l'aubergiste s'applique dans toute sa rigueur. — Il faut en dire autant des bijoux qu'il est d'usage, dans certaines classes de la société, de porter avec soi.

En pareil cas, l'on doit prendre en considération la position sociale des personnes qui sont reçues ordinairement dans l'hôtel. « Supposons, dit M. Troplong, qu'il s'agisse d'un hôtelier dont l'établissement s'adresse aux classes les plus élevées et les plus riches de la société, et dont la clien-

---

(1) Rennes, 26 déc. 1833, D. 38.2.198 ; M. Troplong, n° 217.
(2) Rouen, 13 germin. an X, Dalloz, Oblig., p. 793, n° 1, 1re édit.; Paris, 7 mai et 26 déc. 1838, D. 38.2.157, et 39.2.32.

tèle s'alimente de personnes accoutumées à voyager avec un grand train de maison, avec du luxe et de la représentation. Quoi ! il sera nécessaire de faire savoir à cet hôtelier, au moment où l'on descend chez lui, qu'on apporte des espèces d'or et d'argent, des bijoux, des objets précieux ! Quoi ! une femme élégante ira passer une saison aux eaux, et son hôtelier ne saura pas d'avance qu'elle a de riches parures, des diamants, etc. ! Est-ce qu'un hôtel accoutumé à recevoir de tels hôtes ne doit pas être administré de manière qu'ils y trouvent pleine sécurité pour les objets de valeur dont ils sont nécessairement accompagnés (1) ?

949. Cette observation est parfaitement juste. En ceci, tout est relatif.

Mais, en faisant la part de ces différences, et raisonnant en principe, il faudra dire que si le voyageur a placé dans ses bagages des sommes considérables et des bijoux d'un grand prix, l'aubergiste ne peut être exposé, à son insu, à subir une perte énorme. La présence de ces sortes d'effets dans sa maison, exige de sa part une surveillance plus active; on doit le mettre en état de l'exercer en lui en faisant la déclaration (2).

L'art. 1952 n'a pas entendu proscrire ce tempérament, bien qu'il ait eu pour objet de rendre les aubergistes responsables, de quelque manière que l'apport ait été effectué.

On en trouve la preuve dans les observations du Tribunat. Le projet du Code ajoutait à l'art. 37, devenu l'art. 1952, un art. 38, portant : « L'hôtelier ou aubergiste est respon-« sable des objets apportés par le voyageur, encore qu'ils « n'aient pas été remis à sa garde personnelle. »

Le Tribunat demande la suppression de cet art. 38, et voici par quels motifs :

« La section regarde comme suffisant l'art. 37, qui déclare « formellement les aubergistes ou hôteliers responsables des « effets apportés par le voyageur qui loge chez eux. Il a « paru beaucoup trop rigoureux d'assujettir les aubergistes « ou hôteliers, sans distinguer aucune circonstance et sans « excepter aucun cas, à la responsabilité de tout ce qu'un

---

(1) No 225.
(2) *Nouveau Denisart*, v° *Aubergiste*, § 3, n° 3 ; Delamarre, *Traité de la police,* t. 2, p. 728; Toullier, 11, 255; Delvincourt, t. 3, p. 454; Paris, 2 avril 1811, S. 14.2.100, et 21 nov. 1836, D. 37.2.4. V. aussi Angers, 15 juill. 1857, D. 57.2.166.

« voyageur aurait apporté chez eux, *quand même ce seraient*
« *des objets du plus léger volume et du plus grand prix, et*
« *que même le voyageur n'aurait prévenu personne.* Cette
« extrême rigueur deviendrait quelquefois une grande injus-
« tice. Et comme il est impossible que la loi prévoie ces dif-
« férents cas, elle doit se contenter d'établir le principe gé-
« néral et doit laisser le reste à l'arbitrage du juge (1). »

C'est conformément à ces observations que l'art. 38 fut
supprimé : or, elles conduisent à conclure qu'en principe général, l'aubergiste est responsable, quelle que soit la nature
des effets et de quelque manière qu'ils aient été apportés;
mais que la règle n'est pas inflexible, et qu'une déclaration
particulière, des précautions spéciales, doivent être quelquefois exigées du voyageur, qui, s'il les néglige, doit être considéré comme ayant commis lui-même une faute qui le rend
non recevable.

950. L'exception de la faute commune se tirerait encore,
dans le cas qui nous occupe, de ce que le voyageur aurait
omis d'enfermer son argent (2) ou ses bijoux, ou de ce qu'il
aurait laissé la malle qui les contient dans un passage, dans
les antichambres où il est facile de les soustraire (3), ou bien
encore dans une chambre où plusieurs personnes logent en
commun, entrent et sortent à volonté (4).

951. Comme on vient de le voir par les observations du
Tribunat, la pensée de la loi a été de laisser à l'arbitrage du
juge l'appréciation des faits d'imprudence et de négligence
de la part du voyageur, et de l'étendue de la responsabilité
de l'aubergiste.

952. Mais un arrêt de la Cour de cassation a établi à cet
égard une théorie beaucoup plus radicale. Elle est fondée
sur cette distinction : si le vol a été commis par une personne
étrangère au service de l'hôtel (5), on doit apprécier la conduite de la partie lésée, et l'on peut y trouver un motif pour
repousser en tout ou en partie son action en responsabilité.
Mais lorsqu'il est prouvé que le vol a été commis par un préposé de l'hôtel, le maître est responsable dans tous les cas,

---

(1) Locré, t. 15, p. 117; Fenet, t. 14, p. 495.
(2) Angers, 15 juill. 1857, D. 57.2.166.
(3) Curasson, t. 2, p. 283, n° 13.
(4) Argum. d'un arrêt de la Cour de Nîmes, du 18 mai 1825, cité
n°s 937 et 938.
(5) C'est ce que l'on présumerait s'il y avait incertitude sur ce point.

car il répond de la probité de ses agents comme de la sienne propre, et dans ses relations avec ceux-ci, le voyageur, qui doit les croire aussi probes que l'hôtelier lui-même, *n'a aucune précaution à prendre* (1).

Il est bon de connaître l'espèce sur laquelle est intervenu cet arrêt.

Le sieur Harris, joaillier de Londres, descend à Boulogne, chez le sieur Mulbergue, aubergiste, ayant dans ses poches une grande quantité de brillants qu'il avait achetés à Paris. Après avoir pris sa chambre, il remet au domestique Mezier, pour les nettoyer, ses habits, et entre autres son gilet, dans les poches duquel se trouvaient deux cents carats de diamant. Quand ils lui furent rapportés, il s'aperçut que soixante-dix carats lui avaient été enlevés.

Mezier fut reconnu coupable du vol. Harris alors dirigea contre Mulbergue une action en responsabilité qui fut écartée par les motifs suivants : « Considérant qu'à la vérité les aubergistes sont responsables des vols commis chez eux par leurs domestiques, mais que cette responsabilité n'est absolue que pour les effets ordinaires des voyageurs ; que dès qu'il s'agit de sommes considérables et d'objets de prix, elle cesse s'il y a eu imprudence ou négligence de la part des voyageurs. — Considérant que Harris a commis une imprudence, en laissant emporter, lorsqu'il était dans sa chambre, un gilet contenant des valeurs considérables, et qu'on pouvait facilement soustraire ; qu'il devait d'autant moins commettre cette imprudence, que des affiches apposées dans les chambres de l'hôtel engagent les voyageurs à remettre à Mulbergue les objets de valeur qu'ils emportent avec eux, etc. (2). »

953. Harris a formé un pourvoi en cassation qui a été accueilli par un arrêt ainsi conçu :

« Attendu qu'aux termes de l'art. 1384, C. civ., les maîtres sont responsables du dommage causé par leurs domestiques dans les fonctions auxquelles ils les ont employés ; — Attendu que cette responsabilité est absolue, que le domestique est considéré comme le représentant du maître, et que celui-ci n'est pas même admis à prouver qu'il n'a pu empêcher le fait qui donne lieu à la responsabilité ;

---

(1) Réquisitoire de M. l'avocat général Delangle, dans l'affaire dont nous parlons.

(2) Douai, 19 août 1842, S. 42.2.421.

« Attendu, d'autre part, qu'aux termes des art. 1952 et 1953, le dépôt des effets apportés par le voyageur dans l'hôtellerie où il loge est un dépôt nécessaire, et que les hôteliers sont responsables du vol de ces effets, lorsque le vol a été commis par les domestiques de l'hôtellerie; — Attendu que cette responsabilité a lieu, encore bien que les effets volés n'aient pas été confiés à l'hôtelier, qu'elle n'est pas subordonnée à la nature et à la valeur des effets volés…;

« Attendu que Mulbergue était responsable du vol commis par son domestique dans son service, conformément, tant à l'art. 1384 qu'aux art. 1952 et 1953 ;

« Que l'arrêt attaqué a néanmoins déchargé Mulbergue de sa double responsabilité : qu'en jugeant ainsi et en apportant à l'application des principes posés par les articles ci-dessus cités des exceptions que ces articles n'ont point admises, l'arrêt attaqué a faussement interprété, et, par suite, violé lesdits articles; casse, etc. (1). »

954. Comme on le voit, c'est surtout à la qualité de commettant et à la responsabilité qui en résulte, que s'est attachée la Cour de cassation. Cette responsabilité, dit-elle, est absolue, le domestique est considéré comme le représentant du maître, celui-ci en répond comme de lui-même, car il n'est pas admis à prouver qu'il n'a pu empêcher le fait qui donne lieu à la responsabilité.

Au point de vue philosophique personne n'admettra que l'on puisse jamais répondre de quelqu'un comme de soi-même, et la loi se serait montrée bien dure, bien peu soucieuse des conditions ordinaires de l'humanité, si elle avait établi à l'égard des commettants une responsabilité vraiment absolue à raison du fait de leurs préposés, responsabilité qui ne connaîtrait jamais aucune exception. En ce qui concerne les aubergistes en particulier, obligés par état de recevoir toutes sortes de personnes, sans pouvoir mesurer exactement à l'avance les engagements qui en résulteront pour eux, il y aurait injustice à pousser jusque dans les conséquences les plus extrêmes la fiction que le préposé représente exactement le commettant et que les actes du premier sont censés émaner du second.

Le maître n'est pas admis à prouver qu'il n'a pu empêcher le cas dommageable. — Ceci est très-vrai et très-juste,

---

(1) Du 11 mai 1846, S. 364.

lorsque le plaignant n'a rien à se reprocher; mais s'il a donné lui-même occasion au dommage par une imprudence bien caractérisée, s'il a été au-devant de l'accident par son défaut absolu des précautions les plus vulgaires, peut-il prétendre que la responsabilité du commettant soit engagée d'une manière indéfinie? Telle n'a pas été bien certainement l'intention des auteurs de la loi (1), et la Cour suprême nous paraît en avoir forcé l'esprit en posant une règle aussi inflexible que celle de l'arrêt de 1846.

953. Par deux arrêts du 13 septembre 1808 (2), et du 14 mai 1839 (3), la Cour de Paris a décidé que l'aubergiste est responsable du vol commis sur une voiture laissée devant sa porte sur la voie publique, par un roulier qui loge chez lui. — « Considérant que si la loi a imposé à l'aubergiste une responsabilité pour les effets apportés chez lui par ce voyageur, elle n'a fait aucune distinction de ceux que le voyageur peut facilement remettre dans l'auberge, d'avec ceux qui consistent en marchandises grosses et considérables, soit par leur poids, soit par leur volume; que, dès lors, l'aubergiste n'est pas moins garant des objets laissés forcément sur la voie publique que de ceux rentrés dans la maison, sans qu'il soit besoin d'en faire une déclaration préalable, article par article, etc. (4). »

Nous ne pouvons souscrire à l'extension donnée par ces arrêts à la rigueur des dispositions contenues aux art. 1952 et 1953.

L'aubergiste doit certainement répondre de ce qui se passe dans l'intérieur de l'auberge, dans les bâtiments accessoires, écuries, remises, et dans les cours qui en dépendent. Mais quand le défaut d'espace oblige le voiturier qui descend chez lui à laisser sa voiture au dehors, c'est à celui-ci de veiller à sa sûreté. L'aubergiste ne peut être considéré comme ayant reçu en dépôt des objets qui restent forcément sur la voie publique, sur un terrain en dehors de son domaine, où sa vigilance ne peut s'exercer comme dans la maison. Il répondra toujours du vol commis par ses gens, mais nullement de celui commis par des étrangers, car l'art. 1953 ne parle que de ceux qui vont et viennent dans

---

(1) V. *supra*, n° 949.
(2) S. 9.2.120.
(3) D. 39.2.159, et S. 39.2.263.
(4) *Conf.*, Amiens, 1er déc. 1846, S. 47.2.238.

l'hôtellerie. Le voiturier, trouvant l'auberge pleine ou trop exiguë pour ses marchandises, pouvait aller plus loin, ou, sinon, exercer lui-même une surveillance qui ne saurait rentrer dans les obligations ordinaires de l'aubergiste (1).

956. La responsabilité qu'établissent les art. 1952 et 1953 comprend toute espèce de dommage, qu'il soit le résultat du délit ou de la négligence de l'aubergiste et des gens de sa maison : par exemple, au lieu d'un vol, ce peut être un incendie qui occasionnera la perte de ces effets. Dans tous les cas, on présume indistinctement que la négligence du maître de la maison est la cause du dommage. *Quæcumque de furto diximus eadem et de damno debent intelligi* (2).

Par suite, il a été jugé qu'un aubergiste était responsable de la perte d'un cheval qui avait reçu d'un autre un coup de pied dans la jambe. L'aubergiste n'avait pas établi, dans l'écurie, de séparation entre les chevaux qui s'y trouvaient. Cela fut considéré comme une faute de sa part (3).

Au contraire, le parlement de Paris jugea, le 5 mars 1742, qu'un cheval ayant été mordu par un autre dans l'écurie, l'aubergiste ne pouvait être condamné aux frais de médicaments et autres dommages-intérêts. Il n'est pas d'usage de séparer les chevaux d'une manière tellement complète qu'ils ne puissent se toucher d'aucune façon. Le propriétaire du cheval vicieux est seul responsable en pareil cas (4).

957. La preuve à faire, soit du dépôt des effets dans l'hôtellerie, soit de leur valeur, présente de nombreuses difficultés qui, presque toujours, ont pour conséquence de rendre moins dure la responsabilité de l'hôtelier.

C'est naturellement au voyageur qui prétend que ses effets lui ont été soustraits ou endommagés de faire cette double preuve. L'aubergiste peut se borner à déclarer qu'il n'a pas connaissance des choses que l'on prétend avoir été apportées chez lui.

Le demandeur peut employer la preuve testimoniale, à

---

(1) C'est aussi l'avis de M. Duvergier, *Dépôt*, t. 20, n° 515. — Contrà, M. Troplong; n° 227.

(2) Gaius, L. 5, § 1, D. *Nautæ caupon.* ; Pothier, *Dépôt*, n° 77; Paris, 17 janv. 1850, S. 50.2.267.

(3) Parlem. de Grenoble, 3 déc. 1776; Lyon, 25 janv. 1825, D. 25. 2.123 ; Merlin, *Rép.*, v° *Dommage*, p. 25 et 26; Toullier, 11, 316; Curasson, p. 283.

(4) V. n°ˢ 1328 et suiv.

quelque somme que s'élève la demande, puisqu'il s'agit d'un dépôt nécessaire : c'est ce que disposent expressément les art. 1348 et 1950, C. civ.

Mais les juges sont toujours libres d'admettre cette preuve ou de la refuser. C'est la règle constante en matière de preuve testimoniale (1), et l'art. 1348, spécialement, porte, d'une manière expresse, qu'elle aura lieu pour les dépôts faits par les voyageurs, *suivant les qualités des personnes et les circonstances du fait.* — L'ordonnance de 1667, art. 4, titre 20, portait aussi : « N'entendons exclure la preuve par témoins, « pour dépôts faits en logeant dans une hôtellerie entre les « mains de l'hôte ou de l'hôtesse, qui pourra être ordonnée « par le juge, suivant la qualité des personnes ou les cir-« constances du fait. » Et, lors de la préparation de cette ordonnance, il fut expliqué par M. Pussort, l'un des commis-saires, « que l'article ne portait autre chose, sinon la liberté « aux juges de recevoir la preuve, ou de la rejeter, suivant « les différentes circonstances des personnes, des temps ou « des lieux (2). »

958. Les présomptions graves, précises, concordantes, qui sont abandonnées à la prudence et aux lumières du ma-gistrat, sont admises comme moyen de preuve dans tous les cas où la preuve par témoins peut être reçue (3).

959. Ces présomptions, si elles ne suffisent pas par elles-mêmes, autorisent le juge à déférer le serment d'office à l'une ou l'autre partie, soit pour en faire dépendre le juge-ment de la cause, soit pour déterminer le montant de la con-damnation lorsque la valeur de la chose ne peut être constatée autrement. Le juge, en ce cas, détermine la somme jusqu'à concurrence de laquelle le demandeur en sera cru sur son serment (4).

Il doit donc, auparavant, exiger une déclaration détaillée des objets perdus ou volés, et une appréciation de leur va-leur (5).

_____

(1) C. proc. civ., 253; MM. Boncenne, t. 4, p. 224; Chauveau et Carré, *Comm. sur l'art.* 253, et *Quest.*, n° 973 *ter;* Toullier, 11, n° 253; Troplong, *Dépôt,* n° 214.

Argum. des arrêts suivants : Rej., 13 déc. 1831, D. 33.1.178; 12 déc. 1827, D. 28.1.55; Cass., 24 août 1831, S. 321.

(2) *Procès-verbal des conf.*, p. 159.

(3) C. civ., 1353.

(4) C. civ., 1366, 1367, 1369.

(5) M. Troplong, n° 215.

960, Enfin, le serment décisoire peut être déféré comme en toute matière (1).

961. Mais la seule déclaration ou affirmation du demandeur, quelle que soit, du reste, sa qualité, ne serait point une preuve suffisante.

On lit cependant dans le *Nouveau Denisart* : « La seule déclaration des plaignants, pourvu que, d'ailleurs, ils jouissent d'une réputation saine et entière, suffit pour faire condamner l'aubergiste à la restitution des effets que ceux-ci articulent avoir perdus (2). »

Cette décision, admise par un ancien arrêt, ne saurait l'être sous l'empire du Code. Les art. 1348 et 1950 ne dispensent pas le voyageur de justifier sa demande. Or, la simple affirmation du demandeur n'est rangée nulle part au nombre des moyens de preuves autorisés, même dans les cas les plus favorables (3).

962. La responsabilité de l'hôtelier cesse, aux termes de l'art. 1954, en cas de force majeure ; c'est la règle générale (4).

Le vol n'est un cas de force majeure que s'il est commis à main armée (5) et que l'on n'ait pu résister. Dans toute autre hypothèse, il est le résultat de la négligence, et c'est pour ce cas précisément qu'est établie la responsabilité.

Il n'y a pas à distinguer, on le comprend, le vol commis par des étrangers du vol commis par les gens de l'hôtel. L'un comme l'autre pouvaient être empêchés par une exacte surveillance ; on le décide même à l'égard d'un vol avec effraction (6), et toutes les fois, en un mot, que l'aubergiste ne peut pas prouver qu'il ait cédé à la force.

963. Son excuse ne serait même pas valable si le vol à main armée ou avec violence était commis par des préposés de l'hôtel. Il en est responsable, dans tous les cas, vis-à-vis du public ; le commettant ne peut jamais dire, pour sa

---

(1) C. civ., 1358 et suiv.
(2) V° *Aubergiste*, § 2, n° 4.
(3) L'art. 1781, C. civ., est une exception qui ne peut être étendue. Toullier, n° 256 ; Curasson, p. 285. Cet article, au surplus, a été abrogé par la loi du 2 août 1868.
(4) C. civ. 1148 et 1929.
(5) C. civ., 1954.
(6) Arrêt du parlem. de Toulouse, du 27 fév. 1584, Maynard, n° 8. liv. 83 ; M. Troplong, n° 235.

décharge, qu'il n'a pu empêcher le fait d'où naît sa responsabilité.

Mais je ne puis admettre qu'il soit indistinctement responsable de l'attentat commis par des étrangers allant et venant dans l'hôtellerie, qu'il soit tenu du fait de ceux-ci comme du fait de ses gens, et par cela seul qu'il les a reçus. — L'art. 1953, le seul que l'on puisse invoquer contre l'aubergiste, n'est pas fait pour ce cas. Il suppose un délit que l'on a pu empêcher en surveillant les démarches des allants et venants. Mais si des bandits font invasion dans l'hôtel, qu'importe qu'ils s'y soient glissés sous l'apparence de voyageurs, pour être plus parfaitement maîtres des lieux, ou qu'ils attaquent tout d'abord à force ouverte ? Il y a toujours là un fait de force majeure que l'hôte n'a pu ni prévenir ni empêcher. Pour que sa responsabilité fût engagée, il faudrait qu'on établît sa complicité, ou, du moins, une faute assez grave de sa part qui aurait favorisé l'événement (1).

964. La présomption de faute est contre l'aubergiste. C'est donc à lui de prouver la force majeure qu'il invoque pour sa décharge. Ce serait ensuite au plaignant à démontrer l'imprudence ou la complicité de l'aubergiste sans lesquelles l'événement de force majeure ne serait pas arrivé.

965. La responsabilité de l'hôtelier peut quelquefois disparaître devant celle d'une autre personne. Ainsi, l'on s'est demandé si un maître voyageant avec son domestique, étant descendu dans un hôtel, et y ayant été volé par ce domestique, pourrait imputer à l'hôtelier la responsabilité de ce vol ? La négative ne nous paraît pas susceptible d'un doute. La circonstance que le vol a été commis dans l'hôtel change-t-elle la moindre chose aux relations du maître avec son domestique ? Le premier n'est-il pas victime de son propre choix ? En prenant avec lui ce domestique, il s'est rendu la cause immédiate du délit ; la faute de l'aubergiste est tout à fait secondaire. Invoquer contre l'aubergiste l'art. 1953 serait, de la part du maître, une indigne subtilité (2).

966. Je vais même plus loin, et en supposant que le domestique eût commis, dans l'hôtel, un vol au préjudice d'une tierce personne, l'aubergiste en répondrait sans doute, mais

---

(1) *Contrà*, M. Troplong, n° 236.
(2) *Conf.*, MM. Merlin, *Rép.*, v° *Hôtelier* ; Troplong, n° 237.

il aurait son recours contre le maître, coupable d'avoir amené dans l'auberge cet infidèle serviteur qui, ne se trouvant là qu'à raison de ses fonctions, et par une suite de son emploi, a dû engager, par ses actes, la responsabilité de son commettant.

967. Pour terminer sur la matière qui nous occupe, il reste à parler de la compétence. Elle est réglée, comme il suit, par l'art. 2 de la loi du 25 mai 1838 :

« Les juges de paix prononcent, sans appel, jusqu'à la « valeur de cent francs, et à charge d'appel jusqu'au taux de « la compétence en dernier ressort des tribunaux de pre- « mière instance ; — Sur les contestations entre les hôte- « liers, aubergistes ou logeurs, et les voyageurs ou locataires « en garni, pour dépense d'hôtellerie et perte ou avarie « d'effets déposés dans l'auberge ou dans l'hôtel. »

Nous ferons là-dessus trois observations.

968. 1° Quant à la matière ou la compétence d'attribution : cet article défère aux juges de paix toutes les contestations qui peuvent s'élever entre le voyageur et les personnes auxquelles nous avons reconnu ci-dessus que s'étendait la qualification d'aubergiste, hôtelier ou logeur proprement dits, et les obligations qui résultent de cette qualité, aux termes des art. 1952 et 1953, C. civ. (1).

Cependant, les obligations résultant du dépôt nécessaire, direct ou par assimilation, n'ont pas une liaison absolue avec la compétence. La loi établit ici une juridiction exceptionnelle qui ne doit pas être facilement étendue. Nous pensons donc que notre article ne s'appliquerait pas aux maîtres de cafés, restaurants et bains publics, dont il ne parle point. A vrai dire, les raisons qui ont fait établir la compétence spéciale des juges de paix, pour les contestations entre les voyageurs et les aubergistes, ne se reproduisaient pas, au moins avec la même force, à l'égard de ces autres personnes. Le voyageur qui ne fait que passer dans une ville a besoin d'une justice prompte, toujours rapprochée de la localité. La juridiction du juge de paix était parfaitement appropriée à ce cas. Mais la clientèle des autres établissements dont nous venons de parler n'est pas composée comme celle des auber- gistes. Elle est d'une nature plus sédentaire. On a pu ne point déroger aux règles générales sur la compétence. Les

_____

(1) V. nos 936, 939, 940.

actions dirigées contre les propriétaires de ces établissements ne seraient donc déférées au juge de paix qu'autant qu'elles seraient d'une valeur déterminée dans les limites de deux cents francs (1).

Remarquez, d'ailleurs, que la loi n'attribue aux juges de paix que les contestations entre les aubergistes et les voyageurs, pour dépense d'hôtellerie et pour pertes ou avaries d'effets déposés dans l'hôtel par le voyageur. Toute difficulté qui s'élèverait entre eux sur un autre sujet serait soumise aux règles ordinaires de la compétence.

969. 2° Quant à la compétence territoriale : il n'a point été ici dérogé à la règle *actor sequitur forum rei*. Par conséquent, le juge sera celui du domicile de l'aubergiste, si c'est le voyageur qui l'actionne, ce qui aura toujours lieu à l'égard des actions en responsabilité dont nous venons de traiter (2).

970. 3° Quant à la somme et au pouvoir de juger en dernier ressort : le juge de paix peut être saisi, toutes les fois que l'objet de la contestation est d'une valeur déterminée dans les limites de la compétence en dernier ressort des tribunaux de première instance, c'est-à-dire de la somme de quinze cents francs et au-dessous (3). Si le montant de la demande en principal excède cette valeur, ou bien est d'une somme indéterminée, c'est au tribunal de première instance qu'elle doit être portée. Dans tous les cas, le juge de paix ne connaît, en dernier ressort, que des demandes dont la valeur n'est que de cent francs et au-dessous, conformément à la règle générale.

971. Nous passons à une autre sorte de responsabilité du fait d'autrui, imposée aux aubergistes par le Code pénal.

Tous les aubergistes, hôteliers ou logeurs de profession sont obligés d'inscrire, de suite et sans aucun blanc, sur un registre tenu régulièrement, les noms, qualités, domicile habituel, dates d'entrée et de sortie de toute personne qui aurait couché ou passé une nuit dans leurs maisons. Ceux qui auraient négligé cette mesure d'ordre, ou qui auraient manqué à représenter ce registre aux époques déterminées par les règlements, ou lorsqu'ils en auraient été requis, aux

---

(1) V. *suprà*, nᵒˢ 545 et suiv.
(2) M. Curasson, *Comp. des juges de paix*, t. 1, p. 270 et 271.
(3) L. du 11 avril 1838, art. 1. — V. n° 553.

maires, adjoints, officiers ou commissaires de police et aux citoyens commis à cet effet, sont punis d'une amende qui peut s'élever de six francs à dix francs inclusivement (1).

Ils encourent même la peine d'emprisonnement s'ils inscrivent sciemment sous des noms faux ou supposés les personnes qu'ils logent (2).

De plus, l'art. 73, C. pén., dispose que les aubergistes et les hôteliers convaincus d'avoir logé, plus de vingt-quatre heures, quelqu'un qui, pendant son séjour, aurait commis un crime ou un délit, seront civilement responsables des restitutions, indemnités, et des frais adjugés à ceux à qui ce crime ou ce délit aurait causé quelque dommage, faute par eux d'avoir inscrit sur leur registre le nom, la profession et le domicile du coupable. — C'est encore une précaution prise contre les associations coupables qui pourraient se former entre les malfaiteurs et les aubergistes ; il serait facile à ceux-ci de recéler les premiers, de favoriser leur évasion, de faire perdre leurs traces à la police. L'inscription, sur leur registre, des noms de toutes les personnes qui logent chez eux est, au contraire, un moyen de faciliter les investigations. La sanction attachée par la loi à cette obligation est sévère, sans doute, mais il est facile à l'aubergiste d'accomplir son obligation et d'éviter la peine.

Remarquons, du reste, que la responsabilité établie par l'art. 73 n'a lieu qu'autant que la personne non inscrite sur le registre a commis le crime ou le délit pendant son séjour dans l'hôtellerie. En second lieu, il faut qu'elle y ait passé plus de vingt-quatre heures.

A l'égard des personnes qui ne font que s'arrêter quelques instants dans une auberge, la formalité de l'inscription eût été difficile à remplir. Il y a quelquefois dans une auberge une foule de voyageurs qui ne font qu'y prendre un repas, d'autres y séjournent quelques heures seulement et disparaissent. L'aubergiste pourrait à peine suffire à les noter tous. Mais, quand le voyageur a séjourné vingt-quatre heures dans l'auberge, l'omission n'est plus excusable (3). Si l'on joint à cela l'autre circonstance que le crime ou le délit s'est commis pendant cet intervalle de temps, l'on conçoit qu'il

(1) C. pén., 475, 2° ; L. 22 juill. 1791 ; Arrêté du Directoire, du 2 germ. an IV.
(2) C. pén., 154.
(3) *Exposé des motifs*, Locré, 29, p. 267.

s'élève contre l'aubergiste même quelques soupçons de complicité. C'est à lui de se mettre à l'abri en accomplissant la formalité bien simple qui lui est imposée.

Comme nous l'avons déjà dit, n° 936, les logeurs ou loueurs de maisons garnies sont assimilés, dans l'esprit de l'art. 73 comme dans le texte de l'art. 475, aux aubergistes et hôteliers proprement dits ; ils encourent la même responsabilité (1).

CHAPITRE VII.

RESPONSABILITÉ DU VOITURIER PAR TERRE ET PAR EAU ET DU CAPITAINE DE NAVIRE.

Sommaire.

(1) Cass., 20 mars 1872, D. 343, S. 265.

1028. — Compétence des juges de paix pour les contestations relatives
aux pertes et avaries d'effets accompagnant le voyageur. —
Compétence des tribunaux civils et de commerce.

972. Quoiqu'il semble, dit Domat, que les engagements
des voituriers ne soient que les mêmes que ceux du louage
et du dépôt, et qu'ainsi l'on n'ait pas besoin pour eux d'autres
règles que de celles de ces deux espèces de conventions, la
conséquence de la fidélité nécessaire dans ces sortes de
professions les assujettit à *d'autres règles* qui leur sont
propres.

« Et il y a encore cela de particulier dans ces sortes de
commerces, que ceux qui les exercent ne pouvant seuls
suffire chacun au sien, à cause de la multitude de personnes
qui ont affaire à eux, et à toute heure, ils sont obligés d'y
préposer d'autres personnes; ce qui les oblige à répondre du
fait de ces préposés » (1).

Les réflexions que nous avons faites sur la nature de la
responsabilité des aubergistes, au commencement du chapitre précédent, trouvent donc encore ici leur application. Il
s'agit également d'un cas de responsabilité du fait d'autrui
réglé par la loi et non pas seulement par la convention, bien
que la volonté des parties intervienne primitivement pour
former l'engagement.

973. Sous ce rapport de la responsabilité, les voituriers
ont toujours été assimilés aux aubergistes. Les obligations
imposées à ces deux professions sont établies dans le même
titre du Digeste (2); et l'art. 1782, C. civ., porte : « Les
« voituriers par terre et par eau sont assujettis, pour la
« garde et la conservation des choses qui leur sont confiées,
« aux mêmes obligations que les aubergistes, dont il est
« parlé au titre du dépôt et du séquestre. »

Il résulte de là que le voiturier répond de toute espèce de
faute, et c'est aussi ce qu'exprime l'art. 1784.

Il en résulte encore qu'il est responsable, soit que l'avarie,
la perte ou le vol des objets qui lui sont confiés, viennent du
fait de ses préposés, d'un voyageur qu'il transporte, ou d'un
tiers (3). — Mais nous verrons qu'il existe une différence

---

(1) *Lois civ.*, liv. 1, tit. 16, *in princip.*
(2) V. liv. 4, tit. 9, *Nautæ, caupones, stabularii, ut recepta resti-
tuant.*
(3) V. nos 942, 956, 962.

entre l'aubergiste et le voiturier, quant à la preuve du dépôt des objets qui lui sont réclamés.

974. La loi comprend sous le nom de voituriers par terre et par eau les entrepreneurs de messageries et roulages publics (1), même l'administration des postes, les compagnies de chemin de fer, les commissionnaires de roulage, les entrepreneurs de coches, de bateaux à vapeur, de déménagements, les entrepreneurs et cochers de voitures de place dans les villes (2), les maîtres de barques, les armateurs et capitaines de navires, les fermiers des bacs, enfin les voituriers particuliers de toute nature (3).

Les règles que nous allons exposer s'appliquent donc en principe à ces diverses catégories d'agents de transports. Toutefois, l'importance qu'a prise aujourd'hui l'industrie des chemins de fer, sa nature particulière et les règlements dont elle est l'objet exigeaient un examen spécial. Aussi lui avons-nous consacré un article à part, qui sera le complément de celui-ci et auquel nous renvoyons pour tout ce qui concerne cette matière (n°ˢ 1029 à 1055).

975. Lorsque le transport, soit des personnes, soit des marchandises (4), s'effectue par entreprise, il constitue une opération commerciale (5). Peu importe qu'il s'exerce sur une échelle plus ou moins étendue. En tout autre cas, le contrat de voiturage n'est qu'une forme du louage et ne relève que du droit purement civil (6).

976. Qu'il constitue ou non un acte commercial, le transport des choses pour le compte d'autrui est simplement un louage de services.

Le transport des personnes implique en même temps le louage de services et le louage de choses. Celui qui retient une place dans une voiture publique acquiert un droit à telle place en particulier. L'entrepreneur est obligé de l'en faire jouir et de lui en assurer l'usage en toute sécurité. Ceci im-

---

(1) C. civ., 1785; C. comm., 107.
(2) Cass., 1ᵉʳ mai 1855; D. 137.
(3) MM. Curasson, *Comp. des juges de paix*, t. 2, p. 294; Troplong, n° 894, *Louage*; Pardessus, 3, 629; 2, 537, 553.
Pour les compagnies de chemins de fer en particulier, voyez la discussion de la loi du 7 juill. 1844, *Monit.* du 22 mai 1844.
(4) C. civ., 1779.
(5) C. comm., 632.
(6) M. Troplong, n° 903.

plique l'obligation de le préserver de tous les accidents qui
seraient le résultat de la faute de l'entrepreneur et de ses
agents (1).

977. Déjà, dans plusieurs endroits de cet ouvrage, nous
aurions eu l'occasion de parler des obligations de l'entrepreneur de transport par rapport à la sécurité des personnes, et
de la responsabilité qu'il encourt à raison des accidents qui
sont la suite de sa négligence ou de son imprudence. Car
cette responsabilité a sa source non-seulement dans le contrat de louage, mais encore dans les art. 1382, 1383 et 1384,
C. civ., qui ont été développés dans les deux premières parties. Mais ce que nous avons à dire sur ce point se rattache
naturellement au sujet de ce chapitre.

L'autorité publique est intervenue pour garantir la sécurité des voyageurs et prévenir les accidents qui auraient pu
résulter de la construction, du chargement et de la direction
des voitures publiques (2).

Ces règlements ne peuvent qu'ajouter une nouvelle force
aux principes du droit civil, sans que leur observation et le
contrôle de l'autorité puissent affaiblir la responsabilité encourue par l'entrepreneur.

Ce dernier sera donc condamné aux réparations civiles des
accidents qui résultent de la mauvaise construction de ses
voitures, ou de la négligence qu'on aura mise à les tenir en
bon état (3), et les vérifications faites par la police qui en
aura autorisé la circulation ne seront pas une excuse valable (4). Il en sera de même si l'accident est le résultat de la
surcharge de la voiture (5), de la rapidité de sa marche (6)
ou du vice des chevaux (7).

En pareil cas, les tribunaux décideront d'après les circonstances si la partie lésée n'a pas elle-même donné lieu au

_____

(1) M. Troplong, n° 904.
(2) Ordonn. du 16 juill. 1828, art. 8 et suiv. ; L. des 26-29 août
1790, § 3, art. 5; L. du 30 mai 1851, art. 2, § 3, et art. 6 ; D. du
10 août 1852, art. 1 à 10 et 17 à 42.
(3) Paris, 20 juin 1836, D. 36,2.122, S. 37.1.813 ; Rej., 9 août 1837,
D. 40.1.353 ; Douai, 20 déc. 1839, D. 41.2.30, S. 40.2.471.
(4) Même arrêt du 20 juin 1836 ; Ordonn. du 16 juill. 1828, art. 2.
(5) Rej., 9 août 1837, D. 40.1.353, S. 37.1.813 ; Riom, 11 mars
1851, D. 53.2.76.
(6) Même arrêt de 1837. — Cons., Aix, 6 janv. 1871, D. 71.2.45.
(7) Curasson, Comp. des juges de paix, t. 2, p. 290 ; Riom, 11 mars
1851. V. note 5.

dommage par une faute qui pourrait atténuer la responsabilité de l'entrepreneur. C'est par appréciation des faits de chaque espèce qu'il a été jugé, tantôt que l'accident étant dû principalement à la faute du voiturier, celui-ci n'était pas recevable à opposer l'exception de la *faute commune* (1), tantôt que cette exception devait être accueillie et faire réduire les dommages-intérêts (2). Enfin, dans l'hypothèse d'une collusion entre le voyageur et le préposé de l'entrepreneur, nous avons cru pouvoir décider que la responsabilité de ce dernier serait entièrement dégagée (3).

978. La faute des préposés oblige naturellement l'entrepreneur qui les a commis à leurs diverses fonctions (4). Celui-ci est responsable de l'imprudence du conducteur et du postillon.

Cependant, si le postillon et les chevaux sont fournis par un maître de poste, pourra-t-on considérer le postillon comme étant momentanément le préposé de l'entrepreneur de messageries, et les chevaux comme lui appartenant ? — La Cour de Paris a jugé l'affirmative, et le pourvoi formé contre son arrêt a été rejeté, le 27 mars 1835 (5), par la chambre criminelle de la Cour de cassation.

Depuis, la même chambre a décidé que la contravention résultant de la trop grande vitesse des chevaux est à la charge du postillon et du maître de poste seuls (6). Mais il ne s'agissait, dans l'espèce, que de l'application des peines de police à un fait positif et prévu par la loi (7). La décision eût peut-être été différente s'il eût été demandé des dommages-intérêts contre le conducteur, pour avoir négligé de surveilller le postillon et d'arrêter sa marche trop rapide.

979. A ce dernier point de vue, la Cour de Grenoble a tranché la question d'une manière tout à fait juridique. Elle a déclaré l'entrepreneur de messageries et celui du relais *solidairement* responsables des accidents imputables à l'impru-

---

(1) Rej., 9 août 1837, S. 813, D. 40.1.353; Douai, 20 déc. 1839, S. 40. 2.471, D. 41.2.30 ; Lyon, 19 juill. 1862, D. 63.5.329, n° 17.
(2) Riom, 11 mars 1851, D. 53.2.76.
(3) N° 905. V. aussi n°ˢ 460 et 461.
(4) Arg. Ordonn. du 16 juill. 1828, art. 8.
(5) D. 40.1.345, S. 35.1.568.
(6) Cass., 26 août 1841, D. 434.
(7) Ordonn. du 16 juill. 1828, art. 26 ; Décr. 10 août 1852, art. 34 ; C. pén., 475, 4°.

dence du postillon (1). Cet arrêt maintient la responsabilité
respective du maître de poste et de l'administration des messageries à l'égard de leurs préposés, et leur rend la condamnation commune, soit à cause de l'indivisibilité du fait, soit
parce que la responsabilité civile des faits du postillon doit
peser à la fois sur le maître de poste et sur l'administration
qui l'emploie et lui commande momentanément.

Voilà ce que nous avions à dire sur le transport des personnes. Occupons-nous du transport des choses.

980. Les voituriers par terre ou par eau sont responsables, avons-nous dit, de la même manière que les aubergistes, de la perte des choses qui leur sont confiées, ou du
dommage qu'elles éprouvent, et que l'on nomme particulièrement avarie. Nous allons voir successivement : — comment ils sont chargés des effets en question; — comment se
fait la preuve tant de la remise que de la valeur des objets;
— l'étendue de leur responsabilité et les excuses qu'ils peuvent faire valoir ; — comment s'éteint l'action que l'expéditeur ou le destinataire a contre eux ; — enfin, quels sont les
tribunaux compétents pour en connaître.

981. D'abord, comment le voiturier est-il chargé des objets à transporter ?

Il n'est pas nécessaire, pour que la perte ou l'avarie reste
au compte du voiturier ou batelier, que les effets soient entrés dans le navire ou aient été placés sur la voiture. La remise qui leur en est faite suffit pour cela. *Idem (Pompo-
nius) ait : Etiamsi nondùm sint res in navem recepiœ, sed
in littore perierint, quas semel recepit, periculum ad eum
pertinere* (2). — « Ils répondent non-seulement de ce qu'ils
« ont déjà reçu dans leur bâtiment ou voiture, mais encore
« de ce qui leur a été remis sur le port ou dans l'entrepôt,
« pour être placé dans leur bâtiment ou voiture (3).

982. La remise au moyen de laquelle le voiturier est
chargé de la garde et de la conservation des effets peut être
faite, soit à lui-même, soit à ses préposés, commis à cet effet,
et agissant dans l'exercice de leurs fonctions.

Ainsi, l'entrepreneur de messagerie ou de roulage est
obligé par la remise des effets à l'employé qui tient le bureau d'enregistrement des bagages, au camionneur chargé

---

(1) 3 janv. 1839, D. 40.2.7.
(2) L. 3, *princip.*, D. *Nautœ caupon.*
(3) C. civ., 1783.

de les transporter du domicile de l'expéditeur au magasin ou entrepôt de roulage, lieu du départ des voitures (1).

A l'égard du conducteur de diligence on fait une distinction.—Si le chargement se fait pendant la route, le conducteur est le seul préposé auquel on puisse s'adresser. Il engage donc son administraction par la réception des objets. Si le chargement s'effectue dans des lieux où il y a des bureaux de réception et d'inscription, il en est autrement. Comme des employés spéciaux sont chargés de recevoir et d'enregistrer les effets, la remise faite au conducteur pourrait être considérée comme le résultat d'une connivence entre celui-ci et le voyageur, pour éviter le port de ses bagages (2). Mais cette distinction a peu d'intérêt, car nous allons voir que le dépôt des objets qu'on réclame doit être ordinairement prouvé au moyen de l'enregistrement sur les livres de l'administration.

983. En effet, quant au mode à suivre pour faire la preuve de la remise, les règles ne sont plus les mêmes à l'égard du voiturier qu'à l'égard de l'aubergiste. Le seul apport des effets dans l'hôtellerie constitue un dépôt nécessaire, qui peut être prouvé par témoins, par des présomptions et par le serment supplétoire (3). Il en est autrement des effets confiés à une entreprise de transports : la remise n'en est plus considérée comme dépôt nécessaire. L'art. 1348 n'établit la dispense de la preuve par écrit que pour le dépôt fait par un voyageur en logeant dans une hôtellerie.

A la vérité, l'art. 1782 dit que les voituriers sont assujettis aux mêmes obligations que les aubergistes : mais c'est pour la garde et la conservation des choses qui leur sont confiées, et nullement pour la preuve de l'engagement. Ainsi, les règles générales ne reçoivent ici aucune dérogation; la preuve par témoins ne peut être reçue que s'il s'agit d'une valeur de cent cinquante francs et au-dessous. En tout autre cas, le propriétaire des effets doit fournir une preuve écrite.

---

(1) L. 1, § 3, D. *eod. tit.*; Pothier, *ad Pandect., eod.*, n° 2; Domat, liv. 1, tit. 16, sect. 2, n° 1; MM. Pardessus, t. 2, 534; Troplong, n°ˢ 931 et 932.

(2) Ordonn. du 16 juill. 1828, art. 7; Décr., 10 août 1852, art. 32; Cass., 29 mars 1814, S. 102; MM. Troplong, n°ˢ 933 et 934; Duranton, 17, n° 245; Zachariæ, 3, p. 41, note 2.

(3) C. civ., 1348 et 1952. — V. n°ˢ 942, 957 et suiv.

984. Il lui est facile de satisfaire à cette obligation. L'art. 1785, C. civ., porte que les entrepreneurs de voitures publiques par terre et par eau et ceux des roulages publics doivent tenir registre de l'argent, des effets et des paquets dont ils se chargent. Et l'ordonnance du 16 juillet 1828, rendue en exécution de cet article, renfermait dans ses art. 6 et 7 des dispositions que le décret du 10 août 1852 a reproduites en ces termes :

Art. 31. « Chaque entrepreneur inscrit sur un registre
« coté et paraphé par le maire, le nom des voyageurs qu'il
« transporte ; il y inscrit également les ballots et paquets
« dont le transport lui est confié ; il remet au conducteur,
« pour lui servir de feuille de route, une copie de cet en-
« registrement, et à chaque voyageur un extrait en ce qui
« le concerne, avec le numéro de la place. »

Art. 32. « Les conducteurs ne peuvent prendre en route
« aucun voyageur, ni recevoir aucun paquet, sans en faire
« mention sur les feuilles qui leur auront été remises au
« point de départ. »

Ainsi, l'enregistrement est obligatoire pour l'entrepreneur. Il doit avoir lieu sans que le voyageur le requière (1).

985. L'inscription fait preuve contre le voiturier (2), et ce genre de preuve ne peut être suppléé par des témoignages oraux.

L'ancienne jurisprudence était positive à cet égard, comme le remarque Merlin : « Il est de règle que les entrepreneurs ne répondent que des effets dont leurs registres sont chargés. C'est ce qu'a jugé un arrêt du parlement de Paris, rapporté au *Journal des Audiences* du 31 janvier 1693. Les motifs de cette jurisprudence sont aussi justes que sages : si vous remettez un dépôt à un cocher sans en charger la feuille et sans vous en assurer, à quel titre le maître en serait-il garant ? Il peut dire n'avoir rien eu à garder, et dans le vrai il n'a contracté aucun engagement avec vous. Il peut, d'ailleurs, opposer qu'il y a fraude de votre part, et que vous n'avez omis l'enregistrement que pour avoir du cocher meilleur compte et frustrer le maître de ses droits (3). Aussi n'admet-

---

(1) *Procès-verbaux du Cons. d'État*, Fenet, t. 14, p. 258 ; Alger, 16 déc. 1846, S. 47.2.88, D. 47.2.1, *Motifs* ; et arg., Bourges, 22 mars 1866, D. 66.2.65.
(2) MM. Pardessus, 2, n° 554 ; Troplong, 3, n° 945.
(3) Le maître serait cependant engagé par la remise des effets à son agent, si ce fait était constant. — V. n°ˢ 986 et 987.

on pas la preuve par témoins contre des voituriers publics qui ont des registres (1). »

De même, sous l'empire du Code, la Cour de cassation a jugé que l'entrepreneur d'une diligence n'était pas responsable de la perte d'un sac de nuit non enregistré : « Attendu que la responsabilité que les art. 1782 et suiv., C. civ., et l'art. 103, C. de comm., imposent aux entrepreneurs de voitures publiques, n'a lieu, en cas de perte des effets confiés à leurs préposés, que lorsque le dépôt de ces effets est constaté ou prouvé (2). »

M. Troplong, néanmoins, pense que l'on peut se dispenser de faire inscrire les sacs de nuit. « Cela n'est pas nécessaire dans l'usage, dit-il, n° 935. Je pense que la remise qui en serait faite au conducteur engagerait l'administration si elle était prouvée..... Le voyageur a intérêt à remettre son sac de nuit plutôt au conducteur qu'à tout autre, afin de pouvoir le trouver facilement, s'il vient à en avoir besoin pendant le trajet. »

Nous ne pouvons adopter cette opinion. On ne distingue pas, dans l'usage, les sacs de nuit des autres effets. On les enregistre de la même manière, aujourd'hui surtout que l'on ne s'arrête plus dans le trajet, même la nuit, et que les effets ne sont déchargés qu'au lieu d'arrivée. On pourrait faire exception, tout au plus, pour certains petits objets que le voyageur porte avec lui, et qui ne sont chargés qu'au moment du départ, de même que pour les manteaux, etc.

986. Cependant, quand la remise des objets n'est pas contestée, quand il est constant que le dépôt a eu lieu (3), il paraît difficile que l'entrepreneur puisse se soustraire à la responsabilité, lors même que la remise aurait été faite, non pas à lui, mais à son agent qui reconnaît le fait. Celui-ci, en recevant les objets, agissait dans l'exercice de ses fonctions. Le maître doit donc subir les conséquences de son imprudence, de sa négligence ou de son dol.

---

(1) *Rép.*, v° *Messageries*, § 2, n° 1.
(2) Cass., 9 nov. 1829, D. 378, S. 29.1.44 ; V. aussi Cass., 29 mars 1814, D. 358 ; Toulouse, 9 juill. 1829, D. 30.2.3, S. 30.2.47 ; Duranton, 17, n° 242 ; Carou, *Juridict. des juges de paix*, t. 1, n° 138 ; Duvergier, 19, n° 321.
Contrà, Cour d'appel d'Alger, 16 déc. 1846, S. 47.2.88.
(3) Cela ne peut souffrir aucune difficulté quand le fait de la remise est reconnu par l'entrepreneur lui-même. Paris, 15 janv. 1834, S. 34.2.482 ; Nimes, 11 août 1831, rapporté avec l'arrêt de rejet, S. 35.1.817, argum.

Si l'on objecte que le propriétaire des effets est en faute pour ne s'être pas procuré une preuve écrite, nous répondrons que cela doit le rendre irrecevable à faire la preuve par témoins et pas autre chose. L'enregistrement des effets n'était requis que pour la preuve; si ce mode de preuve n'est pas nécessaire, parce qu'il est suppléé par un autre tout aussi légal, l'aveu, le serment décisoire, évidemment les effets qu'aurait produits la représentation d'une preuve écrite doivent avoir lieu.

On reconnaît que la preuve par témoins serait admissible au-dessous de cent cinquante francs (1). On doit donc admettre l'aveu et le serment déféré, soit au préposé, soit au maître, même au-dessus de cent cinquante francs, puisque ce genre de preuve est autorisé par la loi, quelle que soit la valeur de l'objet litigieux.

La question, selon nous, se réduit à savoir si le préposé qui a reçu les effets agissait dans l'exercice de ses fonctions.

987. Dans le système contraire, il faudrait décider que le voyageur qui remet ses effets au bureau d'enregistrement des bagages d'une diligence et qui en retire un bulletin, mais qui omet de s'assurer que l'enregistrement en est réellement effectué, n'a pas recours contre l'entrepreneur. De même, le négociant qui remet ses ballots au camionneur du commissionnaire de roulage pour les transporter à l'entrepôt, et qui en prend un reçu avec indication sommaire, n'aurait pas d'action contre le commissionnaire, si les ballots n'étaient pas enregistrés à leur arrivée dans le magasin.

Cela serait absurde, et l'on n'ose pas aller jusque-là.

Les employés sont préposés spécialement pour recevoir les effets au lieu et place du maître. Il suffit donc de prouver, d'une manière légale, la remise qui leur a été faite, et cette preuve résulte suffisamment des reçus ou bulletins dont nous parlons. Mais elle résulte aussi du *serment* ou de *l'aveu* émanés de l'agent qui a reçu les effets. La responsabilité de l'entrepreneur est donc engagée dans un cas comme dans l'autre.

Objectera-t-on que l'aveu de l'employé ou le serment par lui prêté peuvent être le résultat d'une connivence frauduleuse avec le voyageur, et que l'entrepreneur n'est engagé régulièrement que par l'inscription sur le registre? Mais

_____

(1) Curasson, t. 2, p. 296.

pourquoi cette restriction? La connivence que l'on redoute n'est pas moins dangereuse, si l'on exige la remise d'un bulletin. Et même, comment l'entrepreneur pourra-t-il s'assurer que l'employé n'a pas frauduleusement enregistré, sous le nom d'un voyageur, des effets que celui-ci n'aurait pas remis? Aucun. Du moins, la vérification est aussi difficile que dans le cas où l'agent avoue qu'il a omis d'enregistrer les objets qui lui ont été effectivement remis.

Tenons-nous-en donc au principe d'après lequel l'écrit n'est requis que pour la preuve et peut être suppléé par les autres modes autorisés par la loi, pour justifier du fait de la remise. Or, dès que ce fait est constant, la responsabilité de l'entrepreneur résulte nécessairement de sa qualité de commettant. Il est obligé par les actes de ses préposés dans l'exercice de leurs fonctions.

988. Nous pensons même que l'art. 1348, C. civ., permettrait quelquefois d'employer la preuve testimoniale au-dessus de cent cinquante francs.

Cet article l'autorise, d'une manière générale, pour tous les cas où il n'a pas été possible au créancier de se procurer une preuve littérale de l'obligation contractée envers lui. Or, il arrive souvent que des effets sont remis par un voyageur à un conducteur de diligence, à un voiturier quelconque, sur une route, au passage, dans des circonstances enfin qui excluent la facilité de rédiger un écrit. En pareil cas, on devrait être admis à faire la preuve par témoins.

Le conducteur, il est vrai, ne doit, aux termes de l'art. 7 de l'ordonnance de 1828, reproduit par l'art. 32 du décret du 10 août 1852, prendre en route aucun voyageur et recevoir aucun paquet, sans en faire mention sur les feuilles qui lui auront été remises au lieu du départ. Cependant, si le conducteur prétend n'avoir pas de feuille, s'il refuse ou néglige de faire la mention immédiate sous les yeux du voyageur, celui-ci, pressé de partir et qui n'a pas la faculté de prendre d'autres moyens de transport, est bien forcé de confier ses effets au conducteur, et ce dépôt peut être considéré comme un dépôt nécesaire (1).

Il en est encore de même, si le défaut d'enregistrement est le résultat du dol ou de la fraude (2).

(1) M. Duvergier, *Louage*, t. 2, n° 328.
(2) Observ. de la Cour de Lyon, sur le projet du Code civil, Fenet, t. 4, p. 209 et 210; M. Troplong, 3, n° 954.

En tout autre cas, si les effets n'ont pas été enregistrés, et que le voyageur n'ait pas de bulletin qui en constate la remise, quand même il prétendrait l'avoir égaré, la preuve testimoniale ne peut être reçue au delà de cent cinquante francs (1).

Mais, quand le voiturier ne tient pas de registres, il est en faute, et l'expéditeur est admis à faire la preuve par tous les moyens possibles (2).

989. En cas d'avaries, comme les objets voiturés sont représentés, et que le fait de transport est constant, il est évident que le défaut d'enregistrement ne saurait affranchir l'entrepreneur du recours du propriétaire. Il suffisait que les effets fussent chargés sur la voiture pour qu'ils dussent être l'objet des soins et des précautions du voiturier. C'est ce que décide la loi 1, § 8, D. *Nautæ caupones* : « *Recipit autem* « *salvum fore utrum si in navem res missæ ei adsignatæ* « *sunt, an, etsi non sint adsignatæ, hoc tamen ipso quód* « *in navem missæ sunt, receptæ videntur. Et puto omnium* « *eum recipere custodiam, quæ in navem illatæ sunt : et* « *factum non solùm nautarum præstare, sed et vectorum.* »

990. La jurisprudence a décidé que l'obligation de tenir registre n'était imposée qu'aux voituriers faisant un service régulier de messageries ou de roulage (3). Et l'art. 17 du décret du 10 août 1852 dit aussi : « Les entrepreneurs de « voitures publiques allant à destination fixe, etc. Ceux qui ne marchent qu'accidentellement ne sont donc point en faute quand ils n'en ont pas. — Ils n'en sont pas moins responsables des effets qui leur sont confiés.

Mais admettra-t-on contre eux la preuve par témoins dans tous les cas ? — Ce n'est point notre opinion. Le contrat qui se forme avec eux n'a pas ordinairement les caractères du dépôt nécessaire. Le voyageur ou l'expéditeur peut facilement se procurer une preuve écrite de la remise des effets. Un bulletin sommaire suffirait assurément, et formerait au moins un commencement de preuve par écrit, qui rendrait

---

(1) M. Troplong, nos 954, 955 et 956.
(2) Arrêt de La Rivière, *Journal des Audiences*, liv. 8, chap. 41; Observ. de la Cour de Lyon sur le projet du Code civil, Fenet, t. 4, p. 209 et 210 ; MM. Duvergier, *Louage*, 2, 328; Curasson, t. 2, p. 299; Troplong, *Louage*, 3, n° 954. — *Conf.*, Rej., 31 déc. 1866, *Droit* du 1er janv. 1867.
(3) Lyon, 15 mai 1839, D. 39.2.222.

admissible la preuve par témoins et par présomptions. On peut donc, sans inconvénients, appliquer ici la règle générale, sauf l'exception résultant de l'art. 1348, C. civ., suivant les circonstances (1).

991. Quant à l'agent qui a reçu les effets, par exemple le conducteur de la diligence, il est personnellement responsable dès que l'on peut constater que la remise lui en a été faite. La preuve ne pourra se faire que d'après l'un des modes indiqués ci-dessus (2). Mais, en supposant qu'elle soit administrée, il est clair que le préposé, dépositaire direct des effets, en est responsable. Et peu importe que l'entrepreneur soit obligé ou ne le soit pas.

La Cour de Toulouse a jugé le contraire, le 9 juillet 1829. Après avoir déclaré l'administration des messageries non responsable de la perte d'un portemanteau qui avait été remis au conducteur, sans être inscrit sur le registre, l'arrêt considère *qu'il est constant* que ce portemanteau a été remis à Vié, conducteur, et renvoie celui-ci de la demande : « Attendu qu'en acceptant le portemanteau, il n'agissait pas comme agent de l'administration, mais bien par bienveillance » (3).

Je ne puis souscrire à cette décision. Le défaut d'inscription sur le registre et le fait reconnu par l'arrêt que le conducteur n'avait pas agi comme préposé de son administration devaient, sans doute, faire décharger celle-ci de toute obligation. Mais celui qui était devenu dépositaire, en recevant le portemanteau, même par bienveillance, en était personnellement responsable.

991 *bis*. Ce qui vient d'être dit nous conduit à une autre observation fort importante. C'est que l'entrepreneur de transports, en sa qualité de commettant, responsable de ses préposés dans l'exercice de leurs fonctions, peut être tenu de faits qui n'auraient pas engagé sa responsabilité, en sa seule qualité de voiturier.

C'est ce qui a été jugé par la Cour de Paris dans les circonstances suivantes. Un voyageur oublia, dans la gare du chemin de fer du Centre, un sac qu'il portait avec lui. Un facteur de l'administration du chemin de fer colporta ce sac

---

(1) Duranton, **17**, 242. — V. cependant l'opinion de M. Bigot, Fenet, t. 14, p. 258.
(2) Nº 983 et suiv.
(3) D. 30.2.3, S. 30.2.47.

dans les salles d'attente, et voyant qu'il n'était réclamé par aucun des voyageurs présents, il s'appropria les objets de valeur que ce sac renfermait. Le vol ayant été constaté, le propriétaire du sac intenta une action en dommages-intérêts contre la compagnie comme responsable du fait de son préposé. La compagnie opposait une fin de non-recevoir tirée du défaut d'enregistrement de l'objet volé. Mais on ne s'arrêta pas à ce moyen de défense, attendu que le vol avait été commis par le préposé de la compagnie dans l'exercice de ses fonctions (1).

Cette décision est juridique, car l'action ne tendait pas à faire condamner la compagnie en qualité de voiturier, à raison de la perte d'un objet qui lui aurait été confié, auquel cas il aurait fallu rapporter préalablement la preuve du dépôt. Le voyageur, dans cette espèce, transportait lui-même le sac en question. Son action tendait à la réparation du délit commis par un préposé; le commettant devait être condamné par cela seul que le premier avait, dans l'exercice de ses fonctions, causé un dommage au demandeur, et la preuve de ce fait n'était soumise à aucune règle particulière.

992. Entre commerçants, lorsqu'il y a fait de commerce de la part de l'expéditeur aussi bien que de la part de l'entrepreneur de transports, la preuve testimoniale peut toujours être admise. C'est la règle générale en matière commerciale (2). Ainsi, un négociant expédie des ballots de marchandises par l'entremise d'un commissionnaire de roulage. En cas de perte, il lui suffira de prouver par témoins que les marchandises ont été prises dans ses magasins par les agents de l'entrepreneur, chargés de les placer sur la voiture. Dès ce moment, l'entrepreneur en est devenu responsable.

Mais, quand il s'agit d'un particulier qui s'adresse à une entreprise commerciale pour effectuer un transport, la règle n'est plus la même. La preuve testimoniale n'est de droit qu'*entre commerçants* (3).

993. Au reste, quand il s'agit de transports de marchandises effectués pour le compte d'un commerçant par un entrepreneur de transports, les conditions du marché sont ordinairement réglées par une *lettre de voiture*, dont les caractères

---

(1) 22 nov. 1851. — V. *le Droit* du 28, et *suprà*, n°ˢ 952 à 954. V. aussi Trib. de Strasbourg, 11 déc. 1868, S. 70.2.24.
(2) MM. Pardessus, t. 2, 540; Troplong, t. 3, n° 908.
(3) M. Troplong, *eod.*

sont tracés par le Code de commerce, art. 101 et 102 (1). Cet acte n'a pas primitivement pour but de constater le fait de la remise des objets au voiturier ; cependant, en cas de perte, il ferait titre contre lui s'il était représenté. Il est d'ailleurs transcrit sur les livres de l'expéditeur (2). — Mais, si le transport s'effectue par bateaux ou navires, le contrat se constate par des actes qui prennent le nom de charte partie et de connaissement (3).

Et lorsqu'il s'agit de transport par la voie de mer, la preuve testimoniale n'est pas admise (4).

994. Quand il est constant que les effets ont été remis au voiturier, il s'agit de rechercher si la perte ou l'avarie sont à sa charge. — A cet égard, l'art. 1784, C. civ., porte :
« Ils (les voituriers) sont responsables de la perte et des
« avaries des choses qui leur sont confiées, à moins qu'ils
« ne prouvent qu'elles ont été perdues ou avariées par cas
« fortuit ou force majeure. »

Il résulte d'abord de cette disposition que la présomption de faute est contre le voiturier (5). C'est la règle générale à l'égard de celui qui se trouve chargé de la conservation d'une chose, d'un débiteur qui doit, à un moment donné, la rendre au créancier dans l'état où il l'a reçue (6).

995. Mais le voiturier pourrait-il stipuler qu'il ne répondra pas de l'avarie, comme bris ou coulure?

Constatons d'abord que la stipulation ne peut en aucun cas résulter de simples mentions portées sur les bulletins délivrés aux voyageurs pour constater la remise des effets (7). Ces annotations sont le fait d'une seule partie et ne sont pas même connues la plupart du temps de celle à qui le récépissé est délivré. Car le bulletin n'ayant pas pour but de constater de semblables conditions, n'est pas fait double et ne peut servir de preuve d'un contrat synallagmatique.

_____

(1) V. M. Pardessus, 2, 538.
(2) C. comm., 102.
(3) C. comm., 273, 281 à 284.
(4) C. comm., 273; M. Pardessus, 3, 708.
(5) MM. Pardessus, t. 2, 542, 545; Troplong, 3, 936 ; Cass., 1er mai 1855, D. 157 ; Rennes, 7 janv. 1873; S. 73.2.273.
(6) C. civ., 1302, 1245, 1734, 1953 et 1954; M. Troplong, *Vente*, t. 1, n° 402, *Louage*, t. 2, n° 364; Proudhon, *Usuf.*, t. 3, n°s 1536 et 1537.
(7) Alger, 16 déc. 1846, S. 47.2.88, D. 47.2.1 ; Douai, 17 mars 1847, S. 47.2.207, D. 47.2.98. V. en outre, *infrà*, n° 1010 et la note.

Mais fût-elle réellement convenue, une pareille clause, suivant M. Pardessus, serait sans valeur, parce qu'elle équivaudrait à stipuler que le voiturier ne répondra pas de ses fautes et de ses délits (1).

M. Troplong pense au contraire, que cette clause aurait simplement pour effet de mettre la présomption en faveur du voiturier, sauf à l'expéditeur à prouver que celui-ci est en faute, auquel cas il est nécessairement responsable, car : « Toute convention qui l'affranchirait des soins qui excluent la faute serait immorale et inadmissible... Quels que soient les termes du contrat, la force majeure seule peut excuser, et, s'il est prouvé que le bris et la coulure ont eu lieu sans force majeure, le voiturier devra indemniser l'expéditeur (2). »

Mais, sous l'apparence d'une simple question de preuve, cette clause ne reviendrait-elle pas, au fond, à affranchir complétement le voiturier de l'effet de sa faute ou de son délit? M. Pardessus, qui tient pour l'affirmative, nous paraît être dans le vrai. Si la présomption est dirigée par la loi contre le voiturier, n'est-ce pas à raison de l'impossibilité où se trouve l'expéditeur de surveiller sa conduite pendant le voyage, de faire le premier la preuve de la faute, tandis que le voiturier est toujours en position de prouver le cas fortuit qu'il allègue?

Ainsi, permettre au voiturier de stipuler l'affranchissement de cette présomption serait, en réalité, l'affranchir même de sa faute, et les anathèmes de M. Troplong, contre la stipulation expresse, retombent de tout leur poids sur ceux qui, plus habiles, mais avec moins de franchise, arrivent au même but par une voie détournée (3).

995 *bis*. Remarquons toutefois que la solution que nous venons de donner ne s'applique pas au commissionnaire de transports, au moins d'une manière absolue. L'art. 98, C. comm., l'affranchit des avaries ou pertes de marchandises s'il y a force majeure ou *stipulation dans la lettre de voiture.*

---

(1) T. 2, n° 542 ; Rej., 21 janv. 1807, S. 7.1.138.
(2) T. 3, n° 942. — *Conf.*, Bordeaux, 5 mars 1860, D. 60.2.176 ; Cass., 31 mars 1874, D. 303 (motifs).
(3) Rej., 21 janv. 1807, D. 138, S. 138; Zachariæ, 3, § 373, n° 7. — V. dans ce sens les conclusions de M. l'avocat général de Raynal, sous Cass., 20 janv. 1869, S. 101. Il distingue sous ce rapport le voiturier et le capitaine de navire, du commissionnaire de transports et de l'armateur.

Mais comment faut-il entendre cette disposition ? Le commissionnaire peut-il ainsi décliner la responsabilité de son propre fait, de sa négligence ou de celle de ses agents et préposés ?— En aucune façon. Ce que nous venons de dire au numéro précédent s'applique ici avec la même force, quand le commissionnaire opère lui-même le transport et devient entrepreneur ou voiturier proprement dit. — Mais ce commissionnaire, agissant uniquement en cette qualité, répond des faits du voiturier ou du commissionnaire intermédiaire auquel il adresse les marchandises (C. comm., art. 99), lorsqu'il ne peut les transporter lui-même jusqu'à destination. Car son mandat consiste précisément à choisir des agents de transport probes et capables. Or, si ce commissionnaire ne peut, aussi bien que le voiturier lui-même, et tous ceux auxquels la marchandise est confiée, s'affranchir de la responsabilité de ses propres faits, il peut stipuler qu'il ne sera pas garant des actes de ces intermédiaires (1), pourvu que le choix qu'il a fait ne puisse être lui-même critiqué.

996. S'il ne peut s'affranchir des conséquences de sa faute, le voiturier peut au moins stipuler des conditions particulières pour les objets fragiles ou précieux qui l'exposent à une responsabilité plus grande. — Par exemple, des balles de coton peuvent être chargées sur une voiture non suspendue, et placées sans grande précaution. Mais une glace, des porcelaines, etc., exigent des soins et un arrangement différents. — Le voiturier a droit d'exiger une déclaration spéciale, tant pour être mis à même de prendre des précautions particulières que pour obtenir, s'il y a lieu, un prix plus élevé. — Faute par l'expéditeur d'avoir fait connaître la nature des objets à transporter ou de payer le prix spécial exigé pour ces sortes d'objets, le voiturier ne pourrait être tenu que des soins ordinaires donnés aux marchandises qu'il transporte communément.

997. Ce droit de stipuler des conditions particulières pour certains objets a été consacré pour les compagnies de chemins de fer, par les cahiers des charges annexés à différentes lois de concession. L'art. 40 du cahier des charges, annexé à la loi du 9 juillet 1836, qui autorise la concession de deux chemins de fer de Paris à Versailles, porte :

« Les prix de transport déterminés au tarif précédent ne

_____

(1) MM. Pardessus, t. 2, n° 576 ; Dalloz, *Commissionnaire*, n° 344.

« sont pas applicables : 1°. . . . . ; 2° à l'or et à l'ar-
« gent, soit en lingots, soit monnayés ou travaillés ; au plaqué
« d'or ou d'argent, au mercure, au platine, ainsi qu'aux bi-
« joux, pierres précieuses et autres valeurs. —. . . . .
« Dans les trois cas ci-dessus spécifiés, les prix de transport
« seront librement débattus avec la compagnie. »

Art. 41. « Au moyen de la perception des droits et des
« prix réglés ainsi qu'il vient d'être dit. . . . ., la compa-
« gnie contracte l'obligation d'exécuter avec soin, exactitude
« et célérité..., le transport des voyageurs, bestiaux, deniers,
« marchandises qui lui seront confiés. »

La compagnie de la rive gauche a réclamé l'application de
cette disposition dans les circonstances suivantes : Un sieur
Malapeau remit au chemin de fer, pour être transportée de
Bellevue à Paris, une pierre lithographique, représentant la
Vierge et l'Enfant Jésus, renfermée dans une caisse à jour.
— Cet objet fut indiqué sur les livres de la société par ces
mots : une pierre. — Il était constant qu'aucune autre déclaration n'avait été faite. La pierre ayant été cassée dans le
trajet, le sieur Malapeau réclama une somme de 1000 francs.
La compagnie invoquait l'art. 1786, C. civ., d'après lequel
les entrepreneurs sont assujettis à des règlements particuliers, qui font loi entre eux et les autres citoyens. Dans l'espèce, disait-elle, c'est le cahier des charges de la compagnie
qui constitue ces règlements particuliers entre elle et les
tiers, et quand la compagnie a soin de leur faire connaître,
en marge même du bulletin de réception, qu'elle n'est responsable des dommages arrivés aux colis fragiles et précieux,
qu'autant qu'ils auraient été l'objet d'une convention particulière, c'est leur dire suffisamment que les tarifs ordinaires
ne sont plus applicables, et que si l'expéditeur se borne à
payer le prix ordinaire du tarif pour le transport des marchandises communes, la responsabilité de la compagnie n'est
pas engagée.

Le tribunal de la Seine repoussa cette prétention : « Attendu
que l'art. 103, C. comm., est applicable à toute personne ou
société qui se charge du transport des marchandises ou autres
objets ; » et, sur l'appel, — « la Cour, adoptant les motifs des
premiers juges, a confirmé purement et simplement » (1).

998. En principe, cette décision ne nous paraît pas fondée.

_____

(1) Paris, 14 août 1847, S. 47.2.509, D. 48.2.11.

On aurait pu dire, dans l'espèce, que la compagnie n'avait pas fait connaître à l'expéditeur ces conditions particulières de son cahier des charges; que les notes mises en marge d'un bulletin de réception ne sont pas un avertissement suffisant, ou bien enfin, que la compagnie n'avait pas donné à l'objet transporté les soins que réclamait sa désignation, tout incomplète qu'elle fût. En un mot, les faits de la cause auraient pu la justifier. Mais dire, en thèse générale, que l'art. 103, C. comm., impose les mêmes obligations au voiturier, quelle que soit la nature des objets qu'il transporte, et quand même il aurait été induit en erreur sur ce point par l'expéditeur lui-même, n'est-ce pas se mettre en contradiction avec l'art. 1134, C. civ., d'après lequel toutes les conventions doivent être exécutées de bonne foi?

Evidemment, lorsque l'expéditeur, pour éviter le paiement d'un droit plus élevé, se refuse à faire connaître la véritable nature de l'objet à transporter, il commet une fraude envers le voiturier. D'abord, il le prive du salaire auquel il avait droit, en vertu du contrat exprès ou tacite, mais que nous supposons réellement intervenu entre eux. Ensuite, il l'autorise à ne point user des précautions particulières qu'aurait exigées la nature véritable de l'objet dont il s'agit, et cependant il voudra faire retomber sur le voiturier les conséquences de ce défaut de précautions spéciales? Cette prétention est inadmissible. La fraude doit être réprimée.

Pour atteindre ce but, il ne suffirait pas de faire payer à l'expéditeur le prix qu'il devait d'après le tarif. Il doit supporter l'avarie, lorsque le voiturier a donné à la chose les soins qu'elle devrait recevoir d'après la qualité qu'elle était censée avoir.

En cas de perte, ce dernier ne serait responsable que de l'estimation basée sur ces mêmes apparences, et la déclaration telle qu'elle a été faite par l'expéditeur, ainsi que l'a jugé un autre arrêt de la Cour de Paris, du 10 avril 1854 (1).

998 *bis*. Mais on devrait se montrer plus sévère si l'entrepreneur ou ses agents avaient soustrait tout ou partie des objets; surtout s'ils étaient transportés avec le voyageur lui-même, circonstance qui, d'après l'usage, dispense d'une

_____

(1) Paris, 10 avril 1854, D. 55.2.14. — *Conf.*, Bordeaux, 26 févr. 1872, D. 74.2.82.

déclaration spéciale (1), et généralement si les faits n'impliquent pas la pensée d'une fraude de la part du réclamant. Et, du reste, rappelons-nous que c'est au voiturier de prouver qu'il a donné à la chose tous les soins d'un bon père de famille (2).

Ces questions de preuve écartées, revenons aux règles du fond sur la responsabilité du voiturier.

999. Si l'art. 1784 ajoute à la force de l'art. 1782 par l'établissement de la présomption de faute contre le voiturier, il se combine parfaitement avec lui quand il déclare le voiturier responsable de tout événement qui ne constituerait pas *un cas fortuit ou de force majeure* (3). Nous nous sommes déjà expliqué, n°s 645 et suivants, sur ce qu'il fallait entendre par là.

Nous savons que c'est un fait irrésistible, étranger à toute faute personnelle de la part du voiturier, et que toute la prudence d'un homme soigneux n'aurait pu ni prévoir ni conjurer. — Tel est le vol à main armée (4), un fait de guerre, etc.

Or, cette exception est sans effet si l'événement a été précédé ou accompagné d'une faute de l'entrepreneur, faute sans laquelle le dommage ne se fût pas réalisé, comme s'il a changé sans autorisation le mode de transport et qu'ayant substitué la voie d'eau à la voie de terre, un bateau à voile à un bateau à vapeur, le navire ait fait naufrage (5); ou si, en présence du danger d'une inondation, il n'a pas pris les moyens qui étaient à sa disposition pour mettre les colis en lieu sûr (6). Par suite encore, le vol simple, même commis par des tiers complètement étrangers au service de la messagerie, ne doit pas être rangé au nombre des cas de force majeure, car on peut l'éviter par une surveillance exacte et continue (7).

En résumé, le voiturier doit apporter à la conservation des

(1) Paris, 12 janv. 1852, D. 52.2.294. — V. au surplus, *infrà*, n°s 1006 et suiv.

(2) V. encore *infrà*, n°s 1013 et suiv.

(3) Paris, 3 mars 1831, S. 33.2.186 ; Rej., 20 fév. 1844, S. 200.

(4) Paris, 17 janv. 1862, D. 62.2.30, et Rej., 4 mars 1863, D. 399.

(5) Rennes, 19 mars 1850, D. 52.2.240, et *anal.*, Rouen, 8 déc. 1856; D. 57.2.96 ; Bordeaux, 9 avril 1869, S. 69.2.285.

(6) Rej., 6 janv. 1869, S. 166, D. 9. — *Anal.*, Rennes, 7 janv. 1873, S. 73.2.273.

(7) Paris, 9 août 1853, D. 53.2.199.

objets dont il est chargé tous les soins d'un bon père de famille. Ceci comprend toutes les précautions voulues pour que ces objets ne souffrent point des intempéries de l'air, — pour qu'ils ne soient ni renversés ni brisés, ou endommagés d'une manière quelconque. Il doit même, au besoin, faire faire les réparations nécessaires aux caisses ou tonneaux qui s'ouvriraient pendant le voyage, sauf à se faire tenir compte de ses déboursés par celui qui doit le prix de la voiture (1). S'il a été négligent, si l'avarie lui est imputable, il n'est pas libéré en proposant de souffrir une diminution proportionnelle sur le prix du transport, ou même une indemnité plus considérable. Il doit garder la marchandise pour son compte et la payer en entier à dire d'experts (2).

999 bis. La force majeure dont le voiturier excipe et dont il doit justifier (3), est le plus souvent un de ces faits dont il n'est pas possible de rapporter une preuve écrite. Elle peut donc être établie par tous les modes de preuve admis par la loi, conformément à l'art. 1348, C. civ.—A la vérité, l'art. 97, C. comm., porte que la force majeure doit être légalement constatée, et nous admettons que cette disposition écrite spécialement en vue du commissionnaire de transport peut être étendue au voiturier en général.

Mais d'abord, l'art. 97 n'a trait qu'à l'hypothèse d'un retard éprouvé dans le transport. Les art. 98 et 103, qui s'occupent du cas d'avarie et de perte de la marchandise, ne reproduisent pas ces expressions. D'ailleurs ces mots, légalement constatée, se réfèrent nécessairement au droit commun. Or, les tribunaux apprécieront si la preuve est rapportée suivant les circonstances du fait. — En général, le voiturier devra produire un procès-verbal régulier du fait constitutif de la force majeure (4); mais ce mode de constatation n'est point indispensable, on doit l'en affranchir quand il démontre qu'il n'a pu se le procurer (5).

On n'obligera pas non plus le voiturier à établir toujours et d'une manière précise comment et par quelle cause la perte

---

(1) MM. Troplong, n°s 917 et 939; Pardessus, t. 2, n° 542; L. 25, § 5, D. Locat. cond.
(2) Pardessus, 2, 542. — Contrà, Metz 18 janv. 1815, S. 19.2.78.
(3) Rej., 3 juin 1874, S. 444.
(4) Delamarre et Lepoitvin, Tr. du contr. de comm., t. 2, p. 172; Dalloz, v° Commissionnaire, n°s 373 et suiv.
(5) Cass., 5 mai 1858, D. 58.1.212.

est arrivée. Il y a des événements dont la cause restera inconnue et qui cependant seront indépendants de la faute du voiturier. Ainsi l'on a vu le feu prendre subitement sur une voiture au centre même du chargement, la voiture étant sur la route et le voiturier marchant près de ses chevaux; une barrique d'acide faire explosion tout à coup, sans qu'on pût relever aucune cause apparente de ce phénomène (1).

1000. Le voiturier doit être excusé, si l'avarie est le résultat du vice propre de la chose (2), — ou d'une faute de la part de l'expéditeur, comme le défaut d'emballage (3), quand il s'agit d'objets qui ne peuvent être transportés sans cette précaution.

1001. En cas de perte, le voiturier ne peut également faire valoir pour excuse que le cas fortuit ou la force majeure, et avec cette condition, que l'événement n'a pas été précédé d'une faute de sa part sans laquelle il n'en aurait pas subi les effets (4).

Dans l'impossibilité de rendre la chose, il doit en payer le prix d'après l'estimation au jour où la remise devait être effectuée, car c'est de cette valeur que le destinataire a été privé : par conséquent, si la chose avait augmenté de prix depuis le jour où elle avait été achetée, le voiturier devrait payer le montant du prix nouveau. Si elle avait diminué, il ne devrait que la valeur actuelle. M. Pardessus (5), et après lui M. Troplong (6) et M. Dalloz (7), disent au contraire que si la valeur a diminué, l'expéditeur ou le destinataire sont toujours fondés à exiger le prix d'achat. Cette opinion se justifierait, d'après M. Dalloz, par ce principe que les dommages-intérêts comprennent toujours la perte soufferte, *damnum emergens*. Mais dès que l'on peut, au jour fixé pour la remise des objets, se procurer les mêmes choses à un moindre prix, la perte n'est que du montant de ce dernier prix. — Nous

---

(1) V. un arrêt de Paris, 24 fév. 1820, Dalloz, v° *Commis.*, n° 373; et l'espèce de l'arrêt de 1858, cité à la note précédente.

(2) C. comm., 103; M. Troplong, 3, 941; Rej., 20 févr. 1844, S. 200.

(3) MM. Pardessus, t. 2, 542; Duvergier, t. 2, 331; Zachariæ, 3, p. 42; Troplong, 3, 940, et l'arrêt cité à la note précédente.

(4) Paris, 29 avril 1820, D. 21.2.17, S. 20.2.249, et l'arrêt cité aux notes précédentes. — Arg., Rej., 3 juin 1874, S. 444.

(5) T. 2, n° 541.

(6) N° 921.

(7) V° *Commissionnaire*, n° 352.

persistons, en conséquence, à repousser cette solution, qui nous paraît en désaccord avec les principes en matière de réparations civiles.

1002. Si la perte de la chose cause au destinataire un préjudice direct dont la valeur vénale de l'objet ne suffit pas pour l'indemniser, le voiturier doit être condamné aux dommages-intérêts (1).

1003. Il s'agit maintenant de savoir comment on déterminera la valeur des objets perdus, volés ou avariés.

Ici, les mêmes difficultés que nous avons déjà examinées, par rapport au vol commis dans une auberge, se reproduiront.

Quelquefois, le voyageur ou l'expéditeur, en remettant les effets à une messagerie ou roulage public, et en faisant inscrire les effets, en déclarent le contenu et la valeur. Cette déclaration doit être prise pour la vérité, car, en l'acceptant sans vérification, l'entreprise de transport a tacitement consenti à ce qu'on en fît usage en cas de perte. Cette déclaration ne pouvait servir qu'à cette fin. L'entrepreneur pouvait exiger une vérification, ou ne pas recevoir l'objet. Peut-être enfin le prix du transport a-t-il été fixé à un taux plus élevé, à raison de la valeur des marchandises. L'entrepreneur doit exécuter le contrat.

1004. Le plus souvent, les effets ou marchandises auront été inscrits sans que l'on ait déterminé leur valeur. Dans ce cas, l'estimation pourra-t-elle se faire par tous les moyens possibles?

L'art. 1782, C. civ., assujettit les voituriers par terre ou par eau aux mêmes obligations que les aubergistes, pour la garde et la conservation des choses qui leur sont confiées. Mais nous avons vu que cette disposition ne s'appliquait pas au mode de preuve de la remise des objets à transporter, parce que cette remise n'était pas assimilée par la loi au dépôt nécessaire, et que l'art. 1785 exigeait, au contraire, une preuve par écrit, résultant de l'inscription sur un registre. Or, l'art. 1782 n'autorise pas plus la preuve testimoniale en ce qui concerne la valeur des objets qu'en ce qui concerne leur remise au voiturier.

Mais l'inscription sur le registre par l'entrepreneur de transport forme un commencement de preuve par écrit qui,

---

(1) Dijon, 6 juill. 1859, D. 59.2.203; Bordeaux, 9 avril 1861, D. 229. V. *suprà*, n°s 104 et 105; Aix, 18 juin 1870, S. 72.2.13.

aux termes de l'art. 1347, C. civ., autorise contre lui l'emploi du témoignage oral, des présomptions (1) et du serment supplétoire (2). Un arrêt de rejet, du 18 juin 1833 (3), porte :
« Que la responsabilité des messageries s'étend à toute la valeur des objets perdus ; que si le propriétaire n'a pas déclaré cette valeur au moment du chargement aux messageries, déclaration purement facultative et qui n'est ordonnée par aucune loi, c'est à ce propriétaire, qu'il incombe de prouver la valeur des objets perdus ; mais que cette preuve peut s'établir par toute espèce de documents (4). »

Les juges ont, à cet égard, un pouvoir discrétionnaire. Ils peuvent ne pas s'en rapporter aux livres de l'expéditeur (5), et s'attacher aux présomptions tirées des faits et circonstances de la cause (6).

1005. A l'époque où le Gouvernement avait le monopole de l'entreprise des messageries, en vertu du décret des 6-7 janvier 1791, l'indemnité, à défaut de désignation de la valeur des objets, était fixée à cent cinquante livres. Cela résulte de l'art. 23 de la proclamation du roi, du 10 avril 1791, pour l'exécution du décret ci-dessus, et de l'art. 62 de la loi des 23-24 juillet 1793.

Cette fixation, établie législativement dans l'intérêt du Gouvernement, n'a aucune application depuis que cet état de choses a cessé. Les entreprises particulières n'ont pas le droit de l'invoquer. Cela résulte d'abord de la loi du 25 vendémiaire an III, qui déclare libre l'industrie des transports et dont l'art. 3 porte : « Les entrepreneurs de voitures libres « ne pourront se prévaloir des différentes lois relatives aux « messageries nationales.» C'est, d'ailleurs, un point de jurisprudence constant (7).

1006. Si les effets confiés à l'entrepreneur de transports renfermaient des valeurs en argent ou en bijoux, et que la

---

(1) C. civ., 1353.
(2) C. civ., 1366, 1367, 1369.
(3) S. 703.
(4) MM. Curasson, 2, p. 303 ; Duvergier, t. 2, 322 ; Paris, 7 juill. 1832, D. 33.2.17, S. 32.2.469 ; Grenoble, 29 août 1833, S. 34.2.622.
(5) Paris, 3 mars 1831, S. 33.2.136.
(6) Alger, 16 déc. 1846, S. 47.2.88 ; Lyon, 6 mars 1821, S. 21.2.225 ; Paris, 12 janv. 1852, D. 294.
(7) Merlin, *Rép.*, v° *Messageries*, § 2 ; Cass., 13 vend. an x, S. 2.1. 72 ; Douai, 17 mars 1847, S. 47.2.207.

preuve en soit faite, le voiturier sera-t-il tenu de la perte, à quelque somme que ces objets puissent monter, et lors même qu'il n'en aurait pas été fait de déclaration?

Nous avons décidé cette question négativement, lorsqu'elle s'est présentée à l'égard des aubergistes, n°⁸ 948 et suivants. Nous avons reconnu qu'une responsabilité de ce genre ne pouvait leur être imposée à leur insu. Les entrepreneurs de transports étant assimilés aux aubergistes par l'art. 1782, en ce qui concerne la garde des choses qui leur sont confiées, nous sommes donc naturellement conduit à reconnaître qu'ils ne sont pas responsables indéfiniment des objets précieux que renfermeraient les ballots qui leur seraient livrés sans déclaration (1).

L'obligation qu'on voudrait faire peser sur eux n'aurait pas été valablement contractée, car, en se chargeant du transport des effets perdus, ils n'ont entendu courir que les risques ordinaires résultant de la valeur qu'ont ordinairement ces sortes d'objets. Un entrepreneur de diligences n'imaginera pas qu'en recevant une malle ou un sac de nuit, il s'expose à répondre d'une somme de vingt ou trente mille francs qu'il aura plu au voyageur d'y renfermer. Il ne s'exposerait peut-être pas à ce qu'elle soit perdue par la faute de quelque agent; il refuserait de transporter un objet d'un aussi grand prix, ou se ferait payer plus cher. Dans tous les cas, il est juste qu'il soit averti (2).

1007. Si, au contraire, la malle du voyageur ne renfermait qu'une somme ou des objets d'une valeur proportionnée à ses besoins, à sa condition, à l'usage, il est clair qu'il n'y a aucune distinction à faire entre l'or, l'argent, les bijoux et les autres effets. Toutes ces choses se renferment également dans les malles qui accompagnent les voyageurs. On ne peut les placer ailleurs. L'entrepreneur a dû s'attendre à courir ce risque. C'est ce qu'a jugé la Cour de Montpellier, le 15 juillet 1826, en condamnant l'administration des messageries à payer la valeur entière d'une malle perdue, qui renfermait des effets estimés à neuf cent quatre-vingt-dix francs et une somme de huit cents francs pour les besoins du voya-

(1) V. aussi ce qui est dit *suprà*, n°⁸ 996 et 997, pour le cas où il s'agit d'objets soumis à un taxe plus élevée.
(2) Lyon, 6 mars 1821, S. 21.2.225. V. *suprà*, n° 996; Bordeaux, 24 mai 1858, D. 58.2.132 et 133, aff. Forrot; Rej., 16 mars 1859, D. 316, S. 463.

geur (1). Et la Cour de Paris a également jugé qu'un entrepreneur de voitures de place était tenu envers le voyageur
qui avait pris une de ces voitures à la gare d'un chemin de
fer, du préjudice résultant de la perte d'une malle qui renfermait des papiers d'affaires, contrats et autres titres (2).

1008. La question que nous venons de résoudre par une
distinction a été tranchée d'une manière plus absolue par
d'autres auteurs.

D'une part, M. Toullier (3) dit que si les propriétaires ont
mis, dans leurs malles ou ballots, des sommes d'argent sans
les déclarer autrement que sous le nom générique d'effets,
les entrepreneurs de messageries n'en seront pas tenus. Il
fonde cette décision sur l'art. 1785, qui porte que les entrepreneurs de voitures publiques..... doivent tenir registre de
l'*argent*, des effets et des paquets dont ils se chargent. Les
propriétaires doivent donc faire une déclaration de l'argent
qu'ils chargent, les espèces exigeant, à raison du péril, un
plus grand soin, une plus grande surveillance pour leur
garde. La Cour de Bruxelles l'a ainsi décidé par un arrêt du
28 avril 1810 (4), et la Cour de Paris, le 2 avril 1811 (5),
conformément à l'ancienne jurisprudence (6).

M. Troplong (7), qui soutient vivement l'opinion contraire, répond que, si l'art. 1785 était entendu en ce sens,
l'on pourrait rendre illusoire la responsabilité des entrepreneurs : car, si l'on exige une déclaration précise pour les
sommes d'argent, pourquoi n'en exigerait-on pas une pour
les effets de diverses natures que peuvent renfermer les
malles ou paquets? Il ne faut pas plus de vague à l'égard
des effets qu'à l'égard de l'argent, toutes ces choses marchent
de pair dans l'art. 1785. D'ailleurs, l'art. 1785 ne s'adresse

---

(1) Le pourvoi contre cet arrêt a été rejeté le 16 avril 1828, S. 29.1.
163.— *Junge*, Alger, 16 déc. 1846, S. 47.2.88; Angers, 20 janv. 1858;
D. 132; Douai, 27 nov. 1865, D. 66.2.169.
(2) Paris, 17 déc. 1858, D. 59.2.105. — *Conf.*, Grenoble, 13 févr.
1872, D. 72.2.225, S. 73.2.35.
(3) T. 11, 255. — V. aussi M. Duvergier, *Louage*, t. 2, n° 329, et
Douai, 17 mars 1847, S. 47.2.207. Cependant, cet arrêt ne nous est pas
tout à fait opposé. Les circonstances du fait ont influé sur la décision.
(4) S. 11.2) et 22.
(5) S. 14.2.100.
(6) *Nouveau Denisart*, v° *Aubergiste*, § 3, n° 3; Rousseau de Lacombe, v° *Cocher*.
(7) *Louage*, n° 950.

pas directement au voyageur, c'est à l'entrepreneur qu'il impose l'obligation de tenir registre. Le voyageur a tout fait pour se mettre en règle, quand il a fait la déclaration de sa valise. On oppose que si le voiturier avait su qu'il y avait de l'argent dans la malle, il aurait redoublé de vigilance et de soins. Mais il y aurait donc des objets, appartenant à la même classe, que les entrepreneurs se permettraient d'exposer plus ou moins ? Il y aurait entre les malles des voyageurs un choix et des préférences ! ! L'entrepreneur serait le maître de décider que telle valise qui renferme des papiers de famille du plus haut prix pourra être reléguée dans la partie de la voiture qui est le moins à l'abri des accidents, ou parmi les effets qu'on recommande moins spécialement au conducteur ! ! Ils n'ont pas le droit de faire de pareilles distinctions, etc., etc.

1009. Ces considérations réfutent puissamment le système de M. Toullier. Celui-ci paraît s'être mépris sur le sens et la portée de l'art. 1785 qui, en exigeant l'enregistrement de l'argent, des effets, etc., parle, sans aucun doute, de l'argent que l'on expédie à part, isolément, dont le prix de transport est plus élevé que celui des autres objets, et nullement de l'argent qui se trouve renfermé dans les effets des voyageurs (1).

Mais M. Troplong nous semble tomber dans un autre excès, quand il conclut que l'entrepreneur est responsable de la somme que l'on prouve avoir été renfermée dans la malle, quelle qu'en soit la valeur. Du moins, c'est ce qu'il paraît admettre quand il dit : « Les tribunaux pourront-ils avoir égard à l'affirmation du voyageur, conformément à l'art. 1369, C. civ.?... Si cette affirmation est sincère, pourquoi vouloir décharger les entrepreneurs ? »

Cependant, le judicieux auteur vient atténuer la portée de ces premières expressions, en disant un peu plus loin : « Il ne s'agit pas de sommes *indéfinies :* le juge n'admet l'affirmation que dans la mesure raisonnable que j'indiquais à l'instant, et d'après les règles d'équité données par l'art 1369.» Et quelle est donc cette mesure raisonnable dans les limites de laquelle le juge devra restreindre l'affirmation du voyageur? M. Troplong l'a indiquée, ce nous semble, dans le passage que voici : « Les entrepreneurs doivent savoir que

_____

(1) C'est l'observation de M. Curasson, t. 2, p. 305.

les malles des voyageurs contiennent ordinairement de petites sommes d'argent, par exemple, de cinq cents ou mille francs, plus ou moins, nécessaires aux besoins du voyage et aux premières dépenses d'arrivée. Ils doivent mesurer sur cet usage leur vigilance et leur précaution. »

Le juge ne devrait donc pas admettre l'affirmation du voyageur au delà des sommes nécessaires aux dépenses du voyage, et d'un voyage ordinaire, de ces sommes que renferment presque toujours les malles des voyageurs, parce que le voiturier a dû mesurer, sur cet usage, sa vigilance et ses précautions. C'est précisément ce que nous avions décidé en commençant.

Mais, par la même raison, ne faut-il pas déclarer le voyageur irrecevable à faire preuve, de quelque manière que ce soit, de l'existence d'une somme très-considérable qu'il prétendrait avoir renfermée dans sa malle ?

Évidemment, oui ! Et c'est ce que M. Troplong aurait dû dire pour compléter sa pensée.

Peu importe, en effet, le système de preuve au moyen duquel on arrivera à connaître le contenu de sa malle. Le serment supplétoire a pour but, comme la preuve testimoniale, d'arriver à l'exacte vérité, et, dans tel cas donné, le serment produira chez le juge une conviction tout aussi profonde qu'aurait pu le faire une enquête. Ce n'est donc pas le mode de preuve qu'il faut ici considérer, mais la chose à prouver, et nous persistons à croire que l'on ne peut être reçu à prouver un fait qui aurait engagé la responsabilité du voiturier à son insu, au delà de toutes les probabilités, sans qu'il ait pu mesurer sur la valeur de l'objet dont il s'agit sa vigilance et ses précautions. Le juge pourra donc faire usage du pouvoir qui lui est accordé par l'art. 253, C. proc., et refuser l'enquête dans les cas mêmes où elle serait autorisée par la loi, si la prétention du voyageur lui paraît exorbitante. Il se décidera, quant à l'admission de la preuve, par des présomptions tirées des circonstances de la cause.

Ici, du reste, comme nous l'avons déjà dit n° 998 *bis* pour un cas analogue, le juge a une plus grande latitude au cas de soustraction frauduleuse commise par le voiturier. D'abord la faute est grave, il ne s'agit plus d'une présomption de négligence, mais d'un délit certain ; puis, le fait même du vol implique ordinairement que son auteur avait connaissance des objets de valeur renfermés dans les enveloppes qu'il s'est appropriées. La réparation doit donc être complète, et la responsabilité de l'entrepreneur quant aux actes de ses préposés est absolue (1).

1010. Il y a des entreprises qui sont dans l'usage de délivrer aux voyageurs des bulletins servant de reçu des arrhes ou du prix des places, et portant qu'en cas de perte il ne sera payé qu'une certaine somme, par exemple; cent cinquante francs pour une malle et cinquante francs pour un sac de nuit.

L'acceptation d'un pareil bulletin pourrait-elle lier le voyageur ? — Nous ne le pensons pas. Ce fait, comme nous l'avons déjà fait remarquer n° 995, à l'occasion de la clause pure et simple de non-garantie, ne porte pas les caractères d'une adhésion complète et réfléchie à la condition que l'entrepreneur prétend opposer au contrat. Souvent on délivre ces bulletins au voyageur, sans lui faire remarquer la mention dont nous parlons, et celui-ci, de son côté, n'est pas tenu de vérifier et de discuter une pareille énonciation (2).

1011. En cas d'avarie, la preuve de la valeur des objets résulte de la vérification même de l'avarie.

Les formes de cette vérification sont tracées par l'art. 106, C. comm., portant : « En cas de refus ou contestation pour « la réception des objets transportés, leur état est vérifié et « constaté par des experts nommés par le président du tri-« bunal de commerce, ou, à son défaut, par le juge de paix, « et par ordonnance au pied d'une requête (3). »

Mais il n'est pas toujours nécessaire de recourir à ce mode de procéder, une vérification amiable suffit le plus souvent, et la jurisprudence a décidé avec beaucoup de raison que le destinataire a toujours le droit de réclamer cette vérification, alors même que les caisses ou ballots sont en bon état exté-

---

(1) *Conf.*, Rej., 16 mars 1859, D. 316 et 317, aff. Forrest et aff. De Villarçon.

(2) V. dans ce sens MM. Pardessus, t. 2, 553; Curasson, t. 2, p. 305, et argum. d'un arrêt de Paris, 14 août 1847, S. 47.2.509; Douai, 17 mars 1847, S. 47.2.207, D. 47.2.98 ; Bordeaux, 4 mai 1848, S. 48. 2.429.

Contrà, M. Duvergier, t. 2, n° 325.

(3) M. Curasson, p. 307, dit que l'on peut s'adresser au juge de paix qui dresse un procès-verbal constatant l'état des effets, en présence de l'entrepreneur ou lui dûment appelé. Mais il est douteux que le juge de paix ait qualité pour des vérifications de ce genre. D'ailleurs la loi est ici formelle. C'est à des experts qu'elle confie cette mission. V. cependant Rej., 18 avril 1831, S. 283.

rieur. Cet examen préalable ne se confond point avec celui
dont parle l'art. 106; il a précisément pour but de rechercher
s'il faut ou non recourir à l'expertise. C'est au voiturier à
prendre, s'il le juge convenable pour sa garantie contre les
tiers, les mesures que prescrit cet article, mais les frais
qu'elles entraînent ne seraient point alors à la charge du
destinataire (1).

1011 *bis*. Le voiturier est encore responsable du retard
apporté au transport et à la remise des marchandises qui lui
sont confiées (2). Le préjudice éprouvé par les destinataires
peut dans certains cas être considérable. Ainsi les délais et
l'indemnité due, le cas échéant, sont ordinairement déterminés par une convention constatée par l'acte spécial connu
sous le nom de lettre de voiture (3). A défaut de convention
expresse, les juges apprécieront, *ex œquo et bono*, quel est
le délai qui devait être observé par le voiturier suivant les
circonstances du fait et l'indemnité due à la partie intéressée (4).

1012. Nous venons de faire connaître les principales obligations du voiturier, telles qu'elles résultent des art. 1782
et 1784, C. civ.; mais de l'assimilation qu'établit la loi entre
le voiturier et l'aubergiste pour ce qui concerne la garde et
la conservation de la chose, résultent encore des conséquences particulières qu'il faut indiquer.

Ainsi, l'aubergiste étant considéré comme dépositaire, il
suit de là que le voiturier l'est aussi. En conséquence, il ne
peut employer à son usage les choses qui lui sont confiées,
ni même chercher à savoir en quoi elles consistent quand
elles sont enfermées dans une caisse ou dans un sac (5).
Il doit, enfin, les remettre identiquement au destinataire (6).

1013. En ce qui concerne spécialement la responsabilité
du fait d'autrui, les obligations du voiturier découlent encore

---

(1) Rej., 27 déc. 1854, D. 55.1.21 ; Rej., 20 nov. 1860 et 16 janv.
1861, D. 61.1.271 et 126 ; Cass., 14 août 1861, D. 384 ; Bourges,
1er avril 1854, D. 55.2.53.
(2) C. comm., 97, 102 et 104 ; C. civ., 1382, 1383, 1384.
(3) C. comm., 102.
(4) Pardessus, t. 2, p. 451 ; Dalloz, *Commissionnaire*, n° 360 ; Metz,
16 fév. 1816, *ibid.*; à Rennes, 21 déc. 1824, *ibid.* n° 362.
(5) C. civ., 1930 et 1931.
(6) C. civ., 1932 ; M. Troplong, n°s 918 et 919 ; M. Pardessus, 2,
543.

de l'assimilation établie par l'art. 1382 entre l'aubergiste et lui.

Lorsque le dépôt est reconnu ou légalement prouvé, le voiturier devient responsable de la perte ou de l'avarie, soit que le dommage vienne du fait de ses préposés ou du fait d'un tiers qui se trouve sur la voiture, le bateau ou le navire; même du fait d'un étranger, s'il ne constitue point un cas fortuit ou de force majeure.

Si le dommage vient du fait d'un de ses préposés, il y a lieu de faire application au voiturier de la règle expliquée ci-dessus, n° 903, d'après laquelle les maîtres et commettants sont responsables, alors même qu'ils prétendraient n'avoir pu empêcher le fait.

1014. On a soutenu qu'il fallait faire exception à cette règle en faveur du capitaine de navire. Ce système a même été adopté par un arrêt de la Cour d'appel de Rouen, du 13 juin 1848 (1).

Dans l'espèce, le navire se trouvant en chargement au port de Cette, le capitaine était descendu à terre pour affaires concernant son service, et avait confié le commandement à son second. En son absence, un incendie se déclara à bord par le fait d'un matelot en état d'ivresse. La Cour considéra qu'il y avait là cas fortuit ou de force majeure, qui n'avait été accompagné d'aucune faute de la part du capitaine. Elle s'appuya notamment sur l'art. 227, C. comm., d'après lequel le capitaine est tenu d'être, en personne, dans son navire, à l'entrée et à la sortie des ports, havres ou rivières. Il n'y a donc pas, disait l'arrêt, obligation pour lui de rester, dans les ports, continuellement sur son navire. Dès lors, faire peser sur lui la responsabilité d'un événement que rien ne fait pressentir, ce serait appliquer avec une rigueur trop exclusive les principes qui régissent la matière. Il y a donc lieu de le renvoyer de l'action contre lui intentée par les chargeurs.

1015. Mais les arguments se pressent en foule pour repousser ce système. Quelles que soient les dispositions du Code de commerce sur la responsabilité du capitaine résultant de son fait personnel, sa responsabilité comme commettant, à raison du fait de ses préposés, demeure exclusivement régie par les dispositions spéciales de l'art. 1384, C. civ.

---

(1) S. 49.2.209.

Cet article considère comme une faute assez grave pour entraîner toujours la responsabilité civile, le choix qu'a fait le commettant d'un préposé infidèle ou imprudent. Dès qu'il y a faute de la part de celui-ci, l'événement ne peut plus être considéré, par rapport au commettant, comme un cas de force majeure. On peut dire de lui : *Culpa præcessit casum.*

Tout se réduit donc à savoir si le capitaine est le maître ou le commettant des hommes de son bord. Or, cela n'est pas douteux ; c'est le capitaine qui choisit les gens de l'équipage (1) ; l'armateur même n'a qu'une influence tout à fait secondaire sur ce choix (2). Le capitaine est donc soumis à toute la responsabilité qui résulte d'une semblable faculté et des pouvoirs presque illimités que lui accordent les lois sur les hommes de son équipage afin de maintenir parmi eux une exacte discipline (3).

D'ailleurs, le capitaine est voiturier par eau. Il est donc sous l'empire des règles tracées au Code civil, sous le titre du louage (4) ; de l'art. 1784, qui n'admet pour excuse que le cas fortuit ou la force majeure ; — de l'art. 1782, qui assimile le voiturier à l'aubergiste, et renvoie à l'art. 1954, qui exige aussi la preuve de la force majeure (5). Mais le cas fortuit ou la force majeure, c'est toujours un fait extérieur, étranger à toute faute personnelle de la part du voiturier, et dès lors, cette excuse ne peut être invoquée en présence de cet autre principe, savoir, que, d'après le Code civil, le voiturier, comme l'aubergiste, répond du fait de ses préposés, quand même il n'aurait pu l'empêcher.

1016. Le Code de commerce n'enlève absolument rien à la rigueur du Code civil sur ce point. L'art. 98 déclare l'entrepreneur ou commissionnaire de transports garant des

---

(1) C. comm., 223 ; Pardessus, 3, n° 626 ; Boulay-Paty, *Cours de dr. comm.*, t. 2, p. 158.
(2) M. Pardessus, *ibid.*
(3) Ordonn. de la marine, art. 22, titre *du Capitaine* ; Emerigon, *Traité des assurances*, chap. 12, sect. 5 ; L. du 22 août 1790, t. 2, et t. 1, art. 2 ; *Bulletin des lois*, bull. 5, 221 ; *Collection des lois*, par Desenne, t. 18, p. 6. Cette loi est appliquée dans l'usage à la marine marchande, d'après une instruction du ministre de la marine du 28 brum. an VII.
(4) MM. Pardessus, 3, n° 721 ; Boulay-Paty, *Droit maritime*, t. 1, p. 406 et suiv.
(5) LL. 1 et 2, D. *Nautæ, caupones, stabularii.*

avaries ou pertes des marchandises et effets, sauf le cas de force majeure. A l'égard du capitaine lui-même, l'art. 230 est spécial et décisif. « La responsabilité du capitaine ne cesse « que par la preuve d'obstacles de force majeure » (1).

À la vérité, l'art. 221 établit d'abord « que le capitaine « est garant de ses fautes, même les plus légères, dans « l'exercice de ses fonctions ». Mais il n'y a rien à conclure de ceci. La combinaison de cet article avec l'art. 230 démontre simplement que dans le système de nos Codes, il n'existe pas, en général, trois degrés de fautes. La faute légère équivaut à l'absence des soins d'un bon père de famille; au delà, on trouve le cas fortuit ou de force majeure, que la prudence humaine n'a pu conjurer. Mais l'art. 1384 et la responsabilité absolue qu'il impose aux maîtres et commettants s'accordent très-bien avec ce système. La faute d'un homme de l'équipage n'est pas, en droit, un cas de force majeure que le capitaine puisse invoquer à sa décharge. En fait, on peut dire qu'il y a toujours de sa part défaut de surveillance : car, s'il est absent du navire, son second doit s'y trouver. Dans l'espèce de l'arrêt de Rouen, il s'y trouvait en effet. Or, le capitaine répond du second, et de sa vigilance à l'égard des matelots. De toute manière donc, la faute remonte jusqu'à lui.

C'est ce que paraissent admettre nos anciens auteurs : — Pothier dit, sans distinction : « Si c'est par le fait ou la négligence du maître (du navire), ou de ses gens, que les marchandises sont endommagées, il est obligé d'indemniser l'affréteur de ce qu'elles valent de moins (2). » Valin dit aussi : « C'est au maître du navire que sont confiées les marchandises qui y sont chargées, c'est donc à lui d'en répondre, sauf les accidents maritimes, non procédant de son fait, ou de sa faute, ou de ses gens (3). » Le principe de la responsabilité du capitaine est posé dans ces deux passages d'une manière bien formelle ; et n'oublions pas que Pothier professait la même doctrine, consacrée par l'art. 1384, C. civ., sur la responsabilité absolue des commettants en général.

On peut citer en sens contraire : Emerigon, qui déclare le capitaine responsable des vols et dommages causés par les

---

(1) Boulay-Paty, t. 2, p. 35, sect. 10; Alauzet, *Comment. C. comm.*, t. 4, sur l'art. 230; Valin, *Sur l'ordonn.* de 1681, liv. 2, t. 1, art. 9.
(2) *Traité des contrats de louage maritime*, part. 1, sect. 2, n° 38.
(3) *Sur l'ordonnance de* 1681, liv. 2, tit. 1, art. 9.

matelots, à moins qu'il ne justifie qu'il n'a pu les empêcher (1). Mais son opinion sur ce point n'était pas très-solidement assise. Ce qui le prouve, c'est qu'il cite à faux l'ordonnance du 3 mars 1781, sur la navigation dans les échelles du Levant, qui condamne absolument son système. L'art. 25, tit. 3, de cette ordonnance, porte : « Toutes les avaries et les dépenses « occasionnées par les gens de mer, soit à terre, soit à bord, « demeureront à la charge des capitaines, maîtres ou patrons, « solidairement avec les armateurs des bâtiments. » L'ordonnance va donc plus loin que nous, car elle ne fait aucune distinction entre les délits des matelots commis sur le bord, et ceux qu'ils commettent à terre, en dehors, à ce qu'il semble, de l'exercice de leurs fonctions.

Parmi les auteurs modernes, M. Boulay-Paty (2) et M. Pardessus (3) n'admettent comme exception à la responsabilité du capitaine que la force majeure à laquelle il n'aurait pas donné lieu, ce qui nous ramène toujours à la même solution.

1017. Quant à l'argument tiré de l'art. 227, C. comm., il est facile d'y répondre :

De même que la présence du capitaine à son bord à l'entrée des havres, ports et rivières, conformément à l'art. 227, ne saurait l'affranchir de la responsabilité qui résulte pour lui du fait de ses gens, de même son absence dans les cas prévus par ce même article, et pour des causes légitimes, ne change rien à cette responsabilité, puisque ce n'est pas seulement le défaut de surveillance actuelle, mais la qualité de commettant qui est la base de sa responsabilité.

Il en est ici du capitaine comme de l'armateur ou propriétaire du navire, qui sont civilement responsables des faits du capitaine et des gens de mer (4), sans pouvoir jamais invoquer pour excuse qu'ils n'ont pu empêcher le fait, et qu'ils n'étaient pas à bord du navire, puisqu'ils demeurent toujours à terre.

Attaqué par ces moyens puissants, l'arrêt du 13 juin 1848 aurait difficilement échappé à la censure de la Cour suprême. Le pourvoi avait déjà été admis par la chambre des requêtes,

_____

(1) *Traité des assurances*, chap. 12, sect. 5, § 2.
(2) *Droit maritime*, t. 1, p. 406; t. 2, p. 35.
(3) Nᵒˢ 721 et 543. — *Conf.*, Alauzet, t. 4, p. 85.
(4) C. comm., 216 et 217; L. du 17 juin 1841; M. Pardessus, t. 3, 629, 663, 665.

le 19 décembre 1848; une transaction est venue l'arrêter aux portes de la chambre civile.

1017 *bis.* Le capitaine est donc complétement assimilé au voiturier ordinaire quant à la responsabilité des objets chargés sur le navire (C. comm., art. 221, 222, 223, 230).

Quant au propriétaire ou armateur, il est « civilement « responsable des faits du capitaine et tenu des engagements « contractés par ce dernier pour ce qui est relatif au navire « et à l'expédition ». (C. comm. 216). Le capitaine, en effet, est le préposé de l'armateur, et celui-ci peut le congédier, alors même que le capitaine est copropriétaire du navire, sauf le remboursement de sa part de capital s'il l'exige (Code comm., 218 et 219). Enfin, s'il appartient au capitaine de former l'équipage du vaisseau, de choisir et louer les matelots, il doit néanmoins se concerter à cet égard avec le propriétaire lorsqu'il est dans le lieu de sa demeure (Comm., 223).

Toutefois la responsabilité de l'armateur est restreinte d'une manière notable par la loi et diffère profondément de celle des autres commettants. L'armateur qui n'est pas en même temps capitaine peut s'affranchir des obligations résultant de sa qualité, à raison des faits du capitaine, par l'abandon du navire et du fret (1).

Ainsi limitée, cette responsabilité a paru suffisante pour la garantie des tiers ; d'une part, parce que le choix de l'armateur ne peut porter que sur des hommes ayant un titre légal et ayant justifié de leur capacité; d'autre part, parce que c'est surtout avec le capitaine que les tiers contractent, que c'est à lui qu'appartiennent la conduite et le gouvernement du navire et de l'équipage une fois l'embarquement opéré.

Sa responsabilité doit donc être absolue, mais il n'y a pas d'inconvénient grave, et surtout d'injustice, à restreindre celle de l'armateur, dont l'action n'est que secondaire et bornée (2).

---

(1) C. comm., 216, modifié par la loi du 14 juin 1841 ; Pardessus, t. 3, n° 663. Alors même que le navire périt, et qu'il s'agisse ou non d'effets appartenant à des commerçants; Paris, 24 mai 1862, D. 62.2. 175.

(2) Cette limitation était réclamée par le commerce maritime. Elle est conforme à la législation de plusieurs nations étrangères, Hambourg, Suède, Danemark, etc. Voyez les travaux prépar. de la loi du 14 juin 1841. Duv., *Lois*, p. 314.

Ne doit-on pas conclure de là que le propriétaire ou armateur peut s'affranchir par une clause expresse de toute responsabilité à l'égard des fautes du capitaine? Ce que l'art. 98,
C. comm., autorise formellement pour le commissionnaire
de roulage, semble devoir être également admis dans le cas
qui nous occupe, car les mêmes raisons s'y appliquent. Une
semblable clause n'a pas pour objet de soustraire l'armateur
aux conséquences de ses actes personnels, elle n'a donc rien
d'immoral et ne peut être repoussée comme celle que le voiturier lui-même stipulerait pour ses propres faits (1).

Il en résultera sans doute que les chargeurs, les passagers
et les tiers se trouveront, en cas d'avarie ou de sinistres, en
présence du capitaine seul, dont la solvabilité ne sera pas
toujours une garantie suffisante. Mais ce risque aura été
accepté par eux; il résultera d'une convention à la liberté de
laquelle la loi ne nous paraît pas avoir voulu porter atteinte.
C'est une *alea* de plus à la suite de toutes celles que présentent déjà les voyages et le commerce de mer.

1018. L'entrepreneur de transports actionné ou condamné
comme civilement responsable a son recours contre ses préposés, quand la perte ou l'avarie résulte de leur fait. Les
conditions de ce recours sont réglées conformément à ce que
nous avons dit ci-dessus, n°s 770 et 772. Mais il a été jugé
qu'elles peuvent être déterminées à l'avance par des conventions particulières entre commettants et préposés (2).

1019. L'art. 1384, C. civ., n'a plus d'application quand
le dommage résulte du fait des étrangers. Mais le voiturier
pourra difficilement faire considérer comme un cas fortuit
ou de force majeure le fait d'une personne qui se trouverait
sur le navire, le bateau ou la voiture, en qualité de passager,
voyageur ou autre; car il est assujetti aux mêmes obligations
que l'aubergiste. Or, l'aubergiste répond, d'après l'art. 1953,
C. civ., du fait des personnes allant et venant dans l'hôtellerie, aussi bien que de ses préposés. « *Et puto*, dit Ulpien,
« (*nautam*) *factum non solum nautarum præstare debere,*
« *sed et vectorum* (3). » — Du reste, c'est toujours à lui de
prouver qu'il n'a pu empêcher le dommage.

1020. Comment s'éteint l'action contre le voiturier?

_____

(1) V. *suprà*, n° 995 *bis*.
(2) Paris, 7 juill. 1832, D. 1832.2.222.
(3) L. 1, § 8, D. *Nautæ, caupones*.

De deux manières : 1° par la réception des objets transportés ; 2° par la prescription.

« La réception des objets transportés et le paiement du
« prix de la voiture éteignent toute action contre le voitu-
« rier, » dit l'art. 105, C. comm.

Il faut la réunion de ces deux circonstances, la réception
des objets et le paiement (1). Celui qui reçoit simplement,
sans payer, est censé avoir voulu se donner le temps d'examiner les objets et de faire ses réclamations. C'est au voiturier à exiger une vérification immédiate (2). D'un autre
côté, le paiement du prix ne serait pas à lui seul une fin de
non-recevoir contre l'action du destinataire. Il est quelquefois
payé d'avance ; c'est ce qui a lieu, notamment, quand le
transport est effectué par chemins de fer ; et, en pareil cas,
on ne peut évidemment le prendre comme un signe de renonciation à l'action (3).

1021. Au reste, quand même les deux circonstances que
nous venons de signaler sont réunies, entraînent-elles absolument l'extinction de la responsabilité ? Ainsi, quand les
caisses ou paniers qui contiennent les effets transportés n'ont
aucune détérioration apparente, le destinataire qui les reçoit
et qui paie le prix de transport, s'il découvre une avarie à
l'ouverture des caisses, est-il déchu définitivement ?

M. Pardessus (4) lui accorde un délai de vingt-quatre
heures pour faire ses réclamations et protestations, si les
effets n'étaient pas susceptibles de vérification immédiate,
soit à raison de leur nature, soit de leur quantité. Mais la
jurisprudence se montre plus rigoureuse (5) : elle exige que
la réception et le paiement n'aient lieu qu'avec réserves et
protestations (6), ou que le destinataire fasse la preuve que
le voiturier ou ses agents sont coupables de la soustraction

---

(1) Bordeaux, 5 juill. 1839, S. 39.2.522; Rej., 2 août 1842, S. 42.1.
723, et 22 juill. 1850, D. 51.1.47; 26 fév. 1855, D. 404; Douai, 27 août
1847, S. 48.2.268.

(2) Voy. n° 1011, comment doit s'opérer la vérification, soit amiable,
soit judiciaire. — *Adde*, Rej., 26 fév. 1855, D. 404.

(3) Paris, 27 août 1847, S. 47.2.511, D. 47.2.200.

(4) T. 2, n° 547.

(5) Argum. de l'arrêt du 2 août 1842, S. 42.1.723, cité *suprà*. —
V. aussi Paris, 18 juin 1859, S. 69.2.318, D. 70.2.30.

(6) Cass., 29 mai 1867, S. 300 ; Paris, 18 juin 1869, cité à la note 5 ;
Toulouse, 4 déc. 1871, S. 72.2.15.

des marchandises (1), — que tout au moins, ils ont usé de manœuvres frauduleuses pour lui faire accepter la caisse, surprendre sa bonne foi, et l'empêcher de reconnaître à l'instant même la soustraction ou l'avarie des marchandises (2).

Bien entendu, la fin de non-recevoir ne saurait être opposée si le voiturier avait formellement et par écrit reconnu l'avarie ou la perte partielle avant l'enlèvement de la marchandise. Il aurait, par cela même, renoncé à se prévaloir de l'exception (3).

1021 *bis.* La jurisprudence décide que l'art. 105 est inapplicable s'il y a eu fraude ou infidélité de la part, soit du voiturier lui-même, soit de ses préposés. Cette règle édictée par l'art. 108 du même Code , en ce qui concerne la prescription (v. n° 1024), est étendue, parce qu'il y a mêmes raisons, au cas qui nous occupe (4).

1022. On vient de voir que c'est le Code de commerce qui, dans son art. 105, établit le principe que l'action contre le voiturier s'éteint par la réception des objets et le paiement du prix de la voiture : de là naît la question de savoir si cette règle est applicable entre particuliers non commerçants.

On pourrait en douter, parce qu'en général l'exécution par une des parties contractantes de son obligation, notamment le paiement du prix, n'élève pas une fin de non-recevoir contre les réclamations qu'elle peut avoir à faire sur la manière dont l'autre partie a exécuté ses propres engagements. La simple réception n'emporte pas non plus, par elle-même, renonciation nécessaire à l'action qui compète au destinataire contre le voiturier. De pareils faits ne peuvent constituer une fin de non-recevoir contre cette action qu'en vertu d'une disposition expresse de la loi comme l'art. 105, C. comm. Or, on sait que le Code de commerce ne régit que les actes dont le caractère est commercial, soit à raison de leur nature, soit parce qu'ils sont passés entre commerçants, et

---

(1) C. comm., 108, *in fine* ; Lyon, 19 juill. 1855, D. 56.2.49; Cass., 26 avril 1859, D. 181 ; Paris, 14 déc. 1869, *Droit* du 19 décembre.
(2) Cass., 18 avril 1848, S. 399; Cass., 25 août 1873, S. 74.1.277, et 4 fév. 1874, S. 167 ; Bordeaux, 10 avril 1834, S. 34.2.430.
(3) Rej., 14 avril 1874, S. 277.
(4) Cass., 16 mars et 26 avril 1859, S. 461 et 454 ; 6 mai 1872, S. 280 ; 11 mars 1874, S. 278.

que ses dispositions ne doivent point être appliquées entre personnes non commerçantes.

Cependant, il paraît juste de déroger ici à ce principe, en faveur de la déchéance indiquée par l'art. 105, parce que les mêmes raisons qui l'ont fait établir en matière commerciale s'appliquent aussi bien en matière civile. D'une part, en effet, l'on a voulu éviter les difficultés qui auraient pu s'élever entre le voiturier et le destinataire sur la question de savoir si les avaries étaient bien le fait du voiturier. Quand les objets transportés ont séjourné pendant un espace de temps plus ou moins long, chez ce dernier, le voiturier peut bien prétendre que c'est entre les mains du destinataire que l'accident est arrivé. Ce point de fait ne pourrait pas être éclairci. Il est facile, au contraire, de s'assurer de la vérité, si la réclamation s'élève au moment même de la réception des objets. Et si le voiturier veut être payé, c'est à lui de provoquer l'expertise.

D'autre part, il importe que le litige reçoive une prompte solution, car le voiturier est souvent étranger à la localité où il dépose les effets qu'il a transportés, et faute de réclamations immédiates, son éloignement rendrait la poursuite difficile. Si la vérification se fait au moment même de la réception, et si le paiement du prix taxé est refusé, le voiturier peut immédiatement assigner le destinataire devant le juge de son domicile, et faire résoudre la difficulté à peu de frais.

Or, les avantages qui résultent du système de la loi se font sentir aussi bien entre non-commerçants qu'entre commerçants, et l'art. 105 nous semble combler heureusement une véritable lacune du droit civil.

1023. A plus forte raison, en est-il de même quand les objets ont été confiés à un entrepreneur de transports, même par un non-commerçant.

Aux raisons déjà exposées nous ajouterons que l'entrepreneur agit en qualité de commerçant, il fait acte de commerce, ainsi ses droits et ses obligations sont régis par le Code de commerce. Il n'est pas possible de diviser la règle ; de l'invoquer contre lui quand elle le condamne, et d'en repousser l'application quand elle lui est favorable ! D'ailleurs, comment le voiturier pourrait-il distinguer, parmi les colis qui lui sont remis, ceux qui appartiennent à des commerçants, et dont la remise constitue, de la part de ces derniers, un acte de commerce ? Cette impossibilité est sensible, surtout lorsque le transport s'effectue sur une grande échelle, par un chemin de fer, par bateaux à vapeur. Cependant, les obligations du voiturier doivent être déterminées à l'avance, et ne peuvent dépendre du hasard, d'une circonstance qu'il ignore.

1024. Parlons maintenant du second mode suivant lequel s'éteint l'action.

L'art. 108, C. comm., porte :

« Toutes actions contre le commissionnaire et le voitu-
« rier, à raison de la perte ou de l'avarie des marchandises,
« sont prescrites après six mois pour les expéditions faites
« dans l'intérieur de la France, et après un an pour celles
« faites à l'étranger ; le tout à compter, pour les cas de
« perte, du jour où le transport aurait dû être effectué, et
« pour les cas d'avarie, du jour où la remise des marchan-
« dises aura été faite, sans préjudice des cas de fraude ou
« d'infidélité. »

On applique cette disposition au *défaut de remise* des objets, comme au cas de *perte* ou d'*avarie* (1).

En cas de fraude ou d'infidélité constituant un délit prévu par le Code pénal, l'action civile en restitution des objets et en dommages-intérêts se prescrirait par le même laps de temps que l'action publique. Tel est le but de la dernière phrase de cet article (2).

Le délai court, dit l'art. 108, pour les cas de perte, du jour où le transport aurait dû être effectué. Il faut entendre par là, non le jour fixé pour le départ (3), mais le jour où les objets devaient être remis à destination, soit d'après la convention expresse, soit d'après l'usage et les circonstances du fait que les tribunaux apprécieront (4). C'est d'abord le sens naturel des termes de la loi ; d'ailleurs il est impossible que la prescription commence à courir à une époque où l'action pour la remise des effets ne pourrait être exercée. Or, évidemment, ni l'expéditeur ni le destinataire ne peuvent l'in-

_____

(1) Cass., 18 juin 1838, S. 635 ; Cass., 7 déc. 1869, D. 70.1.57, S. 70.1.204 ; Colmar, 10 juill. 1832, S. 33.2.20.

(2) V. n°⁸ 373 et suiv. ; M. Pardessus, t. 2, 457.

(3) Comme l'aurait, suivant M. Dalloz, décidé la Cour de Rennes, le 25 mars 1852, D. 52.2.231. Nous doutons néanmoins que tel soit le sens véritable de cet arrêt.

(4) Pardessus, t. 2, n° 546 ; Alauzet, t. 2, n° 1002 ; Rennes, 27 juill. 1818, et Cass., 18 juin 1838 ; Dalloz, *Commissionnaire*, n°⁸ 502 et 482.

tenter du jour même où le départ doit avoir lieu et dans le délai du voyage pendant lequel il est incertain que le voiturier n'accomplira pas ses obligations.

1024 *bis*. Cette prescription peut être interrompue suivant les règles générales (C. civ., 2244 et s.), et le voiturier peut y renoncer lorsqu'elle est acquise. (C. civ., 2220.2221).

Mais en l'absence d'une renonciation formelle, il faut que les faits dont on veut l'induire supposent incontestablement l'abandon du droit de l'opposer. Par exemple, la lettre dans laquelle le voiturier se reconnaît responsable de la perte ou de l'avarie envers le réclamant, implique cette renonciation (1). On a jugé qu'il en est autrement du retard que le voiturier aurait mis à toucher le prix du transport, en présence de réclamations verbales faites par le destinataire (2), et de recherches qu'il aurait pu faire de l'objet perdu (3).

1025. Sur cette disposition du Code de commerce, nous reproduirons les questions posées au numéro précédent.

Ainsi, la prescription de six mois et d'un an aurait-elle lieu entre des particuliers non commerçants?

Nous ne le pensons pas. Il n'y a pas ici lacune dans les dispositions du Code civil, ni raison grave de déroger au droit commun (4).

1026. Mais *quid*, s'il s'agit d'un objet confié par un particulier à un entrepreneur de transports, commerçant?

Il a été jugé par la chambre des requêtes de la Cour de cassation, le 14 juillet 1816, que l'art. 108 était inapplicable. Il s'agissait d'une malle confiée à un commissionnaire de roulage, pour la faire parvenir de Paris à Mayence (5).

On a critiqué cet arrêt en disant que le commissionnaire de transports, qu'il se charge de marchandises proprement dites pour un négociant, ou d'effets pour un particulier, n'en fait pas moins un acte de commerce : par conséquent, ses obligations doivent toujours être déterminées par le Code de commerce. Le délai de six mois ou d'un an est suffisant pour le particulier, comme pour le négociant, s'il y a lieu à réclamation (6). Au contraire, l'entrepreneur de roulage ou

(1) Colmar, 21 déc. 1856, S. 57.2.763.—*Conf.*, Alauzet, t. 4, n° 1003.
(2) Cass., 1er déc. 1874, D. 460.
(3) Cass., 30 mars 1874, D. 303, S. 277.
(4) M. Troplong, *Louage*, 3, n°s 903 et 928; Dall.,*Commissionn.*, n°504,
(5) D. 17.14 et v° *Commissionn.*, n° 504.
(6) Curasson, p. 311.

de messageries encourt une lourde responsabilité, à raison de la multiplicité des transports, et doit être libéré à l'expiration d'un délai plus court que le voiturier accidentellement chargé de quelques objets. Enfin, un décret du 13 août 1810 semble imposer à tous, sans distinction, l'obligation d'exercer leur recours contre le voiturier, dans le délai de l'art. 108, quand il ordonne la vente aux enchères des ballots, caisses, malles, paquets et tous autres objets qui auraient été confiés, pour être transportés, à des entrepreneurs, soit de roulage, soit de messageries, lorsqu'ils n'auront pas été réclamés dans le délai de six mois ; le tout après vérification et inventaire par le juge de paix, en présence des préposés de la régie et des entrepreneurs de messageries (1).

Il est vrai que l'art. 108 parle de l'action pour perte et avarie des marchandises, et que la malle d'un particulier n'est pas une marchandise dans le sens ordinaire du mot (2).

Mais c'est une marchandise pour l'entrepreneur de roulage, et au point de vue du transport. C'est une marchandise dans le sens du Code de commerce, qui emploie ici un mot générique pour désigner toute espèce d'objets voiturés. Cet argument de texte n'a donc pas une très-grande valeur et ne justifie guère l'arrêt du 14 juillet 1816, qui décide la question par la question.

1026 bis. Quant aux transports qui s'opèrent par voie de navigation maritime, ils sont exclusivement régis par les art. 433, 435 et 436, C. comm.

433. « Sont prescrites,... toute demande en délivrance « de marchandises, un an après l'arrivée du navire. »

Cette disposition a trait aux cas de perte totale et au défaut de remise des objets au chargeur ou destinataire (3).

435. « Sont non recevables, toutes actions contre le capi- « taine pour dommage arrivé à la marchandise si elle a été « reçue sans protestation ; toutes actions contre l'affréteur, « pour avaries, si le capitaine a livré les marchandises et reçu « son fret sans avoir protesté, etc.

436. « Ces protestations et réclamations sont nulles, si « elles ne sont faites et signifiées dans les vingt-quatre heures

---

(1) MM. Duvergier, *Louage*, t. 2, n° 332; Curasson, *eod. loc.*; Vazeille, *Prescription*, t. 2, n° 745; Pardessus, t. 2, n° 554; Dalloz, *Commissionn.*, n° 504; Rennes, 25 mars 1852, D. 231.

(2) M. Troplong, n° 928 ; Zachariæ, t. 3, p. 44.

(3) Pardessus, t. 3, n° 730.

« et si, dans le mois de leur date, elles ne sont suivies d'une
« demande en justice. »

Il s'agit ici, comme l'indique d'ailleurs la rubrique du
titre sous lequel sont placés ces deux articles, d'une fin de
non-recevoir que le capitaine et l'armateur (1) peuvent opposer à l'action des expéditeurs ou destinataires des marchandises, et aussi d'une prescription spéciale pour simples
avaries. La protestation est indispensable pour conserver
l'action qui appartient aux chargeurs ; elle n'en change pas
la nature, mais elle a pour but « d'annoncer qu'on entend
« user de ses droits » (2).

Mais il faut en outre que l'action soit effectivement introduite dans le mois qui suit cette protestation. Autrement il
y aurait déchéance, le capitaine et l'armateur seraient complétement libérés (3).

Il en est de même aux termes du 2e paragraphe de
l'art. 435, des actions que le capitaine voudrait exercer pour
contribution ou autre cause contre l'affréteur (4). La règle
est identique pour les deux parties.

Quand un entrepreneur de transports maritimes se charge
en même temps comme commissionnaire de conduire les
marchandises par voie de terre jusqu'au port d'embarquement, il se forme entre l'expéditeur et lui un double contrat,
l'un concernant le voyage terrestre, l'autre pour le voyage
par mer. Chacun d'eux est soumis aux règles spéciales établies par le Code de commerce. Par suite, si, au lieu d'être
constatée à la suite du transport terrestre à l'égard du commissionnaire ou du voiturier, l'avarie l'a été à la suite du
transport maritime à l'encontre du capitaine de navire, au
moment de la livraison dans le port de débarquement, l'action
contre l'entrepreneur-commissionnaire à raison de ces avaries, est soumise aux délais et déchéances des art. 435 et 436
du Code de commerce, et non à ceux qu'établissent les
art. 96, 98, 103 et 108 du même Code. — Autrement, en
effet, l'entrepreneur pourrait être actionné par l'expéditeur
ou le destinataire à une époque postérieure à l'expiration des
délais fixés par les art. 435 et 436, et n'aurait plus son re-

---

(1) Cass., 23 août 1869, S. 399.
(2) Pardessus, t. 1, p. 488, et t. 3, p. 203.
(3) Cass., 25 fév. 1868, S. 214, et 23 août 1869, S. 399.
(4) Pardessus, t. 3, n° 750.

cours contre le capitaine, lequel est exclusivement régi par les dernières dispositions.

Il faut donc distinguer le cas où l'avarie s'est produite au cours du transport terrestre et où l'action sera fondée sur les règles du voiturage par terre ou par navigation fluviale, du cas où elle devra être rapportée au transport maritime et appliquer à chaque hypothèse les règles spéciales qu'elle comporte.

C'est ce qu'ont jugé les chambres réunies de la Cour de cassation, par arrêt du 22 juillet 1873 (1).

1027. L'action en responsabilité, à raison des accidents qui atteignent la personne même du voyageur, n'est pas soumise à la prescription établie par le Code de commerce. Suivant la règle générale, pour les actions fondées sur le droit civil et sur les art. 1382, 1383 et 1384 en particulier, elle dure trente ans, à moins que le délit qui y donne lieu ne soit qualifié par la loi pénale; la prescription de l'action civile est alors la même que celle de l'action publique (V. n° 373).

1027 bis. Notons encore, comme principe applicable aux diverses actions dont nous avons parlé, qu'en matière personnelle, lorsque le litige existe entre parties de nationalités différentes, la prescription est régie par la loi du domicile du débiteur. Il paraît juste, en effet, que le défendeur, assigné en vertu des lois du pays auquel il appartient, puisse les invoquer dans les dispositions qui le protégent comme il doit les subir quant aux obligations qu'elles lui imposent. Telle est la jurisprudence que la Cour de cassation a formulée notamment dans un cas de responsabilité en matière de transports (2).

1028. Nous terminons par quelques observations sur la compétence.

Les entrepreneurs de transports ou voituriers de profession sont commerçants et, par suite, justiciables des tribunaux de commerce, quelle que soit la personne avec laquelle ils ont contracté. Mais si c'est avec un individu non commerçant, celui-ci a le droit de les traduire devant le tribunal de commerce ou devant le tribunal civil de leur domicile.

De plus, aux termes de l'art. 2 de la loi du 25 mai 1838,

(1) S. 401.
(2) Cass., 13 janv. 1869, D. 135.

le juge de paix est compétent pour connaître des contestations entre les voyageurs et les voituriers ou bateliers, pour retards, frais de route et perte ou avarie d'effets accompagnant le voyageur. En pareil cas, le juge de paix prononce sans appel jusqu'à la valeur de cent francs, et à charge d'appel jusqu'au taux de la compétence en dernier ressort des tribunaux de première instance.

Nous avons traité ci-dessus, n° 552 à 554 *bis*, les questions que fait naître cette disposition, et la concurrence qu'elle établit entre les tribunaux de commerce et les juges de paix. Nous ne répéterons pas ici les développements que nous avons déjà présentés et auxquels on voudra bien se reporter.

CHAPITRE VIII.

RESPONSABILITÉ DES COMPAGNIES DE CHEMINS DE FER : — 1° COMME CONCESSIONNAIRES DE LA VOIE; — 2° COMME ENTREPRENEURS DE TRANSPORTS.

Sommaire.

1029. Les compagnies de chemins de fer doivent être considérées, en ce qui concerne la responsabilité des faits de leurs agents, sous un double rapport : 1° comme concessionnaires et entrepreneurs de travaux publics ; 2° comme entrepreneurs de transports.

C'est en nous plaçant à ce second point de vue que nous donnerons le plus de développement à l'étude qui fera l'objet de ce chapitre, car c'est à ce sujet que s'élèvent, en plus grand nombre, les difficultés et les contestations.

Les règles particulières auxquelles les compagnies sont soumises en cette matière se trouvent formulées dans les lois de concession, les cahiers des charges qui s'y rattachent et les arrêtés pris par le ministre des travaux publics ou par le préfet dans les limites de leurs pouvoirs respectifs.

Les divers règlements que nous venons d'énumérer, tantôt empruntent au droit commun ses dispositions et tantôt s'en écartent à raison de la nature spéciale de ces nouvelles voies de communication qui ont produit une révolution si remarquable dans l'industrie des transports et les habitudes du commerce aussi bien que du public en général (1).

Ce sujet prend donc naturellement sa place à la suite du chapitre précédent, où nous avons traité des obligations et de la responsabilité du voiturier en général, déterminées par le Code civil et par le Code de commerce.

ARTICLE Ier.

RESPONSABILITÉ DES COMPAGNIES CONSIDÉRÉES COMME CONCESSIONNAIRES ET ENTREPRENEURS DE TRAVAUX PUBLICS.

Sommaire.

1030. — Obligations de natures diverses auxquelles les compagnies sont assujetties.

1031. — Vis-à-vis de l'Etat ; — Exécution des travaux conformément aux conditions arrêtées par l'administration.

1032. — Infractions qui entraînent une pénalité.

1033. — Amendes qui atteignent la compagnie elle-même. — Réparations purement civiles. — Responsabilité du fait des administrateurs ou agents de la compagnie.

1034. — Pénalité encourue par les agents personnellement.

---

(1) La longueur totale des lignes de chemins de fer *exploitées* en France était, au 31 déc. 1866, de 14,382 kilom. ; au 31 déc. 1869, de 16,920 kilom., et au 31 déc. 1875, de 19,802 kilom. (V. le tableau officiel de l'exploitation, *Moniteur* du 5 mars 1867 et *Journ. off.* du 29 mars 1876).

Les chemins de fer français ont transporté, en 1864, 75 millions de voyageurs et 50 millions de tonnes de marchandises, et l'on évalue à 800 millions l'économie réalisée sur la somme qu'aurait coûtée le déplacement de ces voyageurs et de ces marchandises par les anciennes voies de communication.

Quant à leur influence sur le développement de l'agriculture, du commerce et de l'industrie, on peut s'en faire une idée par les chiffres suivants.

Pendant la période décennale de 1837 à 1846, le mouvement général du commerce extérieur de la France était en moyenne de 2,112 millions de francs par an ; il s'est élevé, pour la période de 1847 à 1856, à 3,136 millions ; or, à cette dernière date, 6,500 kilom. de chemins de fer étaient exploités. En 1864, avec 13,000 kilom. en exploitation, le mouvement a été porté à 7,329 millions.

La valeur moyenne annuelle des marchandises de transit n'était, de 1837 à 1846, que de 194 millions de francs ; elle s'est élevée à 306 millions pour la période de 1847 à 1856, et à 723 millions en 1864. (Lavollée, *Les chemins de fer en* 1866).

Il a été transporté, en 1868, 105 millions de voyageurs (Exposé de la sit. de l'Emp., *Journ. off.* du 9 janv. 1870).

1030. I. *Chemins de fer en général.* — En tant que concessionnaires de voies de communication dont l'établissement et l'exploitation régulière intéressent à un si haut degré la défense du territoire, les développements du commerce et de l'industrie, nos rapports avec l'étranger, en un mot, la prospérité nationale sous tant d'aspects divers, les compagnies auxquelles cette œuvre capitale a été confiée, sont assujetties, on le conçoit, à des obligations d'ordres et de natures différents.

1031. Vis-à-vis de l'Etat, elles sont tenues à l'exécution des travaux dans les délais et aux conditions stipulées, suivant les plans arrêtés par l'administration supérieure et conformément aux règles tracées par elle dans l'intérêt des autres portions du domaine public et des divers services, comme en vue de la protection due à la sécurité des personnes et à la propriété privée.

1032. Certaines infractions à ces premières obligations peuvent entraîner une responsabilité pénale.

Aux termes de la loi du 15 juillet 1845 sur la police des chemins de fer, « lorsque le concessionnaire ou le fermier « de l'exploitation d'un chemin de fer contreviendra aux « clauses du cahier des charges ou aux décisions rendues « en exécution de ces clauses, en ce qui concerne le service « de la navigation, la viabilité des routes royales, départe- « mentales et vicinales, ou le libre écoulement des eaux, « procès-verbal sera dressé de la contravention... (art. 12). »

« Les contraventions seront punies d'une amende de « 300 fr. à 3000 fr. (art 14). »

« L'administration pourra d'ailleurs prendre immédiate- « ment toutes mesures provisoires pour faire cesser le dom- « mage, ainsi qu'il est procédé en matière de grande voirie. « — Les frais qu'entraînera l'exécution de ces mesures se- « ront recouvrés, contre le concessionnaire ou fermier, par « voie de contrainte, comme en matière de contributions pu- « bliques (art. 15). »

1033. Les amendes prononcées par ces dispositions atteignent directement, comme on le voit, le *concessionnaire* et, par conséquent, les compagnies elles-mêmes quand elles sont investies de cette qualité. Elles peuvent être ainsi condamnées à raison, soit du fait de leur conseil d'administration, soit du fait d'un agent inférieur qui, dans l'exécution de la partie des travaux qui lui est confiée, aurait commis la contravention. Ici, en effet, la responsabilité de la compagnie vis-à-vis de l'Etat couvre celle de son agent, sauf son recours contre ce dernier à raison de son fait personnel. C'est ce que nous avons déjà fait remarquer plus haut (n° 789) en indiquant les règles générales de la responsabilité du fait d'autrui et les exceptions qu'elles comportent.

Il en serait de même pour le paiement des frais occasionnés par les mesures provisoires que l'administration publique prendrait pour faire cesser le dommage. Le recouvrement s'effectuerait contre la compagnie, sauf son recours s'il y avait lieu.

L'inexécution par une compagnie des autres obligations

auxquelles elle est soumise pour l'établissement de la ligne, et qui concernent le mode de construction, les délais, etc., ne donnerait lieu qu'à des réparations civiles. Il ne s'agit plus d'ailleurs que des conditions d'un contrat entre les compagnies et l'État dont les conséquences purement pécuniaires sont réglées par ces conventions et qui pourraient motiver notamment une déclaration de déchéance (1) ou provoquer dans l'intérêt des tiers des mesures administratives telles que le séquestre.

Au surplus, l'art. 22 de la même loi dispose d'une manière générale que « les concessionnaires ou fermiers d'un « chemin de fer seront responsables, soit envers l'État, soit « envers les particuliers, du DOMMAGE causé par les adminis- « trateurs, directeurs ou employés à un titre quelconque au « service de l'exploitation du chemin de fer. »

Et nous avons à peine besoin de dire que la loi n'ayant édicté à cet égard aucune règle nouvelle et particulière, cette responsabilité s'exercera en vertu des articles 1382, 1383 et 1384, C. civ. Nous n'avons donc qu'à renvoyer aux diverses parties de cet ouvrage qui renferment l'explication des principes posés par ces dispositions (2).

1034. Le titre III de la loi du 15 juillet 1845 (art. 16 à 27) renferme les dispositions générales relatives à la sûreté de la circulation sur les chemins de fer, et l'art. 21 punit d'une amende de 16 à 3000 fr. « toute contravention aux « ordonnances royales portant règlement d'administration « publique sur la police, la sûreté et l'exploitation du che- « min de fer et aux arrêtés pris par les préfets sous l'appro- « bation du ministre des travaux publics pour l'exécution « desdites ordonnances. »

Ces contraventions peuvent être du fait de la compagnie elle-même. Telles seraient, par exemple, les infractions aux règles tracées par l'ordonnance du 15 novembre 1846, sur l'établissement, l'entretien et la surveillance de la voie, la composition et la circulation des convois (3).

Elle encourrait en pareil cas la condamnation à l'amende prononcée par l'art. 21.

Mais, comme nous l'avons déjà fait remarquer n° 789, la

_____

(1) Cahier des charges annexé aux décrets du 11 juin 1859, concernant les compagnies d'Orléans, de l'Est, de l'Ouest, etc.
(2) V. aussi n° 1054.
(3) Titres 1 à 5.

peine pourrait atteindre, dans certains cas, l'administrateur ou l'agent qui serait l'auteur direct du fait incriminé, et ce-lui-ci se trouverait passible de la seconde disposition du même article, portant que « s'il y a récidive dans l'année, « l'amende sera portée au double, et que le tribunal pourra, « selon les circonstances, prononcer un emprisonnement « de trois jours à un mois. »

Dans tous les cas la compagnie serait responsable civile-ment des dommages-intérêts et des frais prononcés contre ses représentants.

1035. On vient de voir, dans ce qui précède, les règles de la responsabilité des compagnies sous le rapport du main-tien de l'ordre général et de la conservation du domaine pu-blic. Mais les travaux qui ont pour objet l'établissement de la ligne de fer peuvent porter atteinte aux intérêts des parti-culiers par une double série de faits, à savoir : 1° les acci-dents causés aux personnes ; 2° les torts et dommages causés aux propriétés.

Nous aurons ici bien peu de chose à ajouter à ce que nous avons déjà dit sur la responsabilité des maîtres et com-mettants ou des entrepreneurs de travaux publics, n°° 884 et suivants.

Les compagnies, en effet, ne sont point à cet égard sou-mises à une législation spéciale. Elles agissent à divers titres et jouent le rôle de personnes juridiques soumises aux obli-gations qui incombent aux particuliers en ces mêmes qua-lités.

1036. S'obligeant à construire de grandes voies de com-munication, des ponts, des viaducs, aux conditions réglées par leurs contrats de concession ou d'adjudication, rembour-sables au moyen des perceptions à faire sur les transports, elles se constituent entrepreneurs de travaux publics.

Dans l'exécution de ces travaux elles représentent l'État vis-à-vis des tiers et sont investies, par suite, des droits con-férés à l'administration en cette matière, soit pour l'acquisi-tion des terrains par voie d'expropriation, soit pour l'extrac-tion, le transport et le dépôt des terres et matériaux (1).

Mais elles sont chargées en même temps de la responsa-bilité qui incomberait à cet égard à l'État lui-même et qui pèse également sur tout entrepreneur qui lui est substitué (2).

_____

(1) Cah. des ch. annexé aux décrets du 11 juin 1859, art. 22.
(2) V. n° 1050 bis.

Ainsi tous les terrains nécessaires à l'établissement de la ligne, à la déviation des anciennes voies de communication et des cours d'eau, sont achetés et payés par la compagnie. Elle supporte les indemnités dues pour occupation temporaire ou pour détérioration d'usines, et pour tous dommages quelconques (1).

Si la ligne du chemin de fer traverse un sol déjà concédé pour l'exploitation d'une mine, l'administration déterminera les mesures à prendre pour que l'établissement du chemin de fer ne nuise pas à l'exploitation de la mine, et réciproquement.

Les travaux de consolidation à faire dans l'intérieur de la mine, à raison de la traversée du chemin de fer, et tous les dommages résultant de cette traversée pour les concessionnaires de la mine sont à la charge de la compagnie (2).

Si le chemin de fer doit s'étendre sur des terrains renfermant des carrières, les excavations doivent être remblayées et consolidées. Ici encore, l'administration détermine la nature et l'étendue des travaux qu'il convient d'entreprendre à cet effet, mais qui sont d'ailleurs exécutés par les soins et aux frais de la compagnie (3).

1037. La compagnie exécute tous les travaux par des moyens et des agents à son choix, mais elle reste toujours soumise au contrôle et à la surveillance de l'administration. Ce contrôle et cette surveillance, porte l'art. 27, ont pour objet d'empêcher la compagnie de s'écarter des dispositions prescrites par le cahier des charges et de celles qui résulteraient des projets approuvés.

Dans ce but, l'art. 3 stipule qu'aucun travail ne pourra être entrepris qu'avec l'autorisation de l'administration, et que toute modification aux plans et projets approuvés par elle devra également être autorisée. Le ministre des travaux publics pourra prescrire celles qu'il jugera convenables.

1038. Les dispositions qui viennent d'être rapportées sont générales. Elles dominent, par conséquent, le règlement des indemnités de toute nature auxquelles peut donner lieu l'accomplissement des travaux, à raison de blessures et autres accidents aux personnes, ouvriers, voyageurs et autres, comme aussi des dommages causés aux propriétés.

(1) Cah. des ch., art. 21 et 22.
(2) Art. 24.
(3) Art. 25.

La compagnie est, dans tous les cas, responsable vis-à-vis de ceux-ci (1).

Mais le contrôle et la surveillance que l'Etat s'est réservés font naître une double question :—Ce contrôle autorise-t-il l'action directe ou subsidiaire des particuliers lésés, contre l'administration? Peut-il servir de base à un recours de la part de la compagnie?

1039. Et d'abord, en ce qui concerne l'action directe ou subsidiaire des parties lésées contre l'Etat, la question doit être résolue par une distinction, conformément aux règles que nous avons posées, nos 889 à 893.

En cette matière, l'administration agit comme propriétaire ou plus exactement comme gérant du domaine public, dans l'intérêt de la nation, qu'elle résume et qu'elle représente. Elle a recours à un entrepreneur ; celui-ci est évidemment seul responsable de ses actes, de tout ce qui touche à l'exécution matérielle des travaux. Si l'administration s'en est réservé le contrôle, c'est, comme on vient de le voir et d'après l'art. 27 du cahier des charges, pour empêcher la compagnie de s'écarter des dispositions prescrites par le cahier des charges et de celles qui résulteraient des projets approuvés.

C'est donc au point de vue de l'établissement de la ligne dans les conditions voulues, conformément aux plans et projets approuvés par l'autorité supérieure, que s'exercent ce contrôle et cette surveillance (2).

Quant au choix des moyens et des agents, l'entrepreneur, compagnie ou simple particulier, reste libre de se mouvoir à son gré, et seul il doit répondre de ses actes (3). Ajoutons

---

(1) V. nos 893 et infrà, 1045.

(2) V. suprà, n° 892; les arrêts de Paris, 24 nov. 1842 et 15 avril 1847, qui y sont cités, décident une question analogue.

(3) On pourrait chercher une objection contre ce que nous disons ici, dans les dispositions du décret du 27 mars 1852, en vertu duquel l'Administration a le droit, les compagnies entendues, de requérir la révocation de leurs agents.

La surveillance attribuée à l'État, dans un intérêt d'ordre et de sécurité publique, sur un personnel nombreux et qui tend toujours à s'augmenter, ne saurait influer sur les conséquences juridiques de la situation des compagnies eu égard à leurs préposés. Comme le fait pressentir la date même de ce décret, il a eu en vue des intérêts politiques aussi bien que ceux de l'exploitation des chemins de fer, intérêts qui, incontestablement, sont permanents et justifient pleinement ses dispositions. On comprend, en effet, que, dans un moment de crise, le mauvais vouloir d'un employé, même secondaire, pourrait paralyser la

que les sociétés dont nous parlons offrent au public des garanties suffisantes par l'importance de leur capital social, qui leur permet de solder toutes les indemnités réclamées, et qu'en fait, le recours contre l'Etat serait le plus souvent sans intérêt pour les parties lésées.

Toutefois il n'est pas sans exemple que des compagnies de chemins de fer soient tombées en faillite. L'intérêt du recours pourrait surgir en pareil cas.

1040. Or le droit à l'exercer naîtrait dans certaines circonstances spéciales, savoir, celles où le dommage résulterait des mesures imposées par l'administration elle-même à la compagnie exécutante.

Comme on vient de le voir, c'est l'administration qui détermine non-seulement la direction et le tracé de la voie de fer, mais certains travaux ayant pour but la conservation des mines, des carrières et la consolidation des excavations qui y sont pratiquées.

Or l'insuffisance de ces mesures, ou la fausse direction qui leur serait donnée, engagerait, à notre avis, la responsabilité de l'Etat, tant vis-à-vis des propriétaires de ces mines ou carrières que vis-à-vis des voyageurs qui éprouveraient des accidents en cas d'éboulements et de rupture de la voie.

Il en serait de même si les accidents étaient causés par l'insuffisance de la largeur des souterrains, du rayon des courbes et de tout autre détail des ouvrages qui aurait été établi d'une manière défectueuse par les ordres directs de l'administration (1).

Dans toutes ces hypothèses l'action serait toujours valablement dirigée contre la compagnie, puisqu'elle est chargée du paiement de tous ces dommages vis-à-vis des tiers, mais elle le serait valablement aussi contre l'Etat.

1041. Maintenant, la compagnie pourrait-elle exercer elle-même contre l'Etat un recours à raison des condamnations qu'elle aurait à subir ?

L'affirmative ne serait pas douteuse en principe. La *faute*

---

circulation pendant un temps donné et entraver ainsi un transport de troupes ou telle autre mesure que les circonstances exigeraient impérieusement. Il fallait de toute nécessité que le Gouvernement fût armé contre de pareilles éventualités. Mais le droit qui lui est imparti ne modifie pas sensiblement ceux de la compagnie à l'égard de ses préposés et les conséquences qui en découlent eu égard à sa *responsabilité*.

(1) V. les art. 8, 11, 15 et 16, 24 et 25 du Cahier des charges.

remontant à l'administration supérieure, la compagnie n'ayant fait qu'exécuter les plans adoptés par elle, devenus *obligatoires* pour l'entrepreneur, celui-ci aurait droit à garantie. On ne peut, en effet, admettre, dans l'hypothèse que nous examinons, que la compagnie aussi bien que l'État auraient à se reprocher une faute qui, leur étant commune, engagerait également leur responsabité.

Évidemment, dans la plupart des cas, l'examen des plans et projets par le Gouvernement, les décisions rendues par l'autorité supérieure sur l'avis des ingénieurs, de corps spéciaux tels que le conseil général des ponts et chaussées, appelés à l'éclairer sur ces questions, devront faire écarter toute imputation de faute à la charge de la compagnie ; et, si l'état encourt lui-même la responsabilité, c'est, d'une part, à raison des dispositions formelles de loi qui l'obligent en principe à réparer les dommages causés par les travaux publics (1), d'autre part, en vertu de cette règle générale que toute imprudence, même légère, engage la responsabilité de celui qui la commet (2).

1042. Mais nous ne nous trouvons pas seulement, ici, en face de ces règles générales ; nous rencontrons les stipulations formelles du cahier des charges qui déterminent en ce point les rapports de la compagnie avec l'État. Or ces stipulations mettent à la charge de la compagnie le paiement de toutes les indemnités dues aux tiers à raison de l'établissement et de l'exploitation de la ligne de fer.

L'art. 21 du cahier des charges porte, en effet, que les indemnités pour occupation temporaire ou pour détérioration de terrains, pour chômage, modification ou destruction d'usines, et *pour tous dommages quelconques résultant des travaux*, seront supportées et payées par la compagnie.

Par cette convention, l'État a voulu se mettre à l'abri des actions en indemnité auxquelles pourrait donner lieu l'entreprise sous quelque rapport que ce fût. — Ne devant tirer pendant la durée des concessions, qui pour toutes les grandes lignes a été portée à un très-long terme (99 ans), aucun bénéfice direct de leur exploitation, et les profits considérables qu'ont déjà produits la plupart d'entre elles comme

----

(1) Lois du 28 pluv. an VIII, art. 4, et du 16 sept. 1807, art. 48 et suiv. ; *suprà*, nos 446 et suiv., 713, 714 et suiv.
(2) Nos 655 et suiv.

ceux qu'elles doivent produire dans l'avenir, appartenant en majeure partie aux compagnies, il est juste et naturel que tous les risques de la construction et de l'exploitation soient mis à leur charge.

En vain objecterait-on que les travaux qui ont causé le dommage ou que les mesures qui ont occasionné les accidents auraient été prescrits par l'administration et imposés à la compagnie.—Il arrivera très-rarement que les deux parties soient en désaccord sur des points importants et que l'administration repousse les justes observations que pourrait faire la compagnie à l'effet d'empêcher l'adoption de plans ou de prescriptions qui seraient par elle reconnus dangereux.

En tout cas, il est intervenu entre elle et l'État un contrat aléatoire qui doit recevoir son exécution, et dont les stipulations doivent être observées d'autant plus rigoureusement qu'elles ont eu pour but, comme nous venons de le faire remarquer, de garantir les intérêts du Trésor.

Ce recours, au surplus, n'a pas été jusqu'ici exercé ; aucune décision du Conseil d'État ou des tribunaux de l'ordre judiciaire n'est intervenue, à notre connaissance, sur un litige de ce genre, preuve que les compagnies aussi bien que l'État ont compris la question comme nous venons de le faire.

1043. Les compagnies ont eu au contraire fréquemment à répondre à des demandes en dommages-intérêts dirigées exclusivement contre elles. Ces actions, fondées sur les règles du droit commun en cette matière, exposées d'une manière complète dans les chapitres précédents, ne doivent pas nous arrêter longtemps.

Nous n'en citerons qu'un exemple, puisé dans une affaire jugée par la Cour impériale d'Amiens et où les vices prétendus de la construction de certains ouvrages étaient invoqués comme ayant occasionné la mort d'un employé, et avaient motivé la condamnation de la compagnie par le tribunal de première instance.

Le 3 juin 1863, Parent, mécanicien au chemin de fer du Nord, conduisant un train à la vitesse de soixante kilomètres à l'heure, s'aperçut qu'une bielle de sa locomotive était cassée. Afin de vérifier le fait et d'y remédier s'il était possible, Parent, au lieu d'arrêter le convoi, descendit sur le marchepied de la locomotive, et tandis qu'il se penchait pour regarder de côté, le train étant arrivé au passage d'un pont, le mécanicien eut la tête fracassée contre les murs.

Sa veuve demanda à la compagnie une indemnité que celle-ci refusa par deux motifs : le premier était tiré de ce que Parent aurait lui-même occasionné l'accident par son imprudence et par inobservation des règlements, attendu que ceux-ci lui prescrivaient d'arrêter immédiatement, et que, d'ailleurs, voyant le pont dont le train s'approchait, il n'aurait pas dû descendre et se pencher sur le marchepied. Le second consistait à dire qu'elle n'avait aucune faute à s'imputer dans l'accident auquel avait succombé Parent, cet employé lui ayant loué ses services avec pleine connaissance des risques qu'il aurait à courir.

Elle soutenait d'ailleurs en fait, contrairement aux allégations de la demanderesse, que les ponts établis sur la voie avaient une ouverture suffisante pour laisser aux agents de la traction la liberté de mouvements qui leur était nécessaire.

Le 24 février 1864, jugement du tribunal d'Amiens qui, sur le premier point, déclare que les règlements de la compagnie imposent formellement au mécanicien l'obligation de rechercher les causes de désordre et, par suite, de descendre sur le marchepied, pour examiner la locomotive;

Qu'en fait, Parent n'avait pas eu le temps d'arrêter le train avant le passage du pont; — Que, par conséquent, il n'avait encouru le reproche ni d'inobservation des règlements de son service, ni d'imprudence personnelle.

Sur le deuxième moyen : « Attendu, porte le jugement, « que le contrat entre le mécanicien et la compagnie est dé- « terminé par l'acceptation d'un règlement qui est remis au « premier sur son récépissé; Que si ce contrat a pour base « un louage de services pour un homme exerçant la profes- « sion de mécanicien ajusteur, un grand nombre des dis- « positions de ce règlement imposent à l'engagé une foule « d'agissements et des instructions qui renferment autant « de mandats ayant pour objet de préserver la sécurité pu- « blique et les intérêts de la compagnie ; — Qu'ainsi le con- « trat qui régit la cause tient à la fois du louage et du man- « dat, et que l'art. 2000, C. civ., trouve ici son application; « — Que le contrat de louage d'ouvrage lui-même com- « porte de la part du locataire de l'ouvrage, outre l'obliga- « tion d'en payer le prix, celle de faire ce qui dépend de « lui pour mettre l'ouvrier en pouvoir d'exécuter la conven- « tion, et que s'il ne la remplit pas, il est tenu de ses dom- « mages-intérêts ; — Qu'en présence d'un danger collectif

« comme celui du 3 juin 1863, la compagnie doit à son mé-
« canicien la liberté de mouvements que le règlement sup-
« pose pour qu'il puisse remplir sa tâche ; — Que si cette
« liberté d'action ne lui est pas matériellement assurée (par
« suite de la dimension des ponts), le dommage, s'il en sur-
« vient pour l'ouvrier sans imprudence de sa part, consti-
« tuera un risque inséparable de sa gestion ; — Que cette
« obligation préexistant à la charge de la compagnie *ex con-*
« *tractu* et non *ex delicto*, elle demeure responsable du dom-
« mage par une application indirecte mais· logique des
« art. 2000 et 1382, C. civ.;,

« Condamne la compagnie à payer à la veuve Parent une
« somme de 8,000 francs. »

Appel par la compagnie, et, le 16 août 1864, arrêt infir-
matif de la Cour impériale.

Cet arrêt établit d'abord que le contrat formé entre Parent
et la compagnie était un louage d'ouvrage et d'industrie ;
que si, accessoirement, pour des cas rares et spécialement
déterminés, le mécanicien ajusteur, aux termes du règlement,
peut être regardé comme un mandataire, dans l'espèce, il
n'a pas agi comme tel ;

Qu'ayant constaté la rupture de la bielle, il devait, en exécution de l'art. 75 du règlement, arrêter immédiatement le
convoi; — Qu'au lieu de cela, il s'est penché fortement en
dehors et sans faire attention au pont sous lequel passe la
voie et qui n'était qu'à quelques mètres de là; qu'on était en
plein jour, sur une ligne droite, et que rien n'empêchait de
voir le pont, que Parent devait bien connaître ainsi que tous
les travaux pratiqués sur un chemin de fer depuis longtemps
parcouru par lui; que c'est là une imprudence évidente de
sa part qui ne permet pas d'admettre l'application de l'article 2000, C. civ.

« Considérant, poursuit l'arrêt..., qu'on ne peut, pour
« atténuer cette imprudence, reprocher à la compagnie le
« peu d'espace laissé entre la voie et les murs des ponts qui
« en relient les bords, non plus que le trop de largeur du
« tender des machines. — Que les ponts ont été construits
« d'après des devis approuvés par l'État, et que la largeur
« des machines est soumise à la même approbation et à la
« même garantie ;

« Qu'une telle objection surtout ne saurait être accueillie
« de la part de ceux qui sont pleinement instruits de cet état

« de choses et qui, notamment comme Parent, en ont eu
« une longue expérience ;

« Décharge la compagnie..., etc. »

1044. En ne considérant plus maintenant que les rapports de la compagnie avec les tiers, nous rappelons encore que la responsabilité encourue par elle, par suite des blessures et autres accidents occasionnés, soit aux ouvriers eux-mêmes, soit à d'autres personnes par la négligence des agents qui dirigent les travaux, se règle conformément à l'art. 1384, C. civ. (1).

Mais comme les travaux s'exécutent généralement à l'entreprise, une question analogue à celle que nous avons discutée n° 1041, s'élève en ce qui concerne les rapports de la compagnie avec ses sous-traitants.

Ceux-ci ne sont responsables que dans la mesure de leurs actions. Ils ne peuvent l'être à raison des plans et projets. Mais ils le sont en ce qui concerne l'exécution des détails dont ils se sont chargés.

S'ils négligent les précautions nécessaires pour empêcher des éboulements, des explosions fatales aux ouvriers qu'ils emploient, s'ils omettent d'indiquer les excavations qu'ils pratiquent en travers d'une route, ou d'éclairer pendant la nuit les matériaux qu'ils y déposent, les actions en dommages-intérêts sont valablement dirigées contre eux comme auteurs directs du dommage.

Mais peuvent-elles l'être conjointement et solidairement contre la compagnie? Les parties lésées ont-elles au moins contre celle-ci un recours subsidiaire en cas d'insolvabilité de l'entrepreneur ?

1045. Quant à l'action en elle-même, il a été jugé à plusieurs reprises par la Cour de Paris qu'elle doit être donnée contre la compagnie, quand les précautions nécessaires pour assurer la sécurité publique n'ont pas été prises par ses soins.

Le 6 septembre 1861, le sieur Boisseau suivait la route de Crespy à Senlis, monté dans un cabriolet avec une autre personne. Arrivés au bord d'une tranchée profonde de sept mètres ouverte par la compagnie du chemin de fer du Nord pour les travaux de l'embranchement de Chantilly à Senlis et qui traversait la route, le cheval s'y précipita avec la voiture.

_____

(1) V. n°ˢ 750 et suiv., 884 et suiv.

Le sieur Boisseau, lancé contre un amas de pierres, fut tué sur le coup. Sa veuve intenta contre la compagnie du Nord une action en responsabilité et réclama 125,000 fr. de dommages-intérêts. La compagnie appela en cause un entrepreneur général avec lequel elle avait traité, et sur ces demandes respectives le tribunal de la Seine rendit, le 5 juin 1862, un jugement ainsi conçu :

« Attendu... qu'aucun obstacle ni indication quelconque n'avaient été placés à l'entrée de la route pour avertir que la circulation y était interceptée; — Que l'abord même de la tranchée n'était défendu que par une faible barrière, haute tout au plus d'un mètre, formée de quatre piquets sans solidité, à 2 mètres de distance l'un de l'autre, reliés entre eux par une simple traverse en bois blanc de 54 millimètres de largeur sur 18 d'épaisseur; — Attendu que cette barrière n'était point éclairée; qu'elle était si peu apparente, que malgré la lueur des lanternes, le conducteur de la voiture ni le cheval ne furent avertis de son existence; — Qu'elle était si fragile et si près de la rive, que le cheval, conduit au petit trot, la rompit sans le moindre effort et rencontra immédiatement sous ses pieds le précipice;

« Qu'il résulte évidemment de ces faits que l'accident est dû à une insuffisance de précautions et à une incurie des plus inexcusables de la part des entrepreneurs et surveillants des travaux...

« Condamne la compagnie du Nord à payer à la veuve Boisseau une somme de 60,000 francs. »

Appel par la compagnie, et appel incident par Mᵐᵉ veuve Boisseau.

La compagnie soutenait qu'elle n'avait encouru aucune responsabilité, puisqu'il s'agissait de travaux pour lesquels elle avait traité avec un entrepreneur (V. nº 892). — La Cour : « Considérant que lorsqu'un entrepreneur exécute des travaux pour le compte d'un propriétaire, la responsabilité de celui-ci dans les accidents résultant de l'entreprise, se mesure sur ce qu'il s'est réservé de direction et d'autorité; — Que si l'entrepreneur est complétement maître dans la direction de ses opérations, il est seul responsable; — Que si, au contraire, il est placé, pour une part, sous la surveillance directe du propriétaire, celui-ci reste, pour cette part, responsable des travaux dans lesquels les imprudences et les négligences deviennent des fautes communes aux deux intéressés ;

« Considérant que dans la cause, s'agissant de l'entreprise d'un chemin de fer, la direction générale en était nécessairement maintenue entre les mains de la compagnie ; que, sans doute, les entrepreneurs travaillaient à forfait, en ce sens que le prix des travaux et leur nature étaient fixés à l'avance, mais que la conduite et les détails de l'opération étaient, par la nature des choses et par les dispositions mêmes du cahier des charges, sous la constante autorité des ingénieurs du chemin de fer ;

« Que si, dans certains détails de l'entreprise, comme par exemple le choix des terrassiers, la conduite de leur travail, l'entrepreneur agissant seul pouvait être considéré comme seul responsable, il n'en est pas de même quand il s'agit des rapports avec le public, des précautions générales qui tiennent à l'ensemble de l'opération, et qui constituent précisément la partie sur laquelle la compagnie a pu et dû se conserver une autorité absolue ;

« Considérant qu'elle l'a ainsi reconnu elle-même, puisque dans les art. 6 et 11 des conditions générales imposées à ses entrepreneurs, elle a stipulé la garantie à son profit pour tous les accidents qui seraient le résultat des imprudences desdits entrepreneurs ;

« Que, sans doute, cette stipulation ne constitue pas de sa part un engagement direct dont les tiers puissent se prévaloir, mais qu'elle exprime la pensée de la compagnie elle-même, qui, se réservant la direction, comprenait qu'elle gardait, par suite, la responsabilité ;

« Que les précautions à prendre pour la sûreté publique dans le cas où une excavation était creusée au travers d'une route, étant du nombre des mesures qui tombaient sous la surveillance directe de la compagnie, celle-ci avait le droit et le devoir de les prescrire à l'entrepreneur ; qu'ainsi sa responsabilité sur ce point ne peut être méconnue... Adoptant au surplus les motifs des premiers juges..... confirme (1). » — Le pourvoi contre cet arrêt a été rejeté (2).

La même Cour a jugé, le 1ᵉʳ avril 1865 (3), que lorsqu'un ouvrier a été victime d'un accident en travaillant pour le

_____

(1) 30 janv. 1864, D. 64.2.215.
(2) Rej., 17 mai 1865, D. 373. — Conf., Rouen, 17 févr. 1868, et Rej., 10 nov. 1868, S. 69.1.127 ; D. 69.1.133.
(3) *Droit* du 21 avril 1865. — *Adde*, Rej., 10 nov. 1868, S. 69.1. 127, D. 69.1.133.

compte de l'entrepreneur d'une ligne de chemin de fer, et qu'il est constaté que l'accident est dû, soit à l'absence d'études préalables sur la nature du sol, soit au manque de précautions nécessaires pour la sécurité des ouvriers, la victime de l'accident a le droit de demander solidairement des dommages-intérêts contre l'entrepreneur et contre la compagnie.

Mais que l'entrepreneur doit garantir celle-ci, à moins de conventions contraires ; qu'on ne peut considérer comme telle la stipulation ordinaire par laquelle la compagnie a réservé pour ses ingénieurs la surveillance et la direction des travaux ;

« Attendu que, quelles que soient les stipulations du cahier « des charges, elles ne peuvent dégager la compagnie de la « responsabilité résultant du fait de ses propres agents ; — « Que l'art. 11 du cahier des charges, invoqué par la compa-« gnie (1), implique et suppose cette action directe contre « elle, bien loin de l'exclure, en lui réservant le recours en « garantie contre l'entrepreneur, recours qu'elle a exercé. »

1046. Le Conseil d'Etat a décidé, par les mêmes motifs, qu'une compagnie est tenue de prendre toutes les mesures nécessaires pour empêcher que l'agglomération des nombreux ouvriers qu'elle emploie ne soit une cause de dommages pour les riverains ; qu'elle a la police des chantiers et qu'elle est responsable des dégâts aux propriétés voisines, commis par les ouvriers, qu'une surveillance plus active de sa part aurait pu prévenir (2).

1047. Ces décisions me paraissent bien rendues. Le concessionnaire général d'un grand travail d'utilité publique, qui exige des études, des connaissances spéciales théoriques et pratiques, un personnel nombreux et exercé, l'emploi de machines puissantes et d'instruments perfectionnés, ne peut être assimilé à un simple propriétaire qui s'adresse à un homme faisant la profession d'un art auquel ce propriétaire est lui-même étranger, pour édifier une construction, ou pour un autre ouvrage quelconque. Ce particulier reste forcément en dehors de l'exécution des travaux et de la direction des ouvriers.

Les compagnies ne peuvent pas agir de même. Chargées

---

(1) Celle du Midi.
(2) Cons. d'Etat, 13 déc. 1855, chemin de fer de Lyon, Lebon et Hallays-Dabot, *Rec. des arr. du cons.*, p. 726.

primitivement et directement des constructions, elles doivent surveiller leurs sous-traitants, et se réservent en effet ce droit.

S'il en était autrement, les garanties que l'Etat doit assurer au public dans l'accomplissement de semblables travaux seraient insuffisantes. Il est donc tout à fait inadmissible, comme le remarquait le tribunal de la Seine dans l'affaire Boisseau (1), que l'obligation imposée aux compagnies par le cahier des charges, dans ces intérêts supérieurs, d'exécuter les ouvrages à leurs risques et périls, d'en réparer les conséquences dommageables, « puisse être, à leur gré et au péril « de tous, impunément déplacées, pour aboutir, d'intermé-« diaire en intermédiaire, à des responsabilités tout à fait « illusoires. »

Une dernière considération à faire valoir dans ce sens, c'est qu'en règle générale, dans les entreprises des travaux publics, l'Etat ne reconnaît pas les sous-traitants (2). Le cahier des clauses et conditions générales de 1833 portait :

Art. 4. « Pour que les travaux ne soient pas abandonnés « à des spéculateurs inconnus ou inhabiles, l'entrepreneur « ne pourra céder tout ou partie de son entreprise (3). »

Et quoique moins absolu, le nouveau modèle adopté par arrêté du ministre des travaux publics du 16 novembre 1866, est conçu dans le même esprit. L'art. 9 dit en effet : « L'en-« trepreneur ne peut céder à des sous-traitants une ou plu-« sieurs parties de son entreprise sans le consentement de « l'administration. Dans tous les cas il demeure personnel-« lement responsable tant envers l'administration qu'envers « les ouvriers (4) et les tiers (5). »

Sans doute cette prohibition ne se trouve pas dans les cahiers des charges des compagnies de chemins de fer, mais il est certainement dans leur esprit que la responsabilité des concessionnaires subsiste vis-à-vis des tiers pour tout ce qui intéresse la sécurité publique, quel que soit le mode d'exécu-

---

(1) Voir les considérants in extenso dans Dalloz, loc. cit.
(2) M. Cotelle, Cours de dr. admin., t. 3, p. 29, et t. 4, p. 232, 3ᵉ édit.
(3) M. Cotelle, ibid., 3, p. 638.
(4) Notamment du paiement des salaires et fournitures dus par les sous-traitants. Rej., 14 juin 1846, D. 334; Cass., 7 févr. 1866, D. 835; Rej., 2 janv. 1867, D. 108.
(5) V. le texte entier, D.r. 67.3.41.

tion par eux adopté, et qu'ils accomplissent les travaux à leurs risques et périls.

1048. Cependant, il ne faut pas aller trop loin. La surveillance imposée à la compagnie ne peut pas descendre dans les plus petits détails et ne doit pas, suivant nous, intervenir généralement dans les rapports du tâcheron ou du sousentrepreneur avec les ouvriers qu'il emploie. Ainsi nous ne pensons pas qu'elle soit tenue de vérifier si les outils que ce sous-entrepreneur leur fournit sont en bon état, et si toutes les mesures qu'il prend dans les fouilles et constructions offrent les garanties désirables pour empêcher les accidents. Bref, il y a dans l'examen de chaque espèce une appréciation à faire par le tribunal saisi.

La Cour de cassation a consacré implicitement cette distinction par un arrêt du 20 août 1847 (1), dans les circonstances que voici :

La compagnie du chemin de fer du Havre, ayant à opérer des terrassements dans la gare de Paris, fit, avec le sieur Arbaret, un traité à forfait pour l'exécution de ces travaux. Le 25 septembre 1846, un éboulement de terres eut lieu, et le nommé Pubelier, l'un des ouvriers, y périt. Sa veuve porta plainte contre l'entrepreneur pour homicide par imprudence ; elle réclama en outre 10,000 fr. de dommagesintérêts, et mit en cause la compagnie comme civilement responsable.

Son action avait été accueillie par le tribunal de la Seine et la Cour de Paris ; mais elle a été écartée par la Cour suprême : « Attendu qu'il est reconnu par l'arrêt attaqué : 1° que
« la compagnie avait traité à forfait avec l'entrepreneur
« Arbaret pour les travaux dans le cours desquels a péri
« l'ouvrier Pubelier, employé par ledit entrepreneur ou par
« un sous-traitant ; 2° que Matzerel, surveillant des travaux
« dans l'intérêt de la compagnie, devait seulement veiller à
« ce qu'ils fussent exécutés conformément aux conventions
« intervenues entre les parties, mais qu'il n'avait pas mission
« de donner des ordres à l'entrepreneur, sur le mode d'exé-
« cution desdits travaux ; d'où il résulte que la compagnie
« ne s'était réservé aucun droit de surveillance à ce dernier
« égard ; — Attendu qu'en cet état, la Cour royale, en con-
« sidérant la compagnie comme un commettant responsable

_____

(1) S. 47.1.855.

« des faits d'Arbaret, aux termes de l'art. 1384, a faussement
« appliqué ledit article; — Casse... (1). »

1049. Ajoutons, pour terminer sur ce point, que du moment où l'on reconnaît que la responsabilité n'atteint pas la compagnie pour défaut de précautions et de surveillance, elle ne peut l'atteindre davantage pour insolvabilité de l'entrepreneur et en vertu d'une obligation subsidiaire.

En effet, aucune disposition des lois ou des règlements n'impose cette garantie. Le sous-traitant est libre comme tout particulier d'exercer son industrie sans justifier de sa solvabilité, fait d'ailleurs essentiellement relatif. La compagnie, en traitant avec lui, n'intervertit nullement les rapports qu'il pouvait avoir avec le public, et cet industriel ne présente à la société ni plus ni moins de sûretés que s'il travaillait pour son propre compte à une œuvre du même genre, ce qu'il lui est toujours loisible de faire, en vertu du principe de la liberté du travail.

Si la jurisprudence a quelquefois admis cette responsabilité *subsidiaire* contre l'Etat, les départements et les communes, c'est toujours en se fondant sur ce que les vices de construction ou les accidents causés par le fait d'un entrepreneur insolvable devaient être prévenus et empêchés par une surveillance plus active des ingénieurs, architectes ou autres agents directs de l'administration, et que ceux-ci se trouvaient par conséquent en *faute* (2).

1050. II. *Chemins de fer d'intérêt local.* — Une loi du 12 juillet 1865 a créé sous ce nom une catégorie nouvelle de voies ferrées.

Aux termes de l'art. 1er, les chemins de fer d'intérêt local peuvent être établis :

1° Par les départements ou les communes, avec ou sans le concours des propriétaires intéressés ; 2° par des concessionnaires, avec le concours des départements ou des communes.

1051. Comme l'a expliqué le rapporteur de la loi au Corps législatif, « le caractère essentiel des chemins de fer d'intérêt « local est tout entier dans le fait du concours des dépar-

---

(1) *Conf.*, Paris, 25 juin 1841, S. 42.2.855; M. Cotelle, *Cours de dr. administr.*, 3e édit., t. 2, n° 80. — Mais voyez en sens contraire, Rej., 10 nov. 1868, S. 69.1.127, D. 69.1.133, décision fondée sur les faits spéciaux de la cause.
(2) M. Cotelle, n° 88.

« tements et des communes, » c'est-à-dire dans leur initiative, et l'affectation, à la construction de ces voies, des ressources dont les départements et les communes peuvent
disposer, soit aux termes de la nouvelle loi (art. 13), soit en
vertu de la loi du 21 mai 1836.

Des subventions peuvent être accordées sur les fonds du
Trésor pour l'exécution de ces lignes.

Mais elles sont proportionnelles aux fonds votés par les
départements et les communes intéressés (art. 5), et le montant de la somme affectée chaque année sur les fonds du Trésor
à ces subventions ne peut dépasser 6 millions (art. 6).

Cette loi n'a donc pour objet que d'aider à la création d'un
réseau secondaire et en quelque sorte de grande vicinalité,
établi avec des ressources spéciales, ne devant ni faire concurrence aux grandes artères déjà concédées, ni engager les
fonds de l'Etat pour une somme de quelque importance.

1052. Toutefois, la nature même des voies de communication dont il s'agit exigeait leur assimilation à peu près
complète quant au mode de leur établissement, de leur exploitation, de leur police, avec les chemins de fer d'intérêt
général.

Aussi l'art. 4 de la loi porte : « qu'ils sont soumis aux dis-
« positions de la loi du 15 juillet 1845, sur la police des
« chemins de fer, sauf les modifications ci-après : — Le
« préfet peut dispenser de poser des clôtures sur tout ou
« partie du chemin. — Il peut également dispenser d'établir
« des barrières au croisement des chemins peu fréquentés. »

En conséquence, le gouvernement a déclaré que ces chemins feraient partie de la grande voirie (1), et que les dispositions déjà édictées pour la conservation des ouvrages et
la sécurité de la circulation sur les grandes lignes, seraient
applicables à celles-ci.

Les travaux nécessaires pour leur établissement ont incontestablement le caractère de travaux publics, qu'ils soient exécutés directement par les départements ou les communes (2)
ou par des concessionnaires qui sont au lieu et place de ces
administrations, comme ceux des grandes lignes au lieu et
place de l'Etat.

_____

(1) Circul. min. de l'agric., du comm. et des trav. publ. aux préfets,
du 12 août 1865.
(2) V. suprà, n° 737.

En conséquence, les règles de compétence que nous avons expliquées, et sur lesquelles nous reviendrons (1), sont applicables au règlement des torts et dommages causés par l'exécution de ces travaux.

Les formalités relatives à l'expropriation proprement dite sont réglées par la loi du 3 mai 1841, à laquelle il n'a point été dérogé (2).

Il résulte de l'art. 1er de la loi de 1865, que les départements et les communes peuvent construire par eux-mêmes les chemins dont il s'agit, et c'est ce qui s'est pratiqué dans les départements du Haut et du Bas-Rhin, et dans celui de la Sarthe. Mais ils ont aussi la faculté, dont ils useront probablement le plus souvent, de confier à une compagnie le soin d'exécuter les travaux et d'assurer l'exploitation, en lui remettant les ressources créées en vue de l'établissement du chemin.

En pareil cas, les concessionnaires et fermiers seraient assujettis à la responsabilité résultant de l'art. 12 de la loi du 15 juillet 1845 (3).

Ils seraient également responsables envers les particuliers de tous les dommages occasionnés par l'exécution de ces travaux, sauf recours s'il y a lieu d'après les stipulations de leurs cahiers de charges, ainsi que nous l'avons vu, nos 1041 et suivants, contre les départements et les communes pour le compte desquels ces travaux s'accomplissent.

Si, au contraire, les départements et les communes conservaient la direction des travaux exécutés en régie, leur responsabilité serait la même que celle de l'État en pareil cas.

1053. III. Enfin, l'art. 7 de la loi du 12 juillet 1865, porte :

« Les dispositions de l'art. 4 ci-dessus seront également applicables aux concessions de chemins de fer destinés à desservir des exploitations industrielles. »

Les chemins de cette dernière classe ne constituent que des propriétés privées; mais, comme on le voit, ils n'en sont pas moins assujettis aux mesures que la loi de 1845 a édictées pour la police de ces voies, leur conservation et la sécurité

---

(1) V. nos 714 et suiv., 722 et suiv.
(2) Circul. du min. des trav. publ.
(3) V. no 1032.

de la circulation qui s'y opère. Elles devaient en effet être étendues à toutes les voies de ce genre, la nature des choses exigeant les mêmes garanties.

1054. IV. Nous plaçons à la fin de cet article une observation relative à l'exploitation des chemins de fer. Nous avons déjà cité, n° 1034, l'art. 22 de la loi du 15 juillet 1845, qui applique à tout concessionnaire ou fermier, et à l'Etat lui-même, le cas échéant, le principe de la responsabilité à raison des dommages causés aux tiers par l'*exploitation* des chemins de fer.

En effet, les compagnies ou autres propriétaires de ces lignes exercent une industrie qui, par ses moyens d'action et les instruments qu'elle emploie, même dans une mesure légitime, peut occasionner des dommages aux personnes et aux propriétés.

Ainsi, par exemple, les locomotives dans la rapidité de leur marche laissent échapper des charbons enflammés qui occasionnent quelquefois des incendies, alors même que les agents du chemin de fer ont pris toutes les précautions prescrites par l'administration et qu'aucune négligence n'est imputable au propriétaire incendié. Les compagnies n'en sont pas moins responsables, comme propriétaires de ces instruments et comme en faisant usage (1).

Si les précautions imposées par l'administration ne sont pas suffisantes, elles doivent en prendre de plus amples. La science et l'art fussent-ils même impuissants, il en serait encore de même, car le dommage causé même nécessairement par une industrie, doit être à la charge de cette industrie (2).

On déciderait de même à l'égard de toute autre perte ou dommage excédant les obligations du voisinage et qu'éprouveraient les propriétaires riverains comme aussi les accidents occasionnés à toutes autres personnes.

_____

(1) L'article 7 de la loi du 15 juillet 1845 défend d'établir à moins de 20 mètres d'une voie de fer des couvertures en chaume, des meules de paille et autres dépôts de matières inflammables. Mais ceci ne s'applique point aux bâtiments existant avant la création de la ligne. La compagnie du chemin de fer doit donc indemniser le propriétaire en cas d'incendie de ces bâtiments et des récoltes qu'ils renferment, si le feu a été mis par les charbons ou étincelles sortant des locomotives. Cass., 20 nov. 1866, D. 439.
(2) Bordeaux, 21 juin 1859, S. 60.2.42, et Trib. de la Seine, 30 nov. 1859, *ibid.*; M. Cotelle, t. 4, p. 274.

Ce ne sont là que des applications du principe posé par les art. 1384 et 1386, C. civ., quant à l'usage des choses, et sur lequel nous reviendrons d'une manière générale, n°ˢ 1185 et suivants.

ARTICLE II.

RESPONSABILITÉ DES COMPAGNIES CONSIDÉRÉES COMME ENTREPRENEURS DE TRANSPORTS.

§ 1. — Transport des personnes.

Sommaire.

1055. Considérées comme entrepreneurs du transport des *personnes*, les administrations de chemins de fer sont assujetties aux règles que nous avons posées n°ˢ 976 et suivants.

Elles sont civilement responsables des fautes de leurs agents et préposés de tous les degrés qui auraient compromis la sécurité et les autres intérêts des voyageurs.

1856. Des règlements spéciaux ont été édictés pour prévenir les accidents et aussi les retards dans les délais de transport, retards qui sont souvent une cause sérieuse de préjudice.

1057. Le titre III de la loi du 15 juillet 1845 (art. 16 et suivants) détermine spécialement les mesures relatives à la sûreté de la circulation.

L'art. 22 rappelle le principe général posé par les art. 1382 et 1384, C. civ., et dispose que : « les concessionnaires ou

« fermiers d'un chemin de fer seront responsables, soit en-
« vers l'Etat, soit envers les particuliers, du dommage
« causé par les administrateurs, directeurs ou employés à
« un titre quelconque au service de l'exploitation du chemin
« de fer. »

En formulant cette règle qui résulterait, dans le silence
même de la loi, des principes du droit commun, il n'est pas
douteux que le législateur ne s'y soit référé, et que les conditions ordinaires auxquelles est subordonnée la responsabilité du commettant (V. n°s 901 et suivants) ne soient exigées en cette matière.

En conséquence, il faut, pour entraîner cette responsabilité, que l'acte ait été commis par l'agent dans l'exercice de
ses fonctions.

Cette circonstance devra donc être établie à la charge de
la compagnie ou de tout autre concessionnaire, lorsque
quelqu'un de ses agents sera prévenu des crimes définis par
les art. 16 et 17 de la loi précitée, consistant à avoir volontairement occasionné des accidents, l'homicide ou des blessures en détruisant ou dérangeant la voie de fer, en y plaçant des obstacles ou en employant un moyen quelconque
pour entraver la marche des convois et les faire sortir des
rails.

Il en sera de même dans le cas prévu par l'art. 19, portant que « quiconque, par maladresse, imprudence, inatten-
« tion, négligence ou inobservation des lois ou règlements,
« aura involontairement causé sur un chemin de fer, ou dans
« les gares ou stations, un accident qui aura occasionné des
« blessures, sera puni de huit jours à six mois d'emprison-
« nement et d'une amende de 50 à 1000 francs.

« Si l'accident a occasionné la mort d'une ou plusieurs
« personnes, l'emprisonnement sera de 6 mois à 5 ans, et
« l'amende de 300 à 3,000 francs.

Les faits d'imprudence ou de négligence auxquels cet
article fait allusion sont la cause la plus ordinaire des accidents assez nombreux qui mettent en danger la vie des
voyageurs et des agents employés sur les lignes de fer (1)
et qui donnent lieu à des actions en responsabilité contre les
compagnies. Tout ce que nous avons dit plus haut (n°s 884
à 914) s'applique à cette hypothèse.

---

(1) V. Rej., 7 mai 1868, D. 69.1.72.

Nous signalons seulement l'art. 20, qui crée à l'égard d'une classe particulière de ces agents des obligations et une responsabilité spéciales.

« Sera puni d'un emprisonnement de six mois à deux ans, « tout mécanicien ou conducteur garde-frein qui aura aban- « donné son poste pendant la marche du convoi. »

1058. Si, maintenant nous nous plaçons non plus au point de vue de l'action pénale dirigée par le ministère public, mais de l'action civile des particuliers qui auront été victimes des accidents, nous trouverons la présomption de faute inscrite dans la loi à la charge des compagnies.

En effet, l'art. 1784, qui les rend responsables de l'avarie ou de la perte des objets qu'elles transportent, à moins qu'elles ne *prouvent* le cas fortuit et la force majeure, s'applique à *fortiori* au transport des personnes. La protection due à celle-ci ne peut être moindre que celle que l'on accorde aux marchandises. C'est ce que décide avec raison un arrêt de la Cour de Paris du 27 novembre 1866 (1).

Si donc des voyageurs sont blessés par suite du choc de deux trains, de la fracture ou du déraillement d'un wagon, ce n'est pas à eux de prouver que l'accident est le résultat d'une faute des agents de l'entreprise. C'est au contraire à celle-ci d'établir les circonstances qui la déchargeraient de la responsabilité qu'elle a encourue par le fait même de l'accident.

Le même arrêt décide avec raison que la compagnie ne peut invoquer, comme constituant le *cas fortuit ou la force majeure*, un vice même caché de son matériel, par exemple une défectuosité non apparente dans la fabrication du bandage d'une roue, alors même que ce bandage n'aurait été reçu qu'après avoir subi les épreuves d'usage. C'est là, en effet, un vice de la chose appartenant à la compagnie, dont elle doit assurer la jouissance pleine et entière avec sécurité complète au voyageur avec lequel s'est formé le contrat. Il y a ici à la fois louage de choses et d'industrie, et à tous les points de vue la responsabilité du voiturier est certaine (2).

1059. L'art. 21 punit en outre d'une manière générale toutes les contraventions commises, soit par les compagnies

---

(1) *Droit* du 1er déc. 1866.
(2) V. n° 977, et *infrà*, n° 1169; M. Troplong, *Louage*, n°s 904, 905 et 906.

et leurs agents, soit par des tiers, « aux ordonnances por-
« tant règlement d'administration publique sur la police, la
« sûreté et l'exploitation du chemin de fer, — et aux arrêtés
« pris par les préfets, sous l'approbation du ministre des
« travaux publics, pour l'exécution desdites ordonnances. »

Ces contraventions sont réprimées par une amende de 16
à 3,000 fr. Elles consistent, par exemple, dans le refus fait à
des voyageurs de les faire partir par un convoi ordinaire,
par suite de l'insuffisance du matériel; l'art. 17 de l'ordonnance du 15 novembre 1846 veut, en effet, que tout convoi
ordinaire de voyageurs contienne un nombre suffisant de
voitures de chaque classe, à moins d'une autorisation spéciale du ministre des travaux publics.

Or, la Cour de cassation a décidé qu'il résulte de cette
disposition une obligation générale imposée aux compagnies
pour assurer aux voyageurs des moyens certains de transport dans les voitures de la classe qu'ils ont choisie, à *toutes
les heures* de départ, et à *toutes les stations ;* — qu'en dehors
de l'autorisation spéciale du ministre, l'ordonnance n'admet
d'autre exception à cette obligation que la fixation du maximum des voitures pouvant composer un convoi; — qu'il ne
suffit pas, pour satisfaire à cette obligation, que l'administration du chemin de fer ait organisé le service de manière
à répondre aux besoins présumés du parcours, puisque ce
serait faire dépendre l'exécution de la loi du libre arbitre des
compagnies;—qu'ainsi, dès l'instant où il est constaté que,
sans qu'on puisse arguer d'une autorisation du ministre des
travaux publics, pour la composition du train, ou de ce que
le train avait atteint son maximum de voitures, ou encore
d'un *cas de force majeure,* des voyageurs n'ont pu trouver
place dans un convoi et dans une voiture de la classe pour
laquelle il leur avait été délivré des billets, il y a contravention à l'art. 17 de l'ordonnance (1).

Cette infraction est imputable non aux employés de la station, mais au directeur de l'exploitation, qui seul a droit de
disposer du matériel suivant les besoins de chaque localité (2).
Mais la responsabilité civile remonte évidemment à la compagnie.

---

(1) Rej., 22 avril 1854, D. 214; Montpellier, 27 nov. 1854, D. 55.
2.125.

(2) Montpellier, 27 nov. 1854, D. 55.2.125 ; M. Cotelle, *Droit admin.*, 3ᵉ édit., 4, p. 254.

1060. Il y a contravention semblable dans le fait d'imposer aux expéditeurs de marchandises des taxes établies d'une manière irrégulière et sans l'observation des formalités prescrites par les art. 44 et 49 de la même ordonnance (1).

Or, il en serait de même pour le prix des places des voyageurs. Car le transport des personnes comme celui des marchandises est payé d'après des tarifs approuvés par le ministre des travaux publics ou par les préfets. Il est réglé par tête et par kilomètre pour les voyageurs et les animaux convoyés (2).

1061. Les délais du transport sont, comme le prix des place, déterminés par les règlements de chaque compagnie (3), approuvés par le ministre des travaux publics (4).

Les tableaux des prix perçus pour les différentes fractions de la ligne doivent être constamment affichés dans les lieux les plus apparents des gares et stations des chemins de fer (5).

Or, ces tableaux indiquent en même temps les heures de départ et d'arrivée. De la publicité qui leur est donnée, il résulte l'obligation pour la compagnie d'effectuer le transport dans les délais ainsi déterminés, et le contrat entre la compagnie et le voyageur se forme d'une manière tacite, mais très-réellement, par la délivrance du billet de place.

L'inexécution de cette obligation donne droit à une réparation du préjudice qui en serait résulté.

C'est ainsi qu'un retard ayant été occasionné à l'un des trains de la compagnie du chemin de fer d'Orléans, par une avarie survenue à la locomotive et qui avait pour cause un vice de cette machine, la compagnie a été condamnée à des dommages-intérêts envers un voyageur de commerce qui ayant manqué, par l'effet du retard, un train correspondant, avait perdu un jour de sa tournée et s'était trouvé dans l'impossibilité de l'employer au placement de ses marchandises (6).

_____

(1) Trib. supér. de Carpentras, 5 janv. 1855; M. Cotelle, p. 255.
(2) M. Cotelle, p. 37.
(3) M. Cotelle, t. 4, n° 278.
(4) Ordonn. du 15 nov. 1846, art. 25, 27 et suiv.
(5) Art. 48.
(6) Trib. comm. Seine, 9 août 1864, D. 64.3.103. — Conf., Dijon, 20 nov. 1866, D. 66.2.245; Rej., 28 mars 1870, D. 71.1.59.

Ces dommages doivent comprendre les frais de séjour ou autres rendus nécessaires par le retard du convoi ; on peut même y ajouter ceux qui auraient été faits pour gagner une localité à laquelle le train devait conduire par une correspondance qui a été manquée (1).

Mais le voyageur pourrait-il demander en outre la réparation du préjudice qu'il prétendrait éprouver à raison de ce qu'une opération commerciale a été manquée? Je ne le pense pas. La compagnie, en effet, ne doit pas être tenue d'un dommage qui ne pouvait être prévu par elle, le plus souvent du moins (1), car il est tout à fait exceptionnel. C'est d'ailleurs une conséquence éloignée (3), indirecte et par conséquent incertaine de la faute commise. Or, les art. 1150 et 1151, C. civ., sont parfaitement applicables en pareil cas, puisqu'il s'agit en réalité de l'inexécution d'une obligation contractuelle (4).

1062. Le service du transport des voyageurs met ceux-ci en contact personnel avec divers agents de l'entreprise, et de là encore une source particulière d'actions en responsabilité contre la compagnie, si ces agents, dans l'exercice de leurs fonctions, se portaient envers les voyageurs à des injures, voies de fait, etc. (5).

1063. Il en est de même pour ce qui concerne les pertes et soustractions de bagages ou d'objets que les voyageurs transporteraient avec eux (6).

La compagnie pourrait ainsi avoir à répondre d'effets qui ne lui auraient pas été spécialement confiés et qui n'auraient donné lieu à aucune inscription sur ses registres (7). C'est ce qu'a jugé la Cour de Paris par arrêt du 22 novembre 1851 (8).

Un voyageur qui portait avec lui un sac de nuit l'avait oublié dans la gare du chemin de fer du Centre. Un facteur

---

(1) Trib. comm. Seine, 30 nov. 1865, *Droit* du 16 décembre.
(2) Trib. comm. de Douai, 2 déc. 1864.
(3) *Damnum remotum*, suivant l'expression de Dumoulin.
(4) Voir les distinctions établies relativement à l'interprétation des art. 1150 et 1151, *suprà*, n°s 104, 105 et suiv.— *Contrà*, Dijon, 20 nov. 1866, D. 66.2.245. V. aussi *infrà*, n° 1097.
(5) V. n°s 884, 917 et suiv.
(6) N°s 973, 981.
(7) *Suprà*, 984 et suiv.
(8) *Droit* du 28 novembre.

de la compagnie ayant trouvé cet objet, le colporta dans les salles d'attente pour le faire reconnaître; mais personne ne l'ayant réclamé, il s'appropria des valeurs que renfermait ce sac.

La compagnie fut déclarée responsable de ce vol commis par son agent dans l'exercice de ses fonctions, et condamnée à 3,000 francs de restitution et dommages-intérêts.

§ 2. — Transport des marchandises.

Sommaire.

1079. — 2° Etendue de la responsabilité. — Art. 1784, C. civ. — Renvoi pour diverses questions. — Nullité des stipulations de non-responsabilité.

1080. — Même au cas de réduction de prix.

1081. — Suite. — L'art. 98, C. comm., ne permet cette stipulation qu'au commissionnaire. — Cas où les compagnies agissent en cette qualité.

1082. — Elles peuvent stipuler la non-garantie du vice propre de la chose. — La présomption est alors en leur faveur.

1083. — Appréciation de la faute à faire par les tribunaux.

1084. — Suite. — Espèce jugée par la Cour de Paris.

1085. — Evaluation de l'indemnité due. — Renvoi.

1086. — La compagnie est responsable jusqu'à la livraison effectuée.

1087. — Responsabilité à raison du retard.

1088. — Les délais sont fixés par les règlements.

1089. — Peuvent-ils être modifiés par une convention ? — Examen de la jurisprudence.

1090. — Les conditions doivent être les mêmes pour tous les expéditeurs. — Interdiction des traités particuliers.

1091. — Indemnité en cas de retard. — Elle est ordinairement fixée au tiers du prix de transport par la lettre de voiture.—Les compagnies de chemins de fer ont repoussé cette condition.

1092. — Sont-elles fondées à la faire ? — Discussion.— Jurisprudence.

1093. — Les règlements fixent dans certains cas cette indemnité.

1094. — Mais si l'expéditeur ou le destinataire justifie d'un dommage réel plus considérable, il peut en exiger réparation.

1095. — Quelquefois cette fixation est faite à forfait.

1096. — Quid, si le transport doit s'effectuer en partie par canaux ou routes de terre ?

1097. — Bagages accompagnant les voyageurs. — Fausse direction.

1098. — L'indemnité est fixée en argent. — Quid, du laissé pour compte ?

1099. — La force majeure affranchit la compagnie de toute responsabilité. — Exemple.

1100. — Le fait des intermédiaires ne doit pas, en général, être considéré comme un cas de force majeure.

1101. — Des compagnies considérées comme commissionnaires de transports.

1102. — Elles répondent alors des intermédiaires qu'elles emploient. — Art. 99, C. comm.

1103. — A moins qu'ils n'aient été désignés par l'entrepreneur.

1104. — Le commissionnaire peut stipuler qu'il ne garantit pas le fait d'autrui.

1105. — Le voiturier ou le commissionnaire intermédiaire a son recours contre celui de qui il tient la marchandise.

1131. — Le destinataire qui paie en faisant des réserves conserve son droit.

1132. — La déchéance n'est pas encourue si la vérification préalable des objets a été rendue impossible par la fraude ou par le seul fait de la compagnie.

1133. — La vérification sans frais peut toujours être exigée.

1134. — Suite.

1135. — Suite.

1136. — Mesures que les compagnies peuvent prendre pour conserver leur propre recours contre l'expéditeur ou les autres commissionnaires.

1137. — En dehors des circonstances indiquées ci-dessus, le paiement volontaire emporte déchéance. — Sauf les cas de fraude et d'infidélité.

1138. — L'exception dont s'agit n'est applicable qu'aux actions dirigées contre les compagnies comme entrepreneurs de transports.

1139. — Prescription. — Renvoi.

1140. — L'art. 108 du Code de commerce est-il applicable aux actions en indemnité pour simple retard ?

1064. Les compagnies de chemins de fer sont assujetties, en tant qu'exerçant l'industrie des transports de marchandises, aux obligations du droit commun concernant le *voiturier*, sauf les dérogations résultant des lois spéciales, des cahiers de charges qui les régissent et, dans certains cas, de la nature propre au mode de transport qu'elles emploient.

Nous allons faire connaître ces règles particulières ; mais on se rappellera que les principes exposés ci-dessus (n°s 972 et suivants) sont applicables aux compagnies en tout ce qui n'est pas réglé par des dispositions spéciales. Nous aurons à examiner :

1° Comment elles sont chargées des objets qu'on leur confie et les preuves admises à cet égard ;

2° L'étendue de leur responsabilité en cas de perte, avarie ou retard ;

3° Leurs droits et obligations quant à la perception des prix de transport ; — l'interdiction des traités particuliers ;

4° Les divers modes d'extinction de l'action.

1065. 1° *Remise des objets ; — prise en charge.*

La réception des objets d'où résulte la responsabilité de la compagnie s'opère dans chaque station aux bureaux et par les soins des employés affectés à ce service. Mais elle pourrait avoir lieu aussi bien en dehors de la gare que dans le bâtiment spécialement destiné au chargement des marchandises sur les wagons. Une compagnie pourrait avoir des agents chargés d'aller chercher les marchandises à domicile. Elle serait tenue de leur fait comme de celui de tout autre préposé (1). — Mais c'est sur la question de savoir si les objets ont été effectivement remis aux agents de la compagnie que le débat pourra s'élever.

Or on a vu (2) que cette preuve devait être faite par écrit, et qu'à cet effet, les art. 1785, C. civ., et 96, C. comm., prescrivent au voiturier de tenir un registre sur lequel sont inscrits l'argent et les effets dont il se charge. — Cette preuve résulte aussi de la rédaction de la lettre de voiture (3).

Ce double mode de constatation est imposé aux compagnies de chemins de fer par l'art. 50 de l'ordonnance du 15 novembre 1846 et l'art. 49 du cahier des charges annexé aux décrets du 17 et du 26 juin 1857 et à ceux du 11 juin 1859, concernant les compagnies de l'Ouest, du Nord, de l'Est, etc.

Aux termes de ces dispositions combinées : « Les colis, « bestiaux, objets quelconques, seront inscrits avec mention « du prix total dû pour le transport, sur des registres spé- « ciaux, au fur et à mesure de leur réception, dans la gare « d'où ils partent et dans celle où ils arrivent.

« Toute expédition de marchandises sera constatée, si « l'expéditeur le demande, par une lettre de voiture faite en « deux expéditions, dont un exemplaire restera aux mains « de la compagnie, et l'autre aux mains de l'expéditeur.

« Dans le cas où l'expéditeur ne demanderait pas de lettre « de voiture, la compagnie sera tenue de lui délivrer un « *récépissé* qui énoncera la nature et le *poids des colis*, le « *prix total* du transport et le *délai* dans lequel ce transport « devra être *effectué.* »

1066. On voit, en se reportant à l'art. 102, C. comm., que les énonciations de ces registres et des *récépissés* sont presque identiquement celles que doit contenir la lettre de voiture.

Seulement celle-ci, d'après la loi et l'usage du commerce, indique en outre l'indemnité due pour *cause de retard*. Cette

---

(1) V. n° 981. C'est ainsi qu'elle répond des camionneurs chargés de la remise des colis au domicile des destinataires (art. 52 du cah. des charges).

(2) N°s 983 et 984.

(3) C. comm., 101 et 102. V. n° 993.

indemnité est d'ordinaire fixée à forfait au tiers du prix du transport. Or, de nombreuses contestations se sont élevées entre les expéditeurs qui voulaient maintenir cet usage pour les transports par chemins de fer et les compagnies qui le repoussaient (1), comme ne leur étant pas applicable. En définitive celles-ci obtinrent gain de cause, et la jurisprudence sur ce point a été fixée par trois arrêts de la Cour de cassation du 27 janvier 1862 (2).

1067. Jusque-là, les expéditeurs usaient assez généralement de la lettre de voiture dans leurs rapports avec les compagnies (3). Mais, en présence de la jurisprudence consacrée par les arrêts que nous venons de mentionner, l'emploi de cette forme de constatation des obligations réciproques a paru perdre son principal avantage. Le public n'a plus guère eu recours qu'aux récépissés. Or, ces récépissés formant titre pour l'expéditeur, sont assujettis au timbre de dimension (4).

L'art. 10 de la loi de finances du 13 mai 1863 a fixé à 20 centimes le droit de timbre. Cette loi reproduit, en le complétant, l'art. 49 du cahier des charges :

« Toute expédition non accompagnée d'une lettre de voi-
« ture doit être constatée sur un registre à souche timbré
« sur la *souche* et sur le *talon*, à peine d'une amende de
« 50 fr. Les préposés de l'enregistrement sont autorisés à
« prendre communication de ce registre, etc.

« Le récépissé énoncera la nature, le poids et la désigna-
« tion des colis, les noms et l'adresse du destinaire, le prix
« total du transport et le délai dans lequel ce transport devra
« être effectué.

« Un *double du récépissé* accompagnera l'expédition et
« sera remis au destinaire (5). »

Mais, par suite des charges que la guerre avec l'Allemagne nous a imposées, ces droits ont été augmentés.

---

(1) V. n° 1091.
(2) Dall., 62.1.67. V. *infrà*, n°s 1091 et suiv.
(3) La compagnie du Nord faisait timbrer *par mois* près de 100,000 formules de lettres de voiture, et la compagnie de l'Est, 60,000 (V. l'exposé des motifs de la loi des finances du 13 mai 1863).
(4) Art. 12, L. du 13 brum. an VII. Il n'en est pas de même des bulletins de bagages remis aux voyageurs (Exposé des motifs).
(5) Les récépissés accompagnant les envois venant de l'étranger et les pièces qui tiennent lieu de récépissés, peuvent être timbrés au moyen de timbres mobiles dont la forme est déterminée par un décret impérial du 2 janv. 1864 (Dalloz, 64.4.17).

La loi du 23 août 1871, art. 2, 2°, avait élevé le timbre de 0,20 à 0,25 cent. La loi du 28 fév. 1872 porte, art. 11 : « Le droit de décharge de 0,10 cent. créé par l'art. 18 de la loi du 23 août « 1871, pour constater la remise des objets, sera réuni à la « taxe due pour les récépissés de lettres de voiture, qui est « fixée ainsi qu'il suit :

« Récépissé délivré par les compagnies de chemins de fer « (droit de décharge compris), 0,35 cent.

« Lettres de voiture (droit de décharge compris), 0,70. »

Celle du 30 mars 1872 élève le droit à 0,70 cent. pour chacun des transports effectués autrement qu'en grande vitesse, et déclare que les récépissés pourront servir de lettres de voiture pour les transports qui, indépendamment des voies ferrées, emprunteront les routes, canaux ou rivières. Les divers colis expédiés en groupe doivent être l'objet, d'autant de récépissés différents qu'il y a de destinataires (art. 2).

Enfin l'art. 10 de la loi du 19 février 1874 est ainsi conçu : « Les recouvrements effectués par les entrepreneurs de « transports, à titre de remboursement des objets trans- « portés, *quel que soit d'ailleurs le mode employé* pour la « *remise des fonds au créancier*, ainsi que tous les autres « transports *fictifs* ou réels de monnaie ou de valeurs, sont « assujettis à la délivrance d'un récépissé ou d'une lettre de « voiture dûment timbrée. Le droit de timbre du récépissé « ou de la lettre de voiture, fixé dans ce cas à 0,35 cent., y « compris le droit de sa décharge, est supporté par l'expédi- « teur de la marchandise. »

On a voulu atteindre par là et assujettir à l'impôt les recouvrements de fonds opérés par les entrepreneurs de transports, alors même que ces fonds ne sont pas envoyés à l'expéditeur en espèces, mais au moyen d'avis échangés entre les gares et par une sorte d'opération de banque. Et le timbre de la lettre de voiture a été, dans ce cas, ramené au taux fixé pour celui du récépissé.

1068. Pour faciliter l'accomplissement de ces formalités qui donnent une garantie nécessaire aux intérêts des deux parties, « tout expéditeur remettant des marchandises aux « stations des chemins de fer, doit faire la déclaration exacte « *de la nature* de la marchandise (1). »

_____

(1) M. Cotelle, *Cours de dr. admin.*, t. 4, p. 147.

Des mesures spéciales de précaution sont prises, s'il y a lieu, pour le transport de celles qui pourraient occasionner soit des explosions, soit des incendies (1).

Dans la pratique et d'après les règlements intérieurs des compagnies, si les marchandises sont déposées en gare par l'expéditeur ou son mandataire, la déclaration signée par l'un ou l'autre en cette qualité suffit, mais elle doit énoncer : la date de la remise, le poids, la marque et le numéro, la nature et la valeur de la marchandise, le conditionnement du colis, les noms et adresses de l'expéditeur et du destinataire, et la mention du mode de livraison, en gare ou à domicile. Si l'expédition est remise par un voiturier de profession ou commissionnaire de transports, les marchandises doivent être accompagnées d'une lettre de voiture, contenant les mêmes désignations, et qui sert à déterminer d'une manière plus précise les obligations des divers intermédiaires chargés successivement de conduire les objets à destination.

1069. La déclaration dont il s'agit est d'une importance extrême, puisqu'elle sert à déterminer le prix du transport et la valeur des indemnités dues par la compagnie en cas de perte ou d'avarie.

Elle doit être parfaitement loyale et sincère.

La fraude, en pareille matière, s'est cependant produite assez fréquemment.

Nous avons donné ci-dessus (2) un exemple sur lequel la Cour de Paris s'est prononcée dans un sens que nous avons critiqué (3).

En pareil cas, suivant nous, la compagnie ne doit pas répondre de l'avarie si elle a donnée à la chose les soins que celle-ci comportait d'après sa nature apparente.

S'il y a faute de sa part, et si l'objet, notamment, a été perdu, elle en doit la valeur appréciée seulement d'après la déclaration de l'expéditeur.

La Cour de Paris, abandonnant sa décision de 1847, est revenue à notre doctrine, et par un nouvel arrêt du 10 avril 1854 (4) elle a jugé qu'un expéditeur qui avait remis au chemin de fer une boîte renfermant des billets de banque et

---

(1) Ordonn. 15 nov. 1846, art. 66. — M. Cotelle, *ibid.*
(2) N° 997.
(3) V. son arrêt du 14 août 1847, S. 47.2.509, D. 48.2.11, et un autre du 12 déc. 1863, D. 64.2.3.
(4) D. 55.2.14. — *Conf.*, Bordeaux, 26 fév. 1872, D. 74.2.82.

des actions industrielles représentant une valeur de plus de
80,000 fr., avec cette seule désignation : *boîte en fer*, et
n'avait payé que les droits dus à raison du poids de la boîte,
n'était point fondé, en cas de perte de ce colis, pendant le
trajet ou à l'arrivée, à demander à la compagnie le paiement
des valeurs qui y étaient contenues, mais seulement le prix
de l'estimation de la boîte.

Cet arrêt nous semble devoir fixer la jurisprudence sur ce
point, et c'est à tort qu'on lui en opposerait un autre de la
même Cour, en date du 12 janvier 1852 (1), sur lequel on
ne peut se méprendre que faute d'un examen attentif des
faits.

Il s'agissait ici d'un sac de nuit qu'une dame Lloyd, voyageant sur le chemin de fer de Boulogne, portait à la main.
Les employés du chemin de fer insistèrent pour qu'elle le
déposât aux bagages, et il fut enregistré comme tel, sans
déclaration spéciale. Or, ce sac renfermait les bijoux de la
dame Lloyd, et il fut constaté qu'ils avaient été soustraits
pendant le trajet. La compagnie fut condamnée à payer
10,000 fr. de dommages-intérêts.

Mais on voit que la réclamante n'avait aucune fraude à se
reprocher et que la faute tout entière retombait sur les agents
de l'entreprise de transport.

Du reste, la déclaration est suffisante lorsqu'elle fait connaître d'une manière exacte quoique générale la nature de
l'objet à transporter. Une désignation particulière n'est
indispensable que si l'objet était soumis à une taxe spéciale
ou *ad valorem*. Ainsi, une montre en or et sa chaîne ayant
été expédiées sous ce titre : « articles d'horlogerie, » la compagnie a été déclarée responsable de leur valeur intégrale,
comme étant suffisamment avertie qu'il s'agissait d'objets
précieux exigeant des précautions particulières, alors que d'ailleurs que le tarif ne rangeait pas ceux-ci dans une catégorie
à part (2).

1070. Bien que les voyageurs ne soient pas assujettis formellement à ces déclarations spéciales, en ce qui concerne
les objets renfermés dans les bagages qu'ils transportent avec
eux, nous pensons qu'en dehors de circonstances exceptionnelles comme celles de l'affaire Lloyd citée au numéro qui

---

(1) D. 52.2.294.
(2) Rej., 10 mars 1869, S. 295 ; Rej., 4 juin 1872, D. 73.1.24.

précède, ils sont tenus de les faire lorsque leurs caisses et malles contiennent des objets précieux tels que bijoux, dentelles, titres, sommes importantes en numéraire.

Comme nous l'avons dit, n° 1006, pour les voituriers en général, les compagnies ne peuvent être engagées indéfiniment à leur insu et passibles de dommages-intérêts qui n'ont pas été prévus lors du contrat (C. civ. 1150). Le propriétaire des objets dont il s'agit doit les mettre à même d'exercer une surveillance particulière et de payer les surtaxes imposées par les tarifs sur ces objets (1), surtaxes qui forment au profit de la compagnie comme une prime d'assurance et la juste compensation de sa responsabilité.

La jurisprudence s'est fixée dans le sens de notre solution (2) et décide qu'en pareil cas, le voyageur ne peut réclamer que le prix des objets à son usage et somme suffisante pour les besoins présumés de son voyage, eu égard aux circonstances (3).

Mais, ici encore, on admet le remboursement intégral lorsque les objets enregistrés comme bagages ne sont pas tarifés ad valorem (4).

1071. Toutefois, la responsabilité de la compagnie serait absolue si la disparition des objets provenait de vols ou détournements commis par ses agents. L'art. 1150, C. civ., en effet, réserve expressément le cas de dol, et l'art. 108, C. comm., fournit à cet égard un argument, lorsqu'il refuse le bénéfice des exceptions tirées de l'acceptation des objets transportés et du paiement, au voiturier coupable de fraude et d'infidélité (5).

1072. La prohibition des fausses déclarations dont nous venons de parler ne trouve-t-elle pas en outre une sanction dans l'art. 21 de la loi du 15 juillet 1845? — C'est une question encore controversée; nous verrons plus bas, n°ˢ 1114 et suivants, qu'en principe, les contraventions aux règlements, décisions ministérielles et cahiers de charges, con-

(1) V. l'art. 47 du Cahier des charges annexé aux décrets du 11 juin 1859 et l'art. 43 de celui annexé aux lois des 8 juill. 1852 et 28 mai 1833, concernant les chemins de fer du Midi.
(2) Rej., 16 mars 1859, D. 316, et 7 août 1867, D. 68.1.34.
(3) Douai, 27 nov. 1863, D. 66.2.169.
(4) Aix, 18 juin 1870, D. 71.2.247, S. 72.2.13; Rej., 22 nov. 1871, D. 72.1.63; Rej., 5 mars 1872, D. 215, S. 299.
(5) V. deux arrêts de rejet du 16 mars 1859, D. 316 et 317; Douai, 27 nov. 1865, D. 66.2.169.

cernant l'exploitation commerciale, sont passibles des peines portées par cet article. Mais une fausse déclaration par l'expéditeur est-elle formellement prohibée par les règlements actuellement existants ?

En présence d'une disposition expresse, il n'y aurait pas de difficulté. Ainsi les expéditions de finances sur le chemin de l'Ouest, aux termes d'une décision du ministre des travaux publics du 3 avril 1862, doivent être accompagnées, de la part de l'expéditeur, de deux notes ou bulletins de remise, mentionnant la valeur de l'article. Cette condition doit être remplie d'une manière sincère, sous les peines dont il s'agit (1).

Mais, dans les autres cas qui ne sont pas formellement prévus, cette peine peut-elle être appliquée ?

M. Dalloz enseigne l'affirmative en se fondant sur l'art. 50 de l'ordonnance du 15 novembre 1846 et sur l'art. 49 du cahier des charges, qui veulent que le récépissé délivré par la compagnie énonce la nature du colis. Or, ce récépissé est délivré d'après la déclaration de l'expéditeur. Donc, ce que l'ordonnance demande, dit cet auteur, c'est une vraie et non une fausse déclaration : celle-ci, tout aussi bien que le défaut de déclaration, constitue donc une violation des règlements (2).

Nous hésitons, quant à nous, à aller aussi loin. Quelque regrettable que soit une fraude de ce genre, et quelques inconvénients qu'elle entraîne, aucune disposition expresse des règlements ne nous semble atteinte, s'il n'en est pas qui ordonne formellement à l'expéditeur de faire la déclaration dont il s'agit. Or, une loi pénale ne peut être appliquée qu'au fait prévu par ses termes mêmes, et non par une induction tirée de l'obligation imposée à des tiers par une disposition semblable à celle qu'invoque ici M. Dalloz.

La fraude en pareil cas ne nous paraît donc pouvoir être déjouée que par la surveillance active de la compagnie, et l'action en dommages-intérêts toujours ouverte à la partie lésée. Au surplus, des arrêtés spéciaux devraient être pris à cet effet, et couperaient court à cette difficulté. Ils auraient à tenir compte du cas où plusieurs objets de différente nature

---

(1) Paris, 12 déc. 1863, D. 64.2.3. — *Conf.*, Aix, 26 nov. 1870, D. 134, S. 71.2.96. V. n° 1116.

(2) *Voiris par ch. de fer*, n° 604. — *Adde*, Grenoble, 29 déc. 1865, D. 66.2.59.

sont renfermés dans le même colis ; on comprend qu'en ce cas il est difficile d'exiger une déclaration détaillant minutieusement chaque objet ; et c'est encore là une raison qui, dans l'état actuel des choses, nous paraît rendre impossible l'application de l'art. 21 de la loi de 1865 à un expéditeur qui aurait fait une déclaration inexacte ou incomplète.

1073. Les compagnies ont assurément le droit d'user des moyens propres à les garantir des fraudes de la nature de celles qui viennent d'être signalées, et notamment de vérifier les colis qui leur sont présentés pour contrôler la sincérité des déclarations (1), mais sans retarder l'envoi des marchandises, et à la charge de refermer immédiatement et à leurs frais le colis, lorsque la déclaration n'a pas été reconnue fausse (2).

Il est même prescrit aux employés de ne pas accepter un colis sans en avoir fait la reconnaissance (3) ; ils doivent le refuser en cas de mauvais conditionnement.

« Pour obtenir l'enregistrement d'une expédition incom-« plète, dit à cet égard M. Cotelle, celui qui la présente doit « rédiger une *note de remise* présentant exactement le poids, « les numéros et la destination des objets qu'il remet.

« La reconnaissance d'expédition peut encore être con-« sentie par le chef de gare moyennant la délivrance de « *billets de garantie* qui, en établissant le mauvais état des « emballages, l'insuffisance des délais, etc., déchargent la « compagnie de la *responsabilité* des *avaries ou des re-« tards* (4). » Nous reviendrons sur ces stipulations de *non-garantie* (5) et nous verrons quels en sont les effets. Quant à présent, nous nous bornons à constater le droit des compagnies de refuser les objets mal emballés (6).

1074. La preuve de la remise des effets aux préposés de la compagnie, pourrait, indépendamment de toute inscription, résulter de leur aveu, du serment, et même de la preuve testimoniale, soit qu'il s'agisse d'une valeur de moins de

---

(1) M. Cotelle, *Droit admin.*, t. 4, n° 358 ; M. Petit de Coupray, *Manuel des transp. sur les ch. de fer*, p. 264.
(2) Paris, 16 août 1853, sous Cass., 9 mai 1855, D. 55.1.216, 3° esp., p. 219 ; Amiens, 21 janv. 1853, D. 54.2.224 ; Dalloz, *Voirie par ch. de fer*, n°s 385, 386.
(3) M. Cotelle, n° 363.
(4) T. 4, n° 365.
(5) V. n°s 1079 et suiv.
(6) Rej., 26 janvier 1859, D. 66 ; Caen, 20 avril 1864, D. 65.2.183.

150 fr., soit qu'il existe un commencement de preuve par écrit.

La preuve testimoniale serait même admise, comme nous l'avons dit n° 992, s'il s'agissait de transports de marchandises effectués pour un commerçant, les règles du droit commercial étant ici applicables (1).

1075. Il faudrait enfin l'admettre, conformément à l'article 1348, C. civ., dans le cas où le propriétaire des effets n'aurait pas pu se procurer de preuve par écrit au moyen de l'enregistrement.

Ainsi les voyageurs arrivant à la gare de départ avec leurs bagages, qui doivent être transportés par eux, ces bagages sont reçus par des facteurs qui les conduisent de l'entrée de la gare au bureau de l'enregistrement. Les facteurs sont des préposés de la compagnie, et celle-ci est responsable aussi bien de leur infidélité que de leur négligence (2). Or, il est incontestable que pour établir la remise qui leur est faite, tous les modes de preuve sont autorisés, car il y a là un dépôt nécessaire, et il n'a pas été possible de s'en procurer la preuve écrite.

1076. Nous terminerons sur ce premier point, en faisant remarquer que l'entrepreneur de transport ne doit plus avoir à répondre des marchandises lorsqu'il n'a fait autre chose que mettre sa voiture à la disposition de l'expéditeur. Il en est ainsi d'une compagnie de chemin de fer qui a loué un wagon entier pour le transport de marchandises sans avoir à s'occuper elle-même du chargement et de l'expédition. On ne saurait prétendre, en effet, que les objets lui ont été confiés, si l'expéditeur a usé du wagon sans l'intervention de la compagnie et sans que celle-ci ait eu à vérifier le bordereau des objets expédiés (3).

Ce cas est expressément prévu pour certaines lignes, et les tarifs laissent aux risques et périls de l'expéditeur les transports de marchandises excédant la quantité fixée par les mêmes tarifs pour chaque wagon, mais il a été jugé que cette disposition n'est applicable qu'au cas où les wagons

---

(1) Arg., Rej., 30 déc. 1857, D. 58.1.395 ; Dalloz, v° *Commissionnaire*, n° 355.
(2) Trib. de la Seine, 16 oct. 1857, aff. Cⁱᵉ d'Orléans c. Laroche, *Gaz. Trib.*, 22 oct. 1857 ; Trib. comm. Strasbourg, 11 déc. 1868, S. 70. 2.24 ; Trib. comm. Marseille, 9 nov. 1870, D. 72.3.71.
(3) Rej., 27 déc. 1848, S. 49.1.612.

contenant des marchandises ont été mis à la libre disposition de l'expéditeur et où les opérations de chargement ou de déchargement ont été effectuées par lui ou ses agents (1).

Il est évident, du reste, que l'expéditeur aurait toujours droit à une indemnité, s'il prouvait que la perte ou l'avarie provient du vice de la voiture, ou d'une faute quelconque commise par l'un des agents de l'entrepreneur.

Mais la présomption établie par l'art. 1784 contre ce dernier n'a plus d'application dans ce cas, et la preuve est à la charge de l'expéditeur.

1077. Les compagnies de chemins de fer sont investies d'un monopole qui repose sur la double base du droit et du fait. D'une part, l'établissement des lignes doit être autorisé par le gouvernement (2); ce n'est pas une industrie que chacun puisse exercer librement, une propriété particulière que l'on puisse créer suivant ses propres facultés et son bon plaisir.

D'ailleurs, la nature même de ce système de locomotion a fait abandonner tout autre mode de voiturage et anéanti, sur le parcours des lignes, les entreprises rivales. La batellerie, il est vrai, est très-active sur certains canaux malgré la concurrence des chemins de fer, mais elle ne transporte guère que des marchandises lourdes et encombrantes, pouvant subir de longs délais entre le départ et l'arrivée. Ce n'est donc là qu'une exception, et la navigation mise à part, nous restons en présence d'un fait incontestable, c'est que le roulage et la messagerie ordinaire ne peuvent subsister en concurrence avec les lignes de fer.

Celles-ci sont donc obligées de se charger de tous les objets qu'on leur présente, à moins qu'elles ne se trouvent dans un cas réservé par les règlements.

Ainsi les compagnies ne sont pas tenues de transporter les masses indivisibles de plus de 5,000 kilogrammes (3).

On vient de voir aussi qu'en cas d'emballage défectueux exposant les marchandises à être avariées ou perdues, elles peuvent être refusées (4).

Il en serait de même au cas où l'expéditeur voudrait imposer une condition qui n'est pas obligatoire pour l'entre-

---

(1) Rej., 11 janv. 1864, D. 66.1.280.
(2) L. du 3 mai 1841, art. 3; Sén.-cons. du 23 déc. 1852, art. 4.
(3) Cah. des charges, art. 46.
(4) V. n° 1073.

preneur, comme celle de *faire suivre en remboursement*, c'est-à-dire de recevoir du destinataire le prix de la marchandise et de le transmettre à l'expéditeur. Rien, en effet, n'oblige les compagnies à effectuer de semblables recouvrements. Elles doivent seulement opérer le transport des marchandises qui leur sont remises, moyennant le prix du port, payable à l'arrivée, s'il n'a pas été compté d'avance.

Par suite, si la marchandise doit voyager sur plusieurs lignes et si la compagnie du dernier parcours refuse de la recevoir, — l'expéditeur ne peut réclamer de dommages-intérêts soit pour ce refus, soit pour le retard qui en résulte dans le transport, ni contre cette compagnie, — ni contre celle qui au *départ* avait accepté cette condition pour la transmettre à une autre appelée à effectuer la livraison (1). L'obligation ne peut naître en pareil cas contre l'une ou l'autre que de conventions particulières.

1078. Le transport de toute marchandise acceptée doit être effectué avec exactitude et *sans tour de faveur*.

Les animaux, colis, etc., sont inscrits à la gare où ils sont présentés, au fur et à mesure de leur réception, et expédiés de même dans les délais déterminés par le cahier des charges (2).

Les contraventions qui seraient commises à cet égard sont prévues et punies par l'art. 21 de la loi du 15 juillet 1845 (3), sans préjudice des dommages-intérêts, et remarquons, en passant, que l'obligation d'expédier les objets *sans tour de faveur* et celle de faire partir *dans les délais*, ne doivent pas être confondues. Elles sont distinctes, et la contravention résultant de qu'elles n'ont pas été accomplies peut tomber à la charge de personnes différentes. C'est ainsi que le tour de faveur accordé à certains expéditeurs pourrait être imputé au directeur de la compagnie qui aurait donné des ordres en ce sens, tandis que le *retard* dans les expéditions, aggravé, il est vrai, par l'abus du *tour de faveur*, serait le fait d'un employé négligent (4).

1079. 2° *Etendue de la responsabilité*.

---

(1) Trib. comm. Marseille, 12 août 1863, D. 64.3.23.
(2) Ordonn. du 15 nov. 1846, art. 50; Cahier des charges, art. 49 et 50.
(3) Ordonn. du 15 nov. 1846, art. 50 et 79 combinés.
(4) Voy. un jugement du Trib. supérieur de Carpentras, du 5 janv. 1855, D. 55.3.7.

Comme tous les voituriers, les concessionnaires de chemins de fer sont responsables, aux termes de l'art. 1784, C. civ., « de la perte ou des avaries des choses qui leur sont « confiées, à moins qu'ils ne prouvent qu'elles ont été per- « dues ou avariées par cas fortuit ou force majeure »·(1).

Il faut se reporter aux développements dans lesquels nous sommes entrés sur l'interprétation de cet article, n°⁵ 994 et 995.—Il en résulte d'abord que la présomption de faute est contre le voiturier. C'est à lui de prouver le cas fortuit ou la force majeure dont il excipe.

En second lieu, nous avons examiné la question de savoir si le voiturier peut stipuler qu'il ne répondra pas de l'avarie. L'art. 98, C. comm., semble l'y autoriser. Nous avons décidé, néanmoins, que cette clause est inefficace (2) et qu'elle n'aurait même pas pour effet de tourner la présomption en faveur de l'entrepreneur de transport, car ce serait là un moyen détourné mais presque infaillible de l'affranchir de toute responsabilité.

Plusieurs décisions rendues depuis l'époque où la première édition de cet ouvrage a été publiée sont venues consacrer cette solution, et la Cour suprême en a fait plusieurs fois l'application aux chemins de fer (3). En effet, à l'égard de ceux-ci, les raisons de décider en ce sens sont plus impérieuses encore qu'à l'égard des voitures libres. N'ayant aucune concurrence, les compagnies feraient la loi aux expéditeurs, et ceux-ci ne pourraient librement débattre une semblable clause qui deviendrait de style. D'ailleurs elles sont tenues d'effectuer tous les transports aux conditions fixées par leurs tarifs et règlements qui impliquent, en principe général, l'obligation de répondre des avaries.

Seraient-elles parvenues à faire insérer dans ces tarifs et approuver par l'autorité administrative des clauses de ce genre, sous condition d'une réduction de prix, on devrait naturellement interpréter ces mots, *sans garantie*, ou *sans responsabilité des avaries de route*, comme ne s'appliquant

---

(1) V. aussi C. comm., 88 et 103.
(2) *Conf.*, Dalloz, v° *Commissionn.*, n° 342.
(3) Rej., 26 janv. 1859, D. 66, S. 316 ; Rej., 26 mars 1860, D. 269, S. 899; Rej., 24 avril 1865. D. 215; Caen, 20 avril 1864, D. 65.2.183. — *Conf.*, Dalloz, *Jur. génér.*, v° *Voirie par ch. de fer*, n° 434, et v° *Commissionnaire*, n° 344. — *Contrà*, M. Cotelle, *C. de dr. admin. appl. aux trav. publ.*, t. 4, n° 365.

qu'aux avaries résultant du *vice propre de la chose*, comme déchets occasionnés par l'évaporation ou autres causes semblables, corruption de certains comestibles, etc. (1).

Il faut même décider qu'à cet égard les stipulations les plus formelles seraient inutiles (2). Expresses ou tacites, ces conventions tendraient à affranchir les compagnies de leurs propres fautes ou de celles de leurs agents, ce qui revient au même, à couvrir même des soustractions et de véritables délits. De semblables stipulations sont donc nulles comme ayant une cause illicite, comme contraires à l'ordre public, et à des lois positives dont l'homologation administrative ne peut anéantir l'effet (3).

1080. En vain invoquerait-on cette circonstance que la marchandise aurait voyagé à prix réduit. C'est à la compagnie qu'il appartient de ne pas accorder cette réduction à des conditions sans valeur et qui ne peuvent être sanctionnées par les tribunaux (4).

La Cour de cassation a cependant décidé récemment, qu'en pareil cas, si la clause dont s'agit est autorisée par un tarif dûment homologué, la compagnie répond sans doute de sa faute (5), mais que la preuve est, en ce cas, à la charge de l'expéditeur (6).

1081. En vain aussi invoquerait-on l'art. 98, C. comm. Cet article, en effet, n'est pas applicable au voiturier proprement dit et à ses faits personnels, ou au fait de ses préposés, mais au *commissionnaire* de transports, et aux faits des autres intermédiaires avec lesquels il traite. L'art. 98 se lie à l'article suivant, aux termes duquel le premier commissionnaire « est garant des faits du commissionnaire auquel « il adresse les marchandises », — et c'est pour s'affranchir de cette garantie qu'il lui est permis de déroger par une convention aux règles du droit commun. Cette distinction a été

---

(1) Rej., 24 avril 1865, D. 215 ; Rej., 14 juin 1865, *Droit* du 16 juin, aff. Chem. de fer de Lyon c. Descournuts. — *Conf.*, G. Palaa, *Dict. législ. et régl. des ch. de fer*, p. 530.
(2) Et à plus forte raison le fait que le port a été payé d'avance.
(3) Argum. de l'arrêt de rejet, 26 mars 1860, D. 269.
(4) Argum. des motifs de l'arrêt de Bordeaux du 5 mars 1860, D. 60.2.176.
(5) Consult. à cet égard, Rej., 16 fév. 1870, D. 231 ; Pau, 27 nov. 1872, S. 72.2.258.
(6) Cass., 4 fév. et 22 avril 1874, S. 273 et 385.

soigneusement faite par les auteurs (1), et consacrée par la jurisprudence (2).

Par cette stipulation de *non-garantie* la compagnie s'affranchirait donc valablement de la responsabilité qu'elle encourt à raison des faits de l'entrepreneur qu'elle choisirait, comme commissionnaire, pour faire parvenir la chose jusqu'à sa destination.

1082. Puis enfin, comme nous l'avons déjà dit, elle se mettrait à couvert de toute réclamation, à raison du vice propre de la chose (3), et aussi des défectuosités du conditionnement. Les avaries se rapporteraient alors au fait de l'expéditeur plutôt qu'à celui de la compagnie. Il est clair que les soins ordinaires donnés aux marchandises suivant leur nature ne suffisent plus si elles sont dépourvues d'emballage, mises en vrac (4) ou même mal emballées. La compagnie peut en refuser le transport ou stipuler la non-garantie. De même, si l'on est convenu que la marchandise voyagera par wagons découverts (5). Ce fait une fois constaté, il est clair que la présomption est contre l'expéditeur, et ce serait à lui de prouver la *faute* qu'il allègue contre la compagnie. Mais, à défaut de constatation précise de l'insuffisance de l'emballage, il ne faudrait pas en trouver la preuve dans la clause même de non-garantie. Nous ne saurions assez répéter que cette clause toute seule ne change rien à la situation du voiturier, aux obligations que la loi lui impose, aux présomptions qu'elle établit contre lui. L'interpréter autrement, c'est tendre un piége au public, c'est mettre les expéditeurs à la merci des entreprises de transports.

1083. Toutefois, si l'entrepreneur du transport ne peut s'exonérer ni de la responsabilité de ses faits, ni de la preuve

---

(1) M. Pardessus, t. 2, n° 576 ; Dalloz, v° *Commissionn.*, n°s 343 et 344. — V. *suprà*, n° 995 *bis*.

(2) Rej., 26 janv. 1859, D. 66.

(3) Rej., 24 avril 1865, D. 215.

(4) C'est-à-dire placées dans les wagons sans être renfermées dans des caisses ou paniers.—Mais la décharge de garantie donnée par l'expéditeur pour emballage insuffisant ne mettrait pas la responsabilité de la compagnie à couvert de la responsabilité des avaries provenant de son fait, par exemple, des résultats d'une chute ou de la manutention trop brusque des colis. Cass., 13 août 1872, S. 304.

(5) Cass., 21 nov. 1871, D. 292, S. 72.1.77; Cass., 29 janv. 1872, D. 116; Cass., 31 mars 1874, D. 303, S. 385 ; Pau, 24 juin 1872, D. 72.2.224, S. 72.2.76.

des circonstances qui mettraient sa responsabilité à couvert, il n'en faut pas conclure qu'il soit soumis à une loi draconienne. — Il n'est pas tenu de réaliser l'impossible. Nous l'avons dit, n° 999 *bis*, il ne faudra pas nécessairement qu'il établisse de quelle manière précise où et quand l'avarie s'est produite, et qu'elle provient de telle cause déterminée qui lui est étrangère. Les tribunaux apprécierout les circonstances de la cause et jugeront s'il en résulte que le voiturier est exempt de faute (1).

Au point de vue de la preuve, les conventions faites avec l'expéditeur, les constatations relatives à la nature et à l'état des objets au moment du départ, fourniront d'utiles éléments à cette appréciation. Si l'entrepreneur, par exemple, avait stipulé la non-garantie à raison de l'extrême fragilité des objets, et si d'ailleurs les colis ne portaient aucune trace extérieure d'avarie, s'il était justifié qu'ils ont été placés sur les wagons avec les précautions convenables, que d'autres objets de même espèce voyageant avec ceux-ci sont arrivés en bon état, on déciderait sans doute que la casse est le résultat du vice propre de la chose ou d'un cas fortuit (2). Enfin, s'il y a eu réduction de prix, la responsabilité devra s'apprécier encore d'une manière moins rigoureuse. Car, d'ordinaire, les prix sont plus élevés pour les objets précieux ou fragiles (3), et c'est une sorte de prime d'assurance au profit du voiturier qui l'oblige à répondre du dommage entier, s'il ne démontre pas d'une manière complète l'absence de toute faute qui lui soit imputable.

1084. Ces causes d'atténuation ont été invoquées avec succès devant la Cour de Paris (4), dans une espèce où la compagnie soutenait n'avoir pas à répondre d'accidents survenus à des chevaux de luxe pendant leur transport, attendu que l'expéditeur avait choisi la petite vitesse dont le tarif est moins élevé, au lieu de mettre les chevaux dans un des trains établis à cet effet et où l'on emploie certaines précautions particulières.

La compagnie, à raison de cette circonstance, avait stipulé la non-garantie. Il fut reconnu que cette clause n'avait pour effet que de mettre la preuve à la charge du deman-

---

(1) V. aussi Rej., 30 oct. 1841, Dall., *Commissionnaire*, n° 381.
(2) Dall., v° *Commissionnaire*, n° 341.
(3) V. Cah. des charges, art. 47, §§ 3 et 4.
(4) Arrêt du 17 juill. 1866, *Droit* des 23 et 24 juillet.

deur (1), et celui-ci n'ayant pas démontré qu'une faute spéciale fût imputable au chemin de fer, on devait décider que l'avarie résultait simplement de ce que les chevaux en question avaient été placés par leur propriétaire dans un wagon qui n'était point approprié à ce genre de transport.

1085. Mettons de côté ces questions de preuve et supposons la perte ou l'avarie constatée à la charge de la compagnie; on lui appliquera tout ce qui a été dit ci-dessus, n°s 999 à 1019, sur la responsabilité que le voiturier encourt en pareil cas. Nous nous en référons purement et simplement à ces passages ; nous éviterons ainsi des répétitions inutiles.

1086. Notons seulement que les compagnies sont responsables des marchandises jusqu'à la livraison effective et tant qu'elles restent dans leurs magasins. En effet, tant que le destinataire n'a pas été mis en demeure de les retirer, elles sont en dépôt, au même titre que pendant le transport aux mains de la compagnie, qui leur doit les mêmes soins et qui d'ailleurs, au bout d'un certain délai, est autorisée à percevoir un droit de magasinage.

Et l'on a jugé avec raison qu'en cas d'incendie notamment, et alors que la compagnie n'établissait pas que le feu eût pris à ses magasins par cas fortuit ou force majeure, elle devait au propriétaire la valeur des marchandises brûlées. Elle invoquait, à la vérité, la mention apposée sur un bon de livraison au moyen duquel le destinataire devait retirer les objets, et portant que la compagnie déclinait toute responsabilité à partir de la remise de ce bon. Mais cette mention émanait de la compagnie seule ; elle ne constituait pas la preuve d'un contrat, et, d'un autre côté, la remise du bon ne pouvait être considérée comme l'équivalent d'une mise en demeure régulière qui eût mis la chose aux risques et périls du destinataire (2).

Celui-ci devait donc être indemnisé de la perte qu'il éprouvait par suite de l'incendie de ses marchandises (3).

1087. Le retard mis au transport et à la livraison est une autre cause de responsabilité contre le voiturier (4), s'il en résulte un préjudice pour le destinataire (5).

---

(1) V. le jugement du tribunal de la Seine rapporté avec l'arrêt.
(2) C. civ., art. 1138, 1139, 1146.
(3) Paris, 31 déc. 1856, *Monit. des Trib.* du 11 janv. 1857.
(4) V. n° 1019 *bis ;* art. 97 et 104, C. comm.
(5) Rej., 8 août 1867, S. 397.

L'application de ce principe aux compagnies de chemins de fer est incontestable (1) ; mais avec certaines distinctions.

1088. Les anciens voituriers, libres de prendre ou de refuser les marchandises qu'on leur présentait, pouvaient aussi débattre toutes les conditions relatives aux prix de transport, aux délais et aux indemnités dues en cas de retard. Pour les chemins de fer, les prix sont fixés par les cahiers de charges et les arrêtés spéciaux de l'autorité administrative.

Il en est de même des délais de transport.

Les compagnies ne peuvent être contraintes d'abréger ces délais, mais elles doivent les observer ponctuellement. Il n'est pas besoin, pour les fixer, de stipulations expresses entre elles et les expéditeurs (2), bien que l'art. 50 de l'ordonnance du 15 novembre 1846 et l'art. 49 du cahier des charges annexé aux décrets des 26 juin 1857 et 11 juin 1859, prescrivent de le mentionner dans les récépissés, comme l'art. 102, C. comm., l'ordonne pour la lettre de voiture.

1089. Or, les tarifs peuvent-ils être, à cet égard, modifiés par la volonté des parties? Les compagnies peuvent-elles, notamment, s'obliger à effectuer le transport dans des délais plus courts que ceux du règlement?

La jurisprudence avait d'abord admis que les conventions de ce genre étaient valables et que leur inexécution rendait les compagnies passibles de dommages-intérêts (3).

Il a même été jugé que le contrat à cet égard peut se former tacitement ou du moins se prouver par des présomptions comme par les autres modes de preuve admis en matière commerciale, si l'expéditeur est un commerçant; que l'on pourrait trouver cette preuve, notamment, dans ce fait que des marchandises étaient, à la connaissance de la compagnie, destinées à être vendues sur tel marché, et devaient ainsi arriver avant l'heure de son ouverture ; que plusieurs expéditions avaient été faites dans ces conditions par le même marchand et que la compagnie les avait toujours effectuées dans le délai voulu (4).

---

(1) Paris, 5 déc. 1850, D. 51.2.223 ; Douai, 11 mars 1858, S. 58.2. 403 ; Dijon, 6 juill. 1859, S. 60.2.46.
(2) Paris, 5 déc. 1850, D. 51.2.223.
(3) Rej., 30 déc. 1857, D. 58.1.395 ; Douai, 11 mars 1858, S. 58.2. 403 ; Caen, 7 fév. 1861, D. 61.2.231, S. 61.2.475. — V. M. Cotelle, *Lég. des ch. de fer,* 2e édit., t. 2, nos 358 et 359.
(4) Req. rej., 30 déc. 1857, D. 58.1.395.

Mais cette interprétation a été depuis notablement restreinte. La chambre civile de la Cour de cassation, s'attachant rigoureusement aux dispositions des règlements, a déclaré plusieurs fois qu'un usage plus ou moins longtemps suivi ne constituait pas une preuve suffisante de la renonciation de la compagnie aux délais qui lui sont impartis, et au droit d'en user désormais à l'égard des mêmes expéditeurs (1).

Allant encore plus loin, elle a ensuite déclaré radicalement nulles ces conventions, même expresses, comme contraires au principe absolu d'égalité qui domine la réglementation des transports de marchandises par les voies ferrées et qui est formulé notamment par l'art. 50 de l'ordonnance du 15 novembre 1846, comme constituant des traités particuliers et de faveur, interdits aux compagnies. Plusieurs arrêts ont été rendus dans ce sens (2).

1090. Il faut reconnaître, en effet, que ces conventions spéciales seraient en contradiction avec ce double principe, que les expéditions doivent s'opérer sans tour de faveur (3), et que toute compagnie est tenue de n'apporter aucune modification à ses tarifs sans qu'elle ait lieu au profit de tous les expéditeurs (4).

Ainsi, elle n'a pas le droit de transporter les marchandises par un convoi spécial pour telle ou telle personne. Elle doit les expédier par les trains ordinaires (5), sauf à abréger les manutentions et les délais de départ et de livraison ; mais sa renonciation aux délais de chargement et de transport ne doit être en aucun cas l'effet d'un arrangement spécial, lequel serait frappé de nullité et n'ouvrirait pas d'action en faveur de l'expéditeur (6).

Ainsi, toute abréviation des délais est illicite, dépourvue de sanction et non obligatoire pour la compagnie, à moins

---

(1) Cass., 8 avril 1867, S. 177; 31 juill. 1867, D. 341 ; 16 mars 1869, S. 224; 2 févr. 1870, D. 149. — *Contrà*, Paris, 25 févr. 1867, D. 67. 2.152.

(2) Cass., 5 mai 1869, D. 274; 16 juin 1869, D. 304 ; 21 fév. 1870, D. 111.

(3) V. l'art. 49 du cahier des charges annexé aux décrets du 26 juin 1857 et du 11 juin 1859.

(4) V. *infrà*, nos 1114, 1119, 1120.

(5) Rej., 30 déc. 1857, D. 58.1.395.

(6) V. nos 1114 et suiv. — *Adde*, Cass., 5 mai et 16 juin 1869, S. 380, D. 275; Rej., 24 mai 1869, S. 380.

qu'elle ne soit consentie d'une manière générale et, par conséquent, expresse, au profit de tous les intéressés.

Par exemple, lorsqu'une compagnie annonce publiquement qu'elle prend l'engagement, vis-à-vis d'une certaine catégorie de négociants, d'effectuer le transport d'une localité à l'autre, dans un délai donné, de telle sorte, par exemple, que les animaux destinés à l'approvisionnement d'une ville, puissent parvenir en temps utile sur le marché où ils doivent être vendus, nous pensons que cet engagement est valable. L'expéditeur n'est alors tenu de justifier ni d'une lettre de voiture, ni d'aucun autre titre obligeant l'administration de la compagnie à faire arriver le convoi à heure fixe. Le contrat résulte évidemment du seul fait de la remise des bestiaux en gare à l'heure indiquée pour le départ (1).

En tout cas, il est évident que l'expéditeur ne pourrait invoquer les engagements pris par la compagnie que s'il avait rempli les conditions de temps et de lieu déterminées pour la remise de ses marchandises (2). Car les clauses du tarif spécial, régulièrement approuvées et publiées, sont obligatoires pour tous et font loi pour et contre les tiers aussi bien que pour les compagnies.

Il semble que la même difficulté n'existe pas dans l'hypothèse inverse, c'est-à-dire celle où l'expéditeur consent à l'extension des délais.

Ce cas est prévu formellement par l'art. 50 de l'ordonnance réglementaire du 15 novembre 1846, ainsi conçu : ...
« Le transport s'effectuera dans l'ordre des inscriptions, à
« moins de délais demandés ou consentis par l'expéditeur et
« qui seront mentionnés dans l'enregistrement..... Le récé-
« pissé énoncera... le délai dans lequel le transport devra
« être effectué. » — En outre, il est dit dans l'art. 46 du cahier des charges, annexé à la loi du 15 juillet 1845 (3) :
« Si l'expéditeur consent à un plus long délai, il jouira d'une
« réduction d'après un tarif approuvé par l'administration
« publique. »

Ainsi les conventions sur ce point sont encore limitées par les actes de l'autorité publique, et d'ailleurs toute dérogation aux règlements serait radicalement nulle, si, malgré l'appa-

---

(1) Paris, 30 avril 1851, D. 54.2.42.
(2) Cass., 19 janv. 1858, D. 61.
(3) Duvergier, *Lois*, 1845, p. 319.

rence, elle contenait au fond un avantage particulier accordé sous une forme et un prétexte quelconques.

Une règle à observer en cette matière est que, si des délais distincts sont fixés pour l'expédition, le trajet et la remise au destinataire, le transport doit être réputé effectué en temps utile, lorsque l'ensemble de ces divers délais n'a point été excédé, et que l'augmentation de l'un trouve sa compensation dans la diminution de l'autre (1).

1091. Occupons-nous maintenant du mode de fixation de l'indemnité.

L'art. 102, C. comm., porte que la lettre de voiture mentionne *l'indemnité due pour cause de retard*. Il est en effet d'usage dans le commerce de la déterminer à l'avance, et, dans la pratique du roulage, elle était fixée d'ordinaire au tiers du prix du transport.

Les compagnies n'ont pas cru devoir suivre ces mêmes errements et ont refusé les marchandises que les expéditeurs voulaient leur remettre avec cette condition. De nombreuses contestations se sont élevées à ce sujet, ainsi que nous l'avons déjà indiqué (2).

Certaines Cours ont décidé que, dans le silence de la lettre de voiture, les parties devaient être considérées comme tacitement convenues de se soumettre à cet usage constant, et ont prononcé, le cas échéant, la retenue du tiers (3).

D'autres ont jugé que les compagnies ne pouvaient refuser de recevoir les lettres de voiture stipulant cette retenue; que cette stipulation était obligatoire (4), ou, du moins, que la compagnie ne pouvait discuter avec l'expéditeur le principe, mais seulement le montant de cette retenue (5) dont la réduction, en cas de contestation, serait prononcée par les tribunaux (6).

1092. On voit tout d'abord que cette jurisprudence fléchissait involontairement en présence d'une difficulté insurmontable. Qu'était-ce qu'une convention que l'une des parties n'était pas libre de refuser? — A quoi bon, d'un autre

---

(1) Cass., 8 avril 1867, D. 1.12.
(2) V. n° 1066.
(3) Limoges, 10 août 1861, S. 62.2.26, aff. Raymond c. Ch. de fer du Midi.
(4) Paris, 30 mars 1860, D. 60.2.59.
(5) Besançon, 16 janv. 1860, D. 60.2.63.
(6) Colmar, 6 déc. 1859, D. 60.2.62.

côté, maintenir une stipulation que les tribunaux auraient eu le droit de modifier alors que son principal avantage était de prévenir les procès?

Il y avait là évidemment une situation nouvelle à laquelle ne pouvaient s'adapter les usages et les conventions antérieurs.

La question présentait d'ailleurs un intérêt sérieux pour les compagnies, car elles transportent continuellement, pour les mêmes expéditeurs et par grandes masses, des matières qui représentent une valeur considérable et un prix de transport qui ne l'est pas moins. Leur imposer dans tous les cas la retenue du tiers, sans qu'il y eût préjudice justifié, c'était leur faire subir fréquemment et sans motif réel une perte quelquefois énorme.

Aussi ont-elles déféré à la Cour de cassation les arrêts que nous venons de mentionner. La lettre de voiture, a-t-on dit à l'appui de leur pourvoi, forme un contrat entre l'expéditeur et le voiturier. Ce contrat, comme tout autre, doit être librement débattu. A la vérité, ce principe a été modifié par rapport aux compagnies de chemins de fer en ce que, d'une part, celles-ci ne peuvent refuser ni l'expédition même, ni la rédaction d'une lettre de voiture pour la constater ; d'autre part, en ce que le prix et les délais du transport sont déterminés par l'autorité publique.

Mais la loi et les cahiers de charges (1) sont muets sur l'indemnité *en cas de retard*. On reste donc à cet égard sous l'empire du droit commun. Or, cette indemnité ne doit pas nécessairement être fixée d'avance; l'art. 102, C. comm., ne l'exige pas, aucune des énonciations mentionnées par cet article comme devant être insérées dans la lettre de voiture n'est prescrite à peine de nullité. Seulement, il faut distinguer celles qui sont essentielles et constitutives du contrat lui-même, telles que la désignation des parties ou celles des objets à transporter, etc., et les clauses accessoires sur lesquelles les contractants conservent leur liberté. Telle est la clause relative à l'indemnité. Si les parties ne s'accordent pas sur le chiffre, la compagnie a le droit de rejeter toute stipulation à cet égard. Les tribunaux seront alors chargés d'arbitrer l'indemnité due en cas de retard préjudiciable.

---

(1) Dans certains tarifs, cependant, on trouve des dispositions relatives à l'indemnité pour cause de retard, voy. n° 1093.

Ce n'est pas là, d'ailleurs, la seule garantie accordée aux intéressés. L'inobservation des règlements est une contravention prévue par l'art. 21 de la loi du 15 juillet 1845, et précisément les délais de transport sont déterminés par les arrêtés ministériels. De telle sorte qu'en cas d'abus assez répétés et assez sérieux pour motiver l'intervention de l'autorité, les infractions en cette matière pourraient donner lieu à des poursuites correctionnelles. En résumé donc, il n'était nullement nécessaire que toutes les énonciations de l'article 102 fussent insérées dans la lettre de voiture que les compagnies de chemins de fer sont obligées de délivrer, et tel n'est pas le sens des prescriptions de l'art. 49 du cahier des charges.

Ces moyens ont triomphé, et à la date du 27 janvier 1862, les trois arrêts déférés à la censure de la Cour régulatrice ont été cassés (1), et la Cour de Dijon, saisie par l'effet du renvoi, s'est prononcée dans le même sens (2).

Les conventions sur l'indemnité dont il s'agit sont donc entièrement libres ; si la compagnie, dans un cas déterminé, accepte une stipulation formelle, elle est liée par le contrat.

Si cette stipulation n'existe pas, les tribunaux doivent se décider d'après les circonstances particulières de la cause et fixer l'indemnité sur la base du préjudice réellement éprouvé par le destinataire.

1093. Il en serait autrement si les règlements administratifs déterminaient une indemnité pour le seul fait du retard. Les compagnies seraient tenues de s'y conformer, et les intéressés pourraient en réclamer le paiement par cela seul que la remise des objets à destination n'aurait pas eu lieu au jour indiqué. Un arrêté du préfet de police, en date du 23 juin 1857, applicable aux chemins de fer de l'Ouest, contenait une disposition de ce genre.

Depuis, les compagnies ont elles-mêmes soumis à l'approbation du Gouvernement des dispositions réglementaires portant qu'en cas de retard, les retenues seraient fixées ainsi qu'il suit :

De 1 à 10 jours de retard, le dixième du prix ; de 11 à 15 jours, le cinquième ; de 16 à 30 jours, le tiers ; au delà de 30 jours, les deux tiers.

---

(1) D. 62.1.62.
(2) Dijon, 5 déc. 1862, D. 63.2.67.

Certains tarifs stipulent même la perte totale du prix lorsque le retard dépasse telle limite (1).

1094. Mais, suivant nous, ces prescriptions ne feraient pas obstacle à ce que les destinataires obtinssent de plus fortes indemnités s'ils justifiaient d'un dommage supérieur à eux occasionné par la faute de la compagnie.

Ces retenues sont fixées à forfait, et sont dues, en principe général, par le seul fait du retard, qui occasionne toujours un préjudice plus ou moins léger au destinataire, un tort matériel ou moral dont il serait quelquefois difficile de justifier d'une manière positive et qui ne motiverait pas ordinairement un procès devant les tribunaux. Elles ont pour but d'empêcher ces procès et de stimuler l'exactitude des compagnies.

Mais si les intéressés établissaient qu'ils ont éprouvé un dommage que cette retenue est insuffisante à réparer, que ce dommage est la conséquence directe de la faute de la compagnie, celle-ci leur devrait une indemnité complète.

C'est ce que la jurisprudence avait décidé par rapport aux entrepreneurs de transports libres et commissionnaires de roulage, et sous l'empire des stipulations de retenue insérées dans les lettres de voiture, conformément à l'art. 102, C. comm. (2).

1095. Toutefois il s'agit là d'une interprétation de conventions et de règlements qui peut différer suivant les circonstances. On peut être conduit à reconnaître, dans certains cas, que la fixation de la retenue comprend toutes les indemnités dues à raison du retard; ainsi, quand elle correspond à une réduction de tarif pour certains transports spéciaux, on peut la considérer comme constituant une clause aléatoire à laquelle se soumettent les expéditeurs en échange de la réduction du prix (3).

Dans une espèce où le tarif spécial pour le transport des bestiaux était ainsi conçu : « En cas de retard dans l'arrivée « des trains, ne permettant pas l'entrée des bestiaux sur le

(1) Cass., 15 mars 1869, S. 225, D. 202.
(2) Rej., 6 déc. 1814; Metz, 16 févr. 1816; Rennes, 21 déc. 1824; Dalloz, v° *Commissionnaire*, nᵒˢ 360 et 361; Bordeaux, 4 mai 1848, D. 48.2.166; Metz, 28 janv. 1857, D. 57.2.150. — *Conf.*, Dalloz, v° *Voirie par chem. de fer*, nᵒˢ 426 et 427; M. Cotelle, *Cours de droit admin.*, t. 4, n° 626.
(3) Bourges, 20 fév. 1860, D. 60.2.155; Paris, 29 fév. 1860, D. 60. 2.71.

« marché, la compagnie ne pourra, dans aucune circon-
« stance, être responsable d'une somme supérieure à celle
« du transport, » un arrêt avait alloué des dommages-
« intérêts plus considérables. Un pourvoi a été formé, et la
chambre des requêtes en a prononcé l'admission le 7 novembre 1865 (1).

De même, un tarif qui stipulait la perte de tout le prix de
transport pour un retard excédant cinq heures et demie, a
été déclaré comprendre même le retard résultant d'une faute
lourde de la compagnie et tout préjudice en résultant. En
effet, le règlement ajoutait que les expéditeurs pourraient
exercer tout recours contre la compagnie si le retard excédait
vingt-quatre heures. Il était donc certain que, dans ces
limites, la retenue du prix constituait une indemnité à forfait et que le cas de dol seul restait en dehors des prévisions
du tarif (2).

Au contraire, par une interprétation de ce genre, on a
décidé que cette limitation de l'indemnité contenue dans
l'art. 10 de l'arrêté du préfet de police du 23 juin 1857, applicable aux chemins de fer de l'Ouest, ne comprend que les
retards éprouvés par les convois, mais ne s'étend pas à ceux
qui résultent de ce que des marchandises qui devaient être
expédiées sont restées en gare ; et qu'en pareil cas l'indemnité doit être égale au préjudice réellement souffert (3).

1096. La compagnie ne pourrait pas non plus se retrancher dans l'application pure et simple de ses tarifs ou des
règlements, si le transport dont elle s'est chargée devait
avoir lieu, partie par voie de terre ou canaux, partie par la
voie ferrée. Dans ce cas, en effet, les délais du transport
doivent être appréciés d'après l'ensemble de l'opération,
l'emploi régulier des divers modes de locomotion et les obstacles particuliers qu'ils ont pu rencontrer. Par suite, et en
l'absence de conventions spéciales, les tribunaux apprécient
souverainement les circonstances du fait. Ils peuvent, notamment, se déterminer d'après les usages de la compagnie
pour les trajets du même genre et décider, sur cette base,
s'il y a eu faute de sa part (4).

---

(1) Aff. Cⁱᵉ de l'Ouest c. Debonne, *Droit* du 15 mars 1866. Consult.
aussi Cass., 15 mars 1869. S. 225, D. 202.
(2) Cass., 15 mars 1869, S. 225, D. 202.
(3) Caen, 7 fév. 1861, D. 61.2.231.
(4) Rej., 26 juill. 1859, D. 307.

1097. Quand il s'agit du transport des bagages qui accompagnent un voyageur, aucune stipulation n'a lieu et ne peut intervenir. Si la compagnie leur donne une fausse direction ou que pour toute autre cause ils éprouvent un retard préjudiciable, l'indemnité doit être réglée suivant les circonstances.

Ainsi, la Cour de Dijon a alloué 1500 fr. de dommages-intérêts à un sieur Parent, à raison du retard apporté pendant 20 jours, par la compagnie de l'Est, à la remise d'une caisse d'échantillons qui accompagnait un de ses commis voyageurs (1). Il n'y a rien là qui soit en contradiction avec les dispositions limitatives de l'art. 1150, C. civ., et avec ce que nous avons dit n° 1061, car les voyageurs de commerce forment une partie considérable de la clientèle des chemins de fer, et le dommage résultant pour eux de l'interruption forcée de leurs opérations, qui est la conséquence de la perte de leurs échantillons ou du simple retard apporté à la remise du colis qui les renferme, rentre dans les prévisions communes des parties contractantes.

1098. L'indemnité de retard indépendante de la retenue stipulée doit, comme au cas d'avarie, consister en une somme d'argent, suivant le principe général posé par l'article 1142 (V. n° 468).

Néanmoins, les tribunaux ont un pouvoir discrétionnaire pour le règlement de cette indemnité et le mode de l'effectuer. Ils peuvent ordonner, par exemple, le *laissé pour compte*, c'est-à-dire que les marchandises avariées ou impropres à l'usage auquel elles auraient été employées si elles fussent arrivées en temps convenable, resteront la propriété du voiturier ou du commissionnaire, qui sera tenu d'en payer la valeur au destinataire (2). Ce n'est là qu'un mode particulier de paiement, le voiturier ne supportant, en définitive, que la perte résultant de la différence qui existe entre le prix originaire des marchandises et celui auquel il les revend, et c'est précisément de cette perte qu'il doit indemniser le destinataire.

---

(1) Dijon, 6 juill. 1859, S. 60.2.46, D. 59.2.202.—*Conf.*, Bordeaux 9 avril 1861, S. 62.2.359, D. 61.2.229; Amiens, 18 juin 1870, aff. Cie du Nord c. Chapel (inédit). Le pourvoi formé contre cet arrêt a été rejeté le 22 nov. 1871, D. 72.1.63.

(2) Rej., 3 août 1835, D. 366; Metz, 28 janv. 1857, D. 57.2.150; Dalloz, v° *Commissionnaire*, n°s 364 et 365.

Toutefois, on comprend que le règlement opéré de cette manière soit dans beaucoup de cas plus onéreux au voiturier qu'une condamnation pure et simple à des dommages-intérêts, puisque, se trouvant chargé de marchandises dont la vente ne rentre aucunement dans ses connaissances et sa profession, il peut être obligé de les céder à plus bas prix que ne l'eût fait le destinataire.

Aussi la jurisprudence a-t-elle souvent décidé que le laissé pour compte ne doit être prononcé que dans des cas tout à fait exceptionnels, lorsque, par exemple, la marchandise est tellement avariée qu'on ne pourrait plus la vendre pour sa destination naturelle, ou que, par une autre cause, elle est complétement inutile au destinataire (1).

1099. La force majeure légalement constatée est, aux termes de l'art. 97, C. comm., une cause qui affranchit le voiturier de la responsabilité du retard (2). Telle est la survenance d'un grand vent qui empêcherait le convoi d'avancer à la vitesse réglementaire (3) ; de même, la neige, la gelée, une inondation, etc.

Lorsqu'un événement de ce genre se manifeste, et rend impossible un certain parcours, la compagnie est fondée à prendre d'elle-même les mesures nécessaires pour y remédier, notamment à faire suivre aux marchandises une autre route et à réclamer un supplément de prix s'il y a lieu (4).

Ainsi, des marchandises dont la guerre de 1870 avait rendu impossible la remise à destination, ayant été ramenées à leur point de départ afin de les soustraire à l'ennemi, l'expéditeur a été condamné à supporter les frais du double voyage (5).

1100. Mais on ne doit pas considérer comme cas de force majeure, en général du moins, le fait des tiers avec lesquels la compagnie aurait traité pour l'exécution d'une partie de ses obligations, car elle en est responsable. Ainsi elle alléguerait en vain que des mariniers sur lesquels elle comptait pour effectuer une partie du transport lui ont fait défaut.

---

(1) Paris, 11 juill. 1835, D. 36.2.23; Dall., v° *Commissionn.*, n° 364; Colmar, 8 avril 1857, D. 57.2.103 ; Arg., Aix, 21 août 1872, D. 72.2.182.

(2) Compar., C. civ., 1784 et 1954.

(3) Paris, 5 déc. 1850, D. 51.2.223.

(4) Cass., 5 mai 1869, S. 295, D. 252.

(5) Montpellier, 30 juin 1871, D. 71.2.154.

Cette prétention, fût-elle justifiée, ne constitue pas le cas fortuit ou la force majeure dont parle la loi (1).

1101. Les compagnies, en effet, peuvent agir vis-à-vis des expéditeurs et les unes à l'égard des autres ou à l'égard des entrepreneurs ordinaires, en qualité de commissionnaires de transport.'

Soit que recevant les marchandises de l'expéditeur, elles se chargent de les faire parvenir à destination en les transmettant à une autre ligne de fer, à des voituriers ou des bateliers avec lesquels elles traitent en leur propre nom (2); soit qu'elles les fassent venir des lieux de production par leurs correspondants auxquels elles passent les ordres du destinataire et les conduisent ensuite à ce dernier sur leurs propres voies (3).

Les compagnies agissent fréquemment en cette qualité de commissionnaires, puisque le trajet qu'ont à parcourir les marchandises ne peut dans bien des cas s'effectuer complètement sur la ligne même qu'exploite chacune d'elles. La première qui les reçoit se charge alors de les faire parvenir à destination par l'intermédiaire d'une seconde et ¦ quelquefois d'une troisième compagnie, ou de toute autre entreprise de transport. Lorsqu'elle fait ces nouveaux marchés en son nom et à son choix, c'est un véritable contrat de commission qui se forme entre elle et l'expéditeur (4). Elle garantit, en ce cas, les faits des intermédiaires auxquels elle adresse les marchandises ou qui les lui transmettent à elle-même pour le compte de son commettant (5).

1102. Cette responsabilité est rigoureuse, car le commissionnaire est un mandataire (6) qui en choisit un autre dans les termes de l'art. 1994, § 2, C. civ., et qui, suivant le

---

(1) Arg., Grenoble, 31 juill. 1863, D. 64.5.58.
(2) Dalloz, v° *Commissionn.*, n° 298.
(3) Douai, 11 avril 1859, S. 60.2.44.
(4) Voir sur la nature de ce contrat, Dall., v° *Commissionn.*, n° 298; Duvergier, *Louage*, t. 2, n° 517.
(5) C. comm., 99; Douai, 11 mars 1858, S. 58.2.403 ; Cass., 9 juin 1858, S. 59.1.56 ; Douai, 11 avril 1859, S. 60.2.44. Et la Cour de Paris a jugé avec raison qu'il en est de même en cas de perte ou d'avarie pour les bagages des personnes voyageant par des *trains de plaisir* qui s'exécutent en partie sur la ligne de la Compagnie qui les organise et traite avec le public, et en partie sur d'autres lignes françaises ou étrangères que la première se substitue pour l'accomplissement du parcours entier. Paris, 22 août 1859, S. 60.2.43.
(6) Pardessus, n°s 563, 564.

droit commun, n'en devrait répondre que si ce mandataire substitué était notoirement incapable ou insolvable.

Mais l'art. 99, C. comm., n'a fait que consacrer une règle anciennement établie (1) dans l'intérêt général du commerce, « dont le mouvement serait ralenti et le bon ordre « troublé chaque jour par une infinité de procès, si le « commissionnaire expéditeur n'était pas indéfiniment res- « ponsable de celui auquel il adresse intermédiairement les « effets à transporter » (2).

1103. Il n'est qu'un seul cas où il en est déchargé ; c'est celui où l'expéditeur lui a formellement désigné le voiturier auquel il doit s'adresser. Alors, en effet, celui-ci est l'élu du mandant, qui doit s'en imputer le choix (3).

En dehors de cette hypothèse, le commissionnaire est garant de la perte et des avaries de la marchandise, sauf le cas de force majeure, comme s'il était lui-même et seul voiturier.

Ainsi, comme le disent encore les auteurs du Traité du contrat de commission, « la loi le constitue, *ipso jure*, as- « sureur de toutes les fautes et barateries commises depuis « le moment de l'entrée des marchandises chez lui, jusqu'à « leur arrivée à destination. La conséquence de ce droit « exceptionnel, c'est que la convention entre le maître et le « commissionnaire est moins un contrat de mandat qu'un « marché aléatoire par lequel l'un des contractants s'engage « envers l'autre, moyennant tel prix, à lui rendre et faire « avoir la marchandise de tel endroit en tel autre endroit ; « et, de fait, c'est ce qui résulte des récépissés que les com- « missionnaires de transport délivrent aux chargeurs » (4).

1104. Mais, à la différence du voiturier ou de l'entrepreneur de transports pour son propre compte, le commissionnaire peut stipuler qu'il ne sera pas responsable du fait des intermédiaires auxquels il a recours, c'est-à-dire du voiturier et du second commissionnaire auquel il adresse les marchandises. C'est ici que l'art. 98, C. comm., reçoit son application (5).

---

(1) M. Troplong, *Mandat*, nᵒˢ 458 et suiv. ; Merlin, vᵒ *Commission- naire*, § 6.
(2) Delamarre et Lepoitvin, *du Contrat de commission*, t. 2, p. 149.
(3) M. Pardessus, nᵒ 576 ; Delamarre et Lepoitvin, p. 154.
(4) T. 2, p. 155.
(5) V. nᵒˢ 1079 et 1081.

Car ce n'est plus l'affranchissement de ses propres fautes que le commissionnaire stipule ainsi, mais de celles d'autres personnes dont il eût été garant d'après la nature du contrat. Or, il peut valablement se faire décharger de cette garantie: la convention n'a plus ici rien d'illicite (1).

1105. Le commissionnaire *responsable* de plein droit envers l'expéditeur a incontestablement son recours contre les intermédiaires. Mais à leur égard la présomption de faute qui pèse sur lui vis-à-vis de l'expéditeur n'existe pas. Il doit prouver qu'il leur a remis les marchandises en bon état, et que si elles ont été perdues ou avariées, c'est par leur fait, et depuis qu'il s'en est dessaisi (2).

Cette jurisprudence s'applique évidemment aux compagnies de chemins de fer, et l'on peut dire avec plus de raison encore qu'aux commissionnaires ordinaires.

Remarquez, en effet, que l'intermédiaire n'est pas tenu de faire constater l'état des colis au moment où le premier commissionnaire les lui remet. S'il n'existe aucune fracture ou lésion aux caisses, fûts ou ballots, il n'a pas à prendre d'autres précautions. Il a toujours été reconnu que ces expertises successives seraient incompatibles avec la rapidité qu'exigent les opérations commerciales. Aussi, non-seulement le premier commissionnaire ne peut-il mettre à leur charge les avaries qu'en faisant la preuve contre eux ; mais, à défaut de cette preuve, le voiturier actionné par le destinataire a son recours contre le commissionnaire duquel il tient la marchandise, et de même, tous les intermédiaires jusqu'au premier (3).

Ainsi, comme nous venons de le dire, cette organisation de la responsabilité des divers intermédiaires est aujourd'hui commandée plus impérieusement que jamais, puisque la vapeur et les chemins de fer ont imprimé aux transports une célérité inconnue jusqu'à ces derniers temps, et son application aux compagnies est indiscutable.

1106. Mais dès que l'on constate une avarie apparente,

(1) Pardessus, n° 576; Dalloz, v° *Commissionnaire*, n° 343.
(2) Rej., 18 avril 1831, S. 283; Dalloz, v° *Commissionn.*, n°° 404 et 478, 1°; Rej., 15 avril 1846, D. 46.1.215, S. 528; Nîmes, 19 nov. 1851, D. 54.5.126; Cass., 12 août 1856, D. 338, S. 57.1.48.
(3) Colmar, 29 avril 1845, D. 48.2.36, Cass., 19 août 1868, S. 383; Montpellier, 30 nov. 1869, S. 70.2.42; Cass., 8 déc. 1873, D. 74.1.207; Dalloz, v° *Commissionn.*, n° 404.

alors que la marchandise se trouve encore dans les magasins du dernier voiturier ou d'un des intermédiaires, celui-ci en devient responsable.

S'il a reçu les colis sans protestations ni réserve et ne peut établir d'ailleurs que l'avarie est du fait de celui dont il tient les objets (1), il est tenu d'en supporter les conséquences et devient garant de tous les précédents commissionnaires (2).

1107. Remarquez que celui auquel est remise en état d'avarie une marchandise transportée par plusieurs commissionnaires successifs, n'est pas obligé de s'adresser directement au premier commissionnaire pour obtenir la réparation du dommage.

Il peut diriger son action contre le dernier commissionnaire, le seul avec lequel il soit en rapport, sauf à celui-ci à exercer son recours contre le commissionnaire antérieur, de telle sorte que la responsabilité remonte ainsi jusqu'au premier commissionnaire, qui devra la supporter en définitive, s'il ne prouve que l'avarie est imputable à la faute de l'un des autres entrepreneurs (3).

1108. Tous les moyens de preuve sont autorisés pour établir que la faute incombe à tel ou tel des intermédiaires, car la matière est commerciale : ainsi la preuve testimoniale et même de simples présomptions peuvent être admises; telle serait, par exemple, cette circonstance que la marchandise aurait séjourné trop peu de temps en la possession de l'un d'eux pour qu'on eût pu faire disparaître les dégradations extérieures des caisses ou ballots que l'accident supposerait nécessairement (4), ou, comme on vient de le voir, que les avaries apparentes ont été constatées dans les magasins du deuxième entrepreneur qui avait reçu les colis du commissionnaire, sans réserves ni protestations (5), ou bien encore, si la vérification pouvait être faite rapidement, comme celle d'un group d'argent dont on a le moyen de constater le poids, de ce que le commissionnaire intermédiaire en a donné décharge au premier. Il doit être alors

---

(1) Ou, s'il s'agit d'une perte ou d'un déficit, qu'il y a erreur dans la lettre de voiture. Rej., 6 avril 1869, D. 412.
(2) Rej., 20 juin 1853, D. 225, Cie du Havre c. Cie du Nord.
(3) Limoges, 12 avril 1862, D. 63.2.19; Nîmes, 18 nov. 1865, D. 66.2.219; Cass., 12 août 1856, D. 338, S. 57.1.48.
(4) Rej., 9 juin 1858, S. 59.1.56.
(5) Même arrêt du 20 juin 1853, cité note 2.

présumé avoir vérifié ce poids aussi bien que l'état extérieur du colis (1).

1109. L'art. 97, C. comm., dispose d'une manière formelle que le commissionnaire est garant de l'arrivée des marchandises dans le délai déterminé par la lettre de voiture.

M. Pardessus enseigne toutefois qu'il y a lieu de faire à cet égard une distinction. Si le retard provient du fait du commissionnaire, par exemple, en ce qu'il aurait négligé d'expédier les marchandises en temps utile,. il en est évidemment tenu. Pas de difficulté à cet égard. — Mais si le retard prévient du voiturier, il en est autrement. « Le destinataire instruit, par la lettre de voiture, du droit de retenue qu'il a contre le voiturier, doit l'exercer, et le commissionnaire non entrepreneur de transports ne nous paraît pas devoir répondre du retard » (2).

Cette observation est juste, et nous pensons qu'on doit en faire l'application toutes les fois que l'indemnité sous forme de retenue contre le voiturier a été stipulée dans la lettre de voiture.

Mais l'acte pourrait être muet à. cet égard, et le destinataire ne pourrait d'ailleurs vérifier, dans tous les cas, si le retard doit être imputé au voiturier ou au commissionnaire. C'est à ce dernier qu'il doit faire naturellement remonter la responsabilité.

Or, les compagnies de chemins de fer, n'admettant pas de stipulations pour la retenue en cas de retard dans les lettres de voiture qu'elles délivrent (3), restent nécessairement sous l'empire de l'art. 97, et celle qui aurait reçu les marchandises comme commissionnaire serait passible des dommages-intérêts, sauf son recours contre les autres compagnies ou entreprises avec lesquelles elle aurait traité (4).

1110. Il est évident d'ailleurs que la compagnie à laquelle un premier commissionnaire transmet les effets a toujours droit de prendre connaissance de la lettre de voiture lorsqu'il en a été dressé une. L'art. 102, C. comm., lui prescrit même de la copier sur ses registres.— Elle ne devrait donc pas se refuser à exécuter le transport, sous prétexte que

---

(1) Montpellier, 21 avril 1860, S. 60.2.534.
(2) Pardessus, t. 2, n° 576.
(3) V. n° 1091.
(4) V. sur ce point, Douai 11 mars 1858, S. 58.2,403.

cette lettre de voiture serait renfermée dans une enveloppe cachetée, et que le premier commissionnaire serait fondé à ne lui laisser ouvrir l'enveloppe qu'après que la réception de la marchandise et le paiement du premier transport auraient soustrait ce commissionnaire primitif à tout recours pouvant avoir pour base l'insuffisance des conditions de délai, de prix, ou autres formulées dans la lettre de voiture.

C'est ce qu'a jugé la Cour de cassation par un arrêt de rejet du 21 avril 1857 (1).

Dans l'espèce, le refus de la compagnie (Est) était d'autant plus étrange que la suscription de l'enveloppe la désignait elle-même comme destinataire par rapport au premier entrepreneur (Orléans), qui lui remettait les marchandises. Elle avait donc incontestablement le droit de l'ouvrir. Mais la solution devrait être identique, quand même la marchandise aurait dû être remise à un troisième entrepreneur; car il est évident que le voiturier intermédiaire doit prendre, comme les autres, connaissance des conditions de la lettre de voiture.

En effet, bien que les conditions de prix et de délai soient fixées par les cahiers de charges, comme les compagnies peuvent y déroger dans certains cas, il est nécessaire que celles qui reçoivent les objets de seconde main soient mises à même de discuter les conditions de cet acte.

Elles doivent aussi pouvoir se réserver leur recours contre le premier entrepreneur, si celui-ci avait manqué lui-même à ses obligations, faute qui pourrait retomber sur le deuxième; or, ces réserves n'ont d'utilité que si elles sont *antérieures* à la réception des marchandises et au paiement du prix (2).

Maintenant, le refus par la compagnie de recevoir la marchandise serait légitime, si le premier commissionnaire prétendait ne pas se dessaisir de la lettre de voiture, pour en laisser prendre connaissance à la compagnie avant que celle-ci lui eût remboursé le prix. — Du moins, elle devrait ne payer qu'avec réserve, ce qui suffirait pour lui conserver son recours. — Il en serait de même au cas où la compagnie aurait lieu de craindre des avaries effectuées dans le premier transport. Elle pourrait en exiger la vérification.

---

(1) D. 176.
(2) C. comm., art. 105.

1111. 3° *Perception des prix. Restrictions apportées à la faculté de les modifier.*

La perception du prix de transport peut engager la responsabilité des compagnies vis-à-vis des expéditeurs et des autres entreprises de roulage.

Il est donc nécessaire à ce point de vue d'étudier et de faire connaître brièvement les bases de la perception et les conditions auxquelles les conditions peuvent les modifier.

1112. Le prix des transports est réglé : 1° par les tarifs contenus dans l'acte de concession, dont l'application est soumise à la surveillance de l'ingénieur en chef du contrôle et de l'exploitation commerciale ; 2° par les taxes qui ne sont pas contenues dans le cahier des charges, mais établies ou homologuées chaque année par le ministre des travaux publics (1). Ces taxes s'appliquent aux objets non désignés dans les tarifs. Ils sont rangés, pour les droits à percevoir, dans les classes avec lesquelles ils ont le plus d'analogie, sans pouvoir être soumis à une taxe supérieure à celle de la première classe. Les assimilations sont prononcées provisoirement par la compagnie ; en cas de difficultés, l'administration statue définitivement (2).

Les arrêtés ministériels fixant ainsi les conditions du transport ont force de loi et sont obligatoires pour tous lorsqu'ils ont été publiés (3).

1113. La compagnie ne doit en aucun cas dépasser le maximum qui est fixé par le cahier des charges. Mais si elle juge convenable d'abaisser au-dessous des limites du tarif, les taxes qu'elle est autorisée à percevoir, elle peut le faire aux conditions suivantes :

1° La perception des tarifs modifiés ne pourra avoir lieu qu'avec l'homologation de l'autorité supérieure ;

2° La perception devra se faire indistinctement et sans aucune faveur ;

3° Toute modification de tarif proposée par la compagnie sera annoncée un mois à l'avance ;

4° Les taxes abaissées ne pourront être relevées qu'après un délai de trois mois pour les voyageurs, d'un an pour les marchandises ;

---

(1) Cahier des charges annexé aux décrets du 19 et du 26 juin 1857 et du 11 juin 1859, M. Cotelle, *Cours de dr. admin.*, t. 4, n° 355.
(2) Cahier des charges, art. 45.
(3) Cass., 16 juill. 1872, S. 301.

5° Tout traité particulier qui aurait pour effet d'accorder à un ou à plusieurs expéditeurs une réduction sur les tarifs approuvés, demeure formellement interdit;

6° En cas d'abaissement des tarifs, la réduction portera proportionnellement sur le péage et sur le transport (1).

L'administration a le droit de modifier les propositions faites par la compagnie. Si elle use de cette faculté, les tarifs remaniés par le ministre doivent être affichés de nouveau et ne peuvent être perçus qu'un mois après leur publication (2).

1114. Des six conditions que nous venons d'indiquer, la cinquième doit plus particulièrement attirer ici notre attention. C'est celle qui prohibe les traités particuliers. L'obligation de maintenir l'égalité entre les différents intéressés qui usent de la voie de fer, avait déjà été posée en principe, et sous une sanction pénale, par les premières lois de concession. L'art. 9 de la loi du 26 juillet 1844, relative au chemin de fer d'Orléans à Bordeaux, et l'art. 14 de la loi du 15 juillet 1845, pour l'établissement d'un chemin de fer de Paris à la frontière de Belgique, sont ainsi conçus : « A « moins d'une autorisation spéciale de l'administration supé- « rieure, il est. interdit à la compagnie, sous les peines « portées en l'art. 419; C. pénal, de faire directement ou « indirectement, avec des *entreprises* de transport de voya- « geurs ou de marchandises par terre ou par eau, sous « quelque dénomination ou forme que ce puisse être, des « arrangements qui ne seraient pas également consentis en « faveur de toutes les autres entreprises desservant les mêmes « routes. »

Cette disposition est reproduite par l'art. 53 du cahier des charges, contenant les conditions des nouvelles concessions faites aux six grandes compagnies aux termes des décrets du 11 et du 26 juin 1857 et du 11 juin 1859, rendus en vertu des

---

(1) M. Cotelle, *Cours de dr. admin.*, t. 4, n° 97, p. 39 ; Cahier des charges, art. 48, et Ordonn. du 15 nov. 1846, art. 44 à 49. Ces der- nières dispositions sont modifiées par un décret du 26 avril 1862, qui affranchit les compagnies de plusieurs formalités pour l'établissement et le changement de taxes relatives au transport des marchandises en transit ou destinées à l'exportation. On a voulu donner par là aux compagnies le moyen de lutter efficacement contre la concurrence des chemins de fer étrangers (Discours de M. Rouher, min. du comm. et des trav. publ. au Sénat, séance du 21 avril 1863, *Monit.* du 22).

(2) M. Cotelle, n° 349. Mais voyez la note qui précède.

pouvoirs conférés à l'Empereur par le sénatus-consulte du
25 décembre 1852, art. 4. « A moins d'une autorisation
« spéciale de l'administration, porte cet art. 53, il est in-
« terdit à la compagnie, conformément à l'art. 14 de la loi
« du 15 juillet 1846, de faire directement ou indirectement
« avec des entreprises de transports de voyageurs ou de mar-
« chandises par terre ou par eau, sous quelque dénomina-
« tion ou forme que ce puisse être, des arrangements qui
« ne seraient pas consentis en faveur de toutes les entre-
« prises desservant les mêmes voies de communication. »
L'art. 48 porte également : « La perception des taxes devra
« se faire indistinctement et sans aucune faveur. Tout *traité*
« *particulier* qui aurait pour effet d'accorder à un ou plu-
« sieurs expéditeurs une réduction sur les tarifs approuvés,
« demeure formellement interdit. » — Enfin l'on a déjà vu,
n° 1090, qu'une prohibition semblable, quant à l'abréviation
des délais, est établie par l'art. 49, qui porte : « La compa-
« gnie sera tenue d'effectuer constamment avec exactitude,
« *sans tour de faveur*, le transport de voyageurs... et objets
« quelconques qui lui seront confiés. »
Les art. 53 et 48 constituent des dispositions distinctes,
quoique tendant au même but. La première prohibe les
arrangements pris par la compagnie avec telle ou telle entreprise de transport, qu'il s'agisse des personnes ou des
marchandises, que les arrangements consistent en réductions de prix ou facilités pour le parcours, le départ ou l'arrivée.
La seconde interdit toute faveur dans la perception des
taxes envers un expéditeur ou voyageur quelconque, comme
l'art. 49 le défend quant aux délais.
Ces combinaisons ou traités ont été proscrits parce qu'ils
tendaient presque toujours à anéantir certaines concurrences
par des voies peu équitables. En concédant des avantages à
telle entreprise, à tel expéditeur, « elles causaient aux autres
« un préjudice résultant de l'extension de fabrication et de
« clientèle qu'obtenait celui-là et de l'abaissement général
« des prix sur les marchés d'une certaine région » (1).
Elles auraient donc aggravé les inconvénients du monopole et constitué souvent de graves abus.

_____

(1) Motifs d'un arrêt de Paris du 30 juin 1866, *Droit* du 25 juillet.
V. M. Cotelle, *Lég. fr. des ch. de fer et de la télégr. électr.*, 2ª édit.,
t. 2, p. 286.

1115. Mais quelle est la sanction des obligations que le cahier des charges actuel impose à cet égard aux compagnies ?

Une distinction est à faire entre les art. 53 et 48.

L'art. 53 se réfère à l'art. 14 de la loi du 15 juillet 1845, qui, lui-même, renvoie à l'art. 419, C. pénal, pour toute infraction aux prohibitions qu'il établit. C'est donc l'art. 419 qui punit encore les traités particuliers avec les entreprises de transport.

Il est à remarquer seulement que la nouvelle rédaction de l'art. 53, incontestablement conforme à l'esprit de la loi de 1845, est plus explicite que cette dernière. La loi de 1845 prohibait les arrangements qui ne seraient pas consentis en faveur de toutes les entreprises desservant les mêmes *routes*. L'art. 53 substitue à ce dernier mot ces expressions générales : « les mêmes voies de communication. »

La jurisprudence en conclut que la prohibition s'applique au cas où les traités particuliers seraient faits non-seulement avec des entreprises de transport par terre, par bateaux circulant sur les fleuves, rivières et canaux, mais encore avec des entreprises de transports maritimes (1).

Quant aux art. 48 et 49, ils ne renvoient pas à la loi de 1845 précitée et au Code pénal. — Mais ils ont pour garantie, suivant nous, l'art. 21 de la loi du 15 juillet 1845 sur la police des chemins de fer (2). A cet égard, les dispositions formelles et absolues de cet art. 21 et de l'art. 79 de l'ordonnance royale du 15 novembre 1846 nous semblent tout à fait décisives (3).

Cependant, la Cour de Paris, par un arrêt du 30 juin 1866, a décidé que les infractions aux dispositions du cahier des charges des compagnies, qui prohibent les traités de faveur, ne sont passibles d'aucune répression pénale (4). « Consi- « dérant, porte cet arrêt, que les dispositions spéciales des

---

(1) Cass., 27 nov. 1867, S. 426, D. 68.1.66 ; Rej., 20 juill. 1869, S. 382, D. 525 ; Limoges, 28 fév. 1866, S. 66.2.143.

(2) Cette loi, dont la date est la même que celle relative à la concession d'un chemin de fer de Paris à la frontière de Belgique, et dont il est parlé plus haut, ne doit pas être confondue avec celle-ci.

(3) *Conf.*, M. Cotelle, *Légist. des ch. de fer*, 2° édit., t. 2, p. 4, et *Cours de dr. admin.*, t. 4, p. 255, n° 553.

(4) Et que, par suite, l'action civile qui en résulte n'est pas soumise à la prescription établie par les art. 2 et 640 combinés du Code d'instruction criminelle. Paris, 30 juin 1866, *Droit* du 25 juillet.

« lois et ordonnances sur les chemins de fer ne contiennent
« pas de peines édictées contre les infractions de cette
« espèce ;
    « Que l'art. 21 de la loi du 15 juillet 1845, placé sous la
« rubrique : Des mesures relatives à la sûreté de la circula-
« tion sur les chemins de fer, ne peut être appliqué à une
« décision ministérielle concernant les marchés de faveur ;
    « Que les art. 44 et 76 (1) de l'ordonnance royale du
« 15 novembre 1846 ne peuvent être étendus par voie
« d'analogie aux détaxes accordées clandestinement sur des
« perceptions qui étaient régulières au moment où elles ont
« été opérées ; — que cette extension serait contraire aux
« principes en matière de peines, lesquelles doivent être li-
« mitées, dans leur application, exclusivement aux faits énu-
« mérés par la loi ; »
    « Considérant que l'on ne saurait non plus trouver une
« sanction pénale dans la disposition générale de l'art. 471,
« § 15, C. pénal ; — que cette disposition placée à la suite
« de diverses indications, toutes relatives à la police géné-
« rale, ou des communes, n'est point applicable aux règle-
« ments de l'autorité publique d'une nature toute différente,
« et notamment à ceux qui sont exclusivement relatifs à la
« garantie d'intérêts privés ;
    « Qu'ainsi les règlements sur les émoluments des officiers
« ministériels, sur l'exécution de certains travaux ou mar-
« chés, quoique établis par des actes de l'autorité publique,
« ne donnent point ouverture à l'application de la loi pénale,
« mais seulement à des restitutions ou réparations par la voie
« civile, etc. »
    Ces motifs ne nous paraissent pas renfermer une saine
interprétation des dispositions que nous avons indiquées.
    Nous écartons, avec l'arrêt, l'art. 471, C. pénal, mais c'est
parce qu'il existe un texte spécial applicable aux infractions
dont il s'agit.
    « Toute contravention, porte la loi du 15 juillet 1845, aux
« ordonnances royales portant règlement d'administration
« publique sur... l'exploitation du chemin de fer, et aux
« arrêtés pris par les préfets sous l'approbation du ministre
« des travaux publics pour l'exécution desdites ordonnances,
« sera punie, etc. »

----

(1) On a voulu dire sans doute l'art. 79.

Et l'art. 79 de l'ordonnance du 15 novembre 1846, répétant et développant cette première disposition, porte : « Seront « constatées, poursuivies et réprimées conformément au « titre III de la loi du 15 juillet 1845, les contraventions au « présent règlement, aux décisions rendues par le ministre « des travaux publics, et aux arrêtés pris, sous son appro- « bation, par les préfets, pour l'exécution dudit règlement. » Or, un des articles de ce règlement, l'art. 44, interdit aux compagnies de percevoir aucune taxe qu'en vertu d'une homologation du ministre, ce qui implique nécessairement que les taxes homologuées seront perçues de la manière prescrite par l'arrêté d'homologation. Il est évident d'ailleurs que les tarifs établis par les cahiers des charges, approuvés non-seulement par le ministre qui les a consentis, mais par décret impérial, tels que ceux annexés aux décrets du 26 juin 1857 et du 11 juin 1859, rentrent directement dans la classe des règlements d'administration publique et des décisions ministérielles dont parle l'art. 79 de l'ordonnance, et, par à fortiori, sont soumises à la sanction que l'art. 21 de la loi étend même aux arrêtés des préfets.

Il est non moins évident que les conditions auxquelles est soumise la perception des taxes par ces mêmes conventions et cahiers de charges, sont obligatoires comme les taxes et sous la même sanction, et que si ces taxes ne sont accordées qu'à la condition qu'elles seront perçues sans aucune faveur, tout traité particulier est punissable, aux termes de l'art. 21.

La Cour de Paris objecte que des règlements relatifs à la garantie de certains intérêts qui semblent plutôt privés que généraux, tels que ceux qui déterminent les émoluments des officiers ministériels, l'exécution de certains travaux, etc., quoique établis par des actes de l'autorité publique, ne donnent pas lieu à une répression pénale.

Mais, en présence d'une loi formelle, la règle invoquée par la Cour de Paris devrait être écartée. Qui ne voit d'ailleurs que la perception loyale et régulière des tarifs se rattache intimement à l'ordre public, qu'elle intéresse le développement du commerce et de l'industrie et la prospérité de l'État. Tel est incontestablement le point de vue auquel s'est placé le législateur, et dès lors on comprend la disposition répressive qu'il a formulée.

Mais, dit encore l'arrêt, si les traités de faveur sont prohibés par les règlements et punis par l'art. 21, on ne saurait étendre la répression par voie d'analogie aux détaxes accor-

dées clandestinement sur des perceptions qui étaient régulières au moment où elles ont été opérées, car les peines
doivent être limitées dans leur application exclusivement aux
faits énumérés par la loi.

Nous ne pouvons ici encore partager les scrupules de la
Cour de Paris. Les détaxes opérées clandestinement et après
coup ne sont pas autre chose qu'un mode occulte et frauduleux d'exécution du traité prohibé. Elles en révèlent l'existence dès qu'elles sont constatées. Or, depuis quand les manœuvres employées pour cacher un délit, pour dénaturer en
apparence les faits qui le constituent, le font-elles échapper
à la répression? Démasquer cette fraude, découvrir le délit
et lui appliquer la peine encourue, ce n'est pas le moins du
monde étendre la loi d'un cas à un autre, c'est en faire une
saine et judicieuse application.

1116. La Cour de Paris avait été mieux inspirée dans une
affaire jugée par elle en 1863 sur la plainte de la compagnie
de l'Ouest (1). Un sieur Paigneau ayant expédié une somme
de 698,000 fr. par le chemin de fer, n'avait mentionné que
209,000 fr. sur le bulletin de remise et n'avait payé la taxe
qu'en proportion de ce dernier chiffre. Il fut poursuivi devant
le tribunal correctionnel et acquitté. Mais, sur l'appel de la
compagnie, la Cour constata l'existence d'un délit prévu et
puni par la loi de 1845. Son arrêt reconnaît d'abord qu'il
entre dans les attributions du ministre des travaux publics
de prendre des décisions en matière de perceptions pour les
transports, et que ces décisions ont leur sanction dans l'article 21 ; — il déclare ensuite qu'une décision du ministre,
en date du 3 avril 1862, porte, que chaque expédition de
finances doit être accompagnée, de la part de l'expéditeur, de
deux notes ou bulletins de remise mentionnant la valeur de
l'article. Or il est de toute évidence, ajoute l'arrêt, que la
valeur qui doit être déclarée est la valeur réelle, et qu'en
faisant une fausse application de valeur, le sieur Paigneau a
contrevenu à la décision ministérielle dont il s'agit.

Comme on le voit, et c'est ce qu'il importe de dégager de
cette solution, la Cour admet ici le principe que repousse
son arrêt du 30 juin 1866, à savoir, que les règlements et
décisions relatifs à l'*exploitation commerciale* ont une sanction dans l'art. 21 de la loi du 15 juillet 1855. — Ajoutons,

_____

(1) Paris, 12 déc. 1863, D. 64.2.3.

au reste, que pour ce qui concerne l'art. 49 du cahier des charges, notre solution est d'autant moins contestable que cet art. 49 reproduit textuellement l'art. 47 de l'ordonnance réglementaire du 15 novembre 1846, qui, sans aucun doute possible, est sanctionné par l'art. 21 précité.

Or, la prohibition portée par l'art. 48 est identique à celle de l'art. 49 et fondée sur les mêmes motifs. Enfin, on peut invoquer en ce sens les décisions qui répriment, par application de l'art. 21, les fausses déclarations faites par les expéditeurs et tendant à payer des droits moindres que ceux qui sont réellement dus (1).

Un pourvoi a été formé contre l'arrêt que nous venons de rapporter et la chambre criminelle de la Cour de cassation l'a confirmé par les motifs suivants, qui consacrent pleinement notre doctrine : « Attendu que les mots « exploitation des chemins de fer », dont se servent tant la loi de 1845 (art. 21) que le règlement du 15 novembre 1846 (art. 79), ne sauraient avoir la même signification que ceux de « police et de sûreté » qui les précèdent, et que, par leur généralité, ils s'appliquent aussi bien aux décisions prises par l'autorité pour le transport des marchandises, qu'à celles concernant le transport des personnes ; Que la preuve s'en tire, nonseulement des termes de ces loi et règlement, mais aussi de la référence des art. 21 et 79 précités avec le titre 5 de ce dernier règlement, dont les dispositions ont spécialement pour objet le transport des marchandises, etc. (2).

Cependant la chambre des requêtes a décidé par deux fois que l'art. 21 de la loi de 1845 était inapplicable aux traités particuliers qui ne constituent, suivant elle, qu'un quasidélit. Elle se fonde, comme les décisions attaquées devant elle, sur ce que l'art. 21, placé au titre 3 de cette loi, ne garantirait que l'exécution des mesures relatives à la police de la circulation sur les chemins de fer (3). Les dispositions de l'art. 21 que nous venons de reproduire nous semblent au contraire s'appliquer expressément à ce qui concerne l'exploitation commerciale, et nous persistons à croire que la

(1) Grenoble, 29 déc. 1865, D. 66.2.59 ; Dalloz, v° *Voirie par ch. de fer*, n° 604; Aix, 26 nov. 1869, S. 71.2.96, D. 70.2.134. — V. *suprà*, n° 1072.
(2) Rej., ch. cr., 22 juin 1864, S. 340; M. Cotelle, *Législ. des ch. de fer*, t. 2, p. 64.
(3) Rej., 21 avril 1868, D. 430, et 17 nov. 1869, D. 71.1.115.

jurisprudence de la chambre criminelle doit être maintenue.

1117. Quoi qu'il en soit, les entreprises auxquelles les traités de faveur et les autres infractions semblables porteraient préjudice, peuvent se pourvoir civilement et réclamer contre la compagnie des dommages-intérêts.

Ainsi, dans une espèce où le cahier des charges soumettait seulement la compagnie à faire homologuer par l'administration les changements apportés à ses tarifs, il avait été décidé qu'elle ne pouvait pas plus les *abaisser* que les élever sans cette condition, « attendu que les compagnies ne peu-« vent rien percevoir au delà des tarifs qui leur sont concédés « et que les changements qu'elles y apporteraient, intéres-« sant l'*ordre public*, ne peuvent avoir lieu qu'avec l'*assenti-* « *ment de l'autorité* » (1).

Et encore, « attendu que les lois de concession n'autorisent les compagnies à percevoir que les prix portés au tarif et que les tarifs ne peuvent être ni complétés ni modifiés qu'en vertu d'un acte, soit du pouvoir de qui émane la concession, soit de l'autorité déléguée à cet effet, notamment le ministre des travaux publics chargé de l'exécution des lois dont s'agit (2). « Que, dès lors, cette inobservation des règlements « constitue une faute », et que si elle cause un préjudice à des tiers, ceux-ci doivent en obtenir réparation (3).

1118. On a même décidé que ces prohibitions étant établies dans l'intérêt du commerce en général, peuvent être invoquées par toutes personnes sans distinction de nationalité : que l'action, en pareil cas, appartient aux étrangers et qu'on ne peut leur opposer les dispositions de l'art. 11 du C. civ., qui ne sont pas applicables à ce cas. Les étrangers, en effet, étant admis, indépendamment de tout traité diplomatique, à faire le commerce en France, doivent pouvoir invoquer, en vertu du droit des gens, les règlements qui assurent la liberté du mouvement industriel et commercial. D'ailleurs, en ce qui concerne spécialement la prohibition des traités particuliers, l'art. 53 et, suivant nous, les articles 48 et 49

_____

(1) Rej., 10 janv. 1849, S. 49.1.190, aff. du Chemin de fer du Gard c. Bimard.

(2) Cons. d'Etat. 10 janv. 1845, S. 45.2.311; aff. Ch. de fer d'Alais à Beaucaire.

(3) Rej., 10 janv. 1849, S. 190 ; 3 fév. et 20 juill. 1869, S. 222 et 382, D. 371 ; Cass., 19 juin 1850, D. 197.—La Cour de Paris le décide également dans l'arrêt du 30 juin 1866 que nous venons de discuter.

du cahier des charges de 1859, sont placés sous la protection des dispositions pénales des lois de 1845. Cette prohibition est donc d'ordre public; et les étrangers comme les Français peuvent agir en réparation du préjudice que les contraventions de cette espèce leur font éprouver (1).

La Cour de cassation, dans cet arrêt, n'a pas formulé d'une manière complète sa doctrine actuelle (2) sur les droits civils dont jouissent en France les étrangers; mais elle semble, cette fois, rattacher la solution qu'elle donne au système d'après lequel, en l'absence de traités internationaux ou d'une disposition spéciale de la loi, ils n'ont que ceux dont le fondement se trouve dans le droit naturel et le droit des gens (3).

On sait qu'un autre système, basé sur de solides raisons; leur reconnaît au contraire, en principe général, tous les droits que la loi ne leur ôte point ou ne réserve pas formellement aux Français seuls (4). Quoi qu'il en soit, l'application libérale faite par l'arrêt du 3 juillet 1865, dans l'espèce dont s'agit, de l'art. 53 du cahier des charges, est certainement en harmonie avec les enseignements de l'économie politique et avec les tendances de la législation industrielle de notre époque, qui cherchent à fusionner les peuples dans une vaste association commerciale et à les faire profiter aussi largement que possible des avantages de leurs productions respectives par la liberté des échanges, la rapidité des communications et l'abaissement des barrières de tout genre

---

(1) Cass., 3 juill. 1865, D. 347, S. 441, et, sur renvoi, Limoges; 28 fév. 1866, D. 66.2.140, S. 66.2.143. — V. anal, Rej., 5 juill. 1865, D. 348, et Consult., Rej., 20 juill. 1869, S. 382, D. 525. — Contrà, Bordeaux, 28 juill. 1863, D. 65.2.4, S. 64.2.17.

(2) Ses décisions antérieures appliquent l'art. 11, C. civ., dans toute la rigueur de son texte. — V. Cass., 22 nov. 1825, D. 26.1.7; 7 juin 1826, D. 299; Rej., 14 août 1844, S. 756.

(3) Troplong, Prescr., t. 1, n° 35; Aubry et Rau sur Zachariæ, t. 1, p. 259 et suiv.; notamment l'action en réparation d'un délit; Duranton, t. 1, n° 153.

(4) Demante, Hist. de la cond. des étr., p. 254 et suiv.; Valette, Explicat., somm., 409 et suiv.; Mourlon, Rép. écr., 1er exam., nos 132 et 133; Serrigny, Droit public, t. 1, p. 244. — M. Demolombe, de son côté, enseigne une troisième théorie, suivant laquelle les étrangers ne jouissent en France que des droits civils qui leur sont concédés en vertu des traités ou par les lois, expressément ou implicitement. Il arrive ainsi à leur reconnaître presque tous les droits qu'on leur accorde dans le deuxième système, sauf celui d'adopter et d'être tuteur (t. 1, nos 240 et suiv.). — Conf., Dalloz, v° Droit civil, nos 190 à 193.

qui les séparaient. Assurer à tous, étrangers ou Français, des garanties semblables dans l'exercice de leur activité, la liberté de leurs opérations, le maintien de leurs propriétés de tout genre et les actions qui en dérivent, est le but que l'on doit se proposer et dont se rapproche de plus en plus notre législation (1).

1119. Remarquons, en terminant sur ce point, que l'action en dommages-intérêts, si elle se rattachait à une infraction punie par les lois de 1845 précitées, se prescrirait par trois ans conformément aux art. 2 et 638, C. inst. crim. (2).

1120. L'interdiction de tout traité particulier ayant pour effet d'accorder à un ou plusieurs expéditeurs une réduction sur les tarifs approuvés, est prononcée d'une manière absolue par l'art. 48.

Tandis que l'art. 14 de la loi de 1846, relative au chemin de fer du Nord, et l'art. 53 du nouveau cahier des charges, ne défendent que les traités spéciaux passés avec des entreprises de transport, sans autorisation du Gouvernement, les traités contenant des réductions de prix ne peuvent même pas être autorisés, quelle que soit la qualité des contractants.

Les conventions de ce genre avaient donné lieu à de fréquentes contestations entre les compagnies et les divers intéressés (3). On a voulu y couper court en prohibant ces traités, qui semblaient ne pouvoir profiter qu'aux entreprises les plus importantes, et qui échappaient, par les conditions mêmes qui y étaient insérées, à la loi d'égalité que l'on avait cherché à établir (4).

1121. Par traité particulier, il faut entendre toute convention qui assurerait à certains expéditeurs des avantages tels que réductions de prix ou facilités de transport, dont ne seraient pas appelées à jouir les autres personnes placées dans des conditions semblables. C'est alors une faveur personnelle et qui tend à procurer à tel ou tel un bénéfice spécial au détriment de leurs concurrents et à assurer au che-

---

(1) Décr. du 21 avril 1810 sur les mines, art. 13; Décr. du 5 févr. 1810 sur l'imprimerie et la librairie, art. 40; Loi du 5 juill. 1844 sur les brevets d'invention, art. 27; L. du 23 juin 1857 sur les marques de fabrique, art. 5.

(2) Rej., 20 juill. 1869, S. 382, D. 325. — V. n°s 373 et suiv.

(3) Voir plusieurs espèces rapportées dans Dalloz, v° *Voirie par ch. de fer*, n°s 335 à 340.

(4) On pourra consulter sur ce point les arrêts de Cass. des 22 févr. 1858, D. 121, et de Rej., du 8 juin 1859, D. 258.

min de fer, par réciprocité, des avantages qu'il n'eût pas obtenus sans cela.

1122. Ces traités de faveur ne doivent pas être confondus avec les tarifs *spéciaux* applicables à telle nature de marchandises et qui sont les mêmes pour toute expédition faite dans les conditions établies par les règlements (1), ni avec ceux qui accordent un abaissement de prix aux objets d'une provenance déterminée (2), aux marchandises en transit, et à celles destinées à l'exportation (3). Les uns et les autres, en effet, ont pour but de stimuler les échanges en facilitant le transport de certains produits qui, sans cela, n'auraient pas de débouchés suffisants, ou bien de subvenir à des besoins généraux et urgents, par exemple au transport des denrées alimentaires (4) et des matières premières servant à l'industrie ; enfin, de favoriser le commerce international.

Ils comportent d'ailleurs des conditions que doivent accepter les expéditeurs, par exemple de subir des délais plus longs que ceux des convois ordinaires, ou de n'expédier que par certaines quantités déterminées. Ces conditions sont appliquées à la rigueur, soit au profit, soit à l'encontre des expéditeurs (5).

1123. Il en est de même des *tarifs différentiels*. On appelle ainsi ceux qui établissent pour un parcours partiel une taxe supérieure à celle d'un parcours plus allongé, ou d'une manière plus générale, « qui autorisent l'applica- « tion de taxes ne présentant pas pour toutes les fractions « d'un parcours quelconque une base kilométrique uni- « forme » (6).

Il en résultera, par exemple, que sur une ligne, la tonne de telle marchandise paiera 0 fr. 08 cent. par kilomètre pour une distance de 100 kilomètres, et qu'elle ne paiera que 0 fr. 05, si elle en parcourt 200. — Ou bien encore que les voyageurs prenant à telle gare un billet pour telle destination, située sur une ligne d'embranchement, paieront une

---

(1) Cah. des ch., art. 50.
(2) Rej., 11 août 1864, D. 65.1.8.
(3) V. Décr. du 26 avril 1862.
(4) V. notamment l'art. 42 du Cahier des charges de la Cie de l'Est, annexé au décret du 11 juin 1859, *in fine.*
(5) V. Rej., 8 fév. 1859, S. 264.
(6) G. Paala, *Dictionnaire législ. et réglement. des chem. de fer,* p. 529.

somme moindre que pour effectuer le même parcours sur la ligne directe.

Ces modifications sont depuis longtemps admises à raison des avantages qu'elles présentent pour le développement du commerce, de l'industrie et des communications entre localités séparées par de longues distances, ou bien entre lesquelles il importe d'établir de nouvelles habitudes au point de vue des relations et des échanges (1).

Bien des réclamations se sont élevées contre les tarifs différentiels. On a soutenu qu'ils consacraient une injustice et permettaient aux compagnies de se procurer des bénéfices illégitimes ; qu'elles pouvaient, suivant leur bon plaisir et leur intérêt, favoriser l'industrie de telle localité au préjudice de telle ou telle autre et porter atteinte aux avantages naturels qui résultaient pour celles-ci de leur position géographique.

Mais ils ont été maintenus malgré ces attaques, car s'ils procurent des avantages aux compagnies, ils en procurent de plus grands encore au public, en amenant sur des points éloignés du lieu de production les matières premières et les denrées, à des prix notablement réduits. Ils égalisent ainsi la situation de diverses régions qui peuvent, quoique à des distances très-différentes, s'approvisionner des mêmes objets, à des prix à peu près semblables. Assurément, il n'y a rien dans ce résultat qui blesse des droits positifs, légitimes et irrévocablement acquis (2).

Les tarifs différentiels ont une base rationnelle, dans ce fait que les frais généraux pour un parcours plus étendu sont à peu près les mêmes que pour le transport des mêmes objets à une distance moindre. L'augmentation de prix pour le parcours prolongé peut donc ne pas être exactement proportionnelle à l'augmention des distances : telle est l'application la plus ordinaire de ces tarifs.

1124. L'intervention obligée de l'autorité supérieure, chargée de peser les divers intérêts, est une suffisante garantie contre un emploi déloyal de ce mécanisme commercial dont les compagnies auraient pu sans doute abuser. Mais cette garantie existe, car il appartient à l'administration et à

_____

(1) V. Dalloz, vº *Voirie par ch. de fer*, nᵒˢ 325 et suiv. — Voir le rapport au Sénat de M. Mallet et les discours de MM. Stourm et Rouher, séances des 18 et 21 avril 1863, *Monit.* des 19 et 22 avril.
(2) M. Cotelle, *Législ. des ch. de fer*, 2ᵉ édit., t. 2, p. 278 et suiv.

elle seule d'apprécier les éléments qui peuvent déterminer
« le rejet ou l'homologation d'un tarif différentiel » (1).
C'est ce qui résulte du droit qui lui est attribué d'une manière générale, d'approuver ou d'interdire les modifications
de tarifs proposées par les compagnies dans les limites du
maximum établi par le cahier des charges, et l'art. 48 de
cette convention prévoit expressément les abaissements de
tarifs, soit pour le parcours total, soit pour les *parcours par-
tiels* de la voie de fer.

1125. Enfin, le décret du 26 avril 1862, par dérogation
aux art. 44 à 49 de l'ordonnance de 1846, autorise les compagnies, pour ce qui concerne les marchandises transportées
en transit à travers la France, et celles destinées à l'exportation, à réduire les taxes et à les relever, sans être astreintes
aux formalités d'affichage et à l'observation des délais prescrits par cette ordonnance (2). Ces mesures, comme nous
l'avons déjà dit, ont été prises afin de permettre aux lignes
françaises de soutenir la concurrence des chemins de fer
étrangers, qui pouvaient détourner une partie notable du
trafic international et de transit, au préjudice, non-seulement
de nos voies ferrées, mais de nos ports et du travail industriel
qui s'y rattache.

1126. Du principe posé ci-dessus (nos 1112, 1113 et suivants), et soigneusement maintenu par la jurisprudence,
que la perception des prix de transport ne peut avoir lieu
qu'en conformité des tarifs, découle cette conséquence que
les parties ne peuvent modifier l'application des taxes directement ni indirectement.

Ainsi, les erreurs qui se seraient glissées dans la perception peuvent toujours être rectifiées. La compagnie pourrait
donc rétablir le prix du transport, lors de l'arrivée de la marchandise, à la somme déterminée par le règlement, quoiqu'il
eût été fixé au départ à une somme inférieure (3).

Et quand même de semblables erreurs ou modifications
volontaires se serait souvent répétées pour des objets identiques provenant des mêmes expéditeurs, il n'en résulterait

---

(1) G. Palaa, *ibid.*
(2) Duvergier, 1862, p. 111.
(3) Cass., 17 août 1864, D. 64.1.381 ; 13 févr. 1867, D. 71; 16 mars
1869, D. 184, S. 221 ; 6 déc. 1869, D. 70.1.149.

aucun obstacle à ce que les véritables prix fussent appliqués à de nouvelles expéditions (1).

Un tribunal avait cru pouvoir allouer en pareil cas, à l'expéditeur, des dommages-intérêts équivalents à la différence des prix, en se fondant sur ce que la fausse application du tarif par les agents du chemin de fer, l'avait induit en erreur dans le calcul de ses opérations commerciales. Mais ce jugement a été cassé, attendu que les conventions particulières ne peuvent ici déroger à la loi, qui d'ailleurs est censée connue de tous (2).

1126 *bis*. Les règles ci-dessus ne sont évidemment applicables qu'autant qu'il existe des tarifs réguliers. Si donc une expédition avait lieu dans des conditions exceptionnelles, par exemple pendant la période de la construction de la voie, à une époque où les taxes officielles n'existeraient pas encore, les prix seraient déterminés par les conventions des parties (3).

1127. En principe, les tarifs règlent les prix de gare en gare (4). — Quant aux droits de factage et de camionnage en dehors de la voie de fer, pour rendre les objets transportés au domicile même des destinataires, l'administration les fixe sur la proposition de la compagnie (5). — Car, ces opérations, bien que distinctes du transport proprement dit, se rattachent intimement à l'exploitation des chemins de fer, et l'art. 52 du cahier des charges oblige les compagnies à les exécuter, soit par elles-mêmes, soit par un intermédiaire dont elles répondent. Toutefois le factage et le camionnage ne sont point obligatoires pour elles en dehors du rayon de l'octroi, non plus que pour les gares qui desserviraient un centre de population situé à plus de 5 kilomètres de la gare ou moindre de 5,000 habitants.

Dans les autres cas, le tarif arrêté par l'administration est applicable à tout le monde sans distinction (6); les compagnies et le public sont tenus de s'y conformer exactement comme aux tarifs des convois.

---

(1) Cass., 19 janv. 1870, S. 171.
(2) Cass., 17 mars 1866, D. 150. — *Conf.*, Cass., 22 déc. 1868 et 16 mars 1869, S. 69.1.221, D. 69.1.184.
(3) Rej., 16 juill. 1873, S. 74.1.129.
(4) Cah. des ch., art. 50.
(5) Cah. des ch., art. 52; Ordonn. du 15 nov. 1846, art. 47.
(6) Art. 52.

Mais le destinataire peut toujours éviter ces frais en faisant prendre lui-même en gare, au moment de leur arrivée, les objets qui lui sont adressés (1).

1128. Enfin, l'administration règle encore, sur la proposition de la compagnie, les frais d'enregistrement, de chargement ou déchargement et de magasinage dans les gares et magasins du chemin de fer. Ces taxes sont fixées annuellement (2).

1129. Comme on le voit par ce qui précède, les compagnies françaises sont soumises à une réglementation sévère, assurée par le contrôle de l'administration. Chaque détail du service est prévu, soit par la loi ou le cahier des charges, soit par des arrêtés spéciaux.

En Angleterre, la situation des chemins de fer est fort différente.

Dans ce pays, où l'action individuelle jouit d'une si grande latitude, où les lois comme les mœurs tendent à laisser l'industrie privée se mouvoir librement sous l'impulsion des ressorts que l'intérêt personnel met en jeu, les entreprises de chemins de fer ont pu se former et fonctionner avec une large initiative.

« En Angleterre, dit un publiciste, auquel nous empruntons quelques lignes, les compagnies peuvent se dispenser « d'exécuter les transports, leur charte de concession ne les « obligeant qu'à établir les voies ferrées et à livrer passage « sur leurs rails à quiconque veut en user, moyennant un « droit de péage. Si elles consentent à faire l'opération du « transport, elles ne sont tenues de l'accomplir que dans un « délai *raisonnable*, terme vague qui se prête à toutes les « interprétations; quant au prix, elles peuvent dépasser le « maximum officiel par l'admission de *certaines taxes*, que « la loi autorise, *sans en fixer le chiffre*, pour la manutention « des marchandises. »

« Il leur est loisible de passer tous traités de transport, « de modifier leurs tarifs à quelque époque qu'elles le jugent convenable, sans être astreintes à aucune formalité « d'*autorisation* administrative, ni à *aucun délai* » (3).

Mais que faut-il conclure de cette comparaison? Que les

---

(1) Cass., 5 mars 1866, D. 120; M. Cotelle, *Cours de droit admin.*, t. 4, n° 101.
(2) Cah. des ch., art. 51 ; Ordonn. du 15 nov. 1846, art. 47.
(3) Ch. Lavollée, *Les chemins de fer français en 1866.* V. aussi, *Du*

intérêts des chemins de fer et du public soient moins utilement servis dans un pays que dans l'autre ? C'est une question que nous ne nous chargeons pas de décider et dont l'examen, d'ailleurs, nous éloignerait de notre but (1). Nous voulons seulement faire remarquer que nos compagnies ne sont pas soumises, comme pourrait le croire un observateur peu attentif, à un pouvoir arbitraire et en quelque sorte au bon plaisir du Gouvernement; que sous ce rapport elles ne doivent pas se montrer trop jalouses des franchises accordées à celles du Royaume-Uni.

Leurs droits et leurs obligations, notamment en ce qui concerne la perception des prix de transport, sont déterminés par des cahiers de charges acceptés par elles, véritables contrats qui ne peuvent être modifiés que du consentement réciproque des parties.

Les changements de tarifs qu'elles proposent et sur lesquels le ministre est appelé à statuer, s'opèrent dans les limites d'un maximum fixé par ces cahiers de charges et dans lesquelles elles pourraient se tenir retranchées si leur intérêt même ne les engageait pas à l'abaisser. Les réductions peuvent être provoquées, encouragées par l'administration, mais ne sauraient leur être imposées contre leur volonté.

A la vérité, les traités particuliers sont interdits, les tarifs abaissés ne peuvent être relevés brusquement et avant l'expiration d'un délai que l'administration, elle-même, n'est pas libre de supprimer. Il y a là des entraves à certaines spéculations, à la réalisation des profits quelquefois considérables que permettrait le libre jeu des tarifs.

Mais ces restrictions ne sont-elles pas compensées par le privilége résultant de la formation des 'grands réseaux, la suppression des concurrences ruineuses, et les garanties qu'assure aux compagnies la nécessité où se trouve placé l'État, de ménager leurs ressources et leur crédit pour l'achèvement des lignes d'un intérêt général.

Disons plus : la constitution même de ces grandes sociétés

---

régime des travaux publics en Angleterre, par M. Ch. de Franqueville, maître des requêtes au Conseil d'État, 1875, t. 1, p. 331.

(1) Notons cependant que le nombre des accidents éprouvés par les voyageurs est beaucoup plus élevé en Angleterre. Pour la période décennale 1864-1873 on trouve les chiffres suivants : en France, tués, 65, blessés, 1191 ; en Angleterre, tués, 271, blessés, 9,221 (M. de Franqueville, t. 2, p. 443).

qui se partagent le territoire de la France, le monopole dont elles sont investies et qui leur eût permis d'abattre presque instantanément toute industrie rivale, devaient avoir pour correctif ces restrictions. On devait chercher à ménager les transitions, à épargner au commerce de trop brusques révolutions, des sinistres particuliers toujours regrettables en eux-mêmes, toujours nuisibles aux intérêts sociaux. Ce résultat a été atteint autant qu'il pouvait l'être par les mesures dont nous venons de parler et que les pouvoirs publics ont sagement fait de maintenir.

1130. 4° *Extinction de l'action en responsabilité.* — *Prescription.*

L'action en responsabilité contre les compagnies de chemins de fer pour perte ou avarie, s'éteint, comme il a été dit ci-dessus, nᵒˢ 1020 et suiv., par l'effet d'une renonciation présumée résultant : 1° de la réception des objets et du paiement du prix de transport; 2° d'une prescription dont le délai est déterminé par l'art. 108, C. de comm.

Les règles que nous avons fait connaître à l'égard des voituriers ordinaires leur sont applicables (1).

En ce qui concerne le premier mode d'extinction, nous avons dit que les deux conditions exigées, la réception et le paiement, doivent être réunies, comme l'indique expressément l'art. 105 du C. de comm. (2).

Mais il faut que le paiement comme la réception aient suivi la remise des objets. Le paiement fait d'avance, soit en vertu des règlements, soit parce que l'expéditeur le prend à sa charge, ne saurait être considéré, ni de la part de celui-ci, ni de la part du destinataire comme une preuve de renonciation à l'indemnité qu'il aurait à réclamer.

Aux arrêts que nous avons cités n° 1020, comme consacrant cette décision, il faut en ajouter deux : le premier rendu par la Cour de Caen, le 7 février 1861 (3); le second par la Cour de cassation, le 31 décembre 1866 (4).

Dans la pratique, le destinataire doit, avant tout, payer le montant de la lettre de voiture et émarger le livre de sortie de la compagnie. — On lui remet alors un bon de livraison

---

(1) Cass., 25 mars 1863, S. 445.
(2) N° 1020. — *Adde,* Dalloz, vᵒ *Commissionnaire,* n° 462.
(3) D. 61.2.231.
(4) *Droit* du 1ᵉʳ janv. 1867. V. encore Cass., 13 nov. 1867, S. 420; Rej., 4 déc. 1871, S. 72.1.67.

ou feuille de décharge avec lequel il peut réclamer les colis, en faire la vérification et en prendre livraison. La remise définitive qui lui en est faite alors, s'il l'accepte, est constatée par l'apposition d'un timbre de sortie sur la lettre de voiture, et la décharge du bon ou feuille de sortie par le destinataire. En conséquence, il a été jugé que l'action de celui-ci n'est éteinte que par l'accomplissement de toutes ces formalités qui seules constituent de sa part une réception effective (1).

1131. Le destinataire qui ne paie qu'en faisant réserves expresses de son recours contre qui de droit, le conserve évidemment. Le paiement n'a plus alors qu'un caractère purement provisoire et sans influence sur l'action (2).

1132. Et même quand la réception et le paiement ont eu lieu sans réserves, il faut encore, pour que la déchéance soit encourue, que cette réception ait été faite librement et sciemment. C'est-à-dire que le destinataire ait été mis à même de procéder à une vérification sérieuse.

Si donc la fraude avait été employée pour faire accepter, par le destinataire, les caisses ou ballots (3), ou même si, par le simple fait de la compagnie, la vérification avait été rendue impossible, par exemple, à raison de l'encombrement et du désordre de la gare (4), le recours pourrait toujours être exercé.

Et par les mêmes raisons on a jugé que l'action en dommages-intérêts de l'*expéditeur* contre le voiturier, pour inexécution des conditions du transport, reste entière lorsque le *destinataire*, qui a reçu et payé, n'a pas connu ces conditions et que son ignorance provient du fait du *voiturier lui-même* (5).

---

(1) Rej., 12 mars 1873, S. 111, D. 74.1.158.— *Conf.*, Metz, 29 août 1855, D. 56.2.211, S. 55.2.721; Amiens, 4 mai 1872, Cⁱᵉ du Nord c. Bertin (inédit). Après la remise du bon de livraison, la compagnie pourrait faire cesser sa responsabilité par une mise en demeure de retirer les objets adressée au destinataire qui ne se présenterait pas. Consultez à cet égard, Paris, 31 déc. 1856, *Monit. des trib.* du 11 janv. 1857.

(2) Bordeaux, 26 avril 1849, D. 50.2.178. Si la compagnie reconnaît formellement, et, par exemple, dans une mention écrite sur la lettre de voiture, le fait qui sert de base à la réclamation, le paiement est censé fait avec réserves. Rej., 14 avril 1874, D. 246.

(3) C. comm., 108; *supra*, n° 1021; Motifs de l'arrêt de Cass., 25 mars 1863, S. 443.

(4) Rej., 5 fév. 1856, D. 131, S. 687; Cass., 7 fév. 1872, D. 171, et 13 août 1872, D. 228.

(5) Rej., 22 mai 1865, D. 272, Cⁱᵉ de l'Ouest c. Grelley.

Notamment lorsqu'il y a eu substitution d'une marchandise à une autre, et que la feuille d'envoi était rédigée de manière à induire le destinataire en erreur (1).

1133. La jurisprudence maintient avec une fermeté, que l'on ne saurait qu'approuver, l'obligation pour les compagnies de faciliter la vérification dont il s'agit à l'amiable et de bonne foi.

Elle décide que cette vérification doit avoir lieu, lorsqu'elle est réclamée avant la réception et le paiement, à l'intérieur comme à l'extérieur des colis et alors même qu'ils seraient en apparence dans un bon état de conditionnement; que le voiturier doit y procéder sans frais contradictoirement avec le destinataire et n'est pas fondé à prétendre qu'elle ait lieu par experts conformément à l'art. 106, C. de comm. En effet, la constatation · de l'avarie et le règlement de l'indemnité doivent le plus souvent s'opérer sans difficulté entre les parties, et l'expertise ne devient nécessaire qu'en cas de contestations. Or la vérification amiable a précisément pour objet de les prévenir (2).

1134. Vainement la compagnie invoquerait les dispositions exceptionnelles d'un règlement administratif, relatif au transport des matières précieuses et particulièrement des espèces monnayées. Un tel règlement n'a pu déroger aux dispositions du Code de commerce et aux principes du droit commun (3).

1135. Vainement encore s'y refuserait-elle sous prétexte qu'elle s'est chargée du transport des colis avec la condition de *suivre en remboursement* (4); car loin de commettre une faute en permettant au destinataire de vérifier l'intérieur du colis, elle ne fait que remplir son obligation. L'expéditeur ne saurait donc lui en faire un grief et n'aurait de réclamation à exercer en cas de refus de recevoir que contre le destinataire lui-même, si ce refus était mal fondé.

1136. Toutefois on ne saurait refuser au voiturier le droit de prendre les mesures nécessaires pour assurer son recours contre les autres voituriers ou le commissionnaire desquels

---

(1) Limoges, 5 mars 1870, D. 70.2.90.
(2) Rej., 25 déc. 1854, D. 55.1.21 : Cass., 20 nov. 1860, S. 61.1.451 ; Rej., 16 janv. 1861, D. 126, S. 451 et suiv. ; Cass., 14 août 1861, D. 384; Dalloz, *Voirie par ch. de fer*, n° 477.
(3) Lyon, 30 juin 1864, D. 65.2.184.
(4) Trib. de comm. de Bruxelles, 9 mai 1864, D. 64.3.44.

il tient la marchandise. Or la vérification amiable ne saurait être opposée à ceux-ci qui n'auraient pas été représentés à l'opération, et cependant les preuves que le dernier entrepreneur aurait à tirer contre eux de l'état extérieur des caisses disparaîtraient souvent par leur ouverture même. Il a donc le droit de prendre des mesures à cet effet en faisant l'avance des frais (1); et même, suivant les circonstances que les tribunaux apprécieraient, de demander que le destinataire supportât une partie de ces avances, sauf recours contre qui de droit, s'il y avait lieu, par exemple, de penser que la vérification aboutirait à une réclamation du destinataire contre l'expéditeur et non contre la compagnie; l'avarie résultant du vice propre de la chose ou de l'insuffisance de l'emballage (2).

1137. En dehors des circonstances que nous venons d'indiquer, la réception et le paiement volontairement opéré entraînent la déchéance (3). Il y a présomption légale que le destinataire a renoncé à toute réclamation (4), sauf, comme nous l'avons dit, n° 1021, le cas de fraude ou d'infidélité personnelle au voiturier ou à ses agents (5), c'est-à-dire de soustraction ou de dommage volontairement causé aux marchandises (6).

Mais la simple faute ou négligence de sa part serait alors couverte quand même le demandeur en rapporterait la preuve (7).

A la vérité, un arrêt de la Chambre des requêtes, du 9 juin 1858, a rejeté le pourvoi formé contre un jugement qui avait refusé d'accueillir la fin de non-recevoir tirée de l'art. 105, contre l'action d'un destinataire qui n'avait ouvert le ballot et constaté l'avarie que le lendemain de la réception, attendu

_____

(1) Rej., 16 janv. 1861, D. 126.
(2) Dalloz, v° *Commissionnaire*, n° 404; Trib. de comm. du Havre, 8 déc. 1863, D. 64.3.32.
(3) Cass., 25 mars 1863, S. 445, et 9 mars 1870, D. 224.
(4) Ceci s'étend aussi bien aux réclamations relatives au prix payé pour le transport qu'aux contestations pour avaries. Cass., 9 août 1869, S. 70.1.164.
(5) Dalloz, *Commissionn.*, n° 469, et *Voirie par ch. de fer*, n° 476; Rej., 11 mars 1874, D. 336.
(6) C. comm., 108, *in fine*; Cass., 26 avril 1859, S. 454; Montpellier, 21 avril 1860, S. 60.2.533.
(7) Dalloz, *Commissionn.*, n° 470. V. aussi les arrêts cités *supra*, n° 1021, notes 4, 5 et 6.

que le ballot ne portait aucune trace, visible extérieurement, de cette avarie.

Mais l'arrêt relève en outre cette circonstance que la compagnie défenderesse, prévenue immédiatement, loin de se prévaloir de l'art. 105, avait, au contraire, fait elle-même vérifier l'état du colis par un de ses préposés, qui avait reconnu la justice de la réclamation (1).

Le rejet du pourvoi n'est donc fondé que sur des circonstances de fait qui impliquaient la renonciation par la compagnie, à l'exception qu'elle pouvait tirer de l'art. 105. Cet arrêt ne contredit donc pas une jurisprudence d'ailleurs bien certaine et fondée sur le texte formel de la loi.

1138. Remarquons, en terminant, que la fin de non-recevoir dont il s'agit, ne peut être invoquée contre les compagnies, qu'eu égard aux obligations qui leur incombent en qualité de voiturier. — Une compagnie de chemin de fer qui se charge de faire douaner les expéditions, agit, quant à ce, comme mandataire et non plus comme entrepreneur de transports. En conséquence, elle est responsable du retard dans les opérations de douanes et, par suite, dans le transport ultérieur, et l'indemnité due par suite de ces fautes peut être réclamée contre elle, encore bien que le destinataire ait reçu la marchandise et payé le prix sans réserve (2).

1139. Quant à l'extinction de l'action par l'effet de la prescription, nous avons peu de chose à ajouter à ce que nous avons dit nᵒˢ 1024 à 1026, et 1119 ci-dessus.

1140. Nous examinerons seulement si la prescription établie par l'art. 108 pour l'action en indemnité des pertes ou avaries, s'applique au cas de simple retard.

La Cour de cassation a jugé la négative (3), en se fondant sur ce principe que les déchéances sont de droit étroit et ne peuvent être étendues par analogie d'un cas à un autre.

Cet arrêt a été rendu après partage, ce qui prouve que la solution qu'il consacre n'a pas été admise sans difficulté. Pour mon compte, j'ai peine à l'adopter, et je pense que c'est au contraire le cas d'appliquer l'axiome *Ubi eadem ratio idem jus.*

Comment, en effet, trouver une raison de différence entre

---

(1) S. 59.1.56.
(2) Trib. de comm. de la Seine, 18 mai 1864, *Droit* du 18 juin.
(3) Rej., 26 juill. 1859, D. 307. — *Conf.*, Montpellier, 27 août 1830, D. 31.2.98; Dijon, 25 fév. 1874, S. 74.2.136; Alauzet, t. 2, nᵒ 1004.

le cas de perte ou d'avarie et le cas de simple retard? Pourquoi se montrer plus rigoureux envers le voiturier dans celui-ci que dans celui-là? Le préjudice est-il plus grand? Bien au contraire. La faute est le plus souvent moins grave aussi ; comment donc le législateur aurait-il abrégé [la prescription dans les cas les plus graves et qui entraînent une responsabilité plus sévère?

Est-il donc plus facile au voiturier de justifier au bout d'un délai de six mois des causes d'un simple retard que de celles de l'avarie ou de la perte des objets? Si on le décharge dans ce dernier cas, parce qu'il se trouverait souvent dans l'impossibilité d'établir la force majeure, ou de prouver que la remise de la marchandise a été effectuée, contrairement à la prétention du demandeur, n'en doit-il pas être de même par rapport au délai dans lequel la livraison a été faite?

Au surplus, on peut invoquer à l'appui de notre opinion, un arrêt de cassation rendu par la chambre civile le 18 juin 1838 (1), et qui applique la prescription de l'art. 108 à une action formée contre le commissionnaire de roulage plus de six mois après le jour où le transport devait être effectué, à raison d'un colis égaré par suite de la fausse destination qui lui avait été donnée.

Il est certain, du reste, que la prescription ne s'appliquerait en pareil cas qu'à l'action en indemnité à raison du retard. Quant à la revendication des marchandises elles-mêmes, si elles étaient restées aux mains de la compagnie, elle pourrait toujours avoir lieu en vertu du droit de propriété du réclamant.

ARTICLE III.

RÈGLES GÉNÉRALES DE LA COMPÉTENCE.

Sommaire.

_____

(1) _Suprà_, n° 1024 ; Dalloz, v° _Commissionn._, n° 482, et D. -P. 1838. 1.351.

1144. — Faits se rattachant à l'exploitation et à l'entreprise de transports. — Compétence judiciaire.

1145. — Contraventions à la loi sur la police des chemins de fer. — Tribunaux correctionnels.

1146. — Contraventions de grande voirie. — Conseils de préfecture.

1147. — Compétence *ratione loci et ratione personæ.* — Compagnies défenderesses. — Assignation devant le tribunal du siége de la société.

1148. — Elles peuvent avoir un domicile social autre que celui déterminé par les satuts.

1149. — Ou des succursales.

1150. — Les faits sont appréciés souverainement par les tribunaux.

1151. — Limite de la compétence en pareil cas.

1152. — Matières commerciales. — Art. 420, C. proc.

1153. — Compétence résultant du lieu de la promesse et de la livraison.

1154. — Et du lieu où le paiement devait être effectué.

1154. — En matière de transports, le lieu de la destination doit être considéré comme lieu de paiement. — Jurisprudence. — Discussion.

1141. Les contestations auxquelles donnent lieu l'établissement et l'exploitation des lignes de fer au point de vue de la responsabilité, sont de nature fort diverses et dépendent de plusieurs juridictions. — Nous les indiquerons sommairement, en nous référant d'ailleurs aux développements déjà donnés à la matière de la compétence dans les chapitres précédents.

1142. 1° En tant que chargées de l'exécution des voies et ouvrages qui s'y rattachent, les compagnies ayant la qualité d'entrepreneurs de travaux publics, sont justiciables des conseils de préfecture et du Conseil d'Etat, conformément aux §§ 2, 3 et 4 de l'art. 4 de la loi du 28 pluviôse an VIII, pour toutes les difficultés qui s'élèveraient entre elles et l'administration concernant le sens ou l'exécution des clauses de leurs marchés (1) ; — et pour les réclamations des particuliers qui se plaindraient des torts et dommages à eux causés par les travaux (2).

1143. Mais l'autorité judiciaire est compétente, au contraire, lorsque la compagnie agit comme propriétaire de terrains ou autres immeubles par elle acquis pour le service

---

(1) V. Serrigny, 2ᵉ édit., t. 2, nᵒ 685.
(2) V. *supra,* nᵒˢ 713 et s., surtout nᵒˢ 717 à 736 ; Serrigny, nᵒ 734 : M. Cotelle, *Cours de dr. admin.,* t. 4, nᵒˢ 506 et suiv.

de son exploitation commerciale et non plus à raison de travaux faits en vue de l'établissement des ouvrages incorporés à la voie de fer ; et encore quand elle agit sans autorisation régulière (1) ou en dehors de son cahier des charges (2); — par exemple, lorsqu'il s'agit d'une indemnité réclamée à raison d'une prise d'eau qu'elle a effectuée pour l'approvisionnement de ses machines (3), du dommage qu'elle cause par un mode de déchargement de ses marchandises nuisible aux propriétés riveraines (4) ou des contestations qui s'élèvent entre elles et les sous-entrepreneurs, les ouvriers ou autres avec lesquels elle a contracté (5).

1144. 2° Comme entrepreneurs de transports, les compagnies sont justiciables des tribunaux de l'ordre judiciaire pour les contestations auxquelles donnent lieu, soit les accidents éprouvés par les personnes, voyageurs ou autres, soit les pertes (6) et avaries de bagages ou de marchandises, l'application des tarifs (7), des taxes (8) et des cahiers de charges, dans leurs dispositions qui fixent le délai des transports, ou qui prohibent les traités particuliers (9) ; en un mot, lorsqu'il s'agit de les interpréter et de les appliquer au point de vue des droits et obligations des compagnies vis-à-vis, non de l'Etat, mais des particuliers (10).

A cet égard, la compétence se divise, suivant la nature du litige, entre les tribunaux civils ou de commerce et les justices de paix. — On a vu, nᵒˢ 529 et suivants, quels cas ressortissaient de ces diverses juridictions.

1145. 3° Soit comme concessionnaires de la ligne, soit

---

(1) Cass., 22 août 1860, D. 61.1.83.
(2) V. nᵒ 718. — Conf., Limoges, 19 juill. 1870, D. 71.2.155.
(3) Amiens, 13 mars 1862, S. 62.2.284; Lyon, 14 déc. 1864, D. 65. 2.218 ; Dijon, 11 août 1865, D. 65.2.217; Serrigny, nᵒ 783.
(4) Rej., 1ᵉʳ août 1860, D 60.1.329.
(5) V. Serrigny, nᵒˢ 777 et suiv.
(6) Poitiers, 12 févr. 1861, S. 61.2.332 ; Angers, 29 juill. 1853, S. 54.2.57.
(7) Cass., 31 déc. 1866, Droit du 1ᵉʳ janv. 1867; Cons. d'Etat, 26 fév. 1857, D. 57.3.82 ; Paris, 6 janv. 1858, D. 59.2.29; M. Cotelle, Législ. des ch. de fer, t. 1, nᵒ 643.
(8) Dalloz, Voirie par ch. de fer, nᵒˢ 493 et 494.
(9) Rej., 5 févr. 1861, D. 362; Rej., 30 mars 1863, D. 178; Dijon, 9 juin 1869, D. 244.
(10) V. Rej., 21 janv. 1857, D. 169 ; Rej., 27 mai 1862, D. 432; Cass., 31 déc. 1866, D. 67.1.56; Dijon, 9 juin 1869, S. 69.2.233; Trib. des conflits, 3 janv. 1851, D. 51.3.39 ; Serrigny, Comp., t. 2, nᵒ 787.

comme entrepreneurs de transports, les compagnies relèvent des tribunaux correctionnels, pour les infractions à la loi du 15 juillet 1845 sur la police des chemins de fer, résultant du mode d'exploitation qu'elles auraient prescrit (1). — Leurs agents eux-mêmes sont passibles des peines portées par cette loi, si la contravention résulte de leur fait personnel (2).

Et notez que la juridiction correctionnelle, saisie de la connaissance de ces contraventions, est compétente pour résoudre les difficultés auxquelles donne lieu l'interprétation des cahiers des charges, quant aux tarifs de perception (3), et celles des arrêtés de taxe émanant de l'administration. C'est une application de la règle que le juge de l'action est le juge de l'exception.

1146. Quant aux contraventions de grande voirie, elles sont réprimées par le conseil de préfecture (4). Dans cette catégorie rentrent tous les faits prévus par les art. 2 à 10, et réprimées par l'art. 11 de la loi du 15 juillet 1845.

1147. Nous venons de traiter de la compétence d'attribution. Nous avons maintenant à parler de celle qui dépend du territoire ou du domicile des parties.

En principe général, pour les matières civiles et commerciales, une compagnie doit être assignée devant le tribunal du siége de la société qui constitue pour elle le domicile (5). C'est là que se trouvent, d'ordinaire, ses titres et ses papiers, le centre de ses affaires, la résidence de ceux qui l'administrent.

1148. Néanmoins, et malgré les indications des statuts, elle peut avoir fixé en réalité son principal établissement dans un lieu autre que celui désigné comme siége de la société (6). — Elle peut aussi avoir plusieurs maisons réunissant les conditions énoncées par l'art. 102, C. civ., et constituant également un domicile. C'est ce que suppose évidemment l'article 42, C. comm., qui prescrit, lorsque la

_____

(1) Art. 16 et suiv., notamm. 19 et 21 ; V. *suprà*, nos 1032 et suiv.
(2) V. n° 1034; MM. Serrigny, n° 788 ; Cotelle, *Droit admin.*, t. 4, p. 251.
(3) Rej., 11 avril 1868, S. 69.1.288. — V. n° 1144.
(4) Lois du 28 pluv. an VIII, art. 4 ; du 15 juill. 1845, art. 11 à 15 ; M. Serrigny, *Comp.*, t. 2, n° 808.
(5) C. proc., art. 59 et 69, § 6.
(6) Rej., 21 fév. 1849, D. 263, et 13 mars 1865, D. 228; M. Cotelle, *Lég. des ch. de fer*, 2e édit., t. 2, p. 357.

société a plusieurs maisons de commerce, de publier l'acte de société dans chacun des arrondissements où elles sont situées.

On considérerait, par exemple, comme domicile social, le lieu où une compagnie aurait un préposé principal, chargé de la direction d'un service important, ayant pouvoir d'agir en son nom, notamment de recevoir les notifications qui seraient faites à la société (1). — Ou bien encore celui où aboutissent les diverses lignes exploitées par cette compagnie; où siége un comité directeur choisi parmi les administrateurs de la société ; où celle-ci a des bureaux, et qui est le centre des opérations et du mouvement commercial par lequel, suivant les expressions d'un arrêt, « elle se manifeste au public » (2).

1119. En outre, la jurisprudence reconnaît aujourd'hui que les compagnies de chemins de fer peuvent avoir des succursales, et considère comme présentant ce caractère les gares principales placées dans les grands centres de population où elles ont de nombreux intérêts à débattre. Elles y sont, en effet, représentées par des préposés d'un ordre élevé, ayant pour conseil des hommes d'affaires agréés par la compagnie. Dès lors, ces agents sont réputés avoir mandat pour les représenter également en justice, et le tribunal de l'arrondissement où ils résident est compétent pour connaître des actions personnelles et mobilières dirigées contre la compagnie (3).

La nature, le nombre et la rapidité des affaires qui se traitent actuellement par les voies de fer devaient conduire à cette solution. Il était impossible d'obliger les voyageurs, dont les effets ont été perdus ou endommagés, l'expéditeur ou le destinataire d'un colis, qui se trouvent souvent aux extrémités de la France, à porter leurs réclamations devant les tribunaux de la Seine, ce qui aurait eu lieu si l'on s'en était tenu rigoureusement aux indications des statuts (4),

---

(1) Rej., 22 mai 1848, D. 51.5.104, Ch. de fer de Mulhouse.
(2) Rej., 4 mars 1857, D. 123; Rej., 30 juin 1858, D. 424; Rej., 17 avril 1866, D. 279 et 280 (2ᵉ esp.).
(3) Rej., 16 janv. 1861, D. 126; Rej., 7 mai 1862, D. 230; Paris, 12 mars 1858, D. 58.2.131 ; Aix, 21 août 1872, D. 72.2.182. — Voy. Anal., Lyon, 29 juill. 1869, D. 70.2.72.
(4) Comme l'ont fait d'abord plusieurs arrêts. V. notamment, Rej., 15 déc. 1851, D. 27.

puisque Paris est le siége de toutes les grandes compagnies.

1150. A cet égard, les tribunaux décident, d'après les faits, et leur appréciation est souveraine (1).

1151. Mais le tribunal dans l'arrondissement duquel est située la succursale n'a pas une compétence illimitée pour statuer sur toute espèce de litige concernant la compagnie, notamment ceux qui concernent son existence et ses droits en général. Cette compétence est restreinte aux agissements qui ont eu lieu dans l'arrondissement, aux conventions faites avec les agents qui y résident ou aux faits qui s'y sont produits et desquels découlent les obligations respectives (2).

1152. Il est une disposition de la loi particulière aux affaires commerciales qui peut encore attribuer compétence au tribunal dans la circonscription duquel se trouve une gare du chemin de fer, autre que celle du siége social proprement dit. Nous voulons parler de l'art. 420, C. proc.

Aux termes de cet article, le demandeur peut assigner, non-seulement devant le tribunal du domicile du demandeur, mais « devant celui dans l'arrondissement duquel la pro-« messe a été faite et la marchandise livrée, — ou devant « celui dans l'arrondissement duquel le paiement devait être « effectué. »

Cette attribution de compétence est générale ; elle s'applique aux difficultés relatives à l'exécution du contrat comme au paiement du prix (3), et n'est pas limitée aux achats et ventes (4), mais s'étend aux autres litiges commerciaux, notamment en matière de transports (5).

1153. Mais comment appliquera-t-on ces dispositions en matière de transports par chemins de fer ?

D'après le deuxième paragraphe de l'art. 420, la compé-

---

(1) Rej., 17 avril 1866, D. 279.

(2) Même arrêt. — Conf., Boitard, Leçons de proc., t. 1, n° 137. — Le plus souvent la compétence sera déterminée par l'art. 420 du Code de procédure. V. le numéro suivant.

(3) Rej., 15 mai 1854, D. 249, 250.

(4) Cass., 16 févr. 1839, D. 157 ; Paris, 31 mai 1848, S. 48.2.630 ; Paris, 31 juill. 1850, S. 52.2.351, et D. 51.2.111 ; Pardessus, n° 1355; Vincent, t. 1, n° 162 ; Gouget et Merger, Dict. de dr. comm., v° Compét., n° 128.

(5) Bordeaux, 4 mai 1848, S. 48.2.429, D. 48.2.166; Rouen, 21 juin 1855, D. 55.2.336, S. 56.2.19 ; Rej., 29 avril 1856, S. 579.

tence est déterminée par le lieu où la promesse, c'est-à-dire la convention, a été faite et où la marchandise a été livrée. Le concours de ces deux circonstances est nécessaire (1).

Or, ici la marchandise livrée, c'est précisément la matière de l'industrie du transporteur, c'est la place que doit occuper le voyageur, celle affectée à ses bagages ; c'est la voiture où doit être placée la marchandise. Le tribunal compétent, aux termes de ce paragraphe, sera donc celui dans la circonscription duquel le voyageur aura pris son billet, où l'expéditeur remis les caisses, ballots et autres objets que la compagnie se charge de faire parvenir à destination (2).

1154. Enfin, le § 3 attribue encore compétence au tribunal du lieu où le paiement devait être effectué.

Or, le lieu du paiement, en prenant ce mot dans son sens usuel, est ordinairement celui de l'arrivée, car le paiement s'opère lorsque l'obligation du transporteur est accomplie.

Cependant il en est autrement quand le port des marchandises est payé d'avance. Dans ce cas, c'est plutôt le tribunal du lieu où est située la gare d'expédition qui est compétent, soit à raison du paiement qui y a été effectué, soit en vertu du § 2 et parce que la promesse y a été faite et la marchandise livrée (3).

1155. Mais ne faut-il pas aller plus loin et dire, comme l'ont fait d'assez nombreux arrêts, que le tribunal du lieu de destination est toujours compétent, attendu que, de la part de la compagnie, l'obligation de remettre les marchandises au destinataire ou les effets au voyageur qui les transporte avec lui, doit s'accomplir en ce lieu, et que la remise de ces objets constitue, de la part du voiturier, un véritable paiement (4).

On a combattu ces décisions en soutenant que le mot *paiement* ne saurait avoir une portée aussi large, et ne peut s'entendre que du prix du transport effectué (5).

***

(1) Pardessus, t. 6, p. 43 ; Boitard, *Leçons de proc.*, t. 1, n° 649 ; Chauveau et Carré, sur l'art. 420, quest. 1507 ; Cass., 20 janv. 1818, S. 211 ; Rej., 12 déc. 1864, D. 65.1.281 et 282.
(2) Bourges, 26 avril 1854. D. 55.2.75 ; Rouen, 24 juin 1855, S. 56. 2.19, et Rej., 29 avril 1856, S. 579, D. 290.
(3) V. les arrêts cités à la note qui précède.
(4) Paris, 31 juill. 1850, D. 51.2.111 ; Angers, 29 juill. 1853, D. 54. 2.198, S. 54.2.57 ; Poitiers, 12 fév. 1861, D. 61.2.59, S. 61.2.332.
(5) Dalloz, *Compétence commerciale*, n° 467, et *Voirie par ch. de fer*, n° 504 ; Pau, 13 déc. 1864, D. 65.2.229.

Je pense, au contraire, que cette jurisprudence est bien fondée. Le mot *paiement*, en droit, s'applique en effet à la prestation réelle de l'objet de l'obligation (1) quel qu'il soit, par conséquent à la livraison d'une chose et à l'accomplissement d'une obligation de faire comme à la numération d'un prix (2).

« *Solvere dicimus eum qui facit quod promisit* », dit Ulpien (3); et Paul reproduit la même pensée en ces termes : «*Solutionis verbum pertinet ad omnem liberationem quoquo « modo factam* » (4).

Mais, d'ailleurs, allons au fond des choses. Les raisons qui ont fait déclarer compétent le tribunal du lieu où le prix d'une vente ou de tout autre contrat doit se compter, ne sont-elles pas applicables au cas qui nous occupe? Lorsque c'est la partie obligée à faire ou à délivrer une chose qui manque à son engagement, n'est-il pas naturel de porter la contestation au tribunal du lieu où l'agissement devait être effectué? N'est-ce pas ce tribunal qui est le plus apte à connaître avec célérité de la contestation, qui possède les moyens d'instruction les plus faciles et les plus sûrs ? Pourquoi la partie qui a droit à une somme d'argent serait-elle, à cet égard, plus favorisée que celle qui doit recevoir une chose et fournir le prix ?

Le voyageur au terme de sa course et dont les effets ont été perdus ou endommagés, le destinataire à qui l'on apporte un colis avarié, pourront actionner le voiturier devant le tribunal du lieu de l'arrivée, si le prix de leur place ou le port de l'objet sont encore dus, — et il en sera autrement par cela seul que le prix aura été acquitté antérieurement, alors que pour eux comme pour le voiturier, il y a presque toujours avantage manifeste à saisir ce tribunal. — Tel ne peut être l'esprit de la loi. La solution contraire y répond assurément beaucoup mieux.

On dit encore que c'est là confondre les deux hypothèses de l'article 420 ; que le deuxième paragraphe prévoit le cas où la promesse a été faite et la marchandise livrée dans un lieu, et que le troisième s'applique au paiement du prix que l'on suppose devoir être fait dans un autre lieu ; qu'ainsi la

(1) Duranton, t. 13, n° 9.
(2) Domat, *Lois civ.*, liv. 4, tit. 1, sect. 1.
(3) L. 176, D. *de Verb. signif.*
(4) L. 54, D. *de Solut.*

loi distingue ces deux opérations, et que son texte même
s'oppose à ce qu'on tienne compte de la livraison de la chose
séparée de la promesse.

Nous répondrons qu'il peut y avoir dans un même contrat
plusieurs obligations de faire séparées et successives. Ainsi
l'obligation de fournir la voiture pour opérer le transport se
sera accomplie au lieu de la promesse, soit au lieu de départ,
hypothèse du second paragraphe de l'article 420 ; mais il
reste l'obligation de remettre les objets à destination, obligation qui rentre dans le troisième paragraphe, et qui permet
de saisir le tribunal du lieu où elle devait s'accomplir, pour
vider la contestation qu'elle fait naître.

Telle est, du reste, l'opinion de M. Pardessus. « Le but
« de la convention, dit cet auteur, ayant été d'opérer la re-
« mise et la délivrance des objets confiés, l'entrepreneur de
« transports a contracté l'obligation de s'acquitter dans le
« lieu désigné pour cette remise. A son égard, ce lieu est
« sans contredit le lieu de paiement » (1).

CHAPITRE IX.

RESPONSABILITÉ DES MEMBRES DES CONSEILS DE SURVEILLANCE DANS LES
SOCIÉTÉS EN COMMANDITE PAR ACTIONS ; — DES ADMINISTRATEURS ET
DES CONSEILS DE SURVEILLANCE DANS LES SOCIÉTÉS ANONYMES. —
LOI DU 24 JUILLET 1867.

ARTICLE Ier.

RESPONSABILITÉ DES MEMBRES DES CONSEILS DE SURVEILLANCE
DANS LES SOCIÉTÉS EN COMMANDITE.

Sommaire.

1156. — Les commissaires de surveillance et les administrateurs dans
les sociétés en commandite et les sociétés anonymes répondent dans une certaine mesure du fait d'autrui. — Liaison
avec la matière de cet ouvrage.

1157. — Changements successifs apportés à la législation sur les sociétés. — Leurs causes.

---

(1) *Droit comm.*, t. 6, n° 1355. — *Conf.*, Chauveau sur *Carré*,
quest. 1508 *ter*; Gouget et Merger, v° *Compétence*, n° 143 ; Paris,
23 avril 1825, S. 26.2.233, D. 26.2.101. — *Adde*, Aix, 15 nov. 1825,
et Bruxelles, 2 mai 1831, Dalloz, v° *Compét. comm.*, n° 509.

les membres du conseil civilement responsables. — Conséquences. — Juridiction correctionnelle.

1190. — Inconvénients de la loi sous un autre rapport.

1191. — Système différent de la loi de 1867.

1192. — Il est plus juste et doit être plus efficace.

1193. — La responsabilité des membres du conseil de surveillance
n'est plus restreinte aux deux faits spéciaux d'inexactitudes
dans les inventaires et de dividendes fictifs. — Vis-à-vis des
actionnaires, elle se rattache aux principes du mandat.

1194. — Cette responsabilité existe aussi à l'égard des tiers.

1195. — Suite. — Réponse à une objection.

1196. — Suite. — Preuves tirées des travaux préparatoires de la loi.

1197. — Suite. — Jurisprudence.

1198. — Avantage, pour les créanciers, de l'action directe au lieu de
celle qu'ils exerceraient en vertu de l'art. 1166, C. civ.

1199. — Le conseil n'a qu'un pouvoir de contrôle. — Comment il
l'exerce.

1200. — Extension que les statuts peuvent donner à ces attributions
légales.

1201. — Fautes ordinaires. — Omissions de signaler les inexactitudes
dans les inventaires.

1202. — Distribution de dividendes fictifs.

1203. — Quid des paiements de l'intérêt des actions.

1204. — Quid, à l'égard des autres charges prélevées sur le capital.

1205. — Les omissions dont il s'agit sont la base principale de la responsabilité.

1206. — L'abstention n'est pas une cause d'immunité, à moins qu'elle
ne soit légitime et dûment constatée.

1206 bis. — Quid si les membres du conseil donnent leur démission?

1207. — Mesures à prendre s'il y a divergence d'opinions dans le conseil.

1208. — La responsabilité cesse quand les membres du conseil ont été
induits en erreur par une fraude qu'un examen attentif n'a
pu faire découvrir.

1209. — Influence des fautes imputables aux actionnaires et autres intéressés.

1210. — Faculté pour le conseil de convoquer une assemblée générale
extraordinaire de la société et de provoquer une dissolution

1211. — Les statuts pourraient prévoir des cas spéciaux de dissolution.

1212. — L'assemblée générale peut, sans recourir à la dissolution de
la société, prendre des mesures de préservation et de contrôle.

1213. — La distribution de dividendes fictifs constitue, de la part du
gérant, un délit dans les cas prévus par l'art. 15. — Les
membres du conseil ne sont pas civilement responsables du
gérant.

1214. — Mais ils pourraient être ses complices et passibles des mêmes peines.

1215. — Au point de vue civil, les condamnations peuvent être encore prononcées solidairement entre eux et le gérant.

1216. — Les tribunaux apprécient, suivant les règles du droit commun, l'étendue de la responsabilité.

1217. — Suite. — Répétition de dividendes indûment distribués.

1218. — Solidarité entre les membres du conseil. — Elle n'est pas obligatoire.

1219. — Modes de répartition, admis par la jurisprudence, des condamnations prononcées contre eux.

1220. — Distinction à faire quant aux sociétés régies par la loi de 1856.

1221. — Droit accordé aux actionnaires agissant dans un intérêt commun, contre le gérant ou les membres du conseil de surveillance, de se faire représenter par des mandataires.

1222. — Cette faculté ne leur est pas accordée pour les contestations avec les tiers.

1223. — Quid, à l'égard des contestations qui s'élèveraient entre deux groupes d'actionnaires.

1224. — L'action en restitution des dividendes distribués illégalement se prescrit par 5 ans.

1225. — Il en est autrement de l'action récursoire que les actionnaires exerceraient contre les membres du conseil.

1226. — Prescription de l'action civile résultant d'un délit qualifié ; elle est réglée par le Code d'instruction criminelle.

1227. — A moins que l'action n'ait aussi sa base dans le contrat de société. — Application aux commanditaires.

1228. — La condamnation pénale prononcée contre le gérant serait sans influence à leur égard, s'ils n'étaient pas complices de ses délits.

1229. — Les prescriptions de la loi peuvent être complétées par les statuts de chaque société. — Intérêt, pour les actionnaires, de les examiner soigneusement avant d'entrer dans l'association.

1156. La question de savoir si la responsabilité des membres du conseil de surveillance dans les sociétés en commandite par actions, à l'égard des faits du gérant, est un véritable cas de responsabilité civile semblable à ceux que régit l'art. 1384, C. civ., a été très-débattue sous l'empire de la loi du 17 juillet 1856. — Elle a été depuis législativement tranchée dans le sens de la négative (1). — Néanmoins, il faut bien reconnaître que ces conseils sont

_____

(1) L. du 24 juill. 1867, art. 15. V. nᵒˢ 1189 et suiv., 1213 et suiv.

tenus, dans une certaine mesure, d'une responsabilité à *rai-son du fait d'autrui.*

A ce titre, nous devons nous en occuper et faire connaître la base, les éléments et l'étendue de cette obligation.

Il en est de même de celle des *commissaires* dans les sociétés anonymes, et la responsabilité des *administrateurs* eux-mêmes se lie si étroitement à celle-ci, elle présente des questions qui se rattachent d'une manière si directe à la matière de cet ouvrage, que nous avons été conduit à la traiter également ici.

1157. A trois reprises différentes dans l'espace de quatorze ans, la législation des sociétés en commandite par actions et des sociétés anonymes a été remaniée. Un des principaux objets de ces diverses combinaisons a été l'organisation des conseils de surveillance, la réglementation de leurs pouvoirs, de leurs obligations et de leur responsabilité à l'égard des associés et des tiers.

C'est en grande partie dans cette institution qu'on a cherché le remède aux abus qu'une spéculation audacieuse, sans morale et sans frein, avait multipliés à l'aide de ces sortes d'associations.

1158. On sait de quel discrédit les scandales de l'agiotage avaient frappé notamment la commandite.

Le gérant y régnait en maître absolu. Promoteur de l'entreprise, possédant seul, le plus souvent du moins, les connaissances spéciales nécessaires pour l'exploitation de l'industrie qui fait l'objet de l'association, la direction des affaires sociales est concentrée dans ses mains, et par la loi, et par la force même des choses. Les commanditaires ne peuvent, isolément ou réunis, suivre le détail des opérations dont tous les ressorts sont mis en mouvement par le gérant, et aboutissent à lui; d'ailleurs, redoutant les conséquences de l'immixtion sévèrement interdite par le Code de commerce (1), ils apportaient leurs capitaux avec une confiance aveugle, quelquefois avec un engouement qui tenait de la folie, et les voyaient bientôt disparaître entre des mains impuissantes ou criminelles.

1159. Un projet de loi fut présenté en 1838 pour porter remède à ces abus. Il était trop radical, car il supprimait complétement la commandite par actions; modifié par la

_____

(1) Art. 27 et 28.

chambre des députés, il fut ensuite oublié et n'eut aucun résultat.

Plusieurs années s'écoulèrent, et au sortir de la grande crise qui avait éclaté en 1848, quand l'ordre raffermi eut rendu à l'industrie son essor, les mêmes dangers se manifestèrent. A côté d'entreprises sérieuses et sagement dirigées, apparurent les entreprises aventureuses ; à côté des spéculateurs honnêtes, les agioteurs et les fripons.

On sentit de nouveau le besoin de protéger les intérêts de cette portion du public qui n'a pas toujours les aptitudes et les moyens nécessaires pour y veiller elle-même, et dont il importe cependant que les capitaux ne restent pas enfouis et sans valeur, alors qu'ils peuvent venir utilement alimenter les sources de la richesse publique.

Ce n'est pas au moyen d'une interdiction absolue des sociétés en commandite par actions qu'on chercha cette fois à atteindre le but que se proposait le législateur ; on voulut seulement prescrire des règles telles, « que la fraude et la « mauvaise foi fussent réduites à l'impuissance ».

En effet, porte l'exposé des motifs, « les stipulations et les « ruses dont on fait usage pour attirer l'argent dans les so-« ciétés en commandite sont variées ; mais, bien examinées, « elles rentrent dans un cercle assez étroit, et se réduisent à « quelques procédés qui, différant par les détails, sont au « fond et en réalité les mêmes. L'exagération de la valeur « des apports en nature, la distribution des actions d'après « cette appréciation; la forme au porteur, qui donne une si « dangereuse facilité pour se défaire d'actions mal acquises, « et sans qu'on puisse suivre leurs traces dans les mains « qui se les transmettent; la valeur nominale rendue à peu « près illusoire par la faculté de faire des versements mi-« nimes au moment de l'émission ; la composition des con-« seils de surveillance dans lesquels on entre, soit par fai-« blesse, soit par calcul, souvent avec de mauvais desseins, « presque toujours avec la pensée qu'aucune responsabilité « n'est attachée aux fonctions qu'on accepte ; enfin les dis-« tributions de dividendes fictifs pris sur le capital social, « tantôt à l'insu des conseils de surveillance, tantôt de con-« nivence avec eux ; telles sont les manœuvres les plus fré-« quemment employées pour tromper le public. C'est là ce « qu'il faut défendre, empêcher ou punir » (1).

---

(1) Exposé des motifs de la loi du 17 juil. 1856.

Pour atteindre ce but, la loi du 17 juillet 1856 subordonna la constitution de la société au versement du quart du capital, dont la totalité devait être préalablement souscrite (art. 1). — Les actionnaires étaient déclarés responsables du paiement du montant total des actions par eux souscrites (art. 2 et 3). — La valeur des apports qui ne consistent pas en numéraire devait être vérifiée par l'assemblée générale des actionnaires (art. 4).

L'art. 5 porte qu'un conseil de surveillance est établi dans chaque société en commandite par actions. Ce conseil est nommé par l'assemblée générale, immédiatement après la constitution définitive de la société et avant toute opération sociale. Toutes les dispositions précédentes sont prescrites à peine de nullité (art. 6).

1160. Viennent ensuite les dispositions qui déterminent la responsabilité de ce conseil. Aux termes de l'art. 7, lorsque la société est annulée pour inobservation des règles ci-dessus prescrites, les membres du conseil de surveillance peuvent être déclarés responsables, *solidairement et par corps* (1), avec les gérants, de toutes les opérations faites postérieurement à leur nomination.

La même responsabilité solidaire peut être prononcée contre ceux des fondateurs de la société qui ont fait leur apport en nature, ou au profit desquels ont été stipulés des avantages particuliers.

Enfin, l'art. 10 porte : Tout membre d'un conseil de surveillance est responsable avec les gérants, *solidairement et par corps :*

1° Lorsque, sciemment, il a laissé commettre dans les inventaires des inexactitudes graves, préjudiciables à la société et aux tiers;

2° Lorsqu'il a, en connaissance de cause, consenti à la distribution de dividendes non justifiés par des inventaires sincères et réguliers.

1161. On le voit, la responsabilité du conseil de surveillance était organisée sur la plus large base. Elle pouvait, par le seul fait de la constitution irrégulière de la société, s'étendre à toutes les opérations ultérieures (art. 7). En outre, elle était engagée en principe d'une manière indéfinie, dans les cas prévus par l'art. 10. — Toutefois, la condition expri-

_____

(1) La contrainte par corps est abolie en matière civile et commerciale par la loi du 22 juill. 1867.

mée dans ce dernier article, que le conseil devait avoir agi *sciemment et en connaissance de cause*, formait dans la plupart des cas un obstacle presque insurmontable à l'efficacité des poursuites, par la difficulté d'établir cette connaissance et la fraude qu'elle implique nécessairement.

1162. La loi de 1856 a donc été modifiée dans ces dispositions sous un double rapport.

En ce qui concerne l'inobservation des conditions prescrites pour la constitution régulière de la société, la responsabilité des membres du conseil de surveillance a été limitée aux conséquences qu'entraînerait pour les intéressés la nullité qui serait prononcée par les tribunaux (1). En ce qui concerne les irrégularités de la gestion, leur responsabilité est déterminée par leurs fautes personnelles dans l'exécution de leur mandat, suivant le droit commun (2).

1163. Nous allons examiner successivement ces deux cas de responsabilité, et d'abord celui où la société est déclarée nulle par suite des vices de sa constitution.

1164. La loi du 24 juillet 1867 reproduit à peu de chose près, dans les art. 1 et 4, les prescriptions ci-dessus rappelées de la loi 1856, sur la constitution de la société.

Elle ajoute que les actions peuvent, en vertu des statuts, être converties en actions au porteur après libération de moitié; que les apports en nature et les avantages particuliers stipulés au profit de tel ou tel associé doivent être approuvés avant la constitution de la société par une assemblée générale, à peine de nullité.

« Cette assemblée ne pourra statuer... qu'après un rap-
« port qui sera imprimé et tenu à la disposition des action-
« naires, cinq jours au moins avant la réunion....

« Les délibérations sont prises par la majorité des action-
« naires présents. Cette majorité doit comprendre le quart
« des actionnaires et représenter le quart du capital social
« en numéraire.

« Les associés qui ont fait l'apport ou stipulé des avan-
« tages particuliers soumis à l'appréciation de l'assemblée,
« n'ont pas voix délibérative.

« A défaut d'approbation, la société reste sans effet à
« l'égard de toutes les parties.

« L'approbation ne fait pas obstacle à l'exercice ultérieur

---

(1) L. du 24 juill. 1867, art. 8.
(2) L. du 24 juill. 1867, art. 10.

« de l'action qui peut être intentée pour cause de dol ou de
« fraude (1). »

1165. « Un conseil de surveillance », porte ensuite l'art. 5,
« composé de trois actionnaires au moins, est établi dans
« chaque société en commandite par actions.

« Ce conseil est nommé par l'assemblée générale des ac-
« tionnaires, immédiatement après la constitution définitive
« de la société et avant toute opération sociale.

« Il est soumis à la réélection, aux époques et suivant les
« conditions déterminées par les statuts.

« Toutefois le premier conseil n'est nommé que pour une
« année. »

Cette dernière disposition permet, comme le fait remarquer le rapporteur de la loi au Corps législatif, de remplacer
« sans débat et sans scandale en assemblée générale, un
conseil de surveillance trop facilement accepté de la main
des fondateurs. »

« Ce premier conseil doit, immédiatement après sa no-
« mination, vérifier si toutes les conditions contenues dans
« les articles précédents ont été observées (art. 6). »

1166. L'art. 7 déclare nulle toute société constituée contrairement aux art. 1 à 5, sans que cette nullité puisse être
opposée aux tiers par les associés (2). Et l'art. 8 détermine
à cet égard la responsabilité des membres du conseil de
surveillance de la manière suivante :

« Lorsque la société est annulée aux termes de l'article
« précédent, les membres du *premier* conseil de surveillance
« *peuvent* être déclarés responsables avec le gérant du dom-
« mage résultant pour la société ou pour les tiers de l'annu-
« lation de la société.

« La même responsabilité peut être prononcée contre
« ceux des associés dont les apports ou les avantages n'au-
« raient pas été vérifiés et approuvés conformément à
« l'art. 4 ci-dessus. »

---

(1) Art. 4.
(2) Cette nullité est semblable à celle que prononce l'art. 42, C. comm.
(*Comment. de la loi de* 1867, par MM. Mathieu et Bourguignat, n° 67).
Les associés peuvent l'invoquer les uns vis-à-vis des autres et faire
prononcer la dissolution. Les tiers ont le même droit, mais cette nullité,
au contraire, ne peut leur être opposée par les associés.
La nullité est d'ordre public ; le gérant peut s'en prévaloir pour
demander la dissolution de la société, aussi bien que les actionnaires.
Cass., 3 juin 1862, S. 63.1.189.

1167. Remarquons, tout d'abord, que les dispositions qu'on vient de lire ne s'appliquent qu'au premier conseil nommé pour un an, d'après l'art. 5. Lui seul est chargé de vérifier à l'origine si la société est régulière, lui seul est aussi responsable de la nullité (1). Les commissaires nommés ultérieurement doivent supposer que la société qui a déjà fonctionné pendant un certain temps est régulière et n'ont pas l'obligation de le rechercher.

1168. Cette responsabilité découle des principes généraux du droit, mais elle provient de deux sources différentes.

Vis-à-vis des associés, dont les membres du conseil sont les mandataires véritables, ils doivent compte de leur mandat dans les termes de l'art. 1992, C. civ. (2). Mais les actionnaires pourraient seuls invoquer contre eux la responsabilité résultant de cette disposition, car elle ne régit que les rapports du mandant avec le mandataire, et c'est bien dans l'intérêt exclusif de l'association que les conseils ont été organisés à l'origine (3).

Or la législation nouvelle a été plus loin ; elle a voulu que les *tiers* profitassent du contrôle que doit exercer le conseil. Elle investit donc ses membres d'un mandat légal en vue de tous les intéressés, et l'art. 8 les déclare responsables à l'égard des tiers aussi bien que de la société. Sous ce rapport, la base de la responsabilité se trouve plutôt dans les art. 1382 et 1383, C. civ., que dans l'art. 1992, puisque la mission donnée au conseil ne résulte plus d'un contrat.

Peu importe, d'ailleurs, quant aux conséquences ; la responsabilité est la même à l'égard de tous. Ainsi, soit que par une collusion frauduleuse avec le gérant ou d'autres intéressés, soit que, par une simple négligence, les membres du conseil omettent de constater que la société n'est pas régulière et d'empêcher son fonctionnement, jusqu'à ce qu'elle

---

(1) V. l'exposé des motifs, *Moniteur* du 9 avril 1865. — *Conf.*, Duvergier, *Lois*, t. 1867, p. 263, note 2. — MM. Mathieu et Bourguignat, n° 76.

(2) *Conf.*, Rej., 12 avril 1864, D. 377. V. n° 1193. — Un arrêt de la Cour de Poitiers du 20 août 1859 (D. 59.2.212) avait décidé le contraire et le pourvoi a été rejeté, mais uniquement par des raisons de fait qui ont paru exclure toute faute de la part des demandeurs en pourvoi. V. Rej., 28 nov. 1860, D. 61.1.339.

(3) Les statuts portaient quelquefois que les membres du conseil de surveillance n'encourraient aucune responsabilité. Il est clair que, dans ce cas, ils étaient à l'abri de toute action.

ait rempli toutes les conditions ci-dessus détaillées, il y a de leur part une faute qui les oblige à réparer le dommage qui en a été la suite, tant pour les créanciers que pour les associés.

1169. Les constatations nécessaires doivent être faites par le conseil immédiatement après sa nomination (1); elles précèdent tout acte de gestion de la part du gérant, car la société, comme l'a dit le rapporteur de la loi au Corps législatif (2), ne peut pas commencer à marcher avant que cette vérification ait été faite (3).

1170. Comme moyens de contrôle, il a le droit et le devoir d'examiner « les livres, la caisse, le portefeuille et les valeurs « de la société » (4).

Cette vérification doit être sérieuse et approfondie. Ce n'est pas seulement sur la forme qu'elle doit porter, comme semblait l'indiquer un passage de l'exposé des motifs de la loi de 1856.

« Avant d'accepter les fonctions qui lui sont offertes », lit-on dans ce document, « chacun des membres du conseil « peut facilement vérifier si le taux des actions est conforme « à l'art. 1er; si la réalisation du quart du numéraire pro- « mis comme apport à la société a été constatée par un acte « notarié; si les actions sont en la forme prescrite par « l'art. 2; si aucune des clauses des statuts ne s'écarte des « règles tracées par les art. 3 et 4, 7 et 8. Cette vérification « mettra à couvert la responsabilité des associés qui se se- « ront chargés des fonctions du conseil de surveillance. »

Il faut évidemment aller plus loin, la jurisprudence l'a reconnu et ne s'est pas contentée de cet examen matériel. Il est suffisant pour le texte des statuts, mais non pour les déclarations du gérant dans l'acte constitutif.

On a vu, en effet, des sociétés dans lesquelles la liste des souscripteurs était en grande partie formée de prête-noms qui devaient faire place ultérieurement à d'autres, et où le versement préalable du quart était purement fictif, les actionnaires qui étaient censés l'avoir effectué, le reprenant immédiatement à titre de paiement de fournitures ou de travaux réalisables à une époque indéterminée et qui for-

---

(1) Art. 6.
(2) M. Mathieu.
(3) Séance du 31 mai 1867, *Moniteur* des 31 mai et 1er juin, p. 658.
(4) Art. 10.

maient le véritable objet de leur apport, ou par compensation avec des créances antérieures plus ou moins justifiées. En pareil cas, les membres du conseil pourront-ils prétendre que ces faits étant antérieurs à leur nomination, ils n'en sont pas responsables ; que la loi ne leur impose qu'une vérification purement extérieure, et que si la déclaration du gérant, quant aux souscriptions et au versement, est conforme en apparence aux prescriptions de l'art. 1er, leur tâche est entièrement remplie et qu'ils n'ont pas autre chose à constater. Assurément non ; autrement leur intervention serait dérisoire. Elle ne servirait qu'à inspirer au public une confiance d'autant plus profonde et d'autant plus dangereuse, qu'elle serait fondée sur un système de précautions longuement élaboré et dont l'efficacité semblerait affirmée par la loi elle-même.

Aussi a-t-on décidé, sous l'empire de la loi de 1856, que leur responsabilité serait engagée si la totalité des actions n'avait pas été réellement souscrite, ou si le versement du quart n'avait pas eu lieu conformément à la déclaration du gérant (1), et aussi dans le cas où le versement des actions aurait été fait non pas en numéraire ou en valeurs présentant la même solidité, telles que coupons de rente échus ou autres, payables à bureau ouvert, mais en billets, traites et autres valeurs de portefeuille, d'un recouvrement plus ou moins certain, en factures de travaux et fournitures faits ou à faire pour le compte de la société ou en quittances de primes de fondation (2).

1171. La vérification de la valeur réelle des apports en nature est encore un des objets principaux dont ils doivent s'occuper.

En effet, que ces apports soient estimés avec une exagération excessive comme il arrive fréquemment, le capital social n'offre plus l'importance qu'il paraît avoir et sur laquelle ont dû compter les associés et les tiers.

Or l'art. 4 de la loi du 24 juillet 1867 détermine les règles à suivre pour cette vérification. Elle est faite par une assemblée générale des actionnaires.

Et pour que cette assemblée décide en connaissance de

---

(1) Aix, 16 mai 1860, D. 60.2.118, S. 60.2.439 ; Rej., 24 avril 1861, D. 428, S. 62.1.182. — *Contrà*, Agen, 6 déc. 1860, D. 61.2.60 ; mais ce dernier a été cassé le 11 mai 1863, D. 213.
(2) Cass., 11 mai 1863, D. 213.

cause, il est essentiel que le conseil de surveillance s'assure de l'accomplissement des formalités indiquées par la loi et qui sont prescrites à peine de nullité.

Que l'assemblée se trompe dans ses appréciations, qu'elle subisse même à cet égard l'influence de manœuvres frauduleuses, les membres du conseil n'en sont pas responsables s'ils n'ont pas participé à ces fraudes.

1172. Toutefois, en dehors de ce dernier cas, il ne suffirait pas aux membres du conseil d'invoquer leur bonne foi pour échapper à la responsabilité. La loi n'exige pas qu'il y ait une connivence coupable de leur part ; la simple négligence suffit, conformément à l'art. 1383, C. civ.

Ainsi leur responsabilité est engagée s'ils ont accepté sans contrôle les déclarations du gérant, quant à la liste des associés, sans se faire représenter les bulletins de souscription qui leur auraient prouvé que le nombre total des actions n'était point réellement placé (1), ou s'ils n'ont pas vérifié l'état de la caisse, afin de savoir si les versements avaient été réellement effectués. — En résumé, si la nullité de la société vient à être prononcée, il y aura, en général, dans le fait même, la preuve que le conseil de surveillance n'a pas accompli ses obligations (2).

Il ne faut pas s'exagérer néanmoins les difficultés de cet examen. Une comparaison attentive des documents que le conseil peut se faire représenter, avec les actes constitutifs de la société, suffit pour cela, et la crainte de s'exposer à des poursuites ne saurait empêcher des hommes intelligents et honorables d'accepter les fonctions de membres du conseil.

Ils seront toujours à l'abri, s'ils ont rempli conciencieusement leur mandat, car la fraude seule pourrait alors les empêcher de reconnaître les vices de l'association.

Or, en présence d'une fraude qu'ils n'auraient pu démasquer, ils seraient évidemment affranchis de tout recours (3).

1173. La responsabilité du conseil pourrait-elle encore être invoquée au cas où le gérant, s'apercevant de la nullité, prendrait lui-même l'initiative de convoquer l'assemblée générale et de faire prononcer la dissolution de la société?

---

(1) Rej., 24 avril 1861, D. 428 ; Cass., 11 mai 1863, D. 213.
(2) MM. Mathieu et Bourguignat, n° 76.
(3) Rej., 26 mai 1869, D. 401.

Un arrêt a décidé qu'en pareil cas la nullité n'étant pas
prononcée, la responsabilité ne découlait pas de l'art. 7 de
la loi de 1856, reproduit par l'art. 8 actuel (1).
Mais il a été jugé, toujours sous l'empire de la loi de 1856,
que la responsabilité résultant de l'art. 7 était encourue
lorsque la société irrégulière avait pris fin par la *faillite* et
qu'il suffisait qu'on eût constaté que la cause de nullité existait : « Attendu que la responsabilité a son principe non dans
la décision judiciaire qui prononce l'annulation, mais dans
les faits antérieurs qui ont frappé la société de nullité (2). »
Ces décisions semblent contradictoires. Cependant, à notre
avis, elles se concilient en ce sens que le fait seul d'une irrégularité dans la constitution de la société, ne peut être la base
d'une action en dommages-intérêts contre les membres du
conseil, alors notamment que la nullité n'a pas été demandée
et prononcée. Il faut nécessairement que cette irrégularité
ait causé un préjudice aux réclamants.
Si donc les pertes par eux subies sont indépendantes de
cette circonstance, leur action est mal fondée.
Mais si le désastre de la société en est la suite, si la faillite, par exemple, ou la dissolution volontaire de la société
et le préjudice causé aux créanciers proviennent de cette
irrégularité, du vice de son organisation, la responsabilité
est encourue.
Au surplus, la nullité résultant de la constitution irrégulière de la société, du défaut de souscription ou de versements
suffisants sur les actions souscrites, etc., peut être déclarée
par les tribunaux, nonobstant la dissolution consentie par
une assemblée générale. Un actionnaire (3) serait toujours recevable à poursuivre une déclaration de nullité pour
en faire découler, contre le gérant, les actionnaires appor-
teurs et les membres du conseil de surveillance, la responsabilité édictée par la loi (4).
Nous déciderions de même dans le cas où la société, constituée en contravention aux dispositions spéciales des art. 1
à 4 ci-dessus, serait entachée de nullité sous d'autres rap-

(1) Bordeaux, 29 mai 1860, et Rej., 9 juill. 1861, aff. Bergeron, D.
413, S. 705.
(2) Lyon, 29 mars 1860, S. 60.2.365.
(3) Ajoutons un créancier (loi de 1867, art. 8 ; Lyon, 24 juin 1872,
S. 72.2.95), ou le syndic de la faillite de la société (C. comm., 443 ;
Angers, 13 janv. 1869, S. 70.2.81).
(4) *Argum.*, Cass., 3 juin 1862, D. 63.1.24.

ports, par exemple à défaut des publications prescrites par l'art. 42, C. comm.

Si la nullité en avait été prononcée, pour ce dernier motif, antérieurement à l'action intentée contre les membres du conseil de surveillance, ceux-ci ne seraient pas à l'abri de cette action par cela seul que la nullité ne pourrait plus être déclarée dans les termes de l'art. 7. Il suffirait évidemment que les causes de nullité, prévues par cet article et qui entraînent en même temps la responsabilité du conseil, fussent justifiées, car, suivant les expressions fort justes d'un arrêt, « ce qui fonde la responsabilité des gérants et du conseil de surveillance, ce n'est pas seulement le fait de l'annulation de la société et le dommage qui peut en résulter, mais principalement la violation des prescriptions des art. 1 et suivants de la loi qui, en donnant à croire aux intéressés que le capital social avait été versé, les a abusivement conduits à livrer à la société leurs capitaux ou à traiter avec celle-ci; qu'il suit de là que tant que la société fonctionne (1) et que la nullité n'en a été ni demandée ni prononcée par application de l'art. 6 de la loi du 17 juillet 1856 (2), les membres du conseil de surveillance ne peuvent être soumis à la responsabilité prononcée par l'art. 7 de la même loi (3); mais qu'il en est autrement lorsque la société ayant été déjà annulée pour vice de forme, les tribunaux constatent qu'elle avait encouru la nullité prononcée par l'art. 6 de la loi précitée (4). »

Voyons maintenant l'étendue de cette responsabilité :

1174. En cas d'annulation de la société, les conseils de surveillance, d'après l'art. 7 de la loi de 1856, pouvaient être déclarés responsables, solidairement avec les gérants, de toutes les opérations postérieures à leur nomination.

Ces expressions indéfinies embrassent toutes les conséquences préjudiciables pour la société et pour les tiers des opérations du gérant, toutes les obligations contractées par celui-ci (5).

---

(1) Et qu'elle peut ainsi couvrir les pertes et peut-être donner des bénéfices, ce qui ôterait tout intérêt à une demande en nullité.

(2) Aujourd'hui art. 7 de la loi du 24 juill. 1867.

(3) Art. 8, *ibid.*

(4) Rej., 12 avril 1864, D. 377.

(5) Dalloz, *Société*, n° 1243; Vavasseur, *Des sociétés en command. par actions*, n° 120.

La loi nouvelle, au contraire, porte que les membres du conseil peuvent être déclarés responsables avec le gérant, mais seulement « du dommage résultant pour la société ou « pour les tiers de l'annulation de la société ».

Ce n'est donc plus des suites de toutes les opérations sociales et indéfiniment qu'ils peuvent être tenus. L'art. 9 le répète et l'explique encore :

« Les membres du conseil de surveillance n'encourent « aucune responsabilité à raison des actes de la gestion et « de leurs résultats. »

1175. Mais, il ne faut pas se le dissimuler, les dispositions de l'art. 8 sont encore très-compréhensives et peuvent, suivant les circonstances, embrasser, comme celles de la loi de 1857, toutes les opérations sociales.

Supposons une société illégalement constituée, dans laquelle, par exemple, certains apports fictifs ont été admis faute de vérification. Elle fonctionne cependant, des opérations sont engagées, des commandes faites, des marchés passés par le gérant, une partie du capital est employée dans ces opérations. Mais certains actionnaires ont découvert la fraude ; n'ayant plus de confiance dans le gérant et les associés dont les apports n'ont pas été loyalement exécutés, ils veulent se séparer d'eux ; ils font prononcer la nullité de la société. Assurément il y aura des pertes, l'annulation du pacte social, la cessation de toute opération nouvelle, ne permettront plus de les compenser par des bénéfices à venir. Or, ces conséquences de la nullité prononcée pourront être mises à la charge du conseil de surveillance ; c'est précisément là le but et la portée de l'art. 8.

De même, puisque la société est nulle, les actionnaires ont droit de réclamer le montant intégral de leurs mises, c'est-à-dire de leurs actions, au moins jusqu'à concurrence des versements effectifs. En effet, pourra-t-on dire, le gérant comme les membres du conseil de surveillance ont eu le tort de commencer les opérations sans que la société fût régulièrement constituée, sans que le capital fût complété de la manière prescrite par la loi ; ils en subissent les conséquences. Si les opérations n'eussent pas commencé, ce capital serait intact (1). Or, jusqu'à la constitution définitive, la société

_____

(1) Dalloz, n° 1243 ; Bédarride, *Appendice* au *Traité des sociétés*, n° 86.

était censée n'avoir reçu les fonds que comme dépositaire, et ceux qui les ont versés sont ses créanciers. Ils devraient retrouver le capital intact dans la caisse social et sont en droit d'en réclamer le montant aux auteurs de la faute qui le leur fait perdre.

1176. Si la responsabilité résultant de la loi de 1856 a été restreinte comme il vient d'être dit, elle a reçu d'un autre côté une certaine extension. Celle de 1856 limitait la responsabilité des membres du conseil aux opérations faites postérieurement à leur nomination. La loi de 1867 dit simplement qu'ils pourront l'être des suites de la *nullité*. Ceci s'applique évidemment même à des actes *antérieurs*, et rien n'est plus juste, puisqu'il leur incombe précisément de vérifier l'accomplissement des formalités qui précèdent leur nomination. C'est à eux de n'accepter les fonctions qu'on leur donne qu'après s'être assurés que la société est valablement constituée ou d'en provoquer la dissolution, d'en arrêter au moins la marche irrégulière dès que les actes illégaux se manifestent à leurs yeux.

1177. Mais remarquons qu'il appartient aux tribunaux d'apprécier les circonstances et de prononcer ces condamnations s'il y a lieu seulement. Notre article (1) porte que les membres du conseil *peuvent* être déclarés responsables et non pas qu'ils doivent l'être dans tous les cas. « Les tribunaux », disent l'exposé des motifs (2) et le rapport au Corps législatif (3) sont « investis à cet égard d'un pouvoir discrétionnaire (4) ». Il leur appartient de décider si la faute est assez grave, si la mauvaise foi ou l'imprudence sont assez caractérisées pour qu'il y ait lieu de déclarer que cette responsabilité a été encourue. On ne le ferait donc pas si la faute se borne à l'inaccomplissement de quelques formalités qui n'ont pas occasionné un préjudice sérieux aux intéressés; si, par exemple, il ne manquait à la liste que quelques souscripteurs ou à l'encaisse que des versements sans importance; ou bien encore s'il était constaté que la ruine de la société tient à d'autres causes que l'inobservation des prescriptions de la loi.

Ainsi, dans une espèce où la société avait été mise en

---

(1) Comme l'art. 7 de la loi de 1856.
(2) *Moniteur* du 9 avril 1865.
(3) MM. Mathieu et Bourguignat, n° 81.
(4) *Arg.*, Rej., 24 juin 1861, D. 435 ; Cass., 23 août 1864, D. 367.

faillite un an à peine après sa formation, la Cour de Paris déclara « que l'insuffisance des souscriptions et le non-versement du quart des actions souscrites, n'ont été pour rien dans les causes de la ruine du comptoir S...; que cette entreprise n'a point failli pour insuffisance de ressources ni pour toute autre cause ayant trait à la composition de son capital; qu'elle a péri par suite des dilapidations de ses agents, dilapidations qui eussent été plus considérables si les apports de fonds eussent été plus élevés, sans que la situation des actionnaires et de la faillite s'en trouvât meilleure ; que dans de telles circonstances, en rendant le Conseil de surveillance responsable des pertes de la Compagnie..., on arriverait à une peine qui n'aurait aucune relation avec le fait reproché. »

Il y eut pourvoi contre cet arrêt, mais il fut rejeté, « attendu que la Cour impériale n'avait fait qu'apprécier, comme elle en avait le droit, les circonstances de la cause et n'avait violé aucune loi (1) ».

Un autre arrêt avait déjà décidé, d'une manière identique, dans un cas où les associés qui invoquaient la responsabilité des membres du conseil avaient eux-mêmes participé à l'infraction qui entraînait la nullité, en ne faisant pas vérifier par l'assemblée générale la valeur de leurs apports en nature. Cette participation à la faute du gérant les rendait évidemment non recevables à s'en prévaloir (2).

Ces arrêts rendus sous l'empire de la loi de 1856 conservent toute leur autorité sous la loi nouvelle, conçue à l'égard du point qui nous occupe dans le même esprit que la précédente et qui ne l'a modifiée que pour l'adoucir.

1178. L'art. 7 de la loi de 1856 portait que les membres du conseil pourraient être déclarés responsables *solidairement* avec les gérants et *par corps*.

La contrainte par corps a été abolie par une loi du 22 juillet 1867, contemporaine de celle relative aux sociétés. La disposition ci-dessus devait donc disparaître, en ce qui concerne cette voie coercitive, dans la législation qui nous occupe.

Quant à la solidarité, elle a été également effacée de l'article 8 de la loi du 24 juillet.

(1) Rej., 23 août 1864, D. 367. — *Conf.*, Rivière, *Comment. de la loi de* 1867, n° 79.
(2) Rej., 24 juin 1861, D. 435.

« La responsabilité, dit le rapport fait au Corps législatif,
« pouvait être *solidaire*, et la contrainte par corps attachée
« à la condamnation. Ces sévérités qui punissaient la négli-
« gence comme la fraude, et attachaient la solidarité à deux
« fautes, celle du gérant et celle du conseil qui, par l'in-
« tention et par le fait, pouvaient être indépendantes l'une
« de l'autre, ces sévérités, disons-nous, ont semblé exces-
« sives aux auteurs du projet, et la commission s'est associée
« à cette pensée (1) » .

1179. Que faut-il conclure de cette suppression? Que la
solidarité ne doit plus être en aucun cas prononcée?

Ce serait assurément tomber dans un excès opposé à celui
que l'on a cru pouvoir reprocher à la loi de 1856. — Car,
s'il y avait fraude de la part des membres du conseil, s'ils
étaient les complices du gérant et de ses associés, qui auraient fait de ces apports en nature reconnus fictifs ou énor-
mément exagérés, comment ne seraient-ils pas tenus pour
le tout aussi bien que ces derniers? C'est l'application du
droit commun en matière de délits et de quasi-délits (2).

Or, l'émission d'actions d'une société constituée contrairement aux prescriptions des art. 1, 2 et 3 de la loi de 1867,
est punie d'une amende de 500 fr. à 10,000 fr., par l'art. 13.
L'art. 14 déclare l'art. 405, C. pén., applicable à ceux qui,
par simulation de souscriptions ou de versements ou par publication, faite de mauvaise foi, de souscriptions ou de versements qui n'existent pas, ou de tous autres faits faux, ont
obtenu ou tenté d'obtenir des souscriptions ou des versements.

Les membres du conseil qui seraient déclarés complices
de ces faits, devraient être condamnés solidairement aux
termes de l'art. 55, C. pén.

1180. Dans les autres cas où la fraude ne constitue qu'un
délit civil et surtout s'il n'y a de leur part que simple négligence, la solidarité peut encore être prononcée suivant la
règle du droit commun (3), auquel il n'est pas dérogé et qui
dès lors est applicable en cette matière ; nous le montrerons
avec détail un peu plus loin (4). Seulement, en faits de délits

---

(1) V. *Comment. de la loi sur les sociétés*, par MM. Mathieu et
Bourguignat, p. 330, n° xxv.
(2) V. n°s 142 et suiv., 473 et suiv., 704 et suiv.
(3) V. n°s 473 et suiv., 704 et suiv.
(4) V. sur l'art. 9, n° 1215.

civils et de quasi-délits, la solidarité est facultative pour le juge. C'est à lui d'apprécier si les faits sont indivisibles et si chacun des auteurs du dommage doit en répondre pour le tout (1).

Or c'est une faculté que la loi du 24 juillet n'a pas voulu lui enlever.

Suivant nous, elle n'a pas même sérieusement modifié sa devancière sur ce point. Que portait, en effet, l'art. 7 de la loi de 1856 ? « Les membres du conseil de surveillance *peu-* « *vent* être déclarés responsables solidairement et par corps « avec les gérants, etc. ; » et la jusrisprudence, on l'a vu plus haut (2), reconnaissait un pouvoir discrétionnaire aux tribunaux pour apprécier s'il y avait ou non lieu à responsabilité. Mais ce pouvoir discrétionnaire s'appliquait *à fortiori* à la question de solidarité. Maîtres de déclarer que le conseil n'avait pas encouru de responsabilité, alors même que la société avait été annulée, ils l'étaient incontestablement aussi de reconnaître que si le conseil avait commis une faute, elle n'était pas la source de tout le dommage, et ce n'eût été là, nous le répétons encore, que l'application des règles générales.

La suppression du mot *solidairement* dans l'art. 8 de la loi de 1867 n'a donc, en réalité, ni étendu ni restreint le pouvoir des tribunaux relativement à cette solidarité. Seulement le législateur a voulu affirmer d'une manière apparente que la solidarité n'était pas la conséquence obligée de toute condamnation prononcée contre les membres du conseil, et peut-être, que la responsabilité de ceux-ci pourrait être appréciée moins sévèrement que sous l'empire de la loi de 1856, dont les rigueurs avaient effrayé bien des esprits. Elle a en même temps condamné la doctrine de ceux qui considéraient la responsabilité elle-même comme encourue nécessairement par le conseil, en cas d'annulation de la société, et du moment où elle était demandée en justice (3).

1181. Quel que soit le lien reconnu entre le conseil et le gérant, du moins on devra généralement déclarer les membres de ce conseil solidaires entre eux. Comme on l'a dit avec raison, « l'art. 6 de la loi leur impose un devoir col-

_____

(1) V. n° 489.
(2) N° 1177.
(3) Voir notamment M. Romiguière, *Commentaire de la loi sur les sociétés en command. par actions*, 1861, n°⁵ 103 et 104.

lectif » (1), et la rédaction de l'art. 8, relatif à la responsabilité encourue pour cette première infraction, ne contient pas les restrictions que nous trouverons dans l'art. 9 applicable à des obligations subséquentes.

Toutefois, nous pensons qu'ici encore, les tribunaux ont seulement la faculté et non l'obligation de prononcer des condamnations solidaires. La faute peut ne pas être indivisible, et l'on reste dans les termes du droit commun, puisque la loi ne s'est pas formellement expliquée. Les termes du rapport présenté au Corps législatif ne font aucune distinction, quant au pouvoir discrétionnaire qu'ils reconnaissent aux tribunaux (2).

1182. Les membres du conseil, déclarés responsables avec le gérant, ne sont en général que *cautions* de ce dernier. Ils ont recours contre lui, alors même que la condamnation serait prononcée solidairement entre eux, et les tribunaux devraient le leur accorder par le jugement même qui la contient (3).

C'est ce que nous avons établi ci-dessus à l'égard des personnes civilement responsables (4), et nous devons l'admettre ici par analogie.

Nous disons par analogie seulement, car les membres du conseil de surveillance ne sont pas, à proprement parler, civilement responsables du gérant ; la loi le répète en deux dispositions sur lesquelles nous reviendrons tout à l'heure (5). Mais elle ajoute leur responsabilité à celle du gérant, afin de rendre leur surveillance efficace et de les punir en cas de négligence, comme aussi de mieux garantir les intérêts des tiers.

Or, si la faute leur est commune avec le gérant, elle peut cependant ne pas les priver de tout recours contre celui-ci (6), qui en est l'auteur principal. C'est à lui qu'incombe le devoir de remplir exactement toutes les conditions et formalités prescrites par les art. 1 à 4 de la loi pour la constitution régulière de la société.

---

(1) MM. Mathieu et Bourguignat, *Comment.*, etc., n° 79.
(2) *Contrà*, MM. Mathieu et Bourguignat, n° 79.
(3) V. n°° 157, 158 et 488. — *Conf.*, M. Bédarride, n° 107; Rivière, *Expl. de la loi du* 17 *juill.* 1856, n° 81 ; Dalloz, v° *Société*, n° 1242.
(4) N° 770.
(5) Art. 9 et art. 15, dernier paragraphe.
(6) V. *suprà*, n° 771.

1183. Ajoutons cependant que l'obligation de faire vérifier leurs apports en nature et les avantages consentis en leur faveur est également imposée aux actionnaires qui en ont stipulé dans l'acte social ; c'est pourquoi le deuxième paragraphe de l'art. 8 les rend aussi personnellement responsables de l'inobservation de ces prescriptions.

Or, dans cette double hypothèse, les auteurs directs et principaux de l'infraction, c'est-à-dire ces associés et le gérant, s'ils sont condamnés, n'ont pas de réclamations à élever contre le conseil. Ainsi, supposé que ceux dont les apports n'ont pas été vérifiés par l'assemblée générale, aient été condamnés, sur la poursuite des créanciers, à en faire le versement en numéraire, ils ne pourront demander que la moitié de cette condamnation soit supportée par les membres du conseil, bien que ceux-ci aient été déclarés responsables, conjointement et même solidairement avec le gérant (1).

Bien plus, quand la solidarité aurait été prononcée entre ces actionnaires et les membres du conseil, ces derniers pourraient exercer un recours contre eux, et invoquer avec succès l'art. 1216, C. civ., attendu que les causes de la dette solidaire ne concernaient réellement que ces associés qui devaient seuls tirer profit de l'infraction (2).

1184. Nous en déciderions autrement si le conseil, le gérant et les actionnaires étaient coupables de collusion et de fraude. En ce cas, la solidarité établirait entre eux, coauteurs ou complices d'un même délit correctionnel ou civil, un lien commun, une dette collective dont ils ne pourraient se décharger les uns sur les autres et qui ne se diviserait qu'à raison du paiement, conformément aux principes ordinaires de la solidarité exposés nos 158 et 159, c'est-à-dire par tête (3).

1185. L'inexistence des conditions exigées pour la validité des sociétés en commandite, par les art. 1 à 4 de la loi de 1856 et de celle de 1867, n'entraîne pas la nullité à l'égard des sociétés établies antérieurement (4). Celles-ci n'étaient soumises qu'aux règles établies par le Code civil et le Code de commerce.

(1) Aix, 13 août 1860, D. 60.2.223, et Rej., 6 août 1862, D. 427, aff. Lhuillier; Dalloz, n° 1242; Bédarride, n° 107; Rivière, n° 81.
(2) V. nos 157, 488, 771, et arg. des arrêts cités à la note précédente.
(3) C. civ., art. 1213, 1214.
(4) Rej., 9 juill. 1861, D. 414.

Seulement, l'art. 15 de la loi de 1856 portait, que les sociétés en commandite par actions, alors existantes et qui n'avaient pas de conseil de surveillance, étaient tenues d'en nommer un.

L'art. 18 de la loi du 24 juillet 1867 reproduit cette disposition dans les termes suivants :

« Les sociétés antérieures à la loi du 17 juillet 1856, qui ne « se seraient pas conformées à l'art. 15 de cette loi, seront « tenues, dans le délai de six mois, de constituer un conseil « de surveillance, conformément aux dispositions qui pré-« cèdent. A défaut de constitution du conseil de surveillance « dans le délai ci-dessus fixé, chaque actionnaire a le droit « de faire prononcer la dissolution de la société. »

Mais il est bien évident que les conseils, nommés long-temps après la formation de la société, ne peuvent encourir la responsabilité spéciale édictée, soit par l'art. 8 de notre loi, soit par l'art. 7 de la loi de 1856 ; les obligations que leur impose cette disposition n'ayant point d'application, lorsqu'il s'agit de sociétés déjà formées et fonctionnant avant leur nomination.

1186. Nous passons maintenant à la responsabilité que peuvent encourir les membres du conseil, par rapport aux faits qui se produisent au cours du fonctionnement de la société régulièrement constituée. C'est le second cas prévu par la loi.

1187. L'art. 10 de la loi de 1856 déterminait deux cas formels et spéciaux de responsabilité.

« Tout membre d'un conseil de surveillance », portait cet article, « est responsable avec les gérants solidairement « et par corps :

« 1° Lorsque, sciemment, il a laissé commettre dans les inventaires des inexactitudes graves, préjudiciables à la société et aux tiers ;

« 2° Lorsqu'il a, en connaissance de cause, consenti à la distribution de dividendes non justifiés par des inventaires sincères et réguliers. »

Les faits prévus par ces deux paragraphes ont une intime relation.

Les inexactitudes, commises sciemment dans les inventaires, ont le plus souvent pour but de justifier en apparence la distribution de dividendes qui ne reposent pas sur des bénéfices.

Cependant elles peuvent avoir simplement pour objet

de soutenir le crédit de la société, en faisant illusion sur sa véritable situation. Il y avait donc à distinguer ces deux cas qui constituent, au reste, l'un et l'autre une fraude dangereuse aussi bien pour les associés que pour les tiers. Les inexactitudes graves consistent à dissimuler des pertes et à exagérer les bénéfices, ou même à en supposer qui n'existent en aucune façon.

Le second cas consiste dans les distributions de dividendes fictifs, c'est-à-dire pris en tout ou en partie sur le capital, alors qu'ils ne doivent l'être que sur des bénéfices dûment réalisés. C'est là une des manœuvres coupables fréquemment employées par les gérants pour faire illusion aux actionnaires et au public, opérer une hausse factice sur les actions et faciliter des spéculations illicites.

1188. Le fait d'avoir, en l'absence d'inventaires ou au moyen d'inventaires frauduleux, opéré entre les actionnaires la répartition de dividendes non réellement acquis à la société, constituait d'ailleurs de la part des gérants, aux termes de l'art. 13, un délit puni des peines de l'escroquerie.

1189. Or, les membres du conseil de surveillance étant déclarés responsables de ces faits solidairement avec le gérant, lorsqu'ils les avaient tolérés *sciemment*, on en avait conclu qu'ils pouvaient être traduits avec lui devant le tribunal correctionnel comme responsables civilement, soit des dommages-intérêts des associés ou des tiers, soit même des frais dus à l'Etat (1).

Cette conséquence, juridique sans doute et consacrée par la Cour de cassation, n'était probablement pas entrée dans les prévisions du législateur de 1856. En tout cas, elle devait avoir pour effet d'éloigner des fonctions de membres des conseils de surveillance des hommes honorables, éclairés, mais ne se souciant pas d'encourir des poursuites en police correctionnelle et de paraître vis-à-vis de la masse du public, et par le fait seul de ces poursuites, complices d'un délit.

1190. D'autre part, cette responsabilité était fréquemment inappliquée à raison de cette autre disposition qui la faisait dépendre du fait que les membres du conseil eussent agi *sciemment*. Ils invoquaient donc et souvent avec succès leur bonne foi. Ce n'était plus d'une simple négligence, d'une

(1) V. n° 1213.

faute plus ou moins grave qu'ils pouvaient être tenus, comme l'est, en droit commun, tout mandataire (1) ou toute personne obligée par la loi à accomplir tel devoir (2). Il y avait ici une règle spéciale, et les tiers et les associés, comme demandeurs, étaient obligés de faire preuve contre les membres du conseil que ceux-ci avaient agi en connaissance de cause (3).

1191. La loi nouvelle a rejeté ce système.

Le dernier paragraphe de l'art. 15 dispose formellement que « les membres du conseil de surveillance ne sont pas civilement responsables des délits commis par le gérant ».

Il en est de même des faits illicites ou dommageables qui n'ont pas le caractère de délits.

« Les membres du conseil de surveillance », porte l'article 9, « n'encourent aucune responsabilité en raison des « actes de la gestion et de leurs résultats. — Chaque membre « du conseil de surveillance est responsable de ses fautes « personnelles, dans l'exécution de son mandat, conformé- « ment aux règles du droit commun. »

Ainsi la responsabilité est déclarée purement personnelle. Son étendue ne dépend plus de celle de la responsabilité encourue par le gérant lui-même, comme sous l'empire de cette règle de solidarité établie en 1856.

Mais en même temps le conseil ne peut plus dire pour toute défense : On m'a trompé, je suis de bonne foi, je n'ai rien vu, je n'ai rien su. Son devoir est de contrôler, de vérifier, de découvrir la fraude ou l'erreur. A cet égard, il doit remplir sa mission avec l'exactitude et la diligence d'un bon père de famille. Sa faute s'appréciera comme celle du mandataire. C'est la règle souvent rappelée dans les travaux préparatoires de la loi.

1192. Le nouveau système formulé par l'article 9 a eu pour but et aura certainement pour résultat de rendre l'application de la responsabilité plus juste et plus efficace. La loi de 1856, en déclarant que les membres du conseil pourraient être tenus *solidairement* avec le gérant, avait en apparence dépassé son but. « La police correctionnelle... se « montrait à l'horizon et les honnêtes gens... se détour- « naient avec une terreur instinctive d'une fonction que la

---

(1) Art. 1991 et 1992, C. civ.
(2) Art. 1382 et 1383, C. civ.
(3) V. n° 1192 et les arrêts cités.

« loi poursuivait ainsi de ses soupçons et de ses menaces (1).» Cependant on a pu dire aussi que cette loi « menaçait sans frapper » (2), puisque, pour engager sa responsabilité, il fallait que le membre du conseil eût agi *sciemment ou en connaissance de cause*. « Retranché derrière ces expressions, il prétendait donc imposer à l'actionnaire la preuve en quelque sorte impossible que le membre du conseil avait connu, c'est-à-dire *vu* et *touché* les inexactitudes commises dans les inventaires et *su* de la même manière que la distribution des dividendes n'était pas justifiée par des inventaires sincères et réguliers.

« Vainement les actionnaires démontraient que les inexactitudes étaient grossières et visibles, et qu'il suffisait d'ouvrir les yeux pour en être frappé; qu'une négligence coupable... une faute lourde avait pu seule empêcher le conseil de surveillance de les voir et de les signaler; on leur répondait par le sens précis et déterminé des mots *sciemment* et en *connaissance de cause; et* là où ils n'établissaient pas cette science, cette connaissance du fait reproché, on écartait leur demande (3). »

En conséquence, la commission du Corps législatif demanda la suppression de ces mots restrictifs qui subsistaient encore dans le nouveau projet (4).

Mais le Conseil d'Etat s'y refusa d'abord : « Le retranche-« ment des mots *sciemment* et en *connaissance de cause* lui « a paru, dit le rapport, contraire au but de la loi. Replacer « la responsabilité des membres du conseil sur le terrain du « droit commun, c'était l'aggraver, tant il est vrai que ces « mots, par les obligations qu'ils imposent à la preuve de la « faute, l'affaiblissent et l'énervent.

« Sans méconnaître, en principe, la nécessité de désarmer

---

(1) Rapport de la commission au Corps législatif, *Moniteur* du 5 juin 1867.

(2) *Ibid.*

(3) *Ibid.*, voir en effet : Rej., 9 juill. 1861, D. 415, S. 705: Rej., 5 août 1862, D. 525, S. 63.1.137 ; Paris, 15 juill. 1862, et Rej., 21 déc. 1863, D. 64.1.156, S. 64.1.229.

(4) V. art. 7 devenu art. 9 de la loi, D. 1867.4.99. A la suite des deux premiers paragraphes et qui forment aujourd'hui tout l'art. 9, le projet reproduisait l'art. 10 de la loi de 1856 en disant :
« Il est tenu, solidairement avec le gérant,'des dommages causés à la « société et aux tiers : 1° lorsque *sciemment* il a laissé commettre dans « les inventaires des inexactitudes graves : 2° lorsqu'il a, *en connais-* « *sance de cause,* consenti à la distribution de dividendes fictifs. »

« là loi de rigueurs extrêmes et inutiles, faites seulement
« pour effrayer les honnêtes gens, votre commission a persisté
« à penser que le droit impliquait le devoir, et qu'au devoir
« méconnu, à la faute, il fallait une sanction. Elle a pensé
« que si les mots dont elle réclamait la suppression faisaient
« en réalité de la loi une menace vaine, ils devaient dispa-
« raître. Elle n'a pas méconnu, cependant, que là où il
« s'agissait de solidarité avec le gérant, c'est-à-dire d'une
« sorte de complicité civile, ils pouvaient se justifier. Que
« fallait-il donc faire ? Effacer la *solidarité*, supprimer les
« trois paragraphes qui s'y rattachaient, et laisser les
« membres du conseil de surveillance sous l'empire du prin-
« cipe posé par le projet lui-même : « Chaque membre du
« conseil de surveillance n'est responsable que de ses fautes
« personnelles dans l'exécution de son mandat, conformé-
« ment aux règles du droit commun ». Les actionnaires et
« les tiers y perdront la solidarité, mais ils y gagneront une
« garantie réelle.

Le Conseil d'Etat se rallia à cette proposition, et les trois
derniers paragraphes ont été en effet supprimés. Le sens de
cette modification est clairement déterminé par les passages
qui viennent d'être textuellement cités.

1193. Une autre conséquence de ces changements de
rédaction, c'est qu'on ne peut plus hésiter à reconnaître que
les conseils sont responsables, non pas seulement du fait
spécial d'inexactitudes dans les inventaires et de distribution
de dividendes fictifs, mais des autres fautes qu'ils commet-
traient dans l'exécution de leur mandat, par exemple s'ils
omettaient de vérifier, en tout ou en partie, les livres, la
caisse, le portefeuille et les valeurs de la société, comme les
y oblige le nouvel art. 10. Ces mesures, en effet, ont leur
utilité au point de vue, non-seulement des gérants, mais
des agents secondaires de la société, tels que les caissiers,
teneurs de livres, etc. Elles peuvent, si elles sont négligées,
faciliter des détournements de fonds, des violations de dépôts, des désordres dans la comptabilité, etc., toutes choses
éminemment préjudiciables aux intérêts sociaux.

La responsabilité des membres du conseil est, à notre
avis, engagée dans cette hypothèse générale.

A l'égard des actionnaires cela ne peut être douteux.
On l'avait reconnu déjà sous l'empire de la loi de 1856 (1).

_____

(1) Il est regrettable que l'exposé des motifs de cette loi ait employé

Le silence de la loi, dit fort justement M. Dalloz, n'autorise pas à manquer aux devoirs qu'elle impose (1). Or, que serait donc un conseil de surveillance qui ne surveillerait rien et ne remplirait pas ou ne remplirait que d'une manière incomplète et sans attention, sans vigilance sérieuse, la mission qu'il a acceptée ? Mieux vaudrait ne pas en établir, et forcer ainsi les intéressés à s'occuper eux-mêmes de leurs affaires.

La jurisprudence a consacré sur ce point l'opinion des auteurs. On trouve, il est vrai, un arrêt contraire de la Cour de Poitiers, du 20 août 1859, ainsi motivé sur ce point :

« Attendu que l'art. 1992 n'atteint que le mandataire, qui
« a mission d'agir pour son mandant et de l'engager vis-à-
« vis des tiers, mais qu'il ne saurait s'appliquer au mandat
« portant uniquement charge de surveiller un agent essen-
« tiellement responsable par lui-même (2). »

Cette distinction est manifestement erronée ; la chambre des requêtes, en rejetant le pourvoi par des considérations de fait, se garda bien de la sanctionner (3), et formula quelque temps après la doctrine que nous soutenons, dans un autre arrêt du 12 avril 1864 (4).

Le législateur de 1867 adoptait entièrement cette jurisprudence. « Cette loi (celle de 1856), lit-on dans l'exposé des motifs, part de l'idée que les membres du conseil de surveillance sont des mandataires, et elle les soumet à la responsabilité que le droit commun impose à tous ceux qui sont revêtus de cette qualité. Elle fait l'application de la règle

---

sur ce point une phraséologie incomplète et équivoque qui pouvait laisser quelque doute dans les esprits. On y lit, à propos de l'art. 10 : « Il eût été trop rigoureux d'imposer une inflexible responsabilité, même pour les plus légères infractions ; c'est pour *les plus considérables seulement* que la loi réserve sa sévérité, etc. »

Le rapport de M. Langlais, au Corps législatif, constate au contraire que « la loi n'apporte aucun changement, ni aux attributions, ni aux devoirs des conseils de surveillance...... La surveillance est un mandat qui impose des devoirs ».

(1) V. *Société*, n° 1252. — *Conf.*, MM. Duvergier, *Lois*, t. 1856, p. 345 ; Bédarride, *Appendice au Traité des sociétés*, n° 115.
(2) D. 59.2.212.
(3) Rej., 28 nov. 1860, D. 61.1.339.
(4) D. 377. V. aussi. Rej., 18 août 1868, S. 69.1.74; Douai, 29 juin 1861, S. 61.2.547 ; Caen, 16 août 1864, D. 65.2.192, S. 65.2.33; Metz, 14 août 1867, D. 67.2.178, S. 67.1.254.—*Implic.*, Nîmes, 4 mai 1868, *Droit* du 12.

à quelques cas particuliers (1), et loin d'en exagérer la sévérité, elle en atténue les conséquences, etc. »

« Les deux premiers paragraphes de l'art. 7 (2) déclarent
que chacun d'eux n'est responsable que de ses fautes personnelles, conformément aux règles du droit commun. On
n'avait pas jugé à propos d'écrire dans l'art. 10 de la loi de
1856 ces vérités incontestables, etc. (3). »

On a vu plus haut qu'il n'était pas inutile de rappeler d'une
manière positive ces *vérités ;* mais elles le sont aujourd'hui
par l'art. 9 de la loi du 24 juillet 1867, et par conséquent,
la question est parfaitement tranchée ; l'art. 1992, C. civ.,
régit incontestablement les rapports du conseil avec les actionnaires (4).

1194. Mais, à l'égard des tiers, notamment des créanciers de la société, la solution doit-elle être la même ?

On pourrait objecter que l'art. 1992 est inapplicable à ce
cas. En effet, la responsabilité qu'il formule et réglemente
suppose un mandat, une convention spéciale qui n'existe pas
entre les membres du conseil et les créanciers. C'est donc
l'art. 1382 ou l'art. 1383 qu'il faut invoquer. Or, pourrait-
on dire, ces articles supposent une *faute* commise dans
l'accomplissement d'un devoir. Mais quel devoir le conseil
a-t-il à l'égard des tiers ? Celui que formule l'art. 6 sous la
sanction de l'art. 8, et aussi celui de ne pas se rendre complice des fraudes du gérant, de ne pas tolérer sciemment des
inexactitudes graves dans les inventaires ou des distributions
de dividendes fictifs. En dehors du cas spécial de l'art. 8 et
du cas de complicité des délits du gérant, que reste-t-il ? Des
obligations contractuelles vis-à-vis des associés seulement,
un mandat que ne peuvent invoquer les tiers : donc pas de
responsabilité au profit de ces derniers. — Et cette doctrine
pourrait trouver un argument de texte dans le 2e § de l'art. 9,
portant que chaque membre du conseil est responsable de
l'exécution de son *mandat*.

1195. Ce raisonnement, malgré sa force apparente,
n'aboutit, à notre avis, qu'à une erreur. Dans le système
des lois de 1856 et de 1867, la mission donnée aux conseils
de surveillance présente un caractère général. C'est dans

(1) Allusion à l'art. 10.
(2) Du projet.
(3) Duvergier, *Lois*, p. 264 et 265, t. 1867.
(4) *Conf.*, Mathieu et Bourguignat, p. 88, n° 99.

l'intérêt de tous qu'ils sont investis de cette fonction. Quant à la vérification des conditions exigées pour la constitution de la société, cela n'est pas contestable, puisque l'art. 8 est formel. Mais il en est de même en ce qui concerne les autres faits qu'ils sont chargés de contrôler. Ce n'est plus dans l'intérêt des actionnaires seulement que l'institution des conseils de surveillance, facultative autrefois, a été érigée en loi. On sait trop bien quelle influence les noms qui figurent dans ce conseil ont sur le public, et l'on a voulu qu'ils fussent désormais autre chose qu'un mirage trompeur. Sans doute, on ne saurait trop le répéter, ils ne garantissent pas que la gestion sera habile et fructueuse, ils ne peuvent pas s'immiscer en cela, mais ils doivent garantir qu'elle sera loyale, honnête, et que la comptabilité sera exacte et régulière. Ils sont obligés d'user pour cela de tous les moyens que la loi met à leur disposition. Ainsi le *mandat* dont parle l'art. 9, ce n'est pas un mandat purement contractuel, et les tiers peuvent aussi l'invoquer.

1196. Ceci ne pouvait faire de doute sous l'empire de la loi de 1856, puisque l'art. 10 de cette loi fondait précisément la responsabilité qu'elle édictait sur les inexactitudes des inventaires préjudiciables aux actionnaires et *aux tiers*.

Mais l'esprit de la loi de 1867 est resté le même à cet égard, malgré l'extension qu'elle donne à la responsabilité des membres du conseil. On en trouve des preuves répétées dans les travaux préparatoires. L'art. 9, dans le projet du Gouvernement, après les deux premiers paragraphes qui sont demeurés et constituent tout l'article, reproduisait l'art. 10 de la loi de 1856 : « Il est tenu » (chaque membre du conseil) « solidairement avec le gérant des dommages causés à la société *et aux tiers*, 1°..., 2°..., etc. »

Évidemment les diverses parties de cet article étaient en relation intime les unes avec les autres : la responsabilité de droit commun rappelée dans le deuxième paragraphe existait dans la pensée du législateur, vis-à-vis des tiers, aussi bien que la responsabilité spéciale édictée par le troisième.

Aussi l'exposé des motifs, en faisant connaître que la rédaction des deux premiers paragraphes avait eu pour but de rappeler un principe que la loi de 1856 n'avait au fond nullement contredit, et en même temps de trancher dans un sens négatif la question de savoir, si les membres du

conseil pouvaient être cités devant les tribunaux correctionnels, hors des cas de complicité et comme civilement responsables du gérant ; l'exposé, disons-nous, ajoutait : « Cela
« n'est pas commandé par l'intérêt *des tiers* à qui l'action
« civile offre le moyen assuré de faire valoir toutes leurs
« prétentions » (1).

La commission du Corps législatif, examinant à son tour
le projet, demanda la suppression du dernier paragraphe,
pour assujettir les membres du conseil au droit commun.
Elle proposa d'effacer à la fois la solidarité obligatoire, et les
mots *sciemment* et en *connaissance de cause*, laissant ainsi
le conseil « sous l'empire du principe posé par le projet lui-
« même : chaque membre n'est responsable que de ses
« fautes personnelles... conformément aux règles du droit
« commun. »

« Les actionnaires et les *tiers* », ajoutent le rapport, « y
« perdront la solidarité, mais ils gagneront une garantie
« réelle » (2).

Plus loin, au sujet de la question de savoir si la responsabilité du conseil est un cas de responsabilité civile autorisant à citer ses membres devant le tribunal correctionnel à
raison des délits du gérant, le rapport dit encore : « Ils
« peuvent bien être tenus, solidairement même avec le gé-
« rant, envers les associés et envers *les tiers* là où, par leur
« négligence à remplir leur propre devoir, ils ont rendu le
« délit du gérant possible. Ils subissent alors les conséquen-
« ces d'une faute personnelle, etc. »

Ainsi, partout les tiers et les associés sont mis sur la même
ligne, la surveillance doit s'exercer au profit des premiers
aussi bien que des seconds, et les tiers comme les associés
ont l'action en responsabilité.

1197. Dans la pratique antérieure à 1867, et sous l'empire de l'article 10 de la loi de 1856, ils l'ont plusieurs fois
exercée simultanément, sans qu'on songeât à leur opposer
une fin de non-recevoir (3). C'est toujours par d'autres raisons que leurs demandes ont été repoussées (4). Ce droit

---

(1) Duvergier, t. 1867, p. 266.
(2) MM. Mathieu et Bourguignat, p. 334, n° XXVII.
(3) V. les espèces des arrêts suivants : Poitiers, 20 août 1859, D. 60,
2.212 ; Rej., 28 nov. 1860, D. 61.1.339 ; 9 juill. 1861, D. 415, et
5 août 1862, D. 525.
(4) Mêmes arrêts et Rej., 21 déc. 1863, D. 64.1.156.

leur a enfin été formellement reconnu par la Cour de cassation (1).

Et il a été jugé en même temps que les créanciers pouvaient agir directement contre les membres du conseil sans mettre en cause le gérant (2), ce qui peut être inutile, en effet, s'il est insolvable ou s'il acquiesce à la demande. Or, évidemment, cette jurisprudence doit être maintenue sous l'empire de la loi de 1867.

1198. Au surplus, les créanciers auraient toujours la ressource d'agir en vertu de l'article 1166, C. civ., au nom et comme exerçant les droits de la société leur débitrice (3). L'action que les associés exerceraient eux-mêmes, en pareil cas, ne ferait pas obstacle à celle des créanciers. Par exemple, au cas de faillite de la société, rien n'empêcherait le syndic d'intervenir au nom de la masse pour demander compte aux membres du conseil, en même temps que les actionnaires, de l'inexécution de leur mandat (4).

Mais la condamnation se mesurerait toujours au dommage effectivement causé à la société, et le montant de ces condamnations se répartirait entre les actionnaires et les créanciers, comme le reste des valeurs sociales, suivant les droits de chacun.

D'autre part, les membres du conseil pourraient opposer aux créanciers les mêmes exceptions qu'ils feraient valoir contre la société elle-même.

C'est en quoi l'action oblique est moins large et moins avantageuse pour les tiers que l'action directe que nous leur avons reconnue.

1199. Le champ des investigations du conseil de surveillance reste limité, d'ailleurs, comme il l'était depuis 1856. Il n'est pas chargé par la loi de surveiller la gestion au point de vue commercial et industriel, mais au point de vue financier. Il n'agit seulement, d'ailleurs, que par voie de contrôle. Il ne lui appartient de dresser aucun compte ni

---

(1) Rej., 17 fév. 1868, D. 177, S. 261, et Rej., 23 fév. 1870, D. 71. 2.229, S. 71.1.242. — Conf., Lyon, 8 juin 1864, D. 65.2.197, et 11 juill. 1873, D. 74.2.209, S. 74.2.73.
(2) Même arrêt du 17 fév. 1868.
(3) Metz, 14 août 1867, D. 67.2.178.
(4) Arg., Rej., 17 févr. 1868, D. 177, S. 261 ; Lyon, 8 juin 1864, D. 65.2.197 ; Colmar, 3 juin 1869, D. 69.2.170. Voy. toutefois Douai, 10 août 1868, S. 69.2.161.

état, « d'en changer les bases, d'en faire ce qu'on appelle le règlement » (1). Seulement, il vérifie les livres, la caisse, le portefeuille et les valeurs de la société, afin de s'assurer du fonctionnement régulier de tous les rouages et, toujours en première ligne, de l'exactitude des inventaires et de la légitimité des distributions et de dividendes. L'art. 10 de la loi de 1867 lui impose formellement l'obligation de procéder à ces investigations. Dans le rapport qu'il est tenu de faire chaque année à l'assemblée générale, il doit signaler spécialement les irrégularités et inexactitudes qu'il aurait remarquées dans ces inventaires, et constater les motifs qui s'opposeraient aux distributions de dividendes proposées par le gérant.

1200. Les statuts peuvent, du reste, étendre ces attributions légales. Tant qu'il ne s'agit que d'actes de contrôle, il n'existe pas de danger d'immixtion (2). Ainsi les statuts peuvent stipuler que le gérant ne fera aucune dépense autre que celles d'entretien, sans l'approbation du conseil. De pareilles mesures ne sont destinées qu'à réglementer le régime intérieur de la société, à circonscrire les pouvoirs du gérant, et n'affectent en rien les rapports des commanditaires avec les tiers (3), bien qu'elles aient leur effet à l'égard de ceux-ci comme toutes celles qui limitent les pouvoirs du gérant (4), quand ces clauses ont été publiées conformément à la loi.

1201. Mais laissons de côté ces stipulations particulières. Revenons aux obligations que la loi impose à tous les conseils de surveillance par mesure d'ordre public.

L'omission volontaire ou la négligence mise par leurs membres à constater les inexactitudes des inventaires et les propositions de dividendes fictifs, seront toujours les principales causes des actions en responsabilité auxquelles ils seront en butte.

Entrons donc dans quelques détails sur cet ordre de faits :

1° Inexactitudes graves dans les inventaires. Elles con-

---

(1) Rapport de M. Langlais. — Conf., Mathieu et Bourguignat, p. 78.
(2) V. l'art. 28, C. comm., modifié par la loi du 6 mai 1863, dernier paragraphe.
(3) Rej., 29 juin 1858, D. 455.—Conf., Pardessus, n° 1030 et suiv.; Troplong, n°s 425 et suiv.
(4) Par exemple celle qui déclare nul tout achat fait autrement qu'au comptant; Orléans, 1er juin 1852, D. 53.5.427, n° 11, et 11 janv. 1853, D. 53.2.160.

sisteront à y avoir fait figurer des valeurs qui n'existaient pas, telles que les plus-values de terrains, d'actions industrielles non réalisées, à avoir exagéré le prix de telles marchandises, porté comme bonnes des créances irrecouvrables, dissimulé des pertes, produit des comptes erronés et même falsifiés.

Peu importe, d'ailleurs, que ces inexactitudes soient volontaires ou non de la part du gérant. Dans le cas de fraude, assurément l'erreur pourra être plus difficile à démasquer ; la responsabilité du gérant sera plus gravement compromise.

Mais, dans le cas de simple négligence, de légèreté de sa part, le conseil qui reconnaîtrait l'erreur n'en serait pas moins tenu de la signaler. La responsabilité de ses membres serait elle-même engagée du moment où les inexactitudes seraient graves et de nature à préjudicier à la société, s'ils omettaient de les relever.

La constatation des inexactitudes dans les inventaires serait possible et aurait lieu plus souvent si les conseils de surveillance examinaient en réalité et avec soin les livres, les comptes courants, les valeurs remises ou les sommes reçues par les clients, en un mot, la caisse, le portefeuille et les écritures, ainsi que les éléments de celles-ci, tels que les bordereaux d'agents de change, si la société fait des opérations de bourse comme intermédiaire, etc.

Sans doute, il en résulte pour le conseil un travail sérieux, quelquefois difficile et nécessitant des connaissances spéciales en matière de comptabilité. Mais ce sont là des conditions inhérentes à la nature de semblables fonctions qu'il ne faut pas accepter sans être en état de les remplir.

Un arrêt de la Cour de Lyon a jugé que l'omission par les membres du conseil de surveillance d'une société de banque et d'escompte de vérifier le portefeuille qui représente la presque totalité de l'actif social, examen prescrit d'ailleurs par les statuts, comme par l'art. 10 de la loi de 1867, entraîne responsabilité; — Que l'examen d'ailleurs doit porter non-seulement sur la qualité des effets, c'est-à-dire la valeur des signatures, mais sur leur nombre; — Qu'il faut examiner les livres d'entrée et de sortie de ces effets, afin de reconnaître ceux qui seraient en souffrance, et par suite les chances de perte qui peuvent en résulter (1).

_____

(1) Lyon, 11 juill. 1873, D. 74.2.209, S. 74.2.73.

Mais il a décidé en même temps que les membres du conseil étaient excusables de n'avoir pas vérifié les comptes courants qui étaient fort nombreux, alors qu'il n'existait pas d'indices de fraude ou d'erreur dans les écritures qui se balançaient exactement en apparence ; et même d'avoir toléré des emprunts considérables faits à la banque de France par les gérants, sur dépôt de titres appartenant à des clients, qui ne les leur avaient pas confiés dans ce but.

La solution donnée sur le premier point est fort contestable ; mais celle donnée sur le second doit être formellement repoussée. Un tel abus des titres remis en dépôt est un véritable délit (C. pén., 408), alors que la société est déjà embarrassée, et que de pareils emprunts ne servent qu'à opérer des spéculations hasardeuses ou à retarder une faillite imminente sur laquelle la gérance ne peut se faire illusion.

En tous cas, il y a là une pratique dangereuse qu'il est du devoir impérieux du conseil de surveillance de faire cesser immédiatement. Le silence de sa part est une sorte de complicité et une faute grave, dont il doit supporter les conséquences (V. suprà, n° 1193).

1202. 2° Distributions de dividendes fictifs. En présence de la formule générale adoptée par le nouvel art. 9, on ne discuterait même plus aujourd'hui une question qui fut débattue sous l'empire de la loi de 1856, à savoir, si les membres du conseil étaient responsables des distributions de dividendes fictifs, lorsqu'ils les avaient laissé faire sans fraude de leur part, de bonne foi et par pure négligence ou faiblesse vis-à-vis du gérant. La Cour de cassation avait répondu que l'absence de fraude était indifférente. Il suffisait qu'ils eussent connu l'absence ou l'insuffisance des bénéfices, en dehors desquels il n'y a pas de distribution possible [1].

Aujourd'hui, les membres du conseil ne pourraient même alléguer leur ignorance de la situation réelle de la société. Si elle résulte d'une étude insuffisante des documents qu'ils ont mission de vérifier, ils sont responsables. Et cela, encore bien que les inventaires eussent été approuvés et les dividendes autorisés par l'assemblée générale [2], puisque la mission du conseil est précisément d'éclairer l'assemblée sur

(1) Rej., 15 janv. 1862, D. 128, Massu; et conf., Orléans, 20 déc. 1860, D. 61.2.1, Massu; Paris, 29 août 1861, sous Cass., 28 déc. 1861, D. 62.1.45 (Siméon).
(2) Cass., 28 juin 1862, D. 305 (Mirès).

la situation, et de l'empêcher de donner de semblables autorisations. Les décisions de l'assemblée, d'ailleurs, ne pourraient sous aucun rapport les couvrir vis-à-vis des tiers qui sont intéressés, aussi bien que les actionnaires, à ce que le capital social demeure intact et pour la sauvegarde desquels est instituée aussi la surveillance du conseil.

On comprend facilement,· d'ailleurs, que par dividendes fictifs il faut entendre ceux qui ne sont pas réellement acquis à la société, soit qu'ils n'existent en aucune façon, soit qu'ils ne reposent que sur des espérances, des traités ou des opérations non terminées et dont le produit n'est pas encore entré dans la caisse de l'association. On devrait cependant considérer comme réellement acquis les bénéfices qui seraient représentés, sinon par du numéraire, au moins par des valeurs solides, des créances, sous forme d'effets de commerce ou autres, réalisables avec certitude (1).

1203. Le paiement aux actionnaires des intérêts de leurs actions équivaut à la distribution de dividendes, lorsqu'ils ne sont pas, eux aussi, prélevés sur des bénéfices acquis (2).

Cela est incontestable, quand les statuts prescrivent de ne prélever d'intérêts que sur les bénéfices (3). Mais, dans certaines sociétés, les statuts disposent que les intérêts pourront être pris pendant un certain délai sur le capital. Cette clause est généralement considérée comme permise et valable (4). Lorsqu'elle existe, le paiement de ces intérêts ne peut plus faire l'objet d'un grief contre le gérant, le conseil(5) et les actionnaires, sauf au cas où ils auraient été reçus de mauvaise foi (6).

1204. Il en est de même de toute autre charge prélevée sur le capital, si ce prélèvement est autorisé par le conseil en dehors des statuts : c'est là une faute de sa part. Ainsi,

---

(1) V. MM. Mathieu et Bourguignat, p. 79 et 80 ; *infrà*, n° 1265.
(2) Cass., 28 juin 1862, D. 305 (Mirès), et 15 nov. 1869, S. 70.1.216.
(3) *Ibid.* — *Conf.*, Orléans, 20 déc. 1860, D. 61.2.1.
(4) MM. Troplong, *Société*, n° 191 ; Dalloz, *Société*, n° 1398 ; Aix, 27 mai 1861, rapporté avec l'arrêt de rejet, D. 62.1.525 ; Caen, 16 août 1864, D. 65.2.192 ; Rej., 8 mai 1867, D. 193 ; 6 mai 1868, D. 69.1.232.
(5) Paris, 18 août 1860, *Droit* du 30; Angers, 18 janv. 1865, D. 65.2.67, et 11 janv. 1867, D. 67.2.19 ; Lyon, 8 juin 1864, D. 65.2.197 ; Caen, 16 août 1864, D. 65.2.192, S. 65.2.33; Cass., 8 mai 1867, S. 253; MM. Mathieu et Bourguignat, *Comm.*, etc., p. 82. — *Contrà*, Rivière, n° 104.
(6) Rej., 6 mai 1868, D. 69.1.232.

ses membres seraient justement déclarés responsables si, malgré l'absence de bénéfices, ils avaient laissé le gérant s'attribuer un traitement que les statuts ne l'admettaient à prendre que sur les bénéfices nets (1).

1205. L'inaccomplissement des devoirs que nous venons de rappeler constituera la faute personnelle dont l'art. 9 rend les membres du conseil de surveillance responsables.

1206. Et il est peut-être superflu d'ajouter que l'abstention par certains d'entre eux de se réunir aux autres et d'exercer tel ou tel acte de leurs fonctions, loin d'être une excuse et une cause d'immunité, n'est qu'une faute, et des plus caractérisées (2).

Si pourtant elle avait une raison légitime, nous pensons qu'elle affranchirait le membre absent de la conséquence des actes auxquels il n'aurait pas participé. Mais il faudrait que son absence et les causes qui l'ont produite fussent positivement justifiées, soit par les procès-verbaux des séances du conseil, soit par d'autres preuves certaines (3).

1206 *bis*. Un membre du conseil peut incontestablement donner sa démission, surtout si elle est fondée sur une cause grave et légitime qui l'empêcherait de remplir ses fonctions.

Mais si, par suite de démissions générales ou partielles le conseil se trouvait ou supprimé ou réduit au-dessous du nombre exigé par la loi pour la constitution de la société (4), quelle en serait la conséquence par rapport aux membres démissionnaires ?

Il a été jugé, par rapport à des sociétés fondées sous l'empire de la loi de 1856, que les membres du conseil qui ont donné leur démission par suite des obstacles que le gérant mettait à l'accomplissement de leur mandat, n'encourent aucune responsabilité à raison des faits postérieurs, lorsque l'assemblée générale, régulièrement convoquée et réunie, a déclaré supprimer le conseil et transformer la société en commandite simple, alors même que la publicité donnée à cette délibération n'a été qu'incomplète, le conseil de sur-

---

(1) Angers, 11 janv. 1867, D. 67.2.19.
(2) Lyon, 8 juin 1864, et Caen, 16 août 1864, D. 65.2.197 et 192; Colmar, 3 juin 1869, D. 69.2.170; Lyon, 11 juill. 1873, D. 74.2.209, S. 74.2.73.
(3) MM. Mathieu et Bourguignat, p. 78, n° 87.
(4) Ce nombre était de cinq d'après la loi de 1856, il est de trois seulement aux termes de l'art. 5 de la loi de 1867.

veillance n'ayant pas les moyens d'y pourvoir ni de se faire remplacer (1).

Mais, dans une espèce où le mandat du conseil avait atteint le terme fixé par les statuts pour sa durée et où il y avait lieu à réélection, la Cour de cassation a décidé que le conseil étant un des éléments essentiels de la société, qui n'a plus d'existence légale lorsqu'elle en est dépourvue, les membres du conseil ne peuvent cesser leurs fonctions qu'après qu'il a été pourvu à leur remplacement, soit sur la demande des gérants, soit sur leur provocation personnelle ; qu'en conséquence ils demeurent jusque-là responsables dans les termes de la loi (2).

Il y a une analogie manifeste entre le cas sur lequel a statué ce dernier arrêt et celui de la démission des membres du conseil. On devrait étendre la solution qu'il donne à cette dernière hypothèse, et même avec plus de raison encore. — Il ne faut pas oublier, en effet, que le conseil a le droit de convoquer l'assemblée générale et peut ainsi la mettre en mesure de procéder à de nouvelles nominations, ou au besoin, et en cas de refus, provoquer la dissolution de la société. (L. de 1867, art. 11, v. n° 1212).

1207. Il peut arriver aussi que des opinions différentes se manifestent parmi les commissaires. Or, la responsabilité étant personnelle, il est clair que les dissidents ne peuvent être tenus des actes de la majorité. Mais il faut qu'ils fassent connaître leur appréciation particulière. — S'il s'agit d'inexactitudes dans les inventaires ou de faits analogues à signaler dans le rapport annuel qu'ils présentent à l'assemblée générale, ils ont le droit de faire consigner leur opinion et pourraient même « présenter à l'assemblée un contre-rapport où seraient exposés les motifs qui les ont empêchés d'adopter l'avis de la majorité » (3).

S'il s'agit de faits découverts au cours des opérations et qui autoriseraient le conseil à convoquer une assemblée générale extraordinaire (V. n° 1210), les membres de la minorité devraient se pourvoir devant les tribunaux. C'est la seule voie qu'ils aient à prendre pour faire ordonner des mesures qui ne seraient prévues ni par la loi ni par les statuts sociaux (4).

_____

(1) Rej., ch. civ., 16 juill, 1873, S. 387, D. 74.1.14.
(2) Cass., 22 janv. 1872, D.ᵖ117, S. 11.
(3) MM. Mathieu et Bourguignat, loc. cit.
(4) V. en effet M. Pardessus, t. 4, n° 1031.

1208. Quand les membres du conseil ont satisfait consciencieusement à leurs obligations et que par des manœuvres habilement calculées, par de fausses mentions portées sur les livres et dont ils n'ont pu, malgré un examen attentif, découvrir le caractère mensonger, ils ont été eux-mêmes induits en erreur, la responsabilité doit s'effacer (1). A cet égard, les tribunaux ont un pouvoir souverain pour l'appréciation des faits (2). Ils pourront aussi faire application du § 2 de l'art. 1992, C. civ., portant que la responsabilité relative aux fautes du mandataire est appliquée moins rigoureusement à celui dont le mandat est gratuit, qu'à celui qui reçoit un salaire.

1209. Enfin, ils pourront prendre en considération les faits personnels aux réclamants, créanciers ou sociétaires, qui, constituant une imprudence, une faute de la part de ceux-ci, permettraient de leur imputer dans une certaine mesure le préjudice qu'ils ont éprouvé (3). Ce n'est là qu'une application des règles ordinaires, au cas de *faute commune*, que nous avons exposées ci-dessus (4).

1210. Le conseil peut toujours, quel que soit l'objet de ses observations, avertir officieusement le gérant ainsi que les autres associés.

S'il remarquait des abus graves, une mauvaise gestion, des actes frauduleux surtout, il aurait comme dernière ressource le droit de provoquer la dissolution de la société (5). Mais il devrait, préalablement, consulter l'assemblée générale. Il ne peut agir, en pareil cas, que suivant les résolutions qu'elle aura prises. — On n'a pas voulu qu'il dépendît de la seule volonté du conseil, qui peut n'être composé que de trois personnes, de prendre une mesure aussi grave, de demander de prime abord la dissolution aux tribunaux et de ruiner ainsi le crédit d'une association qui pouvait encore se relever et prospérer (6).

1211. Nous pensons, du reste, que les statuts peuvent prévoir les circonstances dans lesquelles il y aurait lieu de

---

(1) Rej., 28 nov. 1860, D. 61.1.339, et 5 août 1862, D. 525.
(2) Rej., 26 mai 1869, D. 401.
(3) Angers, 11 janv. 1867, D. 67.2.19; Arg., Rej., 15 nov. 1869, S. 70.1.216.
(4) N° 108.
(5) Art. 11.
(6) V. la discussion au Corps législatif, séance du 1er juin 1867.

provoquer la dissolution et donner, pour ce cas, au conseil de surveillance le pouvoir de le faire sans consulter l'assemblée. L'art. 11 dispose dans l'hypothèse d'événements imprévus, et c'est alors que le concours de l'assemblée générale est exigé.

1212. Enfin, et sans qu'il y ait besoin de recourir à une dissolution, le conseil peut encore convoquer l'assemblée générale, pour lui soumettre telles observations et propositions qu'il jugera nécessaires dans l'intérêt social. L'art. 9 de la loi de 1856 lui donnait formellement ce droit, et le changement de rédaction qu'a subi cet article, devenu le 11ᵉ de la loi de 1867, n'implique nullement que ce pouvoir ait été retiré au conseil. — L'assemblée, en effet, quand elle y est autorisée par les statuts, peut tracer au gérant certaines règles de conduite, lui interdire, par exemple, les dépenses dépassant une certaine somme (1), exiger telle ou telle garantie, comme le concours d'un homme spécial pour des opérations déterminées, etc. — Cette intervention des actionnaires qui n'a pour but que de circonscrire l'action des gérants, de régler le régime intérieur de la société, sans que les commanditaires se découvrent vis-à-vis des tiers et substituent leur action à celle du gérant, ne constitue point de leur part des faits d'immixtion.

Dans certaines circonstances, d'ailleurs, la simple manifestation de l'opinion et des appréciations de l'assemblée suffirait pour éclairer le gérant, le retenir sur une pente dangereuse où il s'engagerait et prévenir des actes qui fussent devenus préjudiciables.

1213. L'art. 15 de la loi du 24 juillet 1867 reproduisant l'art. 13 de la loi de 1856, déclare passibles des peines portées par l'art. 405 du Code pénal :...

3° Les gérants qui, en l'absence d'inventaires ou au moyen d'inventaires frauduleux, ont opéré entre les actionnaires la répartition de dividendes fictifs.

Ce délit est donc avant tout considéré comme le fait du gérant, et du gérant seul.

L'article ajoute que « les membres du conseil de surveil-« lance ne sont pas civilement responsables des délits commis « par le gérant. »

_____

(1) Rej., 23 mars 1846, D. 308; 29 juin 1858, D. 455, et 24 mai 1859, n. 242. — V. suprà, n° 1200. — Conf., Troplong, n° 427.

C'est la répétition du principe déjà posé dans l'art. 9.

Mais, par cette déclaration formelle, le dernier paragraphe de l'article 15 a fait cesser, comme nous l'avons déjà dit, n° 1189, la controverse qui s'était élevée sous l'empire de l'art. 10 de la loi de 1856, notamment à l'occasion de l'affaire Mirès, où des membres du conseil, dont la bonne foi n'était pas contestée et qui n'étaient pas poursuivis comme complices du gérant, avaient été cités avec ce gérant par le ministère public devant le tribunal de répression comme civilement responsables.

Le tribunal correctionnel, disait-on, dans leur intérêt, est incompétent à leur égard ; ils ne sont pas du nombre de ceux auxquels l'art. 1384, C. civ., impose cette responsabilité. Ils ne rentrent même dans aucune des catégories définies par cet article. Ils n'ont pas d'autorité sur le gérant, ne le choisissent pas, ne lui commandent pas, à proprement parler. Ils sont responsables de leur négligence ou de leurs fautes, mais devant le tribunal civil seulement.

Mais ces raisons, déjà repoussées par la Chambre criminelle de la Cour de cassation (1) et par les Cours de Paris et de Douai (2), auraient sans doute encore échoué, si la question eût été soulevée par un dernier pourvoi (3).

Elle est aujourd'hui tranchée dans le sens de la négative par la loi elle-même.

1214. Mais, s'ils ne sont pas civilement et de plein droit responsables, les membres du conseil pourraient être complices du gérant, par provocation, aide ou assistance, suivant l'art. 60, C. pén., et pour avoir profité de ses fautes.

Ils seraient alors passibles comme lui des peines de l'article 15 et justiciables de la même juridiction.

Les parties intéressées, associés ou créanciers, pourraient donc aussi porter leur action en dommages-intérêts devant le tribunal de répression, aussi bien que devant les juges de l'ordre civil (4).

1215. Maintenant quelle est, au point de vue des divers cas de responsabilité que nous venons d'indiquer, la conséquence du retranchement de la disposition de l'art. 9 du pro-

---

(1) Cass., 2 avril 1859, D. 137.
(2) Paris, 29 août 1861, rapporté avec Cass., 28 déc. 1861, D. 62.1. 48, et Douai, 21 avril 1862, rapporté avec Cass., 28 juin 1862, D. 305.
(3) V. les conclusions de M. Dupin et les motifs de l'arrêt, D. ibid.
(4) V. n°˙ 213 et suiv.

jet, qui, semblable à l'art. 10 de la loi de 1856, déclarait les membres du conseil tenus *solidairement* avec le gérant?

Nous avons déjà touché cette question au n° 1179, ci-dessus, en traitant de la responsabilité déterminée par l'art. 8. Nous avons dit que les membres du conseil restaient soumis au droit commun, et que, suivant les cas, la responsabilité pouvait être prononcée solidairement, entre eux, ou quelques-uns d'entre eux, et le gérant. — A plus forte raison, doit-on le décider ainsi dans les divers cas prévus par l'art. 9, puisque la volonté, formellement exprimée, du législateur a été de faire retour aux principes généraux en matière de responsabilité.

Si, donc, les membres du conseil sont déclarés complices du gérant, à raison du délit prévu par l'art. 15, § 3, et consistant à avoir, en l'absence d'inventaire ou au moyen d'inventaires frauduleux, opéré la répartition de dividendes fictifs, la condamnation devra être prononcée solidairement aux termes de l'art. 55, du C. pén.

La solidarité sera facultative, s'il s'agit du fait purement civil d'avoir, avec une connaissance plus ou moins complète, ou par négligence, laissé commettre ces inexactitudes et distribuer ces dividendes fictifs, ou d'une autre faute, d'une omission de leurs devoirs entraînant responsabilité et dommages-intérêts. Les tribunaux, dans ces derniers cas, décideront d'après les circonstances et les règles développées ci-dessus (1).

1216. La loi ne s'est pas expliquée sur l'étendue de la responsabilité, comme le faisait l'ancien art. 10. Sous ce rapport, elle rétablit donc aussi l'empire des règles du droit commun.

Les membres du conseil déclarés responsables ne seront plus nécessairement condamnés avec et comme le gérant.

On examinera dans chaque espèce l'importance réelle du préjudice occasionné par le fait de l'un et de l'autre. Rien n'oblige à leur faire supporter la totalité du passif dont la société peut être grevée (2).

---

(1) V. t. 1er, nos 473 et suiv. — *Conf.*, Duvergier, *Lois*, t. 1867, p. 269, 2e col. ; Lyon, 24 juin 1871, D. 71.2.188, S. 72.2.94 ; Lyon. 11 juill. 1873, D. 74.2.209, S. 74.2.73 ; Bourges, 6 mars 1869, S. 71, 2.255. Ce dernier arrêt a décidé, d'après les circonstances de la cause, que la solidarité ne devait pas être prononcée.

(2) Orléans, 20 déc. 1860, D. 61.2.1, et Rej., 15 janv. 1862, D. 128.

Il faut, au contraire, rechercher la part que chacun peut avoir prise aux faits préjudiciables, puisque chacun n'est tenu que de sa faute personnelle.

Par exemple, les inexactitudes graves dans les inventaires ont-elles eu pour conséquence d'engager l'assemblée à voter un emprunt, à contracter telle obligation que les actionnaires n'eussent point consentie s'ils avaient connu l'état réel des choses, ils pourront faire entrer cette perte dans le calcul des dommages-intérêts (1).

Les créanciers, notamment au cas de faillite de la société, réclameront aussi à bon droit aux membres du conseil le montant des dividendes indûment distribués, et qu'ils ne pourraient se faire restituer par des actionnaires insolvables ou disparus (2). Ils seraient même fondés à demander, à titre de dommages-intérêts, une somme plus considérable encore, si cette distribution irrégulière avait causé à la société un préjudice autre que le montant des deniers déboursés à cette fin (3).

1217. Quant aux actionnaires qui ont touché ces dividendes fictifs et qui sont obligés de les rapporter à la masse, ont-ils droit de s'en faire indemniser par les membres du conseil de surveillance ?

La négative n'est pas douteuse au cas où c'est en connaissance de cause qu'ils les ont reçus. Si la situation réelle de la société leur a été dévoilée, s'il résulte des états de situation, des comptes et autres documents qui leur ont été soumis, que les bénéfices n'étaient pas encore réellement acquis lorsqu'ils leur ont été distribués sous forme de dividendes, ils ne peuvent s'en prendre qu'à eux-mêmes. Ils ont escompté l'avenir à leurs risques et périls (4).

Maintenant, supposons qu'ils fussent de bonne foi. On pourra leur dire que la répétition de l'indû ne peut être, en principe, pour celui qui a reçu, une cause de dommages-intérêts. On lui demande simplement de rendre ce qu'il n'aurait pas dû recevoir : ce fait en lui-même n'a rien de préjudiciable.

Par conséquent, l'obligation où les actionnaires se trouveraient de restituer aux créanciers le montant de ces distribu-

---

(1) Lyon, 8 juin 1864, D. 65.2.197.
(2) Rej., 15 janv. 1862, D. 128.
(3) Même arrêt.
(4) *Anal.*, Rej., 15 nov. 1869, S. 70.1.216.

tions illégitimes, si nous la supposons dégagée de toute autre circonstance spéciale, n'autorisera pas un recours des actionnaires contre les membres du Conseil (1).

Mais on comprend que, dans beaucoup de cas, l'actionnaire obligé de retirer de sa caisse des fonds qu'il avait lieu de croire définitivement acquis, qu'il a pu légitimement consommer pendant plusieurs exercices, et qu'il ne se procurera peut-être pour les rendre qu'au prix de sacrifices plus ou moins élevés suivant les circonstances et les fluctuations du marché monétaire, aura droit de se plaindre, justifiera d'un préjudice réel et pourra réclamer une indemnité à ceux qui avaient mission de l'éclairer, de veiller aux intérêts communs et n'ont pas rempli leur mandat. — A cette première cause de préjudice se joindra peut-être celle résultant de ce que les actionnaires séduits par les espérances trompeuses que faisait naître l'apparente prospérité de l'entreprise, auraient augmenté le capital social, confié de nouveaux fonds au gérant, ou que certains d'entre eux auraient pris de nouvelles actions.

Il nous paraît incontestable qu'ils auraient droit en ce cas d'invoquer la responsabilité du Conseil. Les arrêts cités à la note qui précède ne contredisent pas cette opinion, car en repoussant la prétention des actionnaires par la raison de fait que dans les espèces qu'il s'agissait de juger, ceux-ci ne justifiaient pas d'un préjudice déterminé, ils laissent entrevoir qu'en droit l'action est recevable et eût été accueillie si le préjudice eût existé. La Cour de Bourges décide même formellement la question dans notre sens.

N'oublions pas, d'ailleurs, que ces arrêts ont été rendus sous l'empire de la loi de 1856, qui ne prononçait formellement la responsabilité des membres du Conseil qu'autant qu'ils avaient agi en connaissance de cause, circonstance qui n'était pas établie dans l'espèce de ces arrêts ; mais que la loi de 1867 n'exige plus cette condition, et qu'en présence de l'article 9 de cette loi, on ne peut éprouver d'hésitation à résoudre affirmativement le point qui nous occupe.

Notons toutefois que l'action qui aurait pour objet le remboursement des dividendes trouverait un obstacle dans la prescription. Nous reviendrons sur ce sujet, nº 1224.

---

(1) Rouen, 25 nov. 1861, D. 62.2.106 ; Caen, 16 août 1864, D. 65. 2.192, et Rej., 24 avril 1867, D. 379, S. 252. — *Conf.*, Bourges, 21 août 1871, S. 71.2.257, D. 73.2.34.

1218. Les tribunaux, avons-nous dit (1), ne sont plus tenus de condamner les administrateurs comme le gérant et solidairement avec lui.

De même la solidarité entre eux n'est pas obligatoire (2). Si l'on peut déterminer la proportion dans laquelle les uns ou les autres ont donné lieu au dommage, ce sera la mesure de la responsabilité de chacun et, suivant les circonstances, quelques-uns d'entre eux peuvent encourir les condamnations à l'exclusion des autres qui seraient reconnus n'avoir participé à aucune faute. Dans le cas contraire, la solidarité sera prononcée (3).

1219. Certains arrêts ont décidé que, dans l'impossibilité de déterminer clairement d'après l'état des affaires sociales la part incombant à chacun des membres du Conseil, elle pouvait être fixée d'après la durée de l'exercice de leurs fonctions (4). Cette solution dépend d'une appréciation de faits, et rien, à notre avis, ne s'oppose à ce qu'elle soit adoptée dans de semblables circonstances.

1220. Remarquons enfin que même dans les sociétés qui se sont formées sous l'empire de la loi de 1856, et pour les faits qui demeureraient soumis à cette loi, la solidarité serait toujours facultative au cas où la condamnation prononcée contre les membres du Conseil serait fondée non sur les faits spéciaux déterminés dans l'article 10 de cette loi, mais sur les dispositions du droit commun formulées dans les articles 1992, 1382 et 1383 du Code civil (5).

1221. Pour éviter des complications de procédure et des frais qui seraient énormes si tous les actionnaires, fort nombreux dans quelques sociétés, devaient figurer dans les instances qu'ils auraient à soutenir contre les personnes responsables dans les divers cas prévus par la loi, l'article 17 dispose :

« Des actionnaires représentant le vingtième au moins du « capital social peuvent, dans un intérêt commun, charger à « leurs frais un ou plusieurs mandataires de soutenir, tant

(1) N° 1215.
(2) Colmar, 3 juin 1869, D. 69.2.171. V. suprà, n° 1181.
(3) Angers, 11 janv. 1867, D. 67.2.19, et Rej., 17 fév. 1868, ch. civ.,
Droit des 17 et 18 fév. 1868. D. 177, S. 261.
(4) Mêmes arrêts.
(5) *Conf.*, Metz, 14 août 1867, D. 67.2.108; Colmar, 3 juin 1869, D. 69.2.171.

« en demandant qu'en défendant,,une action contre les gé-
« rants ou contre *les membres du Conseil de surveillance*, et
« de les représenter, en ce cas, en justice, sans préjudice de
« l'action que chaque actionnaire peut intenter individuel-
« lement en son nom personnel » (1).

Il faut donc, pour que l'action puisse être intentée et suivie
par mandataire, qu'elle soit exercée dans un intérêt commun et
collectivement, contre les gérants ou les membres du Conseil.

1222. Vis-à-vis des tiers, il n'est pas dérogé aux règles
générales. C'est le gérant qui doit agir au nom de la Société.

1223. Cette disposition ne semble pas applicable non plus
aux contestations entre actionnaires.

Cependant ne pourrait-on l'étendre à ce cas?—Par exemple, lorsqu'une difficulté s'élèverait entre un certain nombre
de ceux-ci représentant, comme le veut notre article, le
vingtième au moins du capital, et d'autres personnes ayant
figuré dans l'acte de société comme fondateurs et souscripteurs, ou les ayants cause de ces derniers, à raison de leurs
apports, avantages et souscriptions, ou pour toute autre
obligation à eux personnelle, comme un rapport de dividendes, etc. Si le gérant se refusait à agir dans le sens réclamé par cetté portion des actionnaires, pourraient-ils se
réunir et procéder collectivement?

Plusieurs commentateurs des lois de 1856 (2) et de 1867 (3)
pensent qu'ils en ont le droit, parce que l'article semble
plutôt démonstratif que limitatif, et qu'on ne voit pas d'inconvénient à autoriser cette extension.

Nous ne croyons pas, quant à nous, pouvoir adopter cette
solution, malgré les avantages pratiques qu'elle présente.

L'art. 17 est une dérogation grave au principe que nul ne
procède en France par procureur. On ne peut l'étendre par
voie d'analogie contrairement au texte, qui est on ne peut
plus précis (4).

Il nous paraît même impossible qu'une fraction, et même
la totalité des actionnaires exerce valablement une pareille
action, qui constitue un acte de gestion et rentre dans les

---

(1) V. Loi de 1856, art. 14.
(2) M. Romiguières, sur l'art. 14, n° 164; Duvergier, *Lois*, 1856,
p. 350; Bravard-Veyrières, *Soc. comm.*, p. 174.
(3) MM. Mathieu et Bourguignat, n° 160.
(4) *Conf.*, Dalloz, n° 1409; M. Rivière, *Explic. de la loi de* 1856,
n° 119, et *Répét. écr. sur le C. comm.*, p. 930 (édit. de 1868).

pouvoirs exclusifs du gérant. Les actionnaires pourraient demander, soit la nullité de la société, soit sa liquidation ou la révocation du gérant, suivant les dispositions des statuts, en se fondant sur les irrégularités commises au préjudice de la chose commune. Ils arriveraient souvent ainsi au but par une voie indirecte, à la vérité, mais conforme à la loi qu'il ne s'agit pas pour les tribunaux de refaire, mais d'appliquer.

1224. En ce qui concerne les répétitions de dividendes que les créanciers pourraient exercer contre les actionnaires, l'art. 10 statue ainsi dans son 3ᵉ § :

« Aucune répétition de dividendes ne peut être exercée
« contre les actionnaires, si ce n'est dans le cas où la dis-
« tribution en aura été faite en l'absence de tout inven-
« taire ou en dehors des résultats constatés par l'inven-
« taire.

« L'action en répétition, dans le cas où elle est ouverte,
« se prescrit par *cinq ans*, à partir du jour fixé pour la dis-
« tribution des dividendes.

« Les prescriptions commencées à l'époque de la promul-
« gation de la présente loi, et pour lesquelles il faudrait
« encore, suivant les lois antérieures, plus de cinq ans, à
« partir de la même époque, seront accomplies par ce laps
« de temps. »

Cette prescription s'applique, par une conséquence nécessaire, à l'action en responsabilité que les actionnaires, obligés de restituer ces dividendes aux créanciers, voudraient
intenter contre les membres du conseil. L'action principale
étant éteinte par cinq ans, l'action récursoire s'éteint en
même temps.

1225. Mais supposons que les créanciers agissent dans
les cinq ans contre les actionnaires, ces derniers devront-ils
exercer l'action en responsabilité avant l'expiration de ce
même délai ? Je ne le pense pas, car la prescription abrégée
de l'art. 10 est établie dans l'intérêt des actionnaires, qui
ont reçu les dividendes du gérant d'une manière plus ou
moins régulière, avec une bonne foi plus ou moins grande,
mais que l'on n'a pas voulu laisser indéfiniment sous le coup
d'une demande en restitution.

Quant aux membres du conseil qui sont en *faute* d'avoir
laissé opérer cette distribution de dividendes fictifs, ils ne
doivent pas jouir d'un semblable privilège. La loi ne le leur
donne pas.

Il pourrait arriver que, les créanciers exerçant leur réclamation aux derniers jours du délai de cinq ans, les actionnaires n'eussent pas le temps de mettre en cause les membres du conseil avant son expiration. Ils seraient donc déchus par une circonstance indépendante de leur volonté, ce qui serait injuste.

Suivant moi, l'action des associés contre les membres du conseil reste gouvernée par l'art. 64, C. comm., aux termes duquel la prescription de cinq ans n'éteint que les actions des tiers contre les associés (1), mais ne s'applique point aux actions que les associés peuvent avoir à exercer les uns contre les autres.

· 1226. Rappelons, en terminant, que les actions en dommages-intérêts, fondées exclusivement sur un fait qualifié délit par la loi pénale, sont soumises à la même prescription que l'action publique elle-même (2).

Cette règle s'appliquera sans difficulté aux actions formées par les tiers contre le gérant, à raison des faits prévus et punis par les art. 13, 14 et 15 de la loi, notamment au cas de création frauduleuse d'une majorité factice dans les assemblées générales, de simulation de souscriptions et de distributions de dividendes fictifs.

1227. Quant aux membres de la société, fondateurs, souscripteurs primitifs ou acheteurs de parts sociales négociées régulièrement ou irrégulièrement, ils ont, contre le gérant et les membres du conseil de surveillance, une action particulière dérivant du contrat intervenu entre eux (3), contrat de société et de mandat. Or celle-ci dure trente ans, bien qu'elle puisse comprendre l'indemnité d'un fait que la loi qualifie et punit comme délit. Nous avons expliqué, n° 376, la raison de cette différence.

En appliquant cette règle aux faits prévus par la loi de 1867, on décidera, par exemple, que les actionnaires qui auraient été entraînés à souscrire par les manœuvres que punit l'art. 15, simulation de souscriptions ou de versements, publication, faite de mauvaise foi, des noms de prétendus

(1) Dalloz, *Sociétés*, nᵒˢ 1069 et 1440; Troplong, n° 1049; Pardessus, n° 1090; Delangle, n° 725; Demangeat, sur Bravard, t. 1, p. 445; Rej., 7 janv. 1873, D. 74.1.470; Rouen, 8 mars 1871, S. 71.2.269.
(2) C. instr. crim., 2, 637 et 638. V. *suprà*, nᵒˢ 373 et suiv.
(3) Pour les souscripteurs primitifs directement et pour leurs cessionnaires, comme succédant aux droits de ces premiers actionnaires.

associés, etc.; pourraient demander l'annulation de leurs souscriptions pour cause de dol ou de fraude, même au delà des trois années par lesquelles s'éteindrait l'action pénale attachée à de pareils faits (1).

Et qu'il en serait de même de l'action dirigée contre les membres du conseil de surveillance, à raison de l'exécution de sa mission, action régie par les règles ordinaires du mandat (2), alors même que le mandataire se serait rendu complice du gérant, et pourrait être comme lui condamné correctionnellement, notamment au cas de distribution frauduleuse de dividendes.

1228. Enfin les poursuites dirigées contre le gérant pour distribution de dividendes fictifs, quand même elles auraient donné lieu à la constatation de ce délit et à une condamnation pénale, seraient sans influence sur l'action en répétition de dividendes dirigée contre les actionnaires qui les ont touchés, si ces actionnaires ne sont pas eux-mêmes complices de ce délit. En vain les actionnaires opposeraient aux créanciers ou au syndic de la faillite de la société, réclamant le rapport de ces dividendes, la prescription de trois ans, en vertu de l'art. 2, C. instr. cr. Ce moyen de défense devrait être repoussé ; car l'action dirigée contre les associés aurait une cause indépendante du délit qui motive les poursuites correctionnelles contre le gérant.

On le déciderait de même sous l'empire de la nouvelle loi; d'ailleurs, le délit de celui-ci n'entraîne pas nécessairement la culpabilité des actionnaires. L'action formée contre ces derniers demeurerait donc soumise à la prescription ordinaire (3).

1229. On vient de voir les principales mesures prises par le législateur pour assurer la marche régulière et la gestion loyale des sociétés en commandite par actions (4). Elles peuvent être souvent insuffisantes pour maintenir les gérants dans les bornes de la prudence, et donner toute sécurité aux actionnaires. — La loi aurait pu ajouter à ses prescriptions, par exemple, ordonner que le conseil de surveillance ferait plus d'un rapport par an, indiquer les cas dans lesquels ses membres pourraient être révoqués avant l'expiration des

---

(1) *Conf.*, Rej., 27 août 1867, D. 489.
(2) Art. 8 et 9.
(3) Art. 64, C. comm. ; art. 2262, C. civ.
(4) V. encore l'art. 12 de la loi de 1867.

cinq ans, etc. Mais, d'une part, on a craint d'entraver l'action du gérant, en multipliant les assemblées générales et les vérifications. Puis, à cet égard, les prévisions des statuts peuvent suppléer à la loi. C'est aux actionnaires eux-mêmes à veiller à leurs intérêts, à exiger les garanties et à n'entrer dans une société qu'après en avoir examiné avec soin l'organisation, et avoir fait, au besoin, redresser et compléter les stipulations du pacte social.

ARTICLE II.

RESPONSABILITÉ DES ADMINISTRATEURS ET DES MEMBRES DU CONSEIL DE SURVEILLANCE DANS LES SOCIÉTÉS ANONYMES.

Sommaire.

1245. — *Quid*, spécialement à l'égard des *tiers* ?

1246. — Si les statuts n'avaient pas déterminé le nombre des actions de garantie , les administrateurs doivent le faire fixer à peine de dommages-intérêts.

1247. — Il est interdit aux administrateurs de s'intéresser aux marchés faits avec la société.

1248. — Responsabilité des fondateurs et des administrateurs en cas de nullité de la société.

1249. — Elle est solidaire entre eux. — Dans quel sens ?

1250. — Elle a lieu à l'égard des tiers.

1251. — Et à l'égard des actionnaires.

1252. — La solidarité n'est pas expressément prononcée à l'égard des actionnaires. Elle reste facultative pour le juge.

1253. — Il en est de même de la responsabilité encourue par les associés dont les apports n'ont pas été vérifiés.

1254. — Second cas de responsabilité ; art. 44 de la loi du 24 juillet 1867.

1255. — Contraventions aux dispositions de la loi autres que celles prévues dans l'art. 42 ; fautes dans la gestion.

1256. — La responsabilité des administrateurs envers les tiers ne se confond pas avec la responsabilité de la société elle-même.

1257. — L'administrateur est couvert par l'approbation de l'assemblée générale.

1258. — Mais il est tenu personnellement quand il excède son mandat.

1259. — Exagérations de quelques arrêts.

1260. — La loi de 1867 est plus rigoureuse que le Code civil et le Code de commerce.

1261. — Portée réelle de l'art. 44. Il ne prévoit que les fautes commises dans la gestion financière.

1262. — Notamment la distribution de dividendes fictifs.

1263. — Il suffit qu'il y ait négligence ou impéritie.

1264. — *Quid*, à l'égard des administrateurs qui se seraient opposés à ces actes irréguliers ?

1265. — Les dividendes doivent être justifiés par des inventaires exacts et sincères.

1266. — Ils doivent reposer sur des bénéfices réellement acquis. — Renvoi.

1267. — Distinctions pour les intérêts. — Renvoi.

1268. — Irrégularités dans les écritures, circulations d'effets, etc.

1268 *bis*. — Omission de convoquer l'assemblée générale en cas de perte des trois quarts du capital social ; art. 37 de la loi.

1269. — Tous ces faits engagent la responsabilité des administrateurs vis-à-vis des tiers.

1270. — Et à plus forte raison vis-à-vis des actionnaires. — Exception qui peut être opposée à ceux-ci.

1271. — Les décisions des assemblées générales qui donnent une autorisation aux administrateurs doivent être prises à la majorité.

1272. — La responsabilité vis-à-vis des actionnaires s'étend aux fautes de gestion commerciale.

1273. — Les créanciers de la société peuvent l'invoquer en vertu de l'art. 1166, C. civ.

1274. — La solidarité entre les administrateurs n'est plus encourue de plein droit. — Distinctions.

1275. — Répartition facultative pour les tribunaux entre les administrateurs condamnés à des dommages-intérêts.

1276. — L'étendue de la responsabilité n'est pas fixée par la loi. — Droit commun.

1277. — Disposition pénale contre certaines infractions.

1278. — L'intention coupable, élément nécessaire du délit.

1279. — Mais l'abstention suffit si elle a lieu en connaissance de cause.

1280. — La responsabilité des faits du mandataire substitué est purement civile pour les substituants.

1281. — Commissaires de surveillance ou censeurs.

1282. — Leurs attributions et leurs devoirs.

1283. — Suite.

1284. — Ils peuvent convoquer l'assemblée générale des actionnaires.

1285. — Mais non provoquer la dissolution de la société.

1286. — Les effets de leur responsabilité envers la société sont déterminés par les règles du mandat.

1287. — Sont-ils directement responsables à l'égard des tiers ? — Discussion. — Solution négative.

1288. — Sauf l'application des règles du droit commun, art. 1382 et 1383, C. civ.

1289. — Pourquoi il en est autrement dans les sociétés en commandite.

1290. — Mais les créanciers peuvent exercer les droits de la société ; art. 1166, C. civ.

1291. — Les actes de contrôle ne constituent jamais des actes d'immixtion obligeant les commissaires aux dettes de la société.

1292. — Les actions collectives dirigées par les actionnaires contre les administrateurs et les commissaires peuvent être suivies par des mandataires.

1293. — Répétition des dividendes. — Prescription de 5 ans.

1294. — Cette prescription est différente, quant à son point de départ, de celle que détermine l'art. 64, C. comm.

1295. — Entre associés, la prescription est de 30 ans.

1296. — Il en est de même pour l'action des actionnaires contre les commissaires de surveillance.

1297. — Prescription des actions fondées exclusivement sur un délit

1230. La loi du 23 mai 1863 avait créé une forme particulière de sociétés, sous le nom de *Sociétés à responsabilité limitée*.

C'était, avec quelques dispositions spéciales et la dispense de l'autorisation du Gouvernement, le système des sociétés *anonymes* du Code de commerce. On instituait ainsi « l'anonymat libre » (1).

Toutefois on avait limité à 20 millions le capital des sociétés qui se formeraient dans ces conditions. Pour des entreprises exigeant un fonds plus considérable et dépassant par conséquent l'importance des objets auxquels s'applique d'ordinaire l'industrie privée, on avait cru devoir maintenir la nécessité de l'examen du Conseil d'État et de l'autorisation.

1231. L'expérience faite dans ces dernières années, tant en France qu'en Angleterre, a paru assez favorable aux associations de ce genre pour que l'on pût faire tomber ces dernières restrictions. La loi du 24 juin 1867 porte qu'à l'avenir, les sociétés anonymes pourront se former librement (2), sans qu'il soit besoin d'aucune autorisation (3) et sans aucune limitation du capital. Elle abroge conséquemment la loi de 1863 (4).

Quant aux sociétés à responsabilité limitée, existant au moment de la promulgation de la loi nouvelle, elles pourront se convertir en sociétés anonymes, en se conformant aux conditions stipulées pour la modification de leurs statuts (5).

1232. Les conditions exigées par les articles 1 à 4 de la loi pour la constitution régulière des sociétés en commandite sont applicables à la société anonyme.

Une assemblée générale est convoquée à la diligence des fondateurs, postérieurement à l'acte qui constate la souscription du capital social et le versement du quart du capital qui consiste en numéraire. Cette assemblée nomme les premiers administrateurs; elle nomme également, pour la première année, des *commissaires* associés ou non, qui sont chargés

---

(1) Expression de M. E. Ollivier dans la discussion.
(2) Art. 21.
(3) Sauf pour les sociétés tontinières et d'assurance sur la vie; art. 66.
(4) Art. 47, § 2.
(5) Art. 47, § 1.

« de faire un rapport à l'assemblée générale de l'année sui-
« vante sur la situation de la société, sur le bilan et sur les
« comptes présentés par les administrateurs (1). »

Cette assemblée est convoquée dans tous les cas, c'est-à-
dire qu'il y ait ou non des apports en nature ou des avantages particuliers à vérifier (2), car ce n'est pas là, comme on
vient de le dire, le seul objet qu'elle ait à examiner. Le plus
important, on le comprend, est le choix de ceux qui dirige-
ront l'entreprise, qui rempliront le rôle réservé au gérant
dans les sociétés en commandite.

1233. Les sociétés anonymes, porte l'art. 22, sont admi-
nistrées « par un ou plusieurs mandataires à temps, révoca-
« bles, salariés ou gratuits, pris parmi les associés. »

Ces derniers mots renferment une dérogation à l'art. 31,
C. comm. (3), aux termes duquel les mandataires dont
il s'agit, pouvaient être associés ou non associés. Mais la
loi nouvelle autorise une combinaison qui présente de plus
fortes garanties. « Ces mandataires », ajoute le 2e § de
l'art. 22, « peuvent choisir parmi eux un directeur ou, si
les « statuts le permettent, se substituer un mandataire
« étranger à la société et dont *ils sont responsables envers*
« *elle.* »

Ainsi, quant au choix du *mandataire substitué*, notre article revient aux dispositions de l'art. 31, C. comm. En ne
limitant pas ce choix, on a voulu que la société ne fût pas
privée du concours de personnes étrangères « dont les lu-
« mières et les aptitudes spéciales peuvent être l'instrument
« de sa fortune » (4).

1234. Ce mandataire, que les administrateurs ont le
droit de choisir en dehors de la société, peut, *à fortiori*, être
lui-même actionnaire. La qualité d'associé ne peut évidemment être une cause d'exclusion. Peu importe également
qu'il soit ou non propriétaire du nombre d'actions exigé pour
être administrateur. Ceci est indifférent, puisqu'il peut même
n'en posséder aucune et se trouver absolument étranger à
l'association (5).

---

(1) Art. 25 et 32. V. aussi *infrà*, n° 1281.
(2) V. l'art. 4; comp., L. du 23 mai 1863, art. 6.
(3) L'art. 47 abroge l'art. 31, C. comm.
(4) Rapport au Corps législatif.
(5) MM. Mathieu et Bourguignat, *Comment. de la loi du 24 juill.*
1867, n° 178.

1235. Mais les administrateurs en restent responsables.
C'est en cela que réside la garantie dont nous parlions tout
à l'heure.

Or, quelle sera l'étendue de cette responsabilité? Sera-
t-elle limitée, comme celle du mandataire ordinaire, par
l'art. 1994, C. civ.? Le pouvoir de se substituer une autre
personne ayant été conféré aux administrateurs, pourront-
ils se décharger de tout soin, en prouvant que le substitué
n'était pas notoirement incapable ou insolvable à l'époque
de sa nomination?

Une pareille interprétation n'est pas possible. Les administrateurs, aux termes de l'art. 22, doivent être pris parmi
les associés. L'intérêt personnel qu'ils ont à la prospérité de
l'entreprise est un gage de leur bonne gestion, de leur vigilance et de leur activité.

La part de l'actif social qu'ils possèdent est en outre destinée à rendre leur responsabilité plus efficace.

Or, évidemment ils ne peuvent se décharger sur un tiers,
sur un sous-mandataire qui peut devenir insolvable, et se
retrancher derrière l'art. 1994, qui les affranchirait par cela
seul que l'insolvabilité n'existait pas au moment où ce mandataire a été choisi.

Les explications données par le rapporteur de la loi, lors
de la discussion au Corps législatif, ne laissent aucun doute
à cet égard (1).

1236. Cette même responsabilité pèsera-t-elle sur les administrateurs, quant aux faits du directeur qu'ils peuvent
choisir *parmi eux*, aux termes de l'art. 22?

Ce point est resté assez obscur, parce que la loi n'a pas
déterminé quels seraient les pouvoirs de ce directeur, qu'elle
a mis en regard des mandataires étrangers, dont pourtant
dans beaucoup de cas les fonctions seront très-différentes.

Il s'agit donc de savoir ce qu'il faut entendre par directeur, dans le sens de l'art. 22.

1237. Est-ce un administrateur particulièrement chargé
de s'occuper avec suite des affaires sociales, avec l'unité de
vue et la connaissance des détails qui appartient plus à un
seul qu'à un conseil composé de plusieurs membres; en un
mot, le chef du pouvoir exécutif dans l'administration de la

---

(1) Séance du 4 juin 1857, *Moniteur* du 5. — *Conf.*, Duvergier,
Lois, t. 1867, p. 290, note 1 ; Rivière, *Comment. de la loi de* 1867,
nᵒˢ 192, 193.

société, représentant ses collègues dans l'intervalle des réunions (1), ayant cependant sa voix dans le conseil au même titre que les autres?

Un directeur, dans de pareilles conditions, n'est en réalité qu'un administrateur agissant de concert avec ses collègues, n'ayant d'autres pouvoirs que ceux du conseil lui-même, dont une portion plus ou moins étendue lui est déléguée par une mesure d'ordre intérieur (2). Ses agissements sont donc censés ceux du conseil lui-même, et la situation des administrateurs reste ce qu'elle était après comme avant cette désignation. Il n'y a pas ici de responsabilité particulière et distincte de celle que les administrateurs encourent personnellement comme mandataires de leurs coassociés, aux termes de l'art. 44 (3).

1238. Maintenant, entendra-t-on par directeur, l'homme spécial, ayant des connaissances techniques, qui sera chargé de la partie industrielle et commerciale? On entre alors dans un ordre d'idées tout différent.

Une société métallurgique, par exemple, a besoin d'un ingénieur pour la construction et la conduite d'un haut fourneau, les achats de matières premières, la vente des produits de l'exploitation. A la tête d'une filature de lin ou de coton il faudra un filateur.

Or, cet ingénieur, cet homme pratique, qu'on désigne souvent par le nom de directeur-gérant, doit, pour acheter, vendre, traiter avec les tiers, avoir des pouvoirs étendus et par sa signature engager la société (4). — Cependant est-ce un directeur dans le sens de l'art. 22? Nullement, bien qu'en fait on lui donne souvent ce nom, et quand il serait pris, comme le porte l'art. 22, parmi les actionnaires administrateurs. En réalité, ce n'est qu'un agent salarié, comme un caissier, un chef d'exploitation.

La société tout entière en répond comme de tous ses préposés, dans les termes, soit de l'art. 1384, soit des art. 1998 et 1994, C. civ.

Mais la responsabilité spéciale de l'art. 22 n'est pas encou-

---

(1) V. MM. Mathieu et Bourguignat, n° 175.
(2) V. les motifs d'un arrêt de Cass., du 22 janv. 1867, S. 124, et Rej., 13 janv. 1869, S. 209, D. 70.1.67. — Cons. anal., Cass., 24 janv. 1870, S. 71.1.75.
(3) V. n°° 1255 et suiv.—Conf., MM. Mathieu et Bourguignat, n° 180.
(4) Delangle, Sociétés, n° 434.

rue par les administrateurs, puisque ce n'est pas là leur re-présentant particulier en cette qualité, leur mandataire substitué.

Cela est évident surtout lorsque, comme il arrive souvent, cet agent est nommé par l'assemblée générale en vertu des statuts (1). Mais il en est de même dans le cas où le conseil le désigne, conformément aux pouvoirs d'administrer qui lui sont conférés, car il représente en cela, nous le répétons, la société tout entière.

1239. On pourrait encore voir le directeur dont parle notre article, dans le mandataire substitué lui-même s'il était choisi parmi les administrateurs pour remplir ces fonctions en leur lieu et place, fonctions que le gérant exerce seul dans les commandites et qui sont collectives dans la société anonyme. Or, dans les pouvoirs exclusifs des admi-nistrateurs rentrent la direction générale à donner aux forces de la société, l'application des capitaux à telle ou telle entre-prise, à telle branche de travail se rattachant plus ou moins étroitement à l'objet principal de l'association, les acquisi-tions d'immeubles, les constructions, les emprunts, sauf, pour tous ces actes, l'intervention de l'assemblée générale des actionnaires conformément aux statuts.

Suivant nous, il est incontestable que les administrateurs seraient responsables du directeur nommé par eux dans ces dernières conditions, celui d'entre eux auquel ses collègues auraient ainsi délégué tous leurs pouvoirs, qu'ils se seraient substitué pour agir en leur lieu et place, comme du manda-taire étranger dont il est ensuite question, car les membres du conseil ne doivent pas abdiquer leurs pouvoirs et les obligations qui en résultent. Ils demeurent garants envers

_____

(1) V. par exemple l'espèce d'un arrêt de Colmar, du 3 juill. 1867, D. 67.2.235, et Rej., 13 janv. 1869, S. 209, D. 70.1.67.

Dans cette affaire, les administrateurs ont été déclarés responsables des faits du directeur Schirmer, même vis-à-vis des créanciers de la société, dont la faillite avait été déclarée, à raison de la négligence qu'ils avaient mise à surveiller et vérifier la comptabilité de cet agent. L'action des créanciers représentés par le syndic a été déclarée rece-vable, tant en vertu de l'art.1166, C. civ., et comme exerçant les droits de la société, leur débitrice (motifs du jugement), que par application des art. 1382 et 1383 (motifs de l'arrêt). Mais cette décision est basée sur des faits spéciaux et ne peut avoir d'influence sur l'interprétation de l'art. 22, dont nous nous occupons en ce moment. La société, d'ail-leurs, avait été formée sous l'empire de la législation antérieure à 1867.

la société de celui qu'ils chargent de les représenter dans leurs attributions essentielles.

1240. Toutefois, il ne nous a pas paru résulter de la discussion que les auteurs de la loi aient eu principalement en vue cette hypothèse. Ils nous semblent avoir plutôt entendu que les administrateurs pourraient désigner parmi eux une sorte de président du conseil, comme nous le disions, numéro 1237 (1), agissant du consentement de tous ses collègues, et sous la garantie collective de tous. Il était peut-être inutile d'exprimer comme on l'a fait cette faculté qui eût appartenu dans tous les cas aux administrateurs en vertu de l'acte de société, et même sans que les statuts s'en fussent expliqués (2). Quoi qu'il en soit, nous croyons avoir indiqué les diverses hypothèses qui pourraient se présenter et les conséquences qui découleraient de la nature des pouvoirs conférés au *directeur* par ses mandants.

1241. Les administrateurs responsables du mandataire général qu'ils se sont substitué lorsque les statuts leur en donnent le droit, le sont à plus forte raison quand ils n'y étaient pas autorisés. Dans ce cas, il n'y a même pas, à proprement parler, de substitution. Les agents employés par chaque administrateur ne font qu'un avec ce dernier, se confondent avec sa personnalité propre; juridiquement, la société ne les connaît pas. Il en est de même pour ceux que le conseil en corps se substituerait.

1242. L'art. 26 exige que les administrateurs soient propriétaires d'un certain nombre d'actions, nombre déterminé par les statuts.

« Ces actions sont affectées en totalité à la garantie de
« tous les actes de la gestion, même de ceux qui seraient
« exclusivement personnels à l'un des administrateurs.
« Elles sont nominatives, inaliénables, frappées d'un tim-
« bre indiquant l'inaliénabilité et déposées dans la caisse
« sociale. »

Ainsi, dans la limite du nombre des actions qu'ils possèdent, les administrateurs sont responsables les uns des autres. Les actions déposées aux termes des statuts forment une garantie réelle et collective, un cautionnement commun

---

(1) V. le discours de M. Baroche, garde des sceaux, à la séance du Corps législatif, du 4 juin 1867, *Moniteur* du 5.
(2) V. Delangle, *Sociétés*, n° 434.

11.   25

à tous. Tous sont par suite intéressés à une bonne gestion, à une vigilance exacte les uns à l'égard des autres.

On n'a pas voulu par là établir entre les administrateurs la solidarité à raison des *fautes* qu'ils pourraient commettre. On a écarté, du moins, la solidarité de plein droit; « c'est d'après les principes généraux, et par conséquent suivant les circonstances, que devra être résolue, quand elle se présentera, la question de savoir si les administrateurs sont ou ne sont pas solidaires entre eux (1). »

« Mais, a dit à la tribune le rapporteur de la loi, en écartant la responsabilité (2) des personnes, on a voulu la créer au moins dans les actions qui représenteraient leur responsabilité, et l'on a décidé que ces actions, quelle qu'en fût l'origine, répondraient pour tous et pour chacun (3). »

1243. Le but du législateur se comprend très-bien; mais n'y a-t-il pas quelque contradiction dans son système ? Certains administrateurs ne se trouveraient-ils pas exposés ainsi à répondre sur leurs actions de faits, d'opérations qu'ils n'auraient pas approuvés et qui auraient été résolus par d'autres membres formant la majorité?

Ce résultat serait injuste, et la loi ne nous semble pas entraîner une pareille conséquence. Que tous les administrateurs soient responsables de ce qu'ils auront *laissé faire* à l'un d'eux, soit par trop de confiance, soit par négligence et légèreté, rien de plus juste.

Mais quand une question aura été débattue, qu'il y aura eu contradiction, refus par certains membres d'adhérer à telle mesure, et que cependant elle aura été prise par la majorité (4), comment la minorité serait-elle obligée d'en réparer les conséquences préjudiciables? Où serait la *faute* sans laquelle il n'existe pas de responsabilité ?

Il suffira donc, suivant nous, que l'opposition de tel ou tel membre soit constatée pour le mettre à l'abri, alors même qu'il ne croirait pas devoir donner sa démission ou

---

(1) Exposé des motifs. V. Rivière, p. 251, n° 216, et p. 457; Arg., Paris, 1er août 1868, D. 69.2.67.

(2) Ou plutôt la solidarité.

(3) Séance du 4 juin 1867, *Moniteur* du 5. V. aussi le rapport, MM. Mathieu et Bourguignat, p. 363.

(4) En supposant que les statuts autorisent la majorité à décider; dans le cas contraire, l'assemblée générale seule pourrait le faire. — Argum. de l'art. 1859, § 1, C. civ.; Pardessus, IV, n° 1015; Troplong, n° 708.

en appeler à l'assemblée générale si les circonstances le comportent (1).

1244. Il arrive souvent que le conseil d'administration se divise en comités distincts chargés chacun d'une certaine branche d'opérations.

Les fautes que pourrait commettre l'un de ces comités ne devraient pas, de droit commun et aux termes de l'art. 44 de la loi, retomber sur les autres. Cet article porte en effet que la responsabilité est *individuelle* ou solidaire, suivant les cas (2).

Mais les autres administrateurs n'en sont-ils pas cependant tenus jusqu'à concurrence de leurs actions, d'après la disposition spéciale et formelle de l'art. 26 ?

Ce texte est assurément fort absolu. Il nous semble cependant comporter la distinction que voici :

Si les statuts sont muets et que la division du travail soit le résultat de mesures prises par voie d'ordre intérieur, les administrateurs doivent répondre les uns des autres sur leurs actions, cela n'est pas douteux.

Mais si la division en comités est établie par l'acte constitutif, et si les administrateurs gérants dans chaque comité spécial ont été désignés dans des actes rendus publics conformément à l'art. 57 de la loi, nous pensons que la responsabilité est limitée; car le mandat lui-même se trouve ainsi circonscrit, et vis-à-vis des associés, c'est-à-dire des mandants, le mandataire ne doit répondre que de ce dont il est chargé?

1245. Vis-à-vis des tiers, la question est sans intérêt quand il s'agit de faits qui engagent la société elle-même, car tous ses membres en répondent sur le capital entier, y compris les actions déposées, comme toutes les autres.

Elle surgirait seulement au cas où l'un des comités de la gérance serait sorti de la limite de ses pouvoirs et où la société, n'étant plus tenue des engagements qu'il aurait pris en son nom, les créanciers n'auraient d'action que sur les biens particuliers de ceux avec lesquels ils ont traité. Dans

---

(1) V. *suprà*, nos 1208 et 1210. M. Romiguière (*Comment. de la loi sur les sociétés à respons. limitée*, n° 229) adopte cette solution dans un cas analogue. — Suivant MM. Mathieu et Bourguignat, les dissidents n'ont d'autre ressource que de donner leur démission (n° 194).

(2) V. *infrà*, n° 1254.

ce cas, pourraient-ils exercer leurs droits sur toutes les actions déposées ?

Le texte de l'art. 26 semble favorable à leur prétention. Mais il nous répugnerait d'aller jusque-là. Les autres administrateurs, étrangers aux actes dommageables, seraient couverts par la publicité donnée aux statuts. Ils pourraient invoquer par analogie l'art. 1997, et opposer aux tiers contractants qu'il leur avait été donné connaissance suffisante, par cette publication, des pouvoirs de chacun ; qu'ainsi, ils n'ont de recours que contre celui ou ceux qui ont traité avec eux (1).

1246. On s'est demandé quelle serait la sanction de l'obligation qu'impose aux administrateurs l'art. 26, et ce qui arriverait si les statuts ne fixaient pas le nombre d'actions que chacun d'eux devrait posséder ?

La loi n'attache pas à cette omission la peine de nullité. Mais l'art. 44 porte que les administrateurs sont responsables envers la société et envers les tiers... *des infractions aux dispositions de la présente loi.* Ils doivent donc, avant d'entrer en fonctions, exécuter toutes les prescriptions que la loi impose, et faire réparer, notamment, si elle existe, l'omission dont nous parlons (2). Faute de le faire, ils seraient tenus sur tous leurs biens du préjudice causé aux intéressés, au moins jusqu'à concurrence de la somme équivalente au montant des actions qu'ils auraient dû déposer suivant l'appréciation que les tribunaux auraient à en faire (3).

1247. — « Il est interdit aux administrateurs de prendre ou de conserver un intérêt direct ou indirect, dans une entreprise ou dans un marché fait avec la société ou pour son compte, à moins qu'ils n'y soient autorisés par l'assemblée générale.

« Il est, chaque année, rendu à l'assemblée générale un compte spécial des entreprises par elle autorisées aux termes du paragraphe précédent (4). »

Cette disposition a pour objet de garantir les intérêts de

_____

(1) V. *infrà*, nᵒˢ 1236 à 1238. — *Conf.*, Delangle, *Sociétés*, nᵒ 444; Troplong, *Sociétés*, nᵒˢ 812 et suiv.
(2) Les statuts seraient modifiés en assemblée générale. V. art. 31.
(3) *Conf.*, MM. Mathieu et Bourguignat, nᵒ 192. — *Contrà*, M. Rivière, nᵒ 217.
(4) Art. 40.

la société contre les avantages que pourraient trouver personnellement les administrateurs dans les marchés qu'ils passeraient en une double qualité.

Ces inconvénients sont moins à craindre quand les marchés de fournitures ont lieu par adjudication publique. En ce cas, les administrateurs qui seraient en même temps chefs d'une autre industrie, pourraient prendre part à ces adjudications (1).

1248. Dans les sociétés anonymes, les fondateurs et les administrateurs jouent dans une certaine mesure le rôle qui appartient au gérant dans les sociétés en commandite. Les infractions à la loi quant à la constitution de la société et les fautes commises dans l'administration des affaires sociales, lorsqu'il en résulte un préjudice pour les intéressés, entraînent une responsabilité qui n'avait pas besoin d'être écrite quant aux gérants, mais que la loi devait définir à l'égard des administrateurs de sociétés anonymes ; or, toute société anonyme pour laquelle n'ont pas été observées les dispositions des art. 22, 23, 24 et 25 de la loi est radicalement nulle, aux termes de l'art. 41, à l'égard des intéressés.

La loi n'ajoute pas, comme le faisait l'art. 24 de la loi du 23 mai 1863, dont celui-ci est la reproduction, que cette nullité ne peut être opposée aux tiers par les associés. Mais l'art. 7, applicable aux sociétés en commandite, contient cette réserve, et les raisons sont ici les mêmes. C'est d'ailleurs la règle de droit commun formulée par l'art. 42, C. comm. (2).

1249. Quoi qu'il en soit, lorsque la nullité de la société ou des actes et délibérations a été prononcée aux termes de l'art. 41 : les *fondateurs* auxquels la nullité est imputable et « les *administrateurs* en fonctions au moment où elle a été « encourue, sont *responsables solidairement* envers les tiers, « sans préjudice des droits des actionnaires.

« La même *responsabilité solidaire* peut être prononcée « contre ceux des associés dont les apports ou les avantages « n'auraient pas été vérifiés ou approuvés conformément à « l'art. 24. » Ce sont les termes de l'art. 42.

Ces dispositions ont besoin d'être expliquées.

La nullité de la société résultant de l'inobservation des

(1) V. la discussion, séance du 5 juin 1867, *Mon.* du 6 ; Duvergier, p. 302, n° 2.
(2) V. Troplong, n°° 229 et 239 ; Delangle, n° 546 ; MM. Mathieu et Bourguignat, n° 240 ; *suprà*, n° 1166.

art. 22 à 25 n'est imputable qu'aux fondateurs seuls et non aux administrateurs qui ne sont nommés que lorsque la première assemblée générale est réunie, et auxquels la loi n'impose pas l'obligation de vérifier si les formalités qu'elle exige pour la constitution de la société ont été remplies, ou de n'accepter les fonctions auxquelles ils sont appelés que sous la responsabilité des conséquences de cette nullité. L'article 25, en effet, suppose que les administrateurs nommés accepteront immédiatement s'ils sont présents à la séance, et il déclare que la société est constituée, du moment où cette acceptation sera constatée par le procès-verbal de l'assemblée. Cette acceptation séance tenante est inconciliable avec l'obligation d'une vérification préalable.

Or, l'art. 42 ne déclare responsables que les administrateurs qui étaient en fonctions au moment où la nullité a été encourue.

Mais d'autres irrégularités peuvent être du fait des administrateurs ; tel est, par exemple, le défaut de publication de l'acte de société (art. 55 à 60) et des actes et délibérations ayant pour objet la modification des statuts, la dissolution anticipée de la société, etc. (art. 61). C'est à ces contraventions que nous paraît s'appliquer l'art. 42, lorsqu'il parle de la nullité des actes et délibérations, nullité imputable aux administrateurs (1).

La responsabilité de ces deux catégories de faits ne doit évidemment peser que sur ceux dont ils émanent. Pour la première, les fondateurs seuls l'encourent, et la solidarité n'a lieu qu'entre eux. — Pour la seconde, la garantie solidaire pèse sur les administrateurs. A la vérité, l'art. 42 réunit dans sa disposition les fondateurs et les administrateurs. Mais il y a ici un vice de rédaction dont il est facile de se convaincre en comparant le texte de cet article avec celui du projet qu'il remplace. Les art. 21 et 22 du projet prescrivaient les formalités relatives à la publication de l'acte de société; l'art. 23, celles des actes et délibérations postérieurs portant modification de l'acte de société (2). Ces articles ont

(1) V. MM. Mathieu et Bourguignat, n° 243. — Contrà, Paris, 28 mai 1869, D. 69.2.145.

(2) Comparez les art. 24 et 25 de la loi du 23 mai 1853, avec les art. 41 et 42 de la loi de 1867. L'erreur commise dans la rédaction de celle-ci est évidente.

été rejetés au titre IV de la loi ; l'art. 23 est devenu l'art. 61 actuel.

Mais l'art. 37 du projet, qui est devenu l'art. 42, se référait à l'art. 23, et malgré la transposition de cet article, on a conservé dans l'art. 42 la mention des « actes et délibérations » postérieurs à la constitution de la société, mention inintelligible dans le texte de la loi actuelle à défaut des éclaircissements que fournit l'examen du projet (1).

L'art. 42 porte, en effet : « Lorsque la nullité de la so- « ciété ou des actes et délibérations a été prononcée aux ter̊- « *mes de l'article précédent*, etc. »

Mais l'art. 41 ne s'occupe en aucune façon des actes et délibérations dont s'agit. Il prononce seulement la nullité de la société, lorsqu'elle s'est primitivement constituée contrairement aux dispositions des art. 22 à 25.

Ce qui achève de démontrer que la responsabilité des fondateurs et des administrateurs ne doit pas être cumulée sans distinction et pour ce premier cas, c'est qu'évidemment elle ne doit pas l'être dans le second. Lorsque des modifications sont apportées, après plusieurs années, au pacte primitif, et qu'elles ne sont pas publiées, la nullité qui en résulte ne peut retomber que sur les administrateurs, « alors en fonctions », qui sont seuls coupables de l'omission, et non sur les fondateurs qui y sont totalement étrangers. Cependant l'argument de texte que l'on a tiré de l'art. 42 (2) est tout aussi énergique en apparence pour cette hypothèse que pour la première. Il faut donc l'écarter en son entier, car il conduirait à l'absurde !

1250. Cette responsabilité existe vis-à-vis des tiers qui souffrent un préjudice de la dissolution de la société avec laquelle ils ont traité ; car cette dissolution anéantit ses ressources et la possibilité d'exécuter complétement les contrats formés.

Mais la loi n'a pas déterminé d'une manière assez claire l'étendue de cette responsabilité. S'applique-t-elle à toutes les obligations sociales, à tout le passif quel qu'il soit ; en un mot, les fondateurs ou les administrateurs dont la faute a en-

---

(1) V. le projet dans Dalloz, 1867.4.98. M. Rivière, qui le rapporte également, p. 483, n'a pas saisi la cause de l'incorrection que nous signalons.

(2) V. Paris, 28 mai 1869, D. 69.2.145.

traîné la nullité de la société, sont-ils engagés comme les membres d'une société en nom collectif?

L'affirmative a été admise à l'égard d'une société à responsabilité limitée par un arrêt de la Cour de Paris et par la Cour de cassation sur le pourvoi des administrateurs dans la même affaire (1).

Mais cette décision nous paraît trop absolue. L'art. 25 de la loi du 23 mai 1863, dont les termes sont reproduits par notre art. 42, n'avait pas cette portée excessive. En effet, l'art. 12 du projet, qui établissait formellement cette responsabilité envers les tiers pour la totalité des dettes sociales, a été modifié par la commission du Corps législatif, afin de laisser aux tribunaux le pouvoir de mesurer l'étendue des condamnations au préjudice réel qu'auraient éprouvé soit les tiers, soit les associés (2). Or, l'art. 42 actuel ne peut évidemment être entendu autrement que l'art. 25 de la loi de 1863, dont il est le calque exact.

1251. La responsabilité existe aussi vis-à-vis des actionnaires dont la mise est absorbée en tout ou en partie par les premières opérations. Quant à eux, on s'accorde à reconnaître que cette responsabilité est réglée par les principes du droit commun. Elle est proportionnée à la faute commise par les auteurs de l'infraction. La loi n'est pas ici impérative comme à l'égard des créanciers ; elle se borne à dire : « sans préjudice des droits des actionnaires », laissant ainsi aux tribunaux la faculté d'apprécier les circonstances, notamment la part que certains actionnaires auraient prise aux irrégularités qui entraînent la nullité, la connaissance qu'ils en auraient eue, l'approbation qu'ils y auraient donnée.

C'est ce qui a été jugé par application de la loi de 1863 (3), à laquelle celle de 1867 est entièrement conforme sur ce point.

Mais aussi, il a été décidé que vis-à-vis de ceux qui ont acheté des actions sur la foi des déclarations mensongères faites par les administrateurs quant aux versements déjà opé-

---

(1) Paris, 28 mai 1869, D. 69.2.145 ; Cass., 27 janv. 1873, D. 331, S. 163. — Conf., M. Rivière, Comment. de la loi du 24 juill. 1867, n° 274.
(2) Duvergier, Lois, 1863, p. 387 ; Romiguière, Comment. de la loi de 1863, n° 162.
(3) Rej., 2 juill. 1873, S. 306, D. 74.1.50. — V. aussi Rej., 7 mai 1872, S. 123, D. 233.

rés, l'étendue de la responsabilité de ceux-ci peut être fixée au remboursement du prix d'achat de ces actions (1). Tandis que les acquéreurs d'actions qui les ont achetées à la Bourse au moment où elles étaient déjà dépréciées à raison du mauvais état des affaires de la société et n'éprouvent, par suite, aucun préjudice du fait des administrateurs, n'ont d'action en indemnité contre ceux-ci, ni de leur chef, ni du chef de leurs vendeurs (2).

1252. La solidarité n'est pas non plus prononcée au profit des actionnaires d'une manière expresse comme elle l'est à l'égard des tiers. Elle reste donc facultative dans les termes des principes généraux (3).

1253. Il en est de même pour les condamnations prononcées contre les associés qui ont fait un apport dont ils n'ont pas fait faire la vérification, s'il est jugé que les évaluations en étaient exagérées et qu'il en est résulté un préjudice pour les associés et pour les tiers. « La même responsabilité soli- « daire peut être prononcée », dit la loi ; c'est aux tribunaux à apprécier les circonstances.

1254. Indépendamment du premier cas, déterminé par l'art. 42, la loi pose dans l'art. 44 le principe général de la responsabilité des administrateurs, en des termes analogues à ceux de l'art. 9, relatif aux sociétés en commandite, mais plus explicites (4).

« Les administrateurs sont responsables, conformément « aux règles du droit commun, individuellement ou solidai- « rement suivant les cas, envers la *société* ou *envers les tiers*, « soit des infractions aux dispositions de la présente loi, soit « des fautes qu'ils auraient commises dans leur gestion, no- « tamment en distribuant ou laissant distribuer sans opposi- « tion des dividendes fictifs. »

1255. On voit que la responsabilité est ici formellement établie au profit des tiers.

Or, à quels objets doit-elle s'étendre ?

On vient de voir comment les administrateurs sont d'abord

---

(1) Rej., 30 déc. 1872, D. 73.1.33, S. 73.1.165.
(2) Rej., 11 nov. 1873, S. 74.1.97, aff. Pereire. — Il s'agissait ici, comme dans l'espèce de l'arrêt du 7 mai 1872, d'une société anonyme fondée sous l'empire du Code de commerce ; mais les raisons de décider sont les mêmes.
(3) Rej., 30 déc. 1872, cité note 1.
(4) V. n° 1191.

responsables des infractions à la loi en ce qui concerne l'organisation de la société (1) ; nous ne devons pas revenir sur ce point.

L'art. 44 étend la responsabilité aux autres contraventions à la loi qui seraient commises (2), et enfin aux fautes dans la gestion.

Mais ne nous y trompons pas. Il ne s'agit point en ceci des fautes de la gestion industrielle, de l'incapacité commerciale des administrateurs, des mauvais marchés qu'ils auraient passés et qui auraient diminué l'actif au préjudice des créanciers. Ce sont là les opérations sociales dont ils ne répondent que jusqu'à concurrence de leur mise, comme tous autres actionnaires. Cette limitation est de l'essence de la société anonyme (3); elle s'applique toutes les fois que c'est la société même qui est obligée et qui répond.

A cet égard, on demeure dans les termes du droit commun suivant lequel, vis-à-vis des tiers, l'administrateur n'est responsable que de l'exécution de son mandat. Il n'a contracté, dans notre hypothèse, aucune obligation personnelle (4).

C'est ainsi qu'il a été jugé que l'avoué qui a occupé pour une société anonyme n'a pas d'action personnelle contre le directeur qui l'a constitué, pour le paiement de ses frais, la société étant seule obligée (5).

1256. Ainsi, quand même les actes d'administrateurs inhabiles auraient porté un préjudice direct aux tiers, s'ils ne constituent pas un délit proprement dit (6), s'ils ne sont pas entachés d'un dol ou d'une fraude (7) personnels à l'administrateur, et s'ils sont accomplis, d'ailleurs, dans la limite des pouvoirs conférés par les statuts, celui-ci n'en est pas responsable sur ses propres biens (8).

M. Delangle en cite un exemple qui est à noter.

En 1828, la société du Creuzot contracte un emprunt de

---

(1) V. n° 1250.
(2) Par exemple aux art. 27 à 29, relatifs aux assemblées générales; aux art. 33 et 34, etc.
(3) C. comm., 32 et 33; L. de 1863, art. 1; MM. Troplong, *Sociétés*, n°s 452, 453, 827; Delangle, n°s 425 et 443; Dalloz, v° *Sociétés*, n° 1441; Rej., 8 déc. 1862, D. 63.1.34.
(4) C. comm., 32 ; Troplong, n°s 452 et 453; Delangle, n° 443.
(5) Paris, 25 mai 1833, D. 33.2.229, et Rej., 6 mai 1835, D. 268.
(6) Delangle, n° 447.
(7) Pardessus, n° 1043.
(8) La faute personnelle à l'administrateur peut ne pas engendrer une

700,000 fr.; une hypothèque est constituée sur les propriétés et établissements de la compagnie. — Au nombre des immeubles par destination sur lesquels portait cette hypothèque, figurait une machine à vapeur incorporée à l'usine de Charenton. Plus tard, cette machine est détachée et vendue. Les prêteurs réclament alors contre les administrateurs une condamnation personnelle, équivalente à la valeur du gage qui leur avait été enlevé. Mais, par arrêt du 20 décembre 1839, la Cour de Paris repoussa cette demande par la raison que la vente du matériel de l'usine n'avait eu lieu qu'en vertu d'une délibération de l'assemblée générale des actionnaires. Or, ainsi que le fait remarquer M. Delangle, l'exécution de cette décision ne constituait ni un délit ni un quasi-délit; c'était le fait d'un débiteur diminuant la valeur du gage hypothécaire par lui donné à ses créanciers, ce qui autorise simplement ceux-ci à poursuivre le remboursement immédiat de la créance ou à demander un supplément d'hypothèque, aux termes de l'art. 2131, C. civ. (1).

En tout cas, il n'y a là qu'une faute civile imputable au mandant et qui ne rejaillit pas nécessairement sur le mandataire.

1257. Dans les cas analogues, l'administrateur pourra, comme ici, invoquer, pour se couvrir, les décisions de l'Assemblée générale.

Toutefois, il le ferait inutilement, si elles étaient prises contrairement aux statuts (2), en tant qu'ils protégent l'intérêt des tiers, ou si elles étaient elles-mêmes l'œuvre du dol et de la fraude.

1258. A plus forte raison l'administrateur serait-il personnellement responsable s'il excédait son mandat, s'il contractait sans autorisation des obligations étrangères à l'objet de la société ou faisait d'autres actes en dehors de ses pouvoirs, tels que des ventes d'immeubles sociaux (3), des emprunts déguisés, etc. (4).

---

obligation *sociale*, mais seulement des dommages-intérêts contre lui.— *Conf.*, Pardessus, n° 1043. V. aussi les arrêts précités, n° 1251, Rej., 7 mai 1872 et 2 juill. 1873.

(1) *Sociétés*, n° 447.

(2) Delangle, n° 448; Pardessus, 4, n° 980; Troplong, 2, n° 724; Colmar, 3 juill. 1867, D. 67.2.235; Argum. des arrêts de Cass., des 14 févr. 1853, D. 44, et 17 avril 1855, D. 213.

(3) Delangle, n° 444.

(4) Arg. d'un arrêt de Paris, du 30 juill. 1867, D. 67.2.238.

1259. Telles sont les règles que la jurisprudence avait consacrées avant les lois de 1856 et de 1863.

Depuis cette époque, l'influence de ces dispositions nouvelles a quelque peu réagi sur les solutions que les tribunaux ont eu à rendre, à l'égard des administrateurs des sociétés anonymes formées sous l'empire du Code de commerce.

Des décisions toutes récentes de la Cour de Colmar (1), du tribunal de la Seine et de la Cour de Paris (2) ont nettement posé en principe, que les administrateurs sont responsables des fautes commises dans l'exécution de leur mandat, aussi bien vis-à-vis des tiers que vis-à-vis des actionnaires : attendu que les attributions des administrateurs, organisées par la loi (art. 31, C. comm.), régies par des statuts sanctionnés par l'autorité publique (art. 37), ont pour but « non-« seulement les intérêts des associés, mais aussi plus particu-« lièrement l'intérêt public et la protection des tiers (3). » — « Que d'après l'art. 32, C. comm., les administrateurs sont « responsables de l'exécution du mandat qu'ils ont reçu; « que s'ils n'observent pas les règles qui leur étaient im-« posées par le pacte social, ou s'ils commettent une *faute* « *grave* dans l'exercice de leurs fonctions, ils doivent ga-« rantir soit la société, soit les *tiers* du préjudice qu'ils ont « pu leur causer (4). »

Cette doctrine nous semble fort contestable. Nous ne voyons rien, dans les articles du Code de commerce ni du Code civil applicables aux sociétés anonymes, qui autorise l'action directe des tiers contre les administrateurs dans le cas de simple *faute*, ayant diminué l'actif social au préjudice de tous.

A la vérité, les créanciers et notamment la masse représentée par le syndic au cas de faillite, peut agir contre les administrateurs au nom de la société débitrice, en vertu de l'art. 1166. La masse peut ainsi se prévaloir contre eux de toutes les actions résultant du contrat de société et de celui de mandat appartenant aux actionnaires. Mais c'est à la charge de subir toutes les exceptions que les administrateurs pourraient opposer à la société elle-même, et notam-

---

(1) Arrêt du 3 juill. 1867, D. 67.2.235.
(2) Aff. de Décazeville, jugem. du 27 juill. 1866 et arrêt du 30 juill. 1867, D. 67.2.238.
(3) Motifs de l'arrêt de Colmar, du 3 juill. 1867, D. 67.2.235.
(4) Motifs de l'arrêt de Paris, du 30 juill. 1867, D. 67.2.238.

ment celle résultant des approbations données par les associés à leurs agissements.

La distinction entre l'action directe et l'action d'emprunt exercée en vertu de l'art. 1166, a donc un intérêt sérieux et des conséquences importantes.

Or, elle est complétement méconnue par les arrêts que nous venons de citer.

1260. Toutefois, nous nous hâtons de le reconnaître, la loi nouvelle a modifié sous ce rapport la législation antérieure, et nos critiques ne s'adresseraient pas, sans distinction, à des arrêts rendus sur des faits passés sous son empire. L'art. 44 de la loi du 24 juillet 1867, calqué sur l'art. 27 de la loi du 23 mai 1863, déclare les administrateurs responsables, même de leurs simples *fautes*, vis-à-vis des *tiers*. L'action directe appartient donc incontestablement à ceux-ci.

1261. Cependant, nous le répétons, à notre avis il ne s'agit pas de toutes les fautes de gestion dont les associés pourraient eux-mêmes demander compte.

L'art. 44 n'a pour objet que les fautes commises par les administrateurs au point de vue de la régularité et de l'exactitude dans les comptes, dans l'administration financière de la société, soit qu'il y ait déloyauté de leur part et qu'ils aient volontairement induit les tiers en erreur, soit que de simples négligences aient diminué le patrimoine de la société qui forme leur gage, ou l'aient fait apparaître plus important qu'il ne l'était en réalité.

En ce cas, du reste, il ne leur permet pas d'abriter leur responsabilité personnelle derrière celle de la société et d'invoquer, à titre de justification et de décharge, les autorisations ou approbations que les autres associés auraient accordées, les ratifications données en assemblée générale aux agissements plus ou moins irréguliers, plus ou moins dommageables des administrateurs.

1262. La distribution des dividendes fictifs n'est qu'un exemple choisi, parce que c'est là un des abus les plus fréquents, et à l'aide desquels on fait naître, pour le public, les illusions les plus décevantes. Il est destiné à faire bien comprendre la pensée de la loi, en réprimant inévitablement cette condamnable pratique.

1263. Les administrateurs sont tenus, dit l'art. 44, des fautes qu'ils auraient commises..... *notamment* en distribuant ou en *laissant* distribuer, *sans opposition*, des dividendes *fictifs*.

« En distribuant », car cette distribution est le fait des administrateurs eux-mêmes. Ce sont eux qui dressent les inventaires ; ils ne peuvent pas se méprendre sur leur résultat. Au reste, qu'ils aient agi frauduleusement, que les inexactitudes soient volontaires ou qu'il y ait de leur part erreur, bonne foi, négligence, il y a *faute*, et la responsabilité existe.

« Ou en *laissant* distribuer *sans opposition* », ajoute la loi, et ceci s'applique aux administrateurs qui, par une incurie coupable, auraient omis de contrôler le travail de leurs collègues ou auraient toléré cet abus en connaissance de cause, bien que n'en étant pas les promoteurs directs, et c'est là une importante innovation (1).

1264. Les administrateurs qui se seraient opposés à la distribution illégale seraient affranchis de toute responsabilité. Mais il faut que cette opposition soit formelle et publique, autrement elle ne serait qu'une vaine formule.

Suffirait-il qu'elle se fût produite devant l'assemblée générale ?

Oui, pour ce qui concerne les associés. Ils étaient avertis ; s'ils ont passé outre et consenti à recevoir ces dividendes pris sur le capital, la faute retombe sur eux. Ils ne peuvent s'en prendre au mandataire qui n'a point voulu y participer.

Mais, vis-à-vis des tiers, il nous semble que cela ne suffit pas. Ceux-ci ne font point partie de l'assemblée, ils n'ont aucun moyen direct de connaître ce que les actionnaires, dans le cas que nous supposons, ont intérêt à leur cacher. Les administrateurs opposants feront donc sagement, pour leur propre sécurité, de recourir à la publicité des journaux ou même à des notifications individuelles aux créanciers de la société, suivant les cas. Mais ces mesures peuvent avoir des inconvénients devant lesquels reculeront souvent les administrateurs, qui préféreront alors donner leur démission.

1265. Le dividende serait considéré comme *fictif* alors même qu'il serait en apparence justifié par un inventaire, si cet inventaire lui-même était inexact ou mensonger. L'art. 27 de la loi de 1863 employait d'autres expressions ; il parlait de dividendes « qui, d'après l'état de la société « constaté par les inventaires, n'étaient pas réellement ac- « quis ».

_____

(1) V. en effet nᵒˢ 1187 à 1191.

Mais cette loi devait être entendue en ce sens, que les inventaires devaient être réguliers et conformes à l'état réel des choses (1). Le législateur de 1867, en choisissant le mot dividendes *fictifs*, a levé, sur ce point, toute équivoque.

1266. L'art. 44 ne dit pas non plus, comme la loi de 1863, que les dividendes doivent être *réellement acquis*. Mais l'intention du législateur est restée la même. Il s'agit de bénéfices qui ne dépendent plus d'une simple éventualité, de la réalisation d'un marché futur, possible, vraisemblable, mais non encore conclu et *exécuté;* ni surtout d'une simple majoration ou plus-value attribuée à des immeubles (2). Nous avons déjà dit, toutefois, qu'il n'est pas absolument nécessaire que le bénéfice ait été réalisé sous forme d'espèces versées dans la caisse sociale. Un engagement positif pris par un tiers, une créance, en un mot, assurée contre tout événement autre qu'un cas fortuit, devrait être considérée comme constituant un bénéfice dans le sens de notre article (3).

1267. Les *intérêts*, comme nous l'avons dit au n° 1203, ne doivent pas être confondus avec les dividendes. Si les statuts l'autorisent, ils peuvent être prélevés annuellement sur le capital même, lorsqu'il n'y a pas de profits. Les tiers sont avertis de cet amoindrissement possible du capital, c'est à eux d'agir en conséquence.

1268. Indépendamment de ces distributions illicites, les administrateurs répondraient encore des irrégularités graves qui se produiraient dans les écritures, qu'elles proviennent de leur fait ou de celui d'agents inférieurs qu'ils auraient négligé de surveiller; de toutes opérations de jeu; des circulations d'effets qui constituent, aux termes de l'art. 585, C. de comm., un cas de banqueroute simple, si elles sont suivies de cessation des paiements, et qui en tout cas constituent une sorte d'emprunt déguisé (4), presque toujours ruineux.

1268 *bis*. Il est une disposition spéciale de la loi du 24 juil-

---

(1) Rapport au Corps législatif. Romiguière, *Comment. de la loi du* 23 *mai* 1863, p. 262, et n° 226, p. 148.
(2) Paris, 16 avril 1870, S. 71.2.169; Rej., 7 mai 1872, S. 123, D. 233.
(3) V. *suprà*, n° 1202.—*Conf., Rapport sur la loi du* 23 *mai* 1863 ; Romiguière, p. 262 et n° 227.
(4) Paris, 30 juill. 1867, D. 67.2.238.

let 1867 dont l'inobservation constitue ici un cas de responsabilité sérieuse à l'égard des administrateurs. C'est celle de l'art. 37, aux termes duquel : « En cas de perte des trois « quarts du capital social, les administrateurs sont tenus de « provoquer la réunion de l'assemblée générale de tous les « actionnaires, à l'effet de statuer sur la question de savoir « s'il y a lieu de prononcer la dissolution de la société. »

On comprend que les pertes éprouvées par la société, et qui auraient réduit au quart seulement l'importance de son capital, peuvent la mettre dans l'impossibilité absolue de continuer ses opérations, ou exiger, pour qu'elle soit remise en état d'opérer régulièrement, un emprunt, une émission d'actions nouvelles. Ces mesures ne doivent être prises qu'après un examen approfondi et si l'entreprise n'est pas simplement en présence d'une crise passagère due à des causes extérieures et accidentelles, la dissolution est préférable à la prolongation d'une existence commerciale destinée à rester languissante et à se terminer par la faillite.

Rien ne serait plus contraire aux devoirs des administrateurs vis-à-vis de leurs coassociés et du public que de voiler cette situation et de chercher, par des expédients occultes, presque toujours frauduleux, à prolonger la vie de la société, pour se perpétuer dans leurs fonctions avec les avantages pécuniaires qu'elles présentent. Ces tentatives désespérées n'amènent le plus souvent que la ruine de tous, associés et créanciers.

Aussi la loi fait injonction expresse aux administrateurs de convoquer l'assemblée générale, et de lui faire connaître l'état exact des affaires sociales.

Elle ajoute que : « la résolution de l'assemblée est, dans « tous les cas, rendue publique ». Il faut, en effet, que les tiers soient avertis et sachent aussi quelle est la véritable situation de l'entreprise, et la diminution des garanties qu'elle présentait.

Enfin, par une dernière disposition, elle arme les créanciers et les actionnaires du droit de provoquer les mesures nécessaires : « A défaut, par les administrateurs, de réunir « l'assemblée générale, comme dans le cas où cette assem-« blée n'aurait pu se réunir régulièrement, tout intéressé « peut demander la dissolution de la société devant les tri-« bunaux. »

1269. Dans ces limites, la responsabilité directe vis-à-vis des tiers se comprend parfaitement; elle est conforme au droit et à l'équité. On ne demande aux administrateurs que de la bonne foi et de la régularité pour eux-mêmes, qu'une surveillance exacte à l'égard de leurs agents. Cette tâche n'a rien qui dépasse les forces et la capacité ordinaire d'un bon père de famille.

Aller au delà, autoriser les tiers à se plaindre de ce qu'ils n'auraient pas fait prospérer la société, de ce qu'ils auraient passé tel marché à de mauvaises conditions, accepté telle signature douteuse, vendu ou acheté mal à propos, c'eût été rendre intolérables et impossibles les fonctions d'administrateur, rayer la disposition de l'art. 32 du C. de comm., qui les affranchit en principe de toute obligation personnelle, et leur imposer même une responsabilité plus étendue que celle des gérants de sociétés en commandite, en bouleversant les règles essentielles de la société anonyme.

1270. Telles sont les bases et les limites de la responsabilité des administrateurs vis-à-vis des tiers.

Il va de soi qu'elle est également encourue vis-à-vis des associés en raison des mêmes faits.

Seulement, si les associés les ont acceptés, ratifiés ou même ordonnés, comme ils peuvent le faire en assemblée générale, et avec connaissance de cause, ils ont participé à la *faute* si elle existe et ne sont plus fondés à réclamer.

Nous disons, avec connaissance de cause, car il est évident que si les délibérations de l'assemblée ont été surprises par des moyens frauduleux, tels que des rapports mensongers, des bilans ou autres pièces falsifiés, ou même à l'aide de documents incomplets ne présentant que d'une manière inexacte la véritable situation de la société, indiquant comme actif réel des créances irrécouvrables, etc., les actionnaires ont été trompés, et, s'ils n'ont pu reconnaître la fraude ou l'imprudence des administrateurs, ceux-ci ne peuvent invoquer contre eux l'exception de la faute commune.

1271. Dans les délibérations prises à cet égard, l'avis de la majorité fait loi pour la minorité (1).

Ce n'est qu'autant que les décisions de la majorité sont extra-statutaires ou tendent à dénaturer l'objet même de la société que les dissidents peuvent se refuser à les subir et en demander l'annulation (2).

---

(1) Loi du 24 juill. 1867, art. 28; Troplong, n° 720.
(2) Troplong, n° 724; Cass., 14 févr. 1853, D. 44, et 17 avril 1855, D. 213; Orléans, 20 juill. 1853, D. 54.1.143.

L'immunité résultant de ces autorisations est une garantie indispensable pour les mandataires. Sans elle, ils auraient toujours à craindre que leurs actes ne fussent sévèrement critiqués et que leur fortune personnelle ne fût engagée si les entreprises qu'ils dirigent avaient de mauvais résultats.

1272. Mais, s'ils ne sont pas couverts par ces autorisations ou ratifications, les administrateurs sont pleinement responsables vis-à-vis des actionnaires de l'exécution de leur mandat conformément à l'art. 1992, C. civ.

En ce cas, la responsabilité peut s'étendre à toutes les fautes de gestion, aux suites de leur négligence, de leur incurie (1), de leur incapacité, même pour les opérations industrielles qui leur sont confiées. C'est ici une responsabilité contractuelle réglée comme celle de tout mandataire vis-à-vis de son mandant.

La société sera engagée par leurs actes, s'ils ont été exécutés dans les limites des statuts et de leurs pouvoirs'; mais elle pourra s'en plaindre et se retourner contre eux pour être indemnisée du préjudice qu'elle souffre.

1273. Les créanciers, de leur côté, pourront user, si leur intérêt l'exige, par exemple au cas de faillite de la société, de l'action oblique ou d'emprunt que leur donne l'art. 1166, C. civ., et exercer tous les droits qui appartiennent à la société elle-même, ainsi que nous l'avons déjà expliqué plus haut (2). Les intérêts respectifs trouvent ainsi dans ces diverses actions toutes les garanties qu'ils peuvent réclamer justement.

1274. L'art. 27 de la loi du 23 mai 1863 rendait les administrateurs *solidaires*, au cas de distribution de dividendes fictifs. La solidarité, nous l'avons déjà dit, n'est plus obliga-

---

(1) *Conf.*, M. Troplong, *Mandat*, nᵒˢ 405 et suiv.; M. Delangle, nᵒ 443; Rivière, nᵒ 286 et suiv. On trouve un exemple de l'application de ce genre de responsabilité dans un arrêt en date du 3 déc. 1857, par lequel la Cour de Lyon a jugé que les gérants d'une société en commandite étaient personnellement et exclusivement responsables envers *les commanditaires* de la perte résultant de vols commis au préjudice de la caisse sociale, par un employé, attendu que cet agent avait été et ne pouvait être choisi que par eux seuls, et que d'ailleurs les détournements avaient été accomplis par suite d'une incurie et d'un défaut de surveillance qui n'étaient imputables qu'aux gérants (D. 59.2.171). Cette décision serait parfaitement applicable aux administrateurs d'une société anonyme, si les mêmes circonstances se produisaient à leur égard.

(2) Nᵒ 1259.

toire. La question sera jugée d'après les règles ordinaires, suivant les circonstances.

S'il y a fraude, intention coupable, cette distribution devient un délit aux termes de l'art. 45. En ce cas, la solidarité doit être prononcée ; elle existerait même de plein droit (1). S'il y a seulement faute, négligence, imprudence, elle devient facultative. On ne pourrait même plus invoquer la règle d'après laquelle, en matière commerciale, les engagements collectifs entraînent solidarité (2). Il y a ici une disposition spéciale de la loi qui applique en principe aux administrateurs de sociétés, dont le but est cependant commercial, la règle du droit civil formulée à l'égard des mandataires par l'art. 1995, C. civ.

La division de l'action sera donc la règle générale. La solidarité s'appliquera comme en matière de délits civils et de quasi-délits si les causes de la responsabilité sont communes et indivisibles.

Ainsi, le conseil aura-t-il négligé de convoquer l'assemblée générale, ou fait prendre des décisions par une assemblée irrégulièrement formée, ou bien encore distribué des dividendes non acquis, ces faits étant l'œuvre de tout le conseil, la responsabilité sera solidaire.

Mais, au contraire, un administrateur se trouve avoir intérêt dans un marché passé avec la société ; cette circonstance est ignorée des autres membres : la faute est personnelle, la responsabilité le sera aussi (3).

1275. Les juges pourront faire, en tous cas, une répartition spéciale du montant de la condamnation entre ceux qui la doivent payer.

Et comme ils sont, sur ce point, appréciateurs souverains des faits et circonstances, ils pourront adopter, comme l'a fait un arrêt que nous avons cité, n° 1219, la durée des fonctions de chaque administrateur, pour base de cette division, s'il n'est pas possible de la fixer autrement (4).

1276. Solidaire ou non, que doit comprendre la condamnation prononcée contre les administrateurs déclarés responsables ?

---

(1) V. n°s 142 et suiv.
(2) MM. Delamarre et Lepoitevin, t. 2, n° 153 ; Troplong, *Mandat*, n° 497; *Sociétés*, n° 852; Paris, 30 juill. 1867, D. 67.2.238.
(3) Loi de 1867, art. 40 ; MM. Mathieu et Bourguignat, n° 254.
(4) Rej., 17 fév. 1868, *Droit* des 17 et 18 fév. 1868, D. 477, S. 261.

Le préjudice éprouvé par les intéressés devra être apprécié par les tribunaux.

Il en est ainsi même à l'égard des dividendes fictifs indûment répartis. Dans le projet primitif de la loi du 23 mai 1863, l'art. 25 obligeait les administrateurs à rétablir le montant de ces dividendes dans la caisse sociale (1). Cette mesure aurait pu dépasser le but et procurer à des actionnaires, qui auraient accepté ces dividendes en pleine connaissance de cause, un bénéfice tout à fait illégitime. La rédaction fut donc modifiée, et l'art. 27 revint aux règles ordinaires en déclarant que les administrateurs seraient tenus de réparer le « *préjudice causé* » par ces dispositions intempestives. L'art. 44 est conçu dans des termes qui impliquent la même signification. Il s'en réfère expressément au droit commun.

1277. Les dispositions pénales édictées contre les gérants ou autres, à raison des infractions prévues par les art. 13, 14 et 15 de la loi, sont déclarées applicables aux administrateurs des sociétés anonymes (2).

Ces infractions consistent à avoir émis des actions ou coupons d'actions d'une société constituée contrairement aux prescriptions des art. 1, 2 et 3 (3) ; à les avoir négociés ou en avoir publié la valeur (4) ; à avoir créé une majorité factice dans une assemblée générale (5) ; obtenu ou tenté d'obtenir des souscriptions et des versements par des moyens frauduleux (6) ; enfin, l'art. 45, répétant le § 3 de l'art. 15, porte que les peines de l'escroquerie (7) seront appliquées aux administrateurs qui, en l'absence d'inventaire ou au moyen d'inventaires frauduleux, auraient opéré la distribution de dividendes fictifs.

1278. Ici, comme pour tout délit proprement dit, l'intention coupable est un élément nécessaire de la criminalité. Il faut donc que les inculpés aient agi sciemment ; qu'ils aient opéré la distribution des dividendes en l'absence de tout inventaire ou au moyen d'inventaires frauduleux.

---

(1) Romiguière, n° 223.
(2) Art. 45.
(3) Art. 13.
(4) Art. 14.
(5) Art. 13.
(6) Art. 15.
(7) C. pén., art. 405.

La simple inexactitude des inventaires, si elle n'est pas intentionnelle, si elle ne résulte que de la négligence et non de la fraude, ne suffit pas pour faire encourir la peine correctionnelle ; elle n'entraîne qu'une responsabilité civile dans les termes de l'art. 44.

1279. La loi du 23 mai 1863, statuant à l'égard des administrateurs de sociétés à responsabilité limitée, les punissait également lorsqu'ils avaient « *laissé opérer sciemment et* « *sans opposition* » la répartition de dividendes non réellement acquis.

Ces expressions n'ont pas été répétées dans l'art. 45 (1), tandis que les mots « sans opposition » le sont dans l'art. 44 de la loi de 1867.

Que faut-il conclure de cette différence ? Les administrateurs qui auraient su et toléré que leurs collègues distribuassent des dividendes non acquis, soit en l'absence d'inventaire, soit au moyen d'inventaires frauduleux, pourraient-ils prétendre qu'ils ne sont pas dans les termes de cet art. 45 ?

Assurément non.

Est-ce que la distribution de ces dividendes n'est pas l'œuvre de tout le conseil ? Est-ce que tous ceux qui ont fait la proposition de dividendes ne sont pas les coauteurs du délit, dès qu'ils ont agi sciemment ?

Il ne faut pas invoquer ici les principes de la complicité et alléguer que certains administrateurs auraient joué un rôle purement passif, et ne se trouveraient dès lors dans aucun des cas prévus par l'art. 60 du Code pénal ?

L'établissement de la situation financière de la société, du bilan, du compte de profits et pertes sont des opérations qui exigent en fait et en droit le concours de tous les administrateurs (2). Ils y ont forcément un rôle actif comme les gérants des sociétés en commandite, à l'égard desquels l'article 15 statue de la même manière, et sont, par conséquent, tous, les auteurs de la distribution illicite que punit la loi.

Les mots qui ont été supprimés, « laissé opérer sciemment « et sans opposition », n'étaient donc pas nécessaires dans le cas où les administrateurs conservent tous leur action pleine et entière.

1280. Mais il eût été bon de comprendre dans la répres-

_____

(1) Conforme en ceci à l'art. 15.
(2) V. exposé des motifs de la loi du 23 mai 1863.

sion le cas où, usant de la faculté que leur donne l'art. 22, ils se sont substitué un sous-mandataire qui reste seul nanti de tous les pouvoirs.

Ils en demeurent responsables, civilement, il est vrai; mais il eût été utile de ne pas les exonérer de la responsabilité pénale. Le fait de distribuer des dividendes fictifs est tellement grave, les conséquences en sont si funestes pour la société et pour les tiers, que la simple tolérance, la complicité morale méritaient d'être retenues au rang des délits comme le faisait la loi de 1863. L'administrateur qui s'est substitué un mandataire dans les termes de l'art. 22 n'a pas abdiqué tout pouvoir, toute surveillance. Loin de là, puisqu'il est responsable. Il peut donc s'exposer aux entreprises coupables, dangereuses même, du mandataire; et, au besoin, le révoquer comme il est révocable lui-même (1).

Toutefois, en présence des termes de l'art. 45 de la nouvelle loi, il nous semble difficile de l'appliquer à l'administrateur *substituant* qui, n'ayant connu que par des voies plus ou moins directes l'illégalité des dividendes, aurait négligé d'en avertir l'assemblée et d'y former opposition.

Toute répréhensible que soit son abstention, il pourra toujours se retrancher derrière le texte et dire que la distribution n'est pas son fait personnel; que, par suite, il n'est responsable que des réparations civiles que cette faute peut occasionner.

Le ministère public en serait réduit à ne pouvoir saisir que des faits légaux de complicité, comme si, de la part de ces administrateurs, il y avait eu vis-à-vis du *substitué* provocation au délit, aide et assistance, etc.

1281. A côté des administrateurs et pour le contrôle de leur gestion, [se placent des *commissaires* qui remplissent un rôle analogue à celui des membres du *conseil de surveillance* dans les sociétés en commandite (2).

On les désignait ordinairement, dans les sociétés antérieures à la loi actuelle, sous le nom de censeurs.

Aux termes de l'art. 32, « l'assemblée générale annuelle « désigne un ou plusieurs commissaires, *associés ou non*, « chargés de faire un rapport à l'assemblée générale de « l'année suivante sur la situation de la société, sur le

(1) Art. 22.
(2) V. nos 1160 et suiv.

« bilan et sur les comptes présentés par les administra-
« teurs (§ 1).

« A défaut de nomination des commissaires par l'assem-
« blée générale, ou en cas d'empêchement ou de refus d'un
« ou de plusieurs des commissaires nommés, il est procédé
« à leur nomination ou à leur remplacement par ordonnance
« du président du tribunal de commerce du siége de la so-
« ciété, à la requête de tout intéressé, les administrateurs
« dûment appelés (§ 3).

« La délibération contenant approbation du bilan et des
« comptes est nulle si elle n'a été précédée du rapport des
« commissaires (§ 2). »

1282. Ainsi, comme celui du conseil de surveillance, le
contrôle des *commissaires* porte sur la partie financière, la
comptabilité des administrateurs.

L'assemblée des actionnaires ne peut statuer sur cet objet
qu'autant qu'elle a reçu connaissance du résultat de leur
examen.

1283. Ce sont là leurs fonctions légales, obligatoires de
plein droit; mais, en outre, ils peuvent et doivent même se
rendre compte, dans les limites déterminées par les statuts,
de la nature des opérations industrielles et de la manière
dont elles sont conduites (1). Les art. 33 et 34 leur en donnent les moyens.

Art. 33. « Pendant le trimestre qui précède l'époque fixée
« par les statuts pour la réunion de l'assemblée générale,
« les *commissaires* ont le droit, toutes les fois qu'ils le ju-
« gent convenable dans l'intérêt social, de prendre commu-
« nication des livres, et d'examiner les *opérations de la so-*
« *ciété.*—Ils peuvent toujours, en cas d'urgence, convoquer
« l'assemblée générale. »

Art. 34. « Toute société anonyme doit dresser chaque
« semestre un état sommaire de sa situation active et pas-
« sive. Cet *état est mis à la disposition des commissaires.*

« Il est, en outre, établi chaque année, conformément à
« l'art. 9, C. comm., un inventaire contenant l'indication
« des valeurs mobilières et immobilières et de toutes les
« dettes actives et passives de la société. L'inventaire, le
« bilan et le compte des profits et pertes sont mis à *la dis-*

---

(1) V. L. du 23 mai 1863, art. 15 et 16 et le rapport de M. du
Miral au Corps législatif sur ces articles.

« *position des commissaires* le quatrième jour au plus tard
« avant l'assemblée générale. Ils sont présentés à cette as-
« semblée. »

1284. Les commissaires, comme on le voit, ne peuvent
examiner les livres et les opérations de la société que pendant le trimestre qui précède l'assemblée générale. La
faculté de procéder plus souvent à cet examen aurait pu paraître gênante et devenir même vexatoire pour les administrateurs.

Mais la communication de l'état de situation semestriel et
du bilan de fin d'année leur permet de surveiller la marche
des affaires, et, en cas de besoin s'il y a urgence, dit l'article 33, ils pourront convoquer l'assemblée.

Cet appel à l'assemblée générale, ou des observations offi-
cieuses faites aux administrateurs, sont le seul droit qui leur
appartienne. Ils ne peuvent agir au lieu et place des administrateurs, et n'ont pas même la faculté d'opposer leur *veto*
aux actes de ceux-ci (1). Ils n'ont absolument qu'un contrôle
à exercer.

1285. La loi n'ajoute pas même ici, comme le fait l'article 11 pour les membres du conseil de surveillance des
sociétés en commandite, que les commissaires pourront provoquer la dissolution de la société. C'est par la raison qu'ils
ne sont pas toujours du nombre des associés et que des actionnaires ou des créanciers peuvent seuls former une pareille demande (2).

1286. Dans les limites qui viennent d'être tracées, la surveillance des commissaires doit s'exercer sérieusement. Ce
n'est pas pour la forme qu'ils sont établis par la volonté expresse de la loi. Aussi, l'art. 43 déclare que : « l'étendue et
« les effets de la responsabilité des commissaires envers la
« société, sont déterminés d'après les règles générales du
« mandat. »

Cette disposition n'a pas besoin de commentaires. A l'égard
de la société elle ne présente pas de difficultés.

1287. Seulement, ici se pose de nouveau la question que
nous avons traitée, n°ˢ 1168 et 1194, à l'égard des conseils
de surveillance des sociétés en commandite. Les commissaires sont-ils responsables vis-à-vis des tiers aussi bien que
des actionnaires ?

(1) Rapport de M. du Miral.
(2) V. art. 37 et 38.

Cette fois, nous croyons devoir répondre négativement L'art. 43 est conçu en des termes limitatifs ; il ne parle que de la responsabilité envers les membres de la société qui seule a donné mandat aux commissaires.

Ces derniers n'ont pas, comme les membres du conseil de surveillance des sociétés en commandite, une mission légale, dans un intérêt public. Ils n'agissent qu'en vertu d'un mandat privé.

C'est dans l'intérêt social, comme l'exprime l'article 33, qu'ils peuvent prendre communication des livres, se rendre un compte exact de toutes les opérations, vérifier les bilans, convoquer l'assemblée générale, etc. Les tiers n'ont donc pas à leur en demander compte (1).

Ce contrôle d'ailleurs n'a pas de publicité obligatoire; il ne se manifeste pas nécessairement et dans la plupart des cas de manière à influencer les personnes étrangères à la société. Ces dernières ont pour garantie la responsabilité de la société entière, et dans certains cas celle des administrateurs (2).

1288. Toutefois, les règles du droit commun conservent toujours leur empire. Si par des manœuvres déloyales, si par une publicité intentionnellement donnée à des appréciations fausses, les commissaires, abusant de leurs fonctions, avaient occasionné un préjudice à des tiers, les art. 1382 et 1383, C. civ., pourraient être invoqués contre eux.

Mais cette responsabilité, par la nature même des choses, ne sera encourue que dans des cas exceptionnels.

1289. Dans les sociétés en commandite, au contraire, la responsabilité des membres du conseil de surveillance, nous l'avons montré, n°ˢ 1168 et 1194, existe d'après la loi du 24 juillet 1867, aussi bien vis-à-vis des tiers qu'à l'égard des associés. Cela tient à la différence de nature de ces deux sortes d'associations. La prépondérance du gérant dans les sociétés en commandite est énorme : aveuglé par la perspective de bénéfices immenses qu'il se promet, si les opérations sociales qu'il dirige sont fructueuses, il cède souvent à

---

(1) Conf., Trib. Seine, 27 juill. 1866, aff. de Decazeville, D. 67.2. 238. — Contrà, Colmar, 3 juill. 1867, D. 67.2.235 ; mais cet arrêt, rendu sur des faits relatifs à une société régie par le Code de commerce, confond les censeurs avec les administrateurs proprement dits. MM. Mathieu et Bourguignat, n° 247.

(2) Art. 44.

des entraînements déplorables qui sont la ruine des créanciers aussi bien que celle des commanditaires.

Il faut donc que la surveillance soit fortement organisée au profit des uns et des autres.

Dans la société anonyme, les administrateurs sont plus nombreux, ils doivent se concerter, délibérer et mûrir par conséquent leurs résolutions ; ils sont asservis à leurs statuts, aux décisions de l'assemblée générale.

D'un autre côté, les tiers savent qu'en principe ces administrateurs ne sont responsables que comme actionnaires ; que leur principale garantie, à eux créanciers, réside dans le montant du capital social dont ils peuvent connaître le chiffre.

Il a donc paru suffisant d'investir les commissaires de fonctions purement intérieures et de maintenir à leur mandat le caractère particulier qu'il avait dans la pratique.

La loi pouvait aller plus loin sans doute ; mais elle ne l'a pas voulu, et nous ne voyons pas qu'il y eût nécessité de le faire.

1290. Notons toutefois que les créanciers peuvent toujours invoquer les droits de la société, leur débitrice, et si l'action directe ne leur est pas donnée, ils ont celle qui dérive de l'art. 1166, C. civ.

1291. Terminons sur ce point, par une observation qui a son importance. Le contrôle qu'ils ont à exercer ne peut entraîner contre les commissaires *associés* aucune autre obligation à l'égard des tiers. Car, dans les sociétés anonymes, à la différence de ce qui a lieu dans les commandites, l'immixtion n'engendre pas solidarité. La société reste toujours distincte des personnes qui la composent (1). Les actionnaires peuvent gérer comme mandataires, à plus forte raison peuvent-ils surveiller eux-mêmes leurs administrateurs, donner à ceux-ci des autorisations et signaler en assemblée générale les fautes de leur gestion.

1292. Les actions en responsabilité qui seraient intentées par certains associés contre les administrateurs et les commissaires, peuvent être formées ou suivies, tant en demandant qu'en défendant, par des mandataires agissant dans un intérêt collectif. Cette exception aux règles ordinaires de la procédure, établie par l'art. 17 en faveur des

---

(1) M. Troplong, nos 450, 453.

actionnaires des sociétés en commandite (1), est déclarée applicables aux sociétés anonymes (2). Elle ne préjudicie pas, bien entendu, au droit de chaque intéressé d'agir individuellement en son nom personnel (3).

1293. D'après l'art. 45, § 2, « sont applicables en ma-
« tière de société anonyme, les dispositions des trois der-
« niers §§ de l'art. 10. »

Ainsi, aucune répétition de dividendes ne peut être exercée contre les actionnaires, si ce n'est dans le cas où la distribution en aurait été faite en l'absence de tout inventaire ou en dehors des résultats constatés par l'inventaire. L'action en répétition se prescrit par cinq ans à partir du jour fixé pour la distribution des dividendes, et pour les prescriptions commencées sous l'empire des lois anciennes, à partir de la promulgation de la loi (4).

1294. Cette prescription spéciale n'a de commun que la durée du délai, avec la prescription ordinaire en matière de société, telle qu'elle est déterminée par l'art. 64, C. de comm.

Nous avons déjà traité de celle-ci, n°ˢ 1224, 1225 et suiv., et nous avons dit qu'elle est de cinq ans, en ce qui concerne les actions des tiers contre les associés non liquidateurs; mais ce qu'il faut bien remarquer, c'est que le point de départ de ces cinq ans est fixé par l'art. 64, à la fin ou dissolution de la société, pourvu que les tiers aient été régulièrement avertis de l'échéance de cette dissolution par les publications faites en la forme légale.

1295. Quant aux actions des associés les uns contre les

---

(1) V. n°ˢ 1221 à 1223. Nous nous référons aux développements qui y sont donnés.
(2) Art. 39. — Il a été jugé, par rapport à une société anonyme antérieure aux lois de 1863 et de 1867, que les actionnaires peuvent former entre eux une société civile pour poursuivre à frais communs et sous une direction spéciale, les actions individuelles qui appartiennent à chacun de ses membres contre les administrateurs (Paris, 15 avril 1870, S. 71.2.169). Il en serait de même par rapport à des créanciers. — Mais il faut, dans tous les cas, que les règles de la procédure, quant à la validité des assignations, soient observées (même arrêt); ainsi, à notre avis, chaque intéressé doit être dénommé et qualifié dans l'exploit introductif.
(3) Art. 17.
(4) Art. 10.

autres, notamment celles qui dérivent du mandat (1), elles ne s'éteignent que par trente ans (2).

Lors de la confection de la loi du 23 mai 1863, la commission avait proposé de limiter à cinq ans l'action spéciale en responsabilité des actionnaires contre les administrateurs à raison de la distribution de dividendes non réellement acquis. Le Conseil d'Etat repoussa cette proposition (3), comme s'écartant du droit commun.

Si elle eût été adoptée, on eût sans doute réduit également à cinq ans l'action en répétition de dividendes, que les tiers peuvent, dans ce cas, exercer contre les actionnaires et dont il n'est pas parlé dans le rapport. Autrement les actionnaires eussent été exposés pendant toute la durée de la société et pendant cinq ans au delà, à l'action en répétition, et auraient pu perdre leur recours avant cette époque contre les administrateurs.

La loi de 1867 a repris cette pensée et l'a formulée d'une manière plus satisfaisante. L'action des tiers en répétition des dividendes s'éteint par cinq ans du jour de la distribution. Celle des actionnaires contre les administrateurs n'étant l'objet d'aucune disposition particulière, reste déterminée par l'art. 2262, C. civ.

Il en est de même de toutes les autres actions en responsabilité fondées, soit sur l'art. 42, soit sur l'art. 44, et ceci est d'autant plus certain que ce dernier article déclare que cette responsabilité est conforme au droit commun.

1296. L'action en responsabilité contre les *commissaires*, étant déterminée par les principes généraux (4), dure également trente ans.

1297. Quant aux actions en dommages-intérêts qui seraient exclusivement fondées sur des faits réunissant tous les caractères d'un délit, puni correctionnellement par les art. 13, 14 et 15 de la loi, nous n'avons qu'à nous référer à ce qui a été dit aux n°ˢ 1226 et 1227.

Celles qui seraient formées par des tiers contre les administrateurs des sociétés anonymes seraient prescrites par trois ans.

---

(1) Delangle, t. 2, p. 405; Rivière, n° 299.
(2) Delangle, p. 404 et 405, n° 725.
(3) Romiguière, *Comment. de la loi de* 1863, p. 153, n° 244, et rapport de M. du Miral, *ibid.*, p. 265.
(4) Art. 43.

L'action des actionnaires, ayant une autre base dans le contrat de société ou de mandat, ne s'éteindrait que par les délais ordinaires de la prescription civile. (V. *suprà*,] nᵒˢ 373 à 376).

CHAPITRE X.

RESPONSABILITÉ DE L'ÉTAT A RAISON DU FAIT DE SES AGENTS. — RÈGLES DU FOND. — COMPÉTENCE.

Sommaire.

1298. — Division du chapitre.

1298. Après avoir exposé les principes qui régissent les diverses classes de commettants, nous venons faire application de ces règles à l'État, représenté par les différentes administrations dans lesquelles se subdivise l'action gouvernementale, et par qui s'accomplissent les grands services publics. Là se présentent de nouvelles difficultés, particulièrement en ce qui concerne la compétence. Fidèle à notre plan qui doit embrasser dans toute son étendue la matière de la responsabilité, soit en elle-même, soit quant à l'exercice de l'action qu'elle engendre, nous examinerons ces questions sous la double face que nous venons d'indiquer. Dans un premier article, nous ferons connaître les règles du fond; dans un second article, celles de la compétence.

ARTICLE Iᵉʳ.

RESPONSABILITÉ DE L'ÉTAT, SES CONDITIONS ET SA NATURE.

Sommaire.

1299. — Tous les corps ou personnes morales sont soumis au droit commun pour la formation des obligations, notamment de celles qui naissent des délits.

1300. — L'Etat n'est sujet qu'à la responsabilité civile des délits de ses agents.

1301. — En est-il de même des départements, communes, établissements publics ?

1302. — La responsabilité civile existe pour tous, à l'égards des faits de leurs préposés. — Réponse à une objection.

1303. — Jurisprudence de la Cour de cassation et du Conseil d'Etat.

1304. — Distinctions à faire quant à la responsabilité de l'Etat.

1305. — Actes de la puissance publique, faits de gouvernement, ne donnant pas lieu à indemnité.

1306. — Cas où l'Etat agit par l'intermédiaire des administrations et régies comme gérant du domaine et de la fortune publique. — Responsabilité; exemples.

1307. — La responsabilité de l'Etat est directe ou réfléchie. Elle est soumise aux conditions ordinaires. — Renvoi.

1308. — Décisions contraires du Conseil d'Etat. Incertitude et arbitraire de la doctrine qu'elles ont formulée.

1309. — Le droit commun doit être suivi, sauf les modifications résultant de dispositions formelles.

1310. — Application des règles données sur ce point : 1° à l'Etat considéré comme exerçant le droit de police, dans l'intérêt général. — Sa responsabilité à l'égard des abus du pouvoir, actes illégaux, imprudence ou négligence de ses agents. — Douanes. — Contributions indirectes.

1311. — Saisies illégales en matière de douanes. — Dispositions spéciales.

1312. — Saisies illégales en matières de contributions indirectes.

1313. — 2° Responsabilité de l'Etat considéré comme gérant différents services et comme dépositaire de la fortune publique, à l'égard des malversations, imprudences et négligences de ses agents.

1314. — Application à l'administration du *Trésor public*. — Paiement irrégulier d'arrérages. — Soustraction de titres de rente.

1315. — Application à l'administration des *postes*. — Pertes de lettres simples ou chargées. — Lois spéciales.

1316. — Les lois spéciales qui limitent la responsabilité de l'administration, quant aux lettres perdues, s'appliquent-elles aux lettres soustraites par des employés de l'administration?

1317. — Des envois d'argent.

1318. — Modifications projetées en 1848 à la législation antérieure.

1319. — Elles ont été réalisées par la loi du 4 juin 1859.

1319 *bis.* — Lettres chargées avec déclaration de valeurs. — L'administration est-elle responsable du contenu si l'enveloppe est intacte ?

1319 *ter.* — Loi du 25 juin 1873 ; lettres et objets recommandés; responsabilité de l'administration limitée à 25 francs.

1320. — Transmission des dépêches télégraphiques privées. — Loi du 28 nov. 1850. Elle affranchit l'Etat de toute responsabilité à raison de ce service.

1321. — Responsabilité de l'administration des postes résultant de la loi du 16 juill. 1840, sur les paquebots transatlantiques.

1322. — Et de celle du 14 juin 1841, sur les paquebots de la Méditerranée.

1299. Tous les corps ou personnes morales, l'Etat, les départements, les communes, les établissements publics, aussi bien que les sociétés civiles ou commerciales, sont en principe soumis au droit commun, en ce qui concerne la formation des obligations. Pour eux, comme pour les particuliers, les obligations ont leur source dans les contrats, les quasi-contrats (1), les quasi-délits, et l'on doit ajouter les délits. — Car si la nature des choses met obstacle à ce

---

(1) Notamment le quasi-contrat judiciaire.

que ces individualités morales soient atteintes par les peines afflictives corporelles établies par les lois de répression, rien ne s'oppose à ce qu'elles encourent des obligations pécuniaires, à raison des délits de leurs agents. Ces derniers seuls peuvent être atteints par la peine corporelle. Mais les diverses administrations auxquelles ils appartiennent sont sujettes aux réparations civiles du dommage causé par le délit.

1300. Quant aux peines proprement dites, même purement pécuniaires, comme l'amende et la ·confiscation, la Cour de cassation a déclaré qu'elles ne pouvaient jamais s'appliquer à l'Etat : « Attendu que l'Etat ne peut jamais être réputé l'auteur d'un délit ou d'une contravention ; — Que si, dans certaines circonstances, il est responsable du fait de ses agents, et doit réparer le tort qu'ils auraient occasionné, ce n'est là qu'une responsabilité civile, qui ne peut s'étendre aux confiscations et aux amendes. Les tribunaux excéderaient leurs pouvoirs en prononçant contre l'Etat de pareilles condamnations (1). » Il en serait ainsi, alors même que le ministre interviendrait et déclarerait prendre le fait et cause des inculpés (2).

L'Etat ne peut donc jamais être confondu avec les agents inférieurs ou supérieurs de l'administration, pas même avec le ministre qui aurait donné l'ordre de délinquer. Quel que soit le parti à prendre à l'égard des agents, du fonctionnaire supérieur lui-même, l'Etat n'est jamais en cause que comme civilement responsable, et ne peut être passible que de réparations civiles.

Maintenant, peut-on poursuivre les agents, le ministre, auteurs ou complices du délit ? C'est une question d'une tout autre nature, dont nous aurons à parler plus tard, en traitant de la responsabilité des fonctionnaires publics et agents du pouvoir.

La Cour de cassation n'a pas eu à s'en occuper lors de l'arrêt du 11 août 1848, parce que, dans l'espèce, la condamnation avait été prononcée contre l'Etat.

_____

(1) Cass., 11 août 1848, S. 739.
(2) Même arrêt. — On remarquera peut-être que, l'Etat profitant des amendes, il serait inutile de le condamner à en payer, parce qu'il se les devrait à lui-même.
Mais on voit que l'arrêt ci-dessus ne s'est pas fondé sur cette considération. En effet, elle n'est pas toujours exacte. Il y a des amendes qui ne profitent pas à l'Etat, par exemple, en matière d'octroi.

1301. Appliquera-t-on le même principe aux départements, communes et établissements publics, qui constituent aussi des personnes morales ; dira-t-on qu'ils ne sont responsables que civilement des faits de leurs agents ?

Ces corps aussi ont une existence tout à fait indépendante de la personne des administrateurs qui les représentent. Mais ils ne nous semblent pas pouvoir, au même titre que l'Etat, s'abriter sous cette présomption légale, qu'ils n'ont jamais donné mandat de délinquer ; que leurs préposés, en pareil cas, excèdent toujours leurs pouvoirs, et procèdent en dehors de leurs fonctions. A la vérité, l'on suppose difficilement que le corps lui-même puisse se rendre personnellement coupable d'un fait réprimé par la loi pénale, pour l'avoir, par exemple, commandé à l'agent d'une manière expresse. Mais, sans parler des crimes proprement dits, cette complicité ou coopération se conçoit pour certains délits ou contraventions qui peuvent entraîner des peines pécuniaires. Or, qui pourrait s'opposer à ce que la preuve de la complicité ou de la coopération fût faite, et la peine appliquée conformément à la loi (1) ?

Il est évident, du reste, que dans les cas exceptionnels où la responsabilité du fait d'autrui s'étend aux amendes, en vertu d'une disposition expresse (2), les personnes morales autres que l'Etat doivent y être condamnées comme les commettants ordinaires.

1302. Quant à l'Etat lui-même, l'immunité qui vient de lui être reconnue ne s'étend qu'aux *peines ;* et la responsabilité purement civile existe indubitablement à son égard comme à l'égard de tout autre commettant (3).

Le délit, la faute imputable à l'agent personnellement, est quelquefois l'effet d'une imprudence, d'une négligence de l'autorité supérieure ; en tous cas, le choix de l'agent lui-même peut constituer une faute. Il était juste que la présomption légale établie contre les commettants en gé-

_____

(1) V. en effet *infrà,* n° 1370.
(2) V. *suprà,* n°ˢ 778 et suiv.
(3) Elle existe également à l'égard des administrations communales (V. le chapitre suivant), des départements (Cons. d'Etat, 7 mai 1863, D. 63.3.61), et des établissements publics, par exemple, un mont-de-piété (Nancy, 7 mars 1844, D. 44.2.64 ; Rej., 21 juill. 1857, D. 394), une caisse d'épargne (Arg., Caen, 18 mai 1854, D. 54.2.263).
Mais nous ne parlerons ici que de l'Etat, parce qu'il n'y a de règles particulières à faire connaître qu'en ce qui le concerne.

néral, pour les obliger à n'employer que des préposés dont
ils seraient parfaitement sûrs, fût étendue à l'Etat représenté par les différentes administrations. L'intérêt public
l'exigeait d'autant plus fortement que les pouvoirs dont les
agents sont revêtus à raison de leurs fonctions peuvent
rendre leurs fautes plus nuisibles aux tiers que celles des
simples particuliers.

« Objectera-t-on que cette responsabilité peut compromettre la fortune publique? Le danger n'est pas réel:
d'ailleurs, si les condamnations prononcées contre l'Etat
pouvaient devenir assez fréquentes pour compromettre le
patrimoine public, un pareil fait indiquerait des désordres
dans le corps administratif; le seul remède efficace contre
ces désordres serait précisément de forcer l'Etat, par une
application sévère de la règle de la responsabilité, à choisir
des agents plus éclairés et plus dévoués à l'intérêt public (1). »

1303. Aussi est-il parfaitement reconnu que le troisième
paragraphe de l'art. 1384, C. civ., est applicable à l'Etat,
à raison du dommage causé par les agents des diverses administrations, dans les fonctions qui leur sont attribuées.

La Cour de cassation proclame, dans de nombreux arrêts,
que « les règles posées par les art. 1382, 1383, 1384, C.
civ., sont applicables, sans exception, dans tous les cas où
un fait quelconque de l'homme cause à autrui un dommage
produit par la faute de son auteur; que l'Etat, représenté
par les différentes branches de l'administration publique,
est passible des condamnations auxquelles le dommage causé
par le fait, la négligence ou l'imprudence de ses agents,
peut donner lieu » (2). Le conseil d'Etat a aussi, plusieurs
fois, appliqué le même principe (3), et les auteurs le reconnaissent également (4).

_____

(1) M. Cotelle, *Cours de dr. admin.*, t. 2, p. 495, 2ᵉ édit.
(2) Rej., 30 janv. 1833, D. 55; Rej., 30 janv. 1843, D. 96, S. 353;
1ᵉʳ avril 1845, D. 261, S. 363; Agen, 24 avril 1843, D. 43.2.205, S.
43.2.476; Arg. d'un arrêt de Cass., 3 juin 1843, D. 421, S. 937.
(3) Cons d'Etat, 16 déc. 1839, Lebon, *Rec. des arr. du cons.*, p. 593;
27 mai 1839, Meriet, Lebon, p. 306; 3 sept, 1844, Lebon, p. 566; 7 déc.
1847, Lebon, p. 677; Arg., Cons. d'Etat, 10 mars 1853, D. 53.3.33.
(4) MM. Mangin, *Tr. des proc.-verb.*, p. 73; Cotelle, *Cours de droit
admin.*, *loc. cit.*, et 3ᵉ édit., t. 2, p. 40 et suiv.; Pardessus, *Droit
comm.*, t. 6, p. 37; Dumesnil, *Tr. de la lég. du Trés. public*, p. 380;
Dalloz, anc. *Rép.*, vᵒ *Forêts*, p. 728, 1ʳᵒ col., et *Jur. gén.*, vᵒ *Responsabilité*, nᵒˢ 252 et 255; M. Larombière, *Oblig.*, t. 5, nᵒ 1030, p. 756.

1304. Toutefois ce serait aller trop loin que de considérer l'État comme responsable des actes de tous les fonctionnaires qu'il nomme et qu'il emploie. Une distinction est nécessaire ; mais c'est un problème difficile que d'en déterminer les bases. Ni la loi, ni la jurisprudence n'ont encore formulé un principe bien arrêté.

1305. On peut dire cependant qu'en général les actes de la puissance publique, les faits de gouvernement proprement dits ou d'administration, ne donnent pas lieu à la responsabilité de l'État.

Tels sont les faits de guerre (1), les mesures générales prises dans un intérêt d'ordre public, de salubrité, ou au point de vue économique, comme la prohibition d'exporter certaines denrées ou marchandises, l'établissement et la modification des tarifs de douanes (2), les actes de tutelle administrative (3), le refus d'autoriser des poursuites contre un fonctionnaire, en vertu de l'art. 75 de la constitution de l'an VIII (4).

Il est à remarquer, du reste, que ces dispositions d'ordre et de police ne portent pas généralement atteinte à des droits acquis, et c'est la raison fondamentale qui s'oppose à ce qu'elles engendrent une action en responsabilité (V. nᵒˢ 46 et 444) (5) qui devrait être admise dans le cas contraire (6).

Elles sont aussi parfois le résultat de la force majeure, comme lorsqu'il s'agit de prévenir ou d'arrêter une épidémie, une inondation (7). Alors même qu'elles porteraient préjudice à des intérêts respectables, à des attentes légitimes, elles pourraient n'être, de la part du Gouvernement, que l'exercice d'un droit. Par exemple, lorsqu'une circonscription territoriale est modifiée, suivant les règles légales, les notaires ou officiers ministériels, qui peuvent souffrir quelque préjudice, n'ont pas d'action en réparation (8). Mais

(1) Cons. d'État, 11 mai 1854, D. 54.3.60 ; 18 août 1857, D. 58.3. 36; 9 mai, 6 juin et 8 août 1873, D. 74.3.9. V. infrà, nᵒ 1331.
(2) M. Cotelle, Cours de dr. admin. appliqué aux trav. publ., t. 2 p. 52, 3ᵉ édit.
(3) Cons. d'État, 15 mai 1856, D. 57.3.2.
(4) M. Cotelle, Dr. admin., t. 2, p. 52, 3ᵉ édit.
(5) Cons. d'État, 24 mai 1860, D. 60.3.41 ; 26 fév. 1863, D. 63.3.58.
(6) Arg., Cons. d'État, 26 fév. 1863, ibid.—Contrà, M. Larombière. t. 5, nᵒ 1030.
(7) V. Cass., 30 août 1865, D. 354.
(8) Rej., 13 janv. 1865, D. 65.3.52.

l'Etat n'userait sans doute pas de cette faculté avec rigueur en supprimant une circonscription entière, ce qui équivaudrait à peu près à la suppression des offices. Il donnerait sans doute une indemnité (1).

1306. Au contraire, l'Etat doit être reconnu responsable des agents préposés aux différents services : 1° des biens domaniaux ; 2° des régies ou administrations qui ont pour objet l'exploitation d'une branche de revenus, soit par l'établissement d'une industrie monopolisée, telle que celle des tabacs (2), d'un chemin de fer (loi du 15 juillet 1845, art. 22) (3), etc., soit par des perceptions directes ou indirectes ; 3° des travaux publics (4), civils ou militaires, ainsi que de ceux préposés à la construction des navires, à la fabrication des armes, des poudres, etc., dans les chantiers et ateliers de la nation.

L'Etat, comme gérant de ces différentes branches de la fortune publique, agit dans des conditions analogues à celles d'un particulier. Bien qu'il soit dirigé par des vues d'intérêt public, il est vrai de dire que « l'exploitation à laquelle il se « livre établit entre lui et les citoyens des rapports privés « qui sont régis par les principes du droit commun », qu'il doit être, par suite, considéré comme un « commettant or- « dinaire soumis, à ce titre, à la responsabilité civile établie « par l'art. 1384 » (5).

1307. La responsabilité de l'Etat est directe ou réfléchie. Directe quand le dommage résulte des faits mêmes ordonnés ou exécutés par le Gouvernement (art. 1382 et 1383) ; réfléchie quand les faits sont imputables personnellement à un fonctionnaire.

C'est alors en vertu de l'art. 1384 que l'Etat devient responsable.

Dans ce dernier cas, l'action est soumise à ces deux conditions essentielles : 1° que l'acte dommageable ait été commis par l'agent dans l'exercice de ses fonctions ; 2° que cet acte constitue une faute caractérisée (V. n°ˢ 884 et 902).

---

(1) V. ce qui est dit *suprà*, n°ˢ 425 et suiv., notamment n° 430.
(2) L. du 28 avril 1816, art. 172.
(3) Et les voitures publiques d'après la loi du 24 juill. 1793. V. les art. 46 et suiv., spécialement l'art. 59.
(4) Loi du 28 pluv. an VIII, art. 4, § 3 ; Loi du 16 sept. 1807, art. 48 et suiv.
(5) M. Larombière, V, n° 1030. — *Conf.*, M. Cotelle, p. 52, 3ᵉ édit

C'est d'ailleurs au demandeur à établir positivement la faute de commission ou d'omission qu'il impute aux agents de l'administration. L'Etat ne saurait être responsable d'un accident qui n'aurait pas de cause reconnue ou dont la cause ne serait pas attribuée avec certitude à la négligence de ses employés (1).

1308. L'administration a souvent contesté l'application de la responsabilité réfléchie. Le Conseil d'Etat a été jusqu'à poser en thèse qu'en l'absence de dispositions formelles de la loi, « la responsabilité de l'Etat, en cas de faute de ses « agents, n'est pas réglée par les principes du droit com- « mun; que cette responsabilité n'est ni générale ni absolue ; « qu'elle se modifie suivant la nature et les nécessités de « chaque service », et que, d'ailleurs, les contestations nais- « sant « des rapports qui s'établissent à l'occasion des divers « services entre les particuliers et les agents qui représen- « tent l'Etat, doivent être portées devant la juridiction ad- « ministrative » (2).

Ceci revient à dire qu'au fond, la responsabilité de l'Etat n'existe pas ; qu'elle ne sera reconnue qu'au gré de l'administration elle-même, et sans aucune règle qui la détermine à l'avance.

Or, il n'est pas possible d'admettre un pareil arbitraire. Nous examinerons plus loin la question de compétence qui est intimement liée à celle-ci, comme on le verra, et nous reviendrons alors sur les raisons invoquées à l'appui du système d'après lequel l'Etat serait affranchi en ce point des règles du droit commun (V. nos 1348 bis, 1349 et 1356 bis). Suivant nous, il faut nécessairement, quant au fond, se rattacher à des principes; et, en dehors des lois spéciales, on ne les trouve que dans le droit commun.

D'après d'autres décisions, la responsabilité de l'Etat serait bornée, à peu près comme celle du mandant ordinaire (C. civ., 1998), aux actes accomplis par les fonctionnaires dans les limites de leurs pouvoirs déterminés par les lois et règlements ou par des autorisations particulières (3).

Ainsi la responsabilité, admise comme on l'a vu n° 1302, pour les faits d'imprudence ou de négligence, ne le serait

---

(1) Rej., 25 juin 1832, D. 279, S. 838.
(2) Cons. d'État, 6 déc. 1855 et 20 fév. 1858, D. 59.3.34 et 35 et les autres décisions citées n° 1348 bis. — Conf., Larombière, p. 757.
(3) Cons. d'Etat, 1er juin 1854, D. 54.3.83.

pas pour des abus de pouvoirs, pour des faits commis à l'occasion et par suite même des fonctions de l'agent, mais en dehors de ses attributions légales.

Ainsi les citoyens cesseraient d'être garantis par l'Etat dans les cas les plus graves et les plus préjudiciables à leurs intérêts! Comment justifier cette anomalie? Les règles du mandat civil ne peuvent ici s'appliquer parce qu'il n'y a pas d'analogie. Quand je traite avec le mandataire d'une autre personne, je suis libre de contracter ou non; j'ai droit de vérifier ses pouvoirs.

Mais vis-à-vis d'un fonctionnaire public, je suis désarmé. Il ne permet pas, en général, de discuter son autorité. Les limites de ses attributions ne sont pas exactement connues de la plupart des citoyens, et il est facile de leur en imposer. La responsabilité de l'Etat est la seule garantie efficace contre l'arbitraire et les abus. Elle se justifie comme celle de tout commettant par l'obligation qui lui incombe de bien choisir ses préposés, de les surveiller et de leur donner des ordres et des instructions.

1309. Aux conditions résultant du droit commun, la législation spéciale de chaque matière en a souvent ajouté d'autres qui tendent à préciser et à restreindre dans ses applications le principe de la responsabilité.

Ceci posé, nous allons faire connaître celles de ces applications qui sont les plus importantes, et de nature à se représenter le plus fréquemment.

1310. 1° L'Etat, exerçant les droits de police qui lui appartiennent, soit à titre préventif, soit pour la recherche des délits et contraventions aux lois fiscales, est responsable des abus de pouvoir, actes illégaux, imprudences ou négligences de ses agents.

Ainsi, l'Etat a été déclaré civilement responsable d'un homicide commis par un agent des douanes dans l'exercice de ses fonctions (1).

Il existe même, à l'égard de cette administration, une disposition formelle, l'art. 19, titre 13 de la loi du 22 août 1791, ainsi conçu : « La régie sera responsable des fautes de ses « préposés dans l'exercice de leurs fonctions seulement, sauf « son recours contre eux ou leurs cautions. » Mais la juris-

---

(1) Grenoble, 13 mars 1834; D. 34.2.197.

prudence a reconnu que la responsabilité de l'État résultait d'une manière générale de l'art. 1384, C. civ.

Aussi l'administration des contributions indirectes a-t-elle été condamnée dans les mêmes circonstances, à raison de l'homicide commis par un de ses préposés, sur un individu qu'il soupçonnait vouloir réaliser une fraude (1).

1311. Lorsqu'il s'agit d'une saisie faite illégalement, on rencontre, en matière de douanes, une disposition spéciale.

L'art. 16, titre 4 de la loi du 9 floréal an VII, porte : « Lors- « que la saisie n'est pas fondée, le propriétaire des mar- « chandises a droit à un intérêt d'indemnité, à raison de « un pour cent par mois de la valeur des objets saisis, depuis « l'époque de la retenue jusqu'à celle de la remise. » C'est une dérogation au droit commun commandée par l'intérêt du Trésor public.

Mais cette taxation ne peut être étendue au cas où la saisie porte sur des objets qui ne sont point des marchandises, comme le navire, la voiture et autres moyens de transport, une pièce faisant partie des agrès, etc., ni au cas où il s'agit de la réparation de faits dommageables qui ont précédé, accompagné ou suivi la saisie. On rentre alors dans le droit commun. Les tribunaux ont un pouvoir discrétionnaire pour la fixation de l'indemnité, et pour prononcer la condamna- tion contre l'État comme civilement responsable (2).

1312. En matière de contributions indirectes, lorsqu'une saisie pour contravention est déclarée mal fondée, l'art. 29 du décret du 1er germinal an XIII porte que le tribunal pourra condamner la régie, non-seulement aux frais du procès et à ceux de fourrière, le cas échéant, mais encore à une indem- nité proportionnée à la valeur des objets dont le saisi aura été privé pendant le temps de la saisie jusqu'à leur remise ou l'offre qui en aura été faite ; mais cette indemnité ne pourra excéder un pour cent par mois de la valeur desdits objets.

La Cour de cassation a déclaré que cet article 29 est limi- tatif, et qu'en conséquence la régie ne peut être condamnée à des dommages-intérêts, à raison de versements provisoires

---

(1) Rej., 30 janv. 1833, D. 55. V. une décision semblable à l'égard de l'administration d'un octroi. Rej., 19 juill. 1826, D. 424, et S. 27. 1.232.

(2) Rej., 22 janv. 1835, D. 70.

illégalement exigés d'un débitant, alors même qu'elle est
obligée à la restitution du principal (1).

On ne peut s'empêcher de remarquer une certaine contradiction entre cette interprétation et celle que donne à la
loi du 9 floréal an vii, l'arrêt cité au numéro précédent. La
loi aurait restreint ici, par une disposition formelle, l'étendue de la responsabilité, mais elle n'en aurait pas moins
consacré le principe.

Au surplus, la chambre criminelle a confirmé récemment
la jurisprudence moins étroite formulée par l'arrêt du 22 janvier 1835. « Attendu que le principe de la responsabilité
« écrit dans les art. 1382 et 1384 est général; qu'il s'ap-
« plique même aux administrations et régies investies du
« droit de poursuivre devant les tribunaux la répression des
« contraventions fiscales;—Que, pour qu'il en fût autrement,
« il faudrait un texte formel qui eût dérogé, en ce qui con-
« cerne ces administrations, aux principes du droit commun,
« mais que ce texte n'existe pas; — Qu'en effet, l'art. 29 du
« décret du 1er germinal an xiii ne renferme qu'une dispo-
« sition particulière applicable au cas de saisie ; — Que cet
« article a surtout pour objet de limiter, dans ce cas, les
« conséquences de la responsabilité générale et de les ren-
« fermer dans des proportions qu'il a pris soin, d'avance,
« de déterminer; — Qu'en dehors de ce cas, qui est spé-
« cialement réservé, la responsabilité existe pour toutes
« les fautes préjudiciables de l'administration, et que l'ar-
« ticle 191, C. instr. crim., attribue aux tribunaux de po-
« lice correctionnelle le droit d'y statuer ; — Attendu que
« l'administration des contributions indirectes est d'autant
« moins fondée à prétendre qu'elle doit échapper à cette
« responsabilité, qu'assimilée aux parties civiles par l'ar-
« ticle 158 du décret du 18 juin 1811, elle a seule le droit
« de poursuivre les contraventions sur lesquelles elle est
« libre de transiger » (2).

1313. 2° L'Etat, considéré comme ayant la gestion des
différents services, sous la forme d'entreprises ou de régies,
et comme dépositaire ou régulateur suprême de la fortune
publique, est également responsable des malversations,
omissions, négligences ou imprudences de ses agents, lorsqu'il en résulte un dommage aux particuliers.

(1) Cass., 21 déc. 1831, D. 32.1.20.
(2) Rej., 15 juin 1872, D. 205, S. 73.1.45.

1314. Ainsi : 1° le *Trésor public* est responsable du paiement irrégulier d'arrérages de rentes effectué par suite d'abus de fonctions de l'un de ses employés (1), et de la soustraction d'une inscription de rente par un employé, entre les mains duquel elle est remise pour en opérer le transfert ou la régularisation (2).

1315. 2° L'*administration des postes* est responsable des lettres qui lui sont confiées. — Mais cette responsabilité n'a pas lieu indistinctement.

Quant aux lettres *perdues*, la responsabilité de l'État a été limitée par deux lois spéciales, d'abord par celle du 24 juillet 1793, portant, art. 28 :

« Ceux qui voudront faire charger des lettres ou paquets « les remettront aux préposés des postes, qui percevront « d'abord le double port, et chargeront leurs registres. »

Art. 38. « A l'égard des paquets chargés, s'ils ne sont pas « remis à leurs adresses dans le mois de leur réclamation, « la régie, sauf son recours, s'il y a lieu, contre les agents « trouvés en faute, sera tenue de payer une somme de cin- « quante livres à la partie réclamante; cette indemnité sera « réduite de moitié si le paquet se retrouve ensuite. »

Les lois du 6 messidor an IV et du 5 nivôse an V ont complété ces dispositions. Cette dernière porte, art. 14 : « Le « port sera double et payé d'avance pour les lettres et pa- « quets chargés; en cas de perte, il ne sera accordé d'autre « indemnité que celle de cinquante livres pour chaque lettre. « Cette indemnité sera due de préférence à celui auquel la « lettre aura été adressée; et, à défaut de réclamation de sa « part dans le mois, elle sera payée à la personne qui justi- « fiera en avoir fait le chargement. — Les lettres affranchies « et non chargées, pour lesquelles il n'est point délivré de « bulletin ni payé double port, et leur délivrance ayant lieu « sans en exiger de reçu, ne sont susceptibles d'aucune in- « demnité en cas de perte. »

Art. 16 : « Nul ne pourra insérer dans les lettres char- « gées ou autres, ni papier-monnaie, ni matière d'or ou « d'argent, ni bijoux; en cas de perte, les contrevenants ne « pourront réclamer d'autre indemnité que celle portée en « l'art. 14. »

---

(1) Jug. du trib. de la Seine, 20 juin 1833, D. 34.2.96.
(2) Paris, 25 janv. 1833, D. 33.2.87, et 3 mars 1834, D. 34.2.96 ; Rej., 29 fév. 1836, D. 131.

La responsabilité de l'administration est donc limitée à la perte des lettres chargées, c'est-à-dire pour lesquelles un double port a été payé et qui ont été enregistrées; encore l'indemnité est-elle uniformément réduite à cinquante livres.

Quant aux lettres simples, même affranchies, la loi est formelle, aucune indemnité n'est due. L'absence de preuve, soit de la remise de la lettre à l'administration, soit de la remise de celle-ci au destinataire, aurait donné lieu à trop de difficultés, et rendu le plus souvent la responsabilité illusoire (1).

1316. Quoi qu'il en soit, les lois de 1793 et de l'an v ne s'appliquent qu'aux lettres perdues. L'administration peut-elle, dès lors, les invoquer, lorsqu'il y a soustraction par un agent de l'administration, soit de la lettre, soit des valeurs qu'elle contenait? Dans ce cas, l'administration est-elle responsable, même d'une lettre simple et de la totalité des valeurs qu'elle renfermait?

Le défaut de preuve de la remise de la lettre sera souvent un obstacle à l'action, sauf quand il s'agira d'une lettre chargée. Mais nous supposons cette preuve acquise, et l'on en a des exemples, comme on va le voir.

La question s'est en effet présentée devant la Cour de cassation dans les circonstances suivantes :

Une lettre contenant des coupons de rente de Naples au porteur, envoyée de Gênes par le sieur Quartara au sieur Todroz, à Paris, fut détournée de sa destination. Les coupons furent remis, par la poste, à M. Vandermarcq, agent de change, par un prétendu comte de Lévy, se disant domicilié à Aix-les-Bains, avec ordre de les vendre et d'envoyer le produit au sieur Lévy par lettre adressée poste restante à Aix.

La vente et l'envoi s'effectuèrent; mais, sur les réclamations du sieur Todroz, des recherches furent faites pour découvrir l'auteur du détournement et de la lettre écrite sous le nom de comte de Lévy. On acquit la preuve que ce double fait était imputable à un agent de l'administration des postes nommé Conort. Traduit devant la Cour d'assises de la Seine, Conort fut condamné, pour vol et faux, à quinze ans de travaux forcés.

_____

(1) Cons. d'Etat, 24 juin 1868, S. 69.2.222.

M. Vandermarcq intervint devant la Cour d'assises et demanda contre Conort et contre l'administration des postes, comme civilement responsable, trente mille francs de dommages-intérêts. Sa demande fut rejetée, la Cour d'assises se fondant en particulier sur l'art. 14 de la loi du 5 nivôse an v, qu'elle considéra comme déchargeant l'administration des postes de toute responsabilité.

Mais, sur le pourvoi de Vandermarcq, la Cour de cassation a jugé le contraire : « Attendu que les prescriptions de l'article 1384, C. civ., sur la responsabilité des maîtres et commettants, à l'égard des dommages causés par leurs préposés dans les fonctions auxquelles il les ont employés, sont applicables à l'administration des postes, hors le cas où des exceptions à ces dispositions ont été formellement établies par des lois spéciales ; attendu que si l'art. 14 de la loi du 5 nivôse an v établit qu'il n'est dû, par l'administration des postes, qu'une somme de cinquante francs en cas de perte d'une lettre chargée, et qu'il n'est dû aucune indemnité en cas de perte d'une lettre simplement mise à la poste et non chargée, le mot « perte », employé dans cet article, ne peut s'entendre que d'un fait involontaire ou accidentel; que, dès lors, on ne peut l'étendre à des faits volontaires, constituant des crimes ou des délits, tels que des détournements ou des soustractions commis par des préposés de l'administration des postes dans l'exercice de leurs fonctions ; attendu que cette nature de faits n'étant pas énoncée dans la loi spéciale de la matière, rentre dans le droit commun, et soumet l'administration des postes à la responsabilité qui résulte de la loi générale » (1).

La Cour d'appel de Paris, saisie de la cause, par suite du renvoi prononcé par la Cour de cassation, a adopté la même interprétation : « Attendu..... que, s'il est vrai que la loi de l'an v a voulu protéger l'administration des postes contre l'événement d'erreurs, de négligences, d'imprudences même, échappées à ses employés dans le cours de leurs fonctions, il n'est pas moins vrai qu'elle n'a pas pu vouloir étendre la même faveur à des faits calculés, ni à des actes frauduleux de détournement, de vol, de crimes accomplis par des employés dans l'exercice de leurs fonctions au préjudice du public, qui forcément obligé, pour le transport des lettres, de

(1) Cass., 12 janv. 1849, S. 43.

se confier à la foi de l'administration des postes, doit compter qu'elles seront fidèlement et régulièrement transmises à leur destination, etc. » (1), L'administration des postes s'est, à son tour, pourvue en cassation contre cet arrêt, mais il a été maintenu par arrêt du 12 mai 1851 (2).

Nous adhérons, pour notre part, à cette solution.

Mais nous devons faire remarquer que le Conseil d'Etat, au contraire, saisi de la même question, a déclaré, d'une manière générale, que les lois qui limitent la responsabilité de l'Etat en cette matière, « n'ont fait aucune distinction, eu égard aux circonstances qui auraient pu causer ou accompagner la perte ». Ce sont les termes mêmes d'une décision en date du 12 juillet 1851 (3).

1317. L'administration des postes est aussi responsable des envois d'argent.

Voici ce que porte, à cet égard, la loi des 23-24 juillet 1793 :

Art. 37. « Toutes sommes et valeurs en assignats, en or « et en argent, monnayés ou non, seront désormais char-« gées à vue : la régie sera responsable de la totalité de la « somme ou valeur chargée, et non de celles qui ne l'auront « pas été. »

Et la loi du 5 nivôse an v :

Art. 15. « Le transport des espèces, valeur métallique et « papier-monnaie, continuera d'avoir lieu à découvert, par « la voie de la poste, dans l'intérieur du territoire de la Ré-« publique et aux armées, à raison du port de cinq pour « cent, payé d'avance, en même nature que celle de l'envoi. « En cas de perte, la somme à payer sera remboursée en « mêmes espèces que celle déposée. »

1318. La législation que nous venons d'exposer, sur le transport des lettres et les envois d'argent, a paru avec raison insuffisante au double point de vue des intérêts privés et des intérêts de l'Etat lui-même, de son crédit et du rendement de l'impôt. On a pensé qu'au moyen d'un droit proportionnel et modéré, perçu sur toutes les valeurs envoyées par la poste, on pouvait assujettir l'administration à la responsabilité pleine et entière de ces valeurs : que, de la sécurité du trans-

---

(1) Paris, 6 août 1850, S. 50.2.404.
(2) S. 349.
(3) Lebon, p. 508, D. 51.3.66. — *Conf.*, Cons. d'Etat, 14 sept. 1852, D. 53.3.12.

·port résulterait un grand développement de la circulation, et que, par là, se trouverait peut-être compensée la perte subie par le Trésor, non-seulement à raison de l'abaissement du tarif sur les envois d'argent, mais par suite de la réduction générale de la taxe des lettres.

En conséquence, M. de Saint-Priest soumit, en 1848, à l'Assemblée constituante, une proposition dont le principe fut adopté par la commission chargée de l'examiner. Le projet, amendé par la commission, rendait l'Etat garant de toute espèce de risques, même des cas fortuits et de force majeure, moyennant le paiement d'un droit qualifié prime d'assurance. — Voici quelques passages du rapport fait à l'Assemblée dans la séance du 20 avril 1849, par M. David (du Gers). Ils paraissent offrir de l'intérêt :

« Le comité des finances a dû, avant d'entrer dans les détails d'exécution, examiner la question soulevée par la proposition de M. de Saint-Priest, au point de vue général et économique.

« Le transport des lettres par l'Etat constitue un monopole, mais un monopole utile, nécessaire même. L'impôt qui résulte du monopole des postes avait tourné à l'abus et donné lieu à d'injustes inégalités ; elles ont disparu, et nous demeurons aujourd'hui en face, non-seulement de l'un de nos meilleurs impôts, mais d'un impôt dont le caractère est à peu près effacé, puisqu'il est à croire qu'une concurrence et des entreprises, nécessairement partielles, ne feraient pas ce service avec la même uniformité et la même sécurité, et qu'elles ne pourraient pas même le faire à meilleur compte.

« Outre donc que l'État ne pourrait guère s'en remettre à d'autres du transport de ses propres dépêches, il fait le service des particuliers dans les meilleures conditions ; mais il ne faut pas qu'il compromette ou qu'il amoindrisse l'avantage de cette position, en se laissant aller à la prétention de se soustraire à aucune des garanties auxquelles la loi civile soumettrait un entrepreneur ordinaire. C'est mal à propos que, s'appuyant sur les lois d'un autre temps, *l'Etat a prétendu qu'il n'était pas responsable, même quand la soustraction était le fait de ses agents*, et que la preuve en était accidentellement acquise. C'est mal à propos que des affiches apposées dans les bureaux de l'administration provoquent encore aujourd'hui l'envoi des billets de banque ou de change par la voie des lettres chargées ou recommandées, si l'on dénie en même temps toute garantie.

« La responsabilité existe en droit, même pour de simples lettres ; mais la preuve demeure à peu près impossible.....

« Ce n'est donc pas un monopole nouveau qu'il s'agit d'établir, c'est un monopole déjà existant qu'il faut régulariser et améliorer. C'est une catégorie plus chanceuse des transports dont l'Etat est déjà exclusivement chargé qu'il s'agit de soumettre à une législation spéciale, et pour lesquels il nous paraît juste d'établir, moyennant une prime facultative, une assurance entière. Personne n'aura le droit de se plaindre, car ceux qui se contenteront de l'ordre actuel demeureront libres de ne pas accepter le contrat qui leur est offert, etc..... »

..... La prime était fixée à 0 fr. 50 p. 100, par l'auteur de la proposition. La commission de l'Assemblée constituante fit un rapport favorable et réduisit le droit à 0 fr. 25. Mais la dissolution de l'Assemblée empêcha le vote de la loi.

1319. Ce projet fut repris plus tard et réalisé par la loi du 4 juin 1859, d'après laquelle :

« L'insertion dans une lettre de billets de banque ou de « bons, coupons de dividendes et d'intérêts payables au por- « teur, est autorisée jusqu'à concurrence de 2,000 fr. et sous « condition d'en faire la déclaration (art. 1).

« Cette déclaration doit être portée en toutes lettres sur la « suscription de l'enveloppe (art. 2).

« L'expéditeur... paiera d'avance, indépendamment d'un « droit fixe de 20 cent. et du port de la lettre suivant son « poids, un droit proportionnel de 10 cent. par 100 fr. ou « fraction de 100 fr. (art. 4). »

Moyennant ces conditions, et aux termes de l'article 3, « l'administration des postes est responsable, jusqu'à con- « currence de 2,000 fr., et sauf le cas de perte par force « majeure (1), des valeurs insérées dans les lettres et décla-

_____

(1) Le Gouvernement a déclaré que cette exception était restreinte au cas de vol à main armée ; V. le rapport dans Dalloz, 1859.4.58 (n° 16). Néanmoins la Cour de cassation a décidé que ces expressions devaient s'entendre suivant leur sens ordinaire et légal, de tout événement qu'on n'a pu prévoir ni empêcher. Rej., 26 déc. 1866, D. 67.1.28. Mais l'abordage de deux navires qui a lieu par la faute commune des capitaines ne constitue pas un cas de force majeure ; en conséquence, l'administration des postes est responsable de la perte des valeurs chargées et déclarées, confiées par elle au capitaine d'un de ces navires et qui ont été perdues à raison de cet abordage. Paris, 9 juill. 1872, D. 74.2. 193.

« rées conformément aux dispositions des art.-1 et 2. Elle « est déchargée de cette responsabilité par la remise des « lettres dont le destinataire ou son fondé de pouvoirs a donné « le reçu.

« En cas de contestation, l'action en responsabilité est « portée devant les tribunaux civils. »

Du reste, l'art. 7 rappelle et consacre de nouveau la loi du 5 nivôse an v, en déclarant que la perte des *lettres chargées*, sans déclaration de valeurs, continuera à n'entraîner, pour l'administration des postes, que l'obligation de payer une indemnité de 50 fr.

1319 *bis*. Quand une lettre chargée avec déclaration de valeurs est représentée intacte au destinataire, celui-ci peut-il réclamer à l'administration des postes la différence qui existerait entre la somme réellement contenue dans l'enveloppe et celle indiquée par la suscription ?

La négative a été jugée par le tribunal de la Seine, le 2 juillet 1872, et sur pourvoi par la chambre des requêtes de la Cour de cassation, le 5 février 1873 (1).

Il était constaté, en fait, que la lettre déclarée contenir deux billets de banque de 1,000 fr. avait été remise à sa destination dans un état d'intégrité parfaite. Les cachets étaient intacts et les plis de l'enveloppe n'indiquaient aucune trace de soustraction. — Il est vrai que la lettre pesée au moment du dépôt avait été cotée au poids de 7ᵍʳ,90, tandis qu'à l'arrivée elle avait été reconnue ne peser que 6ᵍʳ,50, et que la différence représente à peu près le poids d'un billet de 1,000 fr. — Mais cette circonstance, qui pouvait être le résultat d'une erreur, n'a pas paru à elle seule suffisante pour établir que l'administration n'avait pas exécuté l'obligation dont elle était tenue ; il eût fallu faire contre elle une preuve plus certaine de la soustraction.

La question n'est pas sans présenter quelques difficultés ; nous pensons cependant qu'elle a été bien résolue.

Car, lorsque l'administration représente la dépêche intacte, elle doit être déchargée. Autrement on pourrait insérer dans une lettre une somme très-inférieure à celle que l'on indiquerait sur la suscription ou même ne joindre à la lettre aucune espèce de valeur, et réclamer une somme de 1,000 ou de 2,000 fr. à l'Etat (2). Une pareille fraude est trop

---

(1) D. 193, S. 72.
(2) Le maximum des valeurs déclarées est porté à 10,000 fr. par l'art. 10 de la loi du 25 janvier 1873. V. n° 1319 *ter*.

facile à supposer pour que le législateur ne l'ait pas prévue.
On lit, en effet, dans le rapport de M. O'Quin, député au
Corps législatif : « Grâce au paiement de la prime, l'expéditeur de titres payables au porteur pourra faire retomber les
chances de perte sur l'administration. Elle s'engage à remettre au destinataire la lettre qu'elle a reçue de l'éxpédi-
teur; mais quand elle l'a représentée intacte, que *la valeur
accusée par l'envoyeur y soit ou non*, l'administration est
dégagée de toute responsabilité..... Cette limitation de la
responsabilité de l'administration à la remise d'une lettre
entièrement intacte a soulevé de vives objections dans la
discussion... Les inconvénients disparaîtraient si l'administration consentait à recevoir à découvert les valeurs qui lui
sont confiées... Mais... au Conseil d'Etat, un examen approfondi en a démontré l'impossibilité... etc.
    Maintenant la loi votée après ces explications porte, art. 3 :
« Moyennant ces conditions,... l'administration est respon-
« sable... sauf le cas de perte par force majeure, des valeurs
« insérées dans les lettres et déclarées, etc. — *Elle est dé-
« chargée de cette responsabilité par la remise des lettres
« dont le destinataire ou son fondé de pouvoirs* a donné le
« reçu. » — Ces expressions ne laissent plus aucune place
au doute.
    Il est certain cependant que si l'enveloppe était déchirée
ou que si l'on prouvait par toute autre circonstance qu'une
soustraction a été commise, soit par un agent des postes,
soit par un tiers, l'administration devrait rembourser la valeur. Mais précisément, dans l'espèce actuelle, cette preuve
n'était pas faite. — On ne saurait admettre, en effet, comme
preuve suffisante à cet égard, la différence de poids; dire
que, par suite de cette différence, la dépêche n'était plus intacte. Car, s'il est vrai que le pesage au départ comme à l'arrivée soit le fait d'un agent qui représente l'administration
et dont celle-ci doit répondre, ce pesage qui a pour objet
principal la perception de la taxe et qui n'est pas soumis à
une vérification contradictoire, peut être, ainsi qu'il est dit
dans l'arrêt, le résultat d'une erreur. — Cette inexactitude,
du reste, ne constitue pas vis-à-vis de l'envoyeur une faute
qui l'autorise à demander le remboursement intégral de la
somme par lui déclarée, à titre de réparation, puisqu'elle
ne se rapporte qu'à l'exécution d'un règlement d'ordre intérieur, indépendant des autres garanties accordées à l'expéditeur.

Si ce dernier était victime d'un vol commis avec une adresse telle qu'il n'en restât aucun vestige, cas assez rare assurément, il ne semble pas juste d'en faire retomber les conséquences sur l'Etat, par suite de simples présomptions.

1319 *ter*. Une autre loi, en date du 25 juin 1873, a créé une nouvelle catégorie pour les lettres et autres objets dont le transport doit ou peut être confié à la poste ; ce sont ceux qui sont *recommandés* (art. 1 et 2). « Les objets recom-« mandés sont déposés aux guichets des bureaux de poste.

« L'administration en est déchargée, en ce qui concerne les « lettres, par leur remise, contre reçu, au destinataire ou à « son fondé de pouvoirs ; en ce qui concerne les autres « objets, par leur remise contre reçu, soit au destinataire, « soit à une personne attachée au service du destinataire ou « demeurant avec lui (art. 3). »

« La faculté donnée par l'art. 7 de la loi du 4 juin 1859, « relative à l'insertion des valeurs au porteur dans les lettres « chargées, sans déclaration de valeurs, s'appliquera aux « lettres recommandées (art. 6). »

« L'administration des postes n'est tenue à aucune in-« demnité, soit pour détérioration, soit pour *spoliation* des « objets recommandés. La perte, sauf le cas de force ma-« jeure, donnera seule le droit au profit du destinataire à « une indemnité de vingt-cinq francs (art. 4) » (1).

Ainsi la lettre recommandée prend la place de la lettre chargée sans déclaration ; la perte, quelle que soit la valeur des objets que cette lettre peut renfermer, est fixée à forfait à la somme de vingt-cinq francs.

En cas de détérioration et même de spoliation, ce qui doit s'entendre du vol de tout ou partie de ces objets, billets de banque, titres ou échantillons, autres que la dépêche elle-même, l'administration des postes est affranchie de toute responsabilité.

Ainsi l'expéditeur ou le destinataire pourraient bien porter plainte et obtenir condamnation au criminel et au civil contre l'auteur de la soustraction, si l'on parvenait à le découvrir ; mais l'indemnité ne pourrait être prononcée que contre lui personnellement.

_____

(1) La recommandation a lieu (art. 5) moyennant le paiement, en sus de la taxe, d'un droit fixe qui est de 50 c. pour les lettres et de 25 c. pour les autres objets.

Si pourtant le détournement avait été commis par un agent de l'administration, celle-ci n'en serait-elle pas civilement responsable ?

Nous avons exposé ci-dessus, n° 1319, la jurisprudence sur ce point qui a été résolu, dans un sens différent, par la Cour de cassation et par le Conseil d'Etat, en ce qui concerne les lettres chargées dans les conditions établies par les lois antérieures à 1859.

En présence des dispositions de l'art. 4 de la loi de 1873, nous inclinons à penser que l'administration peut invoquer une immunité complète. On a voulu d'abord affranchir le Trésor des conséquences d'une foule d'accidents et de pertes qui peuvent être dus à la négligence ou à la distraction des employés, mais qui s'expliquent et sont souvent excusables dans un service aussi actif que celui de la poste ; assez souvent, d'ailleurs, ils sont dus au défaut de précautions des expéditeurs, ou à la nature des choses, par exemple, en ce qui concerne les échantillons.

Mais, en outre, il est certain que l'Etat a voulu s'affranchir d'une responsabilité qui pouvait être indéfinie, dans le système contraire, et d'une quantité de procès onéreux pour l'administration. Ayant donné aux expéditeurs de valeurs, des facilités et des garanties suffisantes par la faculté des chargements *avec déclarations*, on lui a formellement réservé, dans l'art. 7 de la loi du 4 juin 1859, l'inmunité qu'elle prétendait lui être assurée par les dispositions antérieures, par rapport aux lettres chargées sans déclaration ; et dans l'art. 4 de la loi du 25 juin 1873, on l'a répété pour les lettres simplement recommandées. Une indemnité de vingt-cinq francs est la seule que les intéressés puissent réclamer.

Ainsi, l'art. 6 de cette dernière loi qui autorise l'insertion, dans les lettres recommandées, de valeurs au porteur, bien qu'il n'en limite pas le montant, doit s'entendre en ce sens que l'administration n'en répondra que jusqu'à concurrence de vingt-cinq francs.

Pour des valeurs plus fortes, il sera toujours prudent d'employer le mode de chargement avec déclaration, ce mode étant le seul qui assure un remboursement intégral.

Aux termes de l'art. 8 de la loi de 1873 : « Les bijoux et « objets précieux, circulant jusqu'à présent par la poste sous « le titre de *valeurs cotées*, sont assimilés aux lettres renfer- « mant des valeurs déclarées,..... et circuleront sous le titre « de *valeurs déclarées*. »

La loi de 1873 ajoute :

Art. 9 : « Il est interdit sous les peines édictées par l'art. 9
« de la loi du 4 juin 1859 :

« 1° D'insérer dans les lettres ou autres objets recom-
« mandés des pièces de monnaie, des matières d'or ou d'ar-
« gent, des bijoux ou autres objets précieux ; .

« 2° D'insérer dans les objets recommandés, affranchis
« au prix du tarif réduit, des billets de banque ou valeurs
« payables au porteur ;

« 3° D'expédier dans les boîtes, comme valeurs déclarées,
« des monnaies françaises ou étrangères. »

La première de ces dispositions pénales confirme et sanc-
tionne celles qui limitent la responsabilité de l'Etat, en mettant obstacle à l'insertion, dans les lettres ou paquets confiés
à l'administration des postes, d'objets précieux susceptibles
de se perdre ou de tenter la cupidité, soit des tiers, soit des
agents eux-mêmes.

La seconde a pour objet d'empêcher toute fraude dans
l'emploi des recommandations d'objets autres que les lettres.

Enfin l'art. 10 élève la limite de garantie des valeurs *déclarées* contenues dans une même lettre ou dans une même
boîte, à 10,000 francs. L'art. 3 de la loi de 1859 fixait cette
limite à 2,000 francs, mais l'exemple des autres pays a démontré que l'on pouvait dépasser ce chiffre sans inconvénients pour l'Etat et avec avantages pour le public.

1320. A côté du service des correspondances par la poste
aux lettres, se place maintenant celui de la télégraphie électrique.

La loi du 28 novembre 1850 permet à toute personne
dont l'identité est établie, de correspondre au moyen du
télégraphe électrique de l'Empire, par l'entremise des fonctionnaires de l'administration télégraphique. Mais la transmission est toujours subordonnée aux besoins du service
télégraphique de l'Etat (art. 1er). Le directeur du télégraphe
peut, dans l'intérêt de l'ordre public et des bonnes mœurs,
refuser de transmettre les dépêches, sauf recours au ministre de l'intérieur ou au préfet. Si, à l'arrivée au lieu de destination, le directeur estime que la communication d'une dépêche peut compromettre la tranquillité publique, il en
réfère à l'autorité administrative qui a le droit d'interdire
ou de réserver la remise de la dépêche (art. 3).

La correspondance télégraphique privée peut être suspendue par le Gouvernement, soit sur une ou plusieurs

lignes séparément, soit sur toutes les lignes à la fois
(art. 4).

Ces réserves ont été faites, on le comprend, dans un intérêt d'ordre public que la nature d'un agent si rapide de communication pouvait, dans certaines circonstances, gravement compromettre, et l'Etat, lorsqu'il usera de ces droits, sera toujours à l'abri de réclamations. L'art. 6, en effet, porte dans des termes absolus : « L'Etat n'est soumis à au- « cune responsabilité à raison du service de la correspon- « dance privée par voie télégraphique » (1).

Les agents seuls, en cas de faute qui leur soit personnelle, pourraient être actionnés par les parties lésées. Par exemple, l'expéditeur d'une dépêche a le droit de la retirer avant qu'elle soit partie ; le refus de la lui remettre que lui ferait le chef du bureau soulèverait une question de propriété, et pourrait engendrer un cas de responsabilité, non contre l'Etat, mais contre cet employé (2).

1321. Nous passons maintenant à l'examen de quelques dispositions spéciales qui ont consacré, en l'organisant dans un système à part, le principe de la responsabilité de l'Etat, en tant qu'entrepreneur de transports.

Une loi du 16 juillet 1840 a autorisé l'établissement par l'Etat d'un service de paquebots à vapeur pour les correspondances entre la France et l'Amérique. Ces bâtiments pouvaient recevoir des marchandises. Le Gouvernement avait la faculté de les faire commander, soit par des officiers de la marine de l'Etat, soit par des capitaines au long cours (3). Lorsque le commandement est exercé par des officiers de la marine de l'Etat, la loi veut, art. 4, qu'il soit placé à bord de chaque bâtiment un agent commissionné par l'administration, et spécialement chargé de tous les détails de la gestion du service, en ce qui concerne le transport des passagers, des marchandises, des matières d'or et d'argent et des correspondances. Et enfin, aux termes de l'art. 5, « les articles « du titre 4 du livre 2 du Code de commerce (4), qui rè- « glent la responsabilité des capitaines de navire envers les

_____

(1) M. Cotelle, *Législ. franç. des ch. de fer et de la télégr. électr.*, t. 2, p. 498 et 505. V. aussi l'art. 6 du décret du 25 mai 1870, relatif à la transmission, par voie télégraphique, des mandats d'argent.
(2) M. Cotelle, *ibid.*, p. 509.
(3) Art. 2 et 3.
(4) Art. 221 à 249.

« chargeurs et leurs ayants cause, seront exclusivement ap-
« plicables à l'agent commissionné. »

L'Etat était donc ici représenté par un agent spécial, responsable sans aucun doute en son ¡nom personnel, mais
dont l'administration répondait aussi comme maître ou
commettant; et quand le bâtiment était commandé par un
capitaine au long cours, on peut même dire que ce n'était
plus qu'un navire marchand, dont l'Etat était propriétaire
comme personne civile, et avec les conséquences qui dérivent de cette qualité de propriétaire ou d'armateur (1).

1322. Une autre loi, celle du 14 juin 1841, relative à
l'établissement de deux lignes de paquebots sur la Méditerranée, l'une entre Marseille et Alexandrie, l'autre entre
Marseille et la Corse, avait également accordé le transport,
par ces bâtiments, de certaines marchandises, celles qui
présentent une grande valeur sous un petit volume, et dont
une ordonnance du 19 août 1845 contient la nomenclature.
La loi, dans l'art. 5, reproduisait les dispositions de celle
de 1840, quant aux fonctions de l'agent commissionné
pour les détails du service des transports. Mais l'art. 6 porte
que :

« Les dispositions du Code de commerce et des lois ma-
« ritimes, qui règlent la responsabilité des armateurs et
« des capitaines de navire envers les chargeurs et leurs
« ayants cause, ne sont pas applicables à l'Etat et à ses
« agents. »

Évidemment l'on n'avait pas entendu par cette disposition affranchir l'Etat de toute espèce de responsabilité quant
aux objets qui lui étaient remis pour être transportés par
cette voie. Il fut, au contraire, formellement déclaré par le
rapporteur de la commission à la Chambre des députés que
l'Etat ne pouvait pas se soustraire à l'action des chargeurs.
Seulement on régla ses obligations autrement que ne le sont
celles du capitaine et des armateurs d'après le Code de commerce, parce qu'on avait trouvé des inconvénients à l'application pure et simple du droit maritime.

Il résulte des explications qui furent échangées à ce sujet
entre le rapporteur de la loi, M. Garnier-Pagès, et divers
membres de la Chambre des députés, deux choses positives.
— D'abord la consécration de la responsabilité de l'Etat

(1) C. comm., 216 et 217.

comme entrepreneur de transports et comme garant civilement du fait de ses préposés. Puis l'application des règles du droit commun à la mise en action de cette responsabilité. Seulement, au droit commun maritime on substituait, le droit commun des transports par la voie de terre, à cause de certaines formalités gênantes, imposées par le Code de commerce au capitaine de navire, et de certains droits particuliers accordés aux chargeurs, incompatibles avec les convenances d'un service accompli par l'Etat, et dans un intérêt public.

Or, le droit commun en cette matière se trouve dans les articles du Code civil (1) et du Code de commerce (2), qui déterminent les droits et les obligations du voiturier. Il était assurément impossible d'invoquer, comme formant le droit commun, les lois du 24 juillet 1793 et du 5 nivôse an v, qui limitent à une somme fixe la responsabilité de l'administration en cas de perte des effets chargés sur les malles-postes.

Au reste, les dispositions de ces deux lois n'ont plus qu'un intérêt théorique et comparatif, car elles sont abrogées par celles de la loi du 8 juillet 1851, qui a homologué la concession par l'Etat à une compagnie commerciale de ses paquebots et de l'exploitation du service postal de la Méditerranée (3), et par celle du 17 juin 1857, qui a adopté un système semblable pour les correspondances avec l'Amérique.

1323. Comme entrepreneur de transports des choses et des personnes, l'administration des postes est encore responsable des accidents arrivés, soit aux voyageurs, soit à des tiers, par la faute [de ses agents, à raison de la rapidité ou de la mauvaise direction données aux malles.

L'accélération du service, toujours réclamée par le public et toujours croissante en fait, la vitesse imprimée par suite à la marche des voitures, ont donné lieu, à une certaine époque, à un assez grand nombre d'accidents. Des actions en dommages-intérêts ont été dirigées contre les courriers et contre l'administration des postes comme civilement res-

---

(1) C. civ., 1382, 1383, 1384, 1782, 1783, 1784, 1952, 1953 et 1954.
(2) C. comm., 103 à 108.
(3) V. aussi le décret du 16 juin 1857, sur les services maritimes des messageries impériales, *Bull. des lois*, n° 508, p. 1194.

ponsable. Alors se sont élevées des difficultés relatives, les
unes à la compétence, les autres au fond du droit. Nous examinerons dans l'article suivant ce qui touche à la compétence.

Quant au fond, la responsabilité de l'administration à l'é-
gard des fautes des courriers ses agents n'a point été contestée en principe. Tout le débat a roulé sur l'appréciation de
la conduite personnelle de ces derniers, des obligations résultant pour eux des règlements émanés de l'administration,
de l'exécution plus ou moins fidèle, plus ou moins intelligente, que ces règlements avaient reçue dans les différentes
espèces, et de leur influence sur la responsabilité de l'administration elle-même.

Il s'agissait aussi de savoir si l'administration devait répondre du postillon, comme placé momentanément sous les
ordres du courrier, ou si l'entrepreneur du relais devait seul
encourir les conséquences de la qualité de maître ou commettant.

1324. Sur le premier point il a été jugé plusieurs fois
qu'en droit l'administration des postes ou l'État sont placés
sous la règle commune, posée dans les art. 1382, 1383 et
1384, C. civ., et qu'il appartient aux tribunaux d'apprécier,
dans les cas prévus par ces articles, les faits résultant de
l'exécution plus ou moins intelligente, plus ou moins prudente, des règlements et ordres administratifs, pour en déduire, soit la responsabilité personnelle des agents de l'administration, soit la responsabilité civile de cette dernière à
l'égard de ses préposés (1); que ni ces derniers, ni l'administration, ne pouvaient se mettre à couvert en invoquant les
règlements sur la marche de ses voitures; car s'il est permis
à l'administration de se soustraire aux prescriptions des
règles de police générale en ce qui concerne la vitesse de la
marche, notamment pendant la traversée des villes, parce
que c'est toujours dans l'intérêt public que les règlements
cessent d'avoir leur exécution, ces privilèges mêmes l'obligent d'autant plus à user de prudence, de prévoyance et de
précaution pour éviter tout accident, tout dommage, qui ne
seraient que la suite de l'extrême célérité du service et des
ordres précis et sévères qui la commandent, sans quoi la vie

(1) Rej., 30 janv. 1843, S. 353, D. 96 ; 1ᵉʳ avril 1843, S. 363, D.
261 ; 22 nov. 1848, S. 700.

et la sécurité de l'homme seraient fréquemment compromises, sans recours contre les auteurs du dommage causé (1).

1325. Sur le secònd point, on a décidé que le postillon
n'était pas, à proprement parler, le préposé de l'administration des postes qui ne le choisit pas (2) ; que le courrier,
agent de cette administration, avait cependant, vis-à-vis du
postillon, une certaine autorité, une certaine suprématie et
une obligation générale de surveillance qui lui faisaient un
devoir de l'avertir, soit de modérer la marche des chevaux,
soit d'éviter tel ou tel obstacle qui peut causer un accident;
que, dès lors, l'inaction du courrier dans des circonstances
données constitue indubitablement une faute d'omission,
une négligence qui le rend lui, et par conséquent l'Etat, responsable pour partie du dommage causé (3).

1326. Ce n'est pas seulement à l'occasion du service des
dépêches que l'Etat joue le rôle d'entrepreneur du transport
des personnes et des choses, et peut encourir la responsabilité qui en résulte sous un double rapport. Cette même qualité lui appartient en tant qu'exploitant par ses agents directs
des lignes de chemins de fer.

A cet égard, et par rapport à la responsabilité des choses
transportées par cette voie, aucune disposition spéciale n'est
venue déroger au droit commun en faveur de l'Etat.

Quant à la responsabilité des accidents causés aux personnes des voyageurs ou à des tiers, la loi du 15 juillet 1845
consacre formellement l'application à l'Etat des principes
généraux. Dans le titre 3 de cette loi, des pénalités diverses
sont établies contre ceux qui ont causé des accidents, soit à
dessein, soit involontairement par négligence, imprudence
ou inobservation des règlements. Puis, après avoir dit, article 22, que les concessionnaires ou fermiers d'un chemin
de fer seront responsables, soit envers l'Etat, soit envers les

_____

(1) Rej., 3 juin 1843, D. 421, S. 937; Agen, 24 avril 1843, D. 43.
2.205, S. 43.2.476 ; Colmar, 25 janv. 1848, S. 49.2.345.
(2) Cette circonstance est décisive. Elle contribue surtout à justifier
à nos yeux les décisions rendues sur la question. Pourtant, elle paraît
avoir échappé aux rédacteurs des arrêts que nous allons citer; nous
l'avons en vain cherchée dans les considérants. Mais la sagacité des
magistrats n'a pu se méprendre au fond sur l'application des véritables
principes.
(3) Agen, 24 avril 1843, cité à la note 1, ci-dessus; Colmar, 25 janv.
1848, S. 49.2.345 ; Trib. de Bordeaux, 8 avril 1848, et Rej., 22 nov.
1848, S. 700.

particuliers, du dommage causé par les administrateurs, directeurs ou employés à un titre quelconque au service de l'exploitation d'un chemin de fer, la loi ajoute : « L'Etat « sera soumis à la même responsabilité envers les particu-« liers, si le chemin de fer est exploité à ses frais et pour son « compte. »

1327. Nous avons eu plus d'une fois l'occasion de dire que l'Etat, considéré dans l'accomplissement des *travaux publics*, est responsable des accidents arrivés par la négligence ou l'imprudence de ses agents, manifestées, soit dans la conception même des travaux entrepris, soit dans le mode d'exécution, s'il y a omission des précautions nécessaires.

Supposez, par exemple, que les réparations d'une route aient eu lieu simultanément sur toute la largeur, et qu'on n'ait laissé qu'un passage insuffisant pour les voitures ; que ce passage même se trouvant encombré de pavés, une diligence obligée de s'y engager y verse et que les voyageurs soient blessés, l'administration sera responsable.

C'est ainsi encore que le sieur Lœmlé a obtenu trois mille francs de dommages-intérêts contre l'Etat dans les circonstances suivantes. Les puits où sont amarrées les chaînes du pont suspendu de Melun avaient été ouverts pour des travaux intérieurs. Le sieur Lœmlé, passant sur le quai et n'étant point averti de l'ouverture de ces caveaux, s'y laissa tomber. Cet accident lui occasionna une longue incapacité de travail. On reconut qu'il était imputable aux agents de l'administration, et l'action du sieur Lœmlé, contre le ministre des travaux publics, a été accueillie par ordonnance rendue en conseil d'Etat le 19 décembre 1839 (1).

On lit dans une autre ordonnance du 27 mai 1839 : « Considérant qu'il résulte des circonstances de l'affaire *que l'accident doit être attribué à un défaut de surveillance de la part des agents de l'administration dans la direction et l'exécution des travaux; qu'en conséquence, l'Etat, à défaut de l'entrepreneur reconnu insolvable, est responsable des dommages*, et qu'il y a lieu de mettre à sa charge la somme de neuf cent soixante-quatre francs trente-cinq centimes, à laquelle a été fixée l'indemnité due au sieur Mériet par l'arrêté du 29 août 1834 » (2).

---

(1) Lebon, *Rec. des arrêts du cons.*, t. 9, p. 593.
(2) Lebon, t. 9, p. 306.—*Conf.*, pour un département, Cons. d'Etat, 7 mai 1863, D. 63.3.61

Cette décision est évidemment fondée sur l'application faite à l'Etat de l'art. 1384, C. civ., et le même principe se retrouve implicitement dans beaucoup d'autres rendues sur la même matière (1).

1328. Il s'agit donc seulement de savoir quels sont les agents dont cette administration doit répondre.

J'ai dit plus haut, n° 892, que les particuliers qui font exécuter des ouvrages par entreprise ne sont point responsables du fait des entrepreneurs, ceux-ci ne pouvant être considérés comme leurs préposés. — Mais les rapports des entrepreneurs de travaux publics avec l'administration sont d'une nature exceptionnelle. Ne pourraient-ils pas souvent motiver contre l'Etat des actions en responsabilité civile, à raison du dommage causé par ces derniers?

Le dommage est le fait même de l'administration, lorsqu'il s'agit d'accidents arrivés par suite des vices du plan, et l'entrepreneur est à l'abri d'une poursuite personnelle, parce qu'il n'a joué que le rôle passif d'agent de l'administration exécutant des ordres supérieurs de la convenance desquels il n'est pas le juge. L'entrepreneur est obligé d'accepter et de suivre les plans et devis de l'administration, sans pouvoir, de lui-même et sous aucun prétexte, apporter le plus léger changement au projet ou au devis (2). Il est, au contraire, obligé de se conformer à tous les changements qui lui sont ordonnés, soit au moment de l'homologation de l'adjudication (3), soit dans le cours du travail (4). Si donc le plan ou le mode d'exécution, prescrits par le devis, sont vicieux et qu'il en résulte des accidents, l'État en est responsable.

1329. Mais les accidents peuvent être aussi la suite de l'imprudence personnelle de l'entrepreneur ou de son défaut de surveillance sur ses propres ouvriers. — Or, le droit qui appartient à l'administration de contrôler ses actes au point de vue de la convenance, de l'utilité, de l'économie des travaux, de leur bonne exécution en un mot, serait-il un motif pour faire retomber ces sortes de fautes sur l'Etat lui-même?

---

(1) Ord. du Cons. d'Etat, 26 avril 1847, S. 47.2.493; Rej., 25 juin 1832, S. 838, D. 279; M. Cotelle, t. 2, p. 495, 2e édit.
(2) Cahier des clauses et conditions générales imposées aux entrepreneurs (art. 7).
(3) Art. 3.
(4) Art. 7.

La question n'est pas sans difficultés.

On peut dire que les rapports de l'entrepreneur avec l'Etat ne diffèrent de ceux qui existeraient avec un particulier qu'en ce qui concerne l'exécution même du plan et du devis, et l'intérêt de l'Etat ; que la surveillance des ingénieurs et la direction qu'ils donnent aux travaux n'ont pour objet que l'exécution complète du marché, mais que l'administration n'a point à s'occuper des voies et moyens employés par l'entrepreneur pour arriver à ce but ; qu'il est le maître d'employer tels ou tels procédés dans l'exécution de ses ouvrages, soit pour éviter un éboulement, soit pour faire sauter des rochers, soit pour élever des matériaux à une grande hauteur, sans danger pour le public, pour les ouvriers eux-mêmes ; que de même, il choisit les ouvriers, et que lui seul en doit répondre ; que si l'art. 19 du cahier des clauses et conditions générales du marché des entrepreneurs donne, à l'ingénieur chargé de la direction des travaux, le droit d'exiger le changement ou le renvoi des agents ou ouvriers de l'entrepreneur, pour cause d'insubordination, d'incapacité ou défaut de probité, on ne peut cependant pas dire que l'administration soit en faute pour n'avoir pas usé de cette faculté, et responsable des suites de l'imprudence de l'ouvrier dont elle n'aurait pas exigé le renvoi. L'entrepreneur qui choisit ce dernier en répond seul en qualité de maître ou commettant (1). Et quant à l'entrepreneur lui-même, si l'administration a droit de lui donner des ordres dans l'intérêt du service, elle ne le choisit pas en vertu d'un contrat librement formé. C'est une adjudication publique qui lui donne son titre. Il n'est donc réellement pas le préposé de l'administration.

Ici encore, par conséquent, l'art. 1384 paraît devoir être écarté.

1330. Mais la responsabilité des faits de l'entrepreneur peut rejaillir, d'une manière indirecte, sur l'administration, par l'effet du principe posé dans l'art. 1383. L'administration sera tenue du dommage que sa négligence aura laissé commettre, s'il s'agit de faits qu'elle a connus ou qu'elle a dû connaître, par l'effet de la surveillance générale qu'elle exerce sur les travaux.

Ce contrôle ne peut être aussi minutieux que celui d'un commettant proprement dit sur les actes de son préposé.

_____

(1) M. Dufour, *Dr. admin.*, n° 2870.

444 DEUXIÈME PARTIE. — LIV. I. — CHAP. X.

Les circonstances auront donc une grande influence sur la décision. Mais il est des faits que les ingénieurs n'auront pu ignorer et qu'ils seront certainement en faute d'avoir tolérés. Par exemple, si l'entrepreneur chargé de pratiquer de grandes excavations sous la voie publique, ou sous des terrains appartenant à des particuliers, n'exécutait pas les travaux de toute nature nécessaires pour empêcher les affaissements du sol, la ruine des bâtiments, etc.; si les travaux étaient conduits avec une pareille négligence pendant un espace de temps assez considérable pour que l'administration ait pu connaître le fait et qu'elle l'ait toléré, elle devrait en être déclarée responsable.

J'en trouve la preuve dans l'ordonnance rendue en Conseil d'État, le 27 mai 1839, que j'ai déjà citée au numéro 1327 : « Considérant que les dommages éprouvés par le sieur Mériet ont été causés par l'éboulement d'un mur de soutènement de la route stratégique de Saumur à la Rochelle, travaux dont le sieur Bouteron était adjudicataire; qu'il a été établi, par un arrêté du conseil de préfecture de la Vendée, du 10 janvier 1832, que la chute de ce mur provenait de malfaçons du fait de l'entrepreneur ; mais qu'il résulte des circonstances de l'affaire que cet accident *doit être également attribué à un défaut de surveillance des agents de l'administration*, dans la direction et l'exécution des travaux; qu'en conséquence, l'État, à défaut de l'entrepreneur reconnu insolvable, est responsable des dommages, et qu'il y a lieu de mettre à sa charge la somme de neuf cent soixante-quatre francs trente-sept centimes, à laquelle a été fixée l'indemnité due au sieur Mériet, par l'arrêté du 29 août 1835. »

Cette décision est parfaitement juridique (1).

1331. *Administration de la guerre*. — Nous avons déjà dit (n° 1305) qu'en principe, l'État ne répond pas des faits de guerre. D'abord, en ce qui concerne les destructions et ravages exercés par l'ennemi, cela n'est pas douteux.

Quant aux dommages causés par les mesures qu'ordonne l'autorité militaire, soit pour l'attaque, soit pour la défense, les réquisitions pour les troupes, etc., ils peuvent donner lieu à indemnité.

La loi des 8-10 juillet 1791 et le décret du 10 août 1853

_____

(1) V. aussi *suprà*, n°⁵ 1037 et 1038.

contiennent des dispositions générales, relatives aux dommages résultant de faits de guerre. Les démolitions des maisons ou autres édifices ordonnées par l'autorité militaire pour la défense des places ou postes militaires, donnent droit à une indemnité en faveur des propriétaires (L. du 10 juillet 1791, art. 33 et 38; décret du 10 août 1853, art. 35 à 38), à moins que ces édifices n'aient été bâtis dans la zone des servitudes militaires. (L. de 1791, art. 30, 31 et 32; décret du 10 août 1853, art. 7 à 16).

La loi du 17 juillet 1819, sur les servitudes militaires, porte également que toutes constructions nouvelles et changements dans les places ou postes militaires, donnent lieu, en cas d'expropriation ou de servitude imposée à la propriété, à une indemnité fixée conformément aux lois sur l'expropriation. (Art. 1 et 15 ; — voir aussi l'ordonnance du 1er août 1821, rendue en exécution de la même loi ; articles 45 à 48).

Mais, aux termes de l'art. 39 du décret de 1853, « toute « occupation, toute privation de jouissance, toute démoli-« tion, destruction et autre dommage résultant d'un fait de « guerre ou d'une mesure de défense prise, soit par l'auto-« rité militaire pendant l'état de siége, soit par un corps « d'armée ou un détachement en face de l'ennemi, n'ouvre « aucun droit à l'indemnité. »

Il résulte de ces dispositions la distinction que voici : — Quand les démolitions, occupations de terrains et autres dommages sont le résultat d'un acte libre et volontaire de l'autorité, d'une mesure de précaution, il y a lieu à indemnité. Mais quand ces mesures sont la conséquence de l'état actuel de guerre, qu'elles sont nécessitées par le besoin immédiat de l'attaque ou de la défense, de la lutte avec l'ennemi, et que, d'ailleurs, elles ne comportent pas une prise de possession permanente, le droit à l'indemnité n'existe pas. Ainsi la destruction d'un pont pour couvrir la retraite des troupes, l'incendie des habitations causé par les feux de l'artillerie, sont dans ce cas. Dans la première hypothèse, il y a une expropriation véritable pour cause d'utilité publique (1). Dans la seconde, le dommage est considéré comme résultant de la force majeure (2).

---

(1) Déc. Cons. d'Etat, 13 mai 1872. D. 72.3.74, S. 73.2.57 (aff. Brac de la Perrière). — Cons., Déc. trib. confl., 11 janv. 1873, S. 73. 2.60 et 61 ; 25 janv. et 15 mars 1873, D. 73.3.24 et 25.
(2) Ceci est conforme aux règles admises par le Droit des gens. V.

Remarquez que l'art. 39 du décret de 1853 semble refuser le droit à indemnité, lorsqu'il s'agit de mesures prises
pendant l'*état de siége*, quelle que soit la nature de ces mesures, alors même qu'elles seraient préventives et en dehors
de tout fait actuel d'hostilités. Nous pensons qu'à cet égard
le décret ne saurait être considéré comme ayant pu déroger
valablement aux principes établis par la loi de 1791, l'article
545, C. civ., la loi du 17 juillet 1819 et nos diverses con-
stitutions. Il renferme une extension abusive des effets de
l'état de siége. Car les conséquences de la déclaration qu'une
place est en état de siége, sont réglées par la loi du 9 août
1849, art. 10, qui renvoie à la loi du 10 juillet 1791 et au
décret du 24 décembre 1811. Or, cette loi et le décret de
1811 (art. 101) portent simplement que l'état de siége fait
passer au commandant militaire l'autorité dont les magistrats civils sont revêtus pour le maintien de l'ordre et de la
police intérieure. — Il ne change pas la nature des pouvoirs
de ces autorités, et n'en modifie pas l'étendue quant à la
propriété privée (1). Pour que les dommages dont il s'agit
soient considérés comme faits de guerre, il faut que l'état de
siége soit, non pas fictif, mais réel et résultant de l'investis-
sement de la place par l'ennemi, ou encore d'une sédition
armée à l'intérieur (2).

Quoi qu'il en soit, une loi spéciale, celle du 6 septembre
1871, a été portée afin de dédommager les victimes de la
guerre contre l'Allemagne,

Le préambule de cette loi déclare qu'elle n'entend point
déroger aux principes posés par la loi des 8-10 juillet 1791
et le décret de 1853. Mais cette réserve n'a lieu que pour
l'avenir ou pour des faits autres que ceux de la guerre dont
il s'agit, car l'art. 1er dispose d'une manière générale « qu'un
« dédommagement sera accordé à tous ceux qui ont subi,
« pendant l'invasion,... des dommages matériels. »
Ainsi la loi ne distingue pas entre les destructions ou dé-

Vattel, liv. 2, chap. 15, § 232; Dalloz, v° *Droit naturel et des gens*,
n° 144; Morin, *Les lois relat. à la guerre*, t. 2, chap. 13, n° 14. —
Conf., Déc. Cons. d'Etat, 6 juin 1872, S. 73.2.187, D. 73.2.77.

(1) V. dissert. dans le journal *le Droit* du 22 oct. 1871, et MM. Pey-
ronny et Delamarre, *Comment. sur les lois d'expropr.*, édit. de 1859,
n° 77.

(2) *Conf.*, Cons. d'Etat, 13 mai et 6 juin 1872, D. 72.3.74 et 77, S.
73.2.57 et 187; Déc. trib. confl., 11 janv. et 15 mars 1873, cités p. 445,
note 1; Paris, 1er juill. 1873, D. 74.2.13.

gâts causés par les troupes allemandes et ceux qui ont été causés par les armées françaises, soit qu'ils aient été volontaires, prévus et commandés par l'autorité compétente, soit qu'ils résultent de ce que nous venons d'appeler un fait de guerre actuel, comme le passage des corps de troupes, leur séjour dans des bâtiments, les dommages résultant de la lutte entre les deux armées. La discussion dans le sein de l'Assemblée nationale, et les déclarations du rapporteur, ainsi que celles du ministre de l'agriculture et du commerce, M. Victor Lefranc, ne laissent aucun doute à cet égard. Il y a, quant à ce, dérogation formelle au décret de 1853 (V. le *Journ. offic.* des 6 et 7 septembre 1871).

L'art. 4 de la même loi ajoute : « Une somme de six mil-
« lions de francs est mise à la disposition des ministres des
« finances et de l'intérieur pour être, sauf règlement ulté-
« rieur, répartie entre ceux qui ont le plus souffert des
« opérations d'attaque dirigées par l'armée française pour
« entrer dans Paris. »

Cette disposition, comme la précédente, n'abroge et ne contredit en aucune façon les lois antérieures relatives aux indemnités qui peuvent être réclamées dans certains cas, notamment en vertu de la loi du 10 vendémiaire an IV (1), ou aux faits qui n'ouvrent point, au contraire, un semblable droit. Il s'agit, on le voit, d'une sorte de secours spécial, accordé à raison des circonstances particulières et dans une mesure restreinte, par voie de répartition administrative, et nullement d'une indemnité proprement dite ou de dommages-intérêts qui ne devraient être réglés que par les tribunaux (2).

Une seconde loi, en date du 7 avril 1873, a alloué encore :
1° A la ville de Paris, une somme de 140 millions pour servir à solder les réparations dues, à raison des dommages matériels causés à l'intérieur ou alentour de Paris, par le fait des opérations militaires du second siége et l'insurrection du 18 mars 1871;
2° Aux départements envahis, une somme de 120 millions pour remboursement des impôts payés aux Allemands et pour la réparation de tous les dommages et pertes subis par le fait de l'invasion par les individus, les villes, lescom-

---

(1) V. *infrà*, chap. 11.
(2) V. comme précédent, la loi du 11 août 1792.

munes et les départements, pendant la guerre de 1870-1871.

1331 bis. Les réquisitions faites par l'ennemi chez un particulier, comme l'enlèvement des denrées, marchandises et autres objets, qu'elles soient opérées régulièrement sur récépissé, avec promesse de payer, ou par un pur usage de la force supérieure, constituent évidemment un fait de guerre dont l'État, le département ni la commune ne sont pas responsables (1).

C'est à l'État qui les exerce et en profite, à les solder, conformément au droit des gens (2).

Mais on vient de voir qu'une indemnité a été allouée par mesure spéciale, notamment aux termes des lois du 6 septembre 1871 et du 5 avril 1873 ; les réquisitions de tout genre, soit en argent, soit en nature, sont formellement comprises dans les dommages auxquels elle s'applique (L. du 6 juin 1871, art. 1er).

Nous expliquerons aussi, dans le chapitre suivant (n° 1370 ter), que la commune ou le département pourrait être responsable, si la réquisition de l'ennemi avait été adressée à cette collectivité et mise à sa charge. Les fournitures faites en pareil cas, par des particuliers, au lieu et place de la communauté à laquelle elles étaient imposées, doivent lui être payées par celle-ci.

Quant aux réquisitions faites par les autorités françaises, elles constituent une sorte d'expropriation pour cause d'utilité publique et un engagement à la charge de l'administration pour le compte de laquelle elles ont été faites. Elles doivent être ultérieurement soldées aux particuliers qui ont fait les fournitures. — On trouve à diverses époques des dispositions financières prises à cet égard.

Ainsi (aux termes des lois des 19 brumaire an III, art. 3, et du 26 avril 1792) les denrées, fourrages et autres substances peuvent être mis en réquisition en cas de nécessité, ainsi que les bêtes de somme, chariots et autres moyens de transport, à charge de paiement, dans un délai que la réquisition déterminera (3).

Une ordonnance rendue du Conseil d'État, le 13 juin 1814 porte, art. 1, que tout contribuable ayant satisfait à une

---

(1) Ordonn. Cons. d'État, 29 août 1834, Lebon, *Rec. des arrêts du cons.*, 1834, p. 623 ; Nancy, 22 mars 1873, S. 73.2.108, motifs.
(2) Morin, *Les lois relat. à la guerre*, t. 1, chap. 10, n° 4.
(3) V. aussi Morin, *Lois relat. à la guerre*, t. 1, chap. 10, n° 11.

réquisition pendant les années 1813 et 1814, en sera payé sur les contributions extraordinaires de 1813 et 1814 jusqu'à due concurrence. — La loi de finances du 28 avril 1816 (titre III, art. 6) établit une commission administrative chargée de recevoir les demandes en paiement du montant des réquisitions de guerre faites pendant l'occupation militaire de 1815 et consistant, soit en argent, soit en denrées ou marchandises. Toutes les réclamations devaient lui être présentées avant le 15 août 1816, délai de rigueur. Cette commission vérifiait les comptes et marchés passés pour les troupes, soit françaises, soit étrangères, dont l'entretien était à la charge de la France (1) et proposait les mesures pour le paiement. ·

Au moment de la dernière guerre contre l'Allemagne, diverses lois ont déterminé les conditions des réquisitions que l'État pouvait avoir à exercer pour l'armement, l'approvisionnement de l'armée et des autres besoins de la défense.

La loi du 1er septembre 1870 autorisait le Gouvernement à s'approprier, par cette voie, les armes et munitions de guerre fabriquées en France pour l'étranger, et portait que ces objets seraient payés aux prix stipulés par les contrats.

Un décret du 1er octobre 1870 autorise le Gouverneur de Paris, les ministres et, en cas d'urgence, les maires de Paris ou les commandants des secteurs, à requérir ce qui sera nécessaire pour la défense de la capitale. Un commissaire désigné surveillera la remise de la prestation et fournira un récépissé au contribuable.

Un autre décret, du 7 octobre, met en réquisition toutes les denrées alimentaires et les fourrages restés en souffrance dans les gares de chemins de fer. Ces denrées seront acquises à un prix déterminé par le ministre du commerce avec l'administration des compagnies.

Deux autres, en date des 25 et 29 novembre 1870, autorisent à Paris des réquisitions d'huile de pétrole et de viande, au prix fixé par les mercuriales de septembre, ou par arbitres. Le paiement de ces fournitures a été réglé par la loi du 15 juin 1871. Elle ordonne que les porteurs de bons de réquisitions délivrés pendant la guerre par les autorités françaises civiles et militaires seront tenus de les déposer dans le délai de deux mois, avec les pièces justificatives et l'état des

_____

(1) V. Ordonn. Cons. d'État, 29 août 1834, Lebon, *Rec. des arrêts du cons.*, 1834, p. 623.

sommes par eux réclamées, à la préfecture ou à la sous-préfecture de l'arrondissement où ces réquisitions ont été exercées. De même, tous ceux qui se croiraient fondés à réclamer des indemnités à raison des prestations de toute nature qu'ils auraient été contraints de fournir aux troupes françaises sans avoir reçu de réquisitions régulières, sont tenus de faire, aux lieux et dans le délai ci-dessus, le dépôt de l'état des sommes auxquelles ils prétendent avoir droit et des pièces justificatives. Dans les trois mois, il sera statué par les administrations compétentes sur toutes les réclamations formées par les déposants.

1331 *ter.* L'administration de la guerre est-elle responsable du dommage causé par la négligence ou l'imprudence des militaires dans leurs exercices ?

La question s'est présentée dans les circonstances suivantes : Le 8 juillet 1844, une compagnie du train des équipages militaires faisait l'exercice à feu au Champ de Mars. On n'avait pas pris la précaution d'usage et commandée par les règlements, de placer un piquet de manière à écarter les passants des endroits où il pouvait y avoir quelque danger. La compagnie venait de faire feu dans la direction de Grenelle, lorsque le capitaine fit sortir des rangs deux soldats dont les fusils n'étaient pas partis, et leur ordonna de décharger leurs armes dans la direction du tertre qui longe l'avenue de Labourdonnaye, du côté de la rue de l'Université. — Par suite de ce commandement imprévu, le sieur Vallet, qui passait sur le tertre, fut atteint par une baguette de fusil laissée dans le canon de son arme par un des soldats.

Vallet intenta une action en dommages-intérêts contre le ministre de la guerre représentant l'Etat; mais elle fut rejetée par jugement du tribunal de la Seine, du 16 août 1845, ainsi conçu : « Attendu que le Gouvernement n'est pas le maître, dans le sens de l'art. 1384, C. civ., des militaires appelés au service de l'Etat; qu'il n'est pas davantage leur commettant, et que les militaires ne sont pas ses préposés; que le service militaire est une charge attribuée à la qualité de Français; que le Français remplit donc un devoir quand il se place dans les rangs de l'armée, qu'il n'occupe pas en cela un emploi; — qu'il en est autrement du cas où le tort est causé par des chevaux de cavalerie appartenant à l'Etat (1) et confiés à la garde des cavaliers; — déclare le

_____

(1) V. n° 1332.

sieur Vallet mal fondé dans sa demande, l'en déboute, et le condamne aux dépens, sous la réserve de ses droits, s'il y a lieu, contre le soldat par lequel il a été blessé, et de l'officier qui commandait l'exercice à feu (1). »

Ce jugement nous semble bien rendu.

On a cependant objecté que le soldat n'agit pas de lui-même quand il fait l'exercice. Il subit l'empire de la discipline militaire à laquelle il est complétement soumis. La loi, qui impose comme une charge de la qualité de Français l'obligation du service, délègue par cela même au Gouvernement le droit de disposer de la personne des militaires pour l'accomplissement des actes auxquels ils sont assujettis : il en résulte que la volonté du militaire s'efface devant la grande loi d'ordre public qui le soumet à l'obéissance passive. Si donc, en obéissant à ses chefs, il cause un dommage par sa négligence ou son imprudence, il est juste, il est logique que l'État soit civilement tenu de le réparer (2).

Dans ce raisonnement on oublie, ce nous semble, le double principe de la responsabilité civile. Ni le soldat, ni l'officier, ne sont, à proprement parler, au choix du Gouvernement, ils n'agissent pas en son lieu et place comme ses représentants dans les exercices militaires. L'État n'en est donc pas indistinctement responsable.

Nous admettons bien que l'État devrait répondre d'actes spéciaux qu'il aurait commandés, et qui, par eux-mêmes ou par les circonstances dans lesquelles les ordres de l'administration supérieure auraient été donnés, causeraient, contrairement au droit, un préjudice quelconque. Mais ce serait un cas de responsabilité directe, fondée sur les art. 1382 et 1383. C'est par cette raison que, dans l'espèce ci-dessus, l'officier qui avait imprudemment ordonné de tirer, sans avertissement, dans la direction du public, devait être déclaré responsable, et l'on a vu que le jugement avait réservé l'action du sieur Vallet à son égard. En dehors de cette hypothèse, les militaires, dans leurs exercices, ne font qu'accomplir des actes de leur profession d'une manière indépendante et spontanée. Ces actes ne peuvent à notre avis, engager la responsabilité de l'administration.

1331 *quater*. Les accidents ou blessures éprouvés par les

(1) M. Dumesnil, *Législ. spéc. du Trés. publ.*, p. 387.
(2) M. Dumesnil, p. 389.

militaires eux-mêmes, ne leur donnent pas, non plus, droit
à indemnité.

Mais le service commandé aux troupes en cas d'incendies,
d'inondations, déraillement de chemins de fer et autres ca-
tastrophes publiques, est considéré comme un service militaire. Les blessures et infirmités qui en proviennent donnent
droit à la pension de retraite, aux termes de l'art. 12 de la
loi du 11 avril 1831 (1).

1332. Mais il a été décidé au contraire que l'État doit
indemniser le propriétaire d'un bâtiment dans lequel sont
logées des troupes, lorsque les dégâts et dégradations qui y
sont causés, par exemple, l'incendie qui s'y manifeste, sont
le résultat de la faute des militaires.

Si ce bâtiment était loué à l'administration, l'art. 1733,
C. civ., serait applicable (2).

S'il est seulement occupé en vertu des lois qui obligent,
dans certains cas, les habitants d'une commune à pourvoir
au logement des troupes, la responsabilité de l'État est établie par la loi du 8 juillet 1791 (Tit. V, art. 8 et 10) et
l'art. 22 de l'instruction annexée au décret du 23 mai
1792 (3).

1333. L'État est également responsable des accidents
causés par les chevaux de troupe, s'ils résultent de la faute
des soldats auxquels ces chevaux sont confiés (4). Comme
propriétaire, l'État est soumis à cet égard à l'art. 1385, C.
civ. (5).

1334. Voilà ce que nous avions à dire sur l'application à

---

(1) Jug. trib. Seine, 17 juin 1870, D. 71.3.34, S. 71.2.224. On peut
se demander toutefois si le chef qui aurait donné un ordre imprudent
et causé ainsi, par une faute certaine, les blessures ou la mort de ses
soldats, pourrait être actionné en dommages-intérêts (V. les conclusions
du min. publ. dans l'aff. ci-dessus). Nous ne pensons pas qu'une action
soit ouverte en pareil cas en dehors d'un fait volontaire raisonné qui
prendrait le caractère d'un crime ou délit proprement dit. La faculté
d'exercer une action de ce genre serait incompatible avec les règles de
la hiérarchie militaire et les nécessités impérieuses de la discipline.
(2) Argum. déc. trib. des confl., 23 mai 1851, D. 51.3.51.
(3) Décr. Cons. d'État, 18 fév. 1864, D. 67.3.20.
(4) V. la loi du 3 juill. 1846, rendue à la suite d'un arrêt de la Cour
de Paris, du 5 mars 1846, Duvergier, Lois, 1846, p. 230. V. encore
jug. trib. Seine, 5 avril 1845, Droit du 6 avril; jug. trib. Strasbourg,
22 mars 1847, rendu dans l'affaire Beauzemont, Lebon, Rec. des arrêts
du cons., t. 17, p. 576.
(5) V. infrà, n° 1428.

l'Etat des règles contenues dans les chapitres qui précèdent. Il est inutile de multiplier les exemples, les questions nouvelles qui se présenteraient seraient résolues par les mêmes principes.

Mais avant de passer aux règles de la compétence, il nous reste à faire connaître les dispositions des lois de finances sur la prescription des actions et des créances contre l'Etat.

Depuis longtemps on a senti la nécessité d'introduire dans la législation, pour l'ordre et la sécurité des finances publiques, des dispositions spéciales destinées à libérer irrévocablement l'Etat dans les délais déterminés, et plus courts que ceux de la prescription ordinaire; à empêcher qu'un exercice pût indéfiniment léguer des charges aux exercices qui suivent. Sans remonter aux dispositions plus anciennes (1), il nous suffit de citer ici la loi du 29 janvier 1831, qui porte :

Art. 9. « Seront prescrites et définitivement éteintes au « profit de l'Etat, sans préjudice des déchéances prononcées « par les lois antérieures, ou consenties par des marchés ou « conventions, toutes créances qui, n'ayant pas été acquit- « tées avant la clôture des crédits de l'exercice auquel elles « appartiennent, n'auraient pas, à défaut de justifications « suffisantes, été liquidées, ordonnancées et payées dans un « délai de cinq années à partir de l'ouverture de l'exercice « pour les créanciers domiciliés en Europe, et de six an- « nées pour les créanciers résidant hors du territoire euro- « péen. Le montant des créances frappées d'oppositions sera, « à l'époque de la clôture des paiements, versé à la Caisse « des dépôts et consignations. Le terme de prescription des « créances portant sur les exercices 1830 et antérieurs est « fixé au 31 décembre 1834 pour les créanciers domiciliés « en Europe, et au 31 décembre 1835 pour les créanciers « résidant hors du territoire européen (2).

Il est de règle, en cette matière, que les créances contre l'Etat appartiennent à l'exercice pendant lequel elles ont pris naissance. Il faut donc que dans les cinq années, à partir de l'ouverture de cet exercice, la créance soit liquidée, ordonnancée et payée, sans quoi la déchéance est irrévocablement

----

(1) V. L. du 9 frim. an vii, art. 1; Décr. 25 fév. 1808, art. 1; L. du 15 janv. 1810; L. du 28 avril 1816, art. 12 et suiv.; L. du 25 mars 1817, art. 1 et suiv.

(2) V. encore la loi du 4 mai 1834, art. 11, et le décret du 31 mai 1862 sur la comptabilité publique, art. 136, 137, 148 et 149.

acquise. Il ne suffirait pas que la créance eût été liquidée et
même ordonnancée ; il faut qu'elle soit payée. L'ordonnancement n'interromprait pas la prescription au profit de celui
qui aurait négligé de réclamer son paiement.

Mais la même loi consacre en faveur du créancier de
l'Etat la maxime : *Contrà non valentem agere non currit
præscriptio.*

L'art. 10 porte : Les dispositions des deux articles précé-
« dents ne seront pas applicables aux créances dont l'ordon-
« nancement et le paiement n'auraient pas été effectués dans
« les délais déterminés, par le fait de l'administration ou par
« suite de pourvois formés devant le Conseil d'Etat.—Tout
« créancier aura le droit de se faire délivrer par le ministre
« compétent un bulletin énonçant la date de sa demande,
« et les pièces produites à l'appui. »

Pour que cet article soit applicable, pour que le retard
dans la libération du trésor puisse être imputé à l'administration, il faut que les parties aient produit leurs titres et
demandé, dans les délais, la liquidation de leurs créances,
en un mot, mis l'administration en demeure (1), ou introduit leur action devant le conseil d'Etat (2), si elle est contentieuse de sa nature, et devant le Conseil de préfecture,
si elle doit être portée devant lui au premier degré.

Si l'action était de la compétence des tribunaux, nul doute
que l'instance formée devant eux n'eût pour effet d'interrompre la prescription (3), et même le mémoire préalable
qui doit être adressé à l'administration, d'après la loi des
28 octobre-5 novembre 1790, tit. 3, art. 15, et l'avis du
Conseil d'Etat du 28 août 1823 suffirait pour produire l'interruption. — En pareil cas, la créance constatée et reconnue par une décision des tribunaux de l'ordre administratif
ou judiciaire appartient à l'exercice dans le cours duquel la
décision est rendue, et le délai de cinq ans court du jour de
l'ouverture de cet exercice (4).

La déchéance dont nous parlons frappe les créances
contre l'Etat, de quelque nature qu'elles soient, par exemple, celles qui ont pour objet des indemnités pour torts et

_____

(1) Ordonn. du Cons. d'Etat, 28 déc. 1836, Lebon, p. 551.
(2) Même article 10.
(3) Argum., Ordonn. du Cons. d'Etat, 26 févr. 1846, Lebon, p. 112.
(4) M. Dufour, *Droit admin.*, n° 1384; Ordonn. du Cons. d'Etat,
14 janv. 1842, Lebon, p. 19.

dommages causés par l'exécution des travaux publics (1), ou les restitutions de fruits d'immeubles dont le délaissement par l'Etat a été ordonné (2).

Dans tous les cas, c'est au ministre qu'il appartient d'appliquer les lois de déchéance. Les tribunaux et même le conseil de préfecture, saisis des réclamations des créanciers, n'ont pas qualité pour connaître de cette question. Seulement le recours au Conseil d'Etat, contre la décision du ministre, est toujours ouvert à la partie qu'elle concerne (3).

Comme on l'a déjà dit, la déchéance frappe également les créances liquidées et non liquidées, si le paiement n'en est pas effectué avant les cinq ans par la faute du réclamant.

Cependant, aux termes de l'art. 9 de la loi du 29 janvier 1831, § 2, il y avait cette différence entre les créances liquidées avant la clôture de l'exercice et celles qui ne l'étaient pas, que si les premières étaient frappées d'opposition par des tiers, le ministre était tenu d'en verser *d'office* le montant à la Caisse des consignations, où elles restaient à l'abri de la déchéance de cinq ans.

Mais la loi du 8 juillet 1837, art. 10, en abrogeant le deuxième paragraphe de l'art. 9 de la loi de 1831, a affranchi l'Etat de cette obligation. Les créanciers opposants sont obligés de requérir le dépôt, qui ne peut s'effectuer que sur la représentation des pièces justificatives du droit au paiement.

1335. Enfin deux dispositions spéciales s'appliquent aux valeurs confiées à la poste. « Sont définitivement acquises à « l'Etat, les sommes versées aux caisses des agents des postes, « pour être remises à destination, et dont le rembourse- « ment n'a pas été réclamé par les ayants droit dans un « délai de *huit* années à partir du jour du versement des « fonds » (4).

« Sont également acquises à l'Etat dans un délai de huit « années, les valeurs cotées et toutes autres valeurs quel- « conques déposées ou trouvées dans les boîtes ou aux gui- « chets des bureaux de poste, renfermées ou non dans les « lettres que l'administration n'a pu remettre à destination,

---

(1) Décis. du Cons. d'Etat, 8 mars 1851, Lebon, p. 172.
(2) Ordonn. du Cons. d'Etat, 16 mai 1839, Lebon, p. 284.
(3) Ordonn. du Cons. d'Etat, 8 mars 1851, Lebon, p. 172.
(4) Loi du 31 janv. 1833, art. 1er; Décr. du 31 mai 1862, art. 146.

« et dont la remise n'a pas été réclamée par les ayants droit.
« Ce délai court à partir du jour où les valeurs cotées ont été
« déposées, ou de celui où les autres valeurs susmentionnées
« ont été trouvées dans le service des postes » (1).

ARTICLE II.

COMPÉTENCE.

Sommaire.

---

(1) Loi 5 mai 1855, art. 17 ; Décr. 31 mai 1862, art. 147.

1336. Il semble que l'action en responsabilité contre

l'Etat, fondée sur l'application des art. 1382, 1383, 1384 et
1385 du C. civ., appartient, par sa nature, à la juridiction
des tribunaux civils ; qu'il s'agisse d'apprécier les faits dommageables en eux-mêmes, et sous le rapport de la faute qui
a présidé à leur accomplissement, de déterminer le caractère
des agents dont on prétend que l'administration doit répondre, de décider enfin si le fait a été commis dans l'exercice de leurs fonctions, on ne voit d'abord, dans ces différents points à juger, rien qui doive être soustrait aux
attributions des juges ordinaires en matière civile.

Cependant des lois spéciales, dont quelques-unes ont été
indiquées ci-dessus, défèrent à la juridiction administrative
la connaissance exclusive de certaines matières, ce qui implique aussi bien les actions exercées par les particuliers
contre l'Etat que celles de l'Etat contre les particuliers.

D'autres lois ont expressément attribué à cette juridiction
toutes les actions en responsabilité formées contre l'Etat, ses
agents ou entrepreneurs dans de certaines matières. En
présence de leurs dispositions formelles, il ne s'agit plus de
discuter le principe, il faut seulement en déterminer la portée.

Mais là n'est pas la plus grande difficulté.

Hors du cercle des lois spéciales, l'administration a re-
vendiqué, d'une manière complète, pour ses tribunaux, la
connaissance des actions dirigées contre l'Etat. Elle a constamment cherché à établir comme une règle absolue que les
actions tendant à faire déclarer l'Etat débiteur sont exclusivement de la compétence administrative ; et, disons-le tout
de suite, cette règle avait souvent prévalu devant le Conseil
d'Etat, régulateur suprême de la compétence jusqu'à la
constitution de 1848. — Nous aurons à examiner la valeur
de cette proposition qui, si elle était admise, ne laisserait de
place pour aucune exception.

Un autre principe général, de nature à influer puissamment sur la compétence dans la matière qui nous occupe,
c'est que les tribunaux de l'ordre judiciaire ne peuvent connaître des actes administratifs pour les interpréter, les apprécier et les contrôler. En résulte-t-il pour eux un dessai-
sissement complet des actions en responsabilité civile contre
l'Etat, à raison du fait de ses agents et préposés? C'est la
seconde question que nous aurons à étudier.

Nous indiquerons, en dernier lieu, les dispositions spéciales sur la compétence dans les matières expressément
soustraites aux tribunaux judiciaires.

L'examen de ces trois points conduira nécessairement à des notions exactes sur la compétence, relativement aux actions qui font l'objet du présent chapitre.

1337. Comme nous le disions tout à l'heure, c'est une prétention depuis longtemps soutenue par l'administration, que les tribunaux de l'ordre judiciaire sont incompétents pour connaître des actions qui tendent à faire déclarer l'État débiteur. Cette règle n'est formulée nulle part, mais on la fait résulter des dispositions de diverses lois.

On invoque d'abord le principe constitutionnel de la séparation des pouvoirs et les lois qui l'ont spécialement appliqué aux actions judiciaires.

Ainsi la loi des 16-24 août 1790, qui porte, titre 2, article 13 :

« Les fonctions judiciaires sont distinctes, et demeure-« ront toujours séparées des fonctions administratives : les « juges ne pourront, à peine de forfaiture, troubler de quel-« que manière que ce soit les opérations des corps admi-« nistratifs, ni citer devant eux les administrateurs pour « raison de leurs fonctions. »

Puis la loi du 16 fructidor an III, ainsi conçue :

« Défenses itératives sont faites aux tribunaux de connaître « des actes d'administration de quelque espèce qu'ils soient, « aux peines de droit. »

1338. Evidemment, ces textes n'ont pas la portée qu'on leur donne. Il en résulte bien que les tribunaux ne peuvent connaître des actes d'administration pour les contrôler, les empêcher et même les interpréter en cas de contestations, qu'en un mot, ils ne peuvent juger les réclamations que soulèvent les actes d'administration.

Mais toutes les obligations qui peuvent être à la charge de l'Etat ne découlent pas invariablement d'*un acte d'administration*. Par exemple, quand un particulier réclame une indemnité pour un accident causé par des chevaux confiés à la garde des soldats (1), pour les dégâts causés par la marche ou le séjour des troupes et les malversations qu'elles auraient commises sur sa propriété (2) ; quand les armateurs d'un navire marchand endommagé par l'abordage d'un vaisseau de l'Etat forment une action en dommages-intérêts, quel est

_____

(1) Ordonn. du Cons. d'Etat, 20 août 1847, Lebon, p. 576 ; Décr. du Cons. d'Etat, 7 mai 1862, D. 62.3.83.

(2) V. un arrêt d'Angers, 30 mars 1871, S. 71.2.262.

l'acte d'administration, quelles sont les opérations des corps
administratifs qu'une pareille action aurait pour effet d'entraver, ou de soumettre au contrôle des tribunaux? Aucun
évidemment, et, par conséquent, les lois ci-dessus n'ont pas
d'application à de pareils cas. On ne saurait donc en faire
découler cette règle absolue, que toutes les actions qui tendent à constituer l'Etat débiteur sont soustraites à la connaissance des tribunaux (1).

1339. Aussi jamais les auteurs qui ont traité du contentieux administratif, de son origine ou des causes qui lui
donnent naissance, n'ont placé parmi ces causes, *à priori*
et comme résultant de sa nature même, la poursuite de toute
obligation que l'on prétendrait être à la charge de l'Etat.

« Le litige contentieux, dit M. de Gerando, suppose tou-
« jours l'existence préalable d'un acte administratif, il prend
« naissance avéc la réclamation à laquelle cet acte donne
« lieu. Ainsi, ce qui n'était à l'origine qu'une simple opé-
« ration de l'administration active se transforme en conten-
« tieux administratif, à l'occasion du préjudice qu'en ressent
« ou prétend en recevoir celui qui réclame…. Pour que le
« litige conserve le caractère du contentieux administratif, *il*
« *est nécessaire que la réclamation ne se fonde sur* AUCUN
« TITRE QUI APPARTIENNE AU DROIT COMMUN (2). »

---

(1) V. d'ailleurs la Constit. du 14 sept. 1791, tit. 3, chap. 4, sect. 2,
art. 3, et la Constit. du 5 fruct. an III, art. 189, qui interdisent aux
administrations de s'immiscer dans les objets dépendant de l'ordre judiciaire.

(2) *Instit. de droit admin.*, t. 1, p. 97, n°s 58 et 61. — « On sait »,
dit aussi M. Vivien, « en quoi consiste l'ordre de contestations que les
« lois et la jurisprudence désignent sous le nom de *contentieux admi-*
« *nistratif.* L'administration publique, dans l'accomplissement de ses
« fonctions, exerce des pouvoirs de natures diverses. Les uns sont
« entièrement discrétionnaires : ainsi elle fait des nominations aux
« emplois…, elle ordonne des mesures pour lesquelles les lois s'en
« sont entièrement rapportées à sa sagesse et à son impartialité. Les
« autres sont limités par la loi même qui les a créés. Ainsi des formes
« sont tracées pour l'action administrative; des droits sont assurés aux
« citoyens dans certains cas, particulièrement en matière d'impôts
« directs… Or, quand il s'agit des actes pour lesquels l'administration
« ne jouissait pas d'une pleine autorité, elle se trouve en présence de
« *droits* véritables, et, quand les droits méconnus réclament…, il s'en-
« gage des contestations qui constituent le contentieux administratif. »
(Rapport sur la loi du 3 mars 1849, *Moniteur*, p. 108. V. aussi *Etudes*
admin., t. 1, p. 125).

On le voit, dans ce cas, le litige découle d'un acte administratif.

Cette définition, si claire et si précise, condamne énergiquement la théorie que nous cherchons en ce moment à réfuter. Il en résulte formellement que les réclamations tendantes à faire déclarer l'Etat débiteur, et qui se fondent exclusivement sur un titre appartenant au droit commun, ne rentrent aucunement dans le contentieux administratif, et par suite échappent à la connaissance administrative. Or, précisément, dans la matière qui nous occupe, l'action en responsabilité civile contre l'Etat se fonde sur un titre de droit commun, le droit qui résulte des articles 1382, 1383, 1384.

1340. Au reste, il est admis que, en dehors même des questions domaniales et des actions réelles fondées sur le droit de propriété, les tribunaux de l'ordre judiciaire sont seuls compétents, lorsqu'il s'agit de l'interprétation et de l'exécution de contrats passés entre l'administration et les particuliers sous l'empire des règles ordinaires du droit civil, par exemple du bail d'une maison louée à l'Etat par un particulier (1). L'emploi de la forme administrative pour la rédaction des conventions (2), même la stipulation expresse de la compétence administrative, restent sans influence sur la compétence qui tient essentiellement à l'ordre public (3).

La prétendue règle que nous discutons devrait cependant recevoir son application dans ce cas comme dans les autres, si elle avait un fondement réel.

1341. Des principes généraux de la compétence, passons maintenant aux dispositions particulières des lois où l'on cherche sa consécration.

« Par exemple, l'administration publique fait la répartition des contributions directes votées par le pouvoir législatif et dresse les rôles indiquant la part que chaque citoyen doit en supporter.....; ces rôles sont obligatoires. Mais dans la répartition de ces contributions, il se glisse des erreurs, des inégalités... Ce sont d'autres agents du pouvoir administratif qui examineront les recours fondés sur la lésion des droits privés. » (M. Serrigny, *De l'org. et de la comp.*, t. 1, p. 30, n° 26).

Mais, comme nous venons de le dire n° 1338, on ne peut assimiler à ce litige véritablement administratif l'action en réparation du dommage causé par le délit ou le quasi-délit d'un agent de l'Etat, comme le détournement d'une lettre, un acte de concussion, des coups ou blessures envers les personnes.

(1) Décr. Cons. d'Etat, 8 juin 1854, D. 54.3.84.
(2) Arg., trib. confl., 15 mars 1850, D. 50.3.34 ; Rej., 17 juill. 1849, D. 315, S. 697.
(3) Même décret, Cons. d'Etat, 8 juin 1854.

On s'appuie principalement sur la loi des 17 juillet-8 août 1790, sur celles du 24 août 1793 et du 1ᵉʳ floréal an III. Nous allons voir qu'elles ont une tout autre signification.

Afin de porter remède aux désordres qui s'étaient introduits dans l'administration des finances, l'Assemblée constituante, par son décret du 17 juillet-8 août 1790, décida qu'aucune créance sur le Trésor public, quel qu'en fût le titre, ne serait admise parmi les dettes de l'État, qu'en vertu d'un décret de l'Assemblée nationale après examen et liquidation faits par un de ses comités (1). L'intitulé du décret et plusieurs de ses dispositions, particulièrement l'art. 7, démontrent que les mesures qu'il prescrit s'appliquaient à l'arriéré (2).

Toutefois, le principe de la *liquidation* des créances sur l'État par le Gouvernement lui-même a survécu aux circonstances dans lesquelles avait été rendu le décret dont nous venons de parler; on le retrouve dans des dispositions successives appartenant à toutes les époques. Seulement, l'exercice de ce droit, réservé d'abord au pouvoir législatif, est rentré naturellement aux mains de la puissance exécutive.

Ainsi la loi du 23 septembre 1814 porte, art. 23 :

« Les dépenses pour créances antérieures au 1ᵉʳ avril 1814 « seront liquidées et ordonnancées par les ministres, en la « forme ordinaire. »

L'ordonnance du 31 mai 1838, portant règlement général sur la comptabilité publique, dit aussi, art. 39 :

« Aucune créance ne peut être liquidée à la charge du « Trésor que par l'un des ministres ou l'un de ses manda- « taires. »

Et le décret du 31 mai 1862, après avoir reproduit, article 62, cette disposition, ajoute, art. 63 :

« Les titres de chaque liquidation doivent offrir les preuves

_____

(1) Art. 1 et 2.
(2) Aussi bien que le décret du 26 sept. 1793, dont l'article unique porte : « La Convention nationale décrète que toutes les créances sur « l'État seront réglées administrativement. Elle charge les comités de « *liquidation* et des finances de lui proposer, dans la séance de demain, « un décret à cet égard. » — Si cette loi avait le sens qu'on lui prête dans le système contraire, aucune action concernant une obligation contractée par l'État ne pourrait être portée devant les tribunaux. Or, on vient de voir, n° 1339, qu'il en est autrement, de l'aveu de tout le monde.

« des droits acquis aux créanciers de l'État et être rédigés
« dans les formes déterminées par les règlements spéciaux
« de chaque service. »

1342. C'est donc un point incontestable que la *liquidation*
de toutes les créances sur l'État doit être faite par l'autorité
administrative (1) : mais en quoi consiste cette opération?

A vérifier les titres de toutes les créances sur le Trésor
public, à examiner toutes les demandes en remboursement,
les apprécier dans leurs rapports avec les pièces qui les justifient (2), et appliquer les déchéances s'il y a lieu (3).

Ce contrôle particulier, tous les créanciers de l'État, même
porteurs de titres réguliers et exécutoires d'après le droit
commun, y sont nécessairement soumis, l'ordre constitutionnel qui nous régit le veut ainsi. En effet, le paiement d'une
créance sur l'État, ne pouvant être poursuivi d'autorité de
justice, à raison de la séparation des pouvoirs, c'est au Gouvernement lui-même que doivent être remis les titres constatant l'existence et le montant de la créance, et, souverain
comme il l'est dans la sphère de ses attributions, c'est à lui
seul de décider si le titre recevra son exécution.

Est-ce à dire que le ministre liquidateur puisse à son gré
refuser le paiement d'une dette régulièrement constatée?
Assurément non. Il engagerait, par cet abus de pouvoir, sa
responsabilité.

Est-ce à dire encore qu'il statue sur le fond du droit, en
cas de contestation sur l'existence de la créance? Pas davantage. — Il examine et vérifie les titres, voilà tout, c'est ce
qu'on appelle liquidation.

___

(1) Ce pouvoir est dans la nature des choses. « Tout administrateur
« des dépenses publiques réunit évidemment deux attributions dissem-
« blables : d'une part, il dirige des services, des travaux et des con-
« sommations qui entraînent la *création d'une dette* à la charge de
« l'État; de l'autre, il *liquide* les droits acquis aux créanciers et opère,
« autant que cela tient à ses attributions, la libération de l'État en
« délivrant à ces créanciers des assignations de paiement sur la tréso-
« rerie. » (M. Masson, *De la comptabilité des dépenses publiques*). —
Voilà donc la règle : l'administration examine les titres, mémoires ou
autres pièces constatant les dépenses faites; si la demande des créanciers est juste, il l'approuve, fixe la dette et en opère l'ordonnancement;
s'il y a contestation, le litige doit être tranché par une autre autorité,
le juge compétent, qui ne se confond pas avec l'administrateur lui-
même.
(2) M. Dufour, *Tr. de dr. admin.*, t. 2, n° 1366.
(3) V. n° 1334.

1343. Ceci résulte clairement du décret de 1790 (1) et de toutes les autres lois que l'on cite à l'appui du système contraire, par exemple, celle du 24 août 1793 (2), qui, en mettant les dettes des communes à la charge de l'État, aurait appelé, dit-on, l'autorité administrative à statuer sur les contestations qui pourraient s'élever à cette occasion.

Il suffit de jeter les yeux sur le texte de cette loi pour se convaincre qu'elle ne régit là encore qu'une question de liquidation.

L'art. 82 porte que toutes les dettes des communes sont déclarées dettes nationales.

L'art. 85 dit encore :

« Tous les créanciers des communes, des départements « et des districts, à quelque titre que ce soit, seront tenus « de remettre, dans le délai et sous les peines fixés par l'ar- « ticle 76, tous leurs *titres* de créances au directeur général « de la *liquidation*. »

On voit qu'il s'agit là de créances déjà reconnues et fondées sur des titres, et nullement d'actions à intenter pour faire déclarer la dette.

C'est aussi ce que les articles suivants de la même loi règlent par rapport aux créances contre les émigrés.

Art. 94 : « Les commissaires de la trésorerie nationale « feront vérifier sur le grand-livre de la dette publique les « sommes dues aux émigrés; ils en fourniront un état aux « administrateurs des domaines nationaux, et leur montant « sera porté au crédit de l'union des créanciers desdits émi- « grés. »

Art. 95 : « Les créanciers des émigrés seront admis à faire « inscrire leurs créances sur le grand-livre; à cet effet, ils « remettront *leurs états de collocation utile* au *liquidateur* « de la trésorerie nationale; il leur sera délivré un extrait « d'inscription dans la forme prescrite. »

On le voit, les créanciers des émigrés, devenus créanciers de l'État par suite de la confiscation des biens de leurs débiteurs, n'ont à remettre au liquidateur que leur titre de collocation utile dans l'ordre ouvert sur les biens de l'émigré,

---

(1) Art. 2, 3, 7, 8, 9, 11 et 12.
(2) Intitulée : *Décret de la Convention qui ordonne la formation d'un grand-livre pour inscrire et consolider la dette publique; la remise et l'annulation des anciens titres de créance; l'accélération de la liquidation, etc.*

pour la vérification de ces titres et l'inscription de la créance sur le grand-livre. Mais la constatation primitive de la créance et la collocation, par qui devaient-elles être faites? Par les tribunaux, puisque la loi ne dispose rien à cet égard.

Même observation sur la loi du 1er floréal an III, portant, art. 18, que les créances sur les émigrés seront liquidées définitivement par les administrateurs de département. Le sens du mot *liquidation* est bien fixé par les art. 32 et 33, portant : « Toute procédure contre les émigrés, pour raison « de leurs dettes passives, ou de droits à exercer sur leurs « biens, demeure éteinte. Les contestations pendantes à cet « égard seront décidées par deux arbitres..... Les droits des « réclamants, *reconnus par les arbitres*, seront liquidés dans « les mêmes formes que ceux des autres créanciers. »

Que veut-on de plus clair sur la distinction entre l'office du juge, des tribunaux, représentés ici par les arbitres, qui reconnaissent et déclarent le droit, et l'office du liquidateur qui vérifie le titre délivré par le juge pour faire l'inscription de la dette au nombre de celles de l'État?

C'est encore ce qu'exprime le décret du 19 janvier 1853 sur la comptabilité de la maison de l'Empereur, ainsi conçu : « Aucune créance ne peut être liquidée que par le ministre « ou les hauts fonctionnaires de la couronne. *La constata- « tion des droits du créancier précède la liquidation.* » (Art. 20) (1).

En cette matière, qui a une analogie intime avec celle qui nous occupe, on voit apparaître les diverses opérations qui doivent s'accomplir : d'abord la constatation du droit du créancier, puis la liquidation qui comprend l'examen du titre et la vérification du *quantum* de la créance ; le tout sera suivi de l'ordonnancement, dernière formalité qui aboutit au paiement effectif.

1344. Ces explications font d'autant mieux comprendre le peu de valeur des objections tirées sous un double rapport de la séparation des pouvoirs, et de la nécessité d'assurer la libre action non-seulement des administrateurs, mais du pouvoir législatif lui-même, car ce dernier fournit encore la matière d'une nouvelle objection.—Si le Trésor public, dit-

---

(1) *Moniteur* du 21 janv. 1853, p. 81. Nous avons vainement cherché ce décret au *Bulletin des lois.*

on, pouvait se trouver indéfiniment engagé par des décisions judiciaires, il arriverait, ou que le pouvoir législatif n'aurait plus la libre disposition de ses budgets, ou devrait laisser en souffrance ces décisions.

Ce n'est là qu'une pure confusion (1).

Si la constatation des obligations de l'Etat par les tribunaux de l'ordre judiciaire pouvait faire obstacle à la libre action du pouvoir législatif dans la disposition des finances de l'Etat, n'en devrait-on pas dire autant des décisions rendues par les tribunaux de l'ordre administratif, et par les ministres eux-mêmes ? Ne serait-on pas conduit, en suivant ce raisonnement, à porter toutes les contestations intéressant l'Etat devant le Corps législatif directement, sans intermédiaire ? Celui-ci deviendrait un tribunal ; ce serait le renversement de tous les principes.

Et qu'importe cependant que le juge qui déclare le droit, sans avoir à s'occuper des voies et moyens d'exécution, soit pris dans l'ordre judiciaire ou dans l'ordre administratif, étrangers l'un comme l'autre au pouvoir législatif ? Les inconvénients que l'on signale ne seront-ils pas les mêmes dans les deux cas ?

1345. Lorsqu'il s'agit de juger, de déclarer un droit, doit-on se préoccuper de la question financière ? Evidemment non. Ce sont deux ordres d'idées tout différents. Le juge ne doit connaître que de l'application de la loi au fait qui lui est soumis.

La décision une fois rendue, lorsqu'il s'agit de l'exécuter, les voies, sans doute, ne sont plus les mêmes à l'égard de l'Etat qu'à l'égard des particuliers. Mais c'est ici seulement que commence la dérogation au droit commun. Les biens du domaine de l'Etat, l'argent du Trésor, ne peuvent être saisis à la requête des particuliers par autorité de justice. La raison est facile à comprendre.

D'une part, les services publics seraient arrêtés par le détournement des fonds qui leur sont affectés. C'est pourquoi les ordonnateurs ou payeurs des finances de l'Etat ne peuvent faire aucune dépense sans y être autorisés.

D'autre part, toute disposition de fonds doit être primiti-

_____

(1) V. l'arrêté du Directoire exécutif du 2 germ. an v, cité par M. Serrigny, t. 3, n° 1303, où cette confusion est manifeste.

vement votée par le pouvoir législatif. — La dette une fois déclarée, les titres reconnus réguliers, la liquidation faite par le ministre, on pourra donc encore dire au créancier de l'Etat : « La caisse du Trésor est vide ; elle est vide à votre « égard ; la législature n'a point encore alloué de fonds pour « vous payer. »

Mais comment cela pourrait-il influer sur la déclaration du droit et sur la compétence du juge appelé à prononcer sur l'application de la loi ? Ne voit-on pas qu'il y a là trois ordres de faits parfaitement distincts : le jugement ; la liquidation ; le paiement ; correspondant à trois fonctions : celle du juge qui déclare le droit ; celle de l'administrateur qui vérifie les titres et qui procède à la liquidation de la créance ; celle du législateur, enfin, qui accorde au pouvoir exécutif les fonds nécessaires pour le paiement ? Cette marche n'est-elle pas conforme à l'ordre constitutionnel ? En procédant ainsi, chaque pouvoir ne se meut-il pas librement dans sa sphère ?

La déclaration du droit au fond, l'obtention du titre doit donc se poursuivre devant le juge déterminé par la nature du débat.

« Un particulier se propose-t-il de réclamer le prix d'arbres que l'administration a fait exploiter sur un terrain qu'elle considérait indûment comme appartenant à l'Etat, ce n'est point, à coup sûr, un ministre qu'il convient de saisir. Il faudra s'adresser aux tribunaux civils, et c'est de leur jugement condamnant l'Etat à payer, si on l'obtient, qu'on devra s'armer pour venir demander la liquidation. De même, pour les causes de la compétence administrative : qu'un entrepreneur invoque les stipulations de son marché pour réclamer une somme plus forte que celle qui lui a été allouée dans le compte dressé par l'administration, il devra solliciter du conseil de préfecture un arrêté qui déclare son droit, et la liquidation interviendra sur le vu de l'arrêté produit comme titre. La mission de juge fût-elle réservée au ministre, et à celui-là même qui devrait procéder à la liquidation, les choses ne se passeraient pas différemment. Si le litige était tranché au profit du réclamant, le ministre effectuerait sans doute immédiatement la liquidation, et le même acte exprimerait le résultat d'une double opération ; mais pour voir apparaître la distinction, il suffit de supposer que la réclamation jugée mal fondée par le ministre soit accueillie par le Conseil d'Etat ; l'ordonnance fera le titre, et il restera au créancier à revenir devant l'autorité chargée de la liquidation » (1).

Il est clair, d'ailleurs, que du moment où le droit de liquidation s'applique aux jugements rendus par les tribunaux (2), comme à tous autres titres, du moment où ce droit assure à l'autorité administrative l'application de toutes les mesures financières établies pour la garantie du Trésor, il n'existe pas un motif sérieux pour enlever aux tribunaux, d'une manière générale, la connaissance de toutes les actions qui tendent à faire déclarer l'existence d'une dette à l'encontre de l'Etat.

Il est donc démontré que le système contraire ne trouve sa base, ni dans les principes généraux, ni dans des textes précis (3).

1346. Cependant, il faut le dire, il a souvent prévalu devant le Conseil d'Etat. Nombre de conflits ont été confirmés par ordonnances ainsi motivées : « Considérant que la réclamation se résout en une demande qui tend à faire déclarer l'Etat débiteur, et qu'il appartient, en conséquence, à l'autorité administrative d'en connaître » (4).

Toutefois, on avait reconnu que la demande en dommages-

_____

(1) M. Dufour, n° 1366; M. Dumesnil, *Législ. spéc. du Trés.*, n° 85.
— *Contrà*, Dalloz, v° *Trésor public*, n° 574; Serrigny, 2° édit.; t. 3, n° 1303.
(2) Il s'applique même au jugement d'expropriation. Ordonn. du Cons. d'Etat, 25 nov. 1842, Lebon, p. 480. V. aussi Ordonn. du 23 août 1837, Lebon, t. 6, p. 518 et 519.
(3) L'administration se fonde encore sur un arrêté du Directoire exécutif du 2 germ. an v, dans les motifs duquel on lit, en effet, que « les tribunaux ne peuvent s'arroger le droit de créer une créance contre « la République, et que toute indemnité en faveur de ceux qui ont « travaillé pour le Gouvernement doit être le résultat d'une liquidation « qui est exclusivement réservée au pouvoir exécutif ».
À cet égard, il nous suffira d'une simple observation. Un arrêté du Gouvernement ne saurait établir un droit que ne reconnaît point la législation, surtout en fait de compétence, puisque les juridictions sont d'ordre public. D'ailleurs, la doctrine que l'on puise dans le considérant précité ne résulte nullement du dispositif de l'arrêté, lequel enjoint simplement au commissaire du Directoire près le tribunal de cassation de dénoncer à ce tribunal un jugement du tribunal des Ardennes, qui condamnait un préposé de l'administration des transports militaires à des dommages-intérêts, en son nom personnel, pour un retard de paiement.
(4) Ordonn. du Cons. d'Etat, 26 août 1835, Lebon, t. 6, p. 185; 8 août 1844, Lebon, p. 464; 9 déc. 1845, Lebon, p. 523; 9 fév. 1847, S. 47.2.380, Lebon, p. 78; 20 août 1847, Lebon, p. 576.

intérêts contre l'Etat, portée devant les tribunaux accessoirement à une demande principale dont ils sont régulièrement et compétemment saisis, ne devait pas être revendiquée par l'autorité administrative (1).

Quant aux tribunaux de l'ordre judiciaire, ils ont toujours repoussé ce principe (2).

Le tribunal des conflits, établi par la Constitution de 1848 (art. 89 et 90), et qui a fonctionné jusqu'à la promulgation du décret organique du 25 janvier 1852, dont l'art. 1er rendait au Conseil d'Etat la connaissance de cette matière, le tribunal des conflits de cette première période a évité de trancher nettement cette question. On l'a soulevée devant lui, mais il a décidé par d'autres motifs (3) ; assurément cette réserve même pouvait, jusqu'à un certain point, s'interpréter en faveur de la négative.

1347. Après la suppression du tribunal des conflits, le Conseil d'Etat est revenu plusieurs fois à son ancienne doctrine (4). Il a cherché à la fortifier en ajoutant aux motifs déjà exposés, que « comme conséquence de la séparation des «pouvoirs, et indépendamment de l'action qui est de l'es-«sence de l'autorité administrative, la juridiction a été don-«née à cette autorité en vue de constituer, en dehors de «l'autorité judiciaire, des juges pour prononcer sur les «litiges qui s'élèveraient entre l'Etat et les particuliers à « l'occasion des actes faits par l'administration pour l'exé-«cution des services publics auxquels elle est chargée de «pourvoir » (5).

Mais c'est encore là une théorie qui, dans ce qu'elle a d'absolu, n'est justifiée par aucun texte positif : aussi d'autres arrêts ont puisé leurs raisons, quand la matière s'y prêtait, dans les lois spéciales , comme celle du 28 pluviôse an viii, relative aux contestations en matière de travaux publics (6).

---

(1) Ordonn. du Cons. d'Etat, 20 avril 1847, Lebon, p. 209, S. 47.2. 492.

(2) Rej., 19 déc. 1854, D. 55.1.37. V. n° 1351.

(3) V. la décision du 20 mai 1850, Lebon, p. 477; Argum. de deux autres décisions du 30 juill. 1850, Lebon, p. 726, et du 7 avril 1851, Lebon, p. 255, D. 51.3.35.

(4) Cons. d'Etat, 6 déc. 1855 et 20 févr. 1858, D. 59.3.34 et 35 ; 6 août 1861, D. 62.3.5 ; 7 mai 1862, D. 62.3.83.

(5) Cons. d'Etat, 6 août 1861, aff. Dekeister C. Admin. des postes, D. 62.3.4. — V. aussi Cons. d'Etat, 10 mars 1853, D. 53.3.33.

(6) Cons. d'Etat, 13 déc. 1866, D. 67.3.57.

D'autres, enfin, ont reconnu nettement la compétence des tribunaux ordinaires (1).

Le législateur lui-même a consacré notre opinion dans la matière qui a donné lieu à la plupart des conflits jugés par les décisions contraires rapportées ci-dessus (2), savoir, les réclamations formées contre l'administration des postes pour lettres perdues ou volées. L'art. 3 de la loi du 4 juin 1859, en effet, après avoir déclaré que « l'administration des postes « est responsable des valeurs insérées dans les lettres et dé- « clarées conformément ..., à la présente loi, ajoute ... : En « cas de contestation, l'*action en responsabilité* est portée « devant les *tribunaux civils.* »

Mais, enfin, le nouveau tribunal des conflits (L. 24 mai 1872, art. 25) a nettement abandonné le système dont il s'agit, et reconnu implicitement l'exactitude des moyens qui le condamnent et que nous venons d'exposer (3).

1348. En résumé, notre conclusion sera, en renversant la proposition du Conseil d'État, qu'en l'absence de disposi- tions particulières, les actions en responsabilité civile diri- gées contre l'État, à raison du fait de ses agents, n'appartien- nent pas à la juridiction administrative, par cela seul qu'elles tendent à faire déclarer l'État débiteur.

1348 *bis.* À défaut de cette première règle, les partisans de la juridiction administrative en ont fait valoir une autre. Elle consiste à distinguer les actions dirigées contre l'État considéré comme personne civile, comme propriétaire ou contractant dans les termes du droit commun, et celles qui atteignent l'État considéré comme puissance publique et comme ayant la gestion d'un service général.

Pour les premières, qui naissent soit de la gestion du domaine et soulèvent des questions de propriété ou de servitude, soit d'un contrat d'achat, de vente (4), de

---

(1) Cons. d'État, 25 fév. 1864, D. 64.3.83.
(2) V. notamment les arrêts cités aux notes 4 et 5, p. 469, ci-dessus.
(3) Trib. des confl., 8 fév. 1873, D. 73.3.17-20, 5e esp.; S. 73.2.153. V. les concl. du commiss. du Gouv. rapportées avec la décision. — V. aussi Trib. des confl., 25 janv. 1873, aff. Michel et Masson, S. 73.2.123 et D. 73.3.17, où la compétence administrative est admise par des motifs autres que celui dont nous parlons.

(4) Le contentieux des ventes de biens nationaux faites par voie administrative est attribué aux conseils de préfecture (L. 28 pluv. an VIII, art. 4, dernier paragraphe). Mais les ventes et achats de biens

louage (1) ou autre semblable, les tribunaux sont compétents.

Pour les secondes, elles ne relèvent que de la juridiction administrative, à moins qu'il n'en ait été autrement ordonné par une loi spéciale. Telle est la portée de l'interdiction faite aux tribunaux par l'Assemblée constituante de troubler, de quelque manière que ce soit, les opérations des corps administratifs. Il en résulte que ces tribunaux sont radicalement incompétents pour connaître de toutes les demandes formées contre l'Etat, à raison des services publics, quel que soit leur objet et alors même qu'elles tendraient, non pas à faire annuler, réformer ou interpréter par l'autorité judiciaire les actes de l'administration, mais simplement à faire prononcer contre elle des condamnations pécuniaires à raison des dommages causés par ses opérations. — C'est en ce sens, a-t-on dit, qu'il faut entendre la formule précédemment adoptée et trop étendue dans ses termes, équivoque dans sa rédaction, que l'administration ou les juges pris dans son sein doivent seuls connaître des actions qui tendent à faire reconnaître l'Etat débiteur. — Toujours est-il que les tribunaux ne peuvent, par des condamnations de ce genre, exercer indirectement sur l'administration et ses agents un contrôle qu'ils n'ont pas droit de pratiquer d'une manière directe. — En conséquence, c'est à la juridiction administrative seule qu'appartiennent notamment les demandes en responsabilité formées contre l'Etat à raison de fautes commises par ses agents dans l'accomplissement des services publics (2).

D'ailleurs, ajoute-t-on, c'est à tort que les tribunaux prétendent qu'il ne s'agit ici que d'appliquer à l'Etat une règle de droit commun formulée dans l'art. 1384, C. civ., car l'Etat, puissance publique, n'est pas soumis aux dispositions du droit civil, qui ne règle que les rapports des citoyens entre eux. L'art. 1384 ne lui est donc pas applicable, en l'absence d'une loi formelle qui en ait autrement ordonné. Il existe, en effet, des dispositions spéciales en ce sens (Loi 6-22 août 1791, sur les douanes, tit. 13, art. 19 ; — Loi 15 juillet 1845, sur les chemins de fer, art. 22 ; — Loi du

domaniaux faites par contrats notariés sont de la compétence de l'autorité judiciaire (V. Serrigny, Organ. et comp., t. 2, nos 1013 et 1016).
(1) Loi du 15 avril 1829, art. 4.
(2) Cons. d'Etat, 10 mars 1853, D. 53.2.33, S. 53.2.731 ; Cons. d'Etat, 6 août 1861, Detkeister, D. 62.3.4, S. 62.2.139.

4 juin 1859, sur les postes, art. 3), dispositions qui seraient inutiles si l'art. 1384 était, en principe et de plein droit, applicable à l'Etat à raison des actes de ses agents et préposés. C'est que, en effet, on ne peut assimiler, sous ce rapport, l'Etat aux particuliers. Il y en a plusieurs raisons.

D'abord, le rôle de l'Etat dans l'accomplissement des services publics est, non pas volontaire, mais obligatoire, imposé dans l'intérêt de tous.

Puis, en considérant le nombre des services auxquels l'Etat doit pourvoir, celui des fonctionnaires, agents et préposés de tout rang qu'il est forcé d'employer; les conditions de leur nomination et de leur avancement qui, déterminés souvent par la loi ou par des règlements généraux, ne laissent pas toujours à l'administration la liberté de leur choix, on doit reconnaître que la responsabilité de l'Etat pour les fautes de ses agents ne peut être ni générale ni absolue; qu'elle doit se modifier, suivant les lois et règlements spéciaux à chaque service, suivant leurs nécessités, suivant aussi la nature des emplois.

Or, toutes ces considérations échappent, par leur nature, à l'autorité judiciaire. Elles rentrent, au contraire, naturellement dans le domaine de la juridiction administrative, mieux placée pour interpréter les lois et règlements de l'administration, pour connaître les exigences de chaque service et concilier dans une juste mesure les intérêts de l'Etat et ceux des particuliers.

Telle est la doctrine assez nettement formulée par les dernières décisions du Conseil d'Etat, et adoptée par le tribunal des conflits lui-même (1).

1349. Il peut sembler téméraire de contester une jurisprudence consacrée par d'aussi nombreuses décisions, dont la formule a varié, mais dont on ne parviendra pas, sans doute, à faire changer le résultat final. Toutefois, nous croyons qu'elle comporte de graves objections.

Nous n'entendons pas méconnaître que, dans beaucoup de cas, les actions en responsabilité formées contre l'Etat rentrent dans la définition du contentieux administratif donnée plus haut (2).

_____

(1) Cons. d'Etat, 6 déc. 1855, D. 59.3.34, S. 56.2.508.; 20 févr. 1858, D. 59.3.34 et 35; 7 mai 1862, D. 63.3.83; Trib. des confl., 8 fév. 1873, aff. *Blanco*, D. 73.3 20, S. 73.2.153, et les conclusions de M. David, commiss. du Gouvern., *ibid.*

(2) V. n° 1339.

1349 *bis.* Il est certain que, toutes les fois que ces réclamations seront fondées sur le préjudice que l'on prétendra résulter d'un acte administratif, et qu'elles impliqueront l'interprétation et l'appréciation d'un acte de ce genre, on devra reconnaître l'existence du litige administratif. La compétence ne sera point alors douteuse (1).

La difficulté sera de savoir, dans chaque espèce, s'il existe réellement un acte administratif, et si c'est contre un acte de cette nature qu'est dirigée la réclamation. C'est, en effet, sur ce terrain qu'ont été portées les discussions les plus sérieuses.

1350. On peut distinguer ici un assez grand nombre d'hypothèses qui donneront lieu à des solutions différentes :

1° Quand il s'agit d'un acte positif qui ne se rattache pas directement à l'exécution du service, bien qu'il ait été commis par le préposé de l'administration dans l'exercice de ses fonctions, par exemple en cas d'homicide par un agent des douanes ou des contributions indirectes sur un individu qu'il soupçonne de vouloir introduire en fraude des marchandises ou des denrées; en cas de soustraction d'une lettre par un employé de l'administration des postes, on ne voit point apparaître les conditions essentielles du contentieux administratif. L'agent a contrevenu aux règles du droit commun. Sa conduite personnelle est seule en jeu. L'Etat n'est actionné que comme civilement responsable. L'application de l'art. 1384, que nous supposons en ce moment une règle du fond pour l'État comme pour les citoyens, doit être faite par les tribunaux. Ils n'ont pour cela d'autre appréciation à faire que celle des rapports existant entre l'agent et l'administration, et de la nature des fonctions auxquelles il est employé, appréciation qui n'implique, ni l'interprétation, ni le contrôle d'aucun acte administratif proprement dit.

1351. 2° Le dommage pourrait encore résulter de fautes d'omission, d'imprudences ou de négligences imputables à l'agent personnellement, et la solution devrait être la même quant à la compétence, si la question se présentait dans les conditions que nous venons de supposer tout à l'heure. Mais elle ne sera pas toujours aussi nette. L'appréciation de la

_____

(1) V. par exemple les espèces suivantes : Cons. d'Etat, 6 août 1861, aff. Cardin, D. 62.3.5; Trib. des confl., 30 juill. 1873, D. 74.3.5; Paris, 10 juill. 1870, D. 71.2.149. — Consult. encore Trib. des confl., 25 janv. 1873, S. 73.2.123, D. 73.3.17.

faute alléguée paraîtra quelquefois dépendre de l'examen des actes administratifs.

C'est ce qu'on faisait valoir au nom de l'administration des postes dans l'affaire jugée par la Cour royale d'Agen et par la Cour de cassation, que nous avons citée à l'article précédent. — Les tribunaux, disait-on, ne peuvent pas dire à une administration : Vous avez le droit de faire des règlements et de les exécuter. Cependant, nous vous condamnerons, s'il résulte de cette exécution des accidents qui en seront la suite médiate ou immédiate. C'est là s'immiscer dans les fonctions de l'administration et se rendre juge de ses actes. Ainsi, quand il est constant que le dommage a été causé par les agents en se conformant exactement aux règlements qui leur sont imposés, les tribunaux doivent s'abstenir.

A ce raisonnement, la Cour de cassation a répondu :

« Que s'il est prescrit aux tribunaux de s'abstenir de tout examen et de toute critique des règlements et actes administratifs, et des ordres compétemment donnés par l'administration, il est incontestable qu'il appartient à l'autorité judiciaire d'apprécier, dans les cas prévus par les art. 1382, 1383 et 1384, C. civ., les faits résultant de l'exécution plus ou moins intelligente, plus ou moins prudente des règlements administratifs ;

« Attendu en fait que, dans l'espèce, la Cour royale d'Agen..... a contaté que l'accident arrivé à Depeyre et le dommage qui s'en est suivi ont été causés par la négligence, l'imprudence et le défaut de précaution de l'administration des postes et de ses agents ou préposés, dans l'exécution de ses ordres ; d'où il suit qu'en condamnant ladite administration à réparer, dans une proportion déterminée, le préjudice causé, la Cour d'Agen n'a pas méconnu les limites qui séparent les pouvoirs judiciaire et administratif, ni conséquemment violé la loi des 16-24 août 1790, le décret du 16 fructidor an III, ni aucune autre disposition législative, et sainement appliqué l'art. 1382..., Rejette (1). »

Au fond, cet arrêt sépare assez nettement l'appréciation des actes d'administration et celles des fautes personnelles imputables aux agents. La responsabilité qu'il impose à l'administration ne découle, en réalité, que de l'art. 1384, et, sous ce rapport, il nous paraît juridique.

_____

(1) 1er avril 1845, S. 363. V. suprà, n° 1324.

Un autre arrêt de la chambre civile dit également :

« Attendu que les tribunaux civils sont compétents pour statuer sur toutes demandes en réparations de dommages causés par le fait d'autrui... que cette compétence est générale, et qu'elle ne saurait être modifiée parce que les faits de négligence ou d'imprudence constitueraient en même temps, de la part de ces employés, des infractions aux règlements des administrations publiques, alors surtout que les règlements ne sont pas contestés ; qu'en effet, même à l'égard de ces employés, l'action exercée contre eux a son principe dans le droit commun... que si cette action, par sa nature, réagit contre l'administration elle-même et peut amener des condamnations envers elle, comme responsable du fait de ses agents, cette responsabilité n'est aussi que la conséquence du droit commun... etc. » (1).

La doctrine consacrée par ces décisions a été généralement adoptée par les tribunaux de l'ordre judiciaire.

C'est particulièrement au sujet de réclamations contre l'administration des postes pour pertes et soustractions de lettres, que cette jurisprudence s'est formée. — Dans les seules années 1849 et 1850, on trouve sept jugements de tribunaux de première instance qui l'ont consacrée (2), et la Cour d'appel de Paris, par arrêt du 6 août 1850, l'a expressément maintenue (3).

1352. Mais, la question, soumise au tribunal des conflits, régulateur suprême de la compétence, d'après la constitution de 1848, n'y a pas reçu la même solution. Seulement, dans les motifs sur lesquels s'appuient ses décisions, ce tribunal s'est écarté, comme nous l'avons dit n° 1346, des errements de l'ancien Conseil d'Etat, qui se fondait sur la maxime réfutée ci-dessus, que les actions qui tendent à faire déclarer l'État débiteur, sont, par cela seul, du ressort de la justice administrative (4).

1353. Les faits des diverses espèces sont à peu près les mêmes. Voici ceux de la première, sur laquelle il ait été statué.

Les sieurs Manoury et autres firent assigner le directeur

(1) Rej., ch. civ.. 19 déc. 1854, D. 55.4.37.
(2) Ils sont mentionnés dans le *Recueil des arrêts du conseil et du tribunal des conflits*, avec les décisions que nous allons rapporter.
(3) *Gaz. des trib.* du 7, et S. 50.2.404. — V. n° 1346.
(4) V. *suprà*, n°s 1337 à 1348.

général des postes devant le tribunal de la Seine, pour s'entendre condamner à leur rembourser une somme de cinq cents francs qui leur aurait été envoyée en billets de banque dans une lettre par un sieur Delcros de Toulouse. Cette lettre, datée du 10 mai, n'était cependant partie de Toulouse que le 12, et arrivée à Paris que le 14, d'après le timbre de la poste. La lettre, disaient les demandeurs, leur avait été remise par le facteur décachetée ; ouverte en sa présence, il avait été reconnu qu'elle ne renfermait plus le billet de cinq cents francs qu'elle aurait dû contenir. Ils ignoraient par qui la soustraction avait été opérée, mais ils ne pouvaient en être victimes, et l'administration des postes, en conservant dans le bureau de Toulouse, pendant quarante-huit heures, la lettre destiné aux requérants, et en la remettant ensuite décachetée, avait évidemment encouru la responsabilité de la perte des valeurs qu'elle contenait.

Par jugement du 7 juillet 1849, le tribunal de la Seine rejeta le déclinatoire présenté par le préfet : « Attendu que les décrets et ordonnances invoqués par le directeur des postes à l'appui de l'exception d'incompétence élevée par le préfet de la Seine, sont sans application aucune à l'espèce; qu'il s'agit uniquement de la responsabilité d'un agent de l'administration, fondée sur un délit reproché à cet agent, ou sur un fait dommageable dont ce dernier serait l'auteur : » le tribunal se déclara compétent.

Conflit, et le 20 mai 1850, décision qui confirme en ces termes : « Vu les lois des 26-29 août 1790 ; — Vu le décret des 17 juillet-8 août 1790 ; — Vu l'arrêté du 16 fructidor an III ; — Considérant que l'appréciation de la demande en dommages-intérêts formée par les sieurs Manoury et consorts contre l'administration des postes, comme civilement responsable du fait de ses agents, dépend du point de savoir si le fait imputé aurait été commis dans l'exercice des fonctions auxquelles sont préposés les employés de cette administration; — Que ce n'est que par l'examen des règlements administratifs qui fixent le mode du service de la poste aux lettres, qu'il est possible de déterminer dans quels cas l'agent de cette administration doit être réputé avoir fait un acte dépendant de ses fonctions, et susceptible d'être couvert par la responsabilité de l'administration; — Qu'un semblable examen, de la part du tribunal, impliquerait nécessairement l'interprétation du règlement relatif au service de la poste, et qu'ainsi l'autorité judiciaire s'immiscerait dans l'appréciation et l'application d'actes administratifs dont les lois ci-dessus visées sur la séparation des pouvoirs lui défendent de connaître, etc. » (1).

Le même jour, quatre autres décisions ont été rendues dans les mêmes termes, et l'on en trouve une cinquième à la date du 17 juillet (2).

1354. Mais en voici une autre qui, sous certains rapports, s'écarte des précédentes.

Le 6 août 1849, les sieurs Lavigerie et Demorieux, banquiers au Mans, remettent au directeur de la poste aux lettres de cette ville, le sieur Fourché, trois lettres chargées, contenant des valeurs pour la somme de quatorze mille francs, à l'adresse d'une maison de commerce de Nantes ; ces lettres n'arrivèrent point à leur destination, et un procès-verbal du directeur de la poste de Nantes constate qu'elles ne se trouvaient pas dans le paquet arrivé à Nantes le 7 août. Les sieurs Lavigerie et Demorieux, induisant de ce fait que ces lettres avaient été détournées au bureau du Mans, assignèrent le sieur Fourché personnellement, et l'administration des postes comme responsable du fait de son agent, devant le tribunal civil du Mans, pour s'entendre condamner au paiement de la somme de quatorze mille francs, montant des valeurs soustraites.

Sur le déclinatoire, le tribunal s'étant déclaré compétent, le préfet éleva un conflit fondé sur ce que l'action dirigée contre Fourché et l'administration des postes reposait sur l'imputation d'une soustraction commise ; que la preuve de cette imputation ne pouvait être acquise sans s'immiscer d'une manière ou d'une autre dans le service administratif des postes pour en vérifier quelques opérations, ce que les lois défendent aux tribunaux.

Le 20 mai 1850, décision du tribunal des conflits, ainsi conçue :

« Vu les lois des 26-29 août 1790 ; — Vu le décret du 17 juillet 1790 ; — Vu l'arrêté du 16 fructidor an III; — En ce qui concerne l'action dirigée contre le *sieur Fourché* comme *personnellement* responsable : — Considérant que cette action est appuyée sur l'allégation de faits qui seraient

---

(1) Lebon, p. 477 à 480.
(2) Lebon, 1850, p. 477 et suiv., et p. 693. — *Anal.*, Décr. 28 nov. 1850, Lebon, p. 871, S. 51.2.302.

imputables à ce fonctionnaire, et qu'il n'apparaît pas que l'appréciation de cette allégation soit de nature à entraîner l'examen ou la discussion des règlements ou des actes administratifs; qu'il suit de là que l'action a été compétemment portée devant les tribunaux civils;

« En ce qui touche l'action dirigée *contre l'administration des postes*, comme *civilement responsable* : — Considérant que l'appréciation de la demande en dommages-intérêts formée par les sieurs Lavigerie et Demorieux contre l'administration des postes, comme civilement responsable du fait de ses agents, dépend du point de savoir si le fait imputé aurait été commis dans l'exercice des fonctions auxquelles sont préposés les employés de cette administration ; que ce n'est que par l'examen des règlements administratifs qui fixent le mode du service de la poste aux lettres, qu'il est possible de déterminer dans quels cas l'agent de cette administration doit être réputé avoir fait un acte dépendant de ses fonctions, et susceptible d'être couvert par la responsabilité de l'administration; qu'un semblable examen de la part du tribunal impliquerait nécessairement l'interprétation des règlements relatifs au service de la poste, et qu'ainsi l'autorité judiciaire s'immiscerait dans l'appréciation et l'application d'actes administratifs dont les lois ci-dessus visées sur la séparation des pouvoirs lui défendent de connaître.

« Art. 1er. L'arrêté de conflit est confirmé en tant qu'il revendique pour l'autorité administrative la connaissance de l'action contre l'administration générale des postes. Il est annulé pour le surplus ». (1).

Le tribunal a donc admis une distinction importante : quand il s'agit de l'action dirigée contre un agent déterminé de l'administration, action qui repose sur des faits à lui personnellement imputés, la cause appartient aux tribunaux de l'ordre judiciaire (2);

Mais quand il s'agit de savoir si l'administration est responsable du fait de son préposé, ou quand l'action est dirigée contre l'administration directement, la cause est attri-

(1) Lebon, 1850, p. 481.
(2) V. encore Décis. 9 mai 1851, Lebon, p. 333, et Cons. d'Etat, 29 mars 1853, D. 53.3.55. — Conf., Comm. fais. fonct. Cons. d'Etat, 7 mai 1871, D. 72.3.17 et 18 (aff. Dunc et de Cumont C. Engelhart); Trib. des confl.; 7 juin 1873, D. 74.3.4 (Godart); C. cass. rej., 3 juin 1872, D. 385; Rej., ch. cr., 25 janv. et 20 juin 1873, D. 289 et 390.

buée à la juridiction administrative, attendu, disent les arrêts précités, que la question dépend du point de savoir si le fait imputé aurait été commis dans l'exercice des fonctions auxquelles sont préposés les agents de l'administration, que ce n'est que par l'examen des règlements administratifs qui fixent le mode du service que l'on peut décider sur ce point, et qu'un semblable examen impliquerait l'immixtion de l'autorité judiciaire dans l'interprétation et l'application d'actes administratifs, dont les lois sur la séparation des pouvoirs lui interdisent de connaître.

1355. Cette distinction a prévalu (1), d'autant plus qu'elle n'était pas tout à fait nouvelle. Elle avait été consacrée déjà par un arrêt du Conseil d'Etat, du 6 juillet 1843.

Voici dans quelle circonstance il est intervenu :

En 1837, le coche de Nogent-sur-Seine, appartenant à la compagnie de Rotrou, périt près de Charenton. Il fut constaté que le désastre provenait de la rencontre d'une lavandière, coulée à fond par un ouragan quelques jours auparavant, et qui était restée cachée sous l'eau. Le maire de Charenton dressa procès-verbal de l'accident ; il en signalait la cause, indiquait le propriétaire du bateau coulé à fond, déclarant qu'il lui avait déjà fait sommation de retirer cette lavandière du fond de l'eau, à cause des dangers qu'elle pouvait faire courir à la navigation; que cette sommation était restée sans effet; qu'il avait dénoncé le tout à l'inspecteur de la navigation, et fait d'inutiles efforts pour qu'il fût placé en cet endroit une flamme avec jalons pour avertir la marine.

Dans ces circonstances la compagnie des coches assigna le préfet de la Seine devant le tribunal du même département, comme civilement responsable du dommage occasionné par la négligence des agents de la navigation.

Le préfet opposa le déclinatoire, et le tribunal se déclara incompétent. Le jugement fut confirmé en appel, et la Cour de cassation rejeta un pourvoi formé contre l'arrêt (2).

MM. de Rotrou et comp. formèrent alors contre les sieurs Paris et Dumoulin, agents de la navigation, et contre le préfet de police, une demande tendant à les faire condamner personnellement et solidairement à leur payer une somme de onze mille francs. Ils portèrent cette demande devant le

(1) Cons. d'Etat, 9 déc. 1852, D. 53.3.21 ; 10 mars 1853, D. 53.3.33.
(2) Rej., 3 juin 1840, S. 624,

conseil de préfecture, qui déclara à son tour n'y avoir lieu à
délibérer, attendu qu'aucune disposition législative n'avait
investi les conseils de préfecture du droit de statuer sur des
demandes de cette nature. Recours au Conseil d'Etat. Ordonnance qui rejette, par le motif qu'il ne s'agit que d'une
poursuite à fins civiles contre le préfet de police, le sieur Dumoulin et le sieur Paris; que dès lors c'est avec raison que
le conseil de préfecture s'est déclaré incompétent (1).

On ne peut douter que la décision n'eût été toute différente si l'action eût été dirigée contre l'Etat lui-même,
comme responsable de ses agents, au lieu de l'être contre
ceux-ci personnellement. Cette ordonnance a donc vraiment consacré la distinction dont nous parlions tout à l'heure.

1356. Cette distinction est-elle parfaitement fondée?
Malgré l'autorité que nous reconnaissons à la haute juridiction qui l'a introduite, nous devrons avouer qu'il nous
reste quelques doutes à cet égard. — Est-il exact de dire,
par exemple, que le point de savoir si le fait imputé aux
agents a été commis dans l'exercice de leurs fonctions et si,
par suite, l'administration en est responsable, dépend de
l'examen des règlements administratifs qui fixent le mode
du service? Ainsi le détournement d'une lettre chargée par
le directeur du bureau de poste où cette lettre est remise
peut-il jamais être considéré comme ayant été commis en
dehors de ses fonctions? N'est-ce pas toujours, et nécessairement dans l'exercice et à l'occasion de l'exercice de ses fonctions, que l'agent aura la possibilité d'effectuer son détournement? Quels sont donc les actes administratifs qu'il est
nécessaire d'apprécier pour juger s'il y a lieu, oui ou non, à
l'application de l'art. 1384 du C. civ.? Nous ne l'apercevons
pas clairement.

En second lieu, la doctrine d'après laquelle tout examen,
toute application des règlements administratifs est enlevée
aux tribunaux judiciaires, n'exagère-t-elle pas les conséquences du principe de la séparation des pouvoirs? On a
toujours admis sans difficulté que l'interprétation et l'appréciation des actes administratifs étaient seules interdites aux
tribunaux ; mais leur simple application, jamais.

Comment concilier, en effet, avec la doctrine contraire,
les dispositions de nos Codes, qui chargent l'autorité judi-

---

(1) 6 juill. 1843, Lebon, p. 348.

ciaire de faire respecter les règlements émanés de l'autorité administrative (1)?

Or, qu'il s'agisse d'appliquer aux contrevenants un règlement administratif, ou qu'il s'agisse d'appliquer un autre règlement aux faits d'un employé prévaricateur, pour en conclure qu'il agissait, lorsqu'il a commis le délit, dans l'exercice de ses fonctions, et pour en déduire la responsabilité civile de son administration, n'est-ce pas toujours la même chose? dans l'un et l'autre cas, l'autorité judiciaire ne reste-t-elle pas dans les limites de ses attributions? C'est ce que nous pensons, quant à nous.

A notre avis, la règle véritable est que l'autorité judiciaire est compétente en principe, à moins qu'elle ne se trouve en présence d'un acte de gouvernement ou d'administration proprement dit, auquel cas le principe de la séparation des pouvoirs l'oblige à s'abstenir et à renvoyer aux juges administratifs, soit le fond, soit tout au moins la question préjudicielle.

Dans le système absolu que nous venons d'exposer, toute action dirigée, même contre un agent de l'administration personnellement et sans recours coñtre l'Etat, devrait être considérée comme du domaine exclusif de la juridiction administrative, par cela seul que l'acte dommageable aurait été commis à raison ou dans l'exercice de ses fonctions. Car l'administration se personnifie nécessairement dans ses préposés, et l'on doit conclure logiquement, dans ce système, que les attaquer c'est toujours l'attaquer elle-même. On a vu cependant qu'une distinction a été admise à cet égard (2), mais elle a été quelquefois méconnue (3) ; et ces contradictions de la jurisprudence du conseil démontrent combien il est difficile de trouver une base solide, un principe clair et certain pour l'asseoir.

1356 bis. Maintenant, au fond, est-il exact de soutenir que les règles du droit commun, telles que l'art. 1384 ou l'art. 1998 du C. civ., sont inapplicables aux rapports de l'Etat, considéré comme puissance publique ayant la gestion des divers services administratifs, avec les citoyens? Ces règles, dit-on, ne régissent l'Etat qu'en tant qu'il agit

_____

(1) C. pén., 471, 15°.
(2) V. n°⁵ 1354 et 1355.
(3) Comm. fais. fonct. de Cons. d'Etat, 24 janv. 1871, D. 71.3.25.

comme personne civile, comme propriétaire, à raison, par exemple, d'un contrat de vente ou de louage, etc.

Mais, d'abord, l'Etat n'agit-il pas réellement comme personne civile, lorsque, pour la gestion d'un service, il établit des préposés pour certaines perceptions, avec droit de saisir les marchandises ou denrées qui y sont soumises ; lorsqu'il construit des magasins et ateliers, se fait fabricant d'une denrée telle que le tabac, emploie des ouvriers qu'il dirige et surveille dans les conditions ordinaires d'un maître ou patron. (1) ?

D'ailleurs, nous le demandons, quel principe de droit appliquer même en dehors de ces cas, lorsque la législation spéciale est muette et que l'Etat se trouve cependant, vis-à-vis du particulier lésé, dans la situation juridique d'un maître ou commettant, d'un mandant, ou telle autre analogue qui entraîne une responsabilité ? — Peut-on admettre que les intérêts des citoyens soient alors livrés à une appréciation purement arbitraire et que les juges administratifs puissent se créer à eux-mêmes des règles juridiques suivant les espèces ? Il est, au contraire, certain que le droit commun s'applique lorsque la loi spéciale ne s'est pas prononcée et n'y a point dérogé. La raison tirée de ce que l'art. 1384 est une règle de droit civil qui ne saurait être invoquée contre l'Etat qu'en vertu d'une loi formelle, pourrait s'étendre à l'article 1382 lui-même, et aux dommages occasionnés directement par les faits de l'administration. Et pourtant le principe contraire a toujours été admis, tellement que c'est pour assurer à l'Etat certaines immunités que des dispositions spéciales ont été édictées (V. en ce qui concerne les postes et les lignes télégraphiques, *suprà*, nᵒˢ 1316 à 1320).

Ce n'est donc pas parce que l'Etat serait irresponsable au fond et placé au-dessus du droit commun, que les tribunaux peuvent être dessaisis à son égard ; qu'ils soient incompétents pour connaître des suites d'un acte de la puissance publique, d'un acte d'administration proprement dit, cela est certain, nous l'admettons sans hésitation.

Mais, quant aux crimes, délits ou contraventions formellement prévus par les lois pénales et que commettent les agents de l'administration dans leurs différents services ; quant aux quasi-délits et fautes dommageables pouvant

---

(1) V. l'espèce de l'aff. Blanco, trib. des confl. ; 8 fév. 1873, D. 73, 3.20 ; S. 73,2.153.

donner lieu à des réparations aux termes du droit commun, — nous persistons à croire que l'État doit en répondre civilement comme commettant et que les tribunaux sont compétents pour reconnaître à sa charge cette qualité, pour prononcer sur la responsabilité qui en résulte, sauf à renvoyer à l'autorité administrative, en cas de difficulté réelle, la question préjudicielle de savoir si le litige prend naissance dans un acte d'administration.

1357. Parlons maintenant des cas où la compétence administrative, pour statuer sur les actions en responsabilité civile contre l'État résulte de lois spéciales.

Quand le dommage causé par l'agent se rattache à un ordre de faits dont la connaissance est réservée à la juridiction administrative, l'action en responsabilité civile contre l'État appartient à la même juridiction en vertu de la règle, *Accessorium sequitur principale.*

1358. Par exemple, en matière de travaux publics, nous avons vu qu'aux termes des lois des 6, 7 et 11 septembre 1790 (1), du 28 pluviôse an viii (2) et du 16 septembre 1807(3), les demandes en indemnité pour torts et dommages de toute nature provenant du fait personnel des entrepreneurs, ou du fait direct de l'administration, devaient être portées devant le conseil de préfecture (4). Donc, lorsqu'il s'agira de dommages causés par un préposé de l'administration dans l'exécution de travaux publics, dommage dont on prétendra que l'administration est civilement responsable, il faudra procéder devant la juridiction administrative.

En vain prétendrait-on que la demande n'implique point la discussion et la critique des actes administratifs et des ordres compétement donnés par l'administration, mais qu'il s'agit d'apprécier des faits résultant de l'exécution plus ou moins prudente, attentive et intelligente de ces actes et de ces ordres. La loi n'a pas fait ces distinctions, elle n'admet la compétence des tribunaux qu'autant qu'il s'agirait de faits absolument étrangers au service ; encore serait-ce à l'autorité administrative à statuer sur la question préjudicielle (5).

_____

(1) Art. 3, 4 et 5.
(2) Art. 4, §§ 2, 3 et 4.
(3) Art. 48 à 57.
(4) V. *suprà*, nᵒˢ 713 et suiv.
(5) Ordonn. du Cons. d'Etat, 26 avril 1848, S. 47.2.493.

1359. Les travaux exécutés par le génie militaire pour la défense des places de guerre, rentrent évidemment dans la classe des travaux publics. On serait donc porté à considérer la loi du 28 pluviôse an viii comme leur étant également applicable. Cependant, un décret du 14 septembre 1852 décide que c'est au ministre de la guerre qu'il appartient de statuer, sauf recours au Conseil d'Etat, sur les demandes d'indemnité formées par les particuliers, à raison des dommages causés par ces travaux ; les tribunaux de l'ordre judiciaire restant compétents pour régler l'indemnité due pour expropriation, dans les cas prévus par les art. 18, 19, 20, 24, 33 et 38 du titre 1er de la loi des 8-10 juillet 1871 (1). Cette réserve est, en effet, formulée par l'art. 15 de la loi du 17 juillet 1819, lequel vise celle du 8 mars 1810, aujourd'hui remplacée par la loi du 3 mai 1841.

Quant à l'occupation plus ou moins prolongée d'un immeuble et aux dommages qu'il peut éprouver, par suite d'un événement de guerre proprement dit, nous avons vu (n°ˢ 1305 et 1331) que ces faits n'ouvrent aucun droit à indemnité. Les tribunaux administratifs ne seraient donc saisis utilement que des difficultés relatives à la répartition des secours qui seraient accordés aux victimes de la guerre, comme on l'a fait par les lois des 6 septembre 1871 et 7 avril 1873 (*ibid*). — En tous cas, les tribunaux de l'ordre judiciaire n'auraient pas à connaître de semblables actions (2).

1359 *bis*. Il en est autrement lorsqu'il s'agit d'immeubles occupés par les troupes, soit pour leur casernement, soit pour y établir des ateliers.

En principe, ces locaux doivent être loués par l'administration (3), et les tribunaux ordinaires sont compétents pour connaître des contestations qui résultent de ces contrats de bail (4).

Comme aussi de celles qui naîtraient entre les proprié-

---

(1) Décr. Cons. d'Etat, 14 sept. 1852, D. 53.3.11, *André* ; Trib. des confl., 25 janv. et 15 mars 1873, D. 73.3.24 et 25.

(2) Déc. Cons. d'Etat, 6 juin 1872, D. 72.3.77 ; Paris, 1er juill. 1873, D. 74.2.13.

(3) Loi du 8 juill. 1791, tit. V, art. 8 et 10 ; Instr. annexée à la loi du 23 mai 1792, art. 3 et 6 ; Ordonn., 5 août 1818, art. 9 ; Dijon, 31 janv. 1873, S. 73.2.37.

(4) Déc. Cons. d'Etat, 23 mai 1851, D. 51.3.51 ; 8 juin 1854, D. 54. 3.84.

taires et les officiers ou autres fonctionnaires militaires lorsqu'ils sont en garnison, cas auquel ils reçoivent un traitement spécial pour leur logement qu'ils doivent se procurer de gré à gré chez l'habitant, aux termes des art. 1 et 26 du règlement annexé à la loi du 23 mai 1792 (1).

Or, l'on doit considérer l'occupation qui a lieu en vertu de réquisitions de l'autorité, comme équivalente à celle qui aurait lieu en exécution d'un contrat proprement dit. Un décret du gouvernement de la défense nationale, en date du 12 novembre 1870, autorisait le ministre des travaux publics à requérir tous les ateliers inoccupés, pour les employer à la transformation des armes, et l'art. 4 dispose formellement que les difficultés résultant de cette occupation seraient résolues par le tribunal civil. — Il a même été jugé que la compétence des tribunaux, se rattachant ici au droit de propriété et à des contrats du droit privé, subsiste, alors même que la régularité des réquisitions serait douteuse et contestée (2), et même lorsqu'il n'y a eu qu'une occupation de fait (3).

1359 *ter*. Ce qui vient d'être dit ne s'applique pas aux contestations qui résultent du logement des troupes de passage, en cas de voyage ou de mouvements imprévus. Elles sont alors logées chez l'habitant, sur la désignation faite par les municipalités et sans indemnité de loyer (4).

Les réclamations qui seraient faites par les propriétaires et qui ne peuvent alors avoir pour objet que des dégradations aux maisons, écuries, magasins (V. *suprà*, n° 1332), ou à des objets mobiliers, sont réglées administrativement. — C'est une sorte de fourniture faite aux troupes.

L'art. 22 du règlement annexé au décret de l'Assemblée législative du 23 mai 1792 prévoit cette hypothèse et dispose

---

(1) Ordonn. Cons. d'Etat, 30 mai 1821, Merlier c. Davoust, Dalloz, v° *Organ. milit.*, n° 699.

(2) Déc. Trib. des confl., 11 et 25 janv. et 8 fév. 1873, D. 73.3.22 et 23, S. 73.2.125. — *Contrà*, Douai, 2 avril 1873, D. 74.2.12. Mais cette Cour paraît s'être fondée sur le principe, aujourd'hui abandonné, que toutes les actions tendant à faire déclarer l'Etat débiteur appartiennent à la juridiction administrative (V. *suprà*, n° 1346).

(3) Déc. Trib. des confl., 8 fév. 1873, aff. Dugade, D. 73.3.19, S. 73.2.153.

(4) Les officiers ont droit aussi au logement gratuit, dans ce cas particulier, mais pour trois nuits seulement, Loi du 8 juill. 1791, art. 5.

que chaque corps de troupes est responsable des dégâts et dommages qu'elles auraient faits dans leurs logements; en conséquence, lors de leur départ, elles seront tenues de faire réparer à leurs dépens ou de payer les dégradations faites à leurs logements et aux fournitures.

Aux termes de l'art. 23 : « Les habitants qui auront à se « plaindre de quelques dommages ou dégâts occasionnés « par les troupes, devront faire leur réclamation avant leur « départ, soit au commandant du régiment ou des détache-« ments, soit aux commissaires des guerres ou aux officiers « municipaux, afin qu'il y soit fait droit ; et à défaut de se « présenter avant le départ de la troupe, ou une heure « au plus tard après, ils ne seront plus reçus dans leurs « demandes ; en conséquence, le commandant du corps « chargera un officier de rester après le départ du régiment « pour recevoir les plaintes, s'il y en a, et y faire droit si « elles sont fondées. »

En cas de refus ou de difficultés opposées au paiement de l'indemnité réclamée, par le commandant du corps, l'officier délégué ou les membres de l'intendance, le réclamant devrait s'adresser au ministre de la guerre(1), sauf son recours devant le conseil d'Etat contre la décision du ministre (2).

Ces réclamations et les pièces à l'appui doivent être adressées au ministre dans les six mois qui auront suivi le trimestre où la dépense aura été faite, à peine de déchéance. (Décret du 13 juin 1806, art. 3).

1359 *quater.* Les réquisitions faites pendant la guerre par les autorités françaises civiles et militaires, au nom de l'Etat, pour le service des troupes ou les travaux de la défense, constituent de véritables marchés de fournitures, puisqu'elles ne sont faites qu'à charge de paiement par le Trésor, dans des conditions exceptionnelles, il est vrai, à raison des circonstances. Elles rentrent donc dans le contentieux administratif (3).

D'ailleurs, ce sont des actes d'administration qui entraînent par leur nature la compétence administrative (4).

---

(1) *Conf.*, Dalloz, v° *Organ. milit.*, n° 702.
(2) Décret du 11 juin 1806, art. 14. — *Conf.*, Douai, 12 juill. 1861, S. 61.2.620.
(3) Arrêté du 19 therm. an IX ; Décret du 11 juin 1806, art. 14 ; Décret du 13 juin 1806, art. 3 ; Trib. des confl., 21 déc. 1872, S. 73. 2.124.
(4) Décr. Cons. d'Etat, 20 juill. 1807 ; 13 nov. 1810.

Aux termes de la loi du 15 juin 1871, relative au paiement des réquisitions faites pendant la guerre de 1870-1871, contre l'Allemagne, des réclamations avec pièces justificatives on dû être déposées à la préfecture de chaque département dans un délai fixé, et dans un autre délai de trois mois les administrations compétentes ont dû statuter sur les demandes des déposants.

C'est là une matière contentieuse, et la décision rendue en première instance par le ministre pouvait être déférée au conseil d'Etat.

1360. En matière de grande voirie et de navigation, les lois des 12-20 août 1790, chap. 6,28 pluviôse an vm, art. 4, §5, et 29 floréal an x, art. 1ᵉʳ et 4, confèrent attribution générale et exclusive à l'autorité administrative (1).

Les actions dirigées contre les agents de l'Etat et l'Etat lui-même, comme civilement responsable, et fondées sur des infractions aux lois et règlements de la navigation et de la voirie, appartiennent donc au contentieux administratif.

C'est ce qui fut jugé par la Cour de cassation dans l'affaire de Rotrou, que nous avons fait connaître ci-dessus, n°1355.

On se rappelle dans quelles circonstances la compagnie assigna devant le tribunal de la Seine le préfet de ce département, comme responsable de l'accident arrivé au coche par suite de la négligence des agents de la navigation. Le préfet opposa le déclinatoire, fondé sur ce que, s'agissant du service de la navigation, les tribunaux de l'ordre judiciaire étaient incompétents.

La compagnie combattit l'exception d'incompétence au moyen de la distinction que voici :

Lorsque le fait dommageable reproché aux agents de l'administration, disait-elle, ne peut être condamné ou justifié que comme contraire ou comme conforme aux règles d'une bonne administration, l'autorité administrative est seule compétente pour statuer sur l'action en dommages-intérêts intentée contre l'Etat. Mais lorsque ce fait dommageable a été prévu et puni par la loi, l'action en responsabilité civile dirigée contre l'Etat est de la compétence exclusive des tribunaux, *soit que les tribunaux de répression ordinaire, ou l'autorité administrative, soient chargés d'appliquer la peine*

(1) M. Serrigny, *De l'organ. et de la comp.*, t. 2, nᵒˢ 616, 617 et 618, et 2ᵉ édit., n° 810.

aux agents administratifs. Le jugement de la demande ne peut être arrêté que dans un seul cas : celui où l'action publique contre les agents a été intentée avant ou pendant l'instance à fins civiles dirigée contre l'Etat (1).

Or, cette disposition pénale existe dans l'espèce, car l'ordonnance des eaux et forêts de 1669, toujours en vigueur sur ce point, porte : « Que nul... ne pourra faire... édifices
« ou empêchements nuisibles au cours de l'eau, dans les
« fleuves et rivières navigables et flottables, ni même y jeter
« aucunes ordures, immondices..., à peine d'amende arbi-
« traire ; enjoignons à toutes personnes de les ôter dans les
« trois mois de la publication des présentes ; et si aucuns
« s'y trouvent subsister après ce temps, voulons qu'ils soient
« incessamment ôtés et levés à la diligence de nos procu-
« reurs des maîtrises, aux frais et dépens de ceux qui les
« auront causés, et *sous peine de cinq cents livres d'amende,*
« tant contre les particuliers que contre ceux de nos procu-
« reurs qui auront négligé de le faire, et de répondre en
« leurs privés noms des dommages-intérêts » (2).

Il est vrai que le délit dont il s'agit est déféré par la loi à la juridiction administrative, mais il faut distinguer l'action publique et l'action civile. La première seule appartient au conseil de préfecture. Il n'est compétent que pour la répression, pour appliquer aux délinquants les peines établies par la loi. Il ne l'est plus pour adjuger les dommages-intérêts aux parties privées qui ont souffert du délit.

1361. A notre avis, cette dernière proposition n'était pas exacte. Nous avons établi ci-dessus (3) que les tribunaux administratifs saisis de la connaissance d'une contravention dont la répression leur est attribuée, ont le droit de statuer également sur la réparation civile du dommage, lorsqu'il s'agit de l'intérêt public. Or, l'action en réparation du dommage causé par le délit, dirigée, soit contre l'administration comme civilement responsable, soit contre les agents ou préposés de l'administration reconnus pour tels, engage évidemment l'intérêt public ; il ne s'agit plus là d'une action privée *entre particuliers,* que le conseil de préfecture doive renvoyer aux tribunaux ordinaires. Ainsi, que l'action des réclamants soit jointe à l'action publique, ou qu'elle soit in-

_____

(1) C. instr. crim., 3.
(2) Tit. 27, art. 42.
(3) N° 216.

tentée séparément, c'est toujours une action relative à des faits administratifs, dont la connaissance est spécialement réservée à l'autorité administrative (1).

Les vrais principes furent donc parfaitement compris par le jugement et les arrêts qui prononcèrent l'incompétence des tribunaux de l'ordre judiciaire.

L'arrêt de la Cour de cassation est conçu en ces termes : « Attendu que les matières de grande voirie et de navigation des rivières ressortissent à l'autorité administrative...;

« Attendu que l'art. 114 du décret du 16 décembre 1811, placé sous le titre relatif à la répression des délits de grande voirie, lequel titre a été, par décret du 10 août 1812, déclaré applicable aux rivières navigables, renvoie à la connaissance des tribunaux ordinaires les violences, vols de matériaux, voies de fait, ainsi que les demandes en réparations et dommages réclamés par des particuliers; mais que cette attribution, qui ne concerne que la répression des délits, est relative uniquement aux faits privés, illicites et dommageables, à la réparation desquels des particuliers sont intéressés, et ne s'étend pas aux demandes de dommages élevées contre l'administration, soit pour l'exécution des mesures administratives, soit pour omission de mesures que l'on reprocherait à l'administration de n'avoir pas prises ;

« Attendu qu'en déclarant, dans l'espèce, l'autorité judiciaire incompétente pour connaître des faits de négligence imputés par les demandeurs aux agents administratifs, préposés à la surveillance de la navigation de la Seine, et par suite pour connaître de la demande en dommages-intérêts formée contre l'État en réparation de la négligence prétendue, l'arrêt attaqué, loin d'avoir violé les lois précitées, en a fait, au contraire, une juste application ; — Rejette » (2).

1362. On ne peut se dissimuler qu'il y a contradiction entre cette décision et celle qu'a rendue le Conseil d'État dans la même affaire (3). Aussi n'avons-nous prétendu citer l'ordonnance du 6 juillet 1843 que comme consacrant le principe d'une distinction à faire relativement à la compétence entre les actions dirigées contre les agents de l'administra-

_____

(1) V. dans le même sens, M. Cotelle, *Cours de dr. admin. appl. aux trav. publ.*, t. 2, p. 499, 2e édit.

(2) Du 3 juin 1840, ch. civ., S. 40.1.624. V. aussi Paris, 18 mai 1838, S. 38.2.210.

(3) *Suprà*, n° 1355.

tion pour des faits personnels, et les actions dirigées contre l'Etat, soit directement, soit comme responsable du fait de ses agents. Cette distinction, en tant qu'elle est favorable à la compétence judiciaire, nous paraît, quoique incomplète, plus conforme à la vérité que la doctrine absolue qui attribue à l'autorité administrative la connaissance de toutes les actions dirigées contre l'Etat ou ses agents en cette qualité.

Nous croyons seulement que cette distinction a été mal à propos appliquée par le Conseil d'Etat, dans une matière où la contravention d'où résultait le dommage ressortissait exclusivement, d'après la loi spéciale, à la compétence administrative. L'ordonnance du 6 juillet 1843 peut donc être invoquée comme expression d'un principe général; nous la critiquons dans sa disposition sur l'objet particulier auquel elle s'applique.

1363. L'administration des postes a cru trouver aussi, dans une loi des 26-29 août 1790 (1), une attribution formelle en faveur de l'autorité administrative, pour les réclamations auxquelles donnent lieu les soustractions de lettres ou d'effets imputées à ses agents.

Pourtant cette loi sépare bien clairement les réclamations par voie contentieuse des réclamations purement administratives.

L'art 1er du titre 3 dit d'abord : « Les assemblées et di- « rectoires de département et de district, les municipalités « et les tribunaux, ne pourront ordonner aucun changement « dans le travail, la marche et l'organisation des services des « postes aux lettres, des postes aux chevaux et des messa- « geries. Les demandes et les plaintes relatives à ces services « seront adressées au pouvoir exécutif. »

On voit tout de suite qu'il s'agit là de modifications réglementaires à faire subir à l'organisation du service, de plaintes et demandes relatives à ces règlements. Ces plaintes ne peuvent même pas se produire par la voie contentieuse. Elles ressortissent à l'administration pure.

Quant au contentieux, les deux articles suivants s'en occupent.

Art. 2. « Les vérifications renvoyées par les règlements « des postes et des messageries aux ci-devant intendants « des provinces seront faites à la réquisition des chefs d'ad-

---

(1) Décret relatif aux postes et messageries.

« ministration des postes, par les soins des directoires de
« départements. »

Art. 3. « Les contestations, dont les jugements sont aussi
« renvoyés, par les règlements des postes et des message-
« ries, aux ci-devant intendants des provinces *et lieutenant*
« *de police de Paris, ainsi que celles qui s'élèveront à l'oc-*
« *casion des décrets, des tarifs de perception*, ET DES RECOU-
« VREMENTS DESDITES PARTIES, seront portées devant les *juges*
« ORDINAIRES des lieux. »

Que penser, en présence de ces textes, de l'argument qu'on
prétend y puiser en faveur de la compétence administrative?

On a vu, du reste, n°⁵ 1319 et 1347, que la loi du 4 juin
1859 déclare les tribunaux compétents pour les contestations
relatives à la perte des valeurs insérées dans des lettres, avec
accomplissement des formalités qu'elle prescrit.

Ils le sont également pour régler l'indemnité due en cas
de retard (1).

Mais à raison de ce que l'art. 3 de cette loi ne dispose formellement que par rapport aux lettres contenant des valeurs
déclarées, le Conseil d'Etat a jugé que la juridiction administrative devait seule connaître des contestations relatives à
la perte, soit d'une lettre chargée sans déclaration (2), soit
d'objets d'une nature différente, confiés à la poste, par exemple, d'une partition de musique (3).

1364. La loi des 26-29 août 1790 n'est pas la seule qui
se rapporte à cette matière, et sur laquelle soient nées des
difficultés.

On a vu *suprà*, n° 1321, qu'aux termes de la loi du
16 juillet 1840 sur l'établissement des paquebots transatlantiques, les articles du titre IV, livre II, du Code de commerce,
qui réglementent la responsabilité des capitaines de navire
envers les chargeurs et leurs ayants cause, étaient applicables à l'Etat représenté, soit par le capitaine, soit par l'agent
commissionné de l'administration, pour les détails du service du transport des passagers et des marchandises. Cette
loi ne contient aucune attribution spéciale en ce qui concerne la compétence. En soumettant l'Etat au droit commun
en ce qui concerne le fond, elle fournit, au contraire, une

(1) Cons. d'Etat, 23 mars 1870, D. 71.3.58, S. 72.2.83.
(2) Cons. d'Etat, 6 août 1861, D. 62.3.4, S. 62.2.139.
(3) Cons. d'Etat, 9 août 1870, S. 73.2.63.

raison décisive de croire qu'elle l'y soumettait également quant à la juridiction.

1365. Devait-on ĵinterpréter autrement la loi du 14 juin 1841 sur les paquebots de la Méditerranée, dont l'art. 6, en déclarant inapplicables à l'Etat et à ses agents les lois maritimes sur la responsabilité des armateurs et du capitaine, a entendu simplement y substituer le droit commun concernant les entrepreneurs de transports par voie de terre (1)? De ce que le service de ces paquebots était établi en vue de l'intérêt public, plutôt que dans une pensée de spéculation, fallait-il conclure que l'Etat n'accomplissait, à titre privé, aucun des actes qui s'y rattachent, ne contractait dans l'exécution aucune obligation relevant du droit commun, et que les éléments constitutifs de sa responsabilité, quant au transport des personnes ou des choses, ne pouvaient être appréciés que par l'autorité administrative?

Le contraire nous paraît résulter de cette reconnaissance bien formelle, émanée du législateur, que l'Etat devait être soumis à la responsabilité du droit commun sur les entreprises de transport par la voie de terre. Car il était par là démontré que l'Etat contractait et s'obligeait à titre privé, et les tribunaux ordinaires, en pareil cas, sont appelés à statuer sur la nature et les effets de ses obligations.

Dans des circonstances semblables, si, pour écarter la responsabilité que l'on voudrait faire peser sur eux, les agents de l'Etat invoquaient les règlements ou les ordres émanés de l'administration, les tribunaux devraient, sans doute, s'abstenir de les contrôler, de les interpréter même, en cas de contestation sur leur véritable sens. Mais s'il ne s'agit que de les appliquer aux faits de la cause, nous ne voyons pas de motif pour soustraire aux tribunaux, en l'absence d'une disposition formelle, la connaissance de l'action (2).

La loi du 8 juillet 1851, qui homologue la convention conclue entre le Gouvernement et la compagnie des messageries qui a été chargée depuis lors du service postal de la

---

(1) V. n° 1322, nos observations sur l'abrogation de ces deux lois. Nous n'avons pas cru devoir supprimer ce que nous avions antérieurement écrit sur ce sujet, les passages qui s'y rapportent conservant toujours un intérêt doctrinal.

(2) Argum. décis. du Trib. confl., 30 mai 1850, D. 51.3.66; Cons. d'Etat, 29 mars 1853, D. 53.3.55, et 10 sept. 1855, D. 56.3.24.—Contrà, Décis. du trib. des confl., 26 juin 1850, Lebon, p. 614.

Méditerranée, a sanctionné, il est vrai, l'art. 17 de cette convention portant : « Toutes les difficultés auxquelles pour« raient donner lieu l'exécution ou l'interprétation des « clauses de la présente convention et du cahier des charges « qui y est annexé, seront *jugées administrativement par* « *le ministre des finances*, sauf appel au Conseil d'Etat. »

Mais d'abord cette disposition ne s'applique évidemment qu'aux difficultés naissant, entre l'Etat et la compagnie, de l'exécution du contrat passé entre eux. Elle ne règle nullement les actions qui seraient intentées par les tiers contre le Gouvernement. En second lieu, quelle que fût la portée de cette stipulation relativement à la compétence, elle constituerait une disposition spéciale sans influence sur les principes généraux.

1366. En résumé, les règles sur la compétence, à l'égard des actions en responsabilité civile dirigées contre l'Etat, à raison des torts et dommages causés aux personnes et aux propriétés, par le fait de ses agents, peuvent être formulées comme il suit :

En principe ces actions appartiennent aux tribunaux.

La seule raison qu'elles tendent à faire déclarer l'Etat débiteur, ne suffit pas pour les attribuer à la juridiction administrative.

Celle-ci n'en connaît qu'en vertu de dispositions spéciales de la loi ;

Ou quand la décision dépend de l'interprétation et de l'appréciation d'un acte administratif.

CHAPITRE XI.

RESPONSABILITÉ DES COMMUNES. — LOI DU 10 VENDÉMIAIRE AN IV.

ARTICLE Iᵉʳ.

RESPONSABILITÉ DE DROIT COMMUN.

Sommaire.

1370 *bis*. — Application aux réquisitions de guerre imposées à la commune et acquittées par des particuliers.

1370 *ter*. — Disposition spéciale de l'art. 82, C. for., et de l'art, 58 de la loi sur la garde nationale.

1371. — Transition à l'art. 2.

1367. Les communes, nous l'avons dit au chapitre qui précède, n° 1299, sont, comme les autres personnes morales, soumises aux règles ordinaires pour la formation des obligations. Elles encourent notamment la responsabilité qui dérive pour les commettants de l'art. 1384, C. civ. Les principes de cette matière sont développés aux chap. 1ᵉʳ et 5 de ce livre.

La loi fait elle-même quelques applications expresses de ces règles générales.

Ainsi l'art. 72, C. for., déclare les communes responsables des condamnations pécuniaires (1) qui pourraient être prononcées contre les pâtres ou gardiens du troupeau commun, tant pour les délits et contraventions relatifs au droit d'usage et de pâturage spécialement (2), que pour tous autres délits forestiers commis par eux pendant le temps de leur service et dans les limites du parcours.

Cette disposition est juste. C'est l'autorité municipale qui choisit le pâtre, aux termes du même art. 72, et les propriétaires des bestiaux ne sont même pas libres de les faire conduire individuellement au pâturage. Le troupeau de chaque commune ou section de commune doit être conduit par le pâtre commun. Celui-ci n'est donc pas le préposé des propriétaires des bestiaux, mais le préposé de la commune, qui en répond, aux termes de l'art. 1384, C. civ.

Et de là, ne faut-il pas conclure que la commune seule est responsable en pareil cas, à l'exclusion des propriétaires des animaux trouvés en délit? C'est ce que nous examinerons plus loin (3).

La responsabilité de la commune doit s'étendre aux autres délits ruraux dont les pâtres communs se rendent coupables en contrevenant à la loi du 28 septembre 1791, et aux articles du Code pénal qui ont trait à cette matière.

---

(1) C'est-à-dire des réparations civiles et non des amendes, *Comment. sur le C. for.*, par M. Meaume, n° 602.

(2) V. C. for., art. 76.

(3) N° 1435.

C'est ce qu'enseigne M. Henrion de Pansey, qui cite, à l'appui de cette doctrine, un arrêt de la Cour de cassation du 22 février 1811 (1). — On peut dire, en un mot, que la commune est responsable toutes les fois qu'un dommage a été causé par la faute d'un de ses préposés dans l'exercice de ses fonctions. Les principes exposés ci-dessus (2) serviront à résoudre les différents cas qui pourront se présenter.

1368. La difficulté consistera le plus souvent à savoir si les auteurs du dommage sont véritablement préposés de la commune, s'il existe bien réellement entre eux la relation qui donne naissance à la responsabilité, d'après l'art. 1384, § 3. Ceci dépend des circonstances. — Les employés choisis par l'autorité municipale, révocables par elle, payés par la commune pour exercer certaines fonctions sous la surveillance de cette même autorité, dans l'intérêt d'un service ou d'un établissement communal, doivent être rangés dans cette classe.

Cette définition ne s'applique pas exactement aux préposés de l'octroi, qui sont nommés et révoqués par le préfet, le maire n'ayant que le droit de présenter la liste des candidats (3). Le préposé en chef de l'octroi doit même être nommé par le ministre des finances, dans les communes où le produit de l'octroi s'élève à vingt mille francs et au-dessus (4). L'administration de l'octroi a donc un caractère mixte, et non purement communal. Aussi, c'est contre cette administration, comme personne morale distincte, que doivent être dirigées les actions en responsabilité à raison des faits de ses agents (5), par exemple, de l'homicide commis par un préposé sur un prétendu fraudeur (6).

Une caisse d'épargne fondée par la commune, avec ses deniers, fonctionnant sous la surveillance de l'autorité municipale, est, au contraire, un établissement communal dont les agents, s'ils sont choisis, révoqués, surveillés par la municipalité (7), peuvent être considérés comme les préposés

---

(1) *Compétence des juges de paix*, p. 169 et 170.
(2) N°⁵ 886 et suiv.
(3) Ordonn., 9 déc. 1814, art. 56 et 57.
(4) L. 28 avril 1816, art. 155 et 156.
(5) Ordonn., 9 déc. 1814, art. 47.
(6) Aix, 18 août 1824, S. 25.2.109 ; Rej., 19 juill. 1826, S. 27.1.232, et 12 mai 1830, D. 243.
(7) L. 18 juill. 1837, art. 10, § 3.

de cette commune. Supposez, par exemple, que le caissier d'un établissement placé dans de telles conditions commette, au préjudice des déposants, des détournements de fonds, la commune pourrait être déclarée responsable en qualité de commettant.

1369. Les officiers municipaux de la commune, le maire, les adjoints sont dépositaires de l'autorité dans une certaine mesure, et les représentants de la commune pour la gestion de ses intérêts. Ils ne sont pas ses préposés dans le sens que la loi attache à ce mot. Cela est de toute évidence en ce qui concerne les mesures et décisions qu'ils prennent, soit, comme agents du gouvernement ou de l'administration centrale (1), soit comme officiers de police et magistrats de l'ordre judiciaire (2), et aussi comme exerçant l'administration locale, en ce qui concerne la police, la salubrité, etc. (3).

Alors même qu'ils agissent comme administrateurs des biens de la commune et des établissements municipaux, la commune n'est pas, en général, responsable des délits qu'ils peuvent commettre même dans l'exercice de leurs fonctions, mais par un abus qui leur est personnel, tel qu'un fait de concussion (4).

Dans les controverses qui se sont élevées sur ce point, on a cité la loi 15, § 1, D. *de Dolo malo*, laquelle décide que les habitants d'une commune, *municipes*, ne sont responsables collectivement du dol de ses administrateurs qu'autant que les résultats en ont tourné à leur profit, et jusqu'à concurrence du profit qu'ils en ont tiré : *sed et an in municipes de dolo detur actio dubitatur. Et puto ex suo quidem dolo non posse dari : quid enim municipes dolo facere possunt ? Sed quid ad eos pervenit ex dolo eorum qui res eorum administrant, puto dandam.* — Mais cette loi ne devrait pas être appliquée chez nous sans distinction. Car, lorsqu'il s'agit de réparer les conséquences d'une faute commise par un officier municipal, dans un acte de gestion rentrant dans

(1) LL. du 14 déc. 1789, art. 49, 50, 51, et du 18 juill. 1837, art. 9, 11, 15; Décr. du 23 prair. an XII, sur les sépultures, art. 16 et 17; L. du 15 mars 1850, sur l'enseignement primaire, art. 18 et 44, etc.
(2) C. instr. crim., art. 50, 138, 144 et 166. — V. Besançon, 23 juin 1873, D. 74.2.145.
(3) LL. du 14 déc. 1789, art. 50, et des 16-24 août 1790, titre XI, art. 1, 3, 4, 7; C. pén., 471, n° 15. — V. Bordeaux, 18 mai 1841, Dalloz, v° *Commune*, n° 2672, S. 41.2.436.
(4) Merlin, *Quest.*, v° *Resp. des comm.*, § 3.

ses attributions comme administrateur des biens de la commune et qu'il accomplissait dans l'intérêt de celle-ci, on pourrait considérer cette faute comme ayant engagé le corps moral de la commune, qui serait alors responsable de toutes les conséquences du fait de son administrateur (1). La règle a suivre, quant à la responsabilité des quasi-délits, est, en pareil cas, la même qu'en matière de contrats et de quasi-contrats (2).

1370. Il a été décidé dans ce sens : 1° que la commune est responsable des dommages-intérêts dus à la famille d'une personne tuée par la chute d'un arbre abattu par les ordres du maire, en vertu d'une délibération du conseil municipal, sans que les précautions nécessaires pour éviter l'accident eussent été prises (3); 2° de ceux réclamés par des compositeurs de musique dont les œuvres ont été exécutées sans droit dans un concert donné au profit des pauvres, sous le patronage et par les soins de l'administration municipale (4); 3° que la commune dont les habitants ont procédé, par suite d'injonctions de l'ennemi, à l'abatage d'une partie de forêt domaniale, et qui s'est ensuite attribué, à titre de remboursement de frais de coupe et charrois, tout ou partie du bois abattu, dont la répartition a été faite par décision prise en conseil municipal, est tenue aux restitutions envers l'Etat, dans la mesure de la valeur des arbres qu'elle s'est ainsi appropriés (5).

La Cour d'Amiens a fait une application de ces règles, dans les circonstances suivantes : Le 8 octobre 1870, la ville de Saint-Quentin se trouvait menacée par un détachement de l'armée prussienne. Le préfet de l'Aisne s'était rendu dans la ville et excitait la population à se défendre. Une certaine effervescence régnait, par suite, dans la ville, et un groupe nombreux d'individus, se prétendant autorisés par le préfet, envahirent la boutique d'un sieur Fontvielle, armurier, et s'emparèrent des armes et des munitions qu'elle contenait,—afin, disaient-ils, de pouvoir concourir à la dé-

---

(1) Rej., 19 avril 1836, S. 37.1.163; Toulouse, 1ᵉʳ juin 1827, Dalloz, v° *Commune*, n° 2650, S. 27.2.205.

(2) V. à cet égard, Rej., 31 mai 1827 (aff. Orillard), et Cons. d'Etat, 6 mai 1836, Dalloz, v° *Commune*, n° 2366.

(3) Toulouse, 8 mai 1863, S. 63.2.231.

(4) Orléans, 24 fév. 1872, rapporté avec Rej., 23 mars 1873, D. 73.-1, 253. — V. toutefois Nancy, 18 juin 1870, D. 72.2.73.

(5) Amiens, 18 janv. 1873. S. 73.2.73.

fense. Plus tard, Fontvielle assigna la ville en paiement des objets qui lui avaient été enlevés. Sa demande, repoussée par le tribunal de première instance, fut accueillie en appel. La Cour s'est fondée d'abord sur les dispositions de la loi du 10 vendémiaire an IV, et nous reviendrons plus loin sur son arrêt en traitant de l'application de cette loi (V. n°ˢ 1383 et 1390). Mais elle a considéré en outre « que quand bien même, dans le fait qu'il s'agissait d'apprécier, il ne faudrait voir qu'un armement inspiré par le patriotisme, dont l'irrégularité serait rendue excusable par l'urgence et le péril des circonstances, les frais devraient encore être supportés par la commune de Saint-Quentin, parce que ceux qui se sont ainsi distribué les armes et munitions trouvées chez Fontvielle n'auraient pu avoir d'autre but que d'aller grossir les rangs de la garde nationale, etc. » (1).

Il résultait en effet des documents de la cause que la garde nationale était alors la seule force armée disponible à Saint-Quentin; qu'elle était réunie en présence des autorités au moment des faits, et que le maire et les adjoints, n'ayant pris aucune mesure pour empêcher la mainmise opérée sur les armes appartenant à Fontvielle, pouvaient être considérés comme y ayant donné, au moins tacitement, leur approbation. — Or, si les armes de guerre destinées aux gardes nationaux devaient être délivrées par l'Etat qui en restait propriétaire, aux termes des lois sur la matière (lois 29 septembre, 14 octobre 1791, sect. 3, art. 18 ; 22 mars 1831, art. 69; 13 juin 1851, art. 58; décret 11 janvier 1852, art. 12 et 15), il n'en paraît pas moins certain que si l'autorité locale, à défaut de fusils de guerre, et dans un cas d'urgence, croyait devoir remettre aux gardes nationaux des fusils de chasse ou autres armes, le prix de ces fournitures serait à la charge de la caisse municipale. Ce serait là une dépense facultative qu'autorisent les articles 69 de la loi du 22 mars 1831, et 16 du décret de 1852. — Un ordre verbal donné par le préfet, dans des circonstances tout à fait exceptionnelles qui ne permettent pas d'exiger une preuve écrite, avec le concours et sans opposition de la municipalité, peut être considéré comme donné dans l'intérêt et pour le compte de la commune (2).

---

(1) Amiens, 29 juin 1874, S. 74.2.313.
(2) Voy. les observations dont nous avons fait suivre l'arrêt précité, Sirey, *loc. cit.*

Il a encore été décidé qu'une commune est responsable des dommages-intérêts dus aux propriétaires d'un réservoir privé dont l'eau a été épuisée, par ordre du maire, pour le service des pompes dans un incendie (1).

Sans doute, le maire, en disposant de la chose d'autrui dans de semblables circonstances, ne commet pas un quasi-délit. Car, le soin de prévenir et de faire cesser les incendies par la distribution des secours nécessaires, lui est imposé par la loi (2), qui met expressément à la charge de la commune les frais des mesures prises dans ce but (3).

La solution découle du principe posé dans l'art. 545 du Code civil d'après lequel nul ne peut être contraint de céder sa propriété, même pour cause d'utilité publique, sans une juste indemnité. Or, lorsque la cession profite à une commune, c'est à elle qu'incombe cette indemnité.

Il y a ici un engagement qui tient de la nature des quasi-contrats, car il résulte d'un fait volontaire de la part du représentant de la commune, bien que commandé par des circonstances impérieuses (4) ; et le particulier qui a dû céder les objets qui lui appartenaient a fait l'affaire de la commu nauté ; celle-ci ne saurait s'enrichir à ses dépens (5).

1370 bis. C'est encore ainsi que nous croyons pouvoir ré- soudre la question de savoir si les particuliers qui ont satis- fait aux réquisitions de guerre faites chez eux sur injonctions de l'ennemi, par l'intermédiaire des autorités municipales, doivent être indemnisés par la commune.

Sans doute, lorsque l'ennemi s'empare lui-même et par la force, d'objets quelconques, se loge dans une habitation et s'y fait nourrir, il n'y a là qu'un fait de guerre dont les conséquences ne peuvent retomber sur d'autres que celui qui les subit (6).

Mais, lorsque la commune à laquelle une contribution est imposée par voie de réquisition de vivres ou autres objets, en requiert elle-même la fourniture aux habitants détenteurs de ces objets, et ce par l'organe de ses représentants légaux,

(1) Rej., 15 janv. 1866, D. 75, S. 51.
(2) LL. 14 déc. 1789, art. 50; 16-24 août 1790, tit. XI, art. 3, § 5; 18 juill. 1837, art. 10.
(3) L. 11 frim. an VII, art. 4, § 9.
(4) C. civ., 1370 ; Duranton, XIII, n° 630.
(5) C. civ., 1375 ; Duranton, n° 636.
(6) V. n°s 1305 et 1331 ; Dijon, 31 janv. 1873, S. 73.2.37; Nancy, 22 mars 1873, S. 73.2.108, D. 73.2.141.

le maire ou les officiers municipaux à son défaut, on ne peut méconnaître qu'il y a là un véritable mandat donné dans l'intérêt de la communauté afin de la soustraire aux violences et voies de faits de l'ennemi; et que ce mandat engendre une dette civile à la charge de la commune, en vertu des art. 1998 à 2000 du Code civil (1).

Alors même que la réquisition n'a pas été faite régulièrement, ni expressément, si l'appréhension des objets ou denrées a eu lieu avec le concours des autorités municipales ou dans de telles circonstances qu'on ne puisse pas la confondre avec un acte de pillage, mais qu'elle constitue réellement un fait d'exécution des injonctions adressées à la commune, la jurisprudence n'hésite pas à donner au propriétaire des denrées ou marchandises, un recours contre cette commune, fondé sur les principes de la gestion d'affaires (2).

Il faut même décider que l'intervention du maire n'est pas absolument nécessaire, si d'ailleurs il est constant que les fournitures faites par certains habitants étaient imposées à la commune elle-même et que ceux-ci acquittaient réellement la dette de la commune et non une obligation personnelle (3).

La jurisprudence qui ressort de l'ensemble de ces décisions nous paraît justifiée par les dispositions du Code civil qu'elle a prises pour base, et d'ailleurs éminemment équitable.—En assurant la répartition de ces charges exceptionnelles, entre les membres d'une même communauté d'habitants, elle constitue une application très-opportune des principes du droit des gens moderne qui répudie les pillages et extorsions de la propriété privée. L'ennemi qui occupe le territoire, étant substitué au gouvernement du pays, peut exercer les mêmes droits que ce gouvernement et spécialement

---

(1) Orléans, 8 mars 1872, S. 72.2.188, aff. Leroux, D. 72.2.106; Nancy, 21 déc. 1872, D. 73.2.141 ; 24 fév. 1872, D. 72.2.32, et 7 juin 1873, D. 74.2.159; Rej., 13 mai et 31 mars 1873, S. 311, D. 74.2. 269, aff. Comm. de Vendresse c. Briat et ville du Mans; Rej., ch. civ., 25 mars 1874, S. 265, D. 239; Rej., 20 avril 1874, D. 239; Cass., 2 juin 1874, S. 293.

(2) Rouen, 30 janv. 1872, S. 72.2.188, D. 72.2.106 ; Nancy, 22 mars 1872, D. 73.2.141; Angers, 20 juin 1872, S. 72.2.227; Dijon, 25 févr. 1874, D. 74.2.151.

(3) Rej., 13 mai 1873, 1ʳᵉ esp., S. 311, 1ʳᵉ esp.; Angers, 4 mars 1874, D. 74.2.133. — Une commune aurait également son recours contre le département si elle avait fait les fournitures à sa décharge. Rej., 3 fév. 1874, D. 247.

celui de réquisition. Au cas où celles-ci ne sont pas payées et où les fournitures qui en sont l'objet restent à la charge des localités auxquelles elles ont été adressées, soit à titre de contribution de guerre, soit par abus de la force, il est évident qu'elles doivent être supportées par la communauté.

Dans le doute, et lorsque sur le refus des autorités municipales d'intervenir, l'appréhension est farie directement par l'ennemi, il nous semble juste de faite supporter les dépenses par la commune qui n'aurait évité des violences et des représailles générales qu'en sacrifiant quelques particuliers, sous prétexte qu'en discutant et défendant eux-mêmes leurs intérêts, ils obtiendraient plus facilement une réduction des exigences de l'ennemi.

1370 *quater*. En indiquant ces diverses solutions, dont plusieurs se rattachent aux règles relatives à l'administration des biens communaux, nous nous sommes quelquefois écarté de notre matière.

Nous y revenons en signalant, pour terminer sur le point qui nous occupe, l'art. 82 du C. forest., lequel déclare les communes usagères dans les bois de l'Etat, garantes solidaires des condamnations prononcées contre les entrepreneurs de l'exploitation des coupes qui leur sont délivrées. Ces entrepreneurs sont soumis, du reste, à tout ce qui est prescrit aux adjudicataires de coupes dans ces mêmes bois, pour l'usance et la vidange des ventes. Ils sont soumis à la même responsabilité, et passibles des mêmes peines, en cas de délits et contraventions. Cette garantie spéciale établie dans l'intérêt de l'Etat, ne se rattache pas aux principes réguliers de la responsabilité. Nous nous bornons à la mentionner.

Il en est de même de l'obligation résultant de l'art. 58 de la loi sur la garde nationale du 13 juin 1851, maintenu par l'art. 12 du décret du 11 janvier 1852, aux termes duquel : « les communes sont responsables, sauf leur recours contre. « les gardes nationaux, des armes que le Gouvernement a « jugé nécessaire de leur délivrer ; ces armes restent la « propriété de l'Etat. »

1371. Au reste, ce n'est pas non plus de la responsabilité de droit commun que nous avons à nous occuper principalement dans ce chapitre, mais de la responsabilité tout exceptionnelle à laquelle les communes sont assujetties par la loi du 10 vendémiaire an iv. Hâtons-nous d'abord ce sujet important.

ARTICLE II.

RESPONSABILITÉ RÉSULTANT DE LA LOI DU 10 VENDÉMIAIRE AN IV.

§ I.

Historique.— Conditions essentielles de la responsabilité,—
Faits auxquels elle s'applique.

Sommaire.

1389. — *Quid*, si les délits ont eu lieu dans un moment de révolution générale ?

1390. — Et si l'émeute avait pour but de renverser le Gouvernement ?

1391. — La loi de vendémiaire cesse d'être applicable en cas de guerre civile, et quand le dommage est le fait d'une armée.

1392. — Délits spéciaux prévus par la loi. — Art. 7 et 8 du titre 4.

1393. — Suite. — Art. 9 à 12 du même titre.

1372. Le décret du 10 vendémiaire an IV fut adopté par la Convention dans les derniers jours de son existence.

La constitution directoriale du 5 fructidor an III avait été déjà votée par elle et adoptée par les assemblées primaires. On allait procéder aux élections qui devaient constituer un gouvernement nouveau. La fin du règne de la Convention était fixée au 20 brumaire, mais son esprit et son pouvoir révolutionnaires semblaient devoir se perpétuer dans le nouveau corps législatif dont ses membres étaient appelés à former les deux tiers, en vertu du décret du 5 fructidor. Cependant l'opinion publique, à Paris surtout, se prononçait énergiquement pour l'abandon immédiat et complet du pouvoir par la terrible assemblée, et la résistance de la Convention avait tellement exaspéré l'opposition, que les sections étaient à la veille de prendre les armes pour la fameuse journée du 13 vendémiaire.

Une heureuse réaction s'étendait par toute la France. Mais il se manifestait aussi sur différents points des désordres, des excès dirigés quelquefois contre les acquéreurs de biens nationaux.

C'est dans ces circonstances que l'on renouvela, en leur donnant une portée plus générale et une sanction plus forte, des dispositions déjà prises contre les communes pour les contraindre à réprimer les désordres, et pour assurer la réparation des dommages qu'auraient pu causer les rassemblements et les émeutes formés dans leur sein (1). — La loi fut décrétée le 10 vendémiaire an IV (2 octobre 1795).

1373. L'article unique du titre premier exprime la pensée fondamentale de cette loi, en disant : « Tous citoyens « habitant la même commune, sont garants civilement des « attentats commis sur le territoire de la commune, soit en- « vers les personnes, soit contre les propriétés. » Mais il faut

_____

(1) Décrets du 23 févr. 1790, art. 3, 4 et 5 ; du 6 oct. 1790, art. 2 ; du 27 juill. 1791, art. 3 ; du 5 mars 1793 ; du 16 prair. an III.

immédiatement rapprocher de cette disposition trop générale l'art. 1ᵉʳ du titre 4, qui limite la responsabilité aux délits « commis à force ouverte ou par violence, par des « attroupements ou rassemblements armés ou non armés ». Du reste, la commune répond des attentats commis sur son territoire, même par des étrangers; cela résulte des art. 2, 3 et 5, titre 4.

On voit tout de suite en quoi cette responsabilité diffère de celle qu'établit l'art. 1384, C. civ. Il ne s'agit plus ici de la responsabilité du fait de certaines personnes déterminées, en vertu de rapports établis à l'avance, soit naturellement, soit volontairement. Il ne s'agit pas non plus de la responsabilité de délits individuels. La loi n'impose à la commune que la garantie des délits ayant un caractère « collectif et public » (1). Mais sa responsabilité comprend dans son entier cêt ordre général de *faits*, sans distinction des *personnes* dont ils émanent, lorsqu'ils ont été commis sur son territoire.

1374. Ce système a été l'objet des plus vives critiques. Quelques-uns n'y ont vu qu'injustice et tyrannie, un retour aux idées des temps barbares (2).

Sans doute, à ne considérer dans la loi qui nous occupe que la dérogation au principe de l'imputabilité des fautes, on est tenté de la trouver injuste et oppressive. De son application il peut résulter que des individus innocents soient appelés à réparer le dommage commis par d'autres qui leur sont absolument étrangers, dommage qu'ils n'ont peut-être ni connu, ni pu empêcher. Ils n'auront pas même la faculté de prouver qu'ils n'ont été ni les auteurs, ni les complices des délits, sinon pour obtenir un recours souvent illusoire contre les auteurs de l'attentat (3).

Mais c'est au point de vue des intérêts généraux et de l'ordre public qu'il faut envisager ces dispositions. Dans des temps d'agitation et de désordres comme ceux où nous vivons encore, c'est une règle salutaire que d'intéresser tous les citoyens habitant un même territoire à la répression des troubles qui s'y manifestent, en leur faisant partager les conséquences du désastre ; c'est un moyen de les détourner non-seulement de toute participation active, mais encore de

(1) M. Rendu, *Tr. de la resp. des comm.*, n° 2.
(2) Toullier, 11, n° 238.
(3) Tit. 4, art. 4.

toute excitation secrète au désordre (1). C'est un moyen de les porter, en l'absence même ou dans l'inaction des autorités, en cas d'insuffisance de la force publique, à employer toute leur influence, toute leur activité personnelle pour prévenir le mal et pour l'arrêter.

Trop souvent l'esprit des masses encourage et favorise la rébellion, l'anarchie, et par suite les attentats qui en résultent toujours. Il faut qu'elles en subissent les conséquences. D'ailleurs, l'agrégation communale, image et fondement de toutes les autres, forme une espèce d'assurance mutuelle entre ses membres, dans le but de se protéger les uns par les autres. Ce n'est donc pas une injustice de faire peser sur la communauté la réparation des intérêts lésés, quand elle a manqué de les protéger suivant les conditions de son existence. — Ajoutons que des pertes et dommages, écrasants pour les particuliers isolés qui en sont l'objet, sont plus facilement supportés quand ils se trouvent répartis sur un grand nombre. Cette considération, qui ne suffirait point à elle seule pour justifier la responsabilité des communes, atténue cependant la rigueur du principe qui les y soumet.

On voit qu'en définitive cette responsabilité se rattache comme toutes les autres à l'idée d'une faute, au principe théorique de l'imputabilité des faits humains. Seulement, il y a présomption légale contre les communes. Elles sont censées avoir laissé commettre les délits qui ont eu lieu sur leur territoire, et cette présomption n'admet pas toujours la preuve contraire (2). S'appliquant d'ailleurs à un être collectif, la loi frappe d'une manière inégale les individus qui le composent, elle froisse plus ou moins leurs droits, et c'est là surtout ce qui la fait paraître rigoureuse. Mais n'est-ce pas une suite inévitable de la nature des choses (3)?

---

(1) Considérants d'un arrêt de la Cour supérieure de Bruxelles, du 13 juill. 1832, Dalloz, v° *Commune*, n° 2693.

(2) V. les art. 4 et 5, tit. 4, de la loi, et ce que nous disons *infrà*, n°s 1385 et suiv.

(3) Des mesures analogues ont été prises à d'autres époques ; ainsi des arrêts du Conseil en date du 4 nov. 1679, 17 juin 1707 et 3 nov. 1714, destinés à réprimer les abus et les crimes auxquels donnait lieu le *droit de marché* usité en Picardie, et d'après lequel les fermiers prétendaient ne pouvoir être dépossédés, sans leur consentement, des terres qu'ils cultivaient, leur font défense de molester les propriétaires ou les nouveaux fermiers à peine d'être traités comme perturbateurs

1375. La question de savoir si le décret de vendémiaire est resté en vigueur a été agitée à différentes reprises. Quelques-unes de ses dispositions portent l'empreinte des circonstances particulières au milieu desquelles il a été rendu (1).

On sait, d'ailleurs, que l'organisation communale a subi, postérieurement à l'an iv, de graves modifications. Sous l'empire des décrets des 14 décembre 1789 (2), 21 mai et 27 juin 1790 (3), et de la constitution du 5 fructidor an iii (4), l'élection en faisait la base. La loi du 28 pluviôse an viii (5) donna la nomination des corps municipaux à l'autorité administrative, et ce régime dura jusqu'à la loi du 21 mars 1831, qui, rendant au principe électif une grande partie de son influence, ne laissait au Gouvernement que le droit de choisir les maires et adjoints dans le sein du conseil municipal. — Or, bien que ces modifications, apportées à nos institutions dans l'intérêt du pouvoir central, remontassent au Consulat, c'est surtout pendant la Restauration qu'on s'en fit une arme contre la loi du 10 vendémiaire an iv, un argument en faveur de son abrogation.

---

du repos public. Ils ordonnent qu'en cas d'abandon des terres, elles seront cultivées par les habitants les plus imposés à la taille, et que les communautés seront responsables des loyers. Enfin, par trois autres édits de 1724, de 1732 et 1747, les personnes et les biens des propriétaires, des nouveaux fermiers et de leurs enfants étaient mis sous la sauvegarde particulière des anciens fermiers et des communautés. Les uns et les autres étaient rendus responsables des incendies, meurtres et autres excès qui pouvaient survenir. Sans qu'il fût besoin d'assignation et sur estimation par experts, l'intendant de la province était autorisé à prononcer la condamnation *solidaire* contre les habitants et vassaux avec contrainte par corps contre les quatre plus forts contribuables (V. le discours prononcé le 3 nov. 1864 par M. le procureur général Saudbreuil à l'audience de rentrée de la Cour impériale d'Amiens). — En Angleterre, les centaines ou districts sont responsables de tous les vols qui se commettent dans leur territoire pendant le jour (Blackstone, *Comm. de la loi angl.*, ch. 1er, t. 2, p. 31). — Et tout récemment, lors de l'assassinat de plusieurs voyageurs commis par des brigands près des plaines de Marathon, on a réclamé, comme le moyen le plus efficace de réprimer le brigandage en Grèce, l'application de la responsabilité pécuniaire aux communes où ces malfaiteurs recevaient aide et protection.

(1) Par exemple, les art. 10 et 12 du titre 4.
(2) Art. 2 et 5.
(3) Art. 4.
(4) Art. 27.
(5) Art. 18 et 20.

1376. Mais la jurisprudence repoussa constamment ce système. Le motif principal du décret de vendémiaire, qui fut d'assurer l'ordre en y intéressant tous les citoyens, subsistait toujours.—Puis nos lois générales, la Charte, les Codes n'avaient pu porter aucune atteinte à cette loi particulière, qui, seule, continue à régler l'objet qu'elle a eu en vue. Aucun texte n'en a prononcé l'abrogation, et, loin de tomber en désuétude, elle a reçu des applications sous tous les régimes (1).

Cette jurisprudence à laquelle ont adhéré presque tous les auteurs (2) est confirmée par trois avis du Conseil d'Etat, le premier du 13 prairial an VIII, qui déclare le décret du 10 vendémiaire applicable à toutes les communes, sans distinction des grandes et petites; le second du 5 floréal an XIII, concernant l'emploi et la nécessité du procès-verbal des officiers municipaux, prescrit par le titre 5 de ce décret; le dernier du 29 mai 1839, concernant la répartition du montant de la condamnation entre les habitants de la commune responsable (3). Ces trois avis sont postérieurs à la loi du 28 pluviôse an VIII, et cependant tous déclarent ou supposent ce décret du 10 vendémiaire an IV en pleine vigueur.—Enfin, un décret du président de la République, en date du 22 janvier 1852, déclare la loi du 10 vendémiaire exécutoire dans les colonies françaises (4).

1377. Toutefois, on trouve au tit. 2 de la loi des dispositions réglementaires et préventives, ayant pour but d'assurer la police intérieure, qui ont cessé d'être observées. Il devait être fait dans chaque commune, un tableau contenant les noms, âge, état ou profession de tous ses habitants au-dessus de l'âge de douze ans, le lieu de leur habitation et l'époque de leur entrée sur la commune. Ces tableaux dressés par les municipalités devaient être envoyés à l'adminis-

---

(1) Rej., 24 avril 1821, S. 22.1.27 ; Toulouse, 15 juill. 1830, D. 31. 2.254; Rej., 5 mars 1839, S. 343, D. 124; Orléans, 30 juin 1849, S. 51.2.689; Rej., 10 août 1869, D. 70.1.197; Rouen, 27 mai 1873, D. 74.2.29.

(2) MM. Foucart, *Elém. de droit publ. et admin.*, t. 3, n° 1646 ; Dalloz, v° *Commune*, n° 2655 ; Lesellyer, *Tr. de dr. crim.*, t. 2, n° 729; Rendu, *Tr. de la resp. des comm.*, n° 4.

(3) V. le texte des deux premiers, *infrà*, n°s 1378 et 1413, et le troisième dans Dalloz, *Commune*, n° 2663. Ce dernier n'émane que du comité de l'intérieur.

(4) *Moniteur* du 23 janv. 1852. — V. encore la discussion de la loi du 6 avril 1873 à l'Assemblée nationale, *Journ. off.*, p. 2425.

tration de département. A défaut, les officiers municipaux étaient personnellement responsables des délits commis sur le territoire de la commune. Depuis longtemps tout ceci est tombé en désuétude. Aussi, le décret du 22 janvier 1852, dont nous parlions au numéro qui précède, ne déclare exécutoires dans les colonies que les tit. 1er, 4 et 5 de la loi de vendémiaire.

Le tit. 3 établit la nécessité d'un passe-port pour voyager hors de son canton, et règle les formalités à remplir pour l'obtenir. Ce sont encore des mesures préventives dont nous n'avons pas à nous occuper ici.

1378. C'est, comme nous l'avons déjà dit, le tit. 4 qui détermine les espèces de délits dont les communes sont responsables.

« Chaque commune, porte l'art. 1er, est responsable des « délits commis à force ouverte et par violence, sur son ter- « ritoire, par des attroupements ou rassemblements armés « ou non armés, soit envers les personnes, soit contre les « propriétés nationales ou privées, ainsi que des dommages- « intérêts auxquels ils donneront lieu. »

D'après l'avis du Conseil d'Etat du 13 prairial an VIII, cette disposition « est applicable à toutes les communes, sans dis- « tinction des grandes et des petites, attendu que la loi « n'établit pas cette distinction, et que les motifs qui l'ont « fait rendre ne s'appliquent pas moins aux grandes qu'aux « petites communes. »

1379. Cependant, faut-il faire exception pour la ville de Paris, tant à cause de sa position spéciale comme siége du Gouvernement, que de l'organisation particulière de sa municipalité ?

La question se présenta devant la Cour de cassation en 1836, et M. Dupin, dans un réquisitoire remarquable, soutint énergiquement l'affirmative. La Cour, sans se prononcer catégoriquement sur ce point, décida par d'autres raisons (1). Mais un arrêt des chambres réunies, en date du 15 mai 1841, a consacré positivement le système de la ville de Paris. Depuis lors, cette jurisprudence a été confirmée par trois arrêts du 18 décembre 1843 (2), et deux autres rendus le 9 avril 1844 (3).

---

(1) V. le réquisitoire et l'arrêt du 6 avril 1836, D. 36.1.163, et v° *Commune*, n° 2657.

(2) S. 44.1.351, D. 44.1.79.

(3) S. 44.1.317, D. 44, à la table, v° *Commune*.

Sur quels motifs s'appuient ces décisions?

M. Dupin, dans ses plaidoyers, insiste fortement sur la différence entre l'organisation de la commune de Paris en l'an IV et son régime actuel.

« Pour expliquer une loi si rigoureuse, disait-il, il faut se demander quels étaient à cette époque l'organisation de la commune de Paris, sa force, sa puissance, ses moyens d'agir; quelle influence doivent exercer sur la cause tous les changements survenus dans le partage et dans l'organisation des pouvoirs publics.

« Qu'était donc en l'an IV la commune de Paris? Qu'était-elle dans la loi, qu'était-elle dans les faits? L'organisation légale de la municipalité de Paris se rattache à la loi des 3 mai-27 juin 1790. Cette loi établit pour Paris un maire, un procureur de la commune et deux substituts. — Un conseil général de cent quarante-quatre membres, ayant ses tribunes, son bureau, ses applaudissements bien plus bruyants, et une force de fait bien plus considérable que celle du Corps législatif; quarante-huit sections, chacune avec son président, son commissaire de police, ses commissaires de section, son assemblée particulière et ses armes : la garde nationale pour armée; le commandant de cette garde pour général ; les quarante-huit commissaires de police pour surveiller, et toutes ces autorités, même les commissaires de police, élus par les sections, telle est la formidable organisation de la municipalité de Paris à cette époque.

« Et quelles étaient ses attributions? Elles n'étaient pas exagérées dans la loi constitutive du 27 juin 1790, mais la loi du 11 août 1792 lui attribue la police de sûreté générale, et l'investit sans surveillance, sans contrôle, de la recherche des crimes qui compromettent, soit la sûreté extérieure, soit la sûreté intérieure de l'Etat, et dont l'accusation est réservée à l'Assemblée nationale. »

Pour montrer ensuite l'usage que la commune de Paris fit de ses pouvoirs, M. Dupin rappelait les principaux actes révolutionnaires et insurrectionnels par lesquels elle se signala, depuis le 10 août et les massacres de septembre 1792 jusqu'au 9 thermidor (1) et à la journée du 1er prairial (2).—De tout cela, l'on peut conclure que la commune,

(1) 27 juill. 1794.
(2) 20 mai 1795.

avec les sections qui la composaient, faisait, laissait faire, ou comprimait l'insurrection à son gré : dès lors, ne devait-elle pas en être responsable? — Mais la loi du 10 vendémiaire, applicable à la redoutable commune de l'an iv, aura-t-elle pu continuer à être applicable à la ville de Paris, après que la loi lui aura retiré les terribles pouvoirs dont elle avait abusé et lui aura enlevé toute initiative d'action, soit pour le désordre, soit pour la répression? — « La loi du 28 pluviôse an viii, sur l'administration de la République, la soumet à un régime tout spécial (1). La loi du 21 mars 1831 maintient (2) le même principe.... A présent, comme en l'an viii, l'administration y est partagée entre deux préfets. Les maires n'ont conservé qu'un petit nombre de fonctions spéciales, notamment pour les actes de l'état civil. Il suffit de lire l'arrêté du 12 messidor an viii, qui détermine les fonctions du préfet de police, pour voir que la commune de Paris n'a plus aucun des pouvoirs que suppose nécessairement la loi de vendémiaire an iv. On peut remarquer spécialement les articles suivants : Art. 10. « Il prendra les « mesures propres à prévenir ou dissiper les attroupements, « les coalitions d'ouvriers pour cesser leur travail ou ren- « chérir le prix des journées, les réunions tumultueuses ou « menaçant la tranquillité publique. » Art. 35. « Il a sous « ses ordres les commissaires de police et autres agents de « police. » En résumé, la loi de vendémiaire an iv, faite pour les communes régies par la loi générale, et pour celle de Paris telle qu'elle était à cette époque, n'est plus applicable à la commune de Paris telle qu'elle existe aujourd'hui. »

1380. Voici maintenant le texte de l'arrêt de cassation du 15 mai 1841, qui a fondé sur ce point la jurisprudence : « En ce qui touche le moyen tiré de l'inapplicabilité de la loi du 10 vendémiaire an iv à la ville de Paris, considérée comme siége du Gouvernement : — Attendu que l'application aux communes de ce principe de droit naturel qui oblige chaque individu à réparer le dommage qu'il a causé par son fait, son imprudence ou sa négligence, suppose nécessairement une organisation qui laisse aux communes la libre disposition de leurs moyens de surveillance, d'action et de ré-

(1) Art. 16 et 17.
(2) Art. 55.

pression; — Attendu qu'il résulte des décrets des 3 et 4 vendémiaire an IV et des circonstances qui ont précédé, accompagné et suivi la promulgation de la loi du 10 du même mois, que la commune de Paris était alors placée sous un régime spécial, qui refusait à ses officiers municipaux le droit de diriger la force armée et d'en disposer, et qui réservait aux membres de la Convention nationale, chargés de cette mission, la direction et la disposition de la force armée; — Attendu que depuis cette époque, la situation légale et municipale de Paris n'a point changé et qu'elle a même été définitivement fixée et régularisée, ainsi que l'exigeait l'intérêt de l'Etat ;

« Attendu, en effet, que la ville de Paris étant le siége du Gouvernement, c'est au Gouvernement seul que doivent appartenir exclusivement dans cette ville la surveillance et la police générale, la direction et la disposition de la force publique, puisque l'indépendance du Gouvernement serait compromise si les moyens de conserver la tranquillité publique, dans le lieu où il siége, pouvaient dépendre d'une autre autorité que la sienne ; — Attendu que c'est dans ce but que l'arrêté des consuls, du 12 messidor an VIII, a concentré entre les mains du préfet de police de Paris cette fraction d'autorité qui est ailleurs confiée aux maires, et qui a pour objet le maintien de la tranquillité publique, ainsi que la réquisition de la force armée; — Attendu que le préfet de police est l'agent direct du Gouvernement; — Que ses pouvoirs s'étendent sur tout le département de la Seine et au delà;— Qu'il est placé immédiatement sous les ordres des ministres, avec lesquels il correspond sans intermédiaire ; — Qu'il suit de là que c'est le Gouvernement lui-même, et non un magistrat municipal qui veille, à Paris, à la conservation de l'ordre public, et qui y dispose seul de tous les moyens de surveillance, de prévention et de répression ; — Attendu que si la loi du 10 avril 1831 donne aux maires et aux adjoints de la ville de Paris le droit de requérir l'assistance de la force publique et de sommer les attroupements séditieux de se disperser, ces dispositions n'ont point altéré les pouvoirs conférés au préfet de police par l'arrêté du 12 messidor an VIII, et n'empêchent pas que dans l'étendue de la circonscription territoriale soumise à son autorité il continue d'exercer, dans toute leur plénitude, le droit de surveillance générale, le devoir de disperser les attroupements séditieux et la direction suprême de la force publique ; — D'où il suit que

l'arrêt attaqué, qui, sans avoir égard à la position exceptionnelle de la ville de Paris, l'a déclarée responsable de faits
que cette position ne lui laissait pas la possibilité de prévenir
ni de réprimer, a commis un excès de pouvoir et faussement
appliqué et violé les dispositions de la loi du 10 vendémiaire
an IV.

1381. Le système consacré par cet arrêté n'a point été accepté universellement. Sans parler des décisions antérieures,
qui sont en grand nombre (1), les cinq arrêts cassés en 1843
et 1844 témoignent d'une forte résistance de la part des
Cours d'appel. Il y a donc sur cette question difficulté sérieuse, qui nous fera pardonner quelques observations.

D'après l'arrêt du 15 mai 1841, la loi du 10 vendémiaire
n'aurait jamais été applicable à la ville de Paris, attendu que,
par les décrets des 3 et 4 vendémiaire an IV (2), cette commune était déjà placée sous un régime spécial, qui refusait
à ses officiers municipaux le droit de diriger la force armée
et d'en disposer, et que cette situation n'a pas changé.

Telle n'était pas cependant l'opinion de M. Dupin, qui
regardait, au contraire, la loi comme faite en vue de la ville
de Paris, mais du Paris de l'an IV, avec sa municipalité
élective.

Il est, en effet, difficile de croire, en présence des circonstances au milieu desquelles la loi fut votée, que l'on ait
voulu faire une exception pour la ville de Paris. N'était-ce
pas là que se manifestaient le plus souvent et avec le plus
d'énergie les mouvements séditieux qu'il s'agissait de répri-

---

(1) Paris, 22 nov. 1834, S. 35.2.93, D. 35.2.89; 22 déc. 1834, S.
35.2.93, D. 35.2.90; 29 déc. 1834, S. 35.2.97; Orléans, 8 févr. 1839,
S. 39.2.285, D. 39.2.217.
(2) *Décret du 3 vendémiaire an IV.* — « La Convention nationale
« déclare solennellement et décrète qu'elle rend les citoyens de Paris
« garants et responsables envers le peuple français de la conservation
« de la représentation nationale. »
Décret du 4 vendémiaire an IV. — Art. 1er. « Nul n'a le droit, dans
« la commune de Paris, de faire marcher la force armée ou une fraction
« de force armée, sans les ordres des représentants du peuple chargés
« de la surveillance et de la direction. » — Art. 4. « Les chefs de bri-
« gade, commandants de bataillon, officiers et citoyens continueront
« néanmoins de déférer aux réquisitions particulières qui pourront leur
« être faites, en cas d'urgence, par les officiers de police et autorités
« constituées pour le maintien du bon ordre et de la tranquillité
« publique, à charge par ceux-ci de rendre compte sans délai, aux direc-
« teurs de la force armée, des réquisitions qu'ils auront faites. »

mer? Au 10 vendémiaire, notamment, Paris n'était-il pas à l'état d'insurrection contre la Convention? Dans la proclamation et le décret du 3, cette assemblée déclarait les citoyens de Paris responsables de la conservation de la représentation nationale. Il y a loin, assurément, de cette vague déclaration de responsabilité aux dispositions précises et rigoureuses du décret qui suivit quelques jours après; mais, dans l'état des esprits tel que les actes législatifs et l'histoire nous le révèlent, est-il possible de croire qu'en décrétant une loi sur la responsabilité et la police intérieure des communes, l'on ait entendu soustraire la ville de Paris à ces dispositions? Cette exception n'eût-elle pas été formellement inscrite dans la loi?

Elle ne découle point d'ailleurs comme conséquence nécessaire du décret du 4 vendémiaire, qui retire à la commune de Paris le droit de disposer librement de la force publique. Aux termes de l'art. 4, les officiers municipaux conservaient le droit de la requérir en cas d'urgence, et les commandants et officiers devaient déférer à ses réquisitions. Si l'on joint à cela l'intention évidente du législateur d'intéresser chaque habitant d'une même cité à concourir au maintien de l'ordre par tous les moyens en son pouvoir, par ses efforts et son influence individuelle, et d'assurer aux victimes le droit de reporter sur la masse des habitants le dommage qui les aurait atteintes; si l'on considère que la réalisation de ce double but est surtout nécessaire dans les villes où une grande agglomération d'habitants rend les attroupements plus fréquents, mais où la répression peut être aussi plus prompte et la répartition du dommage moins onéreuse, on arrive à reconnaître que le décret du 10 vendémiaire a dû être fait en vue de Paris, comme en vue des autres communes de France.

Or si, dans l'origine, le décret s'est appliqué à la ville de Paris, il est clair qu'il n'a jamais cessé de lui être applicable, car, comme le dit la Cour de cassation, la situation légale et municipale de Paris n'a pas changé. Le Gouvernement a conservé la disposition générale et supérieure de la force publique. Le préfet de police a le droit de la requérir (1); les maires et adjoints de chaque arrondissement l'ont aussi, et peuvent faire les sommations aux attroupements (2).

_____

(1) Arrêté du 12 mess. an VIII, art. 36.
(2) L. du 10 avril 1831, art. 1er. Cette disposition d'une loi spéciale

1382. Si, pour écarter l'application de la loi de vendémiaire, l'on devait s'attacher à cette circonstance, que l'action de la municipalité pour la répression des attentats n'est
que secondaire, que l'initiative et les moyens préventifs
appartiennent au préfet de police, il faudrait en conclure que
dans les chefs-lieux de département et d'arrondissement, où
la police est placée sous les ordres des préfets et des sous-
préfets, le décret de l'an iv est également inapplicable ; de
sorte que ce décret, contrairement à l'interprétation qu'il a
constamment reçue (1), ne pourrait plus être invoqué que
dans les communes où il n'existe d'autre autorité que celle
du maire ; encore s'évanouirait-elle dès le moment où, pour
parer à l'inaction des citoyens, une autorité supérieure viendrait rétablir l'ordre momentanément troublé. L'assistance
que le pouvoir municipal rencontre dans l'autorité supérieure
est donc, dans le système consacré par l'arrêt de 1841, une
des causes qui anéantissent la responsabilité de la commune.
Or, c'est le contraire qui nous semblerait plutôt devoir être
admis (2) dans l'état actuel de la législation. En définitive,
les habitants de Paris ne peuvent pas avoir été privés des
garanties que le décret de l'an iv a données aux habitants
de toutes les autres communes de France.

On peut désirer seulement que des dispositions complé-
mentaires mettent en harmonie plus parfaite le principe de
ce décret avec le régime exceptionnel auquel est soumise la
capitale. L'action importante réservée aux forces dont le Gouvernement dispose exige peut-être que l'Etat partage avec
la commune la responsabilité du dommage.

Conformément à cette idée, le Gouvernement, à la suite
de nos derniers événements politiques, a manifesté l'intention de prendre à la charge du Trésor une partie des dom-

---

reste en vigueur malgré les modifications successivement apportées à
l'organisation municipale de Paris, de Lyon et de quelques autres villes.
V. pour Paris, LL. du 20 avril 1834, art. 12, et du 14 avril 1871, art.
10, 14, 16 ; pour Lyon, LL. du 19 juin 1851 et du 4 avril 1873 ; Décr.
dés 4 sept. 1851, 24 mars et 17 juin 1852, et les lois générales sur les
municipalités des 5 mai 1865, art. 50 ; 24 juill. 1867, art. 23 ; 22 janv.
1874, art. 3.

(1) Jugé notamment par arrêt de la chambre civile, C. cass., du
10 août 1869 (S. 70.1.153, D. 70.1.193), que cette loi s'applique à la
ville de Lyon, bien que le pouvoir municipal y soit exercé, non par
un maire, mais par le préfet.

(2) M. Dalloz, n° 2658. V. aussi M. Foucart, n° 1650. — *Contrà*,
M. Lesellyer, *Tr. de la crim., de la pén.*, etc., t. 2, n° 493 à 496.

mages qui en sont résultés. — Le Gouvernement provisoire, par un décret du 6 mars 1848, avait chargé le maire de Paris de former une commission spéciale qui réglerait « les indem- « nités réclamées par les citoyens à la suite des malheurs « particuliers qu'ils auraient éprouvés dans les journées de « février. » Cette commission venait d'être constituée quand les événements de juin 1848 amenèrent de nouveaux dés- ordres et de nouvelles réclamations. Un décret du président de la République, du 2 sepembre 1850, a formé, près le ministre de l'intérieur, une commission chargée d'examiner toutes les réclamations et de déterminer le chiffre des dom- mages éprouvés. Les indemnités ont été liquidées à cinq mil- lions six cent mille francs. Un décret du 24 décembre 1851 a ouvert un crédit de pareille somme pour le paiement. Nous transcrivons ici le préambule de ce décret, dans lequel on remarquera que le Gouvernement a évité de se prononcer sur la question que nous venons de discuter :

« Considérant qu'aux termes de la loi du 10 vendémiaire « an IV, les communes sont responsables des délits commis « à force ouverte par des attroupements ou des rassemble- « ments, ainsi que des dommages-intérêts auxquels ils don- « nent lieu ;

« Considérant néanmoins que la ville de Paris est dans « une situation exceptionnelle qui n'autorise pas d'une ma- « nière absolue à faire peser sur elle cette responsabilité ;

« Considérant que si l'Etat n'est soumis, à cet égard, à « aucune obligation légale, il est conforme aux règles de « l'équité et d'une saine politique de réparer des malheurs « immérités et d'effacer autant que possible les douloureux « souvenirs de nos discordes civiles ;

« Vu les délibérations de la commission instituée par le « décret du 2 septembre, et qui fixe le montant des alloca- « tions à la somme de cinq millions six cent mille francs,

« Décrète :

Art. 1er. « Il est ouvert au ministre de l'intérieur un crédit « de cinq millions six cent mille francs applicable à la liqui- « dation des indemnités à accorder aux particuliers dont les « propriétés ont souffert des dommages matériels par suite « des événements de février et de juin 1848.

2. « Ces indemnités seront réparties par les soins et sous « la surveillance du ministre de l'intérieur, conformément « aux décisions de la commission instituée par décret du « 2 septembre 1850. »

Un autre décret, du 5 décembre 1851, a également formé

une commission chargée de rechercher et d'apprécier le dommage éprouvé dans les journées des 3, 4 et 5 décembre, par les victimes innocentes de l'insurrection.

Enfin, à la suite des événements de 1870 et 1871, deux lois spéciales ont encore été rendues dans le même but.

L'art. 4 de la loi du 6 septembre 1871 porte : « Une somme « de six millions est mise à la disposition des ministres des « finances et de l'intérieur pour être, sauf règlement ulté-« rieur, répartie entre ceux qui ont le plus souffert des opé-« rations d'attaque dirigées par l'armée française pour en-« trer dans Paris (1). »

Et la loi du 7 avril 1873 dispose encore : Art. 1er. « Il est « accordé, sur les fonds du Trésor : à la ville de Paris, une « somme de cent quarante millions de francs, etc. Art. 2. « Moyennant cette allocation, la ville de Paris supportera : « 1° le paiement du solde des indemnités restant dues pour « la réparation des dommages matériels causés à l'intérieur « ou alentour de Paris par le fait des opérations militaires « du second siége ; 2° la réparation des dommages matériels « soufferts par les propriétés mobilières et immobilières de « Paris et de ses alentours, et résultant de l'insurrection du « 18 mars 1871.

« Ces deux ordres d'indemnités seront définitivement « réglés par des commissions administratives présidées par « le préfet de la Seine. »

Ces dispositions n'abrogent et ne contredisent en aucune façon celles de la loi du 10 vendémiaire an IV. La question de savoir si cette loi est applicable à la ville de Paris a été l'objet d'observations à la tribune, où les deux opinions se sont produites, sans que la question ait été législativement tranchée. — On ne peut se dissimuler toutefois, qu'en fait, les parties intéressées se sont abstenues de toute réclamation contre la ville par voie judiciaire.

1383. La responsabilité qu'établit le décret de vendémiaire ne s'applique pas indistinctement à tous les délits, mais seulement à ceux qui sont commis par des attroupements ou rassemblements. — Cette circonstance essentielle (2) est exprimée par l'article 1er, et se retrouve dans les articles 2, 3, 4, 5, 6 et 12 du titre 4. Les articles 9 et 10 font

_____

(1) Après l'insurrection du 18 mars 1871.
(2) Toullier; 11, n° 239 ; Merlin, v° *Communauté d'habitants*, n° 12; Cass., 27 avril 1813, S. 20.471 ; Dalloz, *Commune*, n° 2662; Amiens, 29 juin 1874, S. 74.2.313. V. *suprà*, n° 1373.

seuls exception. Mais le décret n'a pas défini ce qu'il fallait entendre par attroupement et rassemblement, et quel nombre de personnes il fallait pour qu'une réunion prît ce caractère. On se réfère donc naturellement sur ce point aux indications fournies par le législateur sur des matières analogues.

La loi 4, § 2, **D.** *de vi bonorum raptorum*, exigeait au moins dix à quinze personnes pour qu'il y eût attroupement : *Turbam autem ex quo numero admittimus ? Si duo rixam commiserint, utique non accipiemus in turbâ id factum, quia duo turba non propriè dicuntur. Enimverò si plures fuerint, puta decem aut quindecim homines, turba dicetur. Quid ergo, si sint tres aut quatuor ? Turba utique non dicetur.* La loi des 26 et 27 juillet-3 août 1791, relative à la réquisition et à l'action de la force publique contre les attroupements, est plus précise. L'article 9 répute attroupement séditieux tout rassemblement de plus de quinze personnes s'opposant à l'exécution de la loi. Le Code pénal du 25 septembre 1791, 2e partie, titre 1er, section 4, art. 3 et 4, distingue aussi les *attroupements* de plus de quinze personnes des *réunions* inférieures à ce nombre.

Les tribunaux prendront ordinairement pour règle ces dispositions (1). On ne doit pas cependant les appliquer d'une manière absolue. Les circonstances peuvent avoir une grande influence. Dans une · très-petite localité, une réunion de dix hommes peut former un attroupement dangereux (2) : aussi la loi romaine ne précise rien. C'est donc plutôt un point de fait qu'un point de droit à décider. Cependant la Cour de cassation ne l'a pas considéré comme entièrement abandonné à l'appréciation des tribunaux. Par son arrêt du 27 avril 1813, elle a jugé que quatre personnes ne suffisent pas pour caractériser un attroupement (3).

1383 *bis.* Peu importent, du reste, la cause et le mode de formation de l'attroupement. Il pourrait avoir été d'abord légitime et inoffensif ; mais s'il est devenu tumultueux, violent et que des délits aient été commis dans le désordre qui en résulte, la responsabilité existe. —Ainsi, la foule se rassemble pour une cérémonie, pour un spectacle public, sans avoir d'intentions malfaisantes ; puis un incident l'émeut et des actes de violence et de pillage sont commis; la loi du

_____

(1) *Conf.*, Rouen, 27 mai 1873, D. 74.2.29.
(2) M. Foucart, n° 1652 ; M. Rendu, n° 11.
(3) V. la note 2 de la page précédente.

10 vendémiaire s'appliquera, car les motifs qui l'ont fait établir subsistent dans ce cas ; l'autorité locale doit s'opposer au désordre, et tous les habitants doivent lui donner leur concours à cet effet. D'ailleurs c'est souvent ainsi que commencent les mouvements populaires où se commettent les excès les plus graves (1).

1384. Une seconde condition d'applicabilité du décret, c'est que les délits aient été commis à force ouverte ou par violence.

Ceux qui se commettent par la ruse et d'une manière occulte n'ont pas en général le même caractère de gravité, et les moyens ordinaires dont l'autorité dispose suffisent pour les réprimer. Il faut observer, toutefois, que le délit peut être considéré comme ayant été commis à force ouverte dans le cas même où la partie lésée n'y aurait opposé aucune résistance, soit parce qu'elle ne se trouvait pas sur les lieux, soit parce qu'elle aurait été dans l'impuissance d'agir (2).

Quant aux actes dommageables contraires aux droits des tiers, mais qui ne constituent que de simples voies de fait sans violence, comme l'occupation d'un terrain qui n'appartient pas à la commune, ils ne constituent que des délits purement privés, dont la réparation doit être poursuivie conformément au droit commun.

1385. La commune est responsable des délits commis sur un territoire autre que le sien, quand les attroupements étaient formés en tout ou en partie de ses habitants (3). C'est ce qu'exprime l'art. 3 :

« Si les attroupements ou rassemblements « ont été for-
« més d'habitants de plusieurs communes, toutes seront
« responsables des délits qu'ils auront commis, et contri-
« buables, tant à la réparation et aux dommages-intérêts
« qu'au paiement de l'amende » (4).

---

(1) Lyon, 12 déc. 1867, et Rej., ch. civ., 10 août 1869, S.70.1.153, D. 70.1.193.
(2) Cass., 2 mai 1842, S. 566, Dalloz, *Commune*, n° 2676 ; Amiens, 29 juin 1874, S. 74.2.313.
(3) Et, pour cela, il n'est pas nécessaire que ses habitants se soient formés chez elle en état d'attroupement et se soient transportés ainsi sur le territoire de l'autre commune où le pillage a eu lieu. Il suffit que les habitants de la première commune aient contribué à favoriser l'attroupement sur le théâtre du désordre. Orléans, 14 août 1851, S. 51.2. 772 ; Rej., 12 juill. 1852, D. 52.5.116, n° 15.
(4) Nous reviendrons sur ce point, *infrà*, n° 1399 et suiv.

Mais quand les délits ont été commis sur son propre territoire, la commune est responsable, encore bien que les attroupements eussent été formés d'étrangers.

Cela résulte d'abord de l'art. 2, ainsi conçu :

« Dans le cas où les habitants de la commune auraient
« pris part aux délits commis sur son territoire par des at-
« troupements et rassemblements, cette commune sera tenue
« de payer à la République une amende égale au montan
« de la réparation principale. »

D'après ce texte, la responsabilité n'est purement civile qu'autant que les habitants de la commune n'ont pris aucune part active aux désordres. Mais il suppose évidemment que la responsabilité civile a lieu, dans cette hypothèse, conformément à l'art. 1er du titre 1er et à l'art. 1er du titre 4, qui ne font aucune distinction.

D'ailleurs l'hypothèse est formellement prévue par l'art. 5, ainsi conçu :

« Dans les cas où les rassemblements auraient été formés
« d'individus étrangers à la commune sur le territoire de
« laquelle les délits ont été commis, ET où la commune
« aurait pris toutes les mesures qui étaient en son pouvoir,
« à l'effet de les prévenir et d'en faire connaître les auteurs,
« elle demeurera déchargée de toute responsabilité. »

Les deux conditions dont parle cet article semblent exigées cumulativement. La première, du moins, est certainement insuffisante quand elle est isolée. On ne saurait en douter, lorsqu'on rapproche l'art. 5 de l'art. 2. Puis la responsabilité de la commune est fondée sur ce qu'elle a principalement la police de son territoire, sur l'obligation imposée à ses autorités *et à tous* ses habitants (1) de s'opposer aux désordres, et sur une présomption légale de faute dans le cas où cette répression n'a point été efficace (2). Tous ces motifs sont applicables au cas où les attroupements ont été formés d'étrangers. Même dans ce cas, la commune, si elle prétend être déchargée, est donc tenue de prouver qu'elle a pris toutes les mesures en son pouvoir pour prévenir les délits et en faire connaître les auteurs (3).

1386. Mais ici naît une autre question.

_____

(1) Orléans, 9 août 1850, S. 51.2.693, D. 51.2.145, et Rej., 17 févr. 1852. D. 52.1.158.

(2) *Conf.*, Rouen 27 mai 1873, D. 74.2.29.

(3) *Junge*, M. Rendu, n° 23.

Le second motif d'excuse indiqué par l'art. 5, celui qui se tire de ce que la commune a fait tout son possible afin de prévenir et d'empêcher les délits, est-il suffisant à lui seul, et quand même les rassemblements étaient formés en tout ou en partie des propres habitants de la commune? En d'autres termes, la commune peut-elle s'abriter derrière l'exception de *force majeure*, alors même que ses habitants ont pris part aux désordres, ou bien cette exception n'est-elle proposable, comme la première, qu'autant que les deux conditions énoncées dans l'art. 5 sont réunies?

La négative est adoptée par la plupart des Cours d'appel (1). La Cour de cassation elle-même s'est prononcée deux fois dans ce sens (2), bien que la jurisprudence offre des variations, comme on va le voir. On a considéré que l'art. 5 exigeait clairement la réunion de ces deux conditions pour que la commune fût affranchie : 1° que le rassemblement eût été formé d'étrangers ; 2° que la commune eût fait tous ses efforts pour prévenir et empêcher les délits.

L'art. 8 du titre 4, prévoyant le cas où des ponts ont été rompus, des routes coupées, etc., dit, il est vrai, que la responsabilité de la commune n'aura pas lieu, si elle justifie avoir résisté de tout son pouvoir à l'accomplissement de ces délits. Mais cette disposition spéciale ne peut servir à interpréter l'art. 5, dont les termes sont formels et conçus tout différemment.

On fait remarquer ensuite que la seule inaction des habitants engage la responsabilité collective : c'est ce que nous avons décidé au numéro précédent. Dès lors, et à plus forte raison, la commune est responsable quand ses habitants sont au nombre des auteurs du trouble et du dommage (3), alors même qu'une partie de la population aurait essayé de résister.

Nous ajouterons que le but du législateur est non-seulement d'exciter le zèle des autorités et celui de chaque citoyen, en les déclarant tous solidaires les uns des autres,

_____

(1) Rennes, 18 janv. 1834, Dalloz, v° *Commune*, n° 2679 ; Paris, 29 août, 22 nov. et 22 déc. 1834, D. 35.2.89 ; Nîmes, 3 août 1837, S. 37.2.59 ; Orléans, 8 fév. 1839, Dalloz, *loc. cit.*, et 9 août 1850, S. 51.2.693 ; Rouen, 27 mai 1873, D. 74.2.29.
(2) Rej., 24 juill. 1837, D. 430, S. 657 ; Cass., ch. civ., 5 mars 1839, D. 39.1.123 ; Dalloz, n° 2679.
(3) M. Rendu, n° 26.

mais aussi d'atteindre plus sûrement les coupables en frappant les habitants sans distinction, sauf le recours de ceux qui n'ont pris aucune part aux désordres contre ceux qui les ont commis ; or, ce double but ne serait qu'imparfaitement atteint dans le système contraire, qui rendrait, d'ailleurs, l'application de la loi trop rare pour qu'elle fût efficace. — On a rétorqué l'argument, en disant que la majorité des habitants serait alors sans intérêt à réprimer le désordre. — Mais cette idée ne nous paraît point exacte, car il n'y a responsabilité que s'il y a dommage, et la responsabilité sera d'autant plus lourde que l'on aura laissé le champ libre aux perturbateurs. Ainsi, la partie saine de la population sera toujours fortement intéressée à s'opposer à leurs excès.

À notre avis, la commune ne peut exciper de la force majeure qu'autant qu'elle vient *du dehors*, et les arrêts qui viennent d'être cités ont fait une juste application de l'art. 5.

Cependant, nous devons le dire, cette opinion, que partagent avec nous M. Dalloz (1), M. Rendu (2) et M. Foucart (3), a été proscrite en dernier lieu par la Cour de cassation. Déjà, le 6 avril 1836, elle avait, sur les conclusions de M. le procureur général Dupin, cassé dix arrêts de la Cour royale de Paris qui avaient admis le premier système (4). En 1839, l'arrêt du 5 mars précité (5), témoigne d'un retour de jurisprudence. Mais l'arrêt des chambres réunies, du 15 mai 1841, décide encore que « la commune, qui prouve avoir pris toutes les mesures en son pouvoir à l'effet de prévenir et de dissiper les rassemblements séditieux formés sur son territoire, et d'en faire connaître les auteurs, demeure déchargée de toute responsabilité, à raison des dommages causés par ces rassemblements, soit que ceux

---

(1) *Commune*, nos 2679 et 2688.
(2) Nos 25 à 28.
(3) Nos 1649 et 1650.
(4) S. 36.1.257, Dalloz, 36.1.166, et *Commune*, nº 2657.
(5) V. p. 520, note 2. — *Adde*, motifs de l'arrêt de Rej., ch. civ., du 10 août 1869, où il est dit : « Attendu que la loi du 10 vend. an iv, dans le but d'assurer la tranquillité publique en détournant les habitants d'une commune de prendre part au désordre dont son territoire est le théâtre, et en les excitant à concourir à sa répression, déclare les communes responsables....., à moins que les rassemblements aient été formés d'individus étrangers....., et que la commune ait pris toutes les mesures en son pouvoir à l'effet de les prévenir et d'en faire connaître les auteurs. » S. 70.1.153, D. 70.1.193.

qui en auraient fait partie fussent tous étrangers à la commune, soit qu'il s'y fût trouvé un certain nombre d'habitants de cette commune » (1).

Pour nous, le tempérament que voici nous paraît seul admissible. Si le nombre des habitants de la commune qui ont pris part aux délits commis par des étrangers était infiniment petit, on ne devrait pas en tenir compte. Ainsi, la circonstance que, dans un attroupement d'environ quinze cents personnes, il se serait trouvé dix ou douze habitants de la commune qui n'étaient, d'ailleurs, ni les chefs, ni les instigateurs de l'attroupement, ne suffirait pas pour obliger les juges à appliquer à cette commune les art. 1er et 5 de la loi (2). Hors ce cas particulier, les deux conditions exigées par l'art. 5 doivent se trouver réunies.

1387. Les communes ont proposé l'exception de la *force majeure*, conformément à la doctrine de l'arrêt du 15 mai 1841, en invoquant le principe posé par l'art. 5, dans diverses circonstances qu'il importe de connaître.

Ainsi : 1° l'on a soutenu, dans leur intérêt, que le décret de vendémiaire était inapplicable, quand des événements quelconques ont désorganisé la municipalité et privé la commune de ses autorités et de sa représentation légale.

C'est à la municipalité, a-t-on dit, que les lois des 23 février 1790, 6 octobre 1790, 16 prairial an III, enjoignaient directement et principalement de prévenir et de réprimer les désordres; elles appelaient les citoyens à seconder l'autorité municipale, mais non à la suppléer. La loi de vendémiaire an IV s'adresse à la commune prise collectivement, et, si ce terme comprend nécessairement les habitants eux-mêmes, il suppose nécessairement aussi une communauté organisée et ayant des moyens d'action généraux et réguliers. Sans municipalité, il n'y a pas de commune à proprement parler, ou, si elle existe, ce n'est que dans un état d'inertie qui ne lui permet aucune action propre. Cette impossibilité légale fait naître une situation que la loi de vendémiaire n'a pas entendu régler, et qui doit, d'ailleurs, assurer à la commune le bénéfice du principe général posé dans l'art. 1148, C. civ. Il n'y a même pas à examiner, en pareil cas, si les habitants ont pris part au désordre, ou s'il est le fait exclusif

---

(1) D. 252, S. 53; Dalloz, v° *Commune*, n° 2657, p. 369.
(2) Rej., 30 déc. 1824, Dalloz, n° 2688.

d'individus étrangers à la commune, car cette question ne s'élève qu'autant que la commune est sous l'application de la loi et sous le coup de la responsabilité (1).

Cette doctrine a pour elle plusieurs arrêts de Cour d'appel et de la Cour de cassation.

Nous lisons, dans un arrêt d'Aix du 20 juin 1821, « que la loi de vendémiaire suppose l'ordre ordinaire des choses établi; qu'elle suppose en pleine vigueur tous les pouvoirs, tous les rapports qui constituent la société; elle suppose une police, une force publique, des liens sociaux et toutes les garanties qui permettent au citoyen d'agir sous la protection des lois et avec le secours des autorités légales; que cela résulte même du titre de la loi, puisqu'elle est intitulée : loi sur la police intérieure des communes ; — Que, dès lors, elle est inapplicable aux événements qui se sont passés à Marseille, les 25 et 26 juin 1815; — Attendu qu'à cette époque, la ville se trouvait dans la désorganisation la plus complète; que les lois étaient sans force, les magistrats sans autorité, et que tous les efforts que les magistrats auraient pu faire pour empêcher la dévastation et le pillage auraient été entièrement inutiles ; — Qu'appliquer la loi de vendémiaire an IV à ces circonstances serait tromper les vues du législateur; — Que cette loi, faite pour punir l'égoïsme et la coupable insouciance d'une commune qui aurait favorisé le brigandage en refusant de seconder les efforts de l'autorité, ne peut être opposée aux habitants d'une ville qui, par un concours de circonstances singulières que le législateur n'a pu prévoir, s'est vue tout à coup privée des autorités qui veillaient sur elle, ainsi que du secours des lois qui la protégeaient; qui n'a trouvé dans la force publique qu'une puissance ennemie, et a vu fondre à la fois, sur ses habitants, le fléau de l'anarchie et celui de la guerre civile » (2).

Le pourvoi dirigé contre cet arrêt a été rejeté, le 27 juin 1822, par la chambre des requêtes :

« Attendu que l'arrêt attaqué a déclaré comme faits constants que, dans les deux jours auxquels se rapportent les désastres dont se plaint le demandeur, la désorganisation

_____

(1) M. Rendu, nᵒˢ 35 et 36 ; M. Lesellyer, Tr. de droit crim., t. 2, nᵒ 736, et Tr. de la criminal., etc., t. 2, nᵒ 498.
(2) S. 22.1.428 ; Collection nouvelle, 7.1.101 ; Dalloz, vᵒ Commune, nᵒ 2691.

la plus complète avait détruit, dans la ville de Marseille, tous les liens sociaux; que les lois y étaient sans force et les magistrats sans autorité ; qu'en décidant, dans des circon- stances aussi extraordinaires et dans un état de choses tel que les moyens indiqués par la loi du 10 vendémiaire an iv, comme propres à prévenir ou à réprimer les délits, ou à en faire connaître les auteurs, avaient momentanément perdu toute leur influence, ladite loi ne pouvait recevoir son appli- cation, la Cour d'Aix s'est conformée à son esprit, sans en violer la lettre » (1).—On cite, dans le même sens, un autre arrêt du 5 décembre 1822, qui confirme un arrêt de la Cour de Toulouse, par des motifs semblables (2).

1388. Cette doctrine est-elle exacte?

On peut l'admettre quand il s'agit de délits commis par des étrangers. Quand la commune est assaillie par des en- nemis du dehors, n'importe le motif qui a rendu la résis- tance impossible, c'est un fait à apprécier, mais, s'il est constant, il dégage sa responsabilité.

Mais quand les habitants eux-mêmes composaient l'at- troupement séditieux, l'art. 5, tel que nous venons de l'in- terpréter, condamne évidemment ce système. — Si la com- mune est responsable, alors même qu'ayant employé tous ses moyens, elle s'est trouvée dans l'impuissance d'arrêter le désordre ; si la loi ne tient pas compte des efforts de la partie saine de sa population, lorsque les auteurs du trouble ne lui sont pas étrangers, elle ne prend pas davantage en con- sidération les événements qui, en affaiblissant l'autorité lo- cale, ont rendu la répression impossible ou seulement inef- ficace. La force majeure n'a pas plus d'effet dans un cas que dans l'autre sur l'application de cette loi toute spéciale. Le principe de la solidarité qui la domine ne comporte aucune distinction. Il est évident que l'on a voulu frapper la commu- nauté entière pour la faute de ses membres.

On dit que la loi de l'an iv, comme celles qui l'ont pré- cédée, s'adresse principalement à la municipalité et qu'elle oblige les citoyens à la seconder, mais non pas à la sup- pléer.

Cependant, remarquons d'abord que la loi du 16 prairial an III déclarait tous les habitants *solidaires* en cas d'insolva-

(1) V. la note précédente.
(2) Dalloz, n° 2692.

bilité des auteurs directs des pillages, et cela sans distinction (1). — La loi de l'an iv, plus énergique et plus sévère
que celle de l'an iii, frappe d'abord l'universalité des citoyens, sauf le recours individuel de ceux qui prouveront
n'avoir pris aucune part aux délits, contre les auteurs et leurs
complices (2). Elle se préoccupe donc moins de la faute à
punir que du dommage à réparer.

La loi de vendémiaire s'adresse, dans la plupart de ses
articles, à la commune collectivement, mais on sait parfaitement que cette expression ne doit pas être prise à la lettre.
Ainsi tout le monde reconnaît que le paiement des condamnations prononcées en vertu de cette loi ne tombe pas à la
charge de la commune en corps, comme une dette ordinaire,
mais à la charge des seuls habitants à l'exclusion des propriétaires forains (3). Il n'y a donc rien à conclure de ce mot
collectif de commune, que la loi d'ailleurs a évité d'employer
dans l'art. 1er du titre 1er, où elle dit simplement : « Tous
citoyens habitant la même commune sont garants, etc. »

Puis, n'est-il pas un peu subtil de dire que sans municipalité la commune n'existe plus ? Assurément tous les liens
sociaux ne sont pas brisés par l'absence momentanée des
dépositaires du pouvoir municipal. Et n'est-ce pas précisément pour ces temps d'anarchie, où les autorités et la force
publique sont plus ou moins paralysées dans leur action, que
la loi a été faite ? Le concours actif de tous les citoyens à la
répression du désordre et à la réparation des dommages est
surtout nécessaire dans les instants où l'autorité a moins de
force, où les pouvoirs réguliers ne fonctionnent plus dans
leurs conditions normales.

En vain dit-on que la commune est alors dans un état
d'inertie qui ne lui permet aucune action propre : car cette
inertie pour le bien n'existe pas apparemment pour le mal,
puisque les désordres viennent de ses propres habitants. Or,
par cela seul que les éléments de trouble sont sortis de son
sein, la responsabilité de la communauté se trouve engagée.

Le système opposé conduit nécessairement à ce résultat
inadmissible, qu'une commune, après avoir, dans un jour
d'égarement et d'effervescence, renversé ses autorités et in-

----

(1) Art. 7.
(2) Tit. 4, art. 4.
(3) V. *infrà*, nos 1403 et 1424.

tronisé l'anarchie, trouvera dans ce fait même une garantie, une cause d'excuse pour les excès de tout genre auxquels ses habitants pourront se livrer.

A nos yeux, au contraire, la loi de vendémiaire est complétement applicable à une situation de ce genre, sans autre exception que celle admise par l'art. 5. — C'est ce qu'a décidé la Cour supérieure de Bruxelles par un arrêt du 15 juillet 1832 (1). — C'est aussi l'opinion de M. Dalloz (2).

1389. 2° On a prétendu encore, et c'est la suite de la même théorie, que la loi de vendémiaire ne s'applique point aux délits commis dans un désordre général né d'une crise politique. « Attendu, porte un arrêt de la Cour royale de Bordeaux (3), que la responsabilité établie contre les communes suppose qu'elles ont eu la possibilité légale de protéger les personnes et les propriétés; que cette possibilité n'existe plus lorsqu'une révolution instantanée agite une nation tout entière, et, brisant les liens qui l'unissaient à son Gouvernement, prive les autorités et leurs agents de la force et de l'appui réciproques qu'ils se doivent dans l'exercice de leurs fonctions... »

« Attendu, a dit aussi la Cour de cassation en rejetant le pourvoi contre cet arrêt, qu'en tenant compte des circonstances impérieuses dans lesquelles se sont trouvées, non pas seulement la commune de Bordeaux, mais toutes les communes importantes du royaume à l'époque où se sont passés les désordres dont se plaignait le demandeur, la municipalité était dans l'impossibilité de faire autre chose que ce qu'elle a fait, et que cette commune se trouvait par conséquent dans l'exception prononcée par l'art. 5, tit. 4, de la loi du 10 vendémiaire an IV (4).

A cela nous ferons encore la même réponse. L'exception prononcée par l'art. 5 suppose que les habitants de la commune n'ont pris aucune part aux désordres. A défaut de cette condition essentielle, les circonstances extérieures ne sauraient faire décharger la commune, à moins d'admettre, avec M. Rendu, que la loi de vendémiaire est complétement inapplicable dans les hypothèses exceptionnelles que nous

(1) Dalloz, n° 2693, J. du Pal., 1832, p. 1276.
(2) Loc. cit.
(3) Du 19 mars 1834, S. 34.2.390, D. 34.2.167.
(4) Rej., 11 mai 1836, S. 665, D. 166, et Dalloz, v° Commune, n° 2697. V. encore Orléans, 8 fév. 1839, D. 39.2.218.

venons de poser. Mais on voit que cette opinion est condamnée par l'arrêt du 11 mai 1836, que nous venons de citer, lequel s'appuie précisément sur l'art. 5 de cette loi. Nous persistons d'ailleurs à croire que la loi de vendémiaire a justement été faite en vue de circonstances anormales où l'action régulière des pouvoirs, et particulièrement du pouvoir central, est plus ou moins inefficace. Que l'impuissance de la répression par les moyens ordinaires tienne à la faiblesse des autorités locales où à leur désorganisation; qu'elle tienne, au contraire, à la faiblesse ou à la désorganisation du Gouvernement ; qu'elle tienne enfin à ces deux causes réunies, la loi du 10 vendémiaire n'est pas moins nécessaire dans un cas que dans l'autre. Loin de là, les circonstances au milieu desquelles elle fut rendue, son but, son esprit, tout nous porte à décider qu'elle est surtout applicable quand le trouble du pays est plus grand (1).

La jurisprudence de la Cour de cassation nous est contraire, il faut l'avouer. Cependant, que l'on ne s'y trompe pas, l'arrêt du 27 juin 1822, cité au numéro 1387, ni celui du 11 mai 1836, n'ont entendu poser une règle d'interprétation, un principe général. En rejetant les pourvois formés contre deux décisions de Cours royales qui avaient déchargé les communes de toute responsabilité, ces arrêts ont entendu seulement consacrer le droit pour les juges du fond d'apprécier l'exception de force majeure invoquée par la commune, de décider, en fait, si, à raison de circonstances exceptionnelles, la commune s'était trouvée dans l'impossibilité réelle de réprimer le désordre.

Aussi a-t-on vu, depuis, la Cour suprême rejeter d'autres pourvois contre des arrêts qui avaient appliqué la loi de vendémiaire à des faits commis sous l'empire des événements de février 1848, et déclarer de la manière la plus formelle :

« Que les grandes commotions politiques qui agitent le
« pays entier, loin de rendre inapplicable de plein droit la
« loi du 10 vendémiaire an IV, donnent un degré d'utilité
« de plus à ses dispositions protectrices de la sécurité pu-
« blique et de la propriété privée » (2).

---

(1) Bruxelles, 15 juill. 1832, Dalloz, n° 2694, note 2. — *Conf.*, Aix, 13 nov. 1833, D. 35.2.9.
(2) Rej., 14 janv. 1852, aff. Comm. d'Oullins, la ville de Lyon, etc., S. 97 et 98. — *Conf.*, Trib. de Marseille, 21 déc. 1872, S. 73.2.55.

1390. Les idées que nous venons d'émettre nous serviront encore à décider une autre question controversée, celle de savoir si la loi de vendémiaire reçoit exception quand l'émeute, à la suite de laquelle se sont produits les actes de dévastation et de pillage, avait un *but politique* et tendait, soit à renverser le Gouvernement, soit à en changer la forme et la nature.

On dit pour l'affirmative que cette loi, faite pour assurer la police intérieure des communes, et pour la répression ou la réparation des attentats commis envers les personnes et les propriétés, n'a point trait aux insurrections dirigées contre le Gouvernement ; que, dans ce cas, les personnes et les propriétés ne sont plus attaquées d'une manière directe ; qu'ainsi l'action de la commune s'efface ; que le Gouvernement, au contraire, avec ses forces, et par ses agents immédiats, appelé à combattre pour se défendre lui-même, est en même temps appelé à protéger seul les habitants du territoire et leurs propriétés (1).

Mais on répond avec raison que la loi ne distingue pas entre les attroupements qui poursuivent un but politique et ceux qui n'ont qu'un but de pillage et de dévastation. Les délits spéciaux prévus par les articles 7 et suivants du titre 4 ont même un caractère essentiellement politique. Et quant aux dispositions générales de la loi, si l'on se reporte à l'époque où elle a été rendue, aux circonstances qui l'ont motivée, on est inévitablement conduit à reconnaître qu'elles repoussent la distinction proposée, car le décret avait pour objet de prévenir les troubles sans cesse renaissants dans l'intérieur, mais surtout à Paris, où certainement ils avaient un but politique (2). Or, les moyens employés par le législateur répondent très-bien à sa pensée.

« D'abord il a rendu chaque commune solidaire de la sécurité générale en la chargeant d'arrêter les désordres qui se manifesteraient dans son sein avant qu'ils pussent avoir une gravité menaçante pour l'État lui-même..... La guerre civile n'éclate pas tout à coup avec son terrible caractère : elle peut n'être que le développement et la conséquence de rassemblements séditieux qui intéressent la police intérieure de

---

(1) Cass., 6 avril 1836, D. 163 ; Paris, 20 et 27 mars 1838, D. 38.2. 138, et 9 juill. 1841, S. 41.2.558.

(2) Orléans, 8 févr. 1839, D. 39.2.217, S. 39.2.285. — V. *suprà*, n°ˢ 1379 et suiv.

la commune où ils prennent naissance avant de compromettre l'ordre social tout entier. La loi de vendémiaire ne s'est pas occupée de la guerre civile, mais elle a voulu obliger les communes à en étouffer les germes. C'était, à l'époque de sa promulgation, c'est peut-être à toute époque, et son but le plus élevé, et sa plus grande utilité, et la plus haute justification de ses rigueurs... Admettre la doctrine contraire, c'est prendre pour le but de la loi ce qui n'est qu'un moyen, et faire disparaître l'intérêt public derrière l'intérêt communal » (1).

Et quand la sédition parvient à prendre des développements plus considérables, la commune a-t-elle le droit de rentrer dans l'inaction? — Non, sans doute. Plus le danger est grand, plus les devoirs des autorités et de chaque citoyen sont considérables, plus leur concours est nécessaire. Assurément la loi n'entend pas imposer à la commune seule la défense de l'État en cas de guerre civile. Mais l'action du Gouvernement et de l'armée n'exclut pas celle de la commune, qui doit toujours s'exercer sur son propre territoire. C'est parce qu'elle est circonscrite dans ce territoire que la loi est intitulée : *Loi sur la police intérieure des communes.*

D'ailleurs, quand les attroupements séditieux sont formés des habitants de la commune même, elle ne peut, nous l'avons dit plusieurs fois (2), échapper sous aucun prétexte à la responsabilité; les actes d'une partie font naître l'obligation de tous (3).

1391. Nous admettons du reste que le décret de l'an iv n'est plus applicable quand la guerre civile est organisée, et que de véritables armées sont en présence. Les désastres qui résultent de la lutte sont alors des *faits de guerre*. On a remarqué d'ailleurs avec justesse que la loi, en employant ces mots : *attroupement* ou *rassemblement*, indique elle-même qu'elle ne s'occupe pas des dégâts causés par une armée (4).

1392. Passons maintenant aux cas spéciaux que la même loi prévoit expressément.

L'art. 7 porte :

« Lorsque des ponts auront été rompus, des routes cou-

---

(1) M. Rendu, n° 19.
(2) *Suprà*, n°s 1386 et suiv.
(3) *Junge*, M. Dalloz, *Commune*, n° 2694.
(4) M. Rendu, n° 20 ; M. Dalloz, n° 2694.

II.   34

« pées ou interceptées par des abatis d'arbres ou autre-
« ment, dans une commune, la municipalité ou l'adminis-
« tration municipale du canton les fera réparer sans délai,
« aux frais de la commune, sauf son recours contre les au-
« teurs du délit. »

Art. 8. « Cette responsabilité de la commune n'aura pas
« lieu dans les cas où elle justifierait avoir résisté à la des-
« truction des ponts et des routes, ou bien avoir pris toutes
« les mesures qui étaient en son pouvoir pour prévenir l'évé-
« nement, et encore dans le cas où elle désignerait les au-
« teurs, provocateurs et complices du délit, tous étrangers
« à la commune. »

A l'égard des faits prévus par ces articles, la loi se montre
moins sévère. Ils peuvent être l'œuvre d'un petit nombre
d'habitants ; ils peuvent ne pas s'être commis au grand jour;
ils présentent, en général, moins de gravité que les attentats
dont s'occupent les articles précédents. La commune est, en
conséquence, admise à faire valoir trois moyens d'excuse :
il suffit, 1° qu'elle ait résisté à la destruction des ponts et
des routes ; 2° qu'elle ait pris toutes les mesures qui étaient
en son pouvoir pour prévenir l'événement ; 3° que les auteurs, provocateurs et complices du délit soient désignés par
elle, et soient tous étrangers à la commune.

Elle a d'ailleurs son recours contre les auteurs du délit.

1393. Nous citons simplement les articles 9 à 12, qui ne
sont, il est vrai, abrogés textuellement par aucune loi postérieure, mais qui ne peuvent guère trouver aujourd'hui d'application.

Art. 9. « Lorsque dans une commune des cultivateurs
« tiendront leurs voitures démontées, ou n'exécuteront pas
« les réquisitions qui en seront faites légalement pour trans-
« ports et charrois, les habitants de la commune sont res-
« ponsables des dommages-intérêts en résultant. »

Art. 10. « Si, dans une commune, des cultivateurs à part
« de fruits refusent de livrer, aux termes du bail, la portion
« due aux propriétaires, tous les habitants de cette com-
« mune sont tenus aux dommages-intérêts. »

Art. 11. « Dans les cas énoncés aux articles 9 et 10, les
« habitants de la commune exercent leur recours contre
« les cultivateurs qui auraient donné lieu aux dommages-
« intérêts. »

Art. 21. « Lorsqu'un adjudicataire de biens nationaux
« aura été contraint à force ouverte, par suite de ras sem

« blements ou attroupements, de payer tout ou partie du
« prix de son adjudication à autres que dans la caisse des
« domaines et revenus nationaux ; lorsqu'un fermier ou lo-
« cataire aura également été contraint de payer tout ou
« partie du prix de son bail à autres que le propriétaire,
« dans ces cas, les habitants de la commune où les délits
« auront été commis seront tenus des dommages-intérêts en
« résultant, sauf leur recours contre les auteurs et complices
« des délits. »

§ 2.

A qui appartient l'action ? — Contre qui doit-elle être dirigée ?

Sommaire.

1394. Nous avons étudié jusqu'ici les conditions essen-tielles de l'action en responsabilité contre les communes.

Voyons maintenant à qui elle appartient.

En principe, tous ceux qui ont souffert du dommage causé par un délit peuvent en demander réparation à son auteur ou aux personnes responsables (1). Cependant nous avons dit que l'intérêt n'engendrait pas toujours et indistinctement une action; qu'il devait présenter certains caractères que nous avons déterminés (2). — De plus, quand il s'agit d'appliquer une loi dérogatoire au droit commun, en ce qu'elle établit un cas de responsabilité civile par exception aux principes ordinaires de l'imputabilité des fautes, il est juste de n'accorder l'exercice de cette action exceptionnelle qu'aux personnes formellement désignées par la loi.

Ceci va nous servir à interpréter l'article 6 du titre 4, qui porte :

« Lorsque, par suite de rassemblements ou attroupe-
« ments, un individu domicilié ou non sur une commune y
« aura été pillé, maltraité ou homicidé, tous les habitants
« seront tenus de lui payer, ou, en cas de mort, à sa veuve
« et enfants, des dommages-intérêts. »

Ici, la loi ne parle que de la veuve et des enfants. L'action n'appartient donc pas aux père et mère de la victime. Ceux-ci peuvent, sans doute, se pourvoir contre les auteurs et complices de l'attentat, conformément à l'art. 1382, C. civ., mais non contre la commune en masse, car l'article 6 fait partie d'un système exceptionnel et, par conséquent, limitatif. C'est ce qu'a décidé un arrêt de rejet du 3 vendémiaire an x (3).

1395. Mais l'action des héritiers ne semble limitée par cet article qu'autant qu'elle a pour objet la réparation du dommage pécuniaire et moral résultant de la mort de leur auteur, et qu'elle prend directement naissance dans la personne de celui qui l'intente. Les articles précédents, qui s'occupent des délits commis contre les propriétés, n'ont pas la même portée restrictive. L'action en réparation du dommage causé aux biens fait partie de la succession quand elle a pris naissance du vivant du *de cujus;* elle se transmet donc avec les biens aux héritiers et successeurs.

1396. Dans aucun cas la loi n'exige que la partie lésée ait son domicile dans la commune où le rassemblement a eu lieu (4) ; « elle s'attache à cette seule idée qu'un individu a

---

(1) C. civ., 1382, 1383, 1384.
(2) *Suprà*, n°s 31, 32 et suiv., 45, etc.
(3) Dalloz, v° *Commune*, n° 2704. — *Contrà*, M. Foucart, *Élém. de dr. publ. et admin.*, t. 3, p. 168; M. Rendu, n° 57.
(4) Argum. de l'art. 6.

été victime d'un désordre là où il devait trouver sécurité et protection. Il faut en conclure que la résidence de fait sur le territoire n'est pas plus nécessaire que le domicile proprement dit, et que le voyageur ou le passant qui se trouve accidentellement sur le territoire de l'émeute a droit, comme tout autre, aux réparations civiles de la loi de vendémiaire » (1).

1397. Mais l'action en responsabilité résultant de cette loi peut-elle être exercée par un étranger?

Point de difficulté pour l'étranger admis par le Gouvernement à établir son domicile en France ; aux termes de l'art. 13, C. civ., il jouit de tous les droits civils tant qu'il continue d'y résider.

Quant à l'étranger qui n'a pas obtenu cette autorisation, on a prétendu qu'il ne pouvait exercer l'action qu'ouvre la loi du 10 vendémiaire, à moins qu'il n'existât dans son pays des lois établissant la responsabilité des communes et que les Français pussent invoquer en vertu des traités (2).

Mais d'abord, et si l'on doit s'en tenir à l'art. 11, C. civ., dès que les Français sont admis, en vertu des traités, à jouir, chez une nation étrangère, des mêmes droits que nous accorde notre législation, il ne semble pas nécessaire que ces droits soient réglés de la même manière chez les deux peuples, soit quant à leur étendue, soit quant au mode de procéder : autrement le principe de la réciprocité ne trouverait que de bien rares applications. Il suffit donc que les lois du pays de l'étranger qui veut invoquer en France le décret du 10 vendémiaire, accordent une action en dommages-intérêts à ceux qui ont souffert des délits commis à force ouverte et par violence par des attroupements, sans distinguer si cette action n'a lieu que contre les auteurs du délit, ou si elle peut être dirigée contre une commune, contre l'Etat lui-même ; si, en un mot, la nature et l'étendue de la responsabilité sont organisées comme en France.

On sait, d'ailleurs, que l'art. 11 n'est pas généralement entendu dans le sens étroit que lui prête le système que je combats. Les meilleurs interprètes du Code s'accordent à reconnaître qu'il suppose et consacre, au profit des étrangers,

_____

(1) M. Rendu, n° 52.
(2) Metz, 1er août 1832, D. 32.2.147; Lesellyer, *Dr. crim.*, n° 746, et *Tr. de la crim., de la pén.*, etc., t. 2, n° 509.

la faculté d'être propriétaires même de biens immeubles situés en France, d'être créanciers et débiteurs suivant la loi civile française (1) ; ils en tirent cette conclusion que les étrangers ont reçu virtuellement la concession de tous les droits civils au moyen desquels la propriété des biens s'acquiert et se transmet (j'ajoute encore se *conserve*), au moyen desquels, aussi, les créance et les dettes se forment et s'éteignent, sauf ceux qui leur sont spécialement interdits (2).

Or, le décret du 10 vendémiaire ne consacre, après tout, qu'un moyen particulier de conserver la propriété des biens meubles et immeubles ; qu'un mode spécial de la formation et de la poursuite des [obligations ; il n'exclut pas formellement les étrangers ; rien n'autorise, par conséquent, à leur en dénier le bénéfice.

Au reste, la Cour de cassation a décidé la question par un autre motif qui n'admet pas l'exception de la non-réciprocité. C'est qu'il s'agit ici d'une loi de police et de sûreté obligeant, aux termes de l'art. 3, C. civ., les étrangers qui se trouvent sur le territoire et qui peuvent, comme habitants d'une commune, encourir l'effet de la responsabilité qu'elle prononce. Il est donc juste d'assurer à ces étrangers la protection qui résulte de son application (3).

1398. Quand les délits dont s'occupe la loi de vendémiaire ont été commis sur des propriétés nationales, c'est le préfet du département dans lequel elles sont situées que la loi charge de poursuivre la réparation devant le tribunal. Cette disposition de l'art. 3, titre 5, est conforme au principe consacré par l'article 69, § 1, du Code de procédure.

1399. Maintenant, contre qui l'action en dommages-intérêts doit-elle être dirigée ?

C'est d'abord contre la commune sur le territoire de laquelle les délits ont été commis, puisque c'est cette commune que la loi déclare responsable (4).

Mais, d'après l'article 3, titre 4, si les attroupements ou

---

(1) C. civ., 3, 14, 15.
(2) MM. Proudhon et Valette, *Traité sur l'état des personnes*, t. 1, p. 176 ; Demolombe, *Cours de Code civil*, t. 1, n° 243. — V. *suprà*, n° 1118.
(3) Cass., 17 nov. 1834, D. 34.1.416, et *Rép.*, v° *Commune*, n° 2705. — V. encore Ordonn. du Cons. d'Etat, 28 nov. 1845, Commune de Coggia, Lebon, p. 706.
(4) Art. 1, tit. 1, et art. 2, tit. 4.

rassemblements ont été formés d'habitants de plusieurs communes, toutes seront responsables des délits qu'ils auront commis et contribuables à la réparation et aux dommages-intérêts. Il résulte de là que la partie lésée peut agir simultanément contre les diverses communes dont les habitants ont pris part aux délits. Elle a contre chacune une action directe. — Mais elle peut aussi s'adresser uniquement à la commune sur le territoire de laquelle les délits ont eu lieu, sauf à cette dernière à appeler les autres en garantie et à demander que la répartition soit faite entre elles, conformément à l'art. 3. Car c'est la commune qui a été le théâtre des désordres qui doit principalement en répondre vis-à-vis des tiers, comme ayant la police de son territoire, et spécialement chargée d'y prévenir et réprimer les délits dont s'occupe notre loi.

Si l'on obligeait le demandeur à diviser son action entre les communes responsables, et à poursuivre chacune d'elles pour sa part et portion seulement, on le placerait dans une position plus défavorable, par la seule raison qu'un plus grand nombre d'individus auraient pris part aux désordres dont il est victime, et que ces individus appartiendraient à plusieurs communes au lieu d'une seule. Cela n'est pas admissible.

Aussi, la Cour de cassation a constamment décidé que la commune, sur le territoire de laquelle ont eu lieu les rassemblements et les actes de pillage, doit être condamnée *pour le tout*, sauf à exercer son recours contre les autres communes responsables, sans que la partie lésée soit tenue d'appeler ces dernières en cause (1).

1400. Quand la partie lésée dirige son action simultanément contre les diverses communes responsables, la condamnation qu'elle obtient peut être solidaire. Il y a pour cela deux raisons :

1° L'indivisibilité des faits dommageables : il est souvent impossible de déterminer la part que les habitants de chaque commune ont prise aux actes criminels qui donnent lieu à réparation. Les uns comme les autres sont donc responsables du tout. C'est une des considérations qui ont fait admettre la solidarité en matière de délits même purement civils et de quasi-délits (2).

---

(1) Rej., 4 déc. 1827, Dalloz, *Commune*, n° 2682, et 17 juill. 1838, D. 321, et *Commune*, n° 2694, S. 38.1.627.— *Junge*, M. Rendu, n° 62.
(2) V. n° 473 et suiv., 704 et suiv.

2° Les communes sont condamnées comme responsables du fait de leurs habitants. Elles sont tenues en leur lieu et place comme les individus le seraient eux-mêmes, et cette responsabilité, si elle est organisée d'une manière différente de celle qu'établit l'art. 1384, C. civ., ne se distingue que par une sévérité plus grande. Or, les habitants de toutes les communes qui ont participé aux attroupement et aux délits sont incontestablement solidaires les uns des autres, aux termes de l'art. 55 du Code pénal, et conformément aux anciens principes (1) encore en vigueur au moment de la promulgation du décret de vendémiaire. Chaque commune est donc tenue pour le tout comme ses habitants.

Sous un autre rapport, et si l'on considère la participation des habitants à l'émeute comme un délit imputable à la commune elle-même, on arrive à la même conclusion. L'application du principe de la solidarité est ici d'autant plus incontestable, que les délits prévus par le décret de vendémiaire sont frappés d'une amende qui entraîne avec elle l'application des règles du droit criminel. La solidarité a lieu, par conséquent, et pour l'amende, et pour les restitutions et dommages-intérêts prononcés concurremment. Enfin, dans les cas où l'amende n'est point prononcée, les restitutions et les dommages-intérêts tels que la loi les détermine conservent un caractère répressif, qui justifie l'application des mêmes principes. Cette doctrine est consacrée par quatre arrêts, l'un de la Cour de Lyon, du 31 mai 1839 (2), deux de la Cour de Riom, aux dates du 14 juin et du 19 décembre 1843 (3), le quatrième de la Cour d'Orléans, du 9 août 1850 (4). On cite en sens contraire un arrêt de Toulouse, du 1er août 1835 (5).

1401. La répartition à faire entre les diverses communes responsables des mêmes délits est indépendante de la condamnation prononcée contre elles au profit de la partie lésée, et l'art. 3 du titre 4 veut que si les attroupements ont été formés des habitants de plusieurs communes, elles soient toutes contribuables au paiement de la réparation. Par conséquent, même au cas de condamnation solidaire, la commune qui aurait payé le tout aurait son recours contre les

---

(1) Pothier, *Proc. crim.*, sect. 5, art. 2, § 6, et *suprà*, n° 142 et suiv.
(2) Dalloz, v° *Commune*, n° 2665, aff. Auriol.
(3) S. 43.2.329, et 44.2.151 ; Dalloz, n° 2716 et 2719.
(4) S. 51.2.693.
(5) Dalloz, n° 2670.

autres pour leur part et portion, conformément à l'art. 1214, C. civ.

Dans le silence du jugement, la contribution aurait lieu par égales parts.

Mais les tribunaux, en déclarant les communes responsables, fixeront ordinairement les bases de la répartition. En l'absence de toute décision à cet égard, ce pourrait être l'objet d'une instance particulière (1).

Une autre conséquence du même art. 3, c'est que si la partie lésée forme son action contre une seule des communes responsables, celle-ci peut appeler en cause toutes les communes qui ont pris part aux rassemblements, pour les faire condamner chacune en ce qui la concerne. Elle peut aussi n'exercer son recours qu'après le jugement de l'action principale. On ne peut lui opposer la maxime *Ex delicto jus non oritur* (2).

1402. Mais, d'après quelles bases la répartition doit-elle s'opérer?

Trois systèmes se présentent :

L'un consiste à diviser par portions égales, entre les communes, le montant de la réparation. —Dans le second, l'on prend en considération le nombre des délinquants appartenant à chacune (3), et le degré de culpabilité des individus et des communes. Faute de connaître exactement ces éléments d'appréciation, on présume l'égalité de part et d'autre. — Dans un troisième système, on combinerait comme éléments de la répartition : 1º le nombre des délinquants appartenant à l'une ou à l'autre ; 2º la culpabilité de chacune ; 3º leur population et leurs facultés respectives, dont on trouverait le signe dans leurs contributions directes.

Le premier système est le plus simple, mais sa simplicité même doit le faire écarter. Ne tenant compte d'aucune circonstance de fait, il ne saurait être équitable.

Le second pèche encore par insuffisance. Il ferait peser la responsabilité d'une manière inégale sur les individus, sur ceux que la loi déclare contribuables au même titre et dans la même proportion.

---

(1) V. *suprà*, nº 488.

(2) Arg., Lyon, 5 juill. 1850, comm. d'Oullins *C.* la ville de Lyon, et Rej., 14 janv. 1852, S. 97 ; Orléans, 9 août 1850, S. 51.2.593, *J. du Pal.*, t. 1 de 1851, p. 151, D. 51.2.145 ; Argum. d'un arrêt de rej., 17 juill. 1838, D. 321.

(3) Lyon, 5 juill. 1850, commune d'Oullins.

Le troisième est le plus rationnel, le plus complet et le plus conforme à la loi.

On doit d'abord tenir compte de la culpabilité plus ou moins grande de chaque commune, résultant du nombre de ses habitants qui ont pris part au pillage, et des efforts qu'elle a faits pour s'y opposer. Supposez que vingt habitants d'une commune aient été mêlés à un attroupement déjà formé de cinquante individus appartenant à la commune voisine; que ceux-ci soient les instigateurs du trouble; la responsabilité de la première commune doit être moins lourde que celle de la seconde. Si cependant les habitants de la première n'ont pris aucune mesure pour arrêter le désordre, si les autorités ont joué un rôle purement passif, tandis que, dans la seconde, on aurait opposé une vigoureuse résistance, ces circonstances peuvent rétablir l'équilibre. Nous avons, il est vrai, décidé ci-dessus que la force majeure ne pouvait être invoquée comme excuse pour faire décharger de toute responsabilité la commune sur le territoire de laquelle avaient été commis les délits, quand ses propres habitants y avaient pris part. Mais ce fait peut avoir de l'influence, lorsqu'il s'agit de déterminer les obligations de deux communes responsables l'une vis-à-vis de l'autre.

Enfin, il est conforme à l'esprit de la loi que l'on fasse entrer dans le calcul, comme élément de la répartition, la population et la richesse respectives des communes contribuables. En posant le principe de cette contribution, elle ne considère pas seulement les communes comme des êtres individuels, mais aussi comme des êtres collectifs. Ce sont les habitants qu'elle veut atteindre, comme l'indique l'article 1er du titre 1er, et c'est là toute l'économie de la loi. Mais cette pénalité, qui doit les intéresser tous au maintien de l'ordre, en les frappant directement, doit les atteindre avec égalité, ce qui n'a lieu qu'en tenant compte des deux éléments que nous venons d'indiquer.

La population d'abord (1). Que l'on suppose deux communes ayant pris part aux mêmes délits, l'une composée de cent mille habitants, l'autre de deux mille : une somme de cent vingt mille francs à répartir entre elles. Si on la divise en deux portions égales, cinquante mille francs pour chacune, il arrivera ceci : chaque habitant de la grande commune paiera cinquante centimes, et chaque habitant de la petite

_____

(1) Riom, 19 déc. 1843, S. 44.2.131.

paiera vingt-cinq francs. Résultat évidemment inique, et contraire à l'esprit de la loi.

Les facultés des habitants ensuite. Elles sont le signe de l'intérêt matériel qu'ils ont à la tranquillité publique, et de l'efficacité relative de la peine dont la loi les frappe (1).

La somme des contributions directes de chaque commune est en rapport avec ce double élément de l'égalité proportionnelle qu'il s'agit d'obtenir. Il est donc convenable de la prendre pour base de la répartition (2).

Cependant la Cour de cassation a déclaré que la loi n'avait pas à cet égard de dispositions formelles et obligatoires; qu'ainsi les tribunaux, en répartissant l'indemnité d'une autre manière, par exemple, d'après le nombre respectif des délinquants de chaque commune, ne violaient aucun texte, et échappaient à la censure (3).

1403. La loi ouvre l'action contre la commune même, en tant qu'être moral et collectif. La partie lésée ne peut être forcée d'agir contre tous et chacun des habitants. Mais la *condamnation*, lorsqu'elle se répartit entre les contribuables, ne pèse pas sur tous ceux qui paient un impôt quelconque dans la commune. Ce sont les habitants qui ont pris part au délit ou qui l'ont toléré. Les individus qui possèdent des propriétés sur son territoire, mais qui n'y habitent pas, ne peuvent encourir ni reproche, ni condamnation.

Nous verrons plus loin comment s'opère la répartition entre les habitants. Ici nous constatons seulement qu'ils sont responsables à l'exclusion des propriétaires forains. Cela résulte du tit. 1er, des art. 6, 9, 10, 12 du tit. 4, et de l'art. 1er du tit. 5, qui ne parlent tous que des habitants comme devant subir l'effet des condamnations ; des art. 4 et 11, tit. 4, qui donnent un recours contre les auteurs des délits aux habitants qui n'y ont pas pris part ; enfin de l'article 9, titre 5, qui porte que la perception se fera sur tous les habitants de la commune d'après le tableau des domiciliés.

1404. Il va de soi que les coupables sont toujours soumis

---

(1) V. l'art. 9 du tit. 5.
(2) Riom, 19 déc. 1843, *loc. cit.*; Orléans, 9 août 1850, S. 51.2.693, D. 51.2.145.
(3) Rej., 14 janv. 1852, commune d'Oullins. C. la ville de Lyon, S. 97 et 102, D. 157.

à l'action directe des parties lésées. Ils répondent nécessairement de leurs faits individuels, d'après le droit commun.

Ils sont également soumis au recours des habitants condamnés sur l'action dirigée contre la commune.

Mais la loi n'accorde de recours qu'aux habitants de la commune ou des communes contribuables, qui prétendraient n'avoir pris aucune part aux délits, et contre lesquels ils ne s'élèverait aucune preuve de complicité ou participation aux attroupements (1).

Ainsi, ce n'est pas à la commune en corps que le recours est attribué ; effet rigoureux de la présomption légale de faute établie contre elle par notre loi.

§ 3.

Étendue de la responsabilité. — Nature de la réparation.

Sommaire.

1405. — La responsabilité comprend les restitutions proprement dites et les dommages-intérêts.

1406. — Obligation alternative de la commune, en ce qui concerne les restitutions.

1407. — Restitution d'objets identiques. — Choses fongibles.

1408. — Paiement du prix au double de la valeur. — S'applique-t-il aux dégradations commises sur des immeubles ?

1409. — La responsabilité comprend non-seulement les dommages causés directement par l'émeute, mais ceux qui résultent des moyens employés pour la combattre.

1405. L'étendue de la responsabilité et la nature de la réparation sont déterminées dans les art. 2 et 6 du tit. 4 ; 1, 3, 6 et 12 du tit. 5.

La responsabilité n'est pas purement civile.

Aux termes de l'art. 2 du tit. 4 :

« Dans le cas où les habitants de la commune auraient
« pris part aux délits commis sur son territoire par des at-
« troupements et rassemblements, cette commune sera
« tenue de payer à la République une amende égale au
« montant de la réparation principale. »

_____

(1) Art. 4, tit. 4.

Mais nous n'avons à nous occuper ici que des réparations envers les parties lésées.

A cet égard, la loi distingue nettement les réparations et les restitutions proprement dites, des dommages-intérêts. Ainsi l'art. 1er du tit. 5 porte :

« Lorsque, par suite de rassemblements ou attroupe-« ments, un citoyen aura été contraint de payer, lorsqu'il « aura été volé ou pillé sur le territoire d'une commune, « tous les habitants de la commune seront tenus de la resti-« tution, en même nature, des objets pillés et choses enle-« vées par force, ou d'en payer le prix sur le pied du double « de leur valeur, au cours du jour où le pillage aura été « commis. »

Puis l'art. 3, tit. 4, dit expressément que les communes sont tenues à la *réparation* et aux *dommages-intérêts*. — L'art. 3, tit. 5, porte que si les délits out été commis sur des propriétés nationales, le commissaire du pouvoir exécutif près l'administration du département en poursuivra la *répa-ration* et les *dommages-intérêts;* — Et l'art. 6 du même titre ajoute que les dommages-intérêts ne pourront jamais être moindres que la valeur entière des objets pillés et choses enlevées.

La commune peut donc être condamnée si la partie lésée le requiert : — 1° A la restitution en nature des objets en-levés, quand elle est possible; — 2° A des dommages-inté-rêts qui ne peuvent être inférieurs à la valeur des objets pillés, enlevés, détruits ou dévastés (1).

Si la restitution en nature n'est pas possible, la condam-nation devra comprendre : — 1° Le paiement du prix de ces objets portés au double de leur valeur, à titre de réparations et restitutions ; — 2° Leur valeur simple à titre de dom-mages-intérêts (2), sans préjudice de l'amende due à l'Etat.

1406. Dans le cas où les objets enlevés n'existent plus à l'état de corps certains, le propriétaire n'a le droit de récla-mer qu'une somme d'argent.

Mais la commune peut se libérer de la réparation princi-

---

(1) V. n° 1408.
(2) Cass., 24 juill. 1837, D. 428 ; 17 juill. 1838, D. 321 ; Grenoble, 27 juin 1832, *J. du Pal.*, p. 1212 ; Montpellier, 16 mars 1840, D. 40. 2.55, S. 40.2.292 ; M. Rendu, n° 48 ; M. Lesellyer, t. 2, n° 747, et *Tr. de la crim.*, etc., n° 512. — V. cependant M. Dalloz, v° *Commune*, n° 2737 et 2738.

pale au moyen de la prestation d'objets identiques par leur nature à ceux dont le propriétaire a été dépouillé.

Il suit de là que la commune est tenue sous une obligation *alternative*. Il lui appartient d'opter entre l'un ou l'autre mode de libération (1), seulement elle doit faire connaître son choix avant le jugement (2).

1407. La faculté de se libérer par la restitution en *même nature* des objets pillés et enlevés ne peut s'appliquer qu'à des choses *fongibles*, qui se remplacent exactement les unes par les autres, comme les grains et autres denrées.

Lorsqu'il s'agit d'objets ayant une individualité propre, et par suite un prix d'affection, la commune ne peut se libérer que par le paiement de la valeur déterminée par l'art. 1er, tit. 5.—Elle ne pourrait offrir en pareil cas que des objets semblables à ceux qui ont été perdus, tandis que la loi exige la restitution des objets en leur propre nature (3).

1408. L'obligation de payer les objets détruits au double de leur valeur, imposée à la commune par l'art. 1er, tit. 5, à défaut de la restitution en nature, doit-elle être restreinte aux choses mobilières?

On peut soutenir l'affirmative en s'attachant au texte de l'article. Il suppose, en effet, qu'un citoyen aura été volé ou pillé; il ordonne ensuite la restitution des choses enlevées, en même nature, toutes expressions qui paraissent écarter l'idée de dégâts commis sur des immeubles.

Mais, d'un autre côté, la loi établit par les mêmes dispositions et sans distinction la responsabilité des communes à l'égard des délits contre les propriétés en général, ce qui comprend à la fois les propriétés mobilières et les immeubles (4). Elle étend ensuite la responsabilité, toujours par les mêmes dispositions, aux réparations ou restitutions et aux dommages-intérêts, cumulativement (5).

L'art. 1er du tit. 5 viendrait donc seul déroger à cette assimilation, qui résulte de toutes les autres dispositions de la loi. C'est ce qui n'est pas vraisemblable.

---

(1) C. civ., 1189 et 1198.
(2) Rej., 24 juill. 1837, S. 657. *Arrêt conf.*, Orléans, 30 juin 1849, S. 51.2.689.
(3) Rej., 20 févr. 1837, Dalloz, n° 2680: Montpellier, 16 mars 1840, D. 40.2.55, S. 40.2.292; M. Rendu, n° 41.
(4) Tit. 1, art. 1, et tit. 4, art. 1.
(5) Tit. 4, art. 3, et tit. 5, art. 3.

Il s'ensuivrait que les dégradations commises sur les immeubles n'auraient point été réglées par ce décret (1), qui s'est attaché, au contraire, à prévoir toutes les hypothèses donnant lieu à une condamnation et à déterminer les bases de celle-ci pour chaque cas. Or, il importe autant de protéger contre les conséquences des désordres populaires les propriétés immobilières que les autres. La gravité du délit est assurément la même dans les deux cas.

D'ailleurs, la rédaction de l'art. 1ᵉʳ du tit. 5 n'est pas aussi restrictive qu'on pourrait le croire au premier abord. Le *pillage* d'une habitation comprend certainement l'idée des dégradations faites à l'immeuble, aussi bien que du vol et de la destruction des effets qu'il renferme.

On peut même appliquer cette expression à la dévastation de propriétés immobilières d'une autre nature, par exemple de champs chargés de récoltes. La loi parle, il est vrai, de choses enlevées, mais elle statue *de eo quod plerumque fit*, puis elle parle aussi des objets pillés, c'est-à-dire détruits et dégradés sans avoir été enlevés.

L'une et l'autre expression s'appliqueraient, d'ailleurs, exactement aux parties de l'immeuble devenues telles par destination, comme des machines, des glaces, statues, tableaux, ou bien encore à des récoltes coupées, à des bois abattus et *enlevés*.

Mais comment et pourquoi distinguer ces dégradations de l'immeuble des dommages d'une autre nature qui peuvent lui être causés? On n'en voit pas la raison.

Aussi la Cour de cassation a-t-elle repoussé cette distinction :

« Attendu qu'aux termes des art. 1, tit. 1; 1, tit. 4; 1 et 6, tit. 5, de la loi du 10 vendémiaire an IV, les communes sont civilement responsables des attentats commis sur leurs territoires par des attroupements ou rassemblements armés ou non armés, soit envers les personnes, soit contre les propriétés, ainsi que des dommages-intérêts auxquels ces attentats peuvent donner lieu, quand elles ne justifient pas avoir pris toutes les mesures qui étaient en leur pouvoir pour prévenir l'événement;— Attendu qu'en consacrant, pour de tels cas, le principe de la responsabilité des communes, les

---

(1) V. dans ce sens, Bruxelles, 18 juin 1836, Dalloz, vᵒ *Commune,* nᵒ 2667.

articles précités statuent en termes généraux et ne distinguent pas les attentats qui ont la dévastation, la destruction
et la dégradation pour objet, de ceux qui ont un caractère
d'extorsion et de vol ;

« Qu'une telle distinction, si elle était admise, serait contraire à l'intention du législateur, qui a voulu, tout à la fois,
que le citoyen molesté fût indemnisé du dommage par lui
souffert, et que la commune fût punie de sa négligence à
empêcher le désordre;

« Que si l'art. 1er du tit. 5 de la loi de vendémiaire emploie seulement les mots de *vol* et de *pillage*, ces mots ne
sauraient être limitatifs ; qu'en effet, les dispositions de ce
titre, ainsi que l'indique la rubrique sous laquelle il est
placé, ont pour objet de déterminer les dommages-intérêts
et la réparation civile dus pour les attentats énoncés au titre
précédent, lequel est placé, à son tour, sous la rubrique des
espèces de délits dont les communes sont civilement responsables ; que, de la contexture de ces deux titres il résulte
que les dommages-intérêts et la réparation civile, réglés par
les dispositions du titre 5, s'appliquent nécessairement à
toutes les espèces de délits énoncés au titre 4 ; qu'en un mot,
l'un de ces deux titres, ayant pour objet de régler les effets
de la responsabilité des communes, relativement aux attentats mentionnés dans l'autre, il doit naturellement s'appliquer à tous les dommages soufferts, quelle que soit la nature
des faits qui ont pu les causer.

« Attendu que la loi du 10 vendémiaire an IV, après avoir,
dans l'art. 1er du titre 5, fixé au double de sa valeur la restitution du préjudice souffert, déclare encore, par son art. 6
du même titre, que les dommages-intérêts ne pourront jamais être moindres que la valeur de ce préjudice ; ce qui,
dans tous les cas, porte au triple de cette valeur l'indemnité
due au propriétaire molesté;...—Casse » (1).

1409. Le même arrêt décide, en outre, que la responsabilité des communes s'étend, non-seulement aux pertes causées directement par les délits dont s'occupe la loi de vendémiaire, mais encore aux pertes causées par les moyens
employés pour la défense :

« Attendu que la loi n'a fait aucune distinction; que l'em-

_____

(1) 13 avril 1842, S. 294, Dalloz, v° *Commune*, n° 2665; Lesellyer,
Tr. de la crim., etc., t. 2, n° 508. — *Contrà*, Colmar, 20 déc. 1854,
S. 54.2.750, D. 56.2.287.

ploi de ces moyens, par exemple l'occupation d'une maison par les troupes et les dommages qui en résultent, étant nécessités par l'attaque, ayant la même cause, doivent être soumis aux mêmes règles. »

Cette solution découle du principe général suivant lequel les auteurs d'un délit doivent en réparer toutes les conséquences directes. Or, la personne civilement responsable, ici la commune, est tenue des mêmes obligations que l'auteur principal du délit. Les critiques que l'on a dirigées contre cet arrêt (1) ne nous semblent pas fondées.

§ 4.

Compétence.—Procédure.— Voies d'exécution.

Sommaire.

(1) M. Rendu, n°s 14 et 15.

1423. — Le recouvrement sur les habitants s'opère aujourd'hui par les voies employées pour les autres impôts. — Examen d'une décision du Conseil d'Etat.

1424. — Répartition entre les contribuables. — Art. 9 et 10. — L'impôt spécial ne frappe que les habitants.

1410. Il s'agit de savoir, maintenant, comment s'exerce l'action.

Le titre 5 du décret établit, à cet égard, des formes toutes particulières. Elles sont tracées dans les art. 2 à 5, ainsi conçus :

Art. 2. « Lorsqu'un délit de la nature de ceux exprimés « aux articles précédents aura été commis sur une com-« mune, les officiers municipaux ou l'administration mu-« nicipale seront tenus de le faire constater sommairement « dans les vingt-quatre heures, et d'en adresser procès-« verbal, sous trois jours au plus tard, au commissaire du « pouvoir exécutif près le tribunal civil du département (1). « Les officiers de police de sûreté n'en seront pas moins te-« nus de remplir à cet égard les obligations que la loi leur « prescrit. »

Art. 3. « Le commissaire du pouvoir exécutif près l'admi-« nistration de département (2), dans le territoire duquel « il aurait été commis des délits, à force ouverte et par vio-« lence, sur des propriétés nationales, en poursuivra la répa-« ration et les dommages-intérêts devant le tribunal civil du « département. »

Art. 4. « Les dommages-intérêts dont les communes sont « tenues aux termes des articles précédents seront fixés par « le tribunal civil du département, sur le vu des procès-ver-« baux et autres pièces constatant les voies de fait, excès et « délits. »

Art. 5. « Le tribunal civil du département réglera le « montant de la réparation et des dommages-intérêts, dans « la décade, au plus tard, qui suivra l'envoi des procès-ver-« baux. »

1411. Les dispositions qu'on vient de lire renferment une double dérogation au droit commun.

1° Elles permettent et font même un devoir au ministère public d'agir directement, dans l'intérêt de la partie lésée,

_____

(1) Aujourd'hui le procureur de la République.
(2) Le préfet.

et de faire prononcer à son profit, contre la commune, par le tribunal civil, les réparations et dommages-intérêts. D'ordinaire, le ministère public n'agit que par voie de réquisition, et comme partie jointe ou intervenante sur la demande de la partie privée (1).

2° La condamnation est prononcée sur l'action du ministère public, dans un délai déterminé, sans qu'il soit nécessaire d'assigner et d'entendre la commune.

C'est ainsi que la loi a été interprétée dès l'origine par la Cour de cassation (2), par Merlin (3) et depuis par le Conseil d'État (4).

En confiant l'action civile au ministère public, le législateur voulait probablement, dit M. Dalloz, venir en aide aux parties lésées, et leur donner un défenseur capable de faire réparer leurs pertes auxquelles la crainte des inimitiés locales pourrait les porter à renoncer, en même temps que, par la puissance dont il l'investissait, il forçait les corps municipaux et les citoyens à la prompte répression des attroupements, par la crainte des condamnations qui les attendaient (5).

Quoi qu'il en soit, le ministère public n'a point usé, dans ces derniers temps, de la faculté que lui attribuent ces dispositions exceptionnelles. L'action directe par les voies ordinaires appartenant toujours aux parties intéressées, on leur a laissé le soin de se faire rendre elles-mêmes justice ; nous ne blâmerons pas cette réserve, car après nos troubles politiques les lois ont repris leur empire assez vite pour assurer toute protection aux intérêts particuliers.

1412. L'action du ministère public et la procédure sommaire, exceptionnelle, au moyen de laquelle elle s'exerce, ne doivent évidemment être admises qu'aux conditions formellement exprimées par la loi; c'est-à-dire, aux termes des art. 2, 4 et 5 précités, que si les procès-verbaux, qui doivent constater le délit, ont été rédigés par les officiers munici-

_____

(1) V. suprà, n° 27.
(2) Cass., 2 fruct. an VIII et 2 flor. an IX, Dalloz, n° 2748 ; 23 mess. an X, Dalloz, n° 2749.
(3) Rép., v° Procès-verbal, § 1, Quest., v° Responsabilité des communes, § 2.
(4) Avis des comités de législation et de l'intérieur, du 20 sept. 1821; MM. Vuillefroy et Monnier, Princ. d'admin., p. 247.
(5) N° 2746.

paux (1) ou les autres officiers de police judiciaire (2), dans
le délai prescrit par la loi. Car c'est le caractère de flagrant
délit ainsi constaté qui, seul, autorise une forme de procédure et de jugement aussi extraordinaire (3).

1413. Toutefois, un avis du Conseil d'Etat du 5 floréal
an XIII autorise à cet égard une interprétation beaucoup plus
large :

« Considérant que la loi du 10 vendémiaire an IV, titre 5,
« art. 4, suppose nécessairement d'autres pièces que les
« procès-verbaux des officiers municipaux, puisqu'elle statue
« que les dommages-intérêts seront fixés sur le vu des pro-
« cès-verbaux et autres pièces constatant les voies de fait,
« excès et délits ; — Considérant que ce serait rendre illu-
« soire la mesure de la responsabilité des communes, que
« de considérer la formalité du procès-verbal des officiers
« municipaux comme absolument indispensable pour son
« application, en ce que les officiers municipaux, par fai-
« blesse, par ménagement et même par des vues d'intérêt
« personnel, se dispensent presque toujours de dresser
« procès-verbal des délits qui entraînent la responsabilité;
« — Considérant, par ces motifs, que l'admission de cette
« mesure aurait surtout de funestes effets relativement à la
« perception des contributions indirectes et à la prohibition
« de certaines marchandises à l'entrée ou à la sortie.

« Est d'avis que, lorsqu'une commune est dans le cas de
« la responsabilité, le procès-verbal des officiers municipaux
« n'est pas absolument indispensable pour l'application de
« cette responsabilité. »

On comprend très-bien que les constatations faites par les
agents de l'administration ayant le pouvoir de dresser procès-verbal (4), aussi bien que celles émanant des officiers de
police judiciaire, puissent remplacer les procès-verbaux des
officiers municipaux, quand ils sont dressés dans les mêmes
délais (5). Mais les autres pièces dont parle l'art. 4 ne pa-

(1) Art. 2, § 1.
(2) Art. 2, § 2 ; Avis du Cons. d'Etat, 5 flor. an XIII, V. n° suivant.
— Cass., 9 déc. 1806, Merlin, *Procès-verbal*, § 1.
(3) Cass., 2 fruct. an VIII, Dalloz, n° 2748 ; 2 flor. an IX, Merlin,
loc. cit.; Avis des comités de législation et de l'intérieur du Conseil
d'Etat, du 20 sept. 1821 ; MM. Vuillefroy et Monnier, p. 247.
(4) Cass., 9 déc. 1806, Merlin, *Procès-verbal*, § 1.
(5) Cass., 4 déc. 1827, D. 28.1.43.

raissent destinées qu'à corroborer et compléter ces procès-verbaux, et non pas à les suppléer.

Telle est sans doute la véritable pensée de l'avis du 5 floréal que le Conseil d'Etat a pris soin de formuler avec une grande réserve. Remarquons, en effet, que si le ministère public ne peut agir d'office à défaut de procès-verbaux, l'action de la partie lésée reste toujours ouverte, et la responsabilité de la commune ne subsiste pas moins.

1414. Les procès-verbaux dont il est ici question ne font foi, suivant les principes ordinaires, que des faits constatés par l'officier public lui-même (1), et non de ceux résultant des renseignements qu'il pourrait avoir recueillis (2).

Ils font foi jusqu'à inscription de faux lorsqu'ils émanent des officiers aux procès-verbaux desquels la loi attache cette puissance (3). La preuve contraire est admise contre tous les autres, et comme la loi n'a rien statué par rapport à ceux qui sont dressés par les officiers municipaux dans le cas particulier prévu par l'art. 2 précité, c'est dans cette dernière classe qu'il convient de les ranger (4).

1415. La nature de l'action exercée par le ministère public et les formes rapides qui lui sont tracées sont incompatibles avec l'obligation de provoquer l'autorisation de la commune défenderesse conformément à la loi du 18 juillet 1837, art. 51 à 54.

La jurisprudence était fixée dans ce sens avant 1837, et sous l'empire de l'arrêté des consuls du 17 vendémiaire an x, qui ne permettait aux créanciers des communes d'intenter contre elles aucune action qu'après en avoir obtenu la permission du conseil de préfecture.

Il avait été reconnu que l'exercice des poursuites du ministère public étant l'accomplissement d'une obligation légale, ne pouvait être subordonné à l'autorisation du pouvoir administratif. Celui-ci ne peut mettre obstacle à la répression des délits. Or, il s'agit ici de poursuites d'ordre public et de haute police, ordonnées par une loi spéciale aussi bien dans l'intérêt du Gouvernement, sous le rapport de la sûreté publique, que dans l'intérêt des particuliers lésés (5).

(1) V. suprà, n° 336.
(2) Cass., 30 brum. an xiii, Dalloz, n° 2749 ; Devilleneuve, Collect. nouvelle, à sa date.
(3) V. n°³ 337 et suiv.
(4) Conf., M. Rendu, n° 78.
(5) Montpellier, 14 juin 1819; Toulouse, 5 mars 1822; Cas . 19 nov

Aujourd'hui, la loi prescrit ¦à quiconque voudra intenter une action contre une commune d'adresser préalablement au préfet un mémoire exposant les motifs de sa réclamation. Mais après l'expiration d'un délai de deux mois, à dater du dépôt de ce mémoire, qu'il y ait refus ou défaut d'autorisation, l'action peut toujours être intentée. L'action n'est donc plus entièrement sous la dépendance de l'autorisation administrative. Toutefois les motifs sur lesquels s'appuyait la jurisprudence que nous venons de rappeler nous semblent conserver, en grande partie, leur force.

Il s'agit avant tout d'une action publique, dont le caractère répressif n'admet pas cette espèce de tentative de conciliation qu'exige la loi de 1837. La promptitude de la répression doit ajouter ici à son efficacité. Or, le décret du 10 vendémiaire fixe un délai de 15 jours pour la rédaction des procès-verbaux, leur envoi, et la prononciation du jugement; ce qui ne s'accorde aucunement avec les deux mois donnés à la commune par les art. 51 à 54 de la loi de 1837, pour obtenir l'autorisation (1).

Faire courir le délai de dix jours dans lequel doit être rendu le jugement d'après l'art. 5, titre 5, de la loi du 10 vendémiaire an IV, de l'expiration de deux mois à dater du dépôt du mémoire préalable, serait encore scinder les dispositions de cette loi et déranger leur économie.

D'ailleurs, qu'a voulu le législateur de 1837 en exigeant l'emploi de ces formalités? Que la commune soit amenée, s'il y a lieu, à céder, à transiger, à éviter par là les frais d'un procès inutile? Mais il est douteux que la transaction soit possible sur une action comme celle qu'exerce ici le ministère public. — Quant aux frais, ils ne sont pas les mêmes que dans un procès ordinaire, puisque la commune n'est pas assignée, et que le jugement est rendu sur les procès-verbaux adressés au parquet.

Exiger l'autorisation, c'est donc inutilement greffer une instance sur une autre, et compliquer une procédure que la loi spéciale a faite excessivement simple.

Toutes ces raisons nous donnent à penser qu'elle ne doit

1821, et Cass., ch. réun., 28 janv. 1826, Dalloz, Commune, n° 1553, S. 22.1.50, et 26.1.292; M. Serrigny, Tr. de l'organ. et de la compét., n° 415, 1ʳᵉ édit.

(1) M. Serrigny, n° 416, 1ʳᵉ édit.

pas être requise (1). Le ministère public peut agir immédiatement, et la commune, de son côté, peut toujours se présenter pour faire valoir ses moyens de défense.

Par les mêmes raisons, le ministère public peut interjeter appel sans être assujetti à aucune formalité.

1416. Mais si c'est la commune qui interjette appel ou qui se pourvoit en cassation, elle est tenue de se faire autoriser.

« Après tout jugement intervenu, dit l'art. 49 de la loi « de 1837, la commune ne peut se pourvoir devant un autre « degré de juridiction, qu'en vertu d'une nouvelle autorisa-« tion du conseil de préfecture. »

Ainsi, la loi considère le pourvoi devant une juridiction supérieure comme une instance nouvelle. Puis les rôles sont intervertis. De ce que la commune défenderesse en première instance peut ester sans autorisation, il ne s'ensuit pas nécessairement que la même chose ait lieu lorsqu'elle se rend appelante ou se pourvoit en cassation. D'un autre côté, puisqu'il n'existe plus alors de formes ni de délais particuliers incompatibles avec cette mesure d'ordre public, la dérogation n'aurait plus aucune raison d'être.

1417. De ce qui vient d'être dit, et particulièrement de ce que la commune défenderesse peut être jugée sans avoir été appelée, il ne faut pas conclure que le jugement soit affranchi des autres conditions essentielles des jugements, par exemple, de la publicité de l'audience où il est prononcé. Il serait nul s'il était rendu en la chambre du conseil (2).

1418. Nous avons dit que l'action attribuée au ministère public ne faisait pas obstacle à ce que la partie lésée exerçât celle qui lui appartient naturellement. La loi ne lui dénie pas cette action. Elle donne au ministère public une faculté dans l'intérêt de la partie lésée, mais elle ne fait pas dépendre le droit de celle-ci de la bonne ou mauvaise volonté des officiers du parquet. D'ailleurs, comme l'action attribuée à ces derniers ne s'exerce qu'à des conditions rigoureuses, notamment celle d'être appuyée des procès-verbaux dressés dans les vingt-quatre heures, la partie lésée serait sans garantie lorsque ces conditions viendraient à défaillir.

---

(1) Conf., M. Cormenin, Quest., v° Commune, n° 43 ; M. Lesellyer, Tr. de la crim., etc., t. 2, n° 505.— Contrà, M. Reverchon, Des autorisations de plaider, n° 17.

(2) Cass., 2 flor. an IX ; Merlin, Procès-verbal, § 1.

Elle peut donc toujours intenter l'action civile : seulement
cette action, on le comprend, ne se cumule pas avec celle du
ministère public. Du moment où elle est introduite, le ministère public doit procéder par voie de réquisition, comme
partie jointe, suivant la règle ordinaire.

Si l'action du ministère public a été la première introduite, la partie civile peut intervenir (1) en tout état de
cause, même en appel (2), et sans être obligée de provoquer
l'autorisation de la commune, car nous avons décidé que
l'action du ministère public était affranchie de cette formalité, et l'intervention de la partie lésée ne peut pas la rendre
nécessaire, puisqu'elle ne change pas le caractère de la poursuite d'office (3).

1419. Quand la partie lésée se pourvoit contre la commune par action principale, elle doit lui donner assignation
en la forme ordinaire.

Mais est-il nécessaire de déposer le mémoire préalable exigé
par l'art. 51 de la loi du 18 juillet 1837, de quiconque veut
intenter une action contre une commune ?

L'affirmative nous paraît indubitable. Comme le faisait
très-bien remarquer la Cour de Toulouse dans son arrêt du
5 mars 1822, cité n° 1415, quand la partie lésée engage de
son chef une instance contre la commune responsable, elle
exerce une action purement privée, dans son intérêt seul ;
elle ne trouve, d'ailleurs, dans la loi, que le principe de cette
action, sans aucune forme spéciale relativement à son exercice. Il est donc évident que la partie lésée doit se conformer au droit commun sur les actions civiles, en provo-
quant l'autorisation de la commune (4).

1420. Il est admis sans difficulté que, soit la partie lésée,
soit la commune, peuvent interjeter appel du jugement quand
les restitutions, les dommages-intérêts et l'amende dépas-
sent le taux du dernier ressort.

_____

(1) C. proc. civ., 466.
(2) Rej., 4 juill. 1834, Dalloz, n° 2761.
(3) Merlin, *Quest.*, v° *Commune*, § 2, n° 4.
(4) C'est aussi l'opinion de MM. Reverchon, *Autorisation de plaider*,
n° 17 ; Dalloz, n° 2763 ; Foucart, 3, 1657 ; Lesellyer, *Tr. de la criminal.*, etc., n° 506.
    Contrà, M. Rendu, n° 79. Il cite un arrêt de la Cour de cassation du
24 juill. 1837, S. 657. Mais cet arrêt a statué sous l'empire de l'arrêté
des consuls, du 17 vend. an x.

Elles peuvent aussi se pourvoir par voie d'opposition, requête civile et recours en cassation.

Les délais courent alors suivant les règles ordinaires.

Il est à remarquer que la partie lésée, au profit de laquelle a été provoquée une condamnation, peut toujours faire la signification, alors même que le jugement aurait été prononcé sur les poursuites du ministère public. La loi n'a pas pu lui refuser les moyens de rendre irrévocable le droit qui lui est acquis par le jugement (1).

1421. Pour justifier l'action de la partie lésée, tous les moyens de preuve sont admis (2). Ainsi la preuve par témoins, les présomptions puisées, soit dans les documents de l'instruction criminelle dirigée contre les coupables, soit dans tous autres actes émanés des autorités administratives ou judiciaires, même la commune renommée sur le montant des pertes éprouvées (3).

1422. Dans les art. 7, 8, 9, 10, 11, 12 et 13 du titre 5, la loi détermine le mode d'exécution des condamnations et de répartition entre les contribuables. Le paiement doit être rapide comme la condamnation elle-même. L'autorité administrative est chargée d'y pourvoir.

Aux termes de l'art. 7 : « Le jugement du tribunal civil, « portant fixation des dommages-intérêts, sera renvoyé, « dans les vingt-quatre heures, par le commissaire du pou- « voir exécutif (4), à l'administration départementale (5), « qui sera tenue de l'envoyer, sous trois jours, à la muni- « cipalité. »

Art. 8. « La municipalité... sera tenue de verser le mon- « tant des dommages-intérêts à la caisse du département « dans le délai d'une décade ; à cet effet, elle fera contribuer « les vingt plus forts contribuables résidant dans la com- « mune. »

Art. 11. « A défaut de paiement dans la décade, l'admi- « nistration départementale requerra une force suffisante « et l'établira dans les communes contribuables avec un

(1) Rej., 23 janv. 1810, Merlin, Quest., v° Responsabilité des communes, § 2.
(2) Rej., 4 déc. 1827, Dalloz, n° 2752.
(3) Dalloz, n° 2755.
(4) Le procureur de la République.
(5) Le préfet.

« commissaire pour opérer le versement de la contribu-
« tion. »

Art. 12. « Les frais du commissaire du département et
« de séjour de la force armée seront ajoutés au montant des
« condamnations prononcées et supportés par les com-
« munes contribuables. »

1423. Les mesures rigoureuses prescrites par la loi, telles
que le paiement dans les dix jours par les vingt plus forts
contribuables, sous peine de voir la commune occupée par
la force armée, ne sont plus guère en harmonie avec nos
mœurs et les formes actuelles du recouvrement des impôts.
On hésiterait d'autant plus à les appliquer qu'on frapperait
ainsi dans leur fortune, d'une manière quelquefois désas-
treuse, les habitants qui seraient restés le plus étrangers au
désordre. Dans la pratique, on a cru devoir opérer le recouvrement suivant le mode et par les moyens de contrainte
autorisés par les lois de finances actuelles (1).

C'est ainsi que, par un décret du 5 juin 1852, il a été
établi d'office, sur la commune de Romilly-sur-Seine, une
imposition extraordinaire de quarante centimes additionnels
au principal des quatre contributions directes, pendant sept
années consécutives, le produit devant être affecté au paiement des condamnations prononcées contre cette commune,
en vertu de la loi de vendémiaire an IV, par un jugement du
tribunal de Nogent-sur-Seine du 25 août 1849.

Toutefois, la loi n'est réellement pas abrogée, et l'administration n'encourrait pas le reproche d'illégalité si elle
usait, dans des circonstances qui pourraient justifier sa conduite, des moyens sévères que cette loi met à sa disposition.
Un arrêt du Conseil d'État a cependant décidé le contraire :
« Considérant que... l'administration ne pourrait appliquer
« ladite disposition (l'art. 8 du titre 4 de la loi du 10 ven-
« démiaire) sans violer les art. 28 et 32 de la loi de finances
« du 28 avril 1816, les articles 39 et suivants de la loi du
« 15 mai 1818 et les art. 30 et 39 de la loi du 18 juillet 1837
« qui ont réglé le mode d'après lequel les impositions extra-
« ordinaires doivent être assises et recouvrées dans les com-
« munes » (2).

---

(1) Avis du Cons. d'État, comité de l'intérieur, 25 janv. 1822;
MM. Vuillefroy et Monnier, p. 249.
(2) Cons. d'État, 22 avril 1858, D. 59.3.17.

Mais il est difficile d'admettre que les lois générales sur les finances des communes aient pu déroger à une disposition spéciale. L'interprétation du Conseil d'État tend à rendre, dans certains cas, tout à fait inefficace, une loi dont on accepte cependant le principe et que l'on reconnaît être encore en vigueur dans ses dispositions essentielles.

En fait, dans l'espèce sur laquelle est intervenu l'arrêt que nous venons de citer, on doit remarquer tout au moins que l'administration n'a pas fait usage, pour assurer l'exécution des condamnations encourues par la commune, des moyens parfaitement réguliers que la législation, derrière laquelle elle s'est retranchée, mettait à sa disposition. Les parties lésées avaient obtenu 110,000 francs de dommages-intérêts contre la commune de Buzançais. Or, disait le ministre, en portant même jusqu'à 20, maximum autorisé par la loi de finances, les centimes additionnels constituant une contribution extraordinaire, on n'arriverait pas seulement à payer les intérêts de cette somme. En conséquence, le préfet demandait préalablement à toute exécution que chaque créancier consentît à une réduction proportionnelle de ses droits. — Il devait résulter de là que les décisions judiciaires ne seraient réellement pas exécutées. Or, l'obstacle invoqué par l'administration, à savoir la limitation du chiffre des impositions extraordinaires, pouvait être facilement levé. L'art. 30 de la loi du 18 juillet 1837 déclare, § 21, que les dettes exigibles font partie des dépenses obligatoires pour les communes, et l'art. 39 ajoute que si le maximum fixé annuellement pour les contributions extraordinaires est insuffisant pour subvenir à ces dépenses, il y sera pourvu par une loi spéciale.

Telle est la voie à laquelle devrait avoir recours en pareil cas l'autorité exécutive, à peine d'encourir la responsabilité d'une inertie qui constituerait de sa part un véritable déni de justice.

1424. Les art. 9 et 10 statuent comme il suit sur la répartition.

Article 9. « La répartition et la perception pour les « sommes avancées seront faites sur tous les *habitants* de la « commune, par la municipalité, d'après le tableau des *do-* « *miciliés* et à raison des facultés de. chaque habitant. »

Article 10. « Dans le cas de réclamation de la part d'un « ou de plusieurs contribuables, l'administration départe- « mentale statuera sur la demande en réduction. »

Nous avons déjà dit pourquoi la charge des condamnations pesait exclusivement sur les habitants ou domiciliés, et non sur la commune considérée comme être collectif (1). La dette des dommages-intérêts dont il s'agit n'est pas une dette ordinaire à laquelle la commune puisse satisfaire au moyen de ses propres ressources, par exemple, en aliénant une partie de ses biens communaux, ou par une contribution additionnelle à ses impositions ordinaires. En prenant l'une ou l'autre voie, l'on ferait partager cette charge aux propriétaires forains, tandis qu'elle doit être personnelle aux domiciliés.

Il y a lieu de recourir, au contraire, à une imposition spéciale sur les seuls résidants ; aux termes de l'art. 9, la répartition doit être faite entre eux d'après leurs facultés. On exécute cette disposition en prenant pour base le montant des contributions directes de toute nature payées dans la commune pour chaque habitant (2).

Ce mode d'exécution est certainement le seul en harmonie avec l'esprit et le texte de la loi. Cependant, on remarquera que le décret du 5 janvier 1852, cité n° 1423, n'a pas tenu compte de cette distinction, et cet exemple n'est pas isolé, bien que la jurisprudence contraire ait prévalu au Conseil d'Etat (3).

§ 5.

|Prescription.

Sommaire.

1425. Il reste à savoir par quel laps de temps se prescrit l'action en responsabilité contre la commune.

A cet égard, il y a des distinctions à faire.

---

(1) Avis du Cons. d'Etat, comité de l'intérieur, 29 mai 1839, Dalloz, n° 2663. — V. *suprà*, n° 1403.
(2) MM. Vuillefroy et Monnier, p. 253.
(3) V. MM. Vuillefroy et Monnier, p. 249, note *a*.

On remarquera d'abord que la loi établit cette responsabilité particulière à l'égard de faits qui présentent le caractère de crimes ou délits proprement dits, soit contre les personnes, soit contre les propriétés (1), et qui, pour la plupart, rentrent aujourd'hui dans les dispositions du livre 3, tit. 2, chap. 1 et 2, C. pén., tels que meurtres, homicides, coups et blessures, arrestations illégales et séquestrations de personnes, vols, pillage, incendie, dégâts aux propriétés. Ce sont même les dispositions relatives à des actes de ce genre, qui seules sont encore applicables aujourd'hui. C'est aussi à raison de faits de cette nature, que l'art. 2 du titre 4 frappe la commune d'une amende égale au montant de la réparation principale.

Or, d'après les règles établies, nᵒˢ 373 et suivants, l'action civile résultant d'un fait qualifié crime ou délit se prescrit toujours par le délai fixé pour la prescription de l'action criminelle. Nous avons traité ce point avec développement.

On a vu encore, n° 809, que l'action civile dirigée contre les personnes responsables est soumise aux mêmes règles. Les auteurs directs du fait dommageable étant à l'abri de toute poursuite après dix ans au maximum, le garant civil ne peut y être soumis pendant vingt ans de plus, alors surtout qu'il serait déchu de son recours contre les coupables.

De ces principes, il semble devoir résulter que l'action en responsabilité contre les communes dérivant du décret de vendémiaire, se prescrit par dix ans ou par trois ans, suivant la nature du fait qui lui donne ouverture, conformément aux art. 637 et suivants, C. instr. crim. C'est aussi ce qu'ont jugé plusieurs Cours d'appel (2).

On a objecté contre cette jurisprudence que l'action civile en responsabilité dirigée contre la commune, aux termes de la loi de vendémiaire, n'était plus, comme d'ordinaire, l'accessoire de l'action publique contre les auteurs du dommage. Elle constitue par elle-même, a-t-on dit, une action en réparation. Elle se rattache, d'ailleurs, à une action publique spéciale, celle établie par l'art. 2 du titre 4. La loi de vendémiaire a organisé, dans un cas particulier, deux actions publiques : l'une contre les auteurs directs du délit, l'autre

---

(1) Tit. 1, art. 1, et tit. 4, art. 1.
(2) Angers, 13 juill. 1850, S. 50.2.422; Lyon, 4 avril 1851, S. 434 D. 52.2.34.

contre la personne responsable, c'est-à-dire la commune. Mais si la durée de ces deux actions publiques est différente, à laquelle rattacher l'action civile en responsabilité contre la commune? N'est-ce pas à l'action publique qui y correspond?

Or, la durée de l'action appartenant à la société contre la commune, et qui tend à la faire condamner au paiement de l'amende établie par l'art. 2 du titre 4, est, comme l'action de la partie lésée, soumise aux règles du droit civil, car l'une et l'autre sont portées devant le tribunal civil, et l'action en recouvrement des amendes qui sont de nature à être prononcées par le tribunal civil ne se prescrit que par trente ans (1).

Enfin, quand il s'agit d'actions fondées sur les faits prévus par les art. 10 et 12 du titre 4, lesquels n'ont pas le caractère de délits proprement dits, comme si des cultivateurs, à part de fruits refusent de livrer la portion due aux propriétaires, comment admettre une autre prescription que celle de trente ans?

Ces objections ont de la gravité. Cependant, nous persistons dans le système précédemment exposé. Voici nos raisons.

La loi de vendémiaire offre, sans doute, des traits particuliers; elle déroge, sous beaucoup de rapports, au droit commun. Cependant, le caractère dominant de la responsabilité qu'elle établit contre les communes nous paraît être celui d'une action en responsabilité civile. La commune est tenue de fournir la réparation au lieu et place des auteurs directs du délit, insolvables ou inconnus, et cette action en responsabilité se rattache *virtuellement* à l'action qu'aurait la partie lésée, et, par suite, à l'action publique que donne la loi pénale contre les coupables. Elle n'est certainement pas l'accessoire d'une autre action publique établie contre la commune elle-même par l'art. 2 du titre 4.

C'est bien plutôt l'action tendant à faire prononcer l'amende qui devient ici l'accessoire de l'action civile en dommages-intérêts. L'amende, en effet, est fixée par le taux même des dommages-intérêts. Elle n'est prononcée qu'avec la condamnation au profit de la partie lésée, dont on ne peut la séparer. Enfin, elle doit être prononcée de plein droit, sans que rien

_____

(1) Merlin, *Prescr.*, sect. 3, § 9, n° 2.

dans la loi fasse supposer que le ministère public ait besoin de la requérir, à peu près comme l'amende que prononce un tribunal d'appel contre l'appelant qui perd son procès. Dans ce cas et dans celui de la loi de vendémiaire, il nous semble également inexact de dire que la poursuite de l'amende constitue une action publique, à laquelle se rattache accessoirement la question civile du procès.

Il n'y a donc rien à conclure du principe que les amendes prononcées par les tribunaux civils sont prescriptibles par trente ans seulement, car ce n'est pas ici le délai de prescription de l'amende qui devrait régler la prescription de l'action civile en responsabilité.

Au surplus, l'amende spéciale prononcée par la loi de vendémiaire n'est pas régie par le principe que rappelle Merlin. Cet auteur lui-même ne l'applique qu'aux amendes établies en matière fiscale pour droits d'enregistrement et de greffe. Il ne saurait donc avoir d'influence sur une matière évidemment pénale.

Dans les matières civiles elles-mêmes, la prescription de l'amende n'est pas uniformément soumise au délai de trente ans. Certaines amendes sont l'accessoire d'une poursuite après l'extinction de laquelle il ne peut plus y avoir lieu de les prononcer. Nous venons de parler de l'amende d'appel ; on peut encore donner pour exemple celle dont il est question dans l'art. 264, C. de proc. Si l'enquête, pendant laquelle un témoin réassigné a fait défaut, venait à être close sans que l'amende de cent francs eût été prononcée contre ce témoin, pense-t-on qu'il pût encore être poursuivi pendant trente ans et condamné au paiement de cette amende, même après le jugement définitif sur le fond ?

Au surplus, si l'amende spéciale prononcée contre la commune, par la loi du 10 vendémiaire, avait ici quelque influence sur la prescription de l'action en responsabilité, toutes les fois que l'art. 2 du titre 4 est inapplicable, l'action civile en responsabilité ne se rattacherait donc pas à la poursuite d'un délit ? Cependant les faits sont de même nature : seulement, au cas de l'art. 2, ils ont été commis par les habitants de la commune elle-même sur son propre territoire. Il n'y a point là de base pour une distinction de nature entre les diverses actions.

Toutes ces difficultés trouvent une solution beaucoup plus nette, si l'on admet que l'action civile en responsabilité contre la commune n'est autre chose que l'action en réparation du dommage causé par le crime ou le délit des auteurs de l'attroupement, rentrant dès lors dans les prévisions de l'art. 1er et de l'art. 2, C. instr. crim. ; seulement, le ministère public est armé, par la loi de vendémiaire, d'un droit tout spécial pour exercer à la fois cette action civile, et quand il y a lieu, la poursuite de l'amende prononcée contre la commune, de sorte que cette dernière poursuite, bien que concomitante et adhérente avec l'action qui s'exerce au profit de la partie lésée, ne peut jamais péricliter par l'inaction des particuliers (1).

La durée de cette double action est d'ailleurs subordonnée au caractère des faits qui ont causé le dommage, et se prescrit par dix ans ou par trois ans, suivant que les faits constituent des crimes ou de simples délits (2).

Toutefois, si le dommage ne résulte que de faits étrangers à tout caractère criminel, comme dans les cas prévus par les art. 9 et 10 du titre 4, l'action en réparation demeure purement civile, et dans cette hypothèse spéciale, mais unique, le délai de la prescription s'étendrait jusqu'à trente ans.

1426. La prescription est nécessairement interrompue par l'introduction de l'instance devant le tribunal.

Quand la partie lésée agit directement, la présentation du mémoire préalable exigé par l'art. 51 de la loi du 18 juillet 1837 produit cet effet interruptif.

Quand le ministère public poursuit d'office, il y a difficulté sur le point de savoir quel est l'acte qui saisit le tribunal.

Est-ce le réquisitoire du ministère public, comme l'a jugé la Cour de Toulouse (3)? On peut être tenté de le croire, car, dans cette procédure exceptionnelle, aucun exploit d'ajournement n'est donné ; l'organe du ministère public agit seul, et ce sont ses actes, c'est-à-dire ses premières réquisitions, qui semblent devoir établir la litispendance.

Mais cette doctrine a été combattue devant la Cour de

---

(1) Depuis l'époque où nous avons formulé cette doctrine, la Cour de cassation est venue lui donner la consécration la plus entière par les trois arrêts suivants : Rej., ch. civ., 14 mars 1853, D. 53.1.84, S. 342; Cass., 6 mars 1855, D. 84, S. 333, *Bull. off.*, n° 29, et Rej., 28 févr. 1853, D. 343, S. 330.
(2) Mêmes arrêts.
(3) 5 mars 1822, Dalloz, n° 1553.

cassation par M. le procureur général Mourre. « Il ne peut dépendre, a dit ce magistrat, de la négligence du ministère public de fixer ou non ce point important de la litispendance, de saisir ou non le tribunal. La loi charge un autre pouvoir, avant celui du ministère public, de veiller aux intérêts des parties lésées. L'autorité municipale est chargée de lui transmettre, dans un délai de trois jours, les procès-verbaux constatant les délits. A partir de la réception des pièces, le ministère public est mis en demeure d'agir, et cette mise en demeure du seul agent qui poursuive doit opérer la litispendance. Si l'on fixe la litispendance seulement au moment des réquisitions du ministère public, on arrive à ce résultat bizarre et attentatoire au droit de la partie lésée, que toute intervention devient impossible, car le jugement définitif peut être rendu le jour même où le réquisitoire est prononcé. Quel sera donc le moment où la partie lésée pourra user de son droit d'intervention, lorsqu'elle aura préféré cette voie à l'action principale, etc... ? »

La Cour de cassation, par son arrêt du 28 janvier 1826, évita de se prononcer sur la question. Mais les moyens développés par le procureur général l'auraient sans doute fait décider dans ce dernier sens, admis déjà par les motifs d'un précédent arrêt rendu dans la même affaire (1).

1427. Quoi qu'il en soit, les procès-verbaux dressés, soit par les officiers municipaux, soit par les officiers de police judiciaire, soit incontestablement des actes d'instruction et de poursuite, qui, d'après l'art. 637, C. instr. crim., ont pour effet d'interrompre la prescription, aussi bien en ce qui concerne l'action privée qu'en ce qui concerne l'action publique (2).

_____

(1) Cass., 19 nov. 1821, Dalloz, *ibid.* V. aussi M. Rendu, n° 72, et M. Lesellyer, *loc. cit.*, n° 505.
(2) V. *suprà*, n°ˢ 386, 389.

LIVRE II

RESPONSABILITÉ A RAISON DES CHOSES QUI NOUS APPAR-
TIENNENT.

CHAPITRE I.

RESPONSABILITÉ A RAISON DES ANIMAUX.

Sommaire.

1428. La loi des Douze Tables accordait une action noxale à raison du dommage causé par certains animaux. Ce dommage causé par des êtres dépourvus de raison se nommait : *pauperies* (1). La loi ne parlait que des quadrupèdes, mais on donnait l'action *utile*, quand il s'agissait du dommage causé par d'autres animaux (2).

D'après les textes du Digeste, la loi concernait seulement le dommage causé par les animaux domestiques, lorsqu'ils sortent de leurs habitudes pacifiques (*contra naturam*) (3). — Cependant un passage des Sentences de Paul nous

(1) *Instit.*, liv. 4, tit. 9 ; L. 1, **pr.**, **D.** *si quadrupes pauper. fecisse dicatur.*
(2) L. 4, **D.** *eod. tit.*
(3) L. 1, §§ 4 et 7, **D.** *eod. tit.*

montre que l'action avait lieu dans le cas où le dommage consistait à avoir brouté sur le terrain d'autrui. — *Si quadrupes pauperiem fecerit, damnumve dederit,* QUIDVE DEPASTA SIT, *in dominum actio datur, ut aut damni æstimationem subeat, aut quadrupede cedat* (1).

Le dommage causé par les animaux sauvages échappés à leur maître ne donnait lieu à aucune action : *quia desiit dominus esse ubi fera evaserit* (2). Pourtant l'action noxale avait lieu tant que le maître conservait la propriété de l'animal sauvage. C'était probablement une action utile (3). Si le dommage avait été causé sur la voie publique, *in eâ parte quâ populi iter est,* où l'animal aurait été conduit malgré la défense du préteur, il y avait lieu à une action extraordinaire dont le résultat était de faire condamner le maître ou le gardien *in quod bonum et æquum judici videtur* (4).

1429. Quelques coutumes, entre autres celle de Bretagne (5), adoptèrent des dispositions analogues à celles du droit romain sur l'action noxale.

Mais, dans la plupart des pays coutumiers, le propriétaire de l'animal ou de la chose n'était point reçu à l'abandonner pour la réparation du dommage qu'ils avaient causé (6).

L'art. 1385, C. civ., oblige le propriétaire à la réparation entière du dommage.

« Le propriétaire d'un animal, ou celui qui s'en sert,
« pendant qu'il est à son usage, est responsable du dom-
« mage que l'animal a causé, soit que l'animal fût sous sa
« garde, soit qu'il fût égaré ou échappé. »

Cette disposition est plus rationnelle que celle du droit romain, car le dommage causé par les animaux est ordinairement la conséquence d'une faute de la part de ceux à qui ils appartiennent, et qui auraient dû les surveiller et s'en servir de manière qu'ils ne fissent aucun tort à autrui.

Cette faute doit être réparée, et si l'abandon de l'animal

---

(1) Paul. Sent., lib. 1, t. 15.
(2) *Instit.,* liv. 4, tit. 9, § 1.
(3) Ducaurroy, *Instit.,* t. 2, n° 1297.
(4) *Instit., eod. tit.,* § 1 ; Paul. Sent., liv. 1, t. 15, n° 2.
(5) Art. 640. — Si les chevaux ou charrettes, ou autres choses méfaisoient, réparation en seroit faite sur la valeur ; et, au cas que ceux à qui sont les chevaux, charrettes ou autres choses, ne les voudroient laisser pour la réparation du méfait, ils seroient tenus de le réparer à la discrétion du juge.
(6) Toullier, 11, 298.

ne suffit pas, le maître doit en être tenu sur ses autres biens.
1430. Remarquez que l'article déclare responsable le
maître de l'animal ou *celui qui s'en sert.* Ce dernier est donc,
pendant qu'il fait usage de l'animal, soumis à la responsabilité du propriétaire. Celui-ci en est par cela même affranchi (1), et nous pensons, avec plusieurs auteurs (2), que la
partie lésée n'aurait pas de recours contre le propriétaire, en
cas d'insolvabilité de celui à qui il a prêté ou loué l'animal.
Nous n'admettrions ce recours, ou plutôt l'action concomitante directe contre le propriétaire, qu'autant qu'il serait
personnellement en faute de s'être dessaisi de la garde de
l'animal, comme s'il avait confié un cheval vicieux à un enfant incapable de le conduire.
1431. Il n'y a pas à distinguer si le dommage a été causé
par l'animal *secundùm naturam*, en suivant l'impulsion de
son instinct, comme si un bœuf va paître dans le champ du
voisin, ou s'il a été causé *contra naturam*, comme si un cheval mord ou rue ; si un bœuf ou une vache blessent une personne d'un coup de corne (3).
1432. La loi des 28 septembre-6 octobre 1791, sur la police rurale, avait déjà prévu le premier genre de dégâts.
L'art. 12, tit. 2, porte :
« Les dégâts que les bestiaux de *toute* espèce, *laissés à*
« *l'abandon*, · feront sur les propriétés d'autrui, soit dans
« l'enceinte des habitations, soit dans un enclos rural, soit
« dans les champs ouverts, seront payés par les personnes
« qui ont la jouissance des bestiaux ; si elles sont insol-
« vables, ces dégâts seront payés par ceux qui en ont la pro-
« priété. »
Remarquons ici cette espèce particulière de responsabilité
civile établie contre le nu propriétaire, ou le locataire des
bestiaux. Celui qui en a la jouissance, c'est-à-dire, l'usufruitier ou le fermier, est d'abord tenu de réparer le dommage. En cas d'insolvabilité, le nu propriétaire ou le maître
du domaine (supposé que les bestiaux qui y sont attachés
lui appartiennent), peut être poursuivi.
1433. Le même article ajoute :

---

(1) V. *infrà*, n° 1449, et Cass., 3 déc. 1872, S. 402, D. 73.1.337 ;
Besançon, 26 août 1869, D. 70.2.187.
(2) Aubry et Rau sur Zachariæ, t. 3, p. 203, note 4 ; Larombière,
t. 5, p. 785.
(3) V., sur ces distinctions, L. 1, § 7, D. *si quadrupes pauper.*

« Le propriétaire qui éprouvera les dommages aura le
« droit de saisir les bestiaux, sous l'obligation de les faire
« conduire, dans les vingt-quatre heures, au lieu du dépôt
« qui sera désigné à cet effet par la municipalité (1). — Il
« sera satisfait aux dégâts par la vente des bestiaux, s'ils ne
« sont pas réclamés, ou si le dommage n'a pas été payé dans
« la huitaine du jour du délit. »

D'après ce texte, la faculté accordée au propriétaire ou
fermier de l'héritage, de saisir par lui ou par ses gens les
animaux trouvés en délit, ne s'applique qu'aux bestiaux
laissés à l'abandon. — S'ils sont sous la conduite d'un gardien, les voies de fait ne sont plus permises, l'on doit recourir à l'action en justice, soit devant les tribunaux de police
s'il y a eu procès-verbal dressé par les gardes champêtres
ou forestiers, soit devant le juge de paix comme juge civil (2).

1434. Le Code forestier établit, à l'égard des propriétaires d'animaux, quelques règles particulières que nous
devons faire connaître.

Ainsi l'art. 199 porte que les propriétaires d'animaux
trouvés de jour en délit, dans les bois de dix ans et au-dessus, seront condamnés à une amende qui varie suivant la
nature du bétail. — L'amende sera double si les bois ont
moins de dix ans ; — Et si le délit a été commis la nuit (3);
— *sans préjudice, s'il y a lieu, des dommages-intérêts* (4),
lesquels ne peuvent jamais être inférieurs à l'amende simple (5). — Le pâtre peut toujours être poursuivi simultanément avec le propriétaire pour l'amende et les dommages-
intérêts. Il n'y aurait lieu qu'à une seule amende pour chaque
tête de bétail, mais elle serait prononcée contre eux solidairement comme les dommages-intérêts, en vertu de l'art. 55,
C. pén., et conformément à ce que nous avons dit n°ˢ 142 et
suivants.

1435. Toutefois, lorsqu'il s'agit de délits commis par le
troupeau d'une commune usagère sous la garde du pâtre
commun, l'art. 76, C. for., prononce contre le pâtre spécialement une amende de trois à trente francs. De plus, nous

---

(1) C'est ce qu'on appelle la mise en fourrière.
(2) Curasson, *Comp. des juges de paix*, t. 1, p. 474.
(3) C. for., art. 201.
(4) C. for., art. 199, *in fine.*
(5) C. for., art. 202.

avons vu, n° 1367, qu'aux termes de l'art. 72, la commune est responsable des dommages-intérêts.

D'après ce même art. 72, les bestiaux de chaque commune doivent être nécessairement conduits par le pâtre commun, et les habitants n'ont pas le droit de les mener à garde séparée.

De là naît la question de savoir si les propriétaires des animaux trouvés en délit peuvent être, en pareil cas, poursuivis conformément à l'art. 198, ou si les condamnations ne peuvent être prononcées que contre le pâtre et la commune responsable. C'est un point que nous avons réservé en traitant de la responsabilité des communes.

La Cour de cassation a décidé dans plusieurs arrêts, dont deux rendus en chambres réunies, que les propriétaires des bestiaux faisant partie du troupeau communal étaient toujours responsables. Mais les auteurs, d'accord avec la jurisprudence des Cours d'appel, professent, pour la plupart, la doctrine contraire (1).

Le système de la Cour de cassation déroge sans doute aux principes ordinaires en matière de responsabilité. Mais il s'appuie sur le texte absolu de l'art. 199, C. for., et sur l'économie générale de cette loi, qui fait résulter une des garanties essentielles de la conservation des bois de la punition de celui qui profite du délit. Or, ces garanties sont certainement affaiblies si l'on n'admet pas la triple responsabilité du pâtre, de la commune et des propriétaires d'animaux.

Aux termes de l'art. 76, le pâtre n'encourt qu'une amende de trois à trente francs, condamnation dérisoire, lorsqu'un troupeau de cent bêtes à cornes, peut-être, aura été introduit dans un jeune taillis. Il est vrai que la commune serait responsable des dommages-intérêts. Mais remarquez que la somme des dommages serait alors abandonnée à l'arbitrage du tribunal, en ce sens du moins qu'elle pourrait descendre, comme l'amende, au minimum de trois francs, tandis que d'après les art. 199 et 202, C. for., combinés, il doit être prononcé une amende spéciale par tête de bétail, amende qui sert de base invariable pour le chiffre minimum des dommages-intérêts.

Une pareille différence dans la répression entre les délits

---

(1) M. Meaume, *Comm. du C. for.*, t. 1, n° 615; voir les arrêts et les auteurs qu'il cite. — *Adde*, Cass., 4 janv. 1849, S. 50.1.231.

commis par les troupeaux des communes et les délits commis par les troupeaux des particuliers ne saurait trouver d'explication. Elle n'est certainement pas dans l'esprit de la loi.

L'administration a donc le droit de poursuivre à son choix, ou le pâtre et la commune responsable, ou les propriétaires des animaux, suivant le cas.

1436. Les dispositions de l'art. 199 sont étendues par l'article 77 aux usagers qui introduisent au pâturage ou pacage un plus grand nombre de bestiaux que celui qui aura été fixé par l'administration.

De plus, il est défendu par l'art. 78 à tous usagers, nonobstant tout titre et possession contraires, de conduire ou faire conduire des chèvres, brebis ou moutons, dans les forêts ou sur les terrains qui en dépendent, à peine d'une amende double de celle prononcée par l'art. 199 contre les propriétaires, et de quinze francs contre le pâtre, et aussi des dommages-intérêts.

1437. Après cette excursion sur le domaine du Code forestier, revenons au droit commun et au dommage causé sur un héritage quelconque.

Aux termes de l'art. 12, titre 2, C. rural de 1791 : « Si « ce sont des volailles de quelque espèce que ce soit qui « causent le dommage, le propriétaire, le détenteur, ou le « fermier qui l'éprouvera, pourra les tuer, mais seulement « sur le lieu, au moment du dégât. »

Les volailles sont les oiseaux domestiques que l'on élève dans une basse-cour (1). Elles causent souvent de grands dégâts aux récoltes qui se trouvent à proximité des habitations. La difficulté d'empêcher leurs ravages, celle de les saisir, ou de reconnaître à qui elles appartiennent, ont porté le législateur à autoriser le propriétaire du terrain qu'elles dévastent à les tuer sur place (2). Il n'est pas autorisé, au reste, à se les approprier comme un gibier (3). — Le para-

---

(1) Peuvent être tués ainsi les oies, cygnes et canards qui détruisent le frai du poisson soit dans des étangs et canaux fermés, soit dans des frayères artificielles, même dans des cours d'eau dont la pêche est affermée. Rej., 26 déc. 1868, D. 69.1.389, S. 69.1,285.

(2) Ce droit ne peut être exercé qu'au moment du dégât (même arrêt).

(3) Vaudoré, Lois rurales, t. 2, n° 733. Projet de Code rural élaboré au Sénat, art. 73, Moniteur du 11 mars 1870. — Contrà, Dalloz, v° Droit rural, n° 141.

graphe de l'art. 12, qui permet de tuer les volailles sur le lieu au moment du dégât, se rattache au premier, où il est question de bestiaux *laissés à l'abandon*. Il paraît donc que la faculté de se faire justice à soi-même n'existe également que pour les volailles dont le maître n'est pas présent au moment du délit. Les mêmes raisons de prudence veulent qu'il en soit ainsi dans les deux cas (1). — Ajoutons que le propriétaire du champ où s'est commis le dégât, et qui use de la faculté de tuer les volailles qui l'ont causé, doit avertir leur maître, afin qu'il en puisse tirer parti. Il n'est dispensé de ce soin qu'autant que le maître de ces animaux lui serait resté inconnu.

1438. Cette faculté exceptionnelle est introduite dans l'intérêt de l'agriculture; elle a pour but de protéger les exploitations rurales. En conséquence, il a été jugé qu'elle n'est pas applicable dans l'intérieur des villes; que par suite celui qui se ferait ainsi justice à soi-même serait passible de la peine édictée par l'art. 479, § 1er, C. pén. (2).

Toutefois nous pensons que la nécessité pourrait, dans certains cas, justifier cette mesure extrême. Que le dégât soit commis dans un champ ou dans un jardin de ville, il y a évidemment même raison (3).

1439. Il n'y a pas de disposition semblable applicable aux chiens. La loi des 28 septembre-6 octobre 1791, tit. 2, article 30, punit même celui qui, de dessein prémédité, méchamment et sur le territoire d'autrui, a tué ou blessé des bestiaux ou *chiens de garde* (4).

L'art. 454, C. pén., prononce une peine d'emprisonnement contre ceux qui auraient, sans nécessité, tué un animal domestique dans un lieu dont le maître de cet animal est propriétaire ou fermier. Et il est reconnu que les chiens sont compris dans la classe des animaux dont parle cet article.

Le fait de donner la mort à un chien dans des conditions autres que celles prévues par ces deux articles, tomberait encore sous l'application de l'art. 479, § 1er, C. pén., comme dommage aux propriétés mobilières d'autrui.

---

(1) Merlin, *Rép.*, t. 15, *addit.*, p. 125; Toullier, 11, 300.
(2) Cass., 28 juill. 1855, *Bull. off.*, n° 269, S. 55.1.862.
(3) V. ce qui va être dit n° 1439.
(4) Cass., 4 avril 1863, D. 324.

Mais on doit excepter dans toutes ces hypothèses le cas de légitime défense. L'art. 30 de la loi de 1791 suppose que le fait a été commis méchamment; l'art. 454 porte également cette réserve :«sans nécessité», et la Cour de cassation a reconnu que l'art. 479, § 1er, n'est pas applicable au fait de tuer sur son propre terrain un chien appartenant à autrui, lorsque cet acte a eu pour but d'empêcher des dégâts, tels que la destruction de lapins domestiques (1), de volailles, etc., ou l'enlèvement de viandes ou autres objets, dégâts que l'animal commettait actuellement, alors surtout que ces faits s'étaient déjà renouvelés et que le maître du chien avait été averti (2).

Ces solutions peuvent être étendues aux autres animaux domestiques.

1440. Quand celui qui a éprouvé le dommage usé de cette faculté de tuer les animaux qui le commettent, son droit est-il épuisé? Est-ce une ressource extrême qui lui était donnée à défaut des moyens légaux auxquels il lui était peut-être impossible de recourir?

Nous pensons que le droit de demander la réparation du dommage causé n'en subsiste pas moins. La permission de tuer les volailles laissées à l'abandon est ici substituée à la saisie, chose impraticable à leur égard. Elle a pour but de faire cesser le dommage qui se commet, mais elle ne serait pas une réparation de celui qui a été d'abord éprouvé. On peut donc toujours la demander au propriétaire de ces animaux, en vertu soit de l'art. 1385, C. civ., soit de l'art. 3 combiné avec l'art. 12 de la loi des 28 septembre - 6 octobre 1791.—En effet, l'art. 3 porte : « *Tout délit rural* ci-après « mentionné sera punissable d'une amende ou d'une déten-« tion, soit municipale ou correctionnelle, ou de détention « et d'amendes réunies (3)...., *sans préjudice* de *l'indemnité* « qui pourrait être due à celui qui aura souffert le dom-« mage » (4).

L'action en dommages-intérêts appartient, à plus forte

_____

(1) Rej., 17 déc. 1864, D. 65.1.102.
(2) Rej., 17 nov. 1865, D. 66.1.95. V. encore J. de P. Rambouillet, 3 mars 1866, D. 66.3.47.
(3) La peine à raison de cette contravention est déterminée par la loi du 23 therm. an IV, art. 2.
(4) *Junge,* Vaudoré, n° 733 ; Longchampt, p. 46; Cass., 7 nov. 1873, D. 74.1.96. — *Contrà,* Toullier, 11, 301.

raison encore, au propriétaire lésé qui n'use pas de la faculté que lui accorde l'art. 12.

1441. On ne peut jamais opposer comme fin de non-recevoir, au propriétaire qui se plaint du dégât, que son terrain n'était pas clos, ou qu'il a négligé de tenir la clôture en état. L'art. 12 de la loi de 1791 punit le dégât commis même dans les champs ouverts. C'est au propriétaire des animaux à ne les mener que sur son propre terrain (1).

1442. Les pigeons ne sont pas compris dans le langage ordinaire sous le nom de volailles. On ne peut leur appliquer non plus les expressions de l'art. 12 de la loi des 28 septembre-6 octobre 1791 : « bestiaux ou volailles laissés à l'abandon », puisqu'ils ne sont pas susceptibles d'être gardés à vue. Ils vont et viennent librement, et ne se retirent qu'à certains moments dans leur colombier.

Il existe, à leur égard, une disposition spéciale.

Le décret du 4 août 1789 porte, art. 2 :

« Les pigeons seront enfermés aux époques fixées par les « communautés.—Et pendant ce temps, ils seront regardés « comme gibier, et chacun aura le droit de les tuer sur son « terrain..... » — Ce n'est donc que pendant les temps prohibés que le propriétaire peut tuer les pigeons sur son terrain et s'en emparer (2) comme gibier (3).

Aux termes de la loi du 3 mai 1844 sur la chasse, le préfet, sur l'avis du conseil général, doit prendre des arrêtés pour déterminer les espèces d'animaux malfaisants ou nuisibles que le propriétaire, possesseur ou fermier, pourra en tout temps détruire sur ses terres, sans préjudice, ajoute la loi, du droit appartenant au propriétaire ou fermier, de rerepousser ou de détruire, même avec des armes à feu, les bêtes fauves qui porteraient dommage à ses propriétés (4).

Les pigeons peuvent être assurément classés parmi les animaux malfaisants et nuisibles, et des dispositions que l'on vient de lire, il résulte que leur destruction peut être permise à une époque où la chasse en général ne l'est pas. Seulement, cela ne peut avoir lieu qu'autant qu'ils auront été formellement compris dans l'arrêté du préfet; dans tout

(1) Cass., 16 juill. 1824, D. 475, S. 395.
(2) Merlin, v° *Gibier*, t. 5, p. 539 ; Cass., 20 sept. 1823, Dalloz, v° *Bêtes*, p. 235, 1re édit.
(3) F. Hélie, *Th. du C. pén.*, t. 5, n° 1738, 4° édit.
(4) Art. 9.

autre cas, il ne sera permis de tirer sur eux que si l'époque où la chasse est ouverte coïncide avec celle où les pigeons doivent être renfermés cônformément à la loi du 4 août 1789 (1).

1443. Mais, s'il n'existe pas d'arrêtés pris par les communautés ou les préfets, et en dehors des cas prévus par ces arrêtés, les pigeons peuvent encore être détruits par le propriétaire ou fermier sur le lieu et au moment du dégât. Ce n'est là qu'un acte de légitime défense, et nous venons de voir que la nécessité justifie la destruction des animaux domestiques (2).

Ce fait ne constitue pas même un délit de chasse, que le propriétaire ne soit pas muni d'un permis ou que la chasse ne soit pas ouverte. C'est l'exercice d'un droit naturel, implicitement reconnu par le § 3 de l'art. 9 de la loi du 3 mai 1844. Les pigeons, sans doute, ne sont pas des bêtes fauves, et ce texte ne s'applique pas directement à eux. Mais le principe que nous venons de rappeler décide la question (3).

Toutefois, deux conditions doivent être observées. Il faut que le dommage soit actuel. Le propriétaire ne peut tuer les pigeons qu'au moment où ils le commettent. — Il doit en outre les laisser sur place, à la disposition de celui à qui ils appartiennent. S'en emparer constituerait un vol. Le droit de défense est épuisé par la destruction de l'animal (4).

Il en serait de même, à notre avis, au cas où les pigeons étant classés par arrêté du préfet parmi les animaux malfaisants et nuisibles, le propriétaire d'une terre les y tuerait en dehors de l'époque fixée par la loi de 1789, et sans qu'ils commissent un dégât actuel.—Dans ce cas il n'y aurait sans doute pas délit de chasse, ni contravention punissable, la loi de 1844 autorisant la destruction en *tout temps* des animaux compris dans l'arrêté préfectoral. Mais elle n'assimile pas ces animaux au gibier, comme la loi de 1789, et dès lors le droit se borne à tuer les pigeons en les laissant à la disposition de leur maître.

---

(1) M. Petit, *Tr. du dr. de chasse*, t. 3, p. 85.
(2) V. n° 1439.
(3) Rouen, 14 fév. 1845, D. 45.2.57, et 7 août 1862, D. 64.2.153; Agen, 21 juill. 1852, D. 53.2.10; Rej., 9 janv. 1868, D. 359; Amiens, 11 fév. 1870, aff. Lépine (inédit); F. Hélie, *Th. C. pén.*, t. 6, p. 581, 1re édit., et t. 5, p. 67, n° 1738, 4e édit.
(4) F. Hélie, *ibid.*; Rej., 9 janv. 1868, D. 359.

1444. La faculté de tuer les pigeons comme gibier et par suite de se les approprier lorsqu'ils sortent en temps prohibé, a fait naître des doutes sur le point de savoir si le propriétaire auquel un dommage aurait été causé pendant ce temps, conserverait l'action civile contre le maître des pigeons. MM. Merlin (1), Toullier (2) et Curasson (3) lui reconnaissent cette action. M. Henrion de Pansey (4) enseigne, au contraire, que le droit de tuer les pigeons est le seul dédommagement que l'on puisse réclamer, parce que les pigeons sont alors considérés comme n'appartenant à personne.

Mais la première opinion nous paraît préférable. Car il en est du propriétaire du colombier comme de celui d'une garenne où les lapins se multiplient de manière à nuire aux voisins. Ceux-ci peuvent assurément tuer ces lapins sur leur terrain comme gibier, ce qui ne les empêche pas de poursuivre la réparation des dégâts contre le propriétaire. Nous avons vu aussi, n° 1440, que le droit de tuer les volailles sur le terrain, au moment du dégât, n'exclut pas l'action en indemnité.

1445. Le projet de Code rural consacre les solutions qui précèdent. Il porte, art. 76 : « Pendant le temps de la clô-« ture des colombiers, les propriétaires et fermiers peuvent « tuer et s'approprier les pigeons qui seraient trouvés sur « leurs fonds, indépendamment des dommages-intérêts et « des peines de police encourus par les propriétaires des « pigeons.

« En tout autre temps, les propriétaires et fermiers peu-« vent exercer, à l'occasion des pigeons trouvés sur leurs « fonds, les droits déterminés par l'art. 73 ci-dessus », savoir, de les tuer au moment du dégât, sur le lieu, sans pouvoir se les approprier.

1446. Le gibier en général, à poil ou à plume, est considéré comme n'appartenant à personne (5). L'art. 1385 est donc inapplicable au propriétaire des lieux où il se retire. Cependant le Code civil fait une exception pour les lapins

(1) V° Gibier, p. 540.
(2) T. 11, n°s 303 et 315.
(3) T. 11, p. 476.
(4) Pouvoir municipal, p. 98.
(5) Gaii, Instit., comm. 2, § 66 ; Justin., Instit., L. 2, t. 1, § 12 ; L. 1, § 1, et L. 3, D. de Adquir. rer. domin.

de garenne. — Par les art. 524 et 564 il les déclare immeubles par destination, et en reconnaît la propriété au maître du fonds.

Mais prenons garde d'aller plus loin que la loi. Il s'agit, dans les art. 524 et 564, des lapins de garenne, c'est-à-dire qui habitent dans un bois destiné à recevoir, élever et nourrir des lapins, où il a été fait des ouvrages destinés à les abriter ; dont le propriétaire, enfin, qui les y a placés primitivement, ou qui du moins a contribué à leur multiplication (1), est la cause originaire des dégâts qu'ils commettent. Il peut changer la forme des lieux, supprimer les ouvrages qui abritent et retiennent ces animaux, et dont l'influence justifie le droit de propriété que le Code lui reconnaît. Ce serait le seul moyen de s'affranchir pour l'avenir de la responsabilité. Jusque-là, en droit comme en raison, l'art. 1385, C. civ., lui est parfaitement applicable.

En est-il de même du propriétaire d'un bois où des lapins se sont rassemblés naturellement, sans qu'il ait rien fait pour les y attirer ou les multiplier?

Non. Ce propriétaire n'est pas plus le maître de ces animaux que de toutes les autres bêtes sauvages qui s'y retirent, ou des oiseaux qui nichent sur ses arbres. Il n'est pas cause de leur présence sur son terrain ; il n'est pas responsable des dégâts qu'ils peuvent commettre.

Cependant, il y aurait faute de sa part, faute de négligence et d'omission, s'il laissait des animaux nuisibles, comme les lapins, se multiplier dans ses bois, sans rien faire pour les détruire, et sans permettre à ceux qui en souffrent de les détruire eux-mêmes.

Un jugement du tribunal de Vendôme avait condamné madame de Montmorency, propriétaire de la forêt de Freteval, à quatre-vingt-quinze francs de dommages-intérêts, à raison des dévastations commises par les lapins, excessivement multipliés dans cette forêt.—Sur le pourvoi en cassation, arrêt du 3 janvier 1810, par lequel la Cour : « Attendu qu'il a été jugé, en fait, qu'il existe dans la forêt de Freteval, au canton de Richerai, une telle quantité de lapins, que les récoltes ensemencées étaient dévastées, et que la récolte de la pièce de terre appartenant à la dame de Massy avait

(1) Rej., 2 janv. 1839, D. 103 ; Rej., 23 nov. 1846, S. 47.1.28 ; 24 juill. 1860, aff. Cheronnet, D. 60.1.426.

été considérablement endommagée par lesdits lapins; attendu que la demanderesse, propriétaire de ladite forêt, a pu être jugée responsable du dommage, *suivant l'art.* 1383 *du Code, pour avoir négligé de les y faire détruire*, ou *d'avoir permis aux détenteurs voisins de la forêt de les y faire détruire; —* Rejette » (1).

On devrait juger de même, toutes les fois que le propriétaire du terrain qu'habitent les lapins, le fait garder et s'oppose à la destruction des terriers (2), ou de tous autres abris naturels qui sont destinés à les y attirer (3); et encore lorsqu'il favorise leur multiplication en détruisant les renards, putois et autres bêtes sauvages qui les dévorent (4).

1447. Du reste, comme le remarque M. Toullier, lorsque ce n'est pas par le fait du propriétaire que les lapins se sont fixés et multipliés dans son bois, on ne pourrait lui appliquer l'art. 1383, par cela seul qu'il a négligé de les détruire lui-même. Leur présence est un inconvénient inhérent à la nature des choses, et aucune loi ne l'oblige à le faire cesser. En restant dans l'inaction, il ne s'est point rendu coupable d'une négligence de nature à impliquer sa responsabilité. Ce n'est qu'autant qu'il refuse de les laisser détruire par les voisins qui en souffrent, qui s'en plaignent, et qui demandent cette permission, que l'on peut dire qu'il occasionne le dommage, et qu'il en doit répondre suivant la règle du droit romain : « *Qui occasionem præstat damnum fecisse videtur* (5). »

Ceci serait également vrai des autres animaux nuisibles, des sangliers, des chevreuils, des loups et des renards qui causent souvent des ravages dans les récoltes ou parmi les bestiaux. Le propriétaire d'un bois qui les y laisserait multiplier à l'excès et refuserait la permission d'y chasser pour les détruire serait passible de dommages-intérêts, mais dans ce cas seulement (6).

---

(1) Merlin, *Rép.*, v° *Gibier*, t. 15, *addit.*, p. 359; Favard, t. 2, p. 50; Rej., 7 nov. 1849, S. 50.1.57.

(2) Rej., 31 déc. 1844, S. 45.1.360; Rej., 10 juin 1863, D. 369.

(3) Rej., 7 mars 1849, S. 657; Rej., 29 août 1870, D. 408, aff. Daudin, S. 388; Rej., 22 avril 1873, S. 321, D. 476.

(4) Rej., 6 janv. 1874, S. 160, D. 437.

(5) L. 30, § 3, D. *ad leg. Aquil.*; Toullier, n° 308; Rej., 10 juin 1863; D. 369; Cass., 22 juin 1870, D. 408, S. 388, et 24 août 1871, D. 112, S. 98.

(6) Trib. de Rouen, 6 mai et 23 juin 1858, D. 58.3.73 ; Rej., 19 juill.

A plus forte raison, le propriétaire est-il à couvert, lorsque, par des chasses et battues répétées en nombre suffisant, il a réduit autant qu'il lui était possible le nombre des animaux dont il s'agit (1).

1448. Occupons-nous maintenant des accidents causés aux personnes par les animaux, soit *contra naturam*, c'est-à-dire en s'écartant des habitudes pacifiques qui sont ordinaires à leur espèce, soit en suivant l'instinct féroce particulier à certaines races.

Il n'y a aucune distinction à faire entre ces deux espèces d'animaux, quant au principe de la responsabilité du maître. L'art. 1385 s'applique également à tous ; et plus l'animal est dangereux, plus son propriétaire ou celui qui s'en sert momentanément est strictement obligé de l'empêcher de nuire à autrui.

L'application de l'art. 1385 est évidemment subordonnée au principe générateur de toute responsabilité. Il faut que le dommage soit le résultat d'une faute de la personne que l'on veut rendre responsable. Mais n'oublions pas qu'il y a toujours faute de la part de celui qui n'observe pas les règlements. Or, il en existe pour prévenir les accidents que peuvent causer les animaux. Ces règlements trouvent leur sanction dans les art. 471, n° 15, et 484, C. pénal.

Si, au contraire, la personne que l'on actionne comme civilement responsable prouve qu'elle n'a pu empêcher le fait au moment où il s'est commis, et qu'elle n'y a pas donné lieu par une négligence antérieure, l'accident n'est plus qu'un de ces cas fortuits que doit supporter celui qui l'éprouve (V. n° 1430).

1449. Voici quelques applications de ces principes. Des bestiaux conduits au pâturage par un enfant ou par une femme, comme cela se voit communément dans la campagne, encombrent la voie publique ; l'un d'eux blesse un passant qui ne le provoquait pas. Le propriétaire des animaux lui doit une indemnité ; il devait les faire conduire par une personne plus en état de les diriger ou par plusieurs, les attacher même s'il était nécessaire pour prévenir les acci-

_____

1859, D. 60.1.425 ; Cass., 4 déc. 1867, D. 456, et S. 68.1.46 ; Rej., 31 mai 1869, S. 463. — Cette responsabilité incombe au fermier de la chasse, lorsque la multiplication excessive du gibier provient de sa faute. Rej., 17 fév. 1864, D. 213.

(1) Rej., 15 janv. 1872, D. 72.1.212.

dents. La faute serait d'autant plus grave que l'animal serait, par son naturel, plus porté que d'autres à la pétulance, à la frayeur, à la férocité (1), par exemple si un taureau (2), ou de jeunes chevaux, sont ainsi laissés en liberté dans le troupeau.

Le chien n'est point un animal malfaisant de sa nature; il existe cependant des chiens féroces qui, sans être provoqués, mordent quelquefois ceux qu'ils rencontrent. Le propriétaire d'un pareil animal est responsable des accidents qu'il cause (3).

Il faut même décider que tous ceux qui proviennent du fait des animaux laissés en état de divagation sont à la charge du propriétaire, par exemple la blessure d'un individu renversé dans la rue par des chiens qui se battent, ou qui, en jouant, se précipitent dans ses jambes.

Le propriétaire d'un cheval vicieux peut être déclaré responsable des morsures que cet animal aurait faites à un tiers s'il n'a pas été pris de précautions pour les empêcher (4). Enfin il a été jugé de même par rapport à un éleveur d'abeilles qui, ayant placé les ruches trop près de la voie publique et n'ayant point averti les passants au moment de la cueillette du miel, avait ainsi occasionné des accidents résultant des piqûres de ces insectes (5).

Mais lorsque l'imprudence de la victime elle-même est la cause réelle de l'accident (6), ou s'il est certain que cet accident a été occasionné par un fait imprévu qui a effrayé ou surexcité l'animal (7), aucune indemnité ne peut être mise à la charge du maître.

1450. Si l'animal a été provoqué, excité par son gardien ou par son maître, l'action a pour base un fait personnel plutôt que le fait de l'animal, surtout s'il y avait intention de nuire (8). Au reste, le fait du gardien retomberait en gé-

---

(1) *Si quâ lasciviâ aut pavore, aut peritate pauperiem fecerint.* *Instit.*, liv. 4, tit. 9.

(2) Paris, 24 mai 1810, S. 11.2.23.

(3) V. l'art. 475, § 7, C. pén., et Cass., 19 déc. 1856, D. 57.1.76.

(4) Paris, 10 août 1867, D. 67.5.369.

(5) Limoges, 5 déc. 1860, D. 67.5.368. — *Conf.*, Trib. Bordeaux, 6 juin 1869, D. 70.3.37.

(6) Rouen, 9 déc. 1863, *Gaz. trib.*, 7 janv. 1864; Limoges 27 nov. 1868, S. 69.2.42; Paris, 7 août 1869, D. 69.2.167.

(7) Montpellier, 23 juill. 1868, D. 68.2.72; même arrêt, Paris, 7 août 1869, D. 69.2.167.

(8) L. 1, § 4, *si quadr. paup.*

néral sur le propriétaire, comme civilement responsable de son préposé.

Si la provocation vient d'un tiers, c'est celui-ci qui sera responsable (1). Le propriétaire peut, cependant, encourir une part de responsabilité, s'il a commis lui-même quelque imprudence sans laquelle le dommage aurait pu ne pas arriver. Ainsi, un individu laisse son cheval et sa voiture à la porte d'une maison sans les faire garder: Le cheval reçoit un coup de fouet d'un passant; il s'emporte et cause un accident. Celui qui a donné le coup de fouet est certainement là cause du dommage, mais le maître y a donné lieu aussi en laissant son cheval seul sur la voie publique, sans une personne pour le retenir et empêcher les provocations des passants. Ils pourront être condamnés solidairement aux dommages-intérêts.

1451. Ici se place une question dont nous rattacherons la solution aux principes qui viennent d'être établis, et à d'autres règles déjà posées dans le cours de cet ouvrage. Cette question est celle de savoir si des chasseurs peuvent encourir une responsabilité quelconque, à raison du fait des animaux sauvages qu'ils poursuivent, dans l'exercice légitime du droit de chasse.

Elle s'est présentée dans des circonstances assez extraordinaires, que nous allons indiquer.

Le 17 novembre 1849, MM. R... et L..., locataires du droit de chasse dans la forêt de Roumare, chassaient à courre sur des falaises boisées qui s'élèvent à deux cents pieds au-dessus du rivage, et au bas desquelles est située la maison des époux Roussel. Ce même jour, la fille de ces derniers, âgée de douze ans et demi, se trouvait seule dans la cour de la maison, lorsqu'un cerf poursuivi par la meute se précipita du haut de la falaise et vint tomber, avec dix chiens qui le suivaient, à côté de la jeune Roussel. Le spectacle horrible qui fut le résultat de cette chute produisit sur l'enfant une révolution si profonde, qu'elle en contracta une maladie nerveuse des plus graves.

M. R..., à qui une indemnité fut demandée pour frais de maladie, paya d'abord sans difficulté. Mais l'année 1850 s'étant passée sans amélioration dans l'état de l'enfant, le sieur Roussel père assigna MM. R... et L... en paiement

---

(1) L. 1, §§ 6 et 7, D. eod. tit.; Rej., 7 nov. 1873, D. 74.1.95.

d'une somme de mille francs pour nouveaux frais et d'une pension de trois cents francs, jusqu'à parfaite guérison. Jugement qui le déboute, par la raison « que R... et L..., « en chassant dans la forêt de Roumare, n'ont fait qu'user « du droit qui leur appartenait ; que, dans l'exercice de ce « droit, ils n'ont pas commis de faute qui leur soit impu- « table, et que l'événement est le résultat d'un cas fortuit.» Appel devant la Cour de Rouen.

On disait pour l'appelant qu'il y avait *faute* donnant lieu à responsabilité toutes les fois que le dommage que l'on a occasionné par son fait aurait pu être évité avec des précautions plus complètes. — Or, celui qui chasse doit prévoir que l'animal qu'il poursuit pourra s'échapper au loin et causer à autrui un dommage dans sa personne ou dans ses propriétés. — Ici, d'ailleurs, on peut invoquer le principe qui interdit de rien envoyer de nuisible sur la propriété d'autrui, car c'est sur un terrain appartenant à Roussel que le cerf et les chiens sont venus se précipiter et causer à sa fille un épouvantable accident. Or, tandis que le jet d'une pierre, sur le terrain voisin, l'émission de fumées incommodes ou d'émanations nuisibles donnent incontestablement lieu à une action en dommages-intérêts, la présence d'une bête fauve ou d'une meute de chiens qui seront venus se précipiter sur le domaine d'un tiers et y causer des accidents graves aux personnes ne donneront pas ouverture à l'action? On ne comprendrait pas ce résultat contradictoire.

Enfin, au point de vue de la législation spéciale sur la chasse, la responsabilité n'est pas douteuse. Elle résulte de l'art. 11 de la loi du 3 mai 1844, dans lequel on lit : « Pourra « ne pas être considéré comme délit de chasse le fait du pas- « sage des chiens courants sur l'héritage d'autrui, lorsque « ces chiens seront à la suite d'un gibier lancé sur la pro- « priété de leurs maîtres, *sauf l'action civile, s'il y a lieu,* « *en cas de dommage.* » Cet article a été introduit dans la loi par cette considération que le chasseur qui a levé le gibier sur son terrain peut se trouver dans l'impossibilité de retenir ses chiens quand ils vont passer sur l'héritage d'autrui, et, par suite, leur passage sur ce terrain ne doit pas être nécessairement considéré comme *délit.* On a laissé ce point de fait à l'appréciation des tribunaux (1). Mais il résulte de la

_____

(1) Voyez la discussion à la Chambre des députés. Ce paragraphe de l'art. 11 a été adopté sur la proposition de M. de Morny.

disposition finale de ce paragraphe que le chasseur, comme
propriétaire des chiens et comme ayant donné occasion au
dommage, est toujours soumis à l'action civile en responsabilité et à la réparation du dégât.qui aura pu être causé.—
Or, que les chiens et le gibier qu'ils poursuivent viennent
en passant dans un héritage détruire la récolte, ou blesser
une personne, évidemment le principe est le même dans les
deux cas, et la responsabilité n'est pas plus douteuse dans
l'un que dans l'autre.

Dans l'intérêt des intimés, on répondait :
Pour qu'il y ait lieu à responsabilité, il faut que l'on
puisse constater, l'existence d'une faute. Or, où est ici la
faute ? La chasse est l'exercice d'un droit. — Peut-on même
reprocher au chasseur une imprudence, une négligence?—
Non. — Il n'est pas de précaution que l'on eût pu prendre
pour empêcher l'accident, c'est le cerf qui mène la chasse,
souvent de très-loin; s'il se précipite du haut d'une falaise et
qu'il en survienne un accident, c'est un cas fortuit, impossible à prévoir.—Décider le contraire, c'est rendre la chasse
à courre et même toute espèce de chasse impossible, car des
accidents de tout genre peuvent être causés par le gibier et
par les chiens dans toute espèce de chasse.

L'art. 11 de la loi du 3 mai 1844 est inapplicable à l'es-.
pèce. Cet article prévoit et règle le cas où les chiens, en passant, ont endommagé un héritage. Ici les chiens ne sont
point passés en chassant sur le terrain de Roussel. Ils ont
été victimes d'un accident qui, encore une fois, n'est le résultat que d'un cas fortuit et de force majeure.

La responsabilité n'existe donc pas.

Le 12 août 1851, la Cour de Rouen a rendu l'arrêt suivant :

« Vu les art. 1382, 1383 et 1835, C. civ., et l'art. 11
de la loi du 3 mai 1844; — Attendu que le fait de chasse,
dans les conditions mêmes de son exercice le plus licite, n'en
oblige pas moins à la réparation du dommage dont il devient la cause ou l'occasion; — Attendu que MM. R... et
L... étaient dans l'exercice légitime de leur droit, le 17 novembre 1849, en chassant à courre dans la forêt de Roumare; mais, attendu que le cerf lancé par eux s'est précipité
du haut de la falaise de Dieppedale, et que les chiens de la
meute, au nombre de dix, l'ont suivi dans sa chute; — Que
ces animaux sont ainsi tombés d'une hauteur d'environ
soixante mètres dans la cour de la maison occupée par les

époux Roussel; que la jeune Louise Roussel, leur fille, présente à cette chute, a été frappée d'une terreur telle, que sa
santé en est demeurée altérée..; qu'il y a donc eu dommage
causé, et que ce dommage est le résultat de la chasse à
courre...; condamne R... et L... à payer la somme de six
cents francs » (1).

Cet arrêt, quoique motivé en termes un peu laconiques
sur la question de droit, est certainement bien rendu.

On doit reconnaître d'abord que le chasseur qui poursuit
une bête sauvage, qui la fait sortir violemment des lieux où
elle se retire pour l'amener jusqu'à des endroits habités, est
véritablement le *provocateur* des accidents que l'animal,
aveuglé par la crainte ou la fureur, cause aux personnes et
aux propriétés qui se trouvent sur son passage. A ce point
de vue, il doit être responsable, non comme *propriétaire* de
l'animal, en vertu de l'art. 1385, puisque cet animal n'est
pas encore en son pouvoir, mais comme *provocateur* de
l'accident, comme ayant fait sortir l'animal des habitudes de
son espèce, suivant la règle posée par Ulpien dans la loi 1,
§ 7, D. *Si quadr. paup.*, que nous avons expliquée, n° 1450,
et conformément à l'art. 1383, C. civ. (2).

A la vérité, la loi reconnaît, en principe, le droit de
chasse. Elle le réglemente au point de vue de la conservation du gibier et des récoltes, et le soumet à un impôt qui
constitue plus encore une mesure de police qu'une mesure
fiscale (3). Moyennant l'accomplissement de toutes les
conditions qu'elle impose, le fait de chasse cesse d'être un
délit.

Mais c'est là tout.

La loi ne reconnaît point comme conséquence nécessaire
et légitime de l'exercice de ce droit la possibilité de causer à
autrui un dommage appréciable. Loin de là, elle n'a pu considérer les conséquences dommageables du fait de chasse
que comme un abus du droit de chasse, un préjudice causé
à autrui sans utilité pour celui qui prétendait exercer ce
droit. — Or, nous avons établi, n° 440 ci-dessus, que tout
fait quelconque de l'homme qui cause à autrui un dommage

---

(1) *Gaz. des trib.*, du 15 août 1851, D. 52.1.286.
(2) Par rapport aux chiens de chasse, au contraire, le chasseur est à
la fois responsable comme propriétaire et comme ayant occasionné le
fait dommageable.
(3) V. les art. 5, 6, 7 et 8 de la loi.

oblige celui qui en est la cause à le réparer, quand il résulte d'un mode particulier d'exercer son droit qui n'a point d'utilité pour son auteur.

Cet *abus*, nous le reconnaissons, n'est pas toujours la conséquence d'une faute bien caractérisée de la part du chasseur. Il s'y mêle quelque chose qui tient du cas fortuit et de la force majeure. Mais, comme ces inconvénients où le hasard se mêle sont fréquents et faciles à prévoir lorsqu'on se livre à ce genre d'exercice, la loi n'a reconnu le droit de chasse qu'à la condition pour chacun de l'exercer à ses risques et périls, et sous sa responsabilité. Voilà ce qu'exprime l'art. 11 de la loi du 3 mai 1844, et quels sont les motifs de cette disposition fort équitable.

Aussi l'on déciderait autrement si la poursuite de l'animal sauvage, à l'occasion de laquelle s'est produit le dommage, avait été commandée par la nécessité, du moins par une véritable utilité. Il est toujours permis d'écarter de son héritage les animaux malfaisants ou féroces qui nuiraient gravement aux choses et aux personnes. L'art. 9 de la loi du 3 mai 1844 permet expressément au propriétaire ou fermier de repousser ou de détruire, même avec des armes à feu, les bêtes sauvages qui porteraient dommage à ses propriétés. Il n'est pas besoin pour cela de permis de chasse, ni que la chasse soit ouverte. C'est l'exercice du droit de défendre soi-même et sa propriété.

Or, il est évident que si l'animal repoussé de mon héritage se jette sur l'héritage voisin, ou, le traversant dans sa fuite, y cause des accidents quelconques, je ne saurais en être responsable, si d'ailleurs je n'ai point à m'imputer de fautes caractérisées dans l'exercice de mon droit.

1452. Depuis l'époque où nous avons écrit ces observations, la Cour de cassation a été saisie du pourvoi formé par MM. R..... et L..... contre l'arrêt de la Cour de Rouen. Ce pourvoi a été rejeté dans les termes suivants :

« Attendu que, si l'art. 11, § 2, de la loi du 3 mai 1844.... soustrait suivant les circonstances aux poursuites répressives le seul fait du passage des chiens courants sur l'héritage d'autrui, lorsque les chiens sont à la suite d'un gibier lancé sur la propriété de leur maître, cet article réserve expressément l'action civile, s'il y a lieu, en cas de dommage; qu'ainsi cette action, aux termes de la loi spéciale et dans le cas par elle prévu, n'est subordonnée qu'à la condition du dommage causé; — Attendu que l'arrêt de la Cour de Rouen constate

en fait que le dommage causé à la demoiselle Louise Roussel
a été le résultat de la chasse à courre dirigée par les sieurs
R... et L...; que cet arrêt a ainsi nécessairement et implicitement écarté l'excuse que les demandeurs prétendaient
faire ressortir du cas fortuit ou de la force majeure ; ... Rejette » (1).

On désirerait trouver dans cet arrêt un exposé plus net et
plus complet des principes auxquels il a voulu rattacher sa
décision. Au fond, ces principes nous paraissent être ceux
que nous avions formulés. La Cour suprême, en effet, aurait-
elle admis que l'art. 11, § 2, de la loi du 3 mai 1844 contient une dérogation arbitraire au droit commun et que dans
ce cas spécial la responsabilité n'est subordonnée qu'au fait
matériel du dommage causé, en l'absence même de toute
espèce de faute ? — Tel ne peut être le sens véritable des
expressions dont elle s'est servie. — Quand le dommage
existe, le chasseur qui l'a occasionné par l'exercice de la
chasse, n'est jamais fondé, dans l'esprit de la loi, à le rattacher à un cas fortuit et de force majeure, les conséquences
de cet exercice devant être prévues d'avance et constituant
toujours, comme nous l'avons dit, une sorte d'*abus* auquel
il est en faute d'exposer les tiers. Il serait absurde que le
fait de chasse entraînant toujours responsabilité pour le dommage causé aux récoltes, n'en produisît pas pour les accidents
occasionnés aux personnes, surtout quand celles-ci se trouvaient sur leur propre héritage, où le chasseur n'avait évidemment pas le droit de conduire le gibier et ses chiens.

1453. Reprenons maintenant l'exposition des principes
généraux que nous avons interrompus.

La provocation dont nous parlions au n° 1450, et qui
excite un animal à causer un dommage, peut venir de la
part de celui qui a été blessé. C'est alors le cas d'appliquer
la règle : « *Quod quis ex culpâ suâ damnum sentit non in-*
« *telligitur damnum sentire* » (2), et ce passage des Sentences de Paul : « *Ei qui irritatu suo feram bestiam, aut*
« *quamcumque aliam quadrupedem in se proritaverit,*
« *eaque damnum dederit, neque in ejus dominum, neque*
« *in custodem actio datur* » (3).

_____

(1) Rej., 26 mai 1852, D. 286, S. 549.
(2) L. 203, D. *de Reg. jur.* V. *suprà,* n°s 461, 660 et 905.
(3) L. 1, t. 15, n° 3.

Ulpien, dans la loi 1, § 7, D. *Si quadrup. paup.*, dit que si quelqu'un se borne à caresser, à palper un cheval, qui rue et le frappe, il y a lieu à l'action contre le maître : « *At « si quùm equum permulcisset quis, vel palpatus est, calce « eum percusserit, erit actioni locus.* » Mais Domat observe avec raison « qu'il faut prendre garde de ne pas imputer facilement au maître d'un cheval ou d'une autre bête les accidents que peut attirer l'imprudence de ceux à qui ils arrivent. Par exemple, une personne qui ignore qu'un cheval rue s'en approche trop près sans nécessité, et lui met la main sur la croupe, se tenant à portée d'une ruade ; c'est une imprudence, car on doit se méfier. Cette imprudence peut attirer un coup de pied d'un cheval, dans des circonstances où rien ne pourrait être imputé à son maître (1).

La décision d'Ulpien ne serait donc pas suivie dans notre droit.

En voici une autre d'Alfenus : « *Agaso cùm in tabernam « equum duceret, mulam equus olfecit, mula calcem rejicit, « et crus Agasoni fregit : consulebatur possetne cum do- « mino mulæ agi, quid ea pauperiem fecisset ? Respondi « posse* » (2). — On ne peut guère, en effet, considérer comme une provocation le fait d'un cheval qui en flaire un autre. Le maître d'un animal assez irritable pour ne pas supporter l'approche d'un autre, doit prendre des précautions particulières. Mais s'il y avait réellement provocation d'un animal par un autre, ce serait contre le maître de ce dernier que devrait être dirigée l'action en responsabilité de la personne blessée (3).

Quelquefois la susceptibilité d'un cheval ou d'une autre bête résulte d'une cause qu'il a été impossible de prévoir. Un cheval habituellement très-doux peut mordre ou ruer sans que l'on sache pourquoi. Une douleur subite, la piqûre d'une mouche suffît pour cela. C'est alors un véritable cas fortuit. S'il était démontré que l'accident tient à une semblable cause, le maître ne devrait pas être condamné. Mais dans le doute la présomption sera contre lui ; et il lui sera difficile de faire la preuve contraire.

_____

(1) Liv. 2, tit. 8, sect. 2, n° 7. — *Junge*, Toullier, 11, 306, p. 456, note.
(2) L. 5, D. *si quadrup.*
(3) L. 1, § 8, *eod. tit.*

1454. Sans avoir provoqué l'animal qui a causé l'accident, la personne blessée pourrait avoir commis une autre espèce de faute qui, en donnant lieu au dommage, rendrait mal fondée son action contre le propriétaire.

Un chasseur qui, franchissant une clôture et pénétrant dans une enceinte fermée, y est attaqué et blessé par un animal, par un taureau, par exemple, n'a pas le droit de demander des dommages-intérêts au propriétaire. Il s'est exposé lui-même au danger, en pénétrant dans un lieu qui ne lui appartenait pas : au contraire, le propriétaire avait parfaitement le droit d'y placer cet animal. Si, pour se défendre, le chasseur tue le taureau, il doit en payer la valeur (1).

1455. Que le dommage ou l'accident causé par la pétulance, la frayeur ou la férocité d'un animal, tombe sur une personne, sur un autre animal ou sur une chose inanimée, les règles qui viennent d'être exposées sont les mêmes.

Maintenant, si deux animaux se battent et se blessent, ou que l'un tue l'autre, on recherchera quel a été l'agresseur. Si c'est celui qui a péri, son maître n'a pas d'action. Si c'est l'autre, son propriétaire doit être indemnisé par le maître de l'agresseur (2).

Dans le doute, la perte ne pourrait être considérée que comme un cas fortuit (3).

La responsabilité du propriétaire de l'animal qui en attaque un autre et le blesse se rattache à l'idée d'une faute consistant à n'avoir pas surveillé l'animal ou à ne pas l'avoir mis hors d'état de nuire. Elle cesse donc quand l'obligation de la surveillance vient elle-même à cesser. Ainsi, dans certains pays, en Vendée notamment, il est d'usage de mettre un grand nombre de bestiaux au pacage en commun et de les y laisser jour et nuit sans aucune garde. Les propriétaires de ces animaux doivent être considérés, par suite, comme s'étant affranchis réciproquement de toute responsabilité, à raison des accidents qui peuvent résulter de cette réunion, puisqu'ils se sont mis dans l'impossibilité de les empêcher. C'est inutilement, dès lors, que l'on offrirait de prouver quel est celui des animaux qui a causé l'accident arrivé à l'autre. Pour que le propriétaire de l'agresseur fût respon-

---

(1) Toullier, 11, 316.
(2) L. 1, § 11, D. *si quadrupes.*
(3) Toullier, 11, 316.

sable, il faudrait prouver que l'animal était vicieux, de telle sorte que le propriétaire était en faute, aux termes de l'art. 1383, C. civ., pour l'avoir introduit dans le troupeau commun (1).

1456. Il n'est pas douteux que l'action en réparation du dommage causé par un animal ne passe aux héritiers ou successeurs de celui qui en a souffert (2).

A l'inverse, elle subsiste contre les héritiers ou successeurs de celui qui devait répondre de l'animal. Peu importe que celui-ci ait passé en d'autres mains, l'abandon noxal n'ayant pas lieu dans notre droit, et l'action étant personnelle.

1457. Nous rappelons aussi que les actions pour dégâts aux champs ou dommages aux personnes causés par les animaux sont soumises à la prescription ordinaire.

Quand le dommage résulte d'un fait qualifié délit ou contravention et puni soit par le Code rural ou toute autre loi spéciale, soit par le Code pénal, la demande en réparation est soumise à la même prescription que l'action publique (3).

Dans tous les autres cas, le délai est de trente ans.

CHAPITRE II.

RESPONSABILITÉ A RAISON DES CHOSES INANIMÉES.

Sommaire.

---

(1) Rej., 2 juill. 1851, S. 447.
(2) L. 1, § 17, D. *si quadrupes pauper*.
(3) V. nos 373 et suiv.

1464. — Utilité d'une sommation de réparer ou démolir, faite au propriétaire dont l'édifice menace ruine.

1465. — Le propriétaire du bâtiment écroulé est responsable du dommage vis-à-vis de tous ceux qui en ont souffert. — Notamment de ses locataires.

1466. — Et de l'usufruitier. — Distinctions.

1467. — Et de celui qui aurait un droit d'habitation.

1468. — Si l'édifice écroulé appartenait à plusieurs, chacun est tenu de payer les dommages dans la proportion de sa part de propriété.

1469. — La réparation doit consister en une somme d'argent. — Il ne suffit pas d'abandonner la place et les matériaux.

1470. — La réparation doit comprendre non-seulement les dégradations matérielles causées à la propriété voisine, mais toute espèce de dommage.

1471. — Appréciation des dégradations matérielles. — Perte des ornements de luxe.

1472. — Cas fortuit ou de force majeure. — Applications.

1473. — Conséquences indirectes du cas fortuit qui peuvent être à la charge du propriétaire dont la chose a causé le dommage. — Frais de conservation ou de sauvetage. — Dissentiment avec M. Toullier.

1474. — Responsabilité à raison du dommage causé par un établissement industriel.

1475. — Etablissements qui ne peuvent se former qu'avec une autorisation de l'administration. — Effet de l'autorisation accordée, quant à la responsabilité.

1476. — Les tribunaux sont compétents pour statuer sur la réparation de tous les dommages effectivement causés aux propriétés.

1477. — Même à raison de la moins-value des héritages. — Jurisprudence contraire du Conseil d'Etat.

1478. — Objections contre cette jurisprudence.

1479. — Elle confond la question d'appréciation du dommage avec une question de compétence.

1480. — La réparation peut consister en une somme annuelle à payer pendant la durée de l'exploitation de l'établissement.

1481. — Les mêmes règles s'appliquent au dommage causé par un barrage autorisé sur un cours d'eau.

1482. — Quand un établissement soumis à l'autorisation administrative fonctionne sans se conformer aux conditions qui lui ont été imposées, il y a contravention donnant lieu à l'application d'une peine. — La réparation civile peut être poursuivie devant le tribunal de répression.

1483. — Si l'établissement fonctionne sans autorisation, le tribunal de police peut en ordonner la clôture.

1458. Toutes les choses que nous possédons doivent être tenues en tel état, qu'elles ne nuisent point à autrui. Sans cela, le dommage qui en résulte doit être considéré comme le résultat de notre négligence, d'une faute de notre part.

Ainsi, le législateur, en suivant l'ordre des idées exposées dans le chapitre précédent, était naturellement conduit à déclarer que le propriétaire d'une chose inanimée est responsable du dommage résultant de l'état d'imperfection ou de détérioration de cette chose.—C'est ce qu'il a exprimé d'une manière générale dans l'art. 1384. — Puis, il en a fait l'application dans l'art. 1386, en disant que : « Le propriétaire « d'un bâtiment répond du dommage causé par sa ruine, « lorsqu'elle est arrivée par une suite du défaut d'entretien « ou par le vice de la construction. »

On le comprend, ce n'est là qu'un exemple qui confirme et qui explique la règle. Aussi, l'art. 1386 n'est point limitatif, ce qui est dit ici de la ruine d'une maison s'appliquerait à la chute d'un arbre que le propriétaire aurait négligé de faire abattre en temps utile, et à toute autre espèce analogue. Par exemple, une compagnie concessionnaire d'un canal, soumise par son cahier des charges à l'obligation de maintenir en bon état d'entretien les francs-bords et le chemin de halage, serait responsable de la perte d'un atelage occasionnée par un éboulement des terres sur une portion du chemin de halage, si cet éboulement résultait du défaut d'entretien ou de toute autre inexécution des obligations de la compagnie concessionnaire (1). De même, l'industriel qui

---

(1) Une commune peut être déclarée responsable des dommages causés aux propriétés riveraines d'un chemin rural lui appartenant, par l'accumulation des eaux, vases et immondices sur ce chemin. (Cass., 30 nov. 1858, D. 59.1.20).

fait usage d'une machine à vapeur répond des accidents que cause son explosion si elle est due à son défaut de solidité ou autres vices (1). Mais la chute des édifices est une des causes les plus ordinaires et les plus graves de cette sorte de dommages. C'est pourquoi le Code s'en occupe d'une manière spéciale.

1459. Que le propriétaire soit responsable des suites de la ruine de l'édifice, arrivée par le défaut d'entretien, cela se conçoit. Il devait faire les réparations nécessaires à la solidité du bâtiment, et, à cet effet, le faire visiter par les gens de l'art, aux époques convenables. Ces précautions empêcheront presque toujours un événement grave. Si le bâtiment n'était plus susceptible de réparations, il fallait le faire démolir. Il y avait imprudence à le laisser debout dans cet état de ruine imminente. Sa chute est donc la conséquence d'une faute de la part du propriétaire (2).

1460. On comprend moins aisément que celui-ci soit déclaré responsable du vice de construction. Le propriétaire n'est pas tenu de posséder les connaissances spéciales qui lui seraient nécessaires pour apprécier ces défauts et y mettre ordre. En s'adressant à un homme de l'art pour diriger la construction, ne s'est-il pas mis à couvert ? N'avons-nous pas reconnu qu'il ne devait être tenu ni de la faute de l'architecte ni de celle de l'entrepreneur qui ne travaillent point sous ses ordres, qui ne sont point ses préposés ? Comment concilier l'art. 1386 avec ces décisions ?

L'art. 1386, selon nous, n'est qu'une exception qui ne détruit point les règles posées n°s 890 et 892, et qui s'explique par de fort bonnes raisons. Lorsqu'un bâtiment s'écroule au bout d'un laps de temps plus ou moins considérable, les tiers qui en éprouvent du dommage ne peuvent s'adresser qu'au propriétaire. Ils ne connaissent que lui ; ils ne savent, d'ailleurs, quelle est la cause réelle du sinistre, et doivent naturellement l'attribuer au défaut d'entretien.

S'il provient d'un vice de construction, si l'architecte ou l'entrepreneur doivent être mis en cause, c'est au propriétaire à le faire ; mais à part son recours contre eux (3), l'ac-

---

(1) Cass., 17 juill. 1872, S. 337.
(2) Si pour une cause légitime le propriétaire était déchargé de l'obligation d'entretenir le bâtiment, il cesserait d'en être responsable. (Dijon, 21 janv. 1869, S. 70.2.74).
(3) V. n°s 671 et suiv. Conf., Rouen, 19 juill. 1872, S. 72.2.149.

tion des tiers aura été valablement dirigée contre le propriétaire comme civilement responsable, parce que le dommage
a été produit par sa chose, immédiatement.

1461. Le droit romain donnait à celui qui pouvait souffrir
de la chute d'un édifice menaçant ruine une action appelée
damni infecti contre le propriétaire de ce bâtiment. Au
moyen de cette action, il se faisait mettre en possession du
bâtiment, si le propriétaire ne lui donnait caution de réparer
le dommage qui était à craindre (1).

L'envoi en possession ne resta point en usage dans notre
ancien droit (2), et nous ne trouvons rien de semblable dans
le Code civil.

1462. S'ensuit-il que le propriétaire menacé par la ruine
prochaine du bâtiment voisin n'ait aucun moyen de pourvoir
à la sûreté de son héritage et de sa personne? N'a-t-il d'action contre l'autre propriétaire que quand la chute de sa
maison est arrivée et pour la réparation du dommage déjà
causé?

Il peut s'adresser d'abord à l'autorité chargée de la police
de la voirie (3), à laquelle il appartient d'ordonner les réparations nécessaires, et en cas de besoin la démolition
même (4).

Mais en cas de négligence de la police, ou si le bâtiment
qui menace ruine n'est pas situé sur une rue, place ou autre
voie publique, faut-il décider, comme on l'a fait quelquefois (5), que le propriétaire ne peut être contraint par les
voies judiciaires à prévenir le dommage en faisant étayer,
réparer ou démolir son bâtiment?

1463. La raison nous dit que l'on doit être autorisé à
prévenir un dommage imminent quand on le connaît et
que la chose est possible.

Domat enseigne que l'action *damni infecti* n'est pas en

---

(1) L. 4, § 1, D. *de Damn. inf.*
(2) Domat, liv. 2, tit. 8, sect. 3, *in princip.*
Il y avait cependant quelque chose d'analogue dans la *Coutume de
Berry*, tit. 10, art. 8.
(3) A Paris, le préfet de police; dans les autres villes, le maire; et
le préfet, dans tous les départements, pour les édifices situés le long
des routes dépendant de la grande voirie.
(4) L. des 16-24 août 1790, tit. 11, art. 3; L. du 22 juill. 1791,
art. 29; Arrêté du 12 messid. an VIII, art. 21; C. pén., 471, § 5.
(5) Duranton, 13, n° 729; Bruxelles, 17 mars 1825, D. 33.2.165, Devilleneuve, *Collection nouvelle*, 8.2.50.

usage chez nous; que, cependant, le voisin menacé peut sommer le propriétaire du bâtiment de démolir ou réparer. Puis il ajoute : « Si, après la sommation ou l'assignation en justice, le propriétaire du bâtiment dont la chute peut nuire au voisin, néglige d'y pourvoir, celui qui voit son héritage en danger par la chute de l'autre peut demander par provision qu'il lui soit permis de faire lui-même ce que les experts jugeront nécessaire pour prévenir la chute de ce bâtiment, soit en l'appuyant ou démolissant s'il en est besoin, et il recouvrera contre le propriétaire la dépense qu'il y aura faite (1).

Voilà donc une action ouverte contre le propriétaire négligent. Plusieurs coutumes l'avaient établie d'une manière expresse, notamment celle de Sedan (2), celle d'Anjou (3) ; et elle était en usage au Châtelet et au parlement de Paris (4).

Les principes du Code civil s'opposent-ils à ce qu'elle s'exerce encore ?

Nous ne le pensons pas.

On prétend qu'il s'agit d'un dommage futur, éventuel, et que l'on ne peut en demander réparation avant qu'il soit réalisé. — Mais nous avons admis déjà (5) qu'un dommage certain, nécessaire, bien que non encore matériellement réalisé, pouvait être considéré comme causant un préjudice actuel, et créant un intérêt direct qui donne ouverture à l'action en dommages-intérêts. On sait, d'ailleurs, que l'une des actions possessoires reconnues par la loi, la *dénonciation de nouvel œuvre*, a précisément pour but de prévenir un préjudice prochain, non encore réalisé, mais que l'on prévoit d'une manière certaine : « *Hæc autem actio locum habet in damno nondùm facto... toties locum habet quoties manufacto opere agro aqua nocitura est* » (6).

Il faut encore observer que l'action dont nous nous occupons en ce moment n'est pas, à proprement parler, une ac-

---

(1) Liv. 2, tit. 8, sect. 3, n° 2; Rousseau de Lacombe, *Jur. civile*, v *Dommage*, sect. 3.
(2) Art. 297.
(3) Art. 451.
(4) Fournel, *du Voisinage*, t. 1, p. 196.
(5) V. n° 448.
(6) L. 1, § 1, D. *de Aquâ*; V. aussi Cass., 2 déc. 1829. D. 30.1.17 ; 4 août 1832, D. 347.

tion en dommages-intérêts, en réparation d'un préjudice futur. C'est l'exercice d'un droit actuel résultant, pour le demandeur, du principe universellement reconnu et contenu virtuellement dans l'art. 1386, C. civ., savoir, que chacun est obligé de tenir les choses qui lui appartiennent, dans un état tel qu'elles ne nuisent pas à autrui. Cette obligation, qui est de tous les instants, engendre assurément un droit corrélatif pour les individus, qui auront à se plaindre de son inaccomplissement.

L'intérêt est évident. La menace permanente de la chute de l'édifice voisin sur mon héritage, quel qu'il soit, est un préjudice *réel*, actuel, qui justifie parfaitement l'action. L'actualité du dommage, au reste, est plus sensible dans certaines hypothèses que dans d'autres. Ainsi, l'émigration des locataires de ma maison est un dommage actuellement éprouvé. Comment l'action en réparation me serait-elle déniée ? Mais le danger résultant, pour l'héritage, de l'imminence du péril, la crainte qu'il m'inspire, les précautions que je suis obligé de prendre, les dépenses qu'il entraîne ou les améliorations qu'il empêche, tout cela constitue aussi un tort actuel dont j'ai le droit d'obtenir réparation.

Cette solution est admise par le plus grand nombre des auteurs (1), et la jurisprudence paraît devoir la consacrer définitivement.

Ainsi, la Cour de Rennes, par un arrêt du 23 mars 1843, a formellement déclaré que le propriétaire menacé par la chute de l'édifice voisin peut contraindre par action judiciaire le propriétaire de cet édifice à démolir ou réparer (2), et la Cour de Bordeaux, conformément aux mêmes principes, a jugé que le voisin d'une maison dont le propriétaire a fait exhausser le mur séparatif, au moyen d'un pan de bois offrant des dangers d'incendie, est recevable à demander la démolition de ce pan de bois, même avant tout dommage causé (3).

_____

(1) Dall., v° *Action*, n° 218 ; Malleville, *Sur l'art.* 1386 ; Henrion de Pansey, *Compétence des juges de paix*, chap. 38, p. 336 ; Fremy de Ligneville, *Traité de la législation des bâtiments*, t. 2, p. 417 ; Lepage, *Lois des bâtiments*, t. 2, p. 116 ; Fournel, *du Voisinage*, t. 1, p. 193 ; Demolombe, t. 13, n° 662 ; Larombière, t. 5, p. 797. — M. Toullier, t. 2, n° 317, note, sans se prononcer sur la question, paraît se référer aux explications de Domat.

(2) D. 44.2.122.

(3) 18 mai 1849, S. 50.2.183. V. encore motifs d'un arrêt de la Cour

1464. Au lieu de porter, de prime abord, son action devant les tribunaux, le voisin menacé de la chute du bâtiment peut se borner à faire, par acte extrajudiciaire, sommation au propriétaire d'avoir à réparer ou démolir.

Cet avertissement n'est point nécessaire, sans doute, pour engager la responsabilité du propriétaire. Si sa maison s'écroule, l'art. 1386 l'oblige, sans distinction, à indemniser les tiers du dommage qui en résulte pour eux. C'était à lui de veiller à la conservation de sa chose. Mais un pareil acte peut produire d'utiles effets et lever plusieurs difficultés. Il met le propriétaire en demeure et rend sa faute inexcusable. Il l'empêche de prétexter cause d'ignorance ; il donne lieu de présumer fortement que les dégradations de l'édifice sont la véritable cause de sa ruine, puisque ces dégradations étaient déjà telles que les voisins s'en étaient aperçus.

Si l'édifice est tombé à la suite d'un ouragan, d'un violent orage, en un mot, d'un événement de force majeure, le propriétaire aurait prétendu que la ruine devait être rapportée à cet événement, et que, par conséquent, il n'en est pas responsable.

Il pourra le soutenir encore, bien qu'une sommation ait été faite, mais il sera, dans ce cas, bien plus facile aux voisins de prouver que la tempête n'a fait que précipiter la chute du bâtiment et qu'il n'était point assez solide pour y résister, tandis qu'il eût pu le faire, s'il eût été maintenu en bon état (1).

1465. L'art. 1386 veut que le dommage soit réparé par le propriétaire, quelles que soient les personnes qui en ont souffert. Ainsi, les locataires ou sous-locataires habitant la maison écroulée ont droit à des dommages-intérêts, soit à raison de la perte de leur mobilier, soit à raison de la difficulté de trouver un autre logement. Ce droit leur appartient d'ailleurs, en vertu du contrat qui oblige le propriétaire à les faire jouir.

---

de Douai, 16 août 1856, D. 57.2.71, où il est reconnu que l'édifice menaçant ruine, occasione un dommage actuel.

Ce même arrêt juge que le voisin d'une fabrique, qui par la nature de l'industrie qui s'y exerce et celle de la construction, présente des dangers « tout particuliers d'incendie », n'a pas d'action pour contraindre le propriétaire de cette fabrique à y faire les travaux nécessaires pour conjurer ce danger. — Ceci nous paraît être une *décision d'espèce*. Dans le cas particulier, le dommage n'a pas été considéré comme *certain*.

(1) Toullier, 11, 347.

1466. Celui-ci répondrait également de la chute du bâtiment envers l'usufruitier, si la ruine était arrivée par un vice de construction ou un vice du sol (1).

Si elle est arrivée par suite du défaut d'entretien depuis l'ouverture de l'usufruit, bien que l'usufruitier ait une action contre le propriétaire, c'est celui-ci qui peut lui demander une indemnité, puisque les réparations d'entretien étaient à la charge de l'usufruitier, d'après l'article 605 du Code civil, et que la chute de l'édifice est arrivée par sa faute (2).

Si la chute est le résultat du défaut d'entretien *antérieur* à l'ouverture de l'usufruit, il est clair que le propriétaire n'a point de répétition à exercer contre l'usufruitier; c'était à lui de faire les réparations.

Dans tous les cas, c'est ce propriétaire que la loi rend responsable vis-à-vis des tiers qui ne sont censés connaître que lui, et cela quand même la nécessité des réparations ne se serait fait sentir que depuis l'ouverture de l'usufruit. Car, sur le refus de l'usufruitier de les faire exécuter, le propriétaire peut demander aux tribunaux l'autorisation d'y procéder lui-même. Si elles sont de nature à être supportées par l'usufruitier, le propriétaire s'en fera tenir compte par l'usufruitier ou par sa caution (3). S'il s'agit de grosses réparations, l'usufruitier lui tiendra compte des intérêts, si mieux il n'aime faire l'avance du capital pour en exercer la répétition à la fin de l'usufruit (4).

Dans tous les cas, l'usufruitier sera tenu de souffrir ces travaux. En vain alléguerait-il que la nécessité s'en était fait sentir avant l'usufruit : on lui répondrait qu'il est tenu de prendre les lieux dans l'état où ils se trouvent (5).

Il est bien entendu que la responsabilité directe du propriétaire, vis-à-vis des tiers, a lieu sans préjudice de l'effet des contrats particuliers intervenus entre ceux-ci et l'usufruitier. Par exemple, les locataires qui auraient traité avec lui pourraient toujours lui demander de les faire jouir, sinon de leur payer les dommages-intérêts (6).

---

(1) V. n° 1460.
(2) Sauf l'application de l'art. 607, C. civ., s'il y a lieu. Mais le propriétaire doit toujours prendre les précautions nécessaires pour que les héritages voisins ne soient pas endommagés.
(3) C. civ. 601 et 602.
(4) C. civ. 606 et 609; Toullier, n° 317.
(5) C. civ. 600.
(6) Larombière, t. 5, p. 794.

Les tiers peuvent, d'ailleurs, agir directement contre l'usufruitier, en vertu de l'art. 1166, Code civil, et comme créanciers du propriétaire.

1467. Tout ce qui vient d'être dit de l'usufruitier dans ses rapports avec le propriétaire et avec les tiers s'appliquerait à celui qui a un droit d'habitation, dans les limites résultant de l'étendue de sa jouissance, conformément à l'article 635, C. civ.

1468. Si la maison dont la chute a causé du dommage appartenait à plusieurs maîtres, ceux-ci en seront-ils tenus solidairement, ou bien chacun devra-t-il payer à proportion de la part qu'il avait au bâtiment tombé?

La loi 40, D. *de Damn. infect.*, dit que chacun doit être actionné pour sa part. La loi 5, § 1er, au même titre, décide également que si, de plusieurs maîtres, les uns seulement donnent caution, les demandeurs ne seront envoyés en possession que de la part de ceux qui l'ont refusée : *si plurium sint ædes quæ damnosè imminent, utrùm adversùs unumquemque dominorum in solidum competit, an in partem? et scribit Julianus, quod et Sabinus probat, pro dominicis partibus conveniri eos oportere.* Domat enseigne aussi que chacun ne sera tenu qu'à proportion de la part dont il est propriétaire (1).

Nous n'hésitons pas à adopter le même avis. Car c'est la conséquence du principe que chacun répond de sa chose, et ne répond pas de celle d'autrui.

1469. Voyons maintenant : 1° quelle est, en cette matière, la nature de la réparation? 2° quelle en est l'étendue?

Suivant Domat (2), lorsqu'un bâtiment s'écroule sans qu'il ait été fait sommation ou dénonciation au propriétaire, celui-ci ne sera pas tenu du dommage, *s'il veut abandonner la place et les matériaux.*

C'est un souvenir du droit romain. Cette sorte d'action noxale ne saurait être admise en présence de l'art. 1386, qui rend le propriétaire personnellement responsable du dommage.

1470. Le dommage doit être réparé en entier. Par conséquent, ce ne sont pas seulement les dégradations matérielles qu'aurait éprouvées l'héritage voisin dont il faut tenir compte.

_____

(1) *Ubi suprà*, n° 7. — *Conf.*, Lyon, 21 mai 1855, D. 56.2.35.
(2) *Ubi suprà*, n° 4.

Si donc, à cause du danger de la chute, ou du dommage effectivement causé, le propriétaire et les locataires de cet héritage ont été contraints de quitter leur logement, ils doivent en être indemnisés (1).

1471. Quant aux dégradations matérielles, elles doivent être appréciées avec modération. *Honestus modus servandus est, non immoderata cujusque luxuria subsequenda est,* porte la loi 40, D. *de Damn. infect.* « Supposé, dit aussi Domat (2), qu'il y eût des peintures, des sculptures ou autres ornements pour le seul plaisir, dans le lieu que la ruine de ce bâtiment aurait abattu, il ne se ferait une estimation exacte des choses de cette nature, dont l'usage superflu ne doit pas tourner à une telle perte. Mais cette estimation se ferait avec un tempérament de justice et d'humanité, selon la qualité du fait qui aurait donné lieu au dommage, celle des personnes et les autres circonstances qui pourraient le demander. »

Ainsi, ces ornements entreraient dans l'évaluation des dommages-intérêts, mais pour une valeur modérée et non pour leur valeur réelle au moment du dommage, ni surtout pour le prix qu'ils ont coûté.

Il en est autrement à l'égard des réparations ou démolitions d'un mur mitoyen pratiquées pour l'usage de la servitude, par exemple, pour lui permettre de supporter l'exhaussement. Celui qui avait fait établir ces peintures et sculptures sur le mur mitoyen devait s'attendre à ce que le copropriétaire usât de son droit, et à ce que les peintures fussent sacrifiées. Il n'avait pas, au contraire, à prendre en considération les dégradations que pourrait causer la chute du bâtiment voisin (3). Mais, d'un autre côté, le propriétaire du bâtiment écroulé ne doit pas supporter les dommages-intérêts que pourrait entraîner la satisfaction du luxe inutile du voisin.

1472. La responsabilité du propriétaire de la chose, instrument du dommage, cesse entièrement quand ce dommage résulte d'un cas fortuit ou de force majeure.

C'est ce qu'il faudrait décider, si ma maison, solidement construite, était abattue ou incendiée par la foudre et dégra-

---

(1) V. Domat, n° 3, not.
(2) Liv. 2, t 8, sect. 3, n° 5.
(3) Domat, *ubi suprà*, n° 5 ; Toullier, 3, 209, et 11, 317.

dait celle du voisin en tombant ou en brûlant. De même, si l'inondation entraînait sur votre héritage des matériaux, des bois de construction, des barques ou radeaux, enfin des débris quelconques de nature à y causer des dégradations, je ne serais pas même tenu de les enlever. Si je les abandonne, le propriétaire de l'héritage sur lequel ils se trouvent ne peut se plaindre du dommage que lui cause leur présence; il n'y a, de ma part ni imprudence, ni négligence dont il puisse me rendre responsable.

1473. Ce serait seulement au cas où je voudrais encore tirer quelque utilité de ces objets, où je les réclamerais et demanderais à les enlever, que je pourrais être tenu d'indemniser le propriétaire du dommage nouveau que pourrait ui causer cet enlèvement, comme aussi des frais de conservation ou de sauvetage qu'il aurait pu faire lui-même. Mais quant au dommage qu'ont déjà causé le transport de ces objets par les eaux et leur présence sur le fond d'autrui, comment en serais-je tenu? M'obliger par une sorte d'action noxale à abandonner, dans tous les cas, les débris qui m'appartiennent ou à payer la valeur du dégât qu'ils ont causé, c'est mettre à ma charge les suites du cas fortuit, contrairement au principe de droit et d'équité, d'après lequel le dommage causé par un événement de ce genre reste à la charge de celui qui l'éprouve.

Les lois romaines (1) décident cependant que le propriétaire ne pourra enlever les objets emportés par les eaux qu'en donnant caution de réparer le dommage qu'ils ont causé, *Neratius scribit, si ratis in agrum meum vi fluminis delata sit, non aliter tibi potestatem tollendi faciendam quàm si de* praeterito *quoque damno cavisses.* Et M. Toullier (2) suit entièrement cette décision. Mais comment la concilier avec cette règle posée par ce jurisconsulte (3), que toutes les fois qu'un cas purement fortuit cause de la perte ou du dommage à une personne sans enrichir une autre à ses dépens, celle qui l'éprouve n'a droit à aucune indemnité? Peut-on dire que le propriétaire qui va reprendre sur l'héritage voisin sa chose ou les débris de sa chose enlevée par les eaux s'enrichisse aux dépens du maître de cet héri-

---

(1) L. 9, §§ 1 et 3, D. *de Damn. inf.*
(2) N° 324.
(3) N° 322.

tage? N'est-il pas toujours vrai qu'il ne pouvait ni prévoir, ni empêcher l'événement qui a donné lieu au désastre commun, et que son voisin doit en supporter la part que le hasard a fait tomber sur lui?

Toutefois, il paraît équitable que celui qui veut réclamer les objets qui lui appartiennent les enlève en totalité. Il ne doit pas faire de choix entre ceux qui peuvent encore lui être utiles et ceux qui ne lui serviraient de rien, qui pourraient même nuire à l'héritage sur lequel ils sont déposés, comme des pierres, du sable (1). Encore le principe rappelé au numéro précédent pourrait-il modifier cette décision suivant les circonstances.

1474. Une conséquence du principe posé par les art. 1384 et 1386, que chacun répond du dommage causé par les choses qu'il a sous sa garde, c'est que le maître d'un établissement industriel doit réparer le préjudice que l'exploitation occasionne aux propriétés voisines.

1475. Les établissements de cette nature qui présentent le plus d'inconvénients sont soumis à des règlements spéciaux pour leur formation. Le décret du 15 octobre 1810 les énumère (2) et les soumet à l'autorisation préalable de l'administration. On se demande quel est l'effet de l'autorisation accordée, par rapport à la responsabilité du dommage que l'usine pourra causer.

L'art. 11 du décret du 15 octobre 1810 porte :

« Tous les établissements qui sont aujourd'hui en activité
« continueront à être exploités librement, sauf les dommages
« dont pourront être passibles les entrepreneurs de ceux
« qui préjudicient aux propriétés de leurs voisins ; les dom-
« mages seront arbitrés par les tribunaux. »

Cette disposition consacre un principe préexistant : aussi, bien qu'elle ne concerne directement que les établissements antérieurs au décret, on l'applique aux établissements qui se sont formés depuis (3).

---

(1) L. 9, § 2; L. 7, § ult., D. de Damn. inf.; Toullier, 11, 325. V. C. civ. 559.

(2) La nomenclature de ces ateliers a été complétée par une ordonnance royale du 14 janvier 1815 et plusieurs ordonnances postérieures, et par un décret du 31 déc. 1866. D. 67.4.25.

(3) MM. de Cormenin, Droit administratif, t. 1, p. 262 ; Serrigny, de l'Organisation et de la compétence, n° 869 ; et 2e édit., n°s 1172 et s.; Demolombe, t. 12, n° 653. Cass., 11 et 19 juill. 1826, S. 27.1.236 et 238 ; Cass., 27 nov. 1844, S. 811.

L'autorisation du pouvoir exécutif n'est exigée qu'au point de vue de l'intérêt général, de la sûreté et de la salubrité publiques, qui seraient compromises par des exhalaisons méphitiques, l'explosion de certains appareils, ou l'incendie que pourraient occasionner ces établissements. C'est une mesure préventive.

Mais les dommages effectivement causés par leur exploitation donnent lieu à une action qui rentre dans la compétence exclusive des tribunaux ordinaires.

Cette action est recevable alors même que la partie qui l'intente aurait formé une opposition à l'autorisation administrative, laquelle opposition aurait été rejetée, car l'administration et les tribunaux ont à juger, dans ce cas, deux ordres de faits complétement distincts.

1476. Il est hors de doute que les tribunaux sont compétents pour prononcer la réparation des dommages matériels, tels que perte totale ou partielle de récoltes par suite d'exhalaisons délétères (1), dégradations aux bâtiments par l'action du feu, ou par suite d'une explosion, vibration ou tremblement imprimé par le moteur de l'usine (2) à la maison attenante, etc. — La Cour de cassation a même jugé que le bruit causé par une usine, lorsqu'il est porté à un degré insupportable, et qu'il excède la mesure des obligations ordinaires du voisinage, est une juste cause d'indemnité (3) ; aussi bien que les exhalaisons fétides et insalubres produites par un dépôt de matières animales servant à la fabrication d'un engrais (4), et les immondices d'un théâtre (5).

1477. Cependant les tribunaux seraient-ils compétents pour statuer sur toute espèce de dommages?

___

(1) Cass., 11 et 19 juill. 1826, D. 424; 3 mai 1827, D. 228; 26 mars 1873, D. 353, S. 256 ; Ordonn. du cons. d'Etat, 27 déc. 1826, *Recueil des arrêts du conseil*, par Macarel, t. 8, p. 734.

(2) Douai, 3 fév. 1841, D. 41.2.246.

(3) Cass., 27 nov. 1844, S. 811. D. 45.1.137; Rej., 20 févr. 1849, D. 148; — *Adde*, Montpellier, 20 févr. 1850, D. 50.2.56; Paris, 28 avril et 18 mai 1860, D. 60.2.116 ; Dijon, 10 mars 1865, D. 65.2.144.

(4) Rej., 8 juin 1857, D. 293.

(5) Rej., 24 avril 1865, D. 66.1.35. — Mais dans le cas où la mauvaise odeur, la fumée, etc., n'excède pas les inconvénients ordinaires que les voisins sont tenus de souffrir réciproquement, il n'y a pas lieu à dommages-intérêts. Douai, 30 mai 1854, D. 55.2.26 ; Agen, 7 févr. 1855, D. 55.2.302.

Des décisions émanées du Conseil d'Etat leur dénient le pouvoir de juger de la diminution de valeur que pourrait causer aux propriétés voisines l'exploitation d'un établissement de cette nature. Ce qui revient à dire qu'il n'existe pas d'action en pareil cas. Une ordonnance rendue au contentieux, à la date du 15 décembre 1824, résume les motifs de cette jurisprudence : « Considérant que le décret du 15 octobre 1810 a chargé l'administration de recueillir toutes les informations qui peuvent l'éclairer sur les dangers ou inconvénients auxquels peut donner lieu l'établissement dont l'autorisation est demandée ; — Que l'administration supérieure doit prononcer sur les oppositions que pourrait faire naître cette demande : — Que, par conséquent, il serait contraire aux règles qui ont fixé la séparation des pouvoirs judiciaire et administratif, d'autoriser devant les tribunaux un recours qui tendrait à faire juger par eux la diminution de valeur que pourrait causer à des propriétés voisines la formation d'un établissement autorisé par une ordonnance qui aurait déjà prononcé sur ces questions » (1).

1478. On répond à cela que les tribunaux ont plein pouvoir pour apprécier les dommages-intérêts, sans distinction entre les dommages *matériels* et ceux qui consistent dans une *moins-value*, puisqu'il n'est pas dit un mot de cette distinction dans l'art. 11 du décret du 15 octobre 1810 qui réserve, au contraire, aux tribunaux d'une manière absolue et indéfinie le droit d'arbitrer les dommages.

Vainement l'on prétend que l'administration, en autorisant la formation d'un établissement, a statué elle-même sur la question de moins-value ou de dépréciation foncière des propriétés voisines et décidé qu'il n'en existait pas ; qu'autrement elle n'aurait pas donné son autorisation. Non-seulement l'administration n'a rien fait de semblable, mais elle n'en a pas même le pouvoir.

L'administration n'a pas le droit de compromettre ou de juger les droits privés des citoyens, parce qu'ils ne sont pas soumis à son empire : aussi ne le fait-elle pas. Il suffit, pour s'en convaincre, de rappeler le principe de la loi 2, § 10, D. : *ne quid in loc. publ.*, qui porte : *Quotiescumque*

---

(1) *Recueil des arrêts du conseil*, par Macarel, t. 6, p. 669 ; M. de Cormenin, *loc. cit.*

aliquid in publico fieri permittitur, ità oportet permitti, ut sine injurià cujusquam fiat : et ità solet princeps, quoties aliquid novi operis instituendum petitur, permittere. L'administration ne peut stipuler que dans l'intérêt général dont elle est gardienne et surveillante ; son mandat ne s'étend pas au delà (1).

1479. A ces raisons décisives nous ajoutons que la distinction proposée est plus subtile que vraie, et devient presque irréalisable dans l'application. Tout dommage matériel doit entraîner nécessairement une moins-value, puisque la même cause doit produire indéfiniment les mêmes effets, et l'on ne conçoit guère de moins-value susceptible d'engendrer une action en dommages-intérêts, abstraction faite d'un tort matériel.

Refusera-t-on de voir une cause de dommage matériel dans le bruit insupportable qui fait déserter une maison par les locataires ; dans les exhalaisons insalubres et nauséabondes, qui produisent le même effet? Que ce soit, si l'on veut, le propriétaire lui-même qui soit obligé de s'éloigner ou de subir des inconvénients de ce genre, peut-on soutenir qu'il n'y a pas pour lui, dans l'un comme dans l'autre cas, ce dommage matériel, sur lequel les tribunaux sont appelés à statuer?

Au fond, le système que nous combattons repose sur une confusion juridique entre le dommage susceptible d'engendrer une action et celui qui n'en est pas susceptible. Il est vrai que toute espèce de lésion ne donne pas ouverture à l'action en réparation (2). Mais c'est une question qui s'élève sur toute demande quelconque en dommages-intérêts, et que les tribunaux ont toujours mission d'apprécier. Cela ne change rien à la compétence. Aussi la distinction proposée a-t-elle été repoussée par la Cour de cassation (3).

Et le Conseil d'Etat lui-même l'abandonne aujourd'hui (4).

(1) M. Serrigny, n° 870 et 2° édit., n° 1175; Demolombe, n° 654; Bourguignat, *Lég. des établiss. industriels*, t. 1, p. 127 et 130.
(2) V. n°ˢ 444 à 448, et 682.
(3) Rej., 3 mai 1827, D. 228; Rej., 3 déc. 1860. et 27 août 1861, D. 61.1.331 ; Rej., 24 avr. 1865, D. 66.1.35 ; — *Conf.*, Paris, 28 avril et 18 mai 1860, D. 60.2.116.
(4) Décr. Cons. d'Etat, 9 juin 1859, D. 59.3.33. V. dans ce sens, M. Vivien. *Etudes admin.*, 2° édit., t. 2, p. 136.

1480. Comme l'établissement industriel qui cause le dommage peut cesser, par la suite, d'être exploité, et que la cause du dommage peut être ainsi supprimée, les juges n'allouent point ordinairement au demandeur en réparation une somme capitale. Il est plus convenable, en fait, d'accorder une somme annuelle correspondant à la valeur du préjudice éprouvé (1).

1481. Tout ce que l'on vient de dire s'appliquerait au dommage résultant, pour la propriété d'autrui, de l'élévation des eaux d'une rivière ou d'un ruisseau, par suite d'un barrage autorisé pour le jeu d'une usine ou pour l'irrigation (2).

La jurisprudence a décidé, en conséquence, que les propriétaires de moulins ou autres usines sont responsables du dommage causé aux riverains supérieurs par la retenue des eaux, et cela, même au cas de crue subite, s'il y a eu faute de leur part, en ce que, par exemple, les vannes n'auraient pas été ouvertes (3).

1482. Quand les établissements dont nous venons de parler fonctionnent sans se conformer aux conditions qui leur sont imposées par le décret ou l'arrêté d'autorisation, il y a contravention qui peut être poursuivie devant les tribunaux de répression (4) ; et la partie lésée peut porter devant le tribunal de police son action en dommages-intérêts, concurremment avec l'action publique (5).

Ce tribunal aurait le droit et même le devoir de prononcer la clôture de l'atelier ou la destruction du barrage (6). Du reste, on peut toujours, pour obtenir la suppression de l'établissement, s'adresser au même pouvoir qui a permis de le créer.

1483. Enfin, quand un établissement de la nature de ceux

_____

(1) M. Serrigny, _loc. cit._, n° 1176 ; _suprà_, n° 132 _bis_ ; Rej., 17 avril 1872, D. 352 ; Aix, 1er mars 1826, aff. Rigaud, D. 27.1.228.

(2) L. 28 sept.-6 oct. 1791, tit. 2, art. 15 et 16 ; C. pén., 457 ; Cass., 23 mai 1831, D. 341 ; 31 janv. 1833, D. 138. Proudhon, _Domaine public_, t. 3, n°s 1104 et suiv., 1113 et suiv., t. 4, n° 1136 ; Curasson, t. 1, p. 469.

(3) Cass., 12 juin 1846, S. 48.1.509.

(4) C. pén., 457, 471,15° ; Cass., 10 avril et 14 mai 1830, _Bull. off._ 97 ; S. 329.

(5) V. n°s 213 et suiv.

(6) Serrigny, 2e édit., n° 1180 ; Cass., 30 mai 1834, D. 312. V. aussi L. du 21 avril 1810 sur les Mines, art. 77.

énumérés par le décret du 15 octobre 1810 est exploité sans autorisation, il est évident qu'outre l'action publique établie par la loi, la partie lésée peut d'abord poursuivre l'entrepreneur de l'établissement en réparation du dommage *de toute nature* qu'elle éprouve dans ses propriétés, et, de plus, faire prononcer la clôture de l'atelier (1) ou la destruction du barrage (2) par le tribunal de répression.

1484. Si le dommage provenait d'un établissement qui ne fût pas soumis à la condition préalable de l'autorisation, la réparation serait due, conformément aux principes ci-dessus (3). Il est certain qu'en pareil cas rien ne viendrait mettre obstacle au pouvoir des tribunaux ordinaires et à l'application des règles du droit commun.

1485. Toutefois, dans aucune des hypothèses qui précèdent, on ne reconnaît aux tribunaux civils le droit d'ordonner la *suppression* de l'établissement (4). Leur pouvoir se borne à l'allocation d'une indemnité tant qu'il n'existe pas d'entreprise sur les fonds mêmes des voisins.

1485 *bis*. La preuve en cette matière, comme nous l'avons déjà dit pour d'autres cas analogues (V. n°⁵ 334 et 607), peut être faite par tous les moyens admis par la loi (5). Ce n'est là qu'une application de l'art. 1348, C. civ.

Mais à qui incombe la charge de cette preuve, en ce qui concerne, du moins, le principe de la responsabilité? — Le propriétaire de la chose est-il obligé, de plein droit et par l'effet d'une présomption légale, de réparer le dommage que cette chose a causé. Ne peut-il s'en affranchir qu'en établissant la force majeure? — Ou bien est-ce au demandeur à prouver d'abord contre lui que l'événement est la consé-

---

(1) M. Serrigny, n° 875, et 2° édit., n° 1180; Dall., *Manufactures*, n° 192.

(2) Décret du Cons. d'Etat, 23 mai 1810 ; Merlin, *Quest.*, v° *Pouvoir judiciaire*, § 10; Curasson, t. 2, p. 167.

(3) Bordeaux, 15 juill. 1845, S. 47.2.537. V. encore pour une maison de tolérance, Besançon, 3 août 1859, D. 60.2.4; Chambéry, 25 avril 1861. D. 61.2.128 ; Rej., 3 déc. 1860 et 27 août 1861 ; D. 61.1.331 et 334. — Pour un bal public, Rej., 17 avril 1872, D. 352; trib. de Bruxelles, 27 juill. 1864, D. 67.3.23.

(4) Caen, 9 juin 1840, D. 40.2.235; Agen, 7 févr., 1855, D. 55.2.302; Chambéry, 6 août 1858, avec Rej., 27 août 1861, D. 61.1.331 (2° espèce); *Conf.*, Bourguignat, *Lég. des établ. ind.*, t. 1, p. 135; Dalloz, v° *Manufactures*, n° 174.

(5) Rej., 25 août 1869, S. 473.

quence d'une *faute* de sa part, vice du sol ou de la construction, défaut d'entretien, etc.?

Suivant nous, c'est toujours au demandeur à faire la preuve, non-seulement de l'existence et de l'étendue du préjudice dont il se plaint, mais de la faute du propriétaire, base nécessaire de la responsabilité.

Or, nous l'avons dit plusieurs fois (V. nᵒˢ 333, 605 et suiv.), cette faute ne se présume pas, à moins d'une disposition formelle de la loi. Cette disposition existe, il est vrai, dans l'art. 1384, par rapport aux personnes qui s'y trouvent énumérées. La présomption est absolue, *juris et de jure*, à l'égard des maîtres et commettants ; simple, et susceptible d'être combattue par la preuve contraire, à l'égard des pères, mères et instituteurs. Il existe également une présomption contre le propriétaire d'un édifice, en ce sens qu'il répond vis-à-vis des tiers des vices du sol et de construction, alors même que les vices lui sont inconnus et ne dérivent point de son fait (V. nᵒˢ 1468 à 1460); mais l'existence de ces vices doit être démontrée contre lui, et il en est de même du défaut de réparations ou d'entretien qui aurait occasionné la ruine du bâtiment, des imprudences ou négligences commises dans l'usage d'une machine, etc.

Si cette démonstration n'est pas faite, s'il n'est pas établi que le dommage résulte de l'une de ces causes imputables au maître de la chose, on doit le considérer comme un cas fortuit ou de force majeure que la victime est obligée de supporter (1).

1486. L'action en dommages-intérêts à raison du préjudice éprouvé dans les diverses hypothèses que nous avons examinées dans ce chapitre s'éteint comme toutes les autres par la prescription de trente ans.

Mais il y a des distinctions à faire quant à la durée et quant aux effets de la prescription.

Lorsqu'il s'agit du dommage causé par un établissement industriel, on ne peut réclamer d'indemnité que pour le préjudice souffert depuis moins de trente ans. Car l'action a pris naissance au moment où le dommage s'est manifesté, et cette action s'est éteinte par l'expiration du délai fixé par l'art. 2262, C. civ.

---

(1) V. *suprà*, nᵒˢ 16, 645 à 648 *bis* ; Cass., 19 juill. 1870, S. 71.1.9; Conf., Larombière, t. 5, sur l'art. 1386, nᵒ 4.

Et même, s'il s'agissait d'un établissement soumis à l'autorisation administrative et qui fonctionnerait sans autorisation, ou contrairement aux conditions imposées par l'administration, chaque fait dommageable constituant un délit ou une contravention serait sujet à la prescription établie pour l'action publique, conformément à ce qui a été dit, *suprà*, numéros 373 et suivants. Ce résultat peut paraître bizarre, mais il est certainement fondé sur les dispositions de la loi.

1487. Du reste, quand la demande a pour objet d'obtenir réparation d'un dommage éprouvé dans les délais qui viennent d'être indiqués, l'action est toujours recevable. L'usinier alléguerait en vain que son établissement s'est formé depuis plus de trente ans, et même qu'il a toujours fonctionné sans réclamation. On lui répondrait qu'il n'a pas pu acquérir par prescription le droit d'incommoder *à l'avenir* et impunément son voisin par un bruit insupportable, ou d'envoyer sur son fonds de la fumée des exhalaisons malsaines et nauséabondes. C'est une servitude discontinue qui, d'après l'art. 691, C. civ., ne peut s'acquérir que par titre.

1488. En est-il de même à l'égard des inondations causées par un barrage établi sur un cours d'eau? Si le barrage existe depuis plus de trente ans, sans qu'il y ait eu réclamation, toute action en indemnité ne trouvera-t-elle pas désormais un obstacle invincible dans la prescription?

Il faut distinguer le cas où l'usine et le barrage ont été établis sans autorisation, du cas où ils sont autorisés.

Dans la première hypothèse, point de prescription, on ne prescrit pas contre les lois de police. Un délit ne peut être regardé comme une possession utile (1); par conséquent, l'exploitation de l'établissement sera toujours considérée comme un acte fait *sans droit*, obligeant dès lors le propriétaire de l'usine à réparer le dommage qui en résulte.

Dans le cas, au contraire, où l'administration aurait fixé le niveau d'eau à une trop grande hauteur, ce qui occasionnerait des inondations, ce fait ne constituerait qu'un dommage ordinaire qui n'aurait pas le caractère de délit. D'un autre côté, la servitude s'annonçant par des ouvrages extérieurs et permanents, n'ayant pas besoin du fait actuel de l'homme pour s'exercer, serait *apparente* et *continue*, et pourrait s'acquérir par la prescription.

_____

(1) M. Troplong, *Prescription*, 1, 135 et 136.

Telle est la doctrine de M. Troplong (1), conforme à celle de M. Pardessus (2). M. Proudhon, moins explicite, enseigne que l'action en dommages-intérêts pour le préjudice que la retenue pourra causer, à raison de son élévation, aux propriétaires supérieurs, est prescrite lorsque le barrage a subsisté trente ans dans le même état sans réclamation; mais on voit, par l'ensemble du passage où il examine cette question, qu'il raisonne dans l'hypothèse d'un barrage autorisé (3).

(1) *Prescription*, 1, 137.
(2) *Servitudes*, 1, 98; *Adde* Curasson, 2, p. 186.
(3) *Domaine public*, 4, n° 1145.

FIN DU TOME SECOND.

TABLE DES MATIÈRES

DEUXIÈME PARTIE.

DE LA RESPONSABILITÉ A RAISON DU FAIT D'AUTRUI
ET DES CHOSES QUE L'ON A SOUS SA GARDE.

LIVRE Ier.

RESPONSABILITÉ A RAISON DU FAIT D'AUTRUI.

LIVRE II.

RESPONSABILITÉ A RAISON DES CHOSES QUI NOUS APPARTIENNENT.

FIN DE LA TABLE DES MATIÈRES.

TABLE ANALYTIQUE

(Le chiffre romain indique le tome; le chiffre arabe indique le numéro).

A

ACTIONS CONTRE L'ETAT. — Examen critique du prétendu principe d'après lequel toutes les actions qui tendent à faire déclarer l'État débiteur seraient de la compétence des tribunaux administratifs, II, 1337 à 1348.
V. Compétence. — Etat.

ACTION EN RESPONSABILITÉ. — Sa nature, I, 25. — Ne peut être intentée que par ceux qui ont souffert du dommage, 26. — Le ministère public ne peut l'exercer. — Exceptions, 27, 28. — La condamnation aux dommages-intérêts ne peut être prononcée d'office, 29. — Ni au profit des pauvres, 30. — Cas particulier où le bénéfice de la décision peut s'étendre à d'autres que le demandeur, 30 bis. — Quelle espèce de dommage donne ouverture à l'action, 31, 32.—Un préjudice moral suffit, 33.—Action ouverte à l'époux en cas d'adultère contre le conjoint et le complice, 33 à 34 bis. — Il peut résulter de l'offense faite à une tierce personne, 35. — Que l'offense soit dirigée intentionnellement contre celui qui agit, ou contre ce tiers. — Distinctions, 36 à 41. — Il faut que le dommage soit le résultat direct et immédiat du délit ou quasi-délit, 42, 431 et suiv. — Application de ce principe, 43; 44; 431 et suiv., 447 et suiv. — Autres conditions du dommage.— Applications, 45 à 49, 444, 445, 446, 447 et suiv. — L'action civile ex delicto est transmissible aux héritiers, 53, 451.— Quand le dommage porte sur les biens du défunt, elle suit le même ordre de dévolution que les biens eux-mêmes, 53. — Distinctions quant aux actions qui naissent des délits contre la personne, 54. — Distinctions quant au paiement des dettes et au rapport, 55. — A qui l'action appartient dans ce cas. — Veuve. — Enfants naturels, 56. — Quid si le délit n'a pas été la cause du décès ? 57. — Quand l'action a été intentée par le défunt, le droit de la suivre passe toujours aux héritiers. — Ordre de dévolution, 59. — Les héritiers ont-ils une action pour offense à la mémoire de leur auteur ? 60 à 72. — Dispositions spéciales en cas de diffamation contre les fonctionnaires publics par la voie de la presse, 68, 69, 69 bis. — Publication de faits de la vie privée, 71 bis. — Les actions ex delicto peuvent-elles être exercées par les créanciers ?· — Distinctions, 73, 452. — Elles peuvent être cédées à des tiers, 74. — Contre qui l'action peut et doit être dirigée, 75 à 101. — D'abord contre l'auteur du délit, et la personne civilement responsable, 75. — Et contre les héritiers. — Ancien droit, 76, 77. — Différence à cet égard entre l'action publique et l'action privée. — Application à la poursuite de l'amende, 78 à 86. — Les jugements de condamnation en dommages-intérêts obtenus contre le délinquant de son vivant s'exécutent contre les héritiers, 88. — La condamnation aux frais de la procédure criminelle peut-elle être poursuivie et prononcée contre l'héritier du délinquant ?· — Distinctions, 92 à 99. — L'accusé ou prévenu acquitté a une action en dommages-intérêts contre son dénonciateur et contre la partie civile, 100, 101. — Divers modes pour exercer l'action civile en responsabilité résultant d'un délit prévu par la loi pénale, et pour en saisir les tribunaux compétents, 285 à 332. — Action en responsabilité résultant des délits civils, 412 et suiv. — Action en responsabilité résultant des quasi-délits, 641 et suiv.—Action en responsabilité civile à raison du fait d'autrui, II, 750 et suiv. — Action en responsabilité civile à raison du dommage causé par les animaux, 1428 et suiv. — Et par les choses inanimées dont on est propriétaire ou que l'on a sous sa garde, 1458 et suiv.

V. Action civile.—Amnistie.— Animaux.— Artisans.— Aubergiste.— Chemins de fer.— Commettant. — Communauté religieuse. — Commune. — Confiscation. — Délit civil. — Etat. — Femme.

Frais en matière criminelle. — *Grâce.* — *Instituteur.* — *Mari.*
— *Quasi-délit.* — *Réparation civile.* — *Responsabilité civile du fait d'autrui.* — *Sociétés.* — *Voiturier.*

ACTION POSSESSOIRE. — Compétence du juge de paix pour les actions possessoires et les dommages-intérêts qui peuvent être accessoirement réclamés. — Art. 6 de la loi du 25 mai 1838, I, 575.
— Si une action possessoire se déguisait sous l'apparence d'une action ordinaire en dommages-intérêts, le tribunal civil devrait prononcer le renvoi au juge de paix, 576. — La valeur des dommages-intérêts réclamés accessoirement à une action possessoire ne modifie pas la compétence du juge de paix, 577. — Les actions possessoires sont de la compétence exclusive des juges de paix. — L'incompétence des tribunaux civils à cet égard est *matérielle* et proposable en tout état de cause, 540. — Mais le juge de paix n'en connaît jamais qu'à charge d'appel, 577.

ADULTÈRE. — Action civile ouverte à l'époux, en cas d'adultère, contre le conjoint et le complice, I, 34. — Effets du désistement de la plainte en adultère formée par le mari. — S'étend au complice. — Son influence sur l'action civile. — Désistement de la plainte formée par la femme, 372.

AFFICHE DES JUGEMENTS. — V. *Impression.*

ALIÉNÉ. — V. *Démence.*

AMENDES. — Son caractère pénal. — En conséquence, ne peut être poursuivie contre les héritiers, I, 78. — Ni contre les personnes civilement responsables. II, 777. — *Quid* à l'égard des amendes prononcées par les lois fiscales ? — Contributions indirectes. — Douanes, I, 79 à 81 ; II, 778 et suiv. — Amendes en matière de délits forestiers, I, 82 à 86 ; II, 782, 787. — La caution qui a payé l'amende a son recours contre les héritiers, I, 87. — Caractère des amendes en matière d'enregistrement et de timbre, I, 87 *bis.* — Et de celles prononcées contre les officiers publics en matière disciplinaire, 87 *ter.* — Amendes pour délits spéciaux qui peuvent être prononcées contre les personnes civilement responsables. — Droits de navigation, II, 781. — Contraventions postales, 782. — Amendes forestières, 782 *bis.* — *Quid* à l'égard des délits ruraux? 783. — Délits des commis-greffiers, 784. — Contraventions à la loi du 15 ventôse an XIII, sur les messageries, 785. — Contraventions en matière de pêche côtière et de navigation maritime, 785 *bis.* — *Quid* à l'égard de la confiscation de l'arme pour délit de chasse? 786. — Contraventions qui sont présumées être du fait des commettants. — Délits forestiers. Police du roulage, 787. — *Quid* en matière de contravention aux règlements sur les messageries ? — Distinctions, 788. — On doit les étendre aux contraventions à la loi sur la police des chemins de fer, 789. — Solidarité par rapport aux amendes, I, 142, 144. — A-t-elle lieu pour les amendes prononcées par les tribunaux de police? 145.

AMNISTIE. — V. *Action civile.* — *Action en responsabilité.* — *Grâce.* — *Responsabilité.*

ANIMAUX. — Responsabilité à raison du fait des animaux qui nous appartiennent ou qui sont sous notre garde. — Droit romain. —

Action noxale, II, 1428. — Droit coutumier. — Art. 1385, C. civ.,
1429.—La responsabilité incombe au maître de l'animal ou à celui
qui s'en sert et l'a, par suite, sous sa garde, 1430. — Distinction
du droit romain repoussée, 1431. — Dommage causé par les bestiaux laissés à l'abandon.— Double responsabilité, 1432. — Faculté
de les saisir accordée au propriétaire du terrain qu'ils endommagent, 1433. — Coup d'œil sur le Code forestier. — Responsabilité
du propriétaire d'animaux trouvés en délit dans les bois, 1434. —
Délits commis par le troupeau d'une commune usagère sous la garde
du pâtre commun. — Le pâtre et la commune sont responsables.
— Les propriétaires des bestiaux peuvent être aussi poursuivis,
1435. — Dispositions diverses relatives aux droits d'usage, 1436.
— Dommage aux récoltes causé par des volailles. — Il est permis
de tuer celles-ci sur le terrain au moment du dégât, 1437. — Ce
droit est-il applicable à la défense des héritages urbains? 1438. —
Quid à l'égard des dégâts commis par des chiens ou autres animaux
domestiques? 1439. — La faculté de tuer ces animaux n'affranchit
pas leur propriétaire de l'obligation de payer l'indemnité, 1440.—
Peu importe que le dommage soit causé à des héritages non clos,
1441. — Disposition particulière aux pigeons. — Décret du 4 août
1789. — Dispositions de la loi du 3 mai 1844 qui leur sont applicables, 1442. — Ils peuvent aussi être tués sur place au moment
du dégât. — A quelles conditions? 1443. — Le propriétaire lésé à
toujours le droit de réclamer une indemnité au maître des pigeons,
1444. — Le projet de Code rural élaboré par le Sénat consacre les
solutions qui précèdent, 1445. — Dégâts causés par des lapins. —
Distinctions, 1446. — Le propriétaire du lieu où se retirent des
animaux sauvages, en général, n'est responsable du dégât qu'ils
causent qu'autant qu'il favorise leur multiplication et refuse de
les laisser détruire, 1447. — Responsabilité des accidents causés
aux personnes par les animaux. — Elle implique une faute imputable à leur propriétaire, 1448. — Applications, 1449. — Si l'animal a été provoqué, la faute est imputable au provocateur. —
C'est sur lui que pèse la responsabilité, 1450. — Un chasseur
peut-il encourir une responsabilité quelconque à raison du dommage causé par l'animal qu'il poursuit? — Décision affirmative.
— Distinctions pour le cas où le propriétaire repousse de son héritage un animal nuisible, 1451. — Arrêt de la Cour de cassation
qui est venu consacrer notre doctrine, 1452. — Pas de responsabilité si c'est le provocateur de l'animal qui est blessé, 1453. —
Autre hypothèse où l'accident est la suite d'une faute de la personne blessée, 1454. — Accidents causés par un animal à un autre.
— Agression. — Cas fortuit, 1455. — Dans tous les cas ci-dessus,
l'action passe aux héritiers et contre les héritiers, 1456. — Prescription, 1457.

APPEL. — V. Compétence. — Tribunal correctionnel. — Tribunal
de police.

APPRENTIS. — V. Artisans. — Instituteurs.

APPROVISIONNEMENT DE PARIS. — Les bestiaux destinés à l'approvisionnement de Paris sont insaisissables, I, 170, 181.

ARCHITECTES. — Responsabilité des architectes et des constructeurs
d'édifices, en général, vis-à-vis de celui qui les emploie et vis-à-vis

des tiers, I, 671 et suiv. — Prescription des actions en responsabilité contre l'architecte. — Quid en matière de travaux publics?
— Texte des art. 1792 et 2270 du Code civil, 743. — La prescription de dix ans s'applique-t-elle aux actions dirigées contre l'architecte par les tiers qui n'ont pas contracté avec lui? — Raisons
de douter, 744. — La question se résout par une distinction. —
Dommages causés par un vice de construction.— Durée de l'action
en garantie ouverte par l'accident survenu dans les dix ans, 745.
— Exception en cas de fraude, 745 bis. — La prescription en
cette matière est-elle suspendue par la minorité ou l'interdiction?
745 ter. — Dommages qui résultent d'une infraction commise par
le constructeur aux lois du voisinage, 746. — Point de départ de
la prescription dans l'un et l'autre cas, 747. — Dans toutes les
hypothèses ci-dessus, les tiers ont une action contre le propriétaire
de l'édifice. — Il n'en résulte pas que l'action contre le constructeur soit sans utilité, 748. — Le recours du détenteur de l'édifice
contre le constructeur n'est pas toujours possible. — Double
hypothèse, 749.
V. Quasi-délit.

ARMATEUR. — Sa responsabilité quant aux faits de capitaines de
navire. — Stipulations qui peuvent la restreindre, II, 998 bis, et
1017 bis.
V. Voiturier.

ARTISAN.— Responsabilité des artisans par rapport au dommage causé
par leurs apprentis, II, 873 et suiv.
V. Instituteur.

ASSURANCE. — Convention particulière qui déroge aux règles générales sur la responsabilité du fait d'autrui. — Le propriétaire dont
la maison a été incendiée par son domestique peut réclamer l'indemnité garantie par la compagnie d'assurance, II, 796.
V. Responsabilité civile du fait d'autrui.

ATTROUPEMENTS. — V. Communes.

AUBERGISTE. — La responsabilité de l'aubergiste est complexe. —
Elle diffère sous certains rapports des cas de responsabilité exami-
nés jusqu'ici, II, 930. — Comment elle rentre dans les cas de responsabilité légale du fait d'autrui, 931. — Autre rapport sous
lequel les aubergistes sont déclarés responsables du fait d'autrui,
932. — Responsabilité de l'aubergiste vis-à-vis des personnes qui
logent chez lui. — Art. 1952, 1953, 1954 du Code civil, 933. —
Motifs de ces dispositions. — Lois romaines, 934. — La responsabilité de l'hôtelier peut être modifiée par l'effet d'une convention
expresse, et consentie en toute liberté par le voyageur, 935. —
Les logeurs en garni sont assimilés aux aubergistes, 936. — Quid
pour les personnes qui, sans en faire leur profession, louent en
garni tout ou partie de leur maison? 937, 938. — Quid pour les
restaurateurs, maîtres de café et bains publics? 939. — Et pour
ceux qui reçoivent et logent des animaux? 940. — La responsabilité de l'aubergiste prend naissance aussitôt que les effets des
voyageurs ont été apportés dans l'hôtel, 941. — Le seul apport des
effets rend l'aubergiste responsable du vol commis non-seulement
par ses préposés, mais par les personnes allant et venant dans

B

Double responsabilité, II, 1432. — Faculté de les saisir accordée au propriétaire du terrain qu'ils endommagent, 1433. — V. *Animaux*. — *Approvisionnements de Paris*.

BOIS. — V. *Délit forestier*.

C

CAFÉ (MAÎTRES DE). — Leur responsabilité est la même que celle des aubergistes, II, 939. — *Quid* à l'égard des amendes pour contraventions aux règlements de police ? 787. V. *Aubergiste*. — *Contraventions*.

CAISSE DES RETRAITES POUR LA VIEILLESSE. — Les rentes constituées par cette caisse sont-elles insaisissables ? I, 179 *bis*. V. *Inaliénabilité*.

CAPITAINE DE NAVIRE. — Sa responsabilité par rapport à la conservation des choses et à la sécurité des personnes transportées dans son navire est réglée par les mêmes principes que celle du voiturier, II, 1014 et suiv. V. *Voiturier*.

CAS FORTUIT. — Définition du cas fortuit et de la force majeure, I, 645. — Le dommage qui en résulte ne peut donner lieu à responsabilité. — Développements, 646 et suiv. — Applications, II, 962, 999, 1305, 1331, 1331 *bis*.

CASSATION. — La Cour de cassation est compétente pour décider si l'action en responsabilité est recevable, d'après la nature de la faute et du préjudice souffert, I, 26 et suiv., 50, 51, 132, 450. — Règles spéciales par rapport aux dépens de la procédure, dans les affaires soumises à la Cour de cassation, 127. — La partie civile qui a figuré dans une instance criminelle, correctionnelle ou de police, peut se pourvoir en cassation, 252, 270, 278. — Il en est de même du prévenu, 252. — Effet du décès du prévenu qui s'est pourvu pendant l'instance en cassation, 270 *bis*. V. *Action en responsabilité*. — *Révision des procès criminels*.

CAUTION. — Comparaison entre l'obligation dérivant du cautionnement et celle qui résulte de la responsabilité légale du fait d'autrui, II, 759.

CHAMBRES D'ACCUSATION. — Elles ne peuvent connaître des actions civiles se rattachant aux faits sur lesquels elles prononcent, I, 243. — Exception dans le cas prévu par l'art. 136, C. instr. cr., *ibid*. — Leurs arrêts de non-lieu ou de renvoi sont sans autorité légale sur l'action civile, 369.

CHASSE (DÉLIT DE). — La confiscation de l'arme pour délit de chasse et l'obligation d'en payer la valeur, faute de la représenter, constituent-elles une simple réparation civile qui puisse être poursuivie contre les personnes civilement responsables ? II, 786. — Responsabilité des pères et mères en cas de délit de chasse commis par leurs enfants, 823. — Responsabilité des maîtres et commettants par rapport aux délits de chasse commis par leurs domestiques et préposés, 923. — Un chasseur peut il encourir une responsabilité

quelconque à raison du dommage causé par l'animal qu'il poursuit? — *Quid* à l'égard du propriétaire qui repousse de son héritage un animal nuisible? 1451, 1452.

CHEMINS DE FER. — Responsabilité des compagnies de chemins de
fer considérées sous un double rapport. — Division du chapitre,
II, 1029.
Responsabilité des compagnies considérées comme concessionnaires et entrepreneurs de travaux publics. — Obligations de nature
diverse auxquelles les compagnies sont assujetties, 1030. — Vis-à-
vis de l'Etat. — Exécution des travaux conformément aux conditions arrêtées par l'administration, 1031. — Infractions qui entraînent une pénalité, 1032. — Amendes qui atteignent la compagnie
elle-même. — Réparations purement civiles. — Responsabilité du
fait des administrateurs ou agents de la compagnie, 1033. — Pénalité encourue par les agents personnellement, 1034. — Obligations
vis-à-vis des particuliers. — Accidents causés aux personnes. —
Torts et dommages aux propriétés, 1035. — La responsabilité à
raison de ces faits est réglée par le droit commun. — Prescriptions
préventives des cahiers de charges, 1036. — Droit de surveillance
réservé à l'administration publique, 1037. — Conséquences par
rapport à la responsabilité de l'Etat. — Double question, 1038. —
Les parties lésées ont-elles une action directe ou subsidiaire contre
l'Etat? — Distinction, 1039. — Suite, 1040. — La compagnie elle-
même a-t-elle une action récursoire contre l'Etat? 1041. — Suite.
— La négative résulte des conventions contenues dans les cahiers
de charges, 1042. — Renvoi pour les règles concernant les actions
en indemnité dirigées contre les compagnies. — Espèce jugée par
la Cour d'Amiens, 1043. — Responsabilité des compagnies à raison
du fait des sous-entrepreneurs, 1044. — Jurisprudence des tribunaux, 1045. — Jurisprudence conforme du Conseil d'Etat, 1046.
— Nouveaux motifs à l'appui de ces décisions, 1047. — Limite de
cette responsabilité, 1048. — Les compagnies sont-elles toujours
responsables subsidiairement et en cas d'insolvabilité de l'entrepreneur? 1049. — Chemins de fer d'intérêt local. — Loi du
12 juill. 1865, 1050.— Ressources spéciales qui leur sont affectées,
1051. — Leur assimilation aux chemins de fer ordinaires quant à
leur police ainsi qu'aux droits et obligations des constructeurs,
1052. — Chemins de fer d'intérêt privé. — Ils sont également
soumis à la loi du 15 juill. 1845, 1053.— Responsabilité des dommages causés par l'exploitation des chemins de fer.—Incendie, etc.,
1054.

Responsabilité des compagnies considérées comme entrepreneurs
de transports. — Transport des personnes. — Règles générales. —
Renvoi, 1055. — Règlements particuliers qui ont pour but de prévenir les accidents et les retards, 1056. — Art. 22 de la loi du
15 juill. 1848. — Responsabilité de la compagnie à raison du fait
de ses agents, 1057. — En cas d'accident, il y a présomption de
faute contre la compagnie, 1058. — Contraventions aux règlements
sur l'exploitation. — Insuffisance du matériel, 1059. — Taxes
irrégulières, 1060. — Retards apportés aux transports. — Ce que
doit comprendre l'indemnité. — Renvoi, 1061. — Injures ou voies
de fait de la part des préposés, 1062. — Perte ou soustractions de
bagages, 1063.

886, 887. — La responsabilité du commettant est expressément
limitée aux actes du préposé dans l'exercice de ses fonctions. —
Pourquoi ?.888. — Application des principes ci-dessus. — Hypothèses où la difficulté consiste à savoir s'il y a qualité respective
de commettant et de préposé, 889. — Le particulier qui emploie
un artisan d'une profession déterminée, à un ouvrage de cette profession, en est-il responsable à titre de commettant? 890, 891. —
L'entrepreneur de travaux n'est pas le préposé de celui pour lequel
il les exécute, 892. — Sauf l'influence des stipulations particulières,
893. — L'entrepreneur est responsable des agents qu'il loue accidentellement à des tiers, 894. — Le fermier n'est pas le préposé
du propriétaire, 895. — Les parties sont-elles responsables des
officiers ministériels, qu'elles emploient? 896. — Critique, d'un
arrêt de la Cour de Bruxelles. 897. — Décisions rendues en sens
contraire, 898. — La responsabilité de la partie peut résulter de
la nature et de l'objet du mandat, 899. — L'huissier qui pratique
une saisie répond-il du gardien constitué par lui? 900. — Quid
à l'égard des experts? 900 bis. — La ratification des agissements
du mandataire engage la responsabilité du commettant, 900 ter.
— Dommage causé par des ouvriers travaillant à la tâche ou à la
journée, 901. — Application du principe que le commettant n'est
responsable des faits du préposé qu'autant qu'ils sont commis dans
l'exercice des fonctions de ce dernier, 902. — Sauf la responsabilité directe résultant d'une faute personnelle au commettant,
902 bis. — Les commettants ne peuvent jamais se faire décharger
en prouvant qu'ils n'ont pu empêcher le dommage causé par leurs
préposés, 903. — Moyens d'excuses à faire valoir au nom de l'agent.
— Absence de faute. — Nature du dommage, 904. — Faute commune à la partie lésée, 905. — Lois spéciales qui déclarent les
commettants responsables. — Dérogations au droit commun. —
Art. 206, C. forest.; son véritable sens, 906. — Recours du commettant contre le préposé, 907. — Dans quel cas celui-ci peut se
faire mettre hors de cause, 908. — La partie lésée peut-elle agir
directement contre le commettant ? 909. — La responsabilité de
celui-ci s'étend au dommage entier, 910. — Et à celui que peuvent
se causer respectivement les agents d'un même maître, 911. —
Quid à l'égard des accidents éprouvés par les agents à l'occasion
de leurs fonctions? 912, 913. — Suite. — En général, le commettant n'a pas à répondre du fait des tiers, 913 bis. — Sa responsabilité peut quelquefois résulter des principes du mandat, 913 ter.
— Comment les tiers pourront-ils faire la preuve de la qualité
respective de commettant et de préposé? 914.

COMMISSAIRES-PRISEURS. — V. Action en responsabilité. — Corporation.

COMMUNAUTÉ RELIGIEUSE. — Le supérieur d'une communauté religieuse et la communauté elle-même peuvent-ils être déclarés civilement responsables d'un crime commis par un membre de la
communauté ? II, 877 bis.

COMMUNE DE PARIS. — Les objets soustraits, saisis ou détenus, d'une
manière quelconque, depuis le 18 mars 1871, par les ordres de la
Commune de Paris, ou à la faveur de la sédition, sont déclarés

inaliénables par la loi du 12 mai 1871, art. 1er. — Les aliénations
ne pourront donner lieu à l'application des articles 2279 et 2280 du
C. civ. — L'action civile résultant des délits prévus par la loi du
12 mai 1871 n'est prescriptible que par 30 ans.—I. 373, 385 bis.
— Dédommagement accordé par la loi du 6 sept. 1871 et par celle
du 7 avril 1873, aux propriétaires qui ont souffert des opérations militaires nécessitées par la rentrée des troupes et du Gouvernement dans Paris après l'insurrection de la Commune, II. 1305,
1331.

COMMUNES. — Les fonds des communes sont insaisissables, I, 185.—
En quoi consiste cette insaisissabilité, ibid. — Les communes doi-
vent-elles être autorisées pour agir comme parties civiles devant un
tribunal de répression ? 291. — Et pour y défendre? ibid. — Les
travaux d'utilité publque qui s'exécutent dans l'intérêt des communes ont le caractère de travaux publics. — Conséquences quant
à la juridiction, 737. — Le principe d'après lequel l'État n'est
sujet qu'à la responsabilité civile du fait de ses *agents, et jamais
à la responsabilité pénale, est-il applicable aux communes et aux
établissements publics ? II, 1301.— La responsabilité civile de droit
commun existe pour ces corps ou personnes morales aux conditions ordinaires, 1302, 1303, 1367. — Difficultés sur le point
de savoir si l'agent du dommage est préposé de la commune. —
Employés de l'octroi. — Employés des caisses d'épargne, 1368. —
Quid à l'égard des officiers municipaux ? 1369.—Suite.—Quasi-délits ;—quasi-contrats, 1370.—Application aux réquisitions de guerre
imposées à la Commune et acquittées par des particuliers, 1370 bis.
— Disposition spéciale de l'art. 82, C. forest., et de l'art. 58 de la
loi sur la garde nationale, 1370 ter.—Responsabilité résultant de la
loi du 10 vendémiaire an IV.—Historique, 1372.—Texte des art. 1,
titre 1 et titre 4, de la loi du 10 vendémiaire an IV.—Caractère distinctif de la responsabilité qu'ils établissent, 1373.—Critiques dirigées contre cette loi.—Considérations qui la justifient, 1374. — La
loi de vendémiaire est toujours en vigueur. — Objections, 1375. —
Réponse. — Doctrine. — Jurisprudence, 1376. — Dispositions réglementaires et préventives qui sont tombées en désuétude, 1377.
— La loi s'applique à toutes les communes sans distinction. —
Avis du Conseil d'Etat du 13 prairial an VIII, 1378. — Y a-t-il une
exception en faveur de la ville de Paris ? — Controverse, 1379. —
Suite. — Arrêt de la Cour de cassation qui décide l'affirmative,
1380. — Suite, 1381. — Suite, 1382. — Première condition essentielle de le responsabilité de la commune. — Il faut que les délits aient été commis par des attroupements ou rassemblements.
— Quand y a-t-il attroupement ? 1383. — Suite. — Peu importe
que le rassemblement ait eu à l'origine une cause licite, 1383 bis. —
Deuxième condition. — Les délits doivent avoir été commis à force
ouverte ou par violence, 1384. — La commune est responsable des
délits commis par des attroupements formés de ses habitants, même
sur un autre territoire. — Et des délits commis sur son propre territoire, même par des étrangers, 1385. — Quand les attroupements
étaient formés d'habitants de la commune, celle-ci peut-elle invoquer l'exception tirée de la force majeure? — Controverse, 1386.—
Quid si la municipalité est désorganisée ? 1387.— Suite, 1838. —
Quid si les délits ont eu lieu dans un moment de révolution générale ?

6

TABLE ANALYTIQUE.

— Dans les cas qu'il prévoit, la demande peut être indéterminée, 556. — Actions pour dommages aux champs, fruits et récoltes. — En quoi consistent les dommages dans le sens de cet article, 557. — Est-il vrai que l'on ne doit entendre par là que des atteintes à la chose, non suivies de détournement? 558 — Indication des cas de dommage les plus fréquents, 559. — Du jugement des questions préjudicielles, 560. — Le juge de paix doit surseoir, et non se dessaisir du principal, 561. — Une simple allégation du droit de propriété ne suffit pas pour que le juge de paix prononce le sursis. — Il faut que le droit paraisse fondé, 562. — Il faut en outre que le défendeur excipe d'un droit qui lui soit personnel, 562 bis. — Quand l'exception est fondée sur la simple possession, le juge de paix est compétent pour en connaître, 563. — Action pour diffamation verbale et injures commises autrement que par la voie de la presse. — Les faits de diffamation et d'injure sont punis par la loi pénale, 564. — Compétence pour l'action publique et l'action civile quand elles sont reunies, 565.—Dans quels cas la diffamation et l'injure sont-elles considérées comme publiques? 566. — Dispositions spéciales de la loi du 15 avril 1871, sur la presse, en ce qui concerne l'action civile pour diffamation contre les fonctionnaires publics, 566. — Loi du 29 décembre 1875 qui modifie la précédente ; difficulté qui en résulte, Appendice 1.—L'action civile poursuivie isolément est de la compétence du juge de paix, 567.—Il pourrait connaître également des actions pour diffamation écrite et pour injures commises par voie de la presse, si la demande était déterminée dans les limites de deux cents francs et au-dessous, 568. — L'outrage est un délit distinct de la diffamation et de l'injure; il ne rentre pas dans la compétence du juge de paix, telle qu'elle est établie dans le paragraphe 5 de l'article 5, 569.— Actions civiles pour rixes et voies de fait, 570. — L'article 5 n'entend par voies de fait que les violences légères exercées contre les personnes, 571. — Il en est de même des violences occasionnées par une rixe, 572, 573, 574. — Texte de l'article 6. — Actions possessoires. — Dommages-intérêts qui peuvent être accessoirement réclamés, 565. — Si une action possessoire se déguisait sous l'apparence d'une action ordinaire en dommages-intérêts, le tribunal civil devrait prononcer le renvoi au juge de paix, 576.— La valeur des dommages-intérêts réclamés accessoirement à une action possessoire ne modifie point la compétence du juge de paix, 577. — Actions relatives aux constructions et travaux énoncés dans l'art. 674, C. civ., 577 bis. — Compétence des juges de paix en matière de douanes, 578. — Renvoi pour l'explication des articles 7, 8 et 9 de la loi, 579.— Matières qui appartiennent aux tribunaux de commerce, 580. — Matières attribuées aux tribunaux administratifs, 581.

Compétence quant aux personnes et au territoire. — Ce paragraphe comprend les règles qui déterminent devant le tribunal de quel lieu le défendeur doit être assigné, 582. — Demandes portées au tribunal civil de première instance, 583. — Quid si le défendeur soulève une question de propriété, et que l'immeuble soit dans le ressort d'un autre tribunal? 584.—Si le défendeur demande le renvoi, il doit le faire in limine litis, 585. — Demandes portées devant le juge de paix, 586. — Demandes portées au tribunal de commerce, 587.— Demandes formées par des étrangers, 587 bis.

ticuliers, pour trouble apporté à leurs travaux, 720.—Sous le nom d'entrepreneurs sont compris tous les concessionnaires et détenteurs d'ouvrages publics, 721. — Mais il faut distinguer les faits d'exploitation commerciale de ceux qui se produisent à l'occasion de l'exécution des travaux, 721 bis. — Les tribunaux administratifs sont-ils encore compétents quand il s'agit de torts et dommages procédant directement du fait de l'administration? 722.—Comment la responsabilité de l'Etat peut être engagée directement, 723. — La compétence en pareil cas est également attribuée au conseil de préfecture, 724. — Distinction entre les dommages temporaires et les dommages permanents.—Jurisprudence primitive de la Cour de cassation, 725. — Objections contre ce système, 726. — Véritable portée des lois qui ont rendu aux tribunaux de l'ordre judiciaire le règlement des indemnités dues à raison de l'expropriation pour cause d'utilité publique, 727. — Contradiction entre l'ensemble des dispositions de ces lois et l'application partielle qu'on veut en faire au règlement des simples dommages, 728.—Il n'y a pas corrélation nécessaire entre le droit de connaître des indemnités pour expropriation, et celui de connaître des indemnités pour simples dommages, 729. — La question est aujourd'hui définitivement résolue par les décisions du tribunal des conflits, 730. — Quid lorsqu'il y a suppression d'une servitude? 731. — L'occupation définitive de l'immeuble constitue un cas réel d'expropriation, 731 bis.—Quand les dommages sont la conséquence de faits étrangers aux travaux, on rentre dans le droit commun, 732. — La question préjudicielle appartient seule à l'autorité administrative. — Examen critique d'une décision du tribunal des conflits, 733. — En résumé, les tribunaux ordinaires ne sont compétents que si l'administration ne couvre pas son agent, et si la personnalité de celui-ci reste seule en cause, 734. —Dans ce dernier cas, peuvent-ils également juger la question de savoir si l'Etat est civilement responsable de son agent? Renvoi, 735. — La compétence est-elle la même, qu'il s'agisse de dommages aux propriétés ou d'accidents causés aux personnes? — Variations de la jurisprudence du Conseil d'Etat, 736. — Les travaux qui s'exécutent dans l'intérêt des communes et des départements ont le caractère de travaux publics. — Conséquences quant à la juridiction, 737. — Notamment, en ce qui concerne les actions en responsabilité contre les architectes, les agents voyers et les ingénieurs chargés de la direction de ces travaux, 737 bis. — Toutes les actions qui, d'après les règles ci-desssus, appartiennent à la compétence administrative, doivent être portées directement au conseil de préfecture, 738. — Attributions spéciales du Conseil d'Etat en matière de dommages-intérêts. — Dommages en matière de grande voirie, 739. — En dehors des cas spéciaux indiqués ci-dessus, les tribunaux administratifs sont-ils compétents pour prononcer des dommages-intérêts?— Distinction, 740.

COMPÉTENCE en ce qui concerne les actions en responsabilité tivile du fait d'autrui, II, 797 et suiv. — Diverses manières d'exercer l'action en responsabilité. — Voie civile. — Voie criminelle, 797. — Intérêt pour la partie lésée de poursuivre simultanément l'agent du dommage et la personne responsable, 798. — Cette dernière peut-elle être traduite devant les tribunaux? 799. — Quid si l'auteur du délit n'y est pas lui-même

les instances administratives où l'Etat est partie en cause. — Dérogation aux principes du droit commun, 696. — Les attributions contentieuses des conseils de préfecture et du Conseil d'Etat sont distinctes du pouvoir administratif pur. En conséquence, les tribunaux administratifs ne peuvent, dans les contestations dont ils sont saisis, prescrire, à titre de réparation, l'exécution de tels ou tels travaux, 701. — Compétence des conseils de préfecture et du Conseil d'Etat en ce qui concerne les actions en indemnité pour torts et dommages causés par l'exécution des travaux publics, 713 et suiv. — Attributions spéciales du Conseil d'Etat en matière de dommages-intérêts. — Grande voirie; Banque de France, 739. — En dehors des cas spéciaux indiqués ci-dessus, les tribunaux administratifs sont-ils compétents pour prononcer des dommages-intérêts? 740.—Les conseils de préfecture et le Conseil d'Etat sont-ils seuls compétents pour statuer sur les demandes qui tendent à faire déclarer l'Etat débiteur, notamment les demandes en dommages intérêts dirigées contre l'administration? II, 1337 et suiv. -
V. *Compétence. — Etat. — Quasi-délit. — Travaux publics.*

CONSEIL MUNICIPAL. — Les actions dirigées contre un conseil municipal sont-elles exclusivement de la compétence administrative? 216 *bis.*

CONSEILS DE GUERRE. — Peuvent-ils connaître des actions civiles résultant des délits qui leur sont déférés? I, 215.
V. *Action civile. — Compétence. — Prévôtés.*

CONSEILS D'ADMINISTRATION dans les sociétés anonymes.—V. *Sociétés.*

CONSEILS DE SURVEILLANCE. — V. *Sociétés.*

CONTRAINTE PAR CORPS. — Contrainte par corps en ce qui concerne les condamnations pécuniaires résultant de délits punis par la loi pénale, I, 191 *bis* à 212. — Droit ancien. — Législation intermédiaire. — Texte de l'article 52 du Code pénal. — Loi du 17 avril 1832. — Modifications résultant de la loi du 13 décembre 1848.—Loi du 22 juillet 1867.—Loi du 19 décembre 1871, 191 *bis.* — Dispositions relatives aux matières de simple police, 192.—Les jugements de condamnation prononcés par les tribunaux de répression entraînent de plein droit la contrainte par corps. — Conséquences, 193. — En est-il de même quand la réparation est poursuivie devant les tribunaux civils? 194. — *Quid,* si l'action publique a été exercée la première? 195. — La loi du 22 juillet 1867 tranche ces questions, 196. — Dans les cas qu'elle prévoit, la contrainte s'exerce de plein droit en vertu du jugement, 196 *bis.* — *Quid,* si la condamnation aux dommages-intérêts est prononcée par une Cour d'assises contre un accusé acquitté? 196 *ter.* — *Quid* au cas d'absolution ? — Minorité; démence; prescription, 196 *quater.* — Cas particulier où la contrainte aurait lieu de plein droit contre un prévenu que le tribunal de répression ne condamnerait à aucune peine, 197. — Cas spécial d'excuse légale, 197 *bis.* — *Quid,* si les dommages-intérêts sont alloués au prévenu acquitté et contre le plaignant? 198. — La contrainte s'exerce-t-elle pour les amendes fiscales? — Douanes, 199. — Contributions indirectes, 199 *bis.* — Supprimée par la loi de 1867 pour les frais dus à l'Etat, elle a été rétablie par la loi du 19 décembre 1871, 200. — Elle s'exerce pour les frais dus à la partie privée, 200 *bis*. — Elle n'a pas lieu pour les dépens qui sont l'accessoire d'une condamnation purement civile, 200 *ter*. — En matière pénale, elle a lieu contre toutes personnes; mineurs; femmes. — Restrictions à l'égard des sexagénaires, 201. — *Quid* à l'égard des membres du Sénat et du Corps législatif? 201 *bis*. — Restrictions tenant à la qualité respective des parties, 202.—Sursis que les tribunaux peuvent accorder, 202 *bis*. — Règles particulières au cas de faillite, 203. — Durée de la contrainte.—Ancien droit.—Système du Code pénal, 204.—Systèmes des lois de 1832 et de 1848, quand la contrainte a lieu au profit de l'Etat, 205. — Et quand elle a lieu au profit des particuliers, 206. — Système de la loi de 1867. — Insolvabilité, 207. — Modifications apportées au Code forestier et à la loi sur la pêche fluviale, 207 *bis*.—La durée de la contrainte doit être fixée par le jugement de condamnation ou par une décision ultérieure, 208. — *Quid* au cas où la condamnation pénale est une peine perpétuelle? 208 *bis*. — Nature des condamnations dont le montant sert à déterminer la durée de la contrainte; les frais d'exécution du jugement n'y sont pas compris, 209. — Comment le paiement en est cependant assuré quelquefois par la contrainte, 209 *bis*. — Quand les condamnations sont solidaires entre plusieurs individus, c'est la somme totale qui sert à déterminer la durée de la contrainte, 210. — *Quid* si plusieurs condamnations successives sont prononcées contre le même individu? 211. — La contrainte, une fois subie par le condamné, n'est reprise pour condamnations antérieures que si elles entraînent un emprisonnement plus long, 211 *bis*. — En est-il de même si le débiteur est élargi faute de consignation d'aliments? 211 *ter*. — Ou s'il a donné caution pour une première dette ? 211 *quater*. — Formalités de l'emprisonnement, 212. — Consignation des aliments; — à défaut, le débiteur est élargi. — Formalités qu'il a à remplir, 212 *bis*. — Le débiteur obtient encore son élargissement en fournissant une caution.— Extension donnée à la loi de 1832, 212 *ter*. — Abrogation des lois antérieures sur la contrainte par corps. — Dispositions qui sont maintenues. — Loi du 19 décembre 1871, 212 *quater*. — Suite.— Prorogation des délais d'appel, 212 *quinquiès*. — La loi de 1867 s'applique même aux condamnations prononcées avant sa promulgation, 212 *sexiès*. — Caractère mixte de la contrainte par corps en matière criminelle ; — c'est à la fois une voie d'exécution des condamnations pécuniaires et un complément de la répression, 212 *septiès*.

CONTRAINTE par corps en ce qui concerne les condamnations pécuniaires résultant des *délits civils*, I, 494 à 527. — Historique de la législation, 494. — La loi du 22 juillet 1867 abolit la contrainte par corps en matière civile, 495. — Disposition de l'art. 126, C. proc. civ.—Permettait-il l'emploi de la contrainte pour la restitution proprement dite ou seulement pour les dommages-intérêts? 496, 497.—Suite. — Solution négative de la doctrine et de la jurisprudence en ce qui concerne les obligations contractuelles, 498. — *Quid* si la chose ne peut plus être rendue en nature? 499 à 502.—Solutions différentes en ce qui concerne les restitutions et réparations dues à raison de délits et quasi-délits, 503, 504. —

tement, la confiscation des objets contrefaits, et pour ordonner l'im-pression et l'affiche de son jugement, I, 134 *ter* et 263.

CONTRIBUTIONS INDIRECTES. — V. *Amende.* — *Responsabilité civile du fait d'autrui.*

CONTRIBUTIONS INDIRECTES (ADMINISTRATION DES). — V. *Compétence.* — *Etat.*

CONTUMACE. — Lorsque l'arrêt de condamnation a été rendu par contumace, que la peine entraîne une peine perpétuelle, et que l'accusé décède, ou est arrêté, ou se représente dans les cinq ans, la condamnation civile au profit de la partie lésée est comme non avenue, I, 280. — *Quid* si le condamné ne se présente qu'après les cinq ans? 281. — *Quid* si la condamnation n'emportait pas une peine perpétuelle et que l'accusé se présente, soit arrêté ou meure avant la prescription de sa peine? 282.

CORPORATION.—Peut poursuivre en son nom la réparation d'un délit dirigé contre un de ses membres, I, 40. — Ne peut se porter partie civile sur les poursuités dirigées contre un de ses membres pour infraction aux devoirs de sa profession, 47.— Mais peut poursuivre ceux qui exercent illégalement une profession pour laquelle elle a privilége, 48, 49.

CORPS LÉGISLATIF. — Ses membres reçoivent un traitement, I, 170. — Est-il saisissable ? 176. — La contrainte par corps peut-elle être exercée contre eux sans une autorisation de l'Assemblée dont ils font partie? 201 *bis.*

COUR DE CASSATION. — La question de savoir si l'action en dom-mages-intérêts est recevable d'après la nature du préjudice souf-fert est du ressort de la Cour de cassation, I, 50, 51, 464.—Règles spéciales aux affaires portées devant la Cour de cassation sur les condamnations que la partie civile encourt lorsqu'elle succombe, 123, 127. — Les tribunaux ont un pouvoir discrétionnaire qui échappe à la censure de la Cour de cassation lorsqu'il s'agit de fixer la quotité des dommages-intérêts, 130, 450, 464.—Exceptions ré-sultant de lois particulières, 131, 464. — Limites de la compétence respective des tribunaux et de la Cour de cassation en matière de dommages-intérêts, 132, 450, 464 *bis*, 464 *quater*, 465, 466. —Les arrêts de Cour d'assises ne sont pas susceptibles d'appel et ne peuvent être déférés qu'à la Cour de cassation, 252.—La cassation peut n'être que partielle et laisser subsister la condamnation civile, 253. — A quel tribunal la cause doit être renvoyée après cassation, 254.— Pourvoi en cassation de la partie civile contre un jugement du tribunal de police correctionnelle, 270. — Pourvoi en cassation contre un jugement du tribunal de simple police, 278. — Quand le condamné s'est pourvu en cassation, la partie civile peut in-tervenir sur le pourvoi pour le faire rejeter, 302. — Responsa-bilité spéciale imposée par les règlements de la Cour de cassation aux demandeurs en pourvoi, en matière civile et criminelle, 667. — L'assistance judiciaire n'affranchit pas de cette responsabilité, 667 *ter.*

COURS D'ASSISES. — V. *Action civile.* — *Compétence.* — *Frais de procédure criminelle.* — *Presse.*

causés par toute espèce de travaux publics, 433. — Exemples puisés dans la jurisprudence du Conseil d'Etat, 434.—Il y a dommage direct et matériel, donnant droit à indemnité, toutes les fois que les travaux exécutés ont pour effet d'aggraver la servitude dérivant de la situation naturelle des lieux, ou de la modifier au préjudice des fonds particuliers. — Critique de diverses décisions, 435, 436. —Cas où l'on considère le dommage comme indirect et ne donnant aucun droit à indemnité, 437. — Dans la plupart des hypothèses parcourues, le second élément du délit, l'intention de nuire, manque absolument. C'est une raison de plus pour faire écarter toute responsabilité, 438.—Il y aurait délit de la part de celui qui, ayant plusieurs manières d'exercer son droit, choisirait à dessein celle qui nuirait à autrui, sans utilité pour lui-même, 439. — Quelles sont les choses que l'on a le droit de faire ? 440. — Suffit-il, pour être à l'abri de toute responsabilité, d'avoir agi dans la persuasion que l'on exerçait un droit? 441. — Principes spéciaux par rapport aux propriétés et travaux souterrains. — Mines. — Chemins de fer. — Indemnités réciproques. — Distinctions, 441 *bis*,—L'usage de la chose est illicite quand il est contraire à la loi, à l'ordre public ou aux bonnes mœurs, 441 *ter*. — Les faits négatifs ou d'omission engendrent-ils une responsabilité civile, aussi bien que les faits positifs ou de commission? 442. — Transition à l'élément objectif de l'action en responsabilité, 443. — Première condition. — Il faut avoir été lésé dans un droit acquis, 444. — Application de ce principe à l'hypothèse déjà prévue du possesseur non annal qui veut exercer l'action en réintégrande contre le véritable propriétaire, 445. — *Quid*, si cette action est dirigée contre un autre détenteur qui n'a pas non plus la possession annale? 446. —Application du même principe au cas de rupture d'un mariage convenu, 446 *bis*. — Deuxième, troisième et quatrième conditions. — Le préjudice doit être actuel, certain et direct, 447. — Le dommage certain peut quelquefois être considéré comme actuel, 448, 462, 463. — Comment le dommage doit être direct, tant par rapport à la personne qui s'en plaint que par rapport à celui qui le produit, 449. — Pouvoir de la Cour de cassation quant à l'appréciation de la nature du dommage souffert, 450. — L'action qui naît des délits civils se transmet aux héritiers comme celle résultant des délits criminels, 451. — Elle peut être exercée par les créanciers, 452. — Quelles sont les personnes contre qui l'action peut être dirigée? 453.

Etendue de la responsabilité en matière de délits civils, I, 454 à 467. — Le dommage causé par un délit doit être réparé dans son entier.—Limites de cette obligation, 455.—Examen d'un arrêt de la Cour de cassation qui paraît consacrer un système contraire au nôtre, 457. — Applications pratiques de la règle, 458. — Le principe posé dans les art. 1146 et 1153, C. civ., que les dommages-intérêts ne sont dus que quand le débiteur a été mis en demeure d'accomplir son obligation, n'est pas applicable en matière de délits, 459. — La jurisprudence est constante à cet égard, 460. — Influence de la faute de la partie lésée quand elle a concouru avec le délit d'où est résulté le dommage, 461. — L'indemnité ne doit comprendre que le dommage actuel, certain et direct, 462. — La réparation d'un dommage éventuel ne peut jamais être réglée d'avance par le juge, 463. — Limites respectives de la compétence des tribunaux et de la Cour de cassation quant à l'étendue des dommages-intérêts, 464, 464 *bis*, 464 *ter*, 464 *quater*, 465, 466. — Cas spéciaux où la loi détermine elle-même le montant des réparations. — Exemple tiré de la loi sur les mines, 464 *ter*. — La partie lésée peut, avant le jugement définitif, obtenir une provision, 467.

Nature de la réparation. — En principe, elle ne peut consister qu'en argent, I, 468. — Mesures que peuvent prendre les tribunaux pour faire cesser le dommage ou à titre de réparations, 468 *bis*. — L'abandon noxal n'est pas admis dans notre droit, 469. — Les sommes allouées à titre de.dommages-intérêts se confondent avec les autres biens du créancier et sont régies par les principes généraux du Code civil.—Conséquences, 470. — Preuves nouvelles à l'appui de l'opinion déjà émise sur la question de savoir si la dette des dommages-intérêts est compensable avec une créance d'une autre espèce. — Dissentiment avec M. Pigeau, 471.

Solidarité entre les auteurs d'un même délit civil pour le paiement des dommages-intérêts, I, 473 à 490. — Exécution des condamnations sur les biens du délinquant. — Renvoi au titre premier pour les développements généraux, 491.— Droit de préférence accordé aux dommages-intérêts de la partie civile, en cas de délit poursuivi devant les tribunaux de répression, qui ne peut pas avoir d'application en matière civile, 492. — Modification projetée au régime hypothécaire. — Faveur spéciale proposée pour les créances résultant des délits, 493. — Exécution des condamnations sur la personne. — Contrainte par corps, abolie, 494 et suiv. — Compétence en matière d'actions en responsabilité résultant des délits civils, 450 à 603. — Les formes de procédure à suivre pour ces actions sont celles déterminées par la loi pour toutes les actions personnelles et mobilières portées devant les diverses juridictions, I, 603. — Preuves, 604 à 625.

Extinction de l'action en responsabilité à raison des délits civils, 625 à 640. — L'action s'éteint par la renonciation de la partie lésée, expresse, tacite ou présumée par la loi, 625. — Renonciation expresse par suite de transaction ou d'abandon pur et simple, 626. — Renonciation à l'action déjà portée devant les tribunaux. — Elle prend le nom de désistement, 627. — Le désistement n'éteint-il que l'instance ? 628. — Formes du désistement extrajudiciaire, 629. — Formes du désistement judiciaire, 630. — Il doit être accepté. — Jusqu'à l'acceptation il peut être rétracté, 631. — Le défendeur peut quelquefois le refuser, 632. — Mais les tribunaux sont juges de la question de savoir s'il en doit être donné acte malgré le refus, 633. — Le désistement de l'appel n'a pas besoin d'être accepté, 634. — La péremption d'instance est un désistement présumé. — Ses effets sur le fond du droit, 635. — Prescription, 636 à 640.

V.*Contrainte par corps. — Prescription. — Preuves.*

DÉLIT FORESTIER. — V. *Amende. — Animaux. — Commettants. — Communes. — Maîtres. — Pères et mères. — Préposés. — Prescription. — Responsabilité civile du fait d'autrui.*

DÉLIT DE LA PRESSE. — V. *Presse.*

DÉLIT DE PÊCHE. — V. *Amendes. — Commettants. — Maîtres. —*

C'est une erreur de croire que le préjudice causé par la voie de la presse ne donne ouverture à l'action en responsabilité que si la publication d'où il résulte constitue un délit punissable, 67. — Preuve du contraire. — Législation antérieure à 1848. — Controverse en ce qui concerne les fonctionnaires publics, 68. — La constitution de 1848 a consacré notre doctrine et mis fin à la controverse.—Il en est de même sous l'empire du décret du 17 fév. 1852, 69. — Disposition spéciale de la loi du 15 avril 1871, en ce qui concerne les imputations dirigées contre les fonctionnaires publics; loi du 29 décembre 1875, 69 bis, 70 ; Appendice au 1er volume et n° 566. — Lorsqu'il s'agit de diffamation contre la mémoire d'une personne décédée, la preuve des faits diffamatoires peut être faite devant le tribunal civil, 71, 566. — Faits de la vie privée, 71 bis. — Preuves admises en fait de diffamation, 334 bis. — Actions civiles pour diffamation verbale et pour injures commises autrement que par la voie de la presse, 564 et suiv. — Compétence pour l'action publique et l'action civile quand elles sont réunies, 565. — Dans quel cas la diffamation et l'injure sont-elles considérées comme publiques ? 566. — L'action civile poursuivie isolément est de la compétence du juge de paix, 567. — Il pourrait connaître aussi des actions pour diffamation écrite et pour injures commises par la voie de la presse, si la demande était déterminée dans les limites de 200 fr. et au-dessous, 568.

DOMESTIQUE. — Responsabilité des maîtres par rapport aux faits de leurs domestiques, II, 915 et suiv. — Si un voyageur logé dans une hôtellerie est volé par son propre domestique, l'aubergiste cesse-t-il d'être responsable du vol ? 965. — Si le vol est commis par le domestique d'un autre voyageur, l'hôtelier a son recours contre ce dernier, 966.
V. Aubergiste. — Commettant. — Maître. — Préposé.

DOMMAGE. — Elément nécessaire de la responsabilité, I, 13.— Quelle espèce de dommage donne ouverture à l'action en responsabilité, 31, 443 et suiv. — 1re condition. — La partie qui exerce l'action doit avoir un intérêt direct et actuel, 32, 447 et suiv., 682. — Un préjudice moral suffit, 33 à 41. — Il faut que le dommage soit le résultat direct et immédiat du délit, 42 à 44, 449, ou quasi-délit, 690 et suiv. — 2e condition. — Il faut que le préjudice causé soit actuel, 45, 447, 448, 682, 683. — 3e condition. — Il faut que le délit ou quasi-délit ait porté atteinte à un droit acquis, 46, 47, 48, 49, 444 et suiv., 682.
V. Action civile. — Action en responsabilité. — Corporation. — Cour de cassation.

DOMMAGES AUX CHAMPS, FRUITS ET RÉCOLTES. — Les actions civiles pour dommages aux champs, fruits et récoltes, sont de la compétence des juges de paix, I, 556 et suiv.

DOMMAGES CAUSÉS PAR L'EXÉCUTION DES TRAVAUX PUBLICS. — V. Compétence. — Chemins de fer. — Etat. — Quasi-délits. — Sociétés. — Travaux publics.

DOMMAGES-INTÉRÊTS. — V. Action civile. — Action en responsabilité. — Animaux. — Chemins de fer. — Choses inanimées. — Communes. — Délit. — Délit civil. — Enregistrement. — Etat.

E

EXÉCUTION DES CONDAMNATIONS. — Exécution des condamnations sur les biens en matière, de délits atteints par la loi pénale, I, 166, 167 à 192. — Exécution sur la personne. — Contrainte par corps, 166, 193 à 212. — Exécution des condamnations prononcées pour délits purement civils et pour quasi-délits, 491 à 527 et 709 à 711. — Exécution des condamnations prononcées contre les personnes civilement responsables à raison du fait d'autrui, II, 807 et suiv.
　　V. *Contrainte par corps.* — *Délits.* — *Inaliénabilité.* — *Insaisissabilité.* — *Quasi-délits.*

EXPERTS (RESPONSABILITÉ DES). — Ceux qui sont choisis par les parties sont des mandataires. — Dispositions spéciales du Code forestier, art. 52. — Responsabilité des experts commis par justice; I, 679 *bis*. — La partie est-elle responsable, en qualité de commettant ou de mandant, de la faute de l'expert qu'elle a choisi? II, 900 *bis*.

EXPERTISE. — V. *Preuve.*

F

FAIT D'AUTRUI. — *Responsabilité civile du fait d'autrui.*

FAUTES. — Division : incriminées ou non par la loi pénale, I, 5, 414, 415. — Fautes purement civiles ; division, 6, 412, 414, 415. — Caractère des actes constitutifs de faute, 14, 412 et suiv. — Influence de la volonté de l'agent, 15, 415 et suiv. — L'absence de volonté fait disparaître la faute ; fou ; enfant sans discernement, 16, 416 et suiv. — Un acte ne revêt le caractère de faute donnant lieu à une action en dommages-intérêts, que s'il est illicite, 419. — Les actes commandés par la loi ou l'autorité légitime ne sont point illicites, 420. — Ni ceux que la loi autorise sans les commander. — Défense de soi-même ou d'un tiers, 421. — Les voies de fait sont quelquefois permises, 422 et suiv. — Sont également licites les actes par lesquels on exerce son droit sur sa propre chose, 423 et suiv. — Il y aurait faute de la part de celui qui, ayant plusieurs manières d'exercer son droit, choisirait à dessein celle qui nuirait à autrui sans utilité pour lui-même, 439. — Quelles sont, en général, les choses que l'on a le droit de faire? 440. — Suffit-il, pour être à l'abri de toute responsabilité, d'avoir agi dans la persuasion que l'on exerçait un droit ? 441. — Comment les faits négatifs ou d'omission peuvent constituer une faute et engendrer une action en responsabilité, 442. — Appréciation de la faute en tant qu'elle est de nature à engendrer la responsabilité, 651. — Controverses entre les jurisconsultes anciens et modernes sur la prestation des fautes dans l'exécution des contrats, 652. — Théorie du Code civil sur cette matière ; opinion personnelle de l'auteur, 653, 654. — En dehors des conventions, la faute, même très-légère, suffit pour donner lieu à la responsabilité, 655, 656. — La faute s'apprécie *in abstracto*, 657. — Comment elle doit être considérée *in concreto*, et sous quel rapport, 658. — Modifications au principe que la faute très-légère entraîne responsabilité, 659.
　　V. *Responsabilité.*

G

H

I

L

LAPINS. — Dégâts causés par des lapins aux récoltes des propriétaires voisins ; responsabilité du propriétaire du lieu où se retirent les lapins ; distinctions, II, 1446, 1447.
V. *Animaux.*

LETTRES. — Lettres chargées, simples ; responsabilité de l'administration des postes en cas de perte, II, 1315, 1316 et suiv.—Envois d'argent ; lettres chargées ; lettres recommandées, 1317 à 1319 *ter.*
— Compétence en ce qui concerne les actions en responsabilité contre l'Etat, à raison de la perte des lettres confiées à la poste, 1363 et suiv.
V. *Compétence.* — *Etat.*

LIQUIDATION DES CRÉANCES CONTRE L'ÉTAT. — En quoi elle consiste ; conséquences en ce qui concerne la compétence, II, 1342 et suiv.

M

MAITRES. — Le maître peut-il poursuivre en son nom la réparation du délit commis contre son domestique ? I, 39.
Responsabilité des maîtres par rapport aux faits de leurs domestiques, II, 915 et suiv. — Les domestiques sont une classe particulière de préposés. — Les principes généraux de la responsabilité en ce qui les concerne, sont exposés aux n⁰ˢ 884 et suiv., 915. — Le délit commis par le domestique peut être personnellement imputable au maître. — Conséquences, 916. — Hors de l'hypothèse précédente, le maître est responsable quand le délit a été commis par le domestique dans l'exercice de ses fonctions, 917. — Peu importe que le maître ait ignoré le fait ou n'ait pu l'empêcher, 918. — Suite. — Hypothèse où la responsabilité n'existe pas, 919. — Suite. — Application des règles ci-dessus aux délits ruraux, 920. — Règles particulières pour les délits forestiers, 921. — Retour au droit commun dans la loi du 15 avril 1829 sur la pêche fluviale, 922. — Et dans la loi du 3 mai 1844 sur la chasse, 923. — Le maître n'est-il pas responsable dans tous les cas, quand il est prouvé qu'il a pu empêcher le délit ? — Controverse, 924, 925, 926. — *Quid*, si le domestique est mineur ? 927. — Le maître est-il responsable des achats faits à crédit par ses domestiques pour le service de sa maison ? 928. — La responsabilité du maître est purement civile. — Recours contre le domestique. — Renvoi, 929.
V. *Commettant.* — V. aussi *Amende.* — *Responsabilité civile du fait d'autrui.*

MANDAT. — En quoi le mandat diffère du contrat de *préposition.* — Conséquences par rapport à la responsabilité du mandant et du commettant, II, 886 et 887.

MARI.—Peut-il agir en son propre nom à raison du délit commis envers sa femme? I, 38. — Est-il responsable civilement du fait de sa femme? —Non, en principe général.—Pourquoi? II, 847, 848. — Ancien droit.—Texte du Code civil.—Doctrine des auteurs, 849.—Modi-

MINEUR. — Le mineur qui n'a pas l'âge de discernement n'encourt pas de responsabilité, même civile, à raison de ses actes, I, 16, 416. — *Secùs* pour celui qui a agi avec discernement, même au-dessous de 16 ans, 17, 416. — La contrainte par corps a lieu contre les mineurs pour l'exécution des condamnations pécuniaires prononcées par les tribunaux de répression, 200. — *Secùs* en matière civile, 201. — Les pères et mères ne sont responsables civilement du fait de leurs enfants que quand ceux-ci sont mineurs, II, 822 et suiv.— Il en est de même des instituteurs à l'égard des faits de leurs élèves et des artisans à l'égard de leurs apprentis, 877 et suiv. — Les maîtres sont-ils responsables du fait de leurs domestiques *mineurs* en dehors même des fonctions auxquelles ces derniers sont spécialement préposés? 927.
V. *Faute.—Responsabilité civile du fait d'autrui. — Tuteur.*

MINISTÈRE PUBLIC.—En matière civile, agit par voie de réquisition, non par voie d'action. — En conséquence, ne peut exercer, en sa qualité, l'action en dommages-intérêts, I, 27. —Exception en matière de délits forestiers et de pêche, 28.
V. *Action en responsabilité.*

MINISTRE DE LA GUERRE. — Sa compétence pour régler les indemnités dues par suite des travaux exécutés pour les places fortes, II, 1359.

MORT CIVILE. — Conséquence des délits qui emportaient la mort civile par rapport à la responsabilité du mari et de la femme. — Abolition de la mort civile, II, 872.

N

NAVIGATION INTÉRIEURE. — La responsabilité du fait d'autrui s'étend aux amendes de contravention en cette matière, II, 781.— Notamment en ce qui concerne les fermiers des bacs, *ibid.*
V. *Responsabilité civile du fait d'autrui.*

NAVIGATION MARITIME. — Responsabilité des amendes de contravention en cette matière, II, 785 *bis.*

O

OBLIGATION INDIVISIBLE. — Caractères de l'obligation indivisible. — Ce qui la distingue de l'obligation solidaire, I, 482. — La dette des dommages-intérêts à raison d'un délit est divisible, 483. — Aussi les différents textes du Code qui se rapportent à cette matière parlent toujours d'une obligation solidaire entre les auteurs d'un même délit ou quasi-délit, 484. — Cependant plusieurs arrêts, en condamnant solidairement les codélinquants, ont donné pour motif que l'obligation par eux contractée était indivisible, 485. — Confusion faite par ces arrêts entre la cause de l'obligation et la cause de l'indivisibilité, 486. — La cause de l'indivisibilité se trouve dans l'objet de l'obligation, 487.
V. *Délit. — Délit civil. — Obligation solidaire. — Quasi-délit. — Solidarité.*

OBLIGATION SOLIDAIRE. — V. *Solidarité.* — V. aussi *Délit.* — *Délit civil.* — *Obligation indivisible.* — *Quasi-délit.* — *Sociétés.*

OFFICIERS DE SANTÉ. — V. *Médecins.*

OFFICIERS MINISTÉRIELS. — Renvoi pour le développement des règles relatives à leur responsabilité, I, 9, 679. — Les parties sont-elles responsables des délits et quasi-délits des officiers ministériels qu'elles emploient, si ces délits et quasi-délits ont été commis à l'occasion du mandat qui leur était donné par les parties? II, 896 et suiv.

OPPOSITION A JUGEMENT OU ARRÊT. — V. *Compétence.* — *Cours d'assises.* — *Tribunal correctionnel.* — *Tribunal de simple police.*

OUTRAGE. — L'outrage, délit distinct de la diffamation et de l'injure, ne rentre pas dans la compétence du juge de paix telle qu'elle est établie par l'art. 5, § 5, de la loi du 25 mai 1838, I, 569.

P

PAIEMENT. — Le paiement de la réparation civile peut être fait par un tiers. — Règle particulière pour les condamnations en matière de presse, I, 25.

PAQUEBOTS DE LA MÉDITERRANÉE. — Responsabilité de l'administration des postes résultant de la loi du 14 juin 1841, sur les paquebots de la Méditerranée, II, 1322. — Compétence en ce qui concerne les actions en responsabilité dérivant de cette loi à raison des pertes ou avaries d'effets chargés sur ces paquebots, 1364.
    V. *Compétence.* — *Etat.*

PAQUEBOTS TRANSATLANTIQUES. — Responsabilité de l'administration des postes résultant de la loi du 16 juillet 1840, sur les paquebots transatlantiques, II, 1321. — Compétence en ce qui concerne les actions en responsabilité dérivant de cette loi, à raison des pertes ou avaries d'effets chargés sur les paquebots, 1365.
    V. *Compétence.* — *Etat.*

PARIS. — La loi du 10 vendémiaire an IV sur la responsabilité des communes s'applique-t-elle à la ville de Paris? II, 1379 à 1382.— Dispositions spéciales des lois du 6 septembre 1871 et du 7 avril 1873, sur les dédommagements à accorder aux propriétaires qui ont souffert de l'insurrection de la Commune de Paris, 1331.
    V. *Approvisionnement de Paris.* — *Commune de Paris.* — *Communes.*

PARJURE. — La partie qui a succombé dans une instance civile par suite de la prestation d'un faux serment ne peut se porter partie civile au criminel sur la poursuite exercée par le ministère public, en vertu de l'article 336 du Code pénal, afin d'obtenir des dommages-intérêts, 1, 221.

PARTIE CIVILE. — Lorsqu'une personne qui se prétend lésée a figuré, mais à tort, comme partie civile au procès criminel, cette intervention irrégulière entraîne-t-elle nullité de la procédure criminelle? I, 52. — Comment on peut se porter partie civile devant les tribunaux de répression, 286 et suiv.

V. *Action civile.* — *Frais de procédure criminelle.* — *Parjure*, — *Réparations civiles.*

PÊCHE COTIÈRE. — La responsabilité du fait d'autrui peut s'étendre aux amendes en cas de contraventions en cette matière, II, 785 *bis*. — Les pères ne sont responsables que de leurs enfants mineurs, 823.

V. *Responsabilité civile du fait d'autrui.* — *Pères et mères.*

PEINES. — V. *Action en responsabilité.* — *Amendes.* — *Confiscation.* — *Responsabilité civile du fait d'autrui.*

PENSIONS DUES PAR LES PARTICULIERS. — V. *Inaliénabilité* et *Insaisissabilité.*

PENSIONS SUR L'ÉTAT. — V. *Inaliénabilité* et *Insaisissabilité.*

PÈRES ET MÈRES. — Le père peut-il porter plainte en son nom à raison du délit commis contre son fils? I, 37. — Responsabilité des pères et mères par rapport aux dommages causés par leurs enfants. II, 810 et suiv. — Droit romain, 810, 811. — Ancien droit français, 812, 813. — Article 1384 du Code civil. — Motifs de la disposition.—Elle s'applique aux enfants naturels reconnus, comme aux enfants légitimes, 814. — Première condition de la responsabilité : que l'enfant habite avec ses parents, 815. — Le père n'est pas déchargé par cela seul que l'enfant habitant la maison paternelle est confié à un précepteur, 816. — *Secùs* quand l'enfant est placé hors de la maison paternelle, comme apprenti, 817. — Ou comme élève dans une institution, 818.— Dispositions spéciales du décret du 15 novembre 1811. — Elles n'ont pu déroger au Code civil, 819. — Quand le fils est placé comme serviteur à gages, chez un étranger, c'est son maître qui en répond, 820. — Le père est déchargé quand l'enfant habite hors de chez lui par un motif légitime, service militaire, 821. — Seconde condition de la responsabilité : que l'enfant soit mineur au moment où il commet le dommage, 822. — Lois spéciales qui exigent la même condition. — Code forestier. — Code rural. — Loi sur la chasse, 823. — La responsabilité a lieu pour les actes de l'enfant incapable de discernement.—Dissentiment avec M. Toullier, 824, 825, 826.—L'émancipation ne fait pas toujours cesser la responsabilité, 827.— *Quid* si le majeur, habitant chez ses père ou mère, est en état de démence? 828. — Des cas où la responsabilité incombe à la mère en particulier. — Peut-il en être ainsi pendant le mariage? 829. — *Quid* si l'exercice de la puissance paternelle est légalement suspendu à du mari ? — Applications, 830. — *Quid*, en cas d'emprisonnement du mari? 831. — L'article 1384 est limitatif. Il ne s'étend pas à d'autres parents, 821 *bis*. — La responsabilité cesse quand les père et mère prouvent qu'ils n'ont pu empêcher le fait qui y donne lieu, 832. — L'impossibilité physique d'empêcher le fait ne suffit pas s'il a été précédé d'une faute de la part de ses parents, 833.—

26 mai 1819 ; 2° En ce qui concerne les soustractions et spoliations commises pendant l'insurrection et par les ordres de la Commune de Paris en 1871. — Loi du 12 mai 1871, 373. — Texte des articles 2, 637, 638 et 640 du Code d'instruction criminelle, 374. — Formule générale. — Position de plusieurs questions, 375. — La prescription établie par le Code d'instruction criminelle ne s'applique pas aux actions qui naissent primitivement d'un contrat, quand la violation de ce contrat constitue en même temps un délit qualifié, 376. — Ni aux actions qui naissent d'un quasi-contrat et de la violation des obligations établies par la loi, 377. — Quid si la partie lésée par un délit, qui ne se rattache à aucun contrat antérieur, porte son action de plano devant le tribunal civil? 378. — Quid si, dans l'hypothèse précédente, la partie lésée ne base pas sa demande sur l'articulation du fait considéré comme délit? — Distinctions, 379. — L'action en revendication d'une chose volée est une action civile soumise à la prescription de l'action publique, 380. — Si le revendiquant ne se fonde ni explicitement ni implicitement sur l'articulation d'un vol, l'action en revendication est soumise à la prescription établie en matière civile, 381. — Du temps requis pour prescrire. — Exceptions résultant de lois particulières antérieures ou postérieures au Code d'instruction criminelle, 382. — La prescription des crimes, des délits et des contraventions court du jour où le fait a été commis, 383. — Quid en matière de délits de presse et de contrefaçon? 383 bis. — Règle particulière pour les délits successifs, 384. — Le dies a quo est compris dans le délai, 385. — Interruption de la prescription. — Différence fondamentale quant aux actes interruptifs entre les crimes et délits d'une part, et les simples contraventions de l'autre, 386. — En matière criminelle ou correctionnelle, la plainte de la partie civile peut-elle interrompre la prescription? 387. — Les poursuites du ministère public interrompent la prescription de l'action civile. 388. — Quels sont les actes d'instruction et de poursuite qui produisent cet effet? 389. — Des poursuites exercées devant un juge incompétent, 390. — Des actes nuls, 391. — Les actes interruptifs produisent leur effet à l'égard même des personnes qui ne sont pas impliquées dans ces actes, 392. — Les jugements éteignent l'action. — Quid à l'égard des jugements par défaut? 393. — Quid à l'égard des jugements contradictoires de première instance? 394. — En matière de simple police, la loi n'attache l'effet interruptif qu'au jugement de condamnation. — Conséquences, 395. — Effet des jugements susceptibles d'appel. — Il faut que le jugement soit notifié et exécuté, ou l'appel interjeté dans l'année, pour que la prescription soit interrompue, 396. — Un jugement d'acquittement n'interrompt pas la prescription de l'action civile, 397. — Un jugement de condamnation annulé par la Cour de cassation n'aurait pas eu d'effet interruptif 398. — Non plus que l'instance devant la Cour de cassation, 399. — Quand l'action civile n'a pas été jointe à l'action publique, le jugement de condamnation définitif qui éteint cette dernière a pour effet d'interrompre la prescription de l'action civile, 400. — La prescription de l'action publique n'entraîne pas nécessairement celle de l'action civile. — Comment celle-ci peut être conservée, 401. — La demande portée aux tribunaux civils n'est soumise, quant à sa conservation et ses effets, qu'aux règles de la procédure civile. —

PREUVE. — Divers modes de preuve à employer par la partie lésée pour justifier sa demande en responsabilité civile contre l'auteur d'un délit prévu par la loi pénale, I, 333 à 369. — Le demandeur est obligé de faire la preuve. — Le délit ne se présume pas, 333. — L'obligation qui résulte d'un délit se forme sans convention. — Tous les genres de preuve sont autorisés, 334 — Exception en cas de diffamation par la voie de la presse, 334 bis et Appendice au 1er vol., n° 1. — Preuve résultant des procès-verbaux, 335. — Faits dont les procès-verbaux font preuve, 336. — Force de la preuve résultant des procès-verbaux, 337. — De ceux qui font foi jusqu'à inscription de faux, 338. — De ceux qui ne font foi que jusqu'à preuve contraire, 339.— De ceux qui ne valent que comme renseignements, 340. — La preuve résultant des procès-verbaux produit ses effets dans l'intérêt de l'action civile, 341. — En général, la preuve par procès-verbaux n'est pas indispensable, 342. — Il en est autrement dans certaines matières spéciales, 343. — Développements du principe général que la partie lésée peut faire valoir tous les modes de preuve reconnus par la loi.—Distinctions, 344. — Si le délit suppose l'existence d'un contrat antérieur, la preuve de ce contrat doit avoir lieu d'après le droit commun, 345. — Règles particulières aux matières commerciales, 346.— Le plaignant peut être entendu comme témoin, 347. — La preuve résulte aussi des présomptions graves, précises et concordantes, 348. — Preuve tirée du jugement rendu au criminel sur l'action civile, 349. — Effets d'un jugement de condamnation, 350. — Quid si le plaignant ne s'est pas porté partie civile ? — Exposé des divers systèmes, 350 bis.—Le juge de l'action civile peut toujours déclarer qu'il n'y a pas de préjudice souffert, 351.— En est-il de même par rapport à l'existence du fait matériel, et au caractère constitutif de faute ? 352. — N'y a-t-il pas chose jugée sur ces deux points ? — Examen des textes qui établissent l'affirmative, 353, 354, 355, 356. — Suite. — Etat de la jurisprudence, 357. — Effets d'un jugement d'absolution, 358. — Effets du jugement qui prononce l'acquittement, 359. — Distinctions, 360. — Jugements rendus par les tribunaux correctionnels, 361, 361 bis. — Arrêts rendus par les Cours d'assises, 362. — Comparaison du Code d'instruction criminelle avec la législation de l'an IV, 363. — Effets de la déclaration du jury sur la matérialité de l'acte, prise isolément, 364. — Effets de la déclaration : Non, l'accusé n'est pas coupable. — Jurisprudence, 365. — Difficulté particulière en matière de faux, 366. — Etendue véritable du principe que l'arrêt fondé sur la déclaration de non coupable n'a pas d'effet sur l'action civile, 367. — Contradictions dans la jurisprudence. — Examen critique de certains arrêts, 367 bis. — Les décisions rendues au criminel sur des exceptions préjudicielles n'ont d'effet qu'en ce qui touche le fait poursuivi. — Elles n'ont pas autorité de chose jugée sur les mêmes questions lorsqu'elles se représentent à l'occasion d'un fait nouveau, 467 ter. — N'ont-elles pas autorité de chose jugée par rapport à l'action civile résultant du même fait et s'exerçant devant le tribunal civil ? 367 quater. — Quid si l'accusé est déclaré avoir agi en cas de légitime défense ? 368. — Effets des arrêts par contumace, 368 bis. — Effets des ordonnances des juges d'instruction et des arrêts des chambres de mise en accusation, 369.

Q

le propriétaire quand il s'agit d'une contravention aux règles de l'art, 673 *bis*. — Suite. — Examen d'un arrêt de la Cour de cassation. — Distinctions, 673 *ter*. — Responsabilité de l'architecte chargé de la surveillance des travaux en ce qui concerne les malfaçons du fait de l'entrepreneur, 674. — L'entrepreneur subordonné à un architecte n'est pas en général responsable, sauf les malfaçons, 674 *bis*. — Les architectes et entrepreneurs sont également responsables à l'égard des tiers, 675. — Et ne peuvent se retrancher derrière les ordres du propriétaire qui les emploie, si le dommage résulte d'un vice du sol ou de la construction, 675 *bis*. — Sous le nom d'architecte, il faut comprendre tous ceux qui en remplissent les fonctions.— Application aux ingénieurs des ponts et chaussées, 675 *ter*. — La responsabilité cesse en cas de force majeure, 675 *quater*. — A l'égard des tiers, la responsabilité ne se purge pas par la réception des travaux quelle que soit leur nature, 675 *quinquiès*. — Responsabilité des médecins, chirurgiens et sages-femmes. 676. — Dispositions de la loi du 19 vent. an xi à l'égard des officiers de santé, 677. — La responsabilité des médecins est-elle limitée à la faute lourde ? 677 *bis*. — Les médecins peuvent être poursuivis pour homicide et blessures causés par imprudence. — Art. 317 et 320. C. pén., 677 *ter*. — Responsabilité des sages-femmes, 678. — Responsabilité des officiers ministériels. — Renvoi, 679. — Responsabilité des experts. — Ceux qui sont choisis par les parties sont des mandataires. — Dispositions spéciales de l'art. 52, C. for. — Responsabilité des experts commis par justice, 679 *bis*. — Omission des règles de la prudence humaine en général, 680. — Transition aux conditions essentielles de la responsabilité considérée sous le point de vue objectif, 681. — Renvoi aux règles posées en traitant des délits, 682. — Application à une espèce du principe que le dommage certain peut être considéré comme actuel, 683. — L'action résultant des quasi-délits passe aux héritiers. — Cas où l'attaque dirigée contre le défunt peut leur devenir personnelle. — Renvoi, 684. — Cette action peut-elle être exercée par les créanciers ? — Distinctions, 685. — Elle peut toujours être dirigée contre les héritiers du délinquant, 686. — Action contre les personnes responsables du quasi-délit d'autrui. — Renvoi, 687.

Etendue de la responsabilité qui résulte des quasi-délits.— Renvoi pour les principes généraux à d'autres parties de l'ouvrage, 688. — Influence de la gravité des fautes sur les dommages-intérêts, 689. — Le dommage doit être réparé dans son entier. — Ce qui comprend toutes les suites directes et immédiates du quasi-délit, 690. — Raisons d'appliquer à la matière des quasi-délits l'art. 1151, C. civ., 691. — Même quand il s'agit de fautes légères, 692. — Renvoi pour l'explication de la règle. — Espèce proposée, 693. — Pouvoir discrétionnaire des tribunaux pour déclarer l'existence du dommage, 694. — Questions spéciales sur l'étendue de la responsabilité traitées dans d'autres parties de l'ouvrage, 695. — Condamnation aux dépens en matière civile et administrative. — Jurisprudence du Conseil d'Etat. — Décret du 2 nov. 1864, 696. — Nature de la réparation. — Elle doit consister dans l'allocation d'une somme d'argent, 697. — Entre particuliers, les tribunaux peuvent ordonner la cessation des actes et la suppression des objets nuisibles, 698. — *Secùs*, quand le litige existe entre l'Etat et les

R

V. *Action en responsabilité.—Contrainte par corps.—Domma-ges-intérêts.—Enregistrement.—Indemnité.—Réparations civiles.*

REVENDICATION. — L'action en revendication d'une chose volée est-elle une action civile qui se prescrit, comme les autres, par le laps de temps fixé pour la prescription de l'action publique ? — Dissentiment avec MM. Duranton et Troplong, I, 380.

RÉVISION DES PROCÈS CRIMINELS. — Entraîne l'annulation des condamnations civiles et criminelles ; loi du 25 juin 1867, I, 270 *quinquiés.*

RIXES ET VOIES DE FAIT. — Actions civiles pour rixes et voies de fait. — Compétence, I, 570 et suiv.

S

SAGES-FEMMES. — Leur responsabilité dans l'exercice de leur profession, II, 678.
    V. *Médecins.*

SÉDUCTION. — L'exception de la faute commune peut-elle être opposée à l'action en dommages-intérêts formée par une fille contre son séducteur ? — Discussion. — Jurisprudence, I, 662 *quater.*

SÉNAT.— Les dotations ou traitements du Sénat sont-ils insaisissables ? I, 170, 176.— Les conditions particulières auxquelles était soumis l'exercice de la contrainte par corps contre un représentant du peuple sont-elles applicables aux membres du Sénat ? 211.

SERMENT JUDICIAIRE. — Du serment comme preuve de l'obligation résultant d'un délit civil, I, 615 et suiv. — Et comme preuve d'un quasi-délit, 741. — **V.** encore ·nos 959, 960.
    V. *Preuve.*

SERVITUDE. — **V.** *Choses inanimées.* — *Compétence en matière de quasi-délit.*

SOCIÉTÉS EN COMMANDITE. — Responsabilité des membres des conseils de surveillance dans les sociétés en commandite par actions. — Loi du 24 juill. 1867. — Les commissaires de surveillance et les administrateurs dans les sociétés en commandite et les sociétés anonymes répondent, dans une certaine mesure, du fait d'autrui. — Liaison avec la matière de cet ouvrage, 1156. — Changements successifs apportés à la législation sur les sociétés. — Leurs causes, 1157. — Abus fréquents, surtout dans les sociétés en commandite, 1158. — Projet de loi de 1838. — Loi du 17 juillet 1856, 1159. — Responsabilité du conseil de surveillance dans le système de la loi de 1856, 1160 et 1161. — Modifications résultant à cet égard de la loi du 24 juillet 1867, 1162. — Premier cas de responsabilité. — Nullité de la société, 1163. — Conditions exigées par les art. 1, 2, 3 et 4 de la loi de 1867, pour la validité des sociétés en commandite. — Capital-actions. — Apports en nature, 1164. — Nomination du conseil de surveillance. — Art. 5 et 6, 1165. — Nullité des sociétés constituées contrairement aux dispositions ci-dessus, 1166. — Le premier conseil de surveillance en est seul responsable, 1167. — Vis-à-vis des associés et vis-à-vis des tiers, 1168. — Les vérifications nécessaires doivent être faites par le conseil aussitôt après sa nomination, 1169. — Moyens de

T

676   **TABLE ANALYTIQUE.**

pagnie de chemins de fer elle-même a-t-elle une action récursoire contre l'Etat ? — Solution négative résultant des cahiers des charges, 1041, 1042. — Responsabilité de l'administration des travaux publics à raison des torts et dommages causés par le fait de ses agents. — Règles générales du fond, II, 1327 et suiv., 1358 et suiv. — Compétence en ce qui concerne les actions en responsabilité civile contre l'Etat, à raison du fait de ses agents, dans l'exécution des travaux publics, 1357, 1358.

V. *Action en responsabilité.* — *Chemins de fer.* — *Compétence.* — *Délit civil.* — *Etat.* — *Quasi-délit.* — *Réparation civile.*

TRAVAUX PUBLICS (ADMINISTRATION DES). — **V.** *Etat.* — *Travaux publics.*

TRÉSOR PUBLIC. — **V.** *Etat.*

TRIBUNAL CIVIL. — **V.** *Action civile.* — *Compétence.* — *Etablissement industriel.*

TRIBUNAL CORRECTIONNEL. — **V.** *Action civile.* — *Compétence.* — *Sociétés.*

TRIBUNAL DE PAIX. — **V.** *Action civile.* — *Compétence.* — *Voiturier.*

TRIBUNAL DE SIMPLE POLICE. — **V.** *Action civile.* — *Compétence.* — *Etablissement industriel.*

TRIBUNAUX ADMINISTRATIFS. — **V.** *Compétence.* — *Conseil d'Etat.* *Conseil de préfecture.* — *Etat.*

TRIBUNAUX DE COMMERCE. — **V.** *Compétence.* — *Contrainte par corps.*

TRIBUNAUX DE RÉPRESSION. — **V.** *Action civile.* — *Compétence.*

TRIBUNAUX ORDINAIRES ET TRIBUNAUX D'EXCEPTION. — Examen de la question de savoir si les tribunaux civils d'arrondissement, comme juges ordinaires en matière civile, connaissent valablement des actions déférées par la loi aux juges d'exception quand le déclinatoire n'a pas été proposé *in limine litis*, ou si, au contraire, leur incompétence, à cet égard, est matérielle et peut être opposée en tout état de cause, I, 533 et suiv.

TUTEUR. — Peut-il intenter en son nom l'action en responsabilité à raison du délit commis contre son pupille? I, 37. — Sa responsabilité à l'égard des faits de son pupille, II, 843. — Responsabilité du cotuteur. — Recours possible de la mère contre le cotuteur, *ibid.* — Cette responsabilité n'atteint pas le subrogé tuteur, *ibid.* Elle n'a lieu que si le pupille habite avec le tuteur, 844. — Elle cesse quand le tuteur prouve qu'il n'a pu empêcher le fait dommageable, 845. — Le tuteur a son recours contre le pupille, 846. V. *Pères et mères.* — *Responsabilité civile du fait d'autrui.*

U

USURE. — En matière d'usure, il y a exception à la règle d'après laquelle l'action civile résultant d'un délit peut être intentée devant les mêmes juges que l'action publique, I, 219.

V

VENDÉMIAIRE (Loi du 10 vendémiaire an iv sur la responsabilité des communes). — V. *Communes.*

VOIES DE FAIT. — Sont quelquefois licites, I, 422 et suiv. — Compétence pour les actions civiles résultant des voies de fait et rixes, 570 et suiv.
V. *Compétence.* — *Rixes et voies de fait.*

VOIRIE (Grande). — Compétence en ce qui concerne les actions en responsabilité civile dirigées contre l'Etat, à raison du fait de ses agents, et contre les agents eux-mêmes, et résultant d'infractions aux lois sur la navigation et la voirie, II, 1360.
V. *Transport.*

VOITURES DE PLACE (Propriétaire de). — Application de sa responsabilité comme commettant, par rapport aux faits de son préposé, II, 902, note. — Est assimilé au voiturier quant à ses obligations à l'égard des personnes qu'il transporte, 974. — Applications, 1007.
V. *Voiturier.*

VOITURIER. — Sa responsabilité, II, 972 et suiv. — Comment la responsabilité du voiturier se rattache à la matière de la responsabilité légale du fait d'autrui, 972. — Assimilation du voiturier et de l'aubergiste quant à la responsabilité ; droit romain ; droit français, 973.—Des personnes qui sont comprises sous la qualification de voiturier.—Renvoi pour les chemins de fer, 974. — Dans quels cas le voiturier doit-il être considéré comme commerçant ? 975. — Nature du contrat de voiturage, 976. — Responsabilité de l'entrepreneur de transports quant à la sécurité des personnes, 977. — Faute commune. — Il répond de l'imprudence et de la négligence de ses préposés. — Le postillon qui conduit un relais devient-il momentanément le préposé de l'entrepreneur? 978. — Suite. — La responsabilité se partage entre l'entrepreneur du relais et celui de la messagerie, 979.—Transition à la responsabilité du voiturier par rapport à la conservation des choses qu'il transporte, 980. — Comment il se trouve chargé des objets, 981, 982.—La preuve de la remise des effets se fait d'après les règles ordinaires, 983. — Les voituriers sont obligés d'enregistrer tous les objets qu'ils reçoivent, 984. — L'inscription fait preuve contre eux. — La preuve testimoniale n'est pas admise, 985. — L'aveu du préposé de l'entrepreneur qui a reçu les effets doit faire preuve contre ce dernier. — Controverse, 986, 987. — La preuve testimoniale doit être admise toutes les fois qu'il n'a pas été possible au propriétaire des effets de s'en procurer une par écrit, 988. — En cas d'avaries, et toutes les fois que le fait du transport est constant, le défaut d'enregistrement ne peut être allégué comme excuse par le voiturier, 989. — Les voituriers qui ne font qu'un service irrégulier ne sont pas astreints à tenir un registre.—Conséquence quant à la preuve, 990.—L'agent de l'entrepreneur qui a reçu les effets est toujours personnellement tenu de les représenter, 991. — Et le voiturier peut quelquefois

domicile du débiteur, 1027 *bis*. — Compétence des juges de paix pour les contestations relatives aux pertes et avaries d'effets accompagnant le voyageur; compétence des tribunaux civils et de commerce, 1028.

VOLAILLES. — Dommages qu'elles causent aux récoltes; il est permis de les tuer sur le terrain au moment du dégât, II, 1437. — Ce droit est-il applicable à la défense des héritages urbains? 1438. — Il n'affranchit pas leur propriétaire de l'obligation de payer l'indemnité, 1440. — Peu importe quelle dommage soit causé à des héritages non clos, 1441.

V. *Animaux. — Pigeons.*

FIN DE LA TABLE ANALYTIQUE.

Imprimerie de J. DUMAINE, rue Christine, 2.